Robin Lane Fox · Im Anfang war das Wort

Robin Lane Fox

Im Anfang
war das Wort

Legende und Wahrheit
in der Bibel

Aus dem Englischen
von Christa Broermann, Birgit Kaiser
und Christa Merk

C. Bertelsmann

Dieses Buch erschien 1991 unter dem Titel
The Unauthorized Version. Truth and Fiction in the Bible
bei Viking, London.

Redaktion: Karin Schuler

1. Auflage
© Robin Lane Fox, 1991
© der deutschsprachigen Ausgabe 1995 by C. Bertelsmann
Verlag GmbH, München
Umschlaggestaltung: Manfred Waller unter Verwendung
einer Kollage von Will Crocker / The Image Bank
Satz: Büro Dr. Ulrich Mihr GmbH, Tübingen
Druck und Bindung: Wiener Verlag
Printed in Austria
ISBN 3-570-06340-2

Inhalt

Vorwort

Im Anfang war das Wort ... ist aus der Sicht eines Historikers geschrieben, es ist ein Buch über die historische Wahrheit, nicht über den Glauben. Ich versuche in diesem Buch Fragen zu klären, auf die die Bibel bewußt die Antwort verweigert: Wer waren die Autoren der Heiligen Schrift, wie ist sie entstanden, und welche historischen Fakten lassen sich in ihr finden? Auch Leser, für die die Bibel ein Buch des Glaubens ist, wollen in ihr die Wahrheit finden. Ich schreibe als Atheist, aber es gibt sowohl christliche wie jüdische Wissenschaftler, deren Ansichten sehr viel radikaler sind als meine. Sie werden meine historische Darstellung konservativ oder altmodisch finden, aber auch Atheisten sind zuweilen echte Freunde der Wahrheit.

Ich behandle sowohl das Alte wie das Neue Testament, und deshalb habe ich meist mit christlichen Deutungen im Hinterkopf geschrieben. Ich habe häufiger christliche Untersuchungen und Kommentare als jüdische zitiert, weil die Bibel eine Schöpfung des Christentums ist. Natürlich war mir dabei bewußt, daß die hebräischen Texte sehr viel älter und nicht als Altes Testament der Christen entstanden sind. Diese Tradition lebt bis heute fort, aber sie ist nicht die Hauptperspektive meines Buches.

Nicht zuletzt schreibe ich als Althistoriker, der es gewohnt ist, die biblischen Erzählungen so zu lesen wie andere Texte, die sich aus dem Altertum erhalten haben. Für viele Leser haben diese Erzählungen zwar einen höheren Stellenwert, aber vom historischen Standpunkt aus betrachtet sind auch sie zunächst Überlieferungen aus der antiken Welt. Ich betrachte sie von außen und lasse das moderne Bild, das man sich von ihnen macht, häufig außer acht. Zugleich hat meine Darstellung eindeutig einige Helden, die im Verlauf des Buches deutlicher hervortreten und zum Leben erwachen: die israelitische Frömmigkeit im Zeitalter Salomos, einen namentlich nicht bekannten Autor aus der Mitte des 6. Jahrhunderts (den Deuteronomisten) und den »Jünger, den Jesus liebte«. Zwar glauben andere Wissenschaftler, daß wir über das erste Thema fast nichts und über den Deuteronomisten, sein Werk sowie dessen verschiedene Bearbeitungsstufen gar nichts wüßten und daß der Jünger nicht der Verfasser eines Evangeliums sei. Doch ich habe ihre Argumente überprüft und kann ihnen nicht zustimmen.

Wieder anderen Wissenschaftlern habe ich viel zu verdanken, und es ist mir sehr wichtig, daß die vielen originellen Gedanken, die eigentlich von ihnen stammen, nicht fälschlicherweise mir zugeschrieben werden. Viele Punkte, die ich hier aufführe, wurden zuvor von Spezialisten schon ausführlicher und genauer dargestellt. Mit Hilfe ihrer Arbeiten bin ich zu meinen Ergebnissen gelangt, wobei mir immer bewußt war, daß ich zwar die griechische Sprache, nicht aber die hebräische beherrsche. Leider konnte ich nicht immer alle meine Gründe gegen die vielen alternativen Ansätze anführen, mit denen ich mich auseinandergesetzt habe. Einige von ihnen habe ich in den Anmerkungen zu jedem Kapitel aufgeführt, aber auch hier gab es Grenzen, die nicht nur in der Leistungsfähigkeit des Außenseiters begründet liegen.

Als ich die Arbeit schon fast beendet hatte, erinnerte mich ein Freund daran, daß ich ihm gegenüber einmal gesagt hätte, ich würde an die Bibel, nicht aber an Gott glauben. Ich hatte diese Bemerkung längst vergessen, aber sie muß mich irgendwie weiter beschäftigt haben. Heute, fünfundzwanzig Jahre später, habe ich dieses Buch geschrieben, um zu erklären, was ich damals meinte.

Danksagung

Was ich über die frühe Geschichte der hebräischen Heiligen Schrift weiß, ist von den Erkenntnissen geprägt, die J. Wellhausen vor über hundert Jahren formulierte. Moderne Versuche, sich davon zu lösen, haben mich nur darin bestärkt, daß Wellhausen recht hatte, und diese Ansicht wird auch heute noch von vielen Wissenschaftlern geteilt. Als Althistoriker habe ich ferner viel Gewinn aus den sehr unterschiedlichen Ansätzen von David Daube und Arnaldo Momigliano gezogen, Forschern, die sich sowohl in der israelitischen wie auch in der klassischen Geschichte sehr gut auskennen. Mein Schlußkapitel zeigt ganz deutlich, wieviel ich den Werken Daubes verdanke, die Kapitel 11 und 12 behandeln Themen, mit denen sich Momigliano sein Leben lang beschäftigt hat. Außerdem bin ich wie viele andere Nutznießer von Emil Schürers großer, zuerst Ende des vorigen Jahrhunderts erschienener *Geschichte des jüdischen Volkes im Zeitalter Jesu Christi*, die in der englischen Übersetzung mit wissenschaftlichen Beiträgen von F. G. B. Millar, G. Vermes, M. D. Goodman und anderen neu herausgegeben wurde. Am meisten verdanke ich jedoch der klaren Einsicht und der außergewöhnlichen Harmonie von Stil und Detailwissen in den Arbeiten E. J. Bickermans. Sein Buch *Four Strange Books of the Bible* ist für mich ein bewundertes Vorbild, und meine Kapitel über die Autoren der biblischen Schriften, das Judentum im Exil und besonders den Prozeß Jesu basieren auf seinem Wissen und seinen Argumenten.

Althistoriker schreiben manchmal, als seien alle Theologen minderbemittelte Menschen. Ich habe diesen Glauben nie geteilt, am allerwenigsten während der Arbeit an diesem Buch. Es gibt Theologen, die ihrerseits in Werken von Altertumswissenschaftlern fundamentalistische Elemente und einen manchmal zu naiven Glauben an die Wahrheit altbekannter antiker Texte aufzeigen können. Der zweite Teil meines Buches, die Kapitel 3 bis 10, reflektiert, was ich von diesen Theologen gelernt habe, besonders aus den Untersuchungen J. Barrs und E. W. Nicholsons. Für die historischen Kapitel im dritten Teil, besonders die Kapitel 14 bis 19, habe ich großen Nutzen aus einem Seminar über die Bibel und die Geschichtswissenschaft gezogen, das meine Kollegen in Oxford im Jahre 1988 hielten. Während dieses Seminars haben mir P. R. S. Moorey, E. P. Sanders, D. M. Lewis, S. P. Brock und M. D. Goodman Material erschlossen, auf das ich allein wahrscheinlich nicht gestoßen wäre. Später hat P. R. S. Moorey die Kapitel zur Bibel-Archäologie kritisch durchgesehen, und M. D. Goodman hat sich kurz vor der Fertigstellung noch einmal scharfsichtig mit dem ganzen Buch auseinandergesetzt. Jeremy Hughes machte wichtige kritische Anmerkungen zu den Kapiteln über das Alte Testament und setzte sich für überzeugende Alternativen ein, die ich übersehen hatte. Tessa Rajaks machte mich mit kritischen allgemeinen und detaillierten Kommentaren auf viele Stellen aufmerksam, an denen ich einen Gedankengang nicht durchgehalten hatte. Besonderen Dank schulde ich Mark Edwards; seine Einsichten, seine Kritik und sein Überblick über die wichtigste Forschungsliteratur haben mich von einigen schwächeren Argumenten und schlecht durchdachten Ansichten abgebracht. Froh war ich auch über die Hilfe von William Eaglestone, der das Register anfertigte, und die anregende Kritik meiner Lektoren Peter Carson und Charles Elliot. Ohne Anne Robinson schließlich gäbe es überhaupt keinen Text. Sie hat das Manuskript in seinen verschiedenen Stadien mit unendlicher Geduld und Sachkenntnis abgetippt.

Anmerkung zur deutschen Ausgabe

Im allgemeinen wurde der Bibeltext der Einheitsübersetzung zugrunde gelegt. Wo dieser Text der Argumentation des Autors widerspricht, der zumeist von der älteren englischen *King James Bible* ausgeht, wurde die Lutherbibel herangezogen. Diese Stellen sind in den Anmerkungen angegeben. Um einen leichteren Zugang zur weiterführenden Literatur zu ermöglichen, wurde außerdem ein Verzeichnis deutschsprachiger Werke zusammengestellt. In ihm finden sich auch, soweit vorhanden, Übersetzungen der wichtigsten vom Autor angegebenen Werke.

TEIL EINS

1

Wie es war im Anfang

I

Im Johannesevangelium sagt Jesus zu Pilatus: »Ich bin dazu geboren und dazu in die Welt gekommen, daß ich für die Wahrheit Zeugnis ablege. Jeder, der aus der Wahrheit ist, hört auf meine Stimme.« Pilatus fragt: »Was ist Wahrheit?« Er erhält keine Antwort.

Es ist die letzte von vier Fragen, die von Jesus nicht direkt beantwortet werden.[1] Diskontinuierliche Dialoge, bei denen die Gesprächspartner nicht auf die Worte des anderen eingehen, kennen wir aus dem modernen Theater. Die Unterhaltung zwischen Pilatus und Jesus ist trotz der tiefen Kluft zwischen den beiden allerdings anders geartet. Pilatus versucht dreimal, eine klare Antwort zu bekommen. Jesus jedoch antwortet mit einer Gegenfrage und bestimmt so das Gespräch, das mit einer direkten Frage nach dem König der Juden beginnt und mit einer allgemeinen Frage nach der Wahrheit endet. »Pilatus erwartet auf seine spöttische Frage keine Antwort«, schreibt Francis Bacon. Nach Augustinus war Pilatus in Gedanken schon bei dem Brauch der Juden,[2] zum Passahfest einen Gefangenen freizulassen, und Pilatus schlägt den versammelten Juden dann auch die Freilassung Jesu vor. Doch seine Frage ist nicht spöttisch gemeint, sie bezieht sich auf seine eigene Zwangslage. Pilatus stellt sie jemandem, der sich selbst als die Wahrheit bezeichnet hat (Joh 14,6). Obwohl der Statthalter der Wahrheit gegenübersteht, geht er zu den Juden hinaus und gibt ihrer falschen Forderung nach, Jesus zu verurteilen.

Pilatus' Frage nach der Wahrheit beschäftigt uns, aber sie selbst ist nicht »wahr«. Sie ist sicher nie so gestellt worden. Zum einen nahm an dem Gespräch vermutlich eine dritte Person teil: Pilatus sprach weder hebräisch noch aramäisch, Jesus höchstwahrschein-

15

lich kein Griechisch.[3] Also mußte wahrscheinlich ein Dolmetscher hinzugezogen werden, auch wenn dies in den Evangelien nicht erwähnt wird. Zum anderen geben die Evangelisten die Szene unterschiedlich wieder. Weder der unbekannte Dolmetscher noch Jesus selbst überlieferte ihnen den exakten Wortlaut. Die Worte, die Johannes, der vierte Evangelist, Jesus und Pilatus in den Mund legt, sind seine eigene Erfindung.

Auf die letzte Frage des Pilatus, die Frage nach der Wahrheit, wurden seither viele Antworten gegeben, und sie ist noch lange nicht gelöst. Die Ausführungen der Philosophen, die stets großen Scharfsinn auf sie verwendet haben, basieren jedoch im allgemeinen noch immer auf einem der beiden folgenden Ansätze: Gemäß der Korrespondenztheorie besteht die Wahrheit in der Übereinstimmung mit den Fakten, gemäß der Kohärenztheorie in der Übereinstimmung mit einem allgemeinen System von Überzeugungen.[4]

Ich möchte die Frage des Pilatus aufnehmen und sie an die Bibel stellen. Zunächst werde ich mich mit der Ansicht auseinandersetzen, daß schon das Wesen und der Ursprung der Bibel allein ihr eine Kohärenz verleihen, die die Frage nach der Wahrheit beantwortet. Danach werde ich untersuchen, inwiefern ihre Texte mit den Fakten übereinstimmen.

Analysen liefern keine vollständigen Antworten. Dies gilt besonders bei so unterschiedlichen Texten, wie sie in der Bibel gesammelt sind. Vielen würde man keineswegs gerecht werden, wenn man sie nur auf die Fakten hin untersuchte: Dazu gehören beispielsweise die Psalmen, das Buch der Sprichwörter, das Buch Ijob (Hiob), Kohelet oder Teile der neutestamentlichen Briefe. Wir finden dort, wie Matthew Arnold es ausgedrückt hat, »Worte für eine großartige Wirklichkeit, die der Autor nicht annähernd erfaßte, die uns aber dennoch mit unbeschreiblicher Kraft in ihren Bann ziehen«. Diese Worte beziehen sich nicht auf die faktische Wahrheit: »Die Bibel ist Literatur. Sie besteht aus Worten, die wie die Worte im täglichen Leben, der Poesie und der Redekunst verwendet werden, nämlich *approximativ,* und nicht *adäquat* wie wissenschaftliche Begriffe.«[5] Die biblischen Texte können uns noch immer mit »unbeschreiblicher Kraft« berühren, doch sind die Gründe dafür nicht offensichtlich. Gibt es eine »großartige

Wirklichkeit«, die sie zu vermitteln suchen? Oder verstehen wir das, was sie sagen, dadurch, wie sie es sagen? Und weil wir als Menschen an dem teilhaben können, was sie in Worte fassen?

Für viele Menschen ist eine Antwort darauf im Glauben und nicht in faktischer Wahrheit begründet. Aber auch unabhängig davon wäre es unsinnig, diese Teile der Bibel wörtlich zu nehmen und jeden Satz danach zu beurteilen, ob er wahr oder nicht wahr ist, ohne auf seine Metaphorik und seine dichterische Sprache einzugehen.

Die Bibel besteht allerdings nicht nur aus solchen Texten. Sie bezieht sich auch auf Ereignisse und Personen in der Zeit vom Ursprung der Welt bis zu ihrem nahe bevorstehenden Ende. Auch hier wird das Erzählte oft interpretiert und durch eine literarische Sprache umschrieben. Es wird jedoch auch dargestellt, Bezug auf die historische Wirklichkeit genommen und prophezeit. Und hier stellt sich die Frage nach der Wahrheit. Ich möchte die Bibel als Historiker untersuchen, der es gewohnt ist, schriftlichen Zeugnissen aus der fernen Vergangenheit die Frage des Pilatus zu stellen.

Die hebräische Bibel, das Alte Testament der Christen, beginnt mit der Erschaffung der Welt. Zwei Evangelien des Neuen Testaments beginnen mit der Geburt Jesu. Diese Anfänge haben ihre eigene reiche Geschichte, eine Geschichte ihrer Ursprünge sowie eine der unterschiedlichen Interpretationen durch Künstler und Leser. Heute muß man diese Texte den Erkenntnissen der Naturwissenschaften gegenüberstellen, die der Vorstellung einer jungfräulichen Geburt oder einer Erschaffung der Welt in nur sechs Tagen widersprechen. Aber auch schon ohne dieses Wissen hatten sich Historiker und aufmerksame Leser mit den Texten befaßt und sie auf die beiden Säulen der Wahrheit hin untersucht: Kohärenz innerhalb der Erzählung und Korrespondenz mit den äußeren Fakten.

II

Die Bibel beginnt mit zwei Schöpfungsgeschichten. In Genesis 1,1 bis 2,4 erschafft Gott die Welt in sechs Tagen und ruht am siebten Tag. Mit seinem Wort scheidet er das Licht von der Finsternis und den Himmel von der Erde. Gras und Bäume wachsen; Sonne, Mond und Sterne leuchten; Vögel und große Seetiere beginnen, sich zu vermehren; das Land bringt Vieh und Kriechtiere hervor; zuletzt schafft Gott die Menschen als sein Abbild, als Mann und Frau. Sie sollen fruchtbar sein und sich vermehren, über die Tiere des Landes, Fische und Vögel herrschen und von allen Pflanzen, Früchten und Bäumen der Erde essen. Die Menschen der ersten Schöpfung sind Vegetarier und bleiben es bis zu Gottes Befehlen an Noach in Genesis 9,1–3.

Der Text gibt keine genaue Auskunft darüber, wie Gott all dies schuf. Geheimnisvoll wie Gott selbst, schreitet die Erzählung von der Trennung von Licht und Finsternis zur Erschaffung der Sterne voran, führt von dem »Geist«, der in der Leere über dem Wasser schwebt, zur Erschaffung des Menschen als Gottes Abbild. Die hebräische Bedeutung dieser Sätze ist noch immer nicht ganz geklärt; vielleicht waren sie noch nie, nicht einmal für den Verfasser, eindeutig. Schon hier sehen wir uns mit einer approximativen Sprache konfrontiert, die die »großartige Wirklichkeit« wiedergeben soll. Der »Geist« beispielsweise könnte ein Wind sein, nicht eine über der Leere schwebende unsichtbare Erscheinung; späteren Gelehrten zufolge gleicht seine Bewegung so gut wie sicher dem Schlagen von Flügeln, obwohl er selbst keine Flügel besitzt. Er ist eine bewegliche, unsichtbare Kraft, die wir uns sanft oder ungestüm vorstellen dürfen. Ich denke ihn mir als unberechenbare Bö, die durch die Leere braust und sich dann kurz legt, ein Wind, der Türen hin- und herschwingen läßt und den Sand aufwirbelt.

Wohl im Unterschied zu dem Verfasser des Textes können wir den ersten Vers der Bibel auf zwei Arten lesen: als unabhängigen Satz (»Im Anfang schuf Gott Himmel und Erde«) oder als Satzteil, der den folgenden beiden Sätzen untergeordnet ist (»Im Anfang von Gottes Schöpfung … war die Erde wüst und wirr«). Aufgrund sprachlicher Kriterien läßt sich die Alternative nicht entscheiden. Gab es das Chaos schon, als Gott sich an die Arbeit machte, oder schuf er, wie allgemein angenommen wird, auch das Chaos? Was genau bedeutet das hebräische Wort für »schaffen«? Auch die Darstellung des zweiten Tages wirft Probleme auf. Es wird gesagt, daß Gott am Abend jeden Tages sein Werk gutheißt (»Gott sah, daß es gut war«). Nur am zweiten Tag, an dem er Wasser und Himmel voneinander scheidet, sagt er im hebräischen Text nichts. Diese Feststellung beunruhigte einige aufmerksame jüdische Leser. Ihre Erklärungen aus der frühchristlichen Zeit kennen wir: Sie nahmen an, daß Gott seiner Arbeit die Anerkennung verweigerte, weil der zweite Tag ein Tag der Trennung war, ein Tag, an dem die Einheit der Welt zerstört wurde.[6] Aber es gibt eine einfachere Erklärung: Wahrscheinlich sind die bestätigenden Worte in Vers 8 in dem hebräischen Text, der im 2. Jahrhundert n. Chr. verwendet wurde, einfach ausgefallen. In früheren griechischen Übersetzungen, denen anscheinend ein besseres hebräisches Manuskript zugrunde lag, sind sie vorhanden.

Die erste Schöpfungsgeschichte kann so gelesen werden, daß die Menschheit niemals nur männlich war, daß es von Anfang an schon Männer und Frauen gab. Die Worte in Genesis 1,27 lassen sich nicht geschlechtsspezifisch zuordnen und erlauben so die feministische Lesart, wonach Gott zunächst ein »Erdengeschöpf« schuf und der Mann nicht vor der Frau existierte.[7] In einer anderen Sache drückt sich der Autor der Schöpfungsgeschichte eindeutig aus: Der Sabbat war so alt wie die Geschichte der Welt. Gott, so schreibt er, vollbrachte sein Werk in sechs Tagen; den siebten Tag, an dem er ruhte, segnete und heiligte er. Gott war mit seiner Arbeit zufrieden (»Es war sehr gut«). Er gab der Menschheit einige einfache Anweisungen und sprach keine Verbote aus; nichts störte die Beziehung der Menschen zu Gott.

Außer den jüdischen, christlichen und feministischen Lesern und Leserinnen setzten sich auch andere kritisch mit dieser Geschichte auseinander, und zwar lange bevor Darwin die Details widerlegte. Philosophie war keine jüdische, sondern eine griechische Erfindung. Die griechischen Denker, die eine Übersetzung der Genesis in die Hand bekamen, fanden die Darstellung der Schöpfung wenig überzeugend. Sie bemängelten, daß der Text keine Angaben über die Materialien enthalte, mit denen Gott gearbeitet haben müsse und die schon existiert haben müßten, bevor er die Welt daraus schuf; also faßten sie den ersten Vers der Bibel genau so auf, wie auch unsere gängigen Übersetzungen aus dem Hebräischen ihn verstehen. Der berühmte Arzt und Philosoph Galenus berichtete in der Mitte des 2. Jahrhunderts n. Chr. über den Einwand, den griechische Denker üblicherweise gegen die Schöpfungsgeschichte der Bibel vorbrachten: Der Verfasser der Genesis »glaubt, daß für Gott alles möglich sei, daß er aus Asche sogar einen Stier oder ein Pferd erschaffen könne«.[8] Je mehr wir jedoch aus alten Texten über andere Schöpfungsmythen in den Kulturen des Nahen Ostens erfahren, um so weniger außergewöhnlich erscheint uns eine »Schöpfung allein durch Gottes Wort«.[9] Sie wird jedoch durch dieses Wissen nicht glaubwürdiger.

Allerdings soll die erste Schöpfungsgeschichte nach weitverbreiteter Meinung einen griechischen Leser aus anderen Gründen beeindruckt haben. Wir besitzen ein Buch zum Thema Literaturkritik mit dem Titel *Vom Erhabenen*, das vermutlich ein Heide, dem die Wissenschaft den Namen Pseudo-Longinus gegeben hat, in der römischen Kaiserzeit, wohl Ende des 1. Jahrhunderts n. Chr., auf Griechisch verfaßte. Pseudo-Longinus zitiert die ersten Worte Gottes in der Genesis nach einer ihm bekannten Version (in der Antike gab es unterschiedliche griechische Fassungen) und lobt sie ihres erhabenen Stils wegen. »Es werde Licht. Und es wurde Licht.« Der vornehme Imperativ passe zu Gottes edlem Werk.[10] Seit dem 17. und besonders im 18. Jahrhundert wurde dieser Kommentar als Tribut eines Nichtchristen an die literarische Kraft der Bibel gepriesen. »Die Bibel ist auch im weltlichen Sinn ein Klassiker«, schreibt C. S. Lewis. »In den folgenden Zeitaltern läßt sich kaum Vergleichbares finden.« Im Text des Pseudo-Longinus wirkt das Bibelzitat jedoch als Fremdkörper und steht seltsam störend zwischen zwei aufeinander bezogenen Anspielungen auf die Dichtung Homers. Es ist daher denkbar, daß es sich um einen späteren Zusatz handelt, den ein christlicher Leser dem heidnischen Text hinzufügte und der dann, wie so häufig, in den erhaltenen Abschriften späterer Kopisten überliefert wurde. Damit wäre gerade diese erste Lobpreisung der Bibel als Literatur ihrerseits ein warnendes Beispiel: Auch sie wäre eine Einfügung in den Text eines anderen, früheren Autors.

In Genesis 2,4 bezieht sich der Verfasser des Textes auf sein eigenes Werk: »Das ist die Entstehungsgeschichte von Himmel und Erde, als sie erschaffen wurden.« Nach üblicher Lesart beziehen sich diese Worte auf die siebentägige Schöpfung, die der Autor gerade beschrieben hat. An anderen Stellen in der Genesis, neunmal insgesamt, bezieht sich eine solche Ausdrucksweise dagegen auf das, was folgt. Wenn die Worte sich auch hier auf das Folgende beziehen, wären sie eine Art Verbindung zwischen der Geschichte der ersten sieben Tage und einer zweiten Schöpfungsgeschichte: Im zweiten Teil des Verses 2,4 beginnt der Autor einen zweiten Schöpfungsbericht, den von Adam und Eva.[11]

Ob nun die ersten Worte in Vers 2,4 nach vorn oder, was wahrscheinlicher ist, zurückverweisen, sie können jedenfalls nicht verbergen, daß der nächste Abschnitt der ersten Passage klar widerspricht. Die Welt existiert, wird uns jetzt erzählt, es gibt jedoch noch keine Pflanzen und keinen Regen (Gen 2,5). Gott nimmt »Erde vom Ackerboden« (*adamáh* im Hebräischen) und formt den Menschen (*adám*); die Ähnlichkeit der Worte scheint auf eine echte Verbindung zwischen den beiden Objekten hinzuweisen. Anders als die Schöpfung in Genesis 1,27 ist diese hier klar männlich. Der Mann existiert vor der Vegetation. In Vers 1,12 hingegen waren Gras, Sträucher und Bäume am dritten Tag geschaffen worden; die Menschheit mußte bis zum sechsten Tag warten.

Es folgt ein sehr eindrucksvolles Bild: Gott belebt die Handvoll Erde, indem er sie anbläst. Spätere Denker brachten den göttlichen Atem mit dem inneren Gewissen des Menschen in Verbindung, durch das Gott uns leitet. Gott setzt den belebten Erdklumpen in den Garten von Eden, zu dessen üppiger Ausstattung zwei besondere Bäume gehören, der Baum der Erkenntnis und der Baum des Lebens. Dann spricht Gott die ersten Worte zu seinem Gärtner; auch das ist ein Topos mit einer langen Geschichte. Er spricht ein Gebot und ein Verbot aus und bekräftigt beides mit einer Warnung: »Von allen Bäumen des Gartens darfst du essen, doch vom Baum der Erkenntnis von Gut und Böse darfst du nicht essen; denn sobald du davon ißt, wirst du sterben.« Über den Baum des Lebens wird an dieser Stelle nichts gesagt.

Als Gott bemerkt, daß der Mensch allein ist, formt er die Vögel und die Tiere des Feldes und bringt sie zu Adam, damit er sie benenne. Er schafft dem Mann aus einer seiner Rippen eine Gehilfin. Der Mann (hebräisch *isch*) nennt das Wesen *ischáh* (»vom Mann ist sie genommen«). Der Text stellt eine Verbindung zwischen der Erschaffung der Frau und der später folgenden sexuellen Vereinigung und Geburt von Kindern her (»ein Fleisch«).[12] Das Paar ist nackt, bis die Schlange die Frau verführt, indem sie Gottes

Verbot verzerrt darstellt.[13] Sie fragt: »Hat Gott wirklich gesagt: Ihr dürft von keinem Baum des Gartens essen?«, als seien alle Bäume verboten und nicht nur einer oder zwei. In ihrer Antwort bezieht sich die Frau nur auf den einen Baum, und während Gott nur das Essen der Früchte verboten hatte, geht sie noch darüber hinaus: »Gott (hat) gesagt: Davon dürft ihr nicht essen, und daran dürft ihr nicht rühren, sonst werdet ihr sterben.« Die Schlange versichert ihr, daß die Mißachtung des Gebotes nicht den Tod zur Folge haben wird, und sie behält Recht. Das Menschenpaar ißt, beiden gehen die Augen auf, und Gott macht seine Drohung tatsächlich nicht wahr. Obwohl er seinem Gärtner die Todesstrafe angedroht hatte, gibt er jetzt nach und vertreibt das Paar in ein Leben voll mühseliger Arbeit. Wie der Mann und die Frau hat auch Gott seine Freiheit und nutzt sie aus: Die Todesstrafe wird zum ersten Mal als Abschreckungsmittel eingesetzt und versagt.

Die erste Schöpfungsgeschichte gliedert die Zeit in sieben Tage; der zweite Bericht unterteilt den Raum, trennt einen Garten von der Welt ab und hebt zwei besondere Bäume aus dem Arboretum Gottes hervor. Die zweite Geschichte stellt uns vor noch mehr offene Fragen als die erste. Im Hebräischen wuchern die Wortspiele wie das Grün im Garten von Eden, doch dienen sie der Erzählung, indem zum Beispiel ähnliche Namen auf eine reale Verbindung zwischen den bezeichneten Dingen hinweisen. Die Abfolge der Ereignisse wirft Probleme bezüglich der genauen Zeitpunkte, der Motive und der Beziehungen zwischen den Geschlechtern auf. Angesprochen werden auch die Themen Sexualität und Tod. Welchen Status hatte die erste Frau als Gehilfin des Mannes: Stand sie dem Manne vor dem Sündenfall gleichrangig gegenüber oder war sie ihm untergeordnet?[14] Wie sollen wir uns die ersten Stunden unserer Ureltern vorstellen? Waren sie nackt, aber unsterblich, solange sie unschuldig blieben? Waren sie wie Kinder, bis sie die Realitäten des Lebens erkannten und ins Erwachsenenleben gestoßen wurden? Das entspricht am ehesten den heute gängigen Vorstellungen. Oder waren sie von Beginn an sterblich und schon im ersten Garten der Glückseligkeit sexuell aktiv, wie es von vielen jüdischen Rabbinern und von John Milton dargestellt wurde?[15] Wie steht es dann um die zeitliche Abfolge: Wenn Adam und Eva schon im Garten von Eden miteinander schliefen, wurde dann Kain, ihr gottloses Kind, im Paradies gezeugt? Sicher nicht. Also müssen alle Ereignisse in einen einzigen Tag gepackt werden. Als der Tag, den Adam und Eva im Paradies verbrachten, wurde früher häufig der 22. April genannt. Wenn die Schöpfung am Mittag und der Sündenfall vor Einbruch der Dämmerung stattfand, war die Chance einer zwischenzeitlichen Empfängnis nur gering. Viele Details können sexuell gedeutet werden. Verlieh die Frucht vom Baum der Erkenntnis moralisches, universelles oder sexuelles Wissen? Warum drängte sich die Schlange Eva auf? Nach einer Interpretation wurde sie eifersüchtig, als sie das menschliche Paar im Garten miteinander schlafen sah.

Außerdem ist unklar, warum Gott gerade eine Frau schuf, um Adam eine Hilfe an die Hand zu geben. Augustinus fragte sich, warum er ihm statt dessen nicht einen zweiten männlichen Gärtner zur Seite stellte. Schließlich war die Frau nicht das erste Lebewesen, das Gott nach dem Mann erschuf: Erst nachdem er schon Vögel und Feldtiere geschaffen hatte, stellte er fest, daß »eine Hilfe, die dem Menschen entsprach«, noch nicht gefunden war. Hatte er angenommen, daß Tiere genügen würden? Adam begrüßte die Erschaffung Evas mit den Worten: »Das endlich ist ...«[16] Ein jüdischer Gelehrter hat die Ansicht vertreten, daß die Tiere zuerst erschaffen werden mußten, damit Adam beim Anblick ihrer Paarung bewußt wurde, daß ihm etwas fehlte. Gott führte alle Tiere vor den Menschen, um sie benennen zu lassen: Setzt Namengebung nicht gründlicheres »Erkennen« voraus? »Und du sollst, meinem Gefühl nach, ›Igel‹ genannt werden ...«

Die beiden Schöpfungsberichte von der Erschaffung der Welt in sieben Tagen und von Adam und Eva können nicht beide wahr sein, da sie sich in Einzelheiten widersprechen. Der Mensch, die Tiere und die Pflanzen werden in unterschiedlicher Reihenfolge geschaffen, Mann und Frau auf verschiedene Weise. Aufmerksamen Lesern in der Antike fielen die Widersprüche auf, und wir kennen Erklärungsversuche gelehrter Juden aus christlicher Zeit. Wie auch viele spätere Leser nahmen sie an, daß die Kohärenzprobleme der Schrift auf eine weitere Bedeutungsebene des Textes hinwiesen, die ein erleuchtetes Ganzes aus ihm mache. Der Garten, die Schlange und die doppelte Schöpfung seien Hinweise auf verborgene Wahrheiten. Juden, die mit der griechischen Philosophie vertraut waren, glaubten, die erste Entstehung des Menschen »als Abbild Gottes« sei eine ideale Schöpfung in Gottes Gedanken, während die zweite, irdische Menschwerdung Gottes Schöpfung in der sichtbaren Welt darstelle. Es wurde sogar die Ansicht vertreten, der erste Adam sei ein Hermaphrodit gewesen und die Unterteilung in die beiden Geschlechter habe erst bei Gottes zweitem Versuch stattgefunden.[17]

Leser, die an der wortgetreuen Bedeutung des Textes festhielten, widersprachen dieser Interpretation, zahlreiche jüdische Gelehrte, frühchristliche Denker und Philosophen der Renaissancezeit hingegen schlossen sich ihr an. Ihre Überlegung war einfach: Die Widersprüche in Genesis 1–3 sind so offensichtlich, daß sie beabsichtigt sein müssen.

Denkbar ist allerdings auch, daß sich die beiden Geschichten auf zwei verschiedene Schöpfungen beziehen und beide wahr sind. Mitte des 17. Jahrhunderts erklärte der Franzose Isaac La Peyrère (1594–1676), ein protestantischer Gelehrter, die erste Schöpfung habe die nichtjüdischen Völker hervorgebracht, die zweite das besondere Volk Adams, die Juden.[18] Die Vorstellung von prä-adamitischen Völkern war angesichts der Fragen, mit denen sich die Gelehrten damals beschäftigten, äußerst plausibel. Sie erklärte den Widerspruch zwischen der Zeitangabe der Bibel für die Erschaffung Adams und den viel älteren und weiter zurückreichenden Chroniken der Griechen und Ägypter, die auch durch indische und chinesische Texte bestätigt wurden. Sie erklärte, warum in der Geschichte von der Bestrafung Kains (Gen 4) neben Adams Familie noch weitere Menschen erwähnt werden. Und sie erklärte die Herkunft der Bewohner der Arktis und Amerikas, von denen man erst kurz zuvor im Zeitalter der Entdeckungen erfahren hatte. Die Amerikaner, so glaubte man jetzt, waren nicht etwa lange verlorengegangene Kinder Adams, die die Kontinentalverschiebung aus dem Garten von Eden nach Westen verschlagen hatte. Sie waren wie die Eskimos Prä-Adamiten, Nachfahren jener Völker, die nach Genesis 1,27 als Abbild Gottes in der ersten Schöpfung entstanden waren. Die Theorie der Prä-Adamiten wurde in ganz Europa heftig diskutiert und hatte weitreichende Auswirkungen auf Geschichts- und Rassentheorien; wenn die Geschichte der Bibel von der Erschaffung Adams an nur die Geschichte der Juden, der Nachkommen Adams, war, dann konnte die Frühgeschichte anderer Völker rekonstruiert werden, ohne die Autorität der Bibel zu schmälern. Und wenn es zwei Schöpfungen gab, eine der Nichtjuden und eine der Juden, stellte sich natürlich die Frage, welche höherwertiger war. La Peyrères Idee der zwei Schöpfungen erlebte die verschiedensten Interpretationen und eröffnete den Historikern neue Perspektiven. Entgegen den Absichten ihres Urhebers wurde sie bis ins 19. Jahrhundert benutzt, um Sklaverei und Antisemitismus zu legitimieren.

Die beiden Schöpfungsgeschichten lassen sich jedoch viel einfacher erklären: Sie wurden zu verschiedenen Zeiten von zwei verschiedenen Autoren verfaßt. Die erste Veröffentlichung dieser richtigen Theorie 1711 durch den deutschen Geistlichen H. B. Witter blieb allerdings unbeachtet, und gewöhnlich wird Jean d'Astruc, ein Arzt Ludwigs XV., als ihr Urheber genannt.[19] Er unterschied 1753 zwei Quellen für die ersten Kapitel der Genesis und erklärte, Mose habe das gesamte Buch aus vier verschiedenen Texten zusammengestellt, die der aufmerksame Leser noch immer unterscheiden könne. Die Theorie wurde verbessert und erweitert und erlangte bis zum Ende des Jahrhunderts bei den Gelehrten allgemeine Anerkennung.

Heute ist die Auffassung, Mose habe den Text des Buches Genesis geschrieben oder bearbeitet, überholt. Außerdem wissen wir, daß der erste Schöpfungsbericht später entstanden ist als der zweite. Der erste Bericht stammt von einem jüdischen Priester, der an eine Schöpfung in sieben Tagen glaubte.[20] Von ihm stammen Teile der Genesis und der folgenden Bücher Exodus, Levitikus und Numeri. Über den Zeitpunkt der Abfassung und mögliche Revisionen seiner Arbeit streiten sich die Wissenschaftler zwar noch, am wahrscheinlichsten ist aber, daß der Text als Ganzes gegen Ende des 6. Jahrhunderts v. Chr. entstand. Nach der Rückkehr der Juden aus dem Exil kam dem Sabbat, dem heiligen Tag, in den religiösen Texten dieser Periode besondere Bedeutung zu. Deshalb stellte der Autor den Tag, der als Mittelpunkt des jüdischen Lebens galt, ins Zentrum der Schöpfung Gottes.

Die zweite Geschichte erzählt vom Garten Eden, von Eva und dem Sündenfall. Das Werk des Autors, der nachweislich noch andere Teile der Genesis und der folgenden Bücher verfaßte, enthält keinen Hinweis auf die große Katastrophe, das Ende des Nordreichs von Israel um 722 v. Chr., wurde also vermutlich früher geschrieben;[21] einige Forscher setzen den Ursprung der Geschichte sogar schon in die Zeit zwischen 930 und 900 v. Chr. Sie könnte also aus derselben Zeit stammen wie die Werke eines berühmten westlichen Nachbarn: Die ersten griechischen Texte zum Ursprung der Götter und den Ursachen des menschlichen Elends sind die Dichtungen Hesiods (um 730–700 v. Chr.). Hesiod knüpft in vielem an die Mythen und Geschichten der Phönizier an, der Nachbarn des Volkes Israel. Auch er schreibt eine Schöpfungsgeschichte und einen Mythos von der ersten Frau, Pandora, die schuld ist am Elend der Menschheit. In der Geschichte der Frauen ist das 8. Jahrhundert v. Chr. eine dunkle Zeit.

Die Leistungen der beiden Verfasser der Genesis sind unterschiedlich beurteilt worden. Einer Ansicht nach steht hinter der Geschichte der Schöpfung in sieben Tagen eine Lehre, ein »altes heiliges Wissen, das über viele Generationen von Priestern bewahrt und weitergegeben, immer wieder überdacht, gelehrt, verbessert und erweitert wurde«.[22] Der Autor erdachte die Schöpfung nicht: Er schrieb nur nieder, was andere Menschen sich über Jahrhunderte hinweg erzählt hatten. Die besondere Hervorhebung des Sabbat läßt vermuten, daß die Niederschrift aus dem 6. Jahrhundert stammt. Anders als in Homers Epen weisen jedoch weder die Sprache noch der Stil der beiden Geschichten auf eine Entstehung in der mündlichen Überlieferung hin. Unseren Erkenntnissen nach könnten beide als die jeweils persönliche Version eines einzigen Autors entstanden sein, dessen Meinung nicht unbedingt mit der seiner Zeitgenossen übereinstimmen mußte.

Vor allem einige große deutsche Wissenschaftler vertreten die Ansicht, daß die Geschichten, wie wir sie heute vor uns haben, anderen Erzählungen entstammen, deren Spuren wie eine Geheimschrift zwischen den Zeilen hervorscheinen. Die Autoren müssen sich im klaren darüber gewesen sein, was sie den Texten schuldig waren: Wie konnten sie dann glauben, daß sie die letzte Wahrheit zum Thema Schöpfungsgeschichte niederschrieben, wenn sie doch alte Berichte verwendeten oder zumindest kannten, in denen andere Meinungen vertreten wurden? Der Autor des später entstandenen Schöpfungsberichtes in Genesis 1 kannte sicher die ältere

Erzählung von Eva und dem Garten von Eden: Sein Bericht ist weniger detailliert und zeigt darin »deutlich die Tendenz zu äußerster Zurückhaltung ... gegenüber dem Interesse, wie die Erschaffung des Menschen vor sich ging«. Und diese Zurückhaltung sollten auch wir walten lassen, »entsprechend dem den ganzen Schöpfungsbericht der Priesterschrift bestimmenden Bestreben, in Ehrfurcht das Geheimnis der Schöpfung zu wahren, das dem menschlichen Verstehen nicht zugänglich ist. Gerade damit aber wird dem menschlichen Fragen und Forschen nach den Anfängen des Menschengeschlechts – sofern es dieses letzte Geheimnis respektiert – Raum gegeben.«[23] Wir müssen jedoch kritischer sein als ein Autor aus dem 6. Jahrhundert v. Chr.

Beide Geschichten bieten keine geradlinige Erzählung. Es gibt Passagen in direkter Rede, es wird berichtet, was Gott sagte und dachte, und die Menschen sprechen Lobpreisungen aus oder reden von der Zukunft. Glaubten die Autoren selbst, daß alles genau so vonstatten gegangen war, wie sie es beschrieben? Wir versuchen heute, ihr Ansehen zu wahren, indem wir ihre Geschichten Mythen nennen, als hätten sie nur eine allgemeine Wahrheit ausdrücken wollen, Gottes Beteiligung an der Schöpfung vielleicht oder sein Geschenk der moralischen Freiheit an die Menschheit.[24] Die erste Geschichte mit ihren sieben Tagen ist jedoch kein Mythos, sondern ein bemerkenswert unmythischer Auftakt, der sich von den uns bekannten Schöpfungsmythen der anderen Kulturen des Nahen Ostens stark unterscheidet. Dort geht die Entstehung der Welt immer mit Kämpfen einher, hier handelt Gott, ohne Kampf oder Widerstand herauszufordern. Die zweite Erzählung ist schwerer zu beurteilen. Geschichten über unsere Ureltern und deren Entstehung aus der Erde gibt es auch in anderen Kulturen, nur die Besonderheiten bei der Erschaffung der Frau sind uns aus keiner anderen Überlieferung im Nahen Osten bekannt. Glaubte der Autor der zweiten Geschichte, daß alles so geschehen war, wie er es beschrieb? Was für uns Mythos ist, mag für ihn etwas ganz anderes gewesen sein. Der frühgriechische Dichter Hesiod leitet seine Erzählung von der Herkunft der Götter und der ersten Frau damit ein, daß ihm die Musen erscheinen und versprechen, die wahre Geschichte, keine Lügen, zu erzählen. Was er dann aufschreibt, sind unserer Auffassung nach Mythen. Was wir einen

Mythos oder eine Erzählung nennen, kann demnach für einen früheren Autor Wahrheit gewesen sein, auch wenn er selbst sich der Problematik des Mythos und seiner Wahrheit bewußt war und sie diskutierte.

Wir wissen nicht, welche Absichten die beiden Autoren mit ihren Schöpfungsberichten verfolgten, aber wir wissen mit Sicherheit, daß die Nachwelt die Berichte als wahr ansah. Einige Zeit nach ihrer Abfassung, höchstwahrscheinlich vor 400 v. Chr., verband ein dritter Schreiber die beiden Geschichten zu einer einzigen. Wahrscheinlich waren beide inzwischen zu bekannt geworden, als daß eine hätte ausgeschlossen werden können. Und während wir heute ihre Widersprüche herausstellen, war der Herausgeber vielleicht gerade von ihrer Ungleichartigkeit beeindruckt. Die erste Geschichte erzählte vom Ursprung des Universums, die zweite dagegen befaßte sich mit den Gründen für das Leiden des Menschen. Die Widersprüche waren allerdings offensichtlich, um so mehr, als die Worte in Genesis 2,4 über die »Entstehungsgeschichte von Himmel und Erde« vielleicht schon in der ersten Version die Geschichte abrundeten. Hat der Herausgeber den Konflikt gesehen und gerade mit diesen Texten begonnen, um uns darauf aufmerksam zu machen, daß die Schöpfung eine Angelegenheit war, in der nicht Tatsachen, sondern Ansichten vorherrschten? Sollte wirklich diese Absicht dahinter gestanden haben, so war es erst Darwin, der sie den Lesern nahebrachte. Wenn man die Widersprüche an anderen Stellen der Bibel zählt und weiß, wie Herausgeber mit dem Material, das sie erhalten, umzugehen pflegen, wird man eine naheliegendere Lösung vorziehen. Der Kompilator der Genesis bekam zwei Schöpfungsgeschichten mit offensichtlich völlig verschiedenen Grundthemen in die Hände. Also stellte er die eine hinter die andere, als seien sie komplementär. Ein paar Kapitel weiter tat er dasselbe mit zwei widersprüchlichen Geschichten über die Sintflut.

Der von ihm edierte Text hat viele Leser gefunden, aber dennoch enthalten die Bücher der hebräischen Bibel, des Alten Testaments der Christen, nur wenige direkte Verweise auf die Schöpfungsgeschichten.[25] Überraschenderweise werden auch die Verführung Evas und das Drama des Sündenfalls nicht mehr erwähnt, obwohl das Thema spätere jüdische Autoren faszinierte. Erst um 200 v. Chr.

finden wir in den Schriften von Ben Sira (dem Autor des Buches Jesus Sirach) den Fall Evas als Ursprung von Sünde und Tod beschrieben.[26] Zur Interpretation dieser Stelle wurde darauf hingewiesen, daß zu Lebzeiten des Ben Sira jüdische Frauen mehr Rechte als im 8. Jahrhundert v. Chr. besaßen. Sie bekamen eine Mitgift, wenn sie heirateten; sie konnten erben und vererben; sie konnten Heiratsverträge zu ihren Gunsten aufsetzen lassen, die vom Ehemann beachtet werden mußten. Für Ben Sira waren gehorsame Ehefrauen selten, und selbstbewußte Frauen waren die Wurzel allen Übels.

Erst im Neuen Testament finden sich die bekannten innerbiblischen Bezüge auf die Schöpfungsberichte. Im Markusevangelium spielt Jesus auf Verse aus den Schöpfungsgeschichten an, um das jüdische Gesetz zu verschärfen und seine Ablehnung der Scheidung zu untermauern: »Am Anfang der Schöpfung aber hat Gott sie als Mann und Frau geschaffen. Darum wird der Mann Vater und Mutter verlassen, und die zwei werden ein Fleisch sein« (Mk 10,6–8). Jesus zitiert hier aus beiden Geschichten, als seien sie eine zusammenhängende Einheit, und bezieht die Zitate auf ein Thema, mit dem sie ursprünglich nichts zu tun hatten. »Gott (hat) sie als Mann und Frau geschaffen« – warum aber sollten sie sich deshalb nicht scheiden lassen? Es ist sogar behauptet worden, daß der Jesus des Markusevangeliums der Auffassung seiner jüdischen Zeitgenossen anhing, der von Gott geschaffene Mensch sei ein Hermaphrodit gewesen, der beide Geschlechter in sich vereinigte.

Später zitiert der christliche Verfasser des 1. Briefes an Timotheus die Geschichte von Adam und Eva, um das geringere Ansehen von Frauen in der christlichen Gemeinde zu rechtfertigen. »Daß eine Frau lehrt, erlaube ich nicht, auch nicht, daß sie über ihren Mann herrscht« (1 Tim 2,12). Adam war überlegen, weil er vor Eva geformt worden war; außerdem wurde Eva verführt, nicht Adam. Der Autor des Timotheusbriefes zitiert nur aus der zweiten Schöpfungsgeschichte, denn aus der ersten geht nicht hervor, daß der Mann zuerst geschaffen wurde. Zudem stellt er den Text verzerrt dar: Eva ließ sich zwar zuerst verführen, doch dann überredete sie Adam zur Sünde. Nach der Aussage des Briefes kann die Frau dadurch gerettet werden, daß sie Kinder zur Welt bringt. Im Buch Genesis steht nichts dergleichen. Dort werden vielmehr die Geburtsschmerzen und die Fruchtbarkeit als Strafe für Evas Ungehorsam dargestellt.[27]

Durch den konstruktiven Mißbrauch des Alten Testaments entstand es in den späteren Texten völlig neu. Den Höhepunkt dieser Entwicklung markieren die dem Paulus zugeschriebenen Briefe. Im Brief an die Epheser (Eph 5,31–32) deutet der Verfasser die Verbindung von Mann und Frau (»ein Fleisch«) als einen geheimnisvollen Hinweis auf die Einheit von Christus und der Kirche. Für diese Interpretation finden sich in der Schöpfungsgeschichte jedoch keine Anhaltspunkte. Im Brief an die Römer (Röm 5,12–18) schreibt Paulus seinen Mitchristen, »durch einen einzigen Menschen«, Adam, sei »die Sünde in die Welt (gekommen), und durch die Sünde der Tod«. Die berühmten Verse haben umfassende Theorien über die Sünde und die Erbsünde nach sich gezogen und bei vielen Christen die Einstellung zur menschlichen Natur verändert, denn in Paulus' Interpretation ist der Sündenfall von Adam und Eva offensichtlich nicht nur eine moralisierende Geschichte über das Schicksal eines Paares, sondern die Ursache einer alle Menschen betreffenden Veränderung. Die Worte Sünde oder Sündhaftigkeit kommen im hebräischen Text jedoch nicht vor. Erst Augustinus kam zu dem Schluß, daß die Erbsünde durch Adam auf uns alle übertragen worden sei, und untermauerte seine Ansicht mit den Worten des Paulus in Römer 5.[28] Dabei stützte er sich jedoch auf eine fehlerhafte lateinische Übersetzung des Textes. Im griechischen Text stand nur: »Auf diese Weise gelangte der Tod zu allen Menschen, weil alle sündigten.« Augustinus' Interpretation basierte auf einem Text, der fälschlicherweise lautete: »Der Tod gelangte zu allen Menschen wegen Adam, durch den alle sündigten.« Die Erbsünde wurde also in die Genesis hineingelesen und dann infolge eines Übersetzungsfehlers mit dem Paulus-Brief in Zusammenhang gebracht.

Im Buch Genesis spricht nichts gegen die Annahme, daß Adam und Eva von Beginn an dazu geschaffen waren, miteinander zu schlafen, Nachkommen zu zeugen und schließlich zu sterben. Gott spricht sein Urteil und sagt zu Adam, er solle »im Schweiße seines Angesichts« sein Brot essen, »bis du zurückkehrst zum Ackerboden; von ihm bist du ja gekommen. Denn Staub bist du, zum Staub mußt du zurück.« Die Mühsal, nicht der Tod ist die Strafe.

Der Tod war schon immer Teil der Natur des Paares, und trotz der Bestrafung sterben beide erst lange Jahre nach der Vertreibung aus dem Garten von Eden. Weil jedoch Adam gesündigt hat, wird die Arbeit des Mannes anstrengend, er muß jedes Stückchen Erde mühsam bearbeiten, damit es Frucht bringt. Durch Evas Sünde wird die Geburt schmerzhaft. Die beiden sündigen durch die Übertretung des Verbotes, vom Baum der Erkenntnis zu essen. »Ungehorsam: die Erbtugend des Menschen«, bemerkte Oskar Wilde süffisant. Gott vertreibt sie nicht aus dem Garten von Eden, um sie sterben zu lassen, sondern um zu verhindern, daß sie weitere Verbrechen begehen und auch noch vom Baum des Lebens kosten (Gen 3,22). Adams und Evas Fehlverhalten verdammt uns nicht zum Tod, sondern zu harter Feldarbeit und schmerzhafter Geburt. Und es nimmt uns die Möglichkeit, uns das ewige Leben anzueignen.

»Jeder Exeget schafft sein eigenes Eden«, schreibt Voltaire.[29] Christliche Interpreten haben Adams Sünde mit der Erlösung durch Christus verbunden oder sich mit den Parallelen befaßt, die auch in der christlichen Kunst immer wieder dargestellt wurden: Es gibt Übereinstimmungen zwischen der Benennung der Tiere durch Adam und den frühchristlichen Wundern, zwischen der Vertreibung Adams und Evas aus dem Paradies und der Verkündigung an Maria, die bescheidene zweite Eva.[30] Außerdem haben die Lücken des Schöpfungsberichts immer wieder Anlaß zu unzulässigen sexuellen Deutungen gegeben. Die Frucht des Baumes war nach Augustinus ein Aphrodisiakum, das sexuelle Begierden auslöste und den Willen bezwang.[31] Viele Künstler, darunter Dürer, setzten in ihren Darstellungen eine sprungbereite Katze unter den Baum, von dem unsere Ureltern aßen. Katzen waren in der frühchristlichen Literatur ein Symbol für sexuelles Verlangen geworden (von den Muslims dagegen wurden sie hoch geachtet). Wir müssen die theologischen Vorstellungen vieler späterer Jahrhunderte vergessen, bis wir Adam und Eva im Garten von Eden sehen, wie Rembrandt sie zeichnete: weltliche, grobe Menschen, keine kindlichen Wesen ohne sexuelles Wissen.

Wenn man diese Zeichnungen mit der Geschichte im Buch Genesis vergleicht, so stellt man fest, daß hier den Katzen und Äpfeln (die Frucht wird in der Bibel nicht spezifiziert), vor allem aber

31

den Schlangen und den Frauen Unrecht getan wird. John Donne beschrieb das Paradoxon: »Wer sündigte eigentlich? Es war weder der Schlange noch ihr, die noch nicht geschaffen war, verboten worden.«[32] (Gottes Verbot, vom Baum der Erkenntnis zu essen, ist nicht an die Schlange gerichtet und wird ausgesprochen, bevor Eva aus Adams Rippe geformt wird.)

Dennoch wird das unterwürfige Verlangen der Frau nach dem Mann als eine Strafe für den Sündenfall betrachtet. Im England des 17. Jahrhunderts wurden die Frauen ermutigt, in ihren Gebeten um Verzeihung für die Sünden Evas zu bitten. Eine religiöse Gruppe in Israel verlangt noch immer ein ähnliches Gebet von den jüdischen Frauen.

Die ersten Kapitel der Genesis besitzen nicht die Kohärenz, die nötig ist, um Wahrheit zu stiften, denn sie setzen sich aus zwei widersprüchlichen Quellen zusammen. Sie entsprechen nicht den Fakten: Wir wissen heute genauer Bescheid über das Alter der Welt und ihre Evolution, die länger als sechs Tage dauerte und mehr war als ein Garten voller Pflanzen in der Nähe des Eufrat. Die Spuren unserer Eva führen nach Afrika, Adam muß man sich als Pygmäen vorstellen. Trotzdem inspirieren die Schöpfungsgeschichten noch immer unsere Vorstellungskraft. So wurden im 16. Jahrhundert die Reliquien aus der Kathedrale von Canterbury entfernt, und dabei ging auch die Handvoll Staub verloren, aus der nach der Vorstellung der Gläubigen Adam geschaffen wurde. In den Schöpfungsberichten werden Themen angesprochen, die auch heute noch interessant sind: die Beziehung zwischen den Menschen und den Tieren, die Rechte von Mann und Frau, die Interpretation von Geschichten zu zentralen, grundlegenden Themen. Das ökologische Denken, der Feminismus und die strukturalistische Mythenanalyse: Jeder neue Denkansatz findet in der Genesis Material.[33] In der Bibel steht nicht, daß Eden zerstört wurde: Es kann irgendwo sein, lebendig in den Gärten des Geistes. In Indien gibt es einen sogenannten Eva-Apfelbaum, der gelbe Früchte mit einer Kerbe trägt, als habe jemand hineingebissen und dann nicht weitergegessen.[34] Die Feldarbeit bleibt mühsam, und eine Geburt kann noch immer äußerst schmerzvoll sein.

III

Die Schöpfung der Welt, der Anfang des Alten Testaments, war für die Verfasser der Berichte ein altes Thema voller Ungewißheiten. Das Neue Testament dagegen beginnt mit der Geburt Jesu, dem Anfang eines neuen Zeitalters, das der Entstehungszeit der Evangelien sehr viel näher liegt. Von den Einzelheiten der Geburt wird sehr genau berichtet. Wir hören Jahr für Jahr zu Weihnachten in der Kirche davon: Da geht es um Herodes, um Betlehem, um den »Befehl, alle Bewohner des Reiches in Steuerlisten einzutragen«. Die kleine Stadt Betlehem ist zu einer Pilgerstätte geworden, und in vielen Kirchen wird die Geschichte als das »Wort Gottes« verlesen.

Sie ist nicht in allen Evangelien zu finden. Markus beginnt mit der Taufe Jesu und erwähnt die Geburt überhaupt nicht. Johannes ist ähnlich zurückhaltend. Matthäus verbindet Christi Geburt mit den letzten Jahren des Königs Herodes und lokalisiert sie in Betlehem. Bei Lukas wird während der Herrschaft des Königs Herodes der Elisabet die Geburt Johannes' des Täufers verheißen. Die Geburt Jesu in Betlehem wird mit einem konkreten Ereignis in Zusammenhang gebracht: »In jenen Tagen erließ Kaiser Augustus den Befehl, alle Bewohner des Reiches in Steuerlisten einzutragen. Dies geschah zum ersten Mal; damals war Quirinius Statthalter von Syrien.«

König Herodes und Quirinius, Augustus und die Volkszählung sind Personen und Ereignisse aus der nichtchristlichen Umgebung der biblischen Geschichten. Sie sind belegt durch die Geschichtsschreibung des Römischen Reiches, seine Münzen und Inschriften. Während die Schöpfungsgeschichten von Naturwissenschaftlern auf ihre Übereinstimmung mit den Fakten hin untersucht wurden, ist es Aufgabe der Historiker, die Geschichte der Geburt Christi auf ihre Übereinstimmung mit der historischen Wahrheit hin zu überprüfen. Dabei wird nicht in Frage gestellt, daß Christi Geburt stattgefunden hat und Jesus eine historische Persönlichkeit ist. Zu untersuchen bleibt nur, ob die Verfasser der Evangelien wußten, wann und wo er geboren wurde. In dem umfangreichen Werk *Die Geschichte des jüdischen Volkes im Zeitalter Jesu Christi*, das von 1885 an erschien, lieferte der christliche

Geistliche Emil Schürer eine maßgebliche Antwort auf diese Frage. Seine Ausführungen sind noch immer die Grundlage einer jeden Diskussion über die Wahrheit im Neuen Testament. Nach 1885 haben viele Wissenschaftler versucht, seine Erkenntnisse zu widerlegen, doch als Schürers gewaltiges Werk in England 1973 für eine neue, kritische Ausgabe überarbeitet wurde, gingen die beiden ausgezeichneten Bearbeiter in ihren Anmerkungen auf diese Versuche ein und ließen den wichtigsten Punkt in Schürers Darstellung, seine Untersuchung zur Geburt Christi, korrekterweise unverändert.

Die Schwierigkeiten beginnen an einem kleinen Punkt und breiten sich aus wie Trockenfäule, die alles von innen heraus vernichtet. Quirinius, den im Lukasevangelium erwähnten Statthalter von Syrien, kennen wir aus einer sorgfältig geschriebenen Geschichte Judäas, die von dem gebildeten Juden Josephus zwischen 75 und 80 n. Chr. in Rom auf Griechisch verfaßt wurde.[35] Josephus war nicht frei von Vorurteilen und setzte eigene Schwerpunkte, aber er ging bei seiner Arbeit von einem Gerüst sorgfältig ausgewählter Fakten aus, die für jeden nachprüfbar waren. Nach Josephus war Quirinius im Jahre 6 n. Chr. Statthalter in Syrien und übernahm auch die Herrschaft über Judäa, als die Provinz Rom direkt unterstellt wurde. Dieses Jahr war für die jüdische Geschichte ebenso wichtig wie für Nordirland das Jahr 1972, in dem Großbritannien die direkte Regierungsgewalt dort übernahm. Josephus, der jüdische Historiker, und seine Quellen für diese Zeit können nicht einfach beiseite geschoben werden. Und so entsteht ein lästiges Problem: Im Lukasevangelium wird Christi Geburt mit Quirinius und dem König Herodes in Zusammenhang gebracht. Im Jahre 6 n. Chr. lebte Herodes jedoch schon lange nicht mehr. Er starb kurz nach der Mondfinsternis, die von den meisten Astronomen auf den 12. oder 13. März 4 v. Chr. datiert wird, während eine Minderheit von Forschern für das Jahr 5 v. Chr. plädiert.

Es besteht auch kein Zweifel daran, welchen Herodes der Evangelist meinte. Als Herodes der Große starb, wurde das Königreich unter seine Söhne aufgeteilt, von denen zwei zusätzlich den Namen Herodes annahmen. Herodes Antipas herrschte bis 39 n. Chr. als Tetrarch über Galiläa, in Lukas 1,5 wird aber bei der Verheißung von Herodes als dem »König von Judäa« gesprochen. In

Vers 3,1 bezieht sich Lukas auf Herodes Antipas und betitelt ihn korrekt als Tetrarchen und nicht als König. Herodes Archelaus regierte bis zum Jahr 6 n.Chr. in Judäa, allerdings nur als Ethnarch. Lukas könnte ihn, wie auch Matthäus in Vers 2,22, fälschlicherweise als König bezeichnet haben, doch hätte er ihn dann wie Matthäus wahrscheinlich Archelaus oder Herodes Archelaus genannt. Der Herodes in Vers 1,5 muß also Herodes der Große sein. Auch im Matthäusevangelium fällt die Geburt Christi in die Regierungszeit Herodes' des Großen, der die Kinder zu Betlehem umbringen läßt. Erst nach Herodes' Tod kehrt Josef mit seiner Familie aus Ägypten zurück.

Im Lukasevangelium treten also König Herodes und der Statthalter Quirinius als Zeitgenossen auf, obwohl ihre Regierungszeiten mindestens zehn Jahre auseinander lagen. Doch die inkohärente Datierung ist nur der Anfang des Problems. Die Geschichte der Geburt Jesu ist im Lukasevangelium mit dem Befehl des Kaisers Augustus verbunden, »alle Bewohner des Reiches in Steuerlisten einzutragen«. Augustus war zwar zu dieser Zeit römischer Kaiser, die Juden jedoch waren Untertanen des Herodes, Bewohner eines von Rom abhängigen Königreiches, nicht einer Provinz unter direkter römischer Herrschaft. Die Vasallenkönige des Römischen Reiches behielten das Recht, von ihren Untertanen Steuern einzuziehen.[36] Das Verhältnis zwischen Kaiser Augustus und König Herodes war nicht sehr gut, und Rom drohte sogar, direkt in Judäa einzugreifen, doch Herodes und seine Gesandten wußten diese Drohung abzuwenden. Trotz der Konflikte wurde Herodes nie der königliche Status entzogen, obwohl dies der einzige Weg gewesen wäre, sein Königreich nach dem römischen Modell zu besteuern. So liegen nicht nur zehn Jahre zwischen der Amtszeit Herodes' des Großen und der des Statthalters Quirinius, sondern es fand in der Regierungszeit des Herodes bestimmt auch kein Zensus des Augustus zur Steuerfestlegung in Judäa statt.

Es ist nicht einmal sicher, ob Kaiser Augustus jemals einen diesbezüglichen Befehl an die römischen Provinzen erließ.[37] Die Römer führten zwar durchaus in den einzelnen Provinzen, die direkt von ihren Statthaltern regiert wurden, Volkszählungen durch, soweit uns bekannt ist, wurden sie jedoch nicht durch einen alle Reichsteile umfassenden Befehl des Kaisers Augustus koordiniert.[38] Da diese

Zeit in Geschichtswerken, in lokalen Inschriften und durch auf Papyrus geschriebene Quittungen ägyptischer Steuerzahler gut belegt ist, wäre ein neuer, derart folgenreicher Erlaß kaum undokumentiert geblieben. Wir wissen, daß Augustus im Jahre 6 n.Chr. eine neue Erbschaftssteuer einführte, um seine Armeen bezahlen zu können. Die Steuer betraf jedoch nur römische Bürger und nicht die Juden von Nazaret, so daß kein Anlaß für eine Registrierung ihrer Namen bestand.[39]

Aus den Aufzeichnungen des Josephus ist uns bekannt, daß in Judäa zur Zeit des Quirinius so etwas wie eine Zählung stattgefunden hat. Dabei handelte es sich jedoch nicht um einen reichsweit zu befolgenden Erlaß, sondern um einen lokalen Zensus im Jahre 6 n.Chr. Als Judäa nicht mehr von der Familie des Herodes regiert wurde, sondern als Provinz Rom direkt unterstellt war, mußten die Steuergrundlagen neu festgesetzt werden. Obwohl dieser Steuerzensus nur auf lokaler Ebene stattfand, rief er eine Welle der Empörung hervor, nicht zuletzt, weil die Neuerung nach Meinung einiger Juden der Heiligen Schrift und damit dem Willen Gottes widersprach. Nach der Darstellung im Lukasevangelium fand das Ereignis, das Josef nach Betlehem brachte, »zum erstenmal« statt, und »damals war Quirinius Statthalter von Syrien«. Der Zensus des Quirinius war in der Tat der erste in Judäa, doch gehört er in das Jahr 6 n.Chr., als König Herodes, von dem Lukas ebenfalls spricht, schon lange tot war.

Seit dem 19. Jahrhundert gab es mehrere Versuche, den griechischen Text des dritten Evangeliums anders zu interpretieren, indem man den Wortlaut veränderte. Aus: »Dies geschah zum erstenmal; damals war Quirinius Statthalter von Syrien« wurde »Die Schätzung wurde vor derjenigen abgehalten, die Quirinius als Statthalter von Syrien durchführte«. Doch konnte sich diese Übersetzung schon aus sprachlichen Gründen nicht behaupten: Sie läßt sich aus dem griechischen Text nicht ableiten, schon gar nicht aus dem klaren Griechisch des dritten Evangeliums.

Andererseits hat man versucht, Josephus' Darstellung anzufechten. Es ist allerdings sicher richtig, für die erste Zählung in Judäa das Jahr 6 n.Chr. anzusetzen. Wir wissen von dem gut informierten Historiker Dio (einem römischen Senator, der etwa zwischen 200 und 220 n.Chr. schrieb), daß der letzte jüdische Herrscher in

Judäa, Herodes' Sohn Archelaus, in jenem Jahr verbannt wurde. Judäa wurde zur römischen Provinz erklärt, und damit war normalerweise auch eine Volkszählung verbunden. Ein detaillierter Bericht des Josephus über die Zählung im Jahre 6 n. Chr. findet sich in seinem umfangreichen Werk *Jüdische Altertümer* (Buch 18, Kap. 1). Das gelehrte Werk wurde im Jahre 93/94 n. Chr. veröffentlicht, und nichts spricht dafür, daß gerade dieser Bericht des Josephus aus irgendwelchen persönlichen oder politischen Gründen verzerrt dargestellt wurde.

Der Irrtum mag auf den ersten Blick unwichtig erscheinen. Im Lukasevangelium wurde eine lokale Volkszählung in Judäa mit einem reichsweiten Erlaß des Augustus verwechselt; der Zeitpunkt dieser Zählung wurde mit einem unbedeutenden Statthalter namens Quirinius in Verbindung gebracht, während sie nach anderen Quellen, beispielsweise dem Matthäusevangelium, unter Herodes dem Großen stattgefunden haben soll. Doch die Probleme reichen weiter, als man auf den ersten Blick vermutet. Die Geschichte des Lukas enthält einen Widerspruch: Für die Zeit der Provinzverwaltung durch Quirinius ist die römische Volkszählung glaubwürdig und belegbar, doch die Nennung des Herodes muß dann ein Fehler sein. Und auch zur Geschichte des Matthäus ergeben sich Widersprüche: Ist Lukas' Darstellung in bezug auf Quirinius und die Volkszählung korrekt, dann war Herodes zu dieser Zeit nicht mehr König in Judäa. Also können die Geschichten des Matthäus über die Sterndeuter, den Kindermord und die Flucht nach Ägypten aus chronologischen Gründen nicht wahr sein. Unter Herodes als König konnte andererseits keine Zählung auf Befehl des Kaisers Augustus durchgeführt werden.

Im Lukasevangelium finden sich noch weitere Probleme: Mit dem Befehl des Kaisers war eine Registrierung verbunden (griechisch *apographé*). Genau dieses Wort wird auch in zeitgenössischen Dokumenten aus Ägypten verwendet und bezeichnet dort einen Zensus zur Steuererhebung. Es gab eigentlich auch keinen anderen Grund, die jüdischen Untertanen des Reiches in Listen eintragen zu lassen. Augustus plante mit Sicherheit keine Einberufung: Die Juden waren vom Militärdienst in der römischen Armee befreit. Also ist anzunehmen, daß die Zählung zur Festsetzung der Steuern durchgeführt wurde, doch stimmen die römischen Steuerpraktiken nicht mit den Angaben des Evangeliums überein. Dort steht zunächst ganz richtig: »Da ging jeder in seine Stadt, um sich eintragen zu lassen« (Lk 2,3). Josef wird »seiner Stadt« im Evangelium aufgrund seiner Herkunft zugeordnet und nicht danach, wo er gerade lebt oder wo er Eigentum besitzt. Laut Lukas stammte Josef vom Geschlecht Davids ab. Er ging also nach Betlehem, »in die Stadt Davids«, einen angemessenen Geburtsort für einen künftigen Messias. Bei römischen Volkszählungen spielte eine so entfernte Abstammung jedoch keine Rolle. Der Zensus richtete sich nach den Besitzverhältnissen der Lebenden, nicht nach denen irgendwelcher Vorfahren. Wie schon anläßlich der Verheißung von Jesu Geburt in Lukas 1,26 zu lesen ist, lebten Josef und Maria in Nazaret in Galiläa, in der Stadt, die später den Propheten Jesus ablehnte. Einer römischen Volkszählung wegen hätte Josef nicht nach Betlehem gehen müssen, wo er und Maria kein Eigentum besaßen und deshalb als Gäste in einer Herberge wohnen mußten.

Eine solche Zählung hatte einleuchtende Gründe: Sie bildete die Grundlage für die Erhebung einer Kopfsteuer und einer Steuer auf Vermögen verschiedener Art. Für Maria gab es aus juristischer Sicht allerdings keinen Grund, sich zusammen mit ihrem Verlobten registrieren zu lassen. Wir wissen aus Zeugnissen der römischen Steuerzählungen in Ägypten, die auf Papyrus erhalten sind, daß ein Haushaltsvorstand die Eintragung für alle Angehörigen seines Haushalts vornehmen lassen konnte. Vielleicht wollte Maria Josef dennoch begleiten, doch war die Reise für die hochschwangere Frau nicht unbedingt notwendig.

Dazu kommt, daß ein Galiläer, ein Mann aus Nazaret, die Reise gar nicht hätte machen müssen. Im Jahre 6 n. Chr. hatte Galiläa im Gegensatz zu Judäa noch einen eigenen Herrscher und wäre demnach nicht von einer römischen Volkszählung oder Steuererhebung betroffen gewesen. Die Existenz dieses Herrschers ist durch von ihm geprägte Münzen, durch Josephus und durch andere Historiker belegt: Josef aus Nazaret brauchte als Galiläer gar nicht an der Volkszählung teilnehmen.

Jetzt wird das Ausmaß der Irrtümer in dem Evangelium deutlich. Die erste Zählung fand unter Quirinius im Jahre 6 n. Chr. statt, als Herodes der Große schon lange tot war; es handelte sich um eine lokale Zählung in der römischen Provinz Judäa, und es gab keinen reichsweiten Befehl des Kaisers Augustus dazu. Sodann hätte sich Josef aus Nazaret im fraglichen Jahr sicher nicht in Betlehem registrieren lassen: Als Galiläer unterstand er nicht direkt der römischen Herrschaft. Seine Frau schließlich hatte aus rechtlicher Sicht keinen Grund, ihr Heim zu verlassen. Lukas' Geschichte ist historisch unmöglich und inkohärent. Sie steht im Widerspruch zu Lukas' eigenen Angaben über den Zeitpunkt der Verheißung (in Herodes' Regierungszeit) sowie zu Matthäus' langer Erzählung über die Geburt Christi, die ebenfalls König Herodes den Großen als Herrscher nennt. Sie ist daher falsch.

Die Irrtümer und Widersprüche in der Geschichte des Lukas sind leicht zu erklären. In der frühchristlichen Überlieferung gab es keine präzisen Erinnerungen an Christi Geburt, und vielleicht wußte man nie, wann und wo genau Jesus geboren wurde. Man interessierte sich vor allem für seinen Tod und dessen Folgen. Jesus war als der Messias mit dem Geschlecht des Königs David verbunden, und diese Verbindung war schon vor der Niederschrift der Evangelien bekannt, wie der Brief des Apostels Paulus an die Römer beweist (Röm 1,3). Im Alten Testament nahm Betlehem als Heimatstadt des jungen David, des künftigen Königs, eine besondere Stellung ein. Die Stadt spielte auch in einer Verheißung des Micha im späten 8. Jahrhundert v. Chr. eine Rolle: »Aber du, Betlehem-Efrata, so klein unter den Gauen Judas, aus dir wird mir einer hervorgehen, der über Israel herrschen soll« (Mi 5,1). Erst nachdem sich der Glaube an die Auferstehung Christi verbreitet hatte, machten sich die Leute auch Gedanken über den Geburtsort des Gekreuzigten. Betlehem, die Heimat König Davids, war eine für den neuen Messias passende Wahl. Es gab sogar eine Verheißung, die den Anspruch der kleinen Stadt stützte. Und Betlehem behauptet diesen Anspruch bis zum heutigen Tag sehr gewinnbringend.

Man kann sich leicht in die mißliche Lage des dritten Evangelisten hineinversetzen. Er war zu Beginn der Mission Jesu nicht dabei, wie er in den einleitenden Sätzen seines Evangeliums offen zugibt. Er schrieb auf, was er ungefähr dreißig Jahre nach Jesu Tod erzählt bekam; viele Wissenschaftler datieren seine Aufzeichnungen sogar auf eine noch spätere Zeit. Er wußte, daß Josef und

Maria aus Nazaret stammten, doch gab es Christen, die erklärten, Jesus sei wie verheißen in Betlehem geboren. Warum aber sollte ein Mann aus Nazaret mit seiner hochschwangeren Frau nach Betlehem reisen? Irgend jemand, vielleicht der Evangelist selbst, kam auf den Gedanken, das universelle Übel Steuer dafür verantwortlich zu machen; und da die Erhebung des Quirinius ein wichtiger Einschnitt in der jüdischen Geschichte gewesen war, brachte Lukas die Geburt in Betlehem mit dieser bekannten Tatsache in Verbindung. Die Datierung hatte ihre Vorteile: Die christliche Geschichte begann jetzt damit, daß Josef und Maria gehorsam die Befehle der römischen Regierung befolgten, und zeigte so den wahren Charakter einer Religion, die im Römischen Reich als revolutionäre Bewegung mißverstanden wurde. Der Erlaß, so nahm der Evangelist an, war nicht nur der Befehl eines lokalen Königs: Es handelte sich vielmehr um einen Erlaß des Kaisers an alle Einwohner des Reiches. Die Übertreibung paßt zum fehlerhaften Gebrauch von »alles« und »überall« an anderen Stellen des Textes.[40] Lukas schrieb sein Werk im Auftrag des Theophilus, eines hochrangigen heidnischen Römers. Es war klug, gleich am Anfang eine Verbindung zwischen dem Evangelium und der römischen Herrschaft zu ziehen; die unmögliche Fiktion diente einer höheren Wahrheit.

Im Matthäusevangelium wird ein anderer Weg eingeschlagen. Matthäus berichtet wie Lukas über die Geburt in Betlehem. Er beschränkt sich bei der Zeitangabe jedoch darauf, Herodes als König zu nennen, und bringt die Geschichte von der Geburt Christi in Betlehem und die allseits bekannte Tatsache, daß Jesus aus Nazaret stammte, anders miteinander in Zusammenhang. Josef, Jesus und Maria, heißt es, flohen nach Ägypten, um dem Kindermord des Herodes zu entgehen. Bei ihrer Rückkehr mieden sie Betlehem und Judäa, da diese Gegend zu unsicher war, zogen statt dessen weiter in den Norden, nach Galiläa, und ließen sich in Nazaret nieder. Die Darstellung entspricht so der Überlieferung, daß Nazaret die Heimatstadt Jesu sei. Die Geschichte ist in sich stimmig, doch die Widersprüche zum Lukasevangelium bleiben.

Sowohl Historiker wie auch Naturwissenschaftler interessierten sich für den seltsamen Stern, der im Matthäusevangelium erwähnt wird: Kann man das Geburtsdatum Jesu Christi einwandfrei feststellen, indem man die Astronomie zu Hilfe nimmt und das Leben Jesu vom vermutlichen Zeitpunkt seines Todes an zurückverfolgt?

Jesus wurde unter Pontius Pilatus gekreuzigt, der von 26 bis Ende 36 Statthalter von Judäa war. Nach Lukas »erging das Wort« im Jahre 28/29 an Johannes den Täufer. Das Datum wird genau angegeben, allerdings geht aus dem Text des Evangeliums nicht klar hervor, ob das Wirken Jesu im gleichen Jahr begann. Lukas berichtet, daß Johannes der Täufer von Antipas, dem Tetrarchen von Galiläa, ins Gefängnis geworfen wurde, weil er Antipas' Heirat mit seiner Schwägerin Herodias kritisiert hatte. Nach der Festnahme des Täufers beginnen die öffentlichen Auftritte Jesu (Mk 1,14 stimmt damit überein).

Die Hochzeit von Antipas und Herodias wird also zum Schlüssel für die genaue Datierung der Lebensgeschichte Jesu. Josephus berichtet in seinem Buch *Jüdische Altertümer* ausführlich darüber. Antipas' Halbbruder Philippus starb 33/34. Nach Josephus' Darstellung reiste Antipas nach Rom, wohl um darum zu bitten, daß man ihm das Herrschaftsgebiet des Philippus übertrage. Auf der Reise bandelte er mit Herodias an, einer reifen Frau in den Vierzigern. (Im Markusevangelium steht, Herodias sei mit Philippus verheiratet gewesen, worüber Josephus allerdings nichts sagt.) Antipas war bereits mit einer Tochter des mächtigen Königs Aretas IV. verheiratet, der in Petra jenseits des Jordans regierte. Als der Tetrarch zurückkehrte und seine Frau verstoßen wollte, floh diese zu ihrem Vater und berichtete ihm von Antipas' Absicht. König Aretas stellte ein Heer zusammen, fiel in das Territorium ein, das durch den Tod des Philippus herrschaftslos geworden war, und schlug die Truppen, mit denen Antipas ihm entgegentrat, vernichtend. Berichte über die Niederlage, vielleicht von Antipas selbst geschickt, erreichten Rom, und schließlich ordnete Kaiser Tiberius Vergeltungsmaßnahmen gegen Aretas an, die Anfang 37 anliefen.

Gemäß Josephus' Darstellung fand die Heirat von Antipas und Herodias nach dem Tod des Philippus statt, der nachweislich 33/34 starb. Die zeitliche Abfolge im Bericht des Josephus ist stimmig, und die große Bedeutung seines Textes wurde erst kürzlich von Nikkos Kokkinos bestätigt. Dieser Historiker, der sich besonders mit der Familie des Herodes beschäftigt, hat auch die

Konsequenzen des Berichtes für die Datierung der Leidensgeschichte Jesu untersucht.[41] Gewöhnlich verbindet man die Kreuzigung Jesu mit dem Jahr 30 oder, noch häufiger, mit dem Jahr 33. Stimmen die Angaben von Josephus, kann Johannes der Täufer jedoch erst Ende 33/34 festgenommen worden sein; Markus und Lukas verbinden die Gefangennahme des Täufers mit dem ersten öffentlichen Auftreten Jesu; Jesus begann also Anfang 34 zu lehren. Das Johannesevangelium erwähnt drei Passahfeste nach dieser Zeit; am dritten wurde Jesus verhaftet. Jesus wurde demnach am Freitag, dem 30. März 36 n. Chr. gekreuzigt. (Das Passahfest richtete sich nach dem Neumond, und sein Datum im Jahre 36 ist leicht festzustellen.)

Wie alt war Jesus zu diesem Zeitpunkt? Nach Lukas war er »etwa dreißig Jahre alt, als er zum erstenmal öffentlich auftrat« (im Jahre 34, wie wir jetzt annehmen). Johannes 8,57 läßt jedoch etwas anderes vermuten. Nach dem zweiten Passahfest in der Zeit seines Wirkens (35 n. Chr.) wird Jesus von Juden in Jerusalem getadelt, weil er sagt, daß er Abraham kenne. »Du bist noch keine fünfzig Jahre alt und willst Abraham gesehen haben?« fragen die Juden. Die Zahl Fünfzig hat hier keine besondere Bedeutung (es war für über Fünfzigjährige nicht wahrscheinlicher, Abraham gesehen zu haben, als für jüngere Menschen). Vielmehr gibt das Johannesevangelium an dieser Stelle einen Hinweis darauf, daß Jesus im Jahre 35 zwischen vierzig und fünfzig Jahre alt war, vielleicht eher Ende vierzig.

Die beiden Angaben zum Alter Jesu sind widersprüchlich; das bei Lukas genannte steht auch noch im Widerspruch zu dem von ihm postulierten Geburtsdatum unter Herodes (im Jahre 34 n. Chr., dem ersten Wirkungsjahr, wäre Jesus nicht »etwa dreißig«, sondern mindestens achtunddreißig oder »etwa vierzig« Jahre alt gewesen). Vielleicht sind die Angaben im Johannesevangelium besser fundiert? Danach wäre die Geburt Jesu ungefähr in die Zeit zwischen 14 und 10 v. Chr. zu datieren. Und hier hätte auch der Stern des Matthäus, der die Sterndeuter führte und über Betlehem zu stehen schien, einen Platz.[42] Es war keine Planetenkonstellation und im strengen Sinne auch kein Stern, weil er sich bewegte und nicht fest am Himmel stand. Nehmen wir die Ausdrucksweise des Matthäus wörtlich, könnte es sich um einen Kometen gehandelt haben, um ein Phänomen, das recht häufig beobachtet wurde. Wir wissen aus einer unabhängigen Quelle, daß im Herbst des Jahres 12 v. Chr., als der berühmte römische Feldherr Marcus Agrippa starb, ein Komet über Rom gesichtet wurde. Wir besitzen auch astronomische Aufzeichnungen aus China, die bis ins 1. Jahrhundert n. Chr. zurückreichen und sich auf Beobachtungen in den davorliegenden Jahren beziehen. Auch hier ist von einem Kometen im Jahre 12 v. Chr. die Rede. Kometen können groß und strahlend hell sein; in den Quellen wird der Komet des Jahres 12 v. Chr. als so groß und hell beschrieben wie der Halleysche Komet, der zuletzt 1985/86 gesehen wurde.

Im Jahre 12 v. Chr. wurde auch der Tempel des Herodes vollendet; der Halleysche Komet tauchte strahlend auf und wurde in Rom gesehen; aus dem vierten Evangelium (Joh 8,57) läßt sich schließen, daß Jesus über vierzig Jahre alt war, und zwar zu einem Zeitpunkt, den wir als das Jahr 35 n. Chr. bestimmen können. Sollten wir vielleicht den »Stern« mit dem Kometen gleichsetzen, die Geburt Christi in das Jahr 12 v. Chr. verlegen und die Sterndeuter als Gesandte aus Parthien betrachten, die zur Feier des neuen Tempels nach Jerusalem kamen? In Johannes 2,20–21 verweisen die Juden auf ihren jetzt sechsundvierzig Jahre alten Tempel. Sie bemerken nicht, so das Evangelium, daß Jesus von dem »Tempel seines Leibes« spricht. Dies geschah im Jahre 34 n. Chr.: War Jesus zu diesem Zeitpunkt ebenso wie der Tempel sechsundvierzig Jahre alt?

Dieser Erklärungsansatz klingt verführerisch, geht jedoch von einer falschen Interpretation des Matthäusevangeliums aus: Das Evangelium beruht nicht auf historischen Tatsachen, es erzählt nicht von einem echten Kometen oder von wirklichen Sterndeutern aus dem Osten, die bei ihrem Besuch in Judäa einen Umweg über Betlehem machten. Der »Stern« war kein Komet, sondern ein rätselhaftes Phänomen, das sich vor den Besuchern her bewegte und schließlich über der kleinen Stadt stehen blieb. Betlehem war nicht der Geburtsort Jesu, der Name der Stadt wurde aufgrund der hebräischen Verheißungen über den kommenden Messias eingesetzt; und auch die Geschichte um den Stern hatte einen ähnlichen Ursprung. Im Buch Numeri 24,17 prophezeit der Prophet Bileam: »Ein Stern geht in Jakob auf, ein Zepter erhebt sich in Israel.«[43] Wir wissen, daß diese berühmte Verheißung als Anspielung auf einen neuen Messias gewertet wurde. Zum Beispiel wurde sie im Jahre 132 von einem bekannten jüdischen Schriftgelehrten verwendet, um den Führer im Bar Kochba-Aufstand gegen Rom zu bezeichnen. Damals hatte niemand einen Kometen gesichtet. Wir können also festhalten, daß sich das Evangelium des Matthäus aus wohlbekannten messianischen Prophezeiungen (Betlehem, der Stern) zusammensetzt; die Sterndeuter wurden aus einer anderen Legende hinzugefügt.

Es bleibt uns ein ungewisses Geburtsdatum, ein genauer Tag für die Kreuzigung und ein Jesus, der vielleicht schon über vierzig Jahre alt war, als er zu lehren begann. Bereits Mitte des 2. Jahrhunderts gab es in Kleinasien christliche Kirchenälteste, die die Andeutungen im Johannesevangelium aufgriffen und glaubten, Jesus sei knapp fünfzig Jahre alt geworden.[44] Wenn Jesus unter der Herrschaft des Herodes geboren wurde, muß die Angabe im Lukasevangelium, er sei »etwa dreißig Jahre alt« gewesen, als er zu lehren begann, falsch sein. Jesus hatte also schon seine Jugend und Jahrzehnte seines Mannesalters hinter sich, als er sein erstes Wunder in Kana tat. Unseres Wissens war es für einen Juden sehr ungewöhnlich, bis zum vierzigsten Lebensjahr unverheiratet zu bleiben. Eine Ausnahme bildete der Kern einer uns bekannten Sekte, der Essener, die den Zölibat propagierten. Wurde sich Jesus seines Auftrags erst relativ spät bewußt? Was hat er in »den besten Jahren« im Leben eines Mannes getan? Das Alter zwischen vierzig und fünfzig scheint ein fruchtbares Jahrzehnt für die Religionsgeschichte zu sein; auch Mohammed war in diesem Alter, als vor Mekka ein Engel zu ihm sprach.

Ein Jesus, der mit Ende vierzig gekreuzigt wurde; eine Vertreibung aus dem Garten von Eden nicht aufgrund der sexuellen Begierde der Menschen, sondern aufgrund der Angst Gottes, sie könnten das ewige Leben stehlen: Diese Lesart ist nach Maßgabe der biblischen Texte wahr, doch löste sie einen Jahrhunderte dauernden Interpretationsstreit aus. Sicher ist jedoch, daß die Geschichten der Schöpfung und der Geburt Jesu so, wie sie dastehen, nicht wahr sind: Sie entsprechen weder den Fakten, noch sind sie in sich stimmig. Wir können mit neu gewonnener Überzeugung das Todesdatum Jesu auf den März 36 festlegen, doch wissen wir ebensowenig wie die frühen Christen wann und wo er geboren wurde. Um 200 argumentierten einige Christen aufgrund einer falschen Berechnung des Todesdatums von König Herodes, Jesus sei im November 3 v. Chr. geboren worden; manche nannten Mitte Mai oder Mitte April als Datum, während wieder andere den Zeitpunkt der Empfängnis auf diese Zeit legten. Die ersten Hinweise dafür, daß die Christen Weihnachten am 25. Dezember feierten, finden sich erst in der Mitte des 4. Jahrhunderts.[45] Davor stand das Datum für ein heidnisches Fest, die Geburt des Sonnengottes zur Wintersonnenwende. Die Christen in den westlichen Teilen des Römischen Reiches hatten sich bewußt dafür entschieden, dieses Datum als Fest der Geburt Christi, ihres neuen Gottes, zu wählen, aber nicht alle Christen waren damit einverstanden. Im östlichen Reichsteil legte man die Geburt Christi auf den 6. Januar, an dem ebenfalls ein großes heidnisches Fest stattfand. Die Christen, die noch in der Minderheit waren, brauchten ebenfalls ein Fest, um die Gemeindemitglieder an den neuen Glauben zu binden. Weihnachten erhielt seinen Platz in unserem Kalender also nicht aufgrund einer Gewißheit, sondern aufgrund eines Konfliktes, eines Kampfes um die Besetzung von Feiertagen zwischen den Christen und der heidnischen Mehrheit.

Wo die Wahrheit verlorengegangen war, wurden Geschichten eingefügt.[46] Der Wunsch nach Wissen schuf seine eigenen Traditionen. Lukas erzählte von Engeln und Hirten und ließ Menschen aus der untersten Schicht der Gesellschaft mit Verheißungen über die Zukunft Jesu nach Betlehem gehen. Hirten besaßen in der römischen Gesellschaft ein ähnlich niedriges Ansehen wie Fischer, doch haftete ihnen der Reiz des einfachen Landlebens an. Matthäus führte anstelle der Hirten Sterndeuter ein, die einem Stern aus dem Osten folgten und dem Jesuskind Gold, Weihrauch und Myrrhe zum Geschenk brachten. In einer Version sind es einfache Hirten, in einer anderen weise Männer: Der Kontrast regt die Phantasie an, und vielleicht sollten wir wie die Sterndeuter »auf einem anderen Weg« zurückkehren.

Matthäus selbst sagte nur wenig über die Sterndeuter. Also entwickelten die Geschichten um sie ein Eigenleben.[47] Die drei genannten Gaben führten zu der Annahme, sie seien zu dritt gewesen. In den östlichen Kirchen gab es jedoch auch Christen, die glaubten, es habe zwölf Sterndeuter gegeben. Die Verfechter der ersten Vermutung argumentierten, daß ein jeder der drei Besucher eine eigene Vision hatte und dabei jeweils eine Person der Dreieinigkeit sah. Um 200 hatten christliche Autoren die Sterndeuter schon von Gelehrten zu Königen oder Höflingen erhoben. Mosaike und Wandmalereien aus der Frühzeit des Christentums zeigen die Anbetung Jesu nach dem Modell einer Audienz beim römischen Kaiser, in der ausländische Gesandte dem Kaiser goldene Kronen darbrachten. Die Darstellung der Kleidung der Sterndeuter in der Kunst läßt auf persische Gesandte schließen, doch sind zwei ihrer Gaben, Myrrhe und Weihrauch, in Arabien zu Hause. Einige frühe Christen gingen deshalb davon aus, daß die Sterndeuter Araber waren, die sich auf der Reise von Arabien nach Jerusalem befanden. Namen für die drei sind uns erst aus dem 6. Jahrhundert bekannt; der bisher älteste Beleg wurde kürzlich in einer Kirchenruine aus dieser Zeit in Fatras in Ägypten gefunden. War die Myrrhe-Gabe als Medizin gedacht oder sollte sie auf die Myrrhe, mit der der Leichnam Jesu gesalbt wurde (Joh 19,39), vorausweisen? Stammte das Gold aus den arabischen Schätzen der Königin von Saba, aus der Höhle des Set, Adams Sohn, oder aus der Schatztruhe Alexanders des Großen?

Das Jahrhundert zwischen 1150 und 1250 war das goldene Zeitalter der Heiligen Drei Könige. Jeder von ihnen wurde mit einem der bekannten Kontinente verbunden; der König aus Afrika wurde dementsprechend als Schwarzer dargestellt. Überreste der Könige tauchten an immer mehr Orten auf. So glaubte man, Teile ihrer Körper in Mailand gefunden zu haben, und 1164 wurden die Reliquien nach Köln gebracht, wo sie bis heute im Dreikönigsschrein im Dom aufbewahrt werden. Marco Polo besuchte 1272 auf seinem Weg nach China eine persische Stadt, in der die Sterndeuter aus dem Osten angeblich begraben lagen. Er schrieb, sie lägen in Saveh, im Südwesten Teherans, in drei sehr großen, schönen Grabmälern in einem quadratischen, sorgfältig gepflegten Gebäude. Ihre Körper seien noch mit Haaren und Bärten erhalten.[48] Saveh war ein bedeutender Sitz islamischer Astronomen, ein angemessener Ruheort für die legendären Sterndeuter des Matthäus.[49] Drei Tagesreisen von Saveh entfernt liegt eine Burg, in der einer der drei angeblich gelebt haben soll, obwohl die Bewohner des dazugehörigen Dorfes Anhänger des Zarathustra waren.

Im Jahre 1986 überprüften zwei junge britische Reisende die Grabmäler von Saveh, doch keines der erhaltenen Gebäude paßte zu der Beschreibung Marco Polos. Es bleibt uns zwischen Köln und Persien ein weiter Raum für Spekulationen in bezug auf die Sterndeuter. In der Weihnachtsgeschichte passen die Hirten und die Tatsache, daß sich »kein Platz in der Herberge« finden ließ, zum Ideal der Bescheidenheit, das zum christlichen Messias gehört. Das Bild des Menschen als Geschöpf aus Erde und Lebensatem bewahrt angesichts der Unausweichlichkeit des Todes seine symbolische Kraft: Der belebende Atem versiegt, während die irdische Form im Tode bleibt. Die Geschichten schränken uns nicht ein, auch wenn nichts so geschah, wie sie es darstellen.

Sie wurden für wahr gehalten, und obwohl sich herausstellt, daß sie falsch sind, wird der religiöse Glaube dadurch nicht unmöglich gemacht. Die Unstimmigkeiten in der Genesis und die Widersprüche in bezug auf die irdische Herkunft Christi erstaunen die Leser seit Jahrhunderten, ohne ihren Glauben zu vernichten. Augustinus hatte sich in seiner Jugend vom Christentum abgewandt, unter anderem wegen der Widersprüche zwischen den Stammbäumen, die Lukas und Matthäus für Jesus angeben.[50] Er wurde Anhänger des Manichäismus, eines Glaubens, dem zufolge die Schöpfungsgeschichten nicht wörtlich genommen werden durften, sondern tieferliegende, verborgene Bedeutungen in sich trugen. Schließlich kehrte er jedoch zum christlichen Glauben zurück und schrieb in späteren Jahren ein umfangreiches Werk über die Genesis, in dem er die »wörtliche« Wahrheit des Textes verteidigte.

Die Probleme, die wir angesprochen haben, betreffen die Bibel als Buch, nicht den Glauben. Die Bibel ist ein ungewöhnliches Buch, das im Alten Testament mit zwei widersprüchlichen Geschichten und im Neuen Testament mit einer Erzählung, bei der weder Zeit noch Ort stimmen, beginnt. Jahrhundertelang wurde dieses Buch als Quelle der Wahrheit gelesen, als Glaubensrichtschnur, als »Heilige Schrift«, nicht nur einfach als Text. Ich habe es mir zum Ziel gesetzt, das Labyrinth zu erforschen, das der Begriff der biblischen Wahrheit dem Leser noch immer eröffnet.

2

Das unfehlbare Wort

———————

Es ist keine neue Entdeckung, daß die Anfänge des Alten wie des Neuen Testaments in sich widersprüchlich sind. Viele Unstimmigkeiten sind schon seit der Antike bekannt, und ebenso alt sind die Versuche, sie zu klären. Im 19. Jahrhundert zeigten Darwin und Schürer, daß die Schöpfungsgeschichten und die Geschichte der Geburt Christi einer wissenschaftlichen Analyse nicht standhalten. Dennoch sind diese Widersprüche innerhalb der Bibel auch heute nicht allgemein bekannt. Zwar haben die meisten Menschen eine Vorstellung von den Vorgängen der Evolution und von den Problemen einer jungfräulichen Geburt, doch die Entstehungsgeschichte des Buches Genesis oder etwa die Probleme, die das Lukasevangelium in bezug auf die römische Volkszählung und deren Datierung aufweist, gehören nicht zum Allgemeinwissen. Ich halte diese Fragen allerdings immer noch für wichtig, denn es geht hier darum, daß wir uns ein falsches Bild von der Heiligen Schrift machen und daß dieses falsche Bild mit dem Status der Bibel verknüpft ist: Wir glauben, daß die Bibel ihre besondere Bedeutung verliert, wenn wir ihren objektiven Wahrheitsgehalt in Frage stellen. Dieses Mißverständnis muß aufgeklärt werden, denn nur dann kommen wir zu einem richtigen Verständnis der Bibel.

Über Jahrhunderte hinweg waren viele Menschen davon überzeugt, die Bibel enthalte das unfehlbare Wort Gottes.[1] Josephus glaubte wie die meisten Juden seiner Zeit, die hebräischen heiligen Schriften seien die göttlich inspirierte Wahrheit. Er gelangte sogar zu der Überzeugung, daß sie ein harmonisches Ganzes bildeten, und es war sicher nur ein Zufall und keine Absicht, daß gerade er Einzelheiten dokumentierte, mit deren Hilfe einige Irrtümer im Lukasevangelium aufgedeckt werden konnten. Auch die Christen waren dieser festen Überzeugung: In den neunziger Jahren des ersten Jahrhunderts schrieb ein uns namentlich nicht bekannter Christ in einem Brief aus Rom an die Korinther, daß die heiligen Schriften wahre Äußerungen des Heiligen Geistes seien.[2] Irenäus, ein bekannter christlicher Schriftsteller und Bischof von Lyon, drückte sich noch deutlicher aus. Die Bibel sei vollkommen, schrieb er um 170, da sie aus dem Wort Gottes und seinem Geist entstanden sei. Der Glaube, daß die Bibel niemals irrt, weil sie das Wort Gottes ist, ist auch im evangelikalen Christentum seit dem 19. Jahrhundert von großer Bedeutung und hat entscheidende Auswirkungen auf die Verwendung der Bibel in der weltweiten christlichen Mission.

»Gottes unfehlbares Wort« klingt als Untertitel der Bibel sehr eindrucksvoll. Sobald wir uns jedoch klarzumachen versuchen, was das eigentlich bedeutet, stoßen wir auf Schwierigkeiten. Es fällt nicht leicht, sich vorzustellen, daß Gott unsere Sprache spricht, daß er wie ein Mensch diktiert und daß uns das Ergebnis dieses Vorgangs heute noch im exakten Wortlaut vorliegt. Für bestimmte Teile der Bibel, etwa die Bücher der Propheten oder die Evangelien, klingt die Bezeichnung »Wort Gottes« nicht ganz abwegig. Schließlich behaupten die Propheten, sie würden in bestimmten Versen das Wort des Herrn wiedergeben, während die Evangelien angeblich die Reden Jesu enthalten, der als Gottes Sohn bezeichnet wird. Sehr viel weniger paßt »Wort Gottes« dagegen zu Texten wie dem Buch der Richter, dem Buch Rut oder dem Hohenlied. Der Gedanke, die gesamte Bibel sei nicht allein Gottes Wort, sondern sein *unfehlbares* Wort, setzt eine sehr enge Verbindung zwischen Gott und unserem Text voraus, die eigentlich nur gegeben ist, wenn Gott den Text tatsächlich selbst diktiert hat. Im 16. Jahrhundert, dem Zeitalter der Reformation, vertraten einige Christen diese extreme Position. In der christlichen Kunst aus dieser Zeit werden die Evangelisten nicht nur als Augenzeugen der Himmelfahrt dargestellt, sie sind auch mit Büchern, Federn und Tinte ausgestattet; sie halten die Worte des Heiligen Geistes auf dem Papier fest und lassen sich dabei sogar von einem Engel die Hand führen.

Der Glaube an ein göttliches Diktat wird weder den Autoren noch den Ursprüngen oder dem Inhalt der biblischen Bücher gerecht, und er impliziert, daß Gott auch lügt, denn wie wir schon gesehen haben, entspricht die Darstellung der Bibel an einigen Stellen nicht der Wahrheit. Glauben wir nicht an ein Diktat, wird der Begriff »Wort Gottes« eine Art Metapher für den Text, den wir lesen: Nehmen wir sie zu wörtlich, wird sie absurd, interpretieren wir sie zu frei, hat sie eigentlich keine Bedeutung mehr. Sie wird dann zu einer Phrase wie der Ausdruck »Geschenk Gottes«, der sich auf die Geburt von Zwillingen, eine ertragreiche Ernte oder ein gutes Geschäftsjahr beziehen kann. Problematisch ist weiter das Wort »unfehlbar«. Auch hier kann man der Meinung sein, es sollte nicht zu wörtlich genommen werden. Es muß jedoch geklärt werden, bevor wir fortfahren, da es noch immer vehemente Fürsprecher findet und da die Argumente dieser Fundamentalisten, wie wir sie heute nennen, unsere Untersuchungen sonst beeinträchtigen könnten.

Fundamentalisten im strengen Sinn werden oft mißverstanden. Sie bestehen nicht darauf, daß alles in der Bibel wörtlich wahr sein muß, daß also Adam wirklich mehrere hundert Jahre gelebt hat oder die Welt in nur sechs Tagen erschaffen worden ist. Sie vertreten vielmehr die Meinung, daß die Bibel, wenn man sie richtig versteht, niemals irrt und von Gott inspiriert ist. Sie berufen sich dafür auf einige biblische Verse, in denen von inspirierten Schriften die Rede ist, und drehen und wenden sie so lange, bis sie zu ihren Ansichten passen. Daraus schließen sie dann, die gesamte Bibel sei nachweislich inspiriert, auch wenn es nur an einer Stelle (angeblich) gesagt wird. Christliche Fundamentalisten berufen sich auch auf Jesus, als stehe in den Evangelien, daß Jesus die ganze Heilige Schrift als erleuchtet und wahr betrachtet habe. Keiner ihrer Belegtexte kann diesen Anspruch jedoch wirklich beweisen.

Strenge Fundamentalisten stützen die Glaubwürdigkeit der Bibel mit Hilfe einer weiteren Strategie. Wo die Bibel unglaubwürdig erscheint, muß man ihren Aussagen eine andere Bedeutung geben: Die vielen hundert Jahre, die Adam angeblich lebte, müssen als die Jahre zwischen Adam und dem nächsten Ereignis in der Geschichte der Genesis verstanden werden; die sechs Tage der Schöpfung stehen trotz der expliziten Erwähnung von Morgen und Abend angeblich für sechs Phasen oder sechs lange Zeitalter.

Angesichts solcher Behauptungen sind Fundamentalisten in den Augen vieler Menschen in Wirklichkeit etwas anderes: Sie erscheinen ihnen als Reaktionäre, die gegen Liberalismus, Moderne und westliche Kultur zu Felde ziehen. Doch welche Motive oder Gründe sie auch konkret haben mögen, sicher ist, daß ihre Interpretation der Bibel eine lange Geschichte hat. Wer annimmt, daß die Bibel unfehlbar sei, setzt voraus, daß sie allegorisch gedeutet werden darf, daß gewisse Abschnitte also etwas anderes meinen, als sie explizit sagen. Der Glaube an die allegorische Schriftdeutung ist zweitausend Jahre alt und geht auf eine Zeit zurück, in der man noch allgemein annahm, die Bibel sei göttlich inspiriert. Im 3. Jahrhundert n. Chr. bekam der große christliche Gelehrte Origenes diesen Glauben von einem Juden erklärt, der sich der Schule des Origenes anschloß: »Die göttlich inspirierten Schriften sind aufgrund ihrer Dunkelheit wie verschlossene Zimmer eines Hauses. Neben jedem Zimmer liegt ein Schlüssel, der nicht paßt ... die große Aufgabe besteht darin, den richtigen Schlüssel zu finden und in das Schloß zu stecken, das er öffnen kann.« Origenes selbst war bemüht, mit Hilfe solcher allegorischer »Schlüssel« einige schwer verständliche Bibelstellen zu erhellen, und er fand hinter dem wörtlichen Sinn der biblischen Sprache völlig neue Bedeutungen.[3]

Heute gilt die Suche nach verborgenen Bedeutungen als ein Weg, die Glaubwürdigkeit eines schwierigen Textes zu retten. Es gibt aber auch Allegorien, die schon von den Verfassern der Bibel als solche benutzt werden: Paulus verwendet sie zuweilen (Gal 4,24ff.), und auch Jesus wird eine schöne Allegorie zugeschrieben im Gleichnis von den bösen Winzern, die den geliebten einzigen Sohn des Weinbergbesitzers töten (Mk 12,1–12); in einem tieferen, allegorischen Sinn ist Jesus dieser Sohn. Die Heilige Schrift bedeutet nicht immer das, was sie an der Oberfläche zu sagen scheint. Sie ist reich an Metaphern, Gleichnissen und Symbolen, die unsere Vorstellungskraft anregen. Manchmal läßt sich aufgrund ihrer Sprache, die viele Möglichkeiten offenläßt, nicht nur eine Bedeutung als richtig feststellen. Will man die Bibel verstehen, darf man allegorische Deutungen daher nicht prinzipiell ablehnen, wie Luther und die Anhänger der Reformation es taten. Statt dessen sollte man sich dort gegen allegorische Auslegungen zur

Wehr setzen, wo es sich eindeutig nicht um Allegorien handelt.[4] Strenge Fundamentalisten suchen wie Origenes und sein Schüler auch bei Textstellen nach verborgenen Bedeutungen, bei denen dies gar nicht nötig ist. Sie glauben wie Origenes, der ganze Text sei göttlich inspiriert, gehen jedoch weniger feinfühlig mit ihm um als der Kirchenvater. Origenes stritt nicht ab, daß die Bibel oft meinte, was sie sagte; es konnte jedoch mehr dahinterstecken, vergleichbar der im Körper verborgenen Seele, und dies zu erkennen erforderte die Gnade Gottes und ein reines, gläubiges Herz. Origenes zufolge sind tiefere Bedeutungen wie Gott nicht für jeden sichtbar: Man findet sie auf dem Weg der religiösen Suche, die für die Suchenden anstrengend ist und von den Zeitgenossen kritisch hinterfragt wird.

Für Origenes hatte die Bibel also auch an den Stellen eine tiefere Bedeutung, an denen sie wörtlich verstanden werden konnte. Für strenge Fundamentalisten hat sie nur dann eine andere Bedeutung, wenn sie wörtlich gelesen nicht sinnvoll interpretiert werden kann. Beide Ansätze sind inadäquat, da sie dem Text eine Bedeutung aufzwingen, die nicht in ihm angelegt ist. Origenes war allerdings Anhänger eines konsistenten Mystizismus, innerhalb dessen die Suche nach einer tieferen Bedeutung nicht nur eine Rechtfertigung der Bibel vor den Anforderungen des gesunden Menschenverstands war: Er glaubte, daß Gott die Menschen dadurch näher zu sich bringe. Gott gab sich durch die Bibel zu erkennen, genau wie er sich einst in Christus den Menschen gezeigt hatte.

Den Fundamentalisten geht es nicht um diesen Mystizismus, sondern um Wahrheit oder Irrtum. Für sie sind die schon lange diskutierten Probleme mit der Schöpfungsgeschichte oder mit Betlehem und der Geburt Christi noch immer aktuell, obwohl die Bibel hier aufgrund naturwissenschaftlicher Erkenntnisse endgültig ihre Wahrheit eingebüßt hat, wenn man sie wörtlich nimmt. Die Unfehlbarkeit der Bibel ist an der Wahrheit der Evolution und späterer Erkenntnisse der Wissenschaft gescheitert. Bemerkenswerterweise hat der Fundamentalismus trotzdem überlebt und ist wieder erstarkt. Die Tatsache der Evolution wurde einfach ignoriert oder umgangen. Der Fundamentalismus blieb seinen Prinzipien unbeirrt treu und profitierte von einer Strömung, zu der der Erfolg der Wissenschaften selbst geführt hatte.

Die Wissenschaften haben den Glauben gefördert, daß es ein autoritatives Wissen gibt, das wahr ist. Lehrbücher legen dieses Wissen dar, Experimente beweisen es, und wenn ein Ergebnis zu einem anerkannt gültigen Experiment im Widerspruch steht, muß es revidiert, wiederholt oder so eingeordnet werden, daß es nicht mit einer anerkannten Wahrheit kollidiert. In der Geschichtswissenschaft schwächt ein Gegenbeispiel eine Verallgemeinerung ab, in den Naturwissenschaften hingegen sind viele Generalisierungen so sicher, daß sie durch ein außergewöhnliches Ergebnis nicht erschüttert werden: Wenn das Wasser einmal nicht kocht, obwohl wir die Platte eingeschaltet haben, nehmen wir an, daß mit der Platte oder der Stromversorgung etwas nicht stimmt; wir zweifeln nicht an den Wärmegesetzen. Fundamentalisten beginnen mit einer Generalisierung, nämlich daß die inspirierte Heilige Schrift niemals irre, und sie gehen auf den ersten Blick wissenschaftlich vor, wenn sie die Beispiele, die diesem Gesetz offensichtlich nicht entsprechen, neu deuten.

Die moderne Wissenschaft ist, bildlich gesprochen, ein Haus mit vielen Zimmern. Forscher, die außerhalb des Hauses oder isoliert in einem kleinen Zimmer arbeiten, können leicht zu der Überzeugung kommen, daß die Informationen eines in ihrer begrenzten Welt zirkulierenden Textes wahr sind. In der Philosophie der Naturwissenschaften spielt der Zweifel dagegen eine große Rolle, und in der Literaturwissenschaft war die Beziehung zwischen Text, Wahrheit und Leser nie heißer umstritten als heute. Unsere Kultur befaßt sich jedoch weniger mit solchen abstrakten Überlegungen als vielmehr mit den praktischen Anwendungen naturwissenschaftlicher Erkenntnisse, und wir alle gehen davon aus, daß eine Technologie »wahr« ist, wenn sie funktioniert. Der Zweifel hat mit dem wachsenden Informationsfluß in der zweiten Hälfte des 20. Jahrhunderts nicht Schritt gehalten.

Hier liegt auch der Grund dafür, daß der Fundamentalismus auf Menschen, die in einer von den Naturwissenschaften dominierten Kultur aufgewachsen sind, noch immer anziehend wirken kann. Er ist nicht Anzeichen eines primitiven, mittelalterlichen Bewußtseins; er gedeiht gerade auch im technologisch hochentwickelten Westen. Wer voraussetzt, daß die Naturwissenschaft nach sicherem Wissen strebt, fühlt sich auch bei der fundamentalistischen Ansicht zu Hause, daß die Bibel niemals irrt. Wenn Fundamentalisten aus nationalistischen Gründen, aus moralischem Konservativismus oder aus geistiger Faulheit wissenschaftliche Thesen angreifen, propagieren sie gerne die Heilige Schrift als alternative Quelle jenes sicheren Wissens, auf das nach allgemeiner Ansicht die Naturwissenschaften Anspruch erheben. Sie stützen sich dabei in besonderem Maße auf einen älteren Schlüssel zum Verständnis der Bibel: auf die historische statt auf die naturwissenschaftliche Forschung.

Die Fundamentalisten versuchen, historisches Wissen für sich auszubeuten. Am einfachsten geht dies über die Archäologie, denn vor allem dort arbeitet die Geschichtswissenschaft mit naturwissenschaftlichen Methoden, und das Belegmaterial liegt konkret faßbar und anscheinend eindeutig vor. Die Archäologie kennt keine Sprachbarrieren, und je mehr Menschen sich für sie interessieren, desto wirkungsvoller können Fundamentalisten archäologische Funde als Beweise dafür deuten, daß die Erzählungen der Bibel wahr sind. Mit Hilfe einzelner Beispiele versucht man den allgemeinen Glauben zu verbreiten, der komplette Inhalt der Bibel könne bewiesen werden, wenn wir die entsprechenden archäologischen Überreste finden würden. Schriftliche Zeugnisse widersetzen sich einer solchen Interpretation stärker. Aber auch hier weisen die Fundamentalisten auf außerbiblische Texte hin, die biblische Namen, Orte und Ereignisse bestätigen, und argumentieren mit diesen Beispielen für die Wahrheit der Bibel insgesamt. Der Wert von Gegenbeweisen wird angezweifelt; schließlich erwartet man von Historikern nicht wie von Naturwissenschaftlern, daß sie im Besitz der letzten Wahrheit sind. Andererseits wird an den biblischen Autoren natürlich nicht gezweifelt.

Die historische Forschung hat gegenüber der Bibel also eine doppelte Pflicht zu erfüllen.[5] Erstens soll sie helfen, die Interpretationen der Fundamentalisten zu beurteilen. Eine noch größere Herausforderung aber ist zweitens der Versuch, die Bibel als das zu würdigen, was sie ist. Wir haben bereits gesehen, welche Folgen das hat. Wenn man geschichtswissenschaftliche Methoden auf die Bibel anwendet, kann man damit den Fundamentalismus widerlegen und einen ganzen Zweig des Biblizismus matt setzen. Die Bibel ist nicht Gottes Wort im strengen Sinn, und sie ist auch nicht unfehlbar, abgesehen vielleicht von einigen trivialen Einzelheiten. Wer behauptet, sie sei unfehlbar, scheitert nicht nur an Kleinigkeiten wie dem Alter von Metuschelach oder der Eroberung Jerichos, sondern an zentralen Punkten, etwa den Berichten von der Geburt Christi. Weder Matthäus noch Lukas kannten die Wahrheit. Dem Fundamentalismus im strengen Sinne fehlt also die Basis, wir brauchen uns daher nicht weiter mit Angriffen von dieser Seite auseinanderzusetzen.

Wenn die Bibel nicht das unfehlbare Wort ist, was ist sie dann? Die Frage eröffnet verlockende Möglichkeiten, die nicht sofort wieder dadurch zunichte gemacht werden sollten, daß man sich auf die Geschichte einer Gemeinschaft von Gläubigen beruft und damit argumentiert, diese Gemeinschaft habe der Bibel bindende Kraft verliehen. Die Texte sind entstanden, bevor es die Kirche gab. Sie können von jedem gelesen, verstanden und bewertet werden, man muß dazu nicht einer Kirche oder einem bestimmten Volk angehören. Ich möchte die Bibel als Historiker untersuchen, und meine Ergebnisse sind »nicht autorisiert«: nicht weil jüdische oder christliche Gelehrte versucht hätten, sie zu unterdrücken (einige fänden sie unzweifelhaft sogar traditionell), sondern weil die Bibel selbst sie nicht verkündet. Im Gegenteil, die Verfasser der Bibel geben sich alle Mühe, die Ursprünge der Texte mit falschen Hinweisen zu verschleiern.

Nachdem ich mich mit der Geschichte der Bibel befaßt habe, möchte ich mich mit der Bibel als Geschichtswerk befassen: Liegt ihre Wahrheit in den Ereignissen, über die sie berichtet? Es gibt neben der Bibel weitere Zeugnisse wie archäologische Funde und außerbiblische Texte; Stichproben weisen auf wechselseitige Beziehungen hin, die nicht einfach zu klären sind und sicher nicht dem Bild entsprechen, das Fundamentalisten von ihnen zeichnen. Wenn die Wahrheit aber nicht in den Ereignissen selbst zu finden ist, liegt sie dann in den biblischen Autoren und der Art und Weise, wie sie ihre Erzählungen geschrieben haben? Zuletzt will ich mich der Erzählkunst und der menschlichen Wahrheit der biblischen Geschichten zuwenden. Die biblischen Texte sollen dabei in ihrer Bedeutung nicht geschmälert, sondern als das gewürdigt werden, was sie waren und heute sind.

TEIL ZWEI

3

»Höre, Israel ...«

Die Bibel beinhaltet nicht nur zwei Schöpfungsgeschichten, sie hat auch ihre eigene »Schöpfungsgeschichte«. Sie ist nicht als einheitlicher Text verfaßt worden. Was wir heute als gebundenes Buch in Händen halten, ist eine Sammlung von Texten, die innerhalb eines Zeitraums von mindestens siebenhundert Jahren entstanden sind. Etwa dieselbe Zeitspanne trennt das moderne Europa von der Epoche Dantes oder dem Eroberungszug Dschingis-Khans. Einige Texte des Alten Testaments wurden vielleicht schon im 9. oder sogar im 10. Jahrhundert v. Chr. geschrieben, die meisten wahrscheinlich zwischen dem 8. und der Mitte des 2. Jahrhunderts v. Chr. Weitere zweihundert Jahre trennen diese Texte vom Neuen Testament, das vermutlich zwischen 60 und 100 n. Chr. entstand. In einem Buch liegen uns also Texte vor, die so verschiedenen Alters und Inhalts sind wie Dantes *Inferno*, die *Chronik* Froissarts, prophetische Texte aus dem England des 17. Jahrhunderts und moderne Briefe, Memoiren und Predigten aus der Zeit nach 1945.

Die Bibel enthält einige Texte, die man hier eigentlich nicht erwarten würde. Das Hohelied ist eine Sammlung erotischer Dichtung, deren religiöse Bedeutung heftig diskutiert wurde. Die Zehn Gebote werden zweimal genannt (Ex 20 und Dtn 5), außerdem gibt es drei verschiedene Gesetzessammlungen, die viele Fragen unbeantwortet lassen und sich in bestimmten Punkten widersprechen (Ex 20–23; Lev 11–27; Dtn 12–26). Ferner beinhaltet das Alte Testament eine historische Erzählung (Ester), ein Buch, das die Haltung eines Propheten kritisch beschreibt (Jona) und einen Bericht (Chronik), der inhaltlich einen Großteil der Darstellung aus den beiden Büchern der Könige wiederholt. Das Neue Testament behandelt eine kürzere Zeitspanne, enthält aber dennoch vier Evangelien: warum nicht drei oder sechs? Die damals vielleicht einleuchtende Erklärung eines frühchristlichen Bischofs, der die vier Evangelien als Entsprechung zur zentralen Bedeutung der Zahl Vier in der erschaffenen Welt, der vier Winde oder vier Himmelsrichtungen, ansah, kann uns heute nicht mehr zufriedenstellen.[1]

Diese Fragen nach der Auswahl der Texte führen uns zu der Frage nach dem Auswählenden. Wurden die Bücher der Bibel jemals offiziell aus einer längeren Liste ausgewählt, und wenn ja, wann, wie und von wem?

Die Frage nach den Ursprüngen der Bibel ist zum Teil eine historische Frage danach, wann die einzelnen Bücher verfaßt wurden und wann diese Sammlung erstmals als alleinige Heilige Schrift anerkannt wurde. Diese Fragen sind so schwer zu beantworten, weil kein Buch der Bibel eine Angabe über den Zeitpunkt seiner Entstehung enthält. Nur bei sehr wenigen wird ein Verfassername angegeben, der sicher nur in den seltensten Fällen authentisch ist. Wir müssen also indirekt aus den Texten auf Daten, Verfasser und Situationen schließen, wobei berücksichtigt werden muß, daß viele Texte des Alten Testaments von nachfolgenden Autoren erweitert und aktualisiert wurden. In den nächsten Kapiteln werde ich mich mit den Ursprüngen dieses Buches beschäftigen und auf die Frage nach Autorschaft und Wesen des Textes, den wir heute lesen, eingehen. In jedem Fall hat sich das Bild in den letzten fünfzig Jahren durch die wissenschaftliche Forschung stark gewandelt. Wir haben wesentliche neue Erkenntnisse gewonnen; es bleibt zwar vieles ungewiß, doch die Entstehungsdaten einiger Bücher konnten, nicht zuletzt in der Auseinandersetzung um extreme Datierungsvorschläge, genauer festgelegt werden. Wir wissen heute, daß die Entstehungsgeschichte des biblischen Kanons weniger gesichert ist als früher angenommen wurde. Auch hier haben wir durch das Ausscheiden extremer wissenschaftlicher Thesen Fortschritte erzielt und können diesen Entstehungsprozeß jetzt sehr viel besser nachvollziehen.

Die Fragen nach Verfasser, Datierung und Wesen der Bibeltexte hängen auch damit zusammen, wie man den Status und den Wahrheitsgehalt der Heiligen Schrift einschätzt. Viele Menschen glauben nach wie vor, daß die Bücher der Bibel sich in ihrer Art von allen anderen Büchern unterscheiden: »Gott gab die Inspiration für alle kanonischen Bücher ohne Ausnahme, und kein nichtkanonisches Buch beruht auf Inspiration.« Welche Bücher aufgenommen wurden, ist dem Wirken einer höheren Macht zugeschrieben worden: »Die frühen Christen waren nicht außergewöhnlich intelligent, aber sie hatten die Fähigkeit, göttliche Autorität zu erkennen, wenn sie sie erlebten … wir können durchaus glauben, daß ihre Entscheidungen nicht nur bezüglich dessen, was sie akzeptierten, sondern auch bezüglich dessen, was sie ablehnten, durch eine Weisheit bestimmt waren, die ihre eigene übertraf.«[2] Die Vertreter dieser Ansicht gehen davon aus, daß der Charakter der Bibel die Frage nach dem Wahrheitsgehalt beantwortet und daß die Frage nach der Übereinstimmung mit den Tatsachen demgegenüber zweitrangig ist.

Für diese besonderen Bücher nimmt man mitunter auch eine besondere Kohärenz an. Die Bücher der Bibel bilden einen Kanon und unterscheiden sich dadurch von anderen, nichtkanonischen Texten: Es gibt Theologen, die dem Kanon als Anweisung zum Verständnis große Bedeutung beimessen und jedes der Bücher als kohärenten Text betrachten. Die Bücher müssen nach dieser Ansicht in der Form, wie sie uns heute vorliegen, jeweils als Einheit aufgefaßt werden. Dabei wird außer acht gelassen, daß zum Beispiel dem Buch Genesis sich widersprechende Quellen zugrunde liegen oder daß die zweite Hälfte des Buches des Propheten Jesaja über ein Jahrhundert jünger ist als die erste. Wir müßten also jedes Buch als kanonische Einheit betrachten und auf dieser Grundlage nach Wahrheit und Bedeutung suchen. Eine solche Haltung ist für Literaturwissenschaftler attraktiv, die die Bibel als Literatur lesen und der Meinung sind, daß alle Versuche, die Bücher zu untergliedern, den Zugang zu ihrer heutigen Bedeutung erschweren. Auch theologisch orientierte Leser fühlen sich angesprochen, die in der Heiligen Schrift umfassendere Themen suchen, als sie die kleinen Fragmente bieten, in die jeder Vers von den Wissenschaftlern zerlegt worden ist. Sie glauben, der Kanon habe eine besondere Autorität, die sich auf die Form eines jeden Buches in ihm übertrage.

Der Kanon begründet außerdem für jedes Buch eine Beziehung

zum vorausgehenden und unmittelbar nachfolgenden. Literaturwissenschaftler neigen der Ansicht zu, daß diese Beziehungen Einfluß darauf haben, wie ein Buch gelesen wird; der Kanon ist Anzeichen für die Kohärenz der Bibel in ihrer Gesamtheit. Kohärenz
in diesem Sinne soll Bedeutungen ändern: Die Leugnung eines
Lebens nach dem Tod im Buch Kohelet wirkt, für sich genommen,
auf manche Leser außerordentlich deprimierend, anderen erscheint diese Haltung vielleicht realistisch. Liest man den Text
jedoch im Kontext anderer Bücher, insbesondere der des neutestamentlichen Kanons, so erhält dieser Aspekt eine neue Bedeutung als Teilansicht in einem sich entwickelnden Ganzen. Theologen, die sich intensiv mit der Entstehung des Bibelkanons
beschäftigt haben, stimmen dem zu, sind jedoch darüber hinaus
auch der Meinung, der Kanon habe eine besondere religiöse Autorität.[3]

Diese Wissenschaftler benutzen den Kanon als Argument gegen die manchmal unsystematische Kritik der Historiker und
Textkritiker. Als Historiker bin ich der Überzeugung, daß man
sich mit den Themen, die man behandelt, gründlich auseinandersetzen muß. Eine Einschätzung beruht nicht nur auf der un-
voreingenommenen Beschäftigung mit dem jeweiligen Gegenstand der Untersuchung, sondern immer auch auf subjektiven
Eindrücken und Empfindungen. Dennoch darf diese Einschätzung nicht willkürlich vorgenommen werden, nicht jede Feststellung besitzt die gleiche Gültigkeit. Ich möchte dies anhand eines
Beispiels verdeutlichen. Ich erinnere mich, daß ich vor einigen
Jahren zusammen mit einem Freund in ein leerstehendes Haus
kletterte, über dessen Haustür sich ein hübsches Putten-Pärchen
aus Gips aus dem 18. Jahrhundert umarmte. Mein Freund war
ein Kenner historischer englischer Häuser und Interieurs. Wir
fühlten uns als Forscher und waren in Entdeckerlaune. Die Wän-
de des kleinen, wohlproportionierten Wohnzimmers waren mit
verblichenem Sackleinen bezogen, was meinen Begleiter zu einer
scharfsinnigen Betrachtung inspirierte. Es mußte einmal eine Zeit
gegeben haben, so schwärmte er, Mitte des 18. Jahrhunderts, gerade als dieser Salon hier gestaltet wurde, in der man Sackleinen
statt Tapeten verwendete, und hier, so fuhr er fort, hatten wir
einen völlig erhaltenen Raum mit einer solchen Ausstattung, mit

den passenden Türen, Fenstern und Kamin. Neugierig drehte ich ein Stück Sackleinen um und befürchtete schon, dieses georgianische Stück werde in meiner Hand zerbröseln. Statt dessen löste es sich von der Wand. Die Worte »König-Edward-Kartoffeln« standen auf der Rückseite gedruckt. Der Sack war ein Notbehelf gegen Wind und Regen, den jemand innerhalb der letzten fünf Jahre hereingebracht und vor die Ritzen gehängt hatte.

Durch diesen Kartoffelsack wurde ich wie die Bibelforscher mit einer historischen Wahrheit konfrontiert, die den ursprünglichen einheitlichen, »kanonischen« Eindruck völlig zerstörte. Wir waren keine Eindringlinge in ein georgianisches Paradies mehr. Wir waren auf einen gemütlichen alten Raum gestoßen, der im Laufe der Zeit verändert und sozusagen neu ausgepolstert worden war, den man nicht mehr als Einheit deuten konnte. Wie nun, wenn für die Bücher Samuel und Jeremia ähnliches gilt? Wie, wenn die Einheit der Bibel erst vor relativ kurzer Zeit konstruiert worden wäre? Man kann die Ausstattung georgianischer Häuser nicht einschätzen, indem man irgendwelche in die Ritzen gestopfte Säcke betrachtet.

Die kanonische Lesart rechtfertigt ihre einheitliche Sichtweise dadurch, daß sie der Bibel als Ganzem eine besondere Autorität beimißt. Wie bedeutsam ist diese Autorität? Dazu sollte man sich an eine einfache Tatsache erinnern. In biblischen Zeiten war die Bibel bzw. das Alte Testament keineswegs ein Buch. Die Texte wurden auf Papyrus-, Pergament- oder sogar Lederrollen geschrieben, die jeweils nur einen Text oder eine Gruppe kürzerer Texte enthielten. Diese Rollen waren sehr unhandlich. Ein auf Papyrus geschriebener Jesaja-Text, der vor kurzem in einer Höhle nahe dem Toten Meer gefunden wurde, ist ausgerollt sechs Meter lang. Zu Lebzeiten Jesu hätte das, was Christen heute das Alte Testament nennen, in mehreren sperrigen Rollen, so groß wie ein Stapel von Tapetenrollen, aufbewahrt werden müssen. Es ist schwieriger, einen Stapel Schriftrollen zu überblicken und zu bewahren als ein gebundenes Buch.[4] Erst die Christen haben das Buch bzw. den Kodex als die Standardform für die biblischen Texte eingeführt. Und selbst für diese Zeit ist nicht bekannt, daß sie unsere Bibel in einem frühen Exemplar zusammengeschrieben hätten. Die Geschichte der biblischen Überlieferung verläuft von der Rolle zum

Stapel, vom Stapel zum Buch/Kodex, worüber etwa eintausend Jahre vergingen. Wir dürfen bei unseren Betrachtungen also nicht von einem Buch im heutigen Sinn ausgehen. Statt dessen müssen wir zuerst herausfinden, wann ungefähr und warum die einzelnen Texte entstanden sind, und uns dann der Frage nach ihrer Autorität als Ganzem zuwenden.

II

Einen Ausgangspunkt dürfen wir als gesichert betrachten: Kein Buch unserer Bibel existierte vor dem 8. Jahrhundert v. Chr. auch nur annähernd in seiner heutigen Form. Der Auszug der Israeliten aus Ägypten und ihre Flucht in das Gelobte Land lagen damals schon mindestens fünfhundert Jahre zurück. Viele große Gestalten der Bibel sind daher ohne jede Heilige Schrift ausgekommen: Salomo, Elija, David oder selbst Samuel. Was war also das Besondere an der Religion des frühen Israel? Gab es überhaupt ins Auge fallende Besonderheiten?

Der Gott der Israeliten war Jahwe, und er wird in ihren älteren Texten mit einem Gebiet südlich von Kanaan in Verbindung gebracht. Die alten poetischen Texte in Richter 5,5 und Psalm 68,8 bezeichnen ihn mit Worten, die wahrscheinlich »Einer vom Sinai« bedeuten. Wir wissen nicht, wo der Berg Sinai lag: Vielleicht ist es der Djebel Musa (»Berg des Mose«) im Süden der Sinai-Halbinsel, doch die Hinweise, die dafür sprechen, stammen aus sehr später Zeit, nach 300 n. Chr. Die Geschichtstradition der Israeliten berichtet, daß Jahwe ihr Volk aus der ägyptischen Sklaverei befreit habe. Ihr neuer Führer Mose und andere waren diesem Gott auf dem Sinai, seinem angestammten Berg, begegnet und hatten dort seine Worte gehört. Die Darstellung dieser Begegnung finden wir in Exodus 19–34.[5] In diesen Kapiteln sind verschiedene Quellen, Gesetze und Vorstellungen von Gottes Begegnungen mit seinem Volk miteinander verbunden. Teile dieser unübersichtlichen Darstellung sind inzwischen mit Hilfe überzeugender wissenschaftlicher Begründungen auf das 7. und 6. Jahrhundert v. Chr. datiert worden. Sie beinhalten die Zehn Gebote, doch ist typischerweise »keiner der herkömmlichen Versuche, den Text in seiner vorliegenden Form in Zehn Gebote einzuteilen, ganz über jede Kritik erhaben«.[6] Es sind keine zehn, und offenkundig sind es auch urspünglich keine richtigen »Gebote«, die der Berggott vom Sinai dem Mose gegeben hätte. Konservative Theologen haben vor kurzem die Ursprünge dieses Textes im nördlichen Königreich von Israel und im 10. Jahrhundert v. Chr. vermutet. Vielleicht sollten wir sie etwa hundert Jahre später ansetzen, allerdings nicht viel später, denn der Prophet Hosea hat anscheinend einige von ihnen gekannt. (Hos 4,1–6). Mitte des 8. Jahrhunderts prangert er Fluch, Lüge, Mord, Diebstahl, Götzendienst (Hos 8,1–12) und Ehebruch an und wirft den Priestern vor, die »Lehre« (*Tora*) Gottes vergessen zu haben. Diese Sünden entsprechen zum großen Teil den in den Geboten genannten Verfehlungen, und der Kontext bei Hosea legt nahe, daß es sich um Verstöße gegen ein wohlbekanntes Verhaltensmuster handelte. Wahrscheinlich denkt er dabei an die göttlichen Gebote. Demnach müssen die in Frage kommenden Texte deutlich früher entstanden sein als 750 v. Chr. Heute liegen uns jedoch erweiterte und abgeänderte Fassungen vor, die in ihrer endgültigen Form vielleicht erst aus der Zeit um 550 v. Chr. stammen.

In archaischen Gesellschaften war es durchaus üblich, Gesetzessammlungen einer einzigen Person zuzuschreiben, die sie der Sage nach ihrerseits von einem Gott empfangen hatte. Selbst die Römer erzählten sich eine ähnliche Geschichte von einem ihrer Könige. Die israelitische Geschichte vom Sinai ist ein gewaltiger Wirrwarr aus einzelnen Erzählungen (Mose und einige andere Männer besteigen mehrmals den Berg), doch ist sie, wie auch die meisten Gebote, durchaus nicht einzigartig: Mord und Diebstahl sind Verfehlungen, die von keiner Gesellschaft gebilligt werden können.

Historisch gesehen ist das Erste Gebot das wichtigste; es wird in der Bibel gewöhnlich mit «Du sollst neben mir keine anderen Götter haben« übersetzt. Der Glaube an einen einzigen Gott, der Monotheismus, ist in der Religion der Juden so fest verankert, daß die Annahme naheliegt, er sei schon von Anfang an vorhanden gewesen. Allerdings ist dieser Glaube eine Ausnahme; er wird von keinem anderen aus der Antike bekannten Volk geteilt. Alle monotheistischen Vorstellungen in den heute verbreiteten Religionen beruhen auf jüdischem Erbe. Die ersten Christen übernahmen sie von den Juden, durch Kontakte mit Juden und Christen wurden sie an die ersten Muslime weitergegeben, die ebenfalls Abraham als ihren Vorfahren betrachten. Der Monotheismus ist zu unterscheiden vom Glauben an einen obersten Gott, der inmitten einer Gruppe anderer, ihm untergeordneter Götter schaltet und waltet. Wurde dem Volk Israel bereits um 900 v.Chr. die kompromißloseste Version verkündet, daß nämlich sein Gott Jahwe der einzige existierende Gott sei?

Bevor wir aus dem Ersten Gebot einen frühen Monotheismus herauslesen, sollten wir es datieren (es könnte auch erst aus dem 6. oder 7. Jahrhundert stammen) und uns vergewissern, daß wir es richtig übersetzen. Die Datierung ist außerordentlich schwierig. Bei Hosea wird scheinbar auch dieses Gebot schon vorausgesetzt: In Kapitel 8 werden Götzendienst und Verehrung fremder Götter offenbar mit der Mißachtung des göttlichen Gesetzes in Verbindung gebracht (Hos 8,1; 8,12). Das Gesetz ist jedoch offenbar eine allgemeinere Festlegung als unser Erstes Gebot[7], denn Hosea leugnet die Existenz anderer Götter nicht.

Wenn wir also bei den frühen Propheten den Glauben an den einen Gott nicht offen ausgesprochen finden, sollten wir uns vielleicht mit den Eigennamen der Menschen dieser Zeit beschäftigen. Im gesamten Nahen Osten wählten die Menschen Namen, die sich auf einen bestimmten Gott zurückführen lassen. Wir kennen nur wenige frühe hebräische Namen, doch im 9. Jahrhundert begegnen wir erstmals einem König von Juda, der nach Jahwe benannt ist (Joschafat oder »Jahwe hat gerichtet«), und im Norden treffen wir auf einen Propheten mit einem ähnlichen Namen (Elija oder »Jahwe ist Gott« bzw. »mein Gott«); Elija greift rivalisierende Propheten und die Verehrung des Gottes Baal an. Diese beiden Namen führen uns zu vielen anderen »göttlichen Namen«, die vor dem Exil im Jahre 587 v.Chr. bekannt waren.[8] In unlängst veröffentlichten Listen sind 1058 göttliche Namen von Israeliten aus dieser Zeit verzeichnet, die man aus der Bibel und von zeitgenössischen beschrifteten Gegenständen, Siegeln etc. kennt. Bis auf 88 gehen alle diese göttlichen Namen auf Jahwe zurück. Nun werden Eigennamen leicht überinterpretiert, aber die Eltern, die sie aussuchten, mußten doch wohl ein gewisses Vertrauen zu Jahwe besitzen. Auch ist auffallend, wie wenige Namen auf einen anderen Gott als Jahwe zurückgehen. Solche Namen könnten allerdings außerhalb der Bibel, unserer Hauptquelle, durchaus vorkommen. In anderen Gesellschaften des Nahen Ostens beziehen sich Eigennamen auf eine sehr viel größere Anzahl von Gottheiten und spiegeln damit die Tatsache wider, daß die Menschen dort an viele verschiedene Götter glaubten.

Die Namensgebung könnte ein Hinweis darauf sein, daß es bereits im 9. und 8. Jahrhundert v. Chr. Menschen gab, die Jahwe als einzigen Gott Israels anerkannten und das Erste Gebot akzeptierten. Ich möchte die Gültigkeit dieser Schlußfolgerung jedoch bezweifeln. Ein Name, der auf Jahwe zurückgeht, beweist nicht, daß der Namensgeber oder -träger Jahwe als alleinigen Gott betrachtete, eher wohl als einen besonders wichtigen Gott; die Beispiele sind nicht sehr zahlreich und können die Glaubensüberzeugungen der Mehrheit der Israeliten nicht belegen; Jahwes Name taucht zwar am häufigsten auf, doch ist ebenso bedeutsam, daß er nicht der einzige ist.

Auch die Übersetzung des Ersten Gebotes aus dem Hebräischen ist unsicher. Vielleicht bedeutete es ursprünglich »Du sollst vor meinem Angesicht keine anderen Götter haben« (keine Götzenbilder in Jahwes Tempel) oder »Du sollst keine anderen Götter vor mir haben«, also »mir vorgezogen«.[9] Auf jeden Fall ist »der Anspruch auf Jahwes Ausschließlichkeit in dem Sinne, daß allein Jahwe existiert, im Ersten Gebot nicht enthalten«.[10] Vielleicht besagte der Text lediglich, daß Jahwe der oberste Gott neben anderen, geringeren Gottheiten in Israel war. Der Monotheismus, der sehr viel kompromißlosere Glaube, daß es überhaupt nur einen Gott gibt, ist nicht auf dem Gipfel des Sinai offenbart worden. In Exodus 34,4ff. wird beschrieben, wie Mose zum zweiten Mal mit den Steintafeln auf den Sinai steigt und der Herr einen Bund mit ihm schließt.[11] Die Israeliten werden aufgefordert, vor ihren Nachbarvölkern auf der Hut zu sein und »ihre Altäre ... nieder[zu]reißen, ihre Steinmale [zu] zerschlagen, ihre Kultpfähle um[zu]hauen«. Diese durch Jahwe legitimierten Vandalen sollen sich dann »nicht vor einem andern Gott niederwerfen. Denn Jahwe trägt den Namen ›der Eifersüchtige‹; ein eifersüchtiger Gott ist er.« Dieser Teil der Geschichte ist inzwischen definitiv auf das

6. Jahrhundert v. Chr. datiert worden: Der Monotheismus hatte also keine allzulange Tradition in Israel.

Wenn wir in die Zeit Davids und Salomos, der ersten Könige Israels, zurückreisen könnten, so würden wir dort keine monotheistischen Vorstellungen finden. Diese großen Männer verehrten Jahwe in der zweiten Hälfte des 10. Jahrhunderts, doch glaubten sie nicht, daß er der einzige Gott sei. Es gab ausdrucksvolle Lieder und Hymnen für Jahwe, vielleicht auch einige allgemeine Gesetze gegen Mord und Ehebruch, die als von Jahwe ausgehend präsentiert wurden; es gab ebenso Dutzende von Vorschriften, die sich mit den Problemen einer archaischen Gesellschaft beschäftigten. Jahwe war der oberste Gott in Israel. Wie es Propheten benachbarter heidnischer Götter, etwa des Baal, gab, traten auch Propheten auf, die Jahwes Worte verkündeten. Einige von ihnen waren an den Vorgängen am Königshof aktiv beteiligt. Seit Salomo hatte der oberste Gott einen Tempel oder ein Haus, in dem Priester seinen Kult praktizierten. Sie opferten Tiere, um ihn bei Laune zu halten. Männliche Israeliten wurden beschnitten, doch dies war auch bei den benachbarten Völkern einschließlich der Ägypter üblich; Jahwe hatte in Jerusalem einen besonderen Schrein, die Bundeslade, ebenso wie die Götter benachbarter Nichtjuden kleine Hausaltäre besaßen; vielleicht enthielten sich die Priester Jahwes bestimmter Speisen und wollten dies auch für die anderen Israeliten verbindlich machen, doch die Priester anderer Götter in der Region verhielten sich ebenso. In manchen Kulten in Syrien waren die Fischspeisen verboten; in Israel sprachen sich die Priester gegen den Genuß von Schweinefleisch aus. Wir können nicht ermessen, wie weit diese Praktiken verbreitet waren oder wie früh sie auftraten, doch wirkten sie in ihrem Umfeld keineswegs absonderlich: Religiöse Überzeugungen manifestierten sich häufig in Besonderheiten der Ernährung oder in Beschneidungsriten.

Ein Besucher hätte im 10. oder 9. Jahrhundert in Israel nichts Ungewöhnliches an dieser religiösen Praxis gefunden: Zu diesem Zeitpunkt existierte das Judentum noch nicht. In Moab wurde der oberste Gott Kemosch genannt; in Israel verehrten die Menschen vor allem (jedoch nicht ausschließlich) Jahwe. Es ist auffallend, daß Saul, der erste König, einen seiner Söhne nach dem Gott Baal benannte und daß sein zweiter Sohn, Jonatan, dasselbe tat.

Es konnte geschehen, daß Kemosch oder Jahwe hin und wieder wütend auf ihre Anhänger wurden, und deshalb (so glaubten die Menschen) konnte man Kriege oder das Wetter nicht vorhersehen. Um Kemoschs oder Jahwes Gunst zu gewinnen, mußte man ihnen Tiere opfern und sie in ihren Tempeln anbeten. Schließlich ließ sich der Zorn der Götter besänftigen (zu gegebener Zeit besserten sich die Geschicke der Menschen, es ging ihnen zwar selten gut, aber manchmal doch weniger schlecht), und inzwischen lebten die Priester von den Opfergaben. In dieser Zeit waren die Gläubigen dem Tode gegenüber realistisch eingestellt. Bestenfalls gab es vielleicht für einige Menschen eine geisterhafte Existenz in einer Unterwelt, doch der Tod war nach der Vorstellung dieser Zeit endgültig. Der Körper wurde wieder zu Erde, die von niemandem gerichtet oder ins Leben zurückgerufen wurde.

In all dem war die Religion im frühen Israel der Religion in Moab, Edom oder gar einer der phönizischen Städte sehr ähnlich. Allerdings gab es zwei phönizische Vorlieben, die Jahwe nicht teilte. Die erste war künstlerischer Natur: Es gab keine steinernen, hölzernen oder gemalten Bildnisse von Jahwe. Zunächst war dieser Mangel möglicherweise eine Frage der künstlerischen Fähigkeiten, denn israelitische Kunst als solche gab es nicht, doch wurde er später zu einem religiösen Prinzip, dem wir auch in den Zehn Geboten begegnen. Anhänger anderer Götter in Israel errichteten manchmal Säulen oder Holzpfosten als Symbole ihrer Gottheit, Jahwe hingegen blieb gestaltlos. Selbst in Salomos aufwendigem Tempel gab es kein Standbild von ihm. Mit der Zeit begann diese Gestaltlosigkeit seltsam zu wirken.

Zweitens war er ein Gott, der nicht nach Menschenfleisch verlangte. Die Phönizier opferten in einigen Städten Kinder (obwohl heute manche Bewunderer dieser Kultur das abstreiten). In Exodus 22,28 sagt Jahwe: »Den Erstgeborenen unter deinen Söhnen sollst du mir geben«, und Jahre später wurde dies von dem Propheten Ezechiel (Ez 20,26) so verstanden, daß Kinderopfer als Strafe vorgesehen seien. Wahrscheinlich war mit diesem Befehl jedoch lediglich die Weihe gemeint; in 2 Könige 21,6 heißt es allerdings, daß König Manasse in Jerusalem »seinen Sohn durch das Feuer gehen« ließ. Dies war, wenn es wirklich stattfand, ein ruchloser Frevel. In Israel behielt sich Jahwe das väterliche Recht vor, sein Volk zu züchtigen, jedoch nicht, es zu vernichten; er liebte es wie ein Vater; er hatte die Könige erwählt, die es regierten, und er sorgte in der von ihm geschaffenen Welt für Ordnung.

Diese einfache Theologie war in anderen Hochkulturen des Nahen Ostens (etwa in Ägypten oder Babylon) weder neu noch außergewöhnlich. Wie andere Völker des Nahen Ostens erzählten auch die Israeliten Geschichten aus ihrer Vergangenheit, ein Thema für die Tage im Schatten der Bäume, wenn es regnete, wenn Familien zusammenkamen oder wenn die Männer sich trafen, wie sie sich bis heute unter den Bäumen iranischer Provinzstädte treffen und zusammensitzen. Auch hierfür sind die ältesten datierbaren Quellen die Bücher der Propheten Hosea, Amos und Micha, für deren Entstehung die Zeit zwischen der Mitte und dem Ende des 8. Jahrhunderts v. Chr. angenommen wird; diese Propheten wirkten im nördlichen der beiden Königreiche, in die die Israeliten nach der Zeit Salomos aufgeteilt worden waren. Sie erzählen uns einige Geschichten, die wir schon aus dem Buch Genesis kennen, jedoch aus einem etwas anderen Blickwinkel.[12] Sie setzen den Exodus aus Ägypten voraus; sie gehen davon aus, daß es Gott war, der Sodom zerstörte (doch sie sprechen nicht von Homosexualität als der Sünde Sodoms); sie wissen von der Vertreibung der Amoriter bei der Rückkehr der Israeliten in ihr Land (obwohl Josua nicht genannt wird). Geschichten über ein zurückliegendes Exil und eine Landnahme kennen auch andere Völker des Mittelmeerraums (die Römer erzählten die Geschichte von ihrer Flucht aus Troja nach Italien, und die Griechen überlieferten Berichte von den dorischen Eroberern). Auch bei den Nachbarn Israels im Nahen Osten muß es ähnliche Traditionen gegeben haben, obwohl nichts davon in ihren Aufzeichnungen erhalten ist: Der Prophet Amos vergleicht den Exodus mit ähnlichen Wanderbewegungen der Syrer und Philister, die ebenfalls unter Gottes Schutz stattgefunden hätten (Am 9,7).

In den frühesten prophetischen Büchern finden wir auch Berichte über den listigen Jakob. Geschichten von listigen Menschen sind auch in anderen Kulturen wohlbekannt (Odysseus in Griechenland oder die Helden aus südamerikanischen Indianermythen), doch Israels ideenreicher Schwindler nahm sogar den Namen seines Volkes an (in Genesis 32,28 und Genesis 35,10 gibt

Gott dem Jakob den neuen Namen »Israel«). In den ersten überlieferten Büchern der Propheten wird von Jakob berichtet, daß er
seinen älteren Bruder Esau schon im Mutterleibe überlistet habe.

Außerdem soll er mit einem himmlischen Wesen gerungen haben, Gott in Bet-El begegnet sein und nach Aram gegangen sein,
um eine Frau zu suchen; einmal »weinte« er und »flehte Gott um
Gnade an« (im Buch Genesis erfahren wir von diesem Vorkomm-
nis nichts). Alles in allem stellt sich Jakob dem Hosea eher als
Lump dar.

Bei keinem dieser Propheten finden wir Eva oder den Sündenfall,
Adam (eine scheinbare Ausnahme ist Hosea 6,7, dort handelt es
sich jedoch um einen Ortsnamen) oder selbst Abraham erwähnt.
Vermutlich hat dieses Schweigen nichts zu bedeuten, denn von den
Worten dieser Propheten ist uns sehr wenig überliefert. Der Verlust
kann auch durch eine andere Quelle aufgewogen werden: Den ersten fünf Büchern der Bibel von Genesis bis Numeri liegen frühere
schriftliche Quellen zugrunde, darunter eine umfangreiche Sammlung von Geschichten, Gottesgesichten und Schöpfungsmythen. Ihren Verfasser kennen Bibelkundler als den Jahwisten (J)[13], doch
sind zeitliche Einordnung und Identifizierung dieser Person höchst
umstritten: Nur indem man untersucht, welchen Gebrauch der
Kompilator der Bücher vom Originaltext des Jahwisten macht,
kann man einige Schlüsse ziehen. Es wurden verschiedene Datierungen vorgeschlagen, vom 10. Jahrhundert v. Chr. (unter Salomo)
bis zum 6. Jahrhundert v. Chr. (während des Exils), und es wurde
sogar angenommen, der Verfasser sei eine Frau gewesen, allerdings
hauptsächlich einfach deswegen, weil wir nicht sicher wissen, daß
es ein Mann war. Eine Datierung auf die Zeit vor etwa 722 v. Chr.
ist am wahrscheinlichsten, da der Autor anscheinend keine Kenntnis von der Zerstörung des nördlichen der beiden israelitischen
Königreiche hatte. Die Wahrscheinlichkeit eines weiblichen Prosa-
schreibers ist in Anbetracht der vielen bekannten männlichen Autoren und Schriftgelehrten der Bibel sehr gering. Der (männliche)
Verfasser J scheint im südlichen Königreich, in Juda, geschrieben
zu haben, vermutlich im frühen 8. Jahrhundert: Letzten Endes verdanken wir ihm die Geschichte von Eden, Eva und dem Sündenfall,
die wir heute im Buch Genesis lesen. In der Bibel ist der Text von
J verwoben mit einer weiteren Erzählung über die frühen Patriar-

chen und Mose, deren Verfasser die Bibelkundler als E oder den Elohisten[14] bezeichnen, nach dem bevorzugten Namen für Gott bei E. Hier sind die Wissenschaftler eher geneigt, die Bedeutung des Beitrags von E zu den biblischen Büchern überhaupt anzuzweifeln, als auch aus ihm eine Frau zu machen. Nach seinem Standpunkt zu urteilen, hat auch E vor 722 v. Chr. geschrieben, vermutlich im nördlichen Königreich. Es ist nicht sicher festzustellen, ob der Text von E oder J jünger ist, doch neige ich zu der Ansicht, J habe an einigen Stellen auf die älteren Geschichten des Elohisten Bezug genommen.

Diese beiden Autoren sind die ältesten bekannten Quellen der meisten frühen Erzählungen der Bibel. Die Vorlagen dieser Erzählungen sind also im 8. Jahrhundert oder noch früher entstanden, und zweifelsohne waren viele ihrer Helden bereits zur Zeit Salomos wohlbekannt. Nach dem Tode Salomos wurde das Königreich Israel in zwei Reiche, das nördliche und das südliche, aufgeteilt und hatte schwere politische Auseinandersetzungen mit den Königen benachbarter Völker und Reiche zu bestehen. Im Vergleich zur anschließenden Epoche jedoch wirkt die Zeit zwischen etwa 950 und 850 v. Chr. wie ein goldenes Zeitalter. Der oberste Gott wurde nicht nur im Tempel verehrt, sondern an jedem Altar, den ein Gläubiger zu bauen beschloß. Vielleicht glaubte man, Jerusalem sei von Jahwe als Wohnsitz »erwählt« worden, und wahrscheinlich nahm man an, er habe auch die Könige »erwählt«:[15] In einigen frühen Psalmen ist der König Jahwes »Sohn« (Ps 2; 89 und 110). Auch zum Volk Israel hatte er eine besondere, natürlich gewachsene Beziehung. Der Glaube, er habe das Volk Israel aus Ägypten geführt, war weit verbreitet (so bereits in unserer ersten prophetischen Quelle aus den sechziger Jahren des 8. Jahrhunderts v. Chr., Am 3,1). Israel war »sein Volk«, sein »Sohn«, vielleicht sogar seine »Braut«. Die ersten prophetischen Schriften unserer Bibel, verfaßt in den Jahren zwischen 760 und 740 v. Chr., kritisieren diese Vorstellungen, die ohne Zweifel alt und sehr verbreitet waren. Daß Gott Vater und Ehemann war, wurde wie andere familiäre Beziehungen als gegeben angenommen. Nicht daß Jahwe kein Interesse an anderen Völkern gehabt hätte (nach J war er der Schöpfer der ganzen Menschheit, und er hatte alle Völker bestraft, als sie sich mit ihrem Turm zu Babel allzu hochmütig gezeigt hatten). Doch er liebte Israel und hatte eine besondere Beziehung zu diesem Volk: »Nur euch habe ich erwählt aus allen Stämmen der Erde«, so läßt Amos Jahwe sprechen (Am 3,2). Auch diese Ansicht scheint in Israel geläufig gewesen zu sein, denn sie wird vom Propheten sofort angegriffen. Das Verb »erwählen« hat hier eine gesteigerte Bedeutung, die mit ihrer Andeutung von Bevorzugung und Intimität beinahe sexuell zu nennen ist. Wie ein Vater oder Ehemann in der patriarchalen Familie konnte Jahwe Wutanfälle und grundsätzliche Liebe in sich vereinen. Israel konnte sich darauf verlassen, daß sein zärtlicher Züchtiger immer da war.

Im Alten Testament finden sich berühmte Gedanken zum Thema der Wahl, der Verheißung und dem Bund Gottes. Besonders die Christen heben sie hervor, weil sie auf das spätere Evangelium vorausdeuten. Diese Gedanken sind jedoch in unterschiedlichen Zeiten entstanden und vertieft worden. Es ist unwahrscheinlich, daß im Zeitalter Salomos jemand eine solche Theologie entwikkelte. Wenn die Menschen davon sprachen und sangen, daß Jahwe, ihr Vater, sie erwählt hatte und sie liebte, brauchten sie dazu nicht allzu tief in die Theologie einzudringen oder auf den Gedanken zu kommen, daß er nun jemand anderen erwählen könnte. Sie brauchten keine Erwählungstheorie. Vielleicht machten sie sich Gedanken über ihre Zukunft; in Textpartien von J finden wir etwa eine optimistische Sichtweise aus der Zeit vor den zwanziger Jahren des 8. Jahrhunderts. Aus Genesis 12,1–3 können wir den Schluß ziehen, daß J glaubte, Gott habe den Nachfahren Abrahams seinen Segen verheißen, durch den sein Volk groß werde. Dieser Segen werde über die Grenzen Israels hinausgehen und von den anderen Völkern anerkannt werden (die Übersetzung von Genesis 12,3 ist umstritten). Genesis 15 beginnt mit einer ähnlichen Verheißung, ebenfalls aus dem Buch des J: Jahwe führt Abraham aus seinem Zelt und zeigt ihm die unzähligen Sterne am Himmel (»So zahlreich werden deine Nachkommen sein«).[16]

Also gab es bereits ziemlich früh die Verheißung einer glänzenden Zukunft für diejenigen, die durch Jahwes Liebe erwählt worden waren. Ein »Bund« oder bilateraler Vertrag ist dagegen etwas anderes. Nach der Verheißung an Abraham unter dem nächtlichen Himmel wird in Genesis 15 das Thema gewechselt; wir lesen von einem ehrfurchtgebietenden Ritual »bei Sonnenuntergang«. Abraham legt Stücke von Opfertieren auf die Erde, »ein rauchender Ofen und eine lodernde Fackel« fahren zwischen ihnen hindurch, und der Herr »schließt einen Bund« mit Abraham über den künftigen Besitz eines riesigen Gebietes im Nahen Osten. Diese denkwürdige Szene wurde später zu einem Zeugnis des J in bezug auf ein altes Element der israelitischen Theologie hochstilisiert: ein Bund zwischen Gott und Abraham, der den Israeliten ihr Land zusicherte. Es ist allerdings ein einseitiger Bund. Abraham sichert nichts zu, er befindet sich in einem schlafähnlichen Trancezustand. Jüngste wissenschaftliche Studien haben überzeugend dargelegt, daß es sich hier keineswegs um eine alte Geschichte handelt. Sie wurde der Geschichte des J von einer Verheißung erst später hinzugefügt, vermutlich frühestens zwischen 620 und 550 v. Chr. Die Geschichte von einem Bund Gottes mit Mose am Sinai (in Ex 34,14ff.) läßt sich ebenfalls am besten erklären, wenn man annimmt, daß sie im 6. Jahrhundert erfunden wurde.

Vor dieser Zeit herrschte eine wesentlich einfachere Sichtweise. In den frühen Psalmen und den ersten prophetischen Büchern findet sich die Vorstellung, daß Gott Israel erwählt habe: Zweifelsohne waren sich David und Salomo im 10. Jahrhundert v. Chr. dieser besonderen Beziehung bewußt. Auch nach der Darstellung des J (vor 722 v. Chr.) hatte Gott Israel gesegnet und ihm eine große Zukunft verheißen, doch es wurde kein Bund geschlossen, ganz zu schweigen von einem Bund, der vom Wohlverhalten Israels abhing. Jahwe war eher eine natürliche Tatsache im Leben, Vater, Ehemann und zärtlicher Züchtiger, stets präsent und ein Kristallisationspunkt für positive Gedanken an Israels Zukunft. Es gab andere Götter und Göttinnen, und es gab kein Gebot, das es allen Israeliten verboten hätte, auch diese zu verehren. Es gab auch andere Frauen, und kein Gebot untersagte den Israeliten die Heirat mit Ausländern: Nur die Ehe mit den Frauen einiger weniger Nachbarvölker war verboten, und es ist nicht klar, ob irgend jemand dieses Verbot überhaupt genau beachtete.[17] Ausländische Ehefrauen wurden der väterlichen Fürsorge Jahwes nicht teilhaftig. Sie brachten ihre eigenen Götter mit, was verlockend und verzeihlich war: Konnte ein Ehemann oder ein Kind sich in Krisenzeiten nicht mit den Göttern der Frau absichern? Wenn man von den biblischen Texten ausgeht, so war die Verehrung Jahwes neben anderen Göttern in Israel noch bis ins 8. Jahrhundert weit verbreitet und zog Könige und Königinnen, Priester und viele andere Menschen an.

Noch um 750 v. Chr. gab es kaum Argumente gegen diese für alle Seiten nutzbringende Konstruktion. Einige wenige finden wir im Text des Hosea, wo wir auch erstmals einer Beschreibung der Beziehung zwischen Jahwe und Israel als Bund begegnen (Hos 8,1).[18] Dieser unbequeme Gedanke stellte in Frage, was die meisten Menschen für selbstverständlich gehalten hatten. Ein Vater steht immer zu dir, Bündnisse oder Verträge jedoch existieren nur, solange beide Parteien sich an sie halten. Doch auf einmal war der oberste Gott nicht mehr nur der Schöpfer und letztlich der Bewahrer der Ordnung auf der Welt. Er hatte sich auf einen Handel eingelassen, und eine solche Abmachung bringt es mit sich, daß die eine Partei sich nicht an sie halten muß, sobald die andere sie bricht. Dieser Gedanke erhöhte quasi den Einsatz für die Frömmigkeit der Israeliten, doch noch konnten die Menschen ihn auch ignorieren.

Vielleicht wurde die Situation kritischer, als einige Propheten begannen, einen Bruch des Bundes als unvermeidbar darzustellen. Im Spiegel ihrer Metaphern erscheint das nördliche Königreich als ein entsetzlicher Sündenpfuhl. Bei näherer Betrachtung sieht es jedoch nicht entsetzlicher aus als die meisten anderen Orte, an denen Menschen zusammenleben. Es gab einige Morde und Diebstähle; einige reiche Menschen verhielten sich den Armen gegenüber außerordentlich hartherzig; Ehebruch übte einen unwiderstehlichen Reiz aus. Die Propheten beobachteten das alles und verkündeten eine Botschaft, deren einziger neuer Teil in den Ohren der Israeliten ungeheuer übertrieben, ja sogar gemein klingen mußte: Wegen der Sünden einiger weniger Menschen wolle der oberste Gott die Gesamtheit der Israeliten auslöschen.

Gesellschaften können mit religiösen Extremisten und mit dem periodisch auftretenden Grollen der Adventisten vom Siebenten Tag leben. Im Norden wie im Süden schloß die Anbetung des obersten Gottes die Verehrung anderer Götter nicht aus. Die Menschen verehrten Baal, und sie verehrten eine weibliche Gottheit, die durch hölzerne Pfosten dargestellt wurde. »Du sollst neben mir keine anderen Götter haben«: Konnte man dann nicht Götter unter oder hinter ihm haben? Und ist überhaupt sicher, daß dieses Gebot bekannt war? Hosea mochte die Praxis der Vielgötterei noch so sehr anprangern: »Sie feiern Schlachtopfer auf den Höhen der Berge, auf den Hügeln bringen sie Rauchopfer dar, unter Eichen, Storaxbäumen und Terebinthen, deren Schatten so angenehm ist. So werden eure Töchter zu Dirnen, und eure Schwiegertöchter brechen die Ehe« (Hos 4,13). Vielleicht beinhaltete die Verehrung anderer Götter die freie Liebe oder die Tempelprostitution, wie sie bei einigen Nachbarn Israels bekannt war, doch selbst wenn dem nicht so war, klang die Beschreibung noch harmlos, vielleicht sogar reizvoll für die Menschen, die Hosea zuhörten.

Der Prophet stellte diese Art der Verehrung in Frage. In einer lange tradierten Metapher (die später auch Paulus übernahm) verglich er die Verehrung anderer Götter mit sexueller Promiskuität.[19] Promiskuität macht viele Ehemänner eifersüchtig: Jahwe, so glaubten die Menschen in Israel, war der liebende Ehemann Israels; wenn Israel weiter alle möglichen anderen Götter verehrte, so würde Jahwe es aus Eifersucht hart bestrafen. Hosea führte auf diese Weise keine Dreieinigkeit, sondern eine Dreiecksgeschichte in die Theologie ein: Untreue, Eifersucht und den Zorn eines gehörnten Ehemanns. Er betonte, daß diese Ehe nicht unbedingt ewig halten müsse: Konnte nicht Jahwe ein Volk verlassen, das seinen Gatten im Stich gelassen hatte?

Die Klagen Hoseas machen nicht nur seinen eigenen Standpunkt deutlich. Er behauptet, Israel habe Gottes Gesetz vergessen, Israel habe sich gegen Gottes Gesetz und Bund aufgelehnt (Hos 8,1). Offensichtlich hatte er dabei ein Gesetz im Auge, das umfassender war als die vielen Gesetze des täglichen Lebens, denen wir in Exodus 20 ff. begegnen (vgl. Hos 8,12). Dieses »Gesetz«, oder hebräisch *Tora*, kann keine eigene Erfindung des Propheten gewesen sein. Er scheint sich hier auf einen Verhaltenskodex zu beziehen, der auch von anderen akzeptiert wurde, vielleicht sogar auf einen schriftlich fixierten Text. Aber selbst wenn es dieses Gesetz schriftlich gab, war es doch nicht allgemein bekannt. Ohnehin konnten nur sehr wenige Israeliten lesen. Und wenn es mündlich weitergegeben wurde, so stand es nicht für die Auffassung der Mehrheit, genausowenig wie der Bund Gottes oder die

Verehrung von Jahwe als einzigem Gott. Wenn Gesellschaften mit Endzeit-Propheten leben können, können sie auch mit den Schriften von Minderheiten und den Botschaften von Extremisten leben, die nur eine kleine, radikale Gruppe erreichen. Doch das Leben hätte trotz des »Höre, Israel ...« im angenehmen Schatten der Terebinthen endlos weitergehen können, wäre nicht die Außenpolitik dazwischengekommen. Um 722 zerschlugen die Assyrer das nördliche Königreich, okkupierten das Gebiet für eigene Siedler, verschleppten einige Israeliten in das Land jenseits des Eufrat und ließen die Überlebenden gen Süden nach Juda und Jerusalem ziehen. Die Assyrer hatten kein Interesse an den israelitischen Propheten, die das nahe Ende verkündeten, oder die Botschaft von Jahwe als dem einzigen Gott verbreiteten. Aus Texten, die vor kurzem übersetzt worden sind, wissen wir, daß sie die Israeliten nicht als Propheten, sondern als Wagenlenker schätzten. In Listen aus dem Marstall eines zeitgenössischen assyrischen Königs werden Israeliten aus dem nördlichen Königreich als hohe Offiziere in mit Pferden ausgestatteten Einheiten der assyrischen Armee genannt.[20] Sie ritten nicht, sondern lenkten die Streitwagen im Kampf. Diese besondere Fertigkeit der Israeliten war spätestens seit der Zeit Ahabs weithin berühmt. Doch die Zukunft der Israeliten lag nicht in diesem Metier.

III

Für die Überlebenden schrie die Katastrophe Israels im Norden nach einer Erklärung: Warum hatte Gott dieses Volk verlassen, das ihn verehrte und auf ihn vertraute? Im fortbestehenden südlichen Königreich hatten nach 722 v. Chr. viele Menschen Angst, daß ihnen dasselbe Schicksal drohte. Dort waren die Umwälzungen und ihre Nachwehen die Ausgangssituation für das Wirken des Propheten Jesaja.

Aus dem Norden kamen die Flüchtlinge mit ihren Familien, und mit ihnen kamen auch einige Texte. Den Weg dieser Texte müssen wir uns erschließen, doch teile ich die Ansicht, daß ein Flüchtling die nördliche Version (E) der Erzählungen über das frühe Leben des Volkes Israel und eine Chronik zur Geschichte der nördlichen Könige mit sich brachte. Ebenso gelangte in den Händen seiner Anhänger auch ein Text des »Gesetzes« oder der *Tora*, auf die Hosea verwiesen hatte, in den Süden. Den Anspruch, daß dessen Gebote richtig und alle anderen falsch seien, hatten die Ereignisse eindrucksvoll bekräftigt. Im Norden war das Königreich, das die *Tora* mißachtet hatte, ausgelöscht und von fremden Menschen besiedelt worden.

Die Überlieferungsgeschichte dieses Textes mag völlig rätselhaft erscheinen, doch sie steht in Zusammenhang mit einer Erzählung, die erstmals eine heilige Schrift in historischer Umgebung vorstellt. In 2 Könige 22 (ungefähr siebzig Jahre später verfaßt) und 2 Chronik 34 (frühestens in der Mitte des 4. Jahrhunderts v. Chr. verfaßt) tritt sie uns sehr detailliert entgegen.

Im Jahre 622/1 soll ein jüdischer Priester, Hilkija, im Tempel von Jerusalem eine Schriftrolle gefunden haben, die er als »Buch des Gesetzes Gottes« identifizierte. Er übergab sie einem Schreiber des Tempels, der von König Joschija in Finanzangelegenheiten gesandt worden war. Der Schreiber nahm sie mit zurück zu Joschija, dem sechsundzwanzigjährigen Herrscher, und las sie laut vor. Als Joschija die Worte hörte, soll er in großer Pein seine Kleider zerrissen haben. Die christlichen Gelehrten Hieronymus und Johannes Chrysostomos stellten im späten 4. Jahrhundert erstmals eine Vermutung zur Identität des Textes auf; in der modernen Wissenschaft wurde diese Hypothese erst 1805 wieder in Betracht gezogen. Wenn sie zutrifft, können wir die Reaktion des Königs sehr gut verstehen. Er hatte den Kern unseres Buchs Deuteronomium vorgelesen bekommen, einen Text voller Gebote und Warnungen, der einen neuen und beunruhigenden Aspekt in die bis dahin bekannten hebräischen Texte einbrachte.

»Höre, Israel ...« Die Verfasser dieses Buches waren sich über die Bedeutung ihres Textes völlig im klaren. Sie präsentierten ihn als eine Sammlung von Reden des Mose, in denen Gottes Befehle für das Verhalten der Menschen dargelegt werden. Das Ganze war weniger eine Beschreibung von Zeremonien und Ritualen als vielmehr ein Buch mit Verhaltensnormen und Geboten. Es befahl die Verehrung Jahwes als des alleinigen und einzigen Gottes Israels, und in einer Vorschrift mit weitreichenden historischen Folgen legte es fest, daß dessen Kult an einem Ort auf der Welt zentralisiert werden solle, dem einzig rechtmäßigen Altar für Gaben und Opfer an den Herrn. Damit war wahrscheinlich Jerusalem gemeint. Andere Götter mochten existieren, doch war es unter Androhung des Todes verboten, ihnen zu huldigen oder das Interesse an ihnen zu fördern. Denn die Israeliten waren »Brüder«, die ihr Gott aus Ägypten geführt hatte: Er hatte Israel als heiliges Volk erwählt, obwohl es einer der geringsten Stämme war; mit ihm hatte er einen Bund geschlossen. Das Gesetzbuch beschrieb die richtige Form des Gottesdienstes der Israeliten, ihre Rechtfertigung für einen Angriff auf die heidnischen Nachbarn, ihre Sorge für Arme und Schutzlose, ihre Feste, einige gesetzliche Regelungen und das richtige Verhalten der Könige. Jahwe war der einzige Gott dieses erwählten Israels, und jeder aus dem Volk mußte ihn von ganzem Herzen, von ganzer Seele und mit ganzer Kraft lieben.

Aus dieser Theologie des einen, eifersüchtigen Gottes, der bedingungslose Liebe von seinem Volk forderte, ergaben sich klare politische Konsequenzen. Sie grenzte Israel scharf von seinen nichtjüdischen Nachbarn ab und stellte die meisten von ihnen vor militärische Probleme. Denn Jahwe, der sein eigenes Volk liebte, ordnete den Völkermord an den ungläubigen Nachbarn an. Die Nachbarn hatten zuvor nichts ähnliches gegen Israel geplant. Innerhalb Israels wurde persönliches Fehlverhalten zu einer öffentlichen Angelegenheit. Das Gesetzbuch tritt nicht nur für die Wahl von Richtern und die ehrliche Zeugenaussage ein, sondern es spricht auch wiederholt vom öffentlichen Vorwurf der Schande. Wer die Verhaltensnormen verletzte, war ein Schandfleck für Israel und hatte durch gemeinschaftliche Bestrafung zu sterben. Ehebrecherische Paare sollten getötet werden; eine Frau, bei der sich herausstellte, daß sie vorehelichen Geschlechtsverkehr gehabt hatte, sollte man steinigen, ebenso einen ungeratenen Sohn, der sich betrank und zügellos lebte. Er sollte öffentlich angeprangert werden, und »alle Männer der Stadt sollen ihn steinigen, und er soll sterben«. »Du sollst das Böse aus deiner Mitte wegschaffen« (Dtn 21,18–21).

Diese öffentliche Anklage und Bestrafung war ein Zwangsmittel, um richtiges Verhalten durchzusetzen, aber jeder Mensch in Israel war für sein Benehmen allein verantwortlich: Das Gesetz bestrafte einen Sohn nicht für ein Fehlverhalten seines Vaters. Gott konte allerdings willkürlicher reagieren: Wenn einige aus seinem Volk sich Schandtaten zuschulden kommen ließen, so konnte er auch die nächste Generation mit seinem Zorn heimsuchen. Göttliche Rache war gewöhnlich härter als menschliche Vergeltung. Zur Warnung war die gesamte Gebotesammlung des Gesetzbuches eingerahmt von Segnungen und Flüchen. Das gehorsame Israel konnte sich auf einen Krieg gegen die heidnischen Nachbarn in der Gewißheit einlassen, daß es mit Gottes Hilfe siegen werde; heidnische Götzen mußte man zermalmen, und niemand sollte sich mit diesen falschen Gottheiten einlassen. Gehorsame Menschen würden erleben, wie ihre Güter sich mehrten, doch Lästerer würden von viermal so vielen Schrecknissen heimgesucht werden, von Heuschrecken und der »ägyptischen Seuche« ebenso wie von Unterwerfung und ewigem Exil, bis »du am Morgen sagen wirst: Wenn es doch schon Abend wäre! und am Abend: Wenn es doch schon Morgen wäre!« (Dtn 28,67).

Da wundert es nicht, daß Joschija seine Kleider zerriß: Hier war das Gesetz Gottes, hier konnte man die Drohungen für den Fall der Gehorsamsverweigerung lesen, doch niemand hatte in Jerusalem versucht, diesem Gesetz Geltung zu verschaffen. In diesem aufregenden Text waren Themen zusammengestellt, die auch für uns aktuell sind: Krieg gegen Israels Nachbarn, Tod für Ungläubige, persönliche Verantwortung und Barmherzigkeit gegenüber denen, die zu arm sind, um sich selbst zu schützen. Obwohl im Text selbst verboten wurde, Worte hinzuzufügen oder zu streichen, wurde er doch mit der Zeit immer länger, und dieses Verbot stellte sich als genausowenig bindend heraus wie die anderen in ihm enthaltenen.

Was wir heute als Buch Deuteronomium lesen, wurde durch spätere Autoren ergänzt, doch ist ein älterer Kern nach wie vor erkennbar, und die wissenschaftliche Diskussion beschäftigt sich hauptsächlich mit der Frage seines genauen Ausmaßes. Darüber hinaus geht es auch um den Wahrheitsgehalt der Geschichte seiner Wiederentdeckung, aber selbst wenn die Erzählung im Buch der Könige die Einzelheiten dramatisiert, so setzt sie doch die Existenz eines Gesetzbuchs für die Zeit vor 620 v. Chr. voraus.

Einem extremen Forschungsansatz nach hat Hilkija, der Priester, der den Text fand, ihn auch mitgestaltet: Die Begrenzung des

Kults auf einen einzigen Schrein, die Funktionen und Belohnungen der Priesterschaft, die wiederholt beschriebenen Bestimmungen für Nahrung und Opfer, all das sind Themen, die es nahelegen, daß zumindest ein Teil des Buchs auf einen Priester als Verfasser zurückgeht. Doch sind dies nicht die einzigen Themen des Textes, und das Buch unterscheidet sich in seinem Ton deutlich von Levitikus, dem Entwurf eines Priesters. Außerdem rechnet es auch alle Leviten zur Priesterschaft, also alle Männer, die (vermutlich) an vielen ländlichen Schreinen außerhalb Jerusalems Priesterdienste leisteten. Das ist aus dem Munde eines Jerusalemer Priesters aus guter Familie, wie Hilkija es war, zwar nicht völlig unvorstellbar, setzt jedoch eine sehr tolerante Haltung voraus.

Hilkija hätte sich freilich für mehr als die Einhaltung traditioneller Vorschriften und angemessener Formen interessieren müssen. An den Stellen, an denen in dem Buch von großen Festen und Zeremonien die Rede ist, wird der Spielraum für persönliche Frömmigkeit und Barmherzigkeit bei diesen Gelegenheiten betont. Ein Tempelpriester könnte seine Pflichten in dieser Art und Weise verstanden haben. Eine ähnliche Einstellung hatten einige frühe Propheten, die ebenfalls Verbindungen zu Priesterschaft und Tempel besaßen. Vielleicht war Hilkija den Leviten gegenüber positiv eingestellt und für moralische Aspekte empfänglicher als für Riten, vielleicht jedoch sollten wir auch nach weiteren Verfassern suchen. Was ist mit Schafan, dem Schreiber, und Hulda, der Prophetin, der das Buch vorgelegt wurde? Hatten sie sich vielleicht mit Hilkija zusammengetan, das Gesetzbuch bearbeitet, es »gefunden« und dem jungen König vorgelegt? Im Text heißt es ausdrücklich, auch ein König habe eine Abschrift des Buches herzustellen, es bei sich zu tragen und »sein Leben lang darin zu lesen«. Mittlerweile hatten die Priester ein Kultmonopol in Jerusalem inne; Propheten waren hochgeachtet; auch die Schriftgelehrten würden sich mit der sittlichen Frömmigkeit des Gesetzbuches vielleicht anfreunden, und die Lage der Frauen würde sich durch das Buch nicht verschlechtern (Anklagen wegen Ehebruchs mußten nun öffentlich vorgebracht werden und durften nicht mehr lediglich nach der Laune des Vaters oder Ehemannes entschieden werden).

Die drei könnten es im Dämmerlicht des Tempels getan haben;

sie könnten die Regeln niedergeschrieben haben, die Gott und Mose ihrer Meinung nach doch sicher schwarz auf weiß festgehalten sehen wollen. Die These klingt verlockend, doch ist sie nur eine Möglichkeit unter vielen. Klar ist allerdings, daß das Gesetzbuch sich auf Material stützte, das älter war als die Interessen von Menschen aus den zwanziger Jahren des 7. Jahrhunderts v. Chr. Wenn es uns gelingt, seine Hauptgedanken mit Themen zusammenzubringen, die andernorts in der Schrift belegt sind, können wir das Buch in einen klareren Zusammenhang einordnen. Es ist eine alte und zwingende Feststellung, daß die am deutlichsten ausgeprägten Themen mit den Propheten verbunden sind, die nach Auskunft der Bibel im nördlichen Königreich gelebt haben: Elija und Elischa, Hosea und Amos. Einen Hinweis auf sie bekamen wir schon durch Hoseas Verweis auf ein Gesetz. Daraus haben wir die Vermutung abgeleitet, daß Hosea der Kern des Deuteronomiums oder ein ähnlicher Text bereits in seinen Grundzügen bekannt war. Die Verbindung wird klarer, wenn wir uns den Reden des Amos und den Geschichten um Elija und Elischa zuwenden, die ungefähr hundert Jahre früher im Norden anzusiedeln sind, obwohl wir sie heute aus einer Erzählung aus der Zeit um 550 v. Chr. kennen. Barmherzigkeit und Achtung vor den Armen werden in diesen Texten immer wieder gefordert. Ferner zieht sich die Billigung der Vernichtung heidnischer Rivalen wie eine Blutspur durch die Reden des Amos und die Geschichten um Elija und Elischa; sie wird in der Erzählung von Samuels schrecklichem Zorn darüber deutlich, daß Saul nicht alle Amalekiter abgeschlachtet hatte, in dem Bericht vom Ärger des Propheten angesichts der Milde Ahabs gegenüber einem syrischen König oder in der Darstellung des Gemetzels, das Elija unter den Propheten des Baal anrichtete. Auch der Fluch war weiterhin eine natürliche Waffe des Propheten oder heiligen Mannes, und das achtzehnte Kapitel des Deuteronomiums verheißt ausdrücklich künftige Propheten von der gleichen Bedeutung wie der große Mose.

Wie das Gesetzbuch, so sind auch die Schriften und berichteten Taten dieser Propheten der Verehrung Jahwes als einzigem Gott verpflichtet. Ich gestehe also zu, daß das Gesetzbuch letztlich aus dem Erbe des nördlichen Königreichs seit der Zeit des Elija stammt, doch erklärt diese Herkunft nicht alles. Auch ein priesterliches Element ist vorhanden, und hier läßt sich beliebig spekulieren. Meiner Ansicht nach kamen Erben der nördlichen Propheten mit dem Ausgangstext eines solchen Gesetzbuches, der vor 750 v. Chr. verfaßt worden war, nach Süden. Auf dieses »Gesetz«, auf diese *Tora* spielte Hosea an. Nach der Katastrophe im Norden um das Jahr 722 machten Anhänger des Gesetzes den Text in Jerusalem bekannt und zogen das Interesse einzelner Priester des Tempels auf sich. Diese Priester ihrerseits konnten das Interesse der Erben der Propheten wecken. Sie konfrontierten sie mit der Frage, ob nicht vielleicht die Praxis, Opfer an jedem beliebigen alten Altar darzubringen, noch zu den vielen anderen Sünden des Nordreichs beigetragen hatte. Wahrscheinlich waren die Priester in Jerusalem der Ansicht, Opfer sollten allein in Jerusalem dargebracht werden. Der Priesterdienst wurde innerhalb von bestimmten Familien weitergegeben, und vielleicht wollten einige Nachkommen solcher Priesterfamilien mehr als die täglichen Rituale und die eifrige Pflichterfüllung ihrer Väter. Hier konnten die Flüchtlinge aus dem Nordreich mit ihrem Text behilflich sein. Er war in einem moralischen Ton gehalten und betonte die großen Feste als Zeit der guten Werke; und er beharrte darauf, daß Jahwe der alleinige Gott sei. Auch dieses Insistieren machte den Text attraktiv. Nach 2 Könige 21 hatte der Vorvorgänger Joschijas als König von Jerusalem in den beiden Höfen des Herrn »Altäre für das ganze Heer des Himmels« gebaut. Die Tempelpriester hatten dadurch extrem viel Arbeit bekommen, dabei war der größte Teil dieser Arbeit gemäß den lange verlorenen Worten des Mose gottlos und nichtig.

Aus dieser Verbindung zwischen den Priestern und den Erben der Propheten entstanden die Hauptgedanken des Gesetzbuchs. Vielleicht hatten sie bis zu Hilkijas Lebzeiten noch nicht ihre endgültige Form gefunden. Vielleicht wurde das Buch auch tatsächlich von einem Trio geschrieben und dann »entdeckt«. Vielleicht müssen wir angesichts einer so großen Ungewißheit aber auch einfach akzeptieren, daß die Entdeckung echt war, daß unbekannte Verfasser eine Abschrift des Textes angefertigt und dabei die Priesterschaft aller Leviten betont hatten und daß sie ihre Schriftrolle im Archiv des Tempels deponiert hatten. Es war nicht ungewöhnlich, daß Autoren die Abschrift eines wichtigen Buchs in einem Tempel hinterlegten; auch bei den Griechen gibt es dafür berühmte frühe Beispiele.

Die Zeit verging, und Priester, die außer ihren priesterlichen Pflichten nichts im Kopf hatten, beschäftigten sich nicht weiter mit dem moralischen Gesetz einer Minderheit. Sie hatten viel Arbeit, denn die Könige verehrten außer Jahwe noch viele Götter; die himmlischen Heerscharen benötigten eine Menge Opfer, und die Vorstellung eines einzigen Gottes Jahwe war nicht aktuell. Zwischenzeitlich lagerte der Text, der genaue Wortlaut dessen, was Mose gesagt haben mußte, im Tempelarchiv. Im Jahre 622 wurde er wiederentdeckt, und seine Worte mitsamt den Flüchen und allem anderen wurden für bare Münze genommen: Hier war das jahrhundertelang vernachlässigte Gesetz Gottes. Die Schriftform verlieh ihm eine besondere Macht. Wäre es nicht niedergeschrieben worden, hätte niemand es gefunden, niemand hätte bemerkt, daß das Gesetzbuch Gottes so schrecklich mißachtet worden war; zuletzt wären die Gesetze ganz vergessen worden. Nur in geschriebener Form konnten sie in Ruhe altern und die Autorität des Alters gewinnen, eines unvorstellbaren Alters für diejenigen, die sie später fanden.

Die zwanziger Jahre des 7. Jahrhunderts v. Chr. waren eine weltweit besonders wichtige Zeit der schriftlichen Fixierung von Gesetzen. In Athen wurde die erste schriftliche Gesetzessammlung von Drakon, dem Urheber der drakonischen Strafen, verfaßt; im Tempel von Jerusalem wurden vergessene, dem Mose zugeschriebene Gesetze aufgefunden und vom König als Gesetz Gottes mit Nachdruck durchgesetzt. Bei den Griechen entstand die Sammlung schriftlicher Gesetze im Kampf verschiedener Splittergruppen des Adels; sie wurde bald darauf modifiziert; bei den Juden verdankte das Gesetzbuch seine Niederschrift der Erfahrung des Untergangs und Exils, und Flüche bedrohten die, die es mißachteten. Trotzdem soll dieses Gesetz nur einen einzigen jungen König angesprochen haben: Seine Nachfolger zeigten sich weniger begeistert, trotz der Stimmen, die es weiter unterstützten. Unter diesen war auch der große Prophet jener Zeit, Jeremia; seine Reden wurden nach seinem Tode durch Herausgeber überarbeitet, die ebenfalls Anhänger des Gesetzbuches waren.

Einige moderne Wissenschaftler glauben, das Auffinden des Gesetzbuches habe eine andere literarische Arbeit in der Umgebung des Königs Joschija gefördert: Ein unbekannter Autor habe in dieser Zeit eine Geschichte Israels von den letzten Tagen des Mose bis vielleicht sogar zur Herrschaft des Joschija selbst geschrieben. Teile dieses Werks sollen sich auf ältere schriftliche Quellen gestützt haben, ein Großteil der Geschichte soll jedoch unter dem Eindruck der Hauptgedanken des Gesetzbuches neu interpretiert worden sein: Das Ergebnis sei schließlich die Hauptquelle der Bücher unserer Bibel vom Deuteronomium bis zum späteren Teil des 2. Buchs der Könige gewesen. Nach Meinung dieser Wissenschaftler wurde diese Geschichte in einer zweiten Auflage mindestens sechzig Jahre später überarbeitet, wobei die Geschichte in groben Zügen über Joschija hinaus fortgesetzt und die Warnungen und Prophezeiungen verstärkt wurden. Ich räume ein, daß ein Werk dieses Ausmaßes aus der Feder eines Unbekannten existierte, doch stimme ich mit jenen Forschern überein, die bezweifeln, daß die erste Auflage bereits so früh verfaßt wurde. Die Argumente, die dafür vorgetragen werden, betreffen die Chronologie sowie die politische Einstellung des Verfassers und die Verteilung des Stoffes (die Geschehnisse nach Joschija werden in wenig mehr als einem Kapitel behandelt). Sie sind jedoch nicht schlüssig: Es ist vielmehr so, daß der Autor ältere Quellen benutzte, und ich ziehe es vor, ihn dem zweiten Herausgeber gleichzusetzen und so die Abfassung des Buchs auf die Zeit nach 560 v. Chr. zu verschieben.

Das Gesetzbuch hat also wohl nicht gleich unter der Herrschaft des Joschija ein Geschichtswerk angeregt, doch beanspruchte es in den Augen seiner Leser und Anhänger den Status einer heiligen Schrift: Es forderte für sich Verbindlichkeit, Unveränderlichkeit und die Anerkennung als Gottes Gebot. Erstmals brachte der Verfasser eines biblischen Textes diesen Anspruch vor. Das Gesetzbuch war jedoch keine Schrift für alle, sondern nur das Buch einer bestimmten Gruppe. Erst die politischen Wechselfälle der nächsten Zeit verschafften ihm seine überragende Bedeutung.

Binnen dreißig Jahren nach der Wiederentdeckung des Gesetzbuches fiel das südliche Königreich einer Serie von Unglücksfällen zum Opfer. Sie resultierten aus Fehlern in der Außenpolitik, der Stärke der nichtjüdischen Heere und den falschen Entscheidungen der Könige in Jerusalem. Im Jahre 597 v. Chr. wurde der König von Juda als königlicher Gefangener gen Osten nach Babylon verschleppt, und einige seiner Untertanen gingen mit ihm. Zehn Jahre später, 587, fiel die Stadt Jerusalem unter einem zweiten Ansturm babylonischer Truppen. Der Tempel, den das Buch Deuteronomium als alleinigen Sitz des Gotteskults benannt hatte, wurde zerstört. Seine Schüsseln, Schalen und heiligen Gefäße wurden zur Kriegsbeute; der Altar wurde wahrscheinlich entweiht, und der Kult Jahwes fand ein Ende.

Nach dem Bericht im Buch der Könige wurden im Jahre 598 v. Chr. zehntausend Menschen ins Exil verschleppt, und im Jahre 587 folgte »der Rest der Bevölkerung«, die Ärmsten im Land ausgenommen. Nach einer Liste, die heute im Buch Jeremia (Jer 52,28–30) zu finden ist, wurden insgesamt 4600 Menschen verschleppt, nur 832 davon im Jahre 587. Diese Zahlen kommen der Wahrheit wahrscheinlich näher; es wurden keine babylonischen Siedler in der Umgebung Jerusalems angesiedelt, und die bisherigen Einwohner wurden nicht vertrieben. Der Autor des Buches der Könige sieht das Exil als das Ergebnis der früheren Geschichte des Volkes, als Höhepunkt dieser Geschichte an; daher übertreibt er die Bedeutung des Exils und konzentriert sich, was die Zukunft des Volkes betrifft, auf die Verbannten. Diese waren zwar wichtig, aber sie waren nicht die Mehrheit. Mit ihnen zog allerdings etwas, das ein unbekannter Held geborgen hatte, der (so stelle ich es mir vor) in Übereinstimmung mit Freunden handelte: Erstmals in der Geschichte hatte ein Mensch angesichts von Feuer und Zerstörung Bücher anderen Wertgegenständen vorgezogen und den Inhalt einer Bibliothek gerettet. Vielleicht waren es private Abschriften, vielleicht stammten sie aus dem Tempel; sie blieben erhalten, weil die Babylonier nach Silber suchten und nicht nach Pergamenten, die sie nicht einmal lesen konnten. Natürlich war das Gesetzbuch unter den Büchern, doch ebenso alte Liedtexte, Berichte von Taten der Könige und Reden von Propheten von Amos bis Jesaja und vielleicht auch einige Sprüche Jeremias aus der jüngsten Zeit. Dazu gehörten außerdem die beiden alten Erzählungen, die nördliche und die südliche Fassung von E und J, die beide vor dem Fall des Nordreichs abgefaßt worden waren.

Als die Verbannten gen Osten zogen, besaßen sie also eine Sammlung alter, nicht untereinander abgestimmter Gesetze, die vom Umgang mit durchgehenden Ochsen bis zu dem Schaden, der durch das Prügeln eines Sklaven entstand, alles abdeckten; sie hatten die Zehn Gebote, Reden verschiedener Propheten und ein Buch mit dem Gesetz des Mose, das häufig den älteren Gesetzen widersprach und an das sich nicht jedermann gehalten hatte; außerdem nahmen sie ihre Psalmen mit, von denen viele im Tempel gesungen worden waren. Die Anhänger des Gesetzbuches hatten einen Text mit der Autorität der schriftlichen Überlieferung, doch war ihre Stimme nicht die einzige im Volk. »Wie könnten wir singen die Lieder des Herrn, fern, auf fremder Erde?« (Ps 137,4). Eine Antwort darauf war es, die Bibliothek zu nutzen, auf dem geborgenen Gut aufzubauen und die Traditionen der Vergangenheit zu bewahren. Als die Verbannten auszogen, existierte nur sehr wenig von dem, was heute in unserer Bibel steht. Nun jedoch sollte innerhalb eines langen Menschenlebens ein großer Teil davon verfaßt werden. Doch wurde daraus nicht sofort die Bibel, und wieder einmal spielten Zeit und Politik dabei eine große Rolle.

4

Den Tatsachen zum Trotz

I

In der Antike bestand eine enge Verbindung zwischen Exil und Geschichtsschreibung. Die ersten griechischen Historiker waren Verbannte, Männer, die Muße hatten, zu schreiben, und aus der Distanz die Vergangenheit erklären wollten; auch viele spätere Geschichtsschreiber lebten nicht in ihren Heimatstädten. Im Gegensatz zu solchen Einzelschicksalen jedoch erlebten die Juden das Exil als Katastrophe für das ganze Volk. Die Wirkung war allerdings ähnlich: Einige begannen nach dem Warum zu fragen und danach, wie es wohl mit ihnen weitergehen würde. Andere wollten diesen großen Einschnitt in ihrem Leben überbrücken, indem sie das kulturelle Erbe bewahrten und die Vergangenheit und ihre Bräuche lebendig hielten und sogar idealisierten. Sie begannen im Exil, zu schreiben. Die Lieder und Schriften der Juden aus dieser Zeit sind bedeutende literarische Werke; anderswo gab es damals, in der zweiten Hälfte des 6. Jahrhunderts v. Chr., kaum bedeutende Schriftsteller.

Nach dem Fall Jerusalems wäre es realistisch gewesen, sich damit abzufinden, daß der Gott der Juden schwächer war als die anderen Götter, die man in dieser Region verehrte, und daß die babylonischen Truppen zu stark waren, um von aufbegehrenden Königen kleinerer Reiche geschlagen zu werden. Doch in den uns bekannten jüdischen Schriften wurde die Situation anders dargestellt: Ihre Verfasser interpretierten die Ereignisse den Tatsachen zum Trotz. In den Klageliedern[1] finden wir mehrere Klagen über Juda, die wahrscheinlich unmittelbar nach der Katastrophe in Palästina geschrieben wurden: »Die Alten blieben fern vom Tor, die Jungen vom Saitenspiel« (Klgl 5,14). Doch die Verfasser klagten nicht Jahwe an; sie suchten die Schuld bei den Sünden der Juden.

Sie riefen Gott um Gnade angesichts ihrer jetzigen Not an, und wenn es für sie überhaupt Hoffnung gab, so lag sie in ihrem Glauben, daß Jahwe andere genauso grausam behandeln werde, wie er sie selbst behandelt hatte. Sündigten nicht die Feinde der Juden ebenso schlimm wie die Angehörigen des auserwählten Volkes? Darauf, daß die Juden nach der Strafe eine bessere Zukunft erwarten durften, finden wir allerdings nur eine vage Andeutung, einen einzigen Hinweis (Klgl 4,21).

Für eine Gruppe von Exilanten war es besonders einfach, den Tatsachen zu trotzen, denn sie sahen diese mit anderen Augen. Ich glaube nicht, daß sie bereits eine erste Auflage der Geschichte von Mose bis Joschija besaßen; aber ich denke, daß sie in ihrer Abschrift des Gesetzbuchs eine Ankündigung der Katastrophe und eine eindeutige Erklärung dafür fanden. »Höre, Israel ...« – Israel hatte nicht gehört; Jahwe war für die meisten Menschen bestenfalls der erste unter mehreren Göttern gewesen; er war nicht als einziger Gott verehrt worden. Man hatte die Gesetze übertreten, und die Flüche waren dementsprechend Wirklichkeit geworden.

Die Vertreter dieser Meinung begannen im Exil, ihre Weltsicht über die Texte zu stülpen, die sie in die Gefangenschaft mitgenommen hatten. Sie brachten die bekannten Geschichten des Jeremia und die Reden, die sein treuer Schreiber Baruch niedergeschrieben hatte, mit ihrer Überzeugung in Einklang. Dann gab es da noch die königlichen Chroniken, die Geschichten der Propheten und die Erzählungen über Menschen, die vor so langer Zeit gelebt hatten wie Josua. Daraus entstand ein gewaltiges Unternehmen: Im Exil verband ein Autor diese Texte kühn zu einer langen Erzählung, deren Verlauf er aus der Perspektive des Gesetzbuches interpretierte. Dieses erstaunliche Werk ist heute noch das Rückgrat von sechs Büchern unserer Bibel – von Josua bis zum 2. Buch der Könige. Die Vergangenheit wurde als Bund zwischen dem Herrn und seinem auserwählten Volk gedeutet; das Volk hatte diesen Bund gebrochen, wie es prophezeit worden war. Salomo oder Josua hätten bei der Lektüre des Texts ihren Augen nicht getraut.[2] Es ist »ohne Parallele in der Antike, daß eine immer wiederkehrende nationale Apostasie zum Leitmotiv einer ganzen Literatur gemacht wurde«, doch ist der Grund durchaus einleuchtend: Die lange historische Erzählung stammt von einer Minderheit, die die über ihr Land hereingebrochene Katastrophe erklären wollte; diese Menschen glaubten, das Jahr 587 v.Chr. bestätige all das, was sie schon jahrelang hatten kommen sehen: Die Mehrheit hatte ihren Untergang selbst verschuldet. Die Katastrophe war die Folge einer sündigen Vergangenheit, die schon zu Zeiten Josuas begonnen hatte. Diese Erklärung ermöglichte es einigen der Verlierer, die Selbstachtung zu bewahren. Auch blieb so die Möglichkeit der Buße und künftiger Wohltaten Jahwes bestehen.

Doch warum sollten die anderen Juden auf diese Minderheit hören? Das Gesetzbuch, ein Text von zentraler Bedeutung, hatte das priesterliche Zeremoniell nicht allzusehr betont, selbst als der Tempel noch stand. Es hatte, wenn es die großen Feste erwähnte, vor allem die Pflichten der Menschen gegenüber den Schwachen und die Frage nach der menschlichen Gerechtigkeit behandelt. Jetzt hatten Anhänger des Gesetzbuchs eine große Erzählung über die Vergangenheit verfaßt; sie spiegelte zwar die Sehnsucht nach dem Tempel und seinen Opfergaben wider, aber auch sie war nicht pedantisch. Die großen Männer der Nation von Josua bis Joschija wurden nicht danach beurteilt, wie sehr sie sich für die genaue Einhaltung der Rituale und der kultischen Gesetze eingesetzt hatten. Es gab im Exil jedoch Traditionalisten ganz anderer Art: Zu ihnen gehörten viele ehemalige Priester, Tempeldiener und ihre Familien. Der Bund und das moralische Gesetz der Deuteronomisten waren in ihren Augen zwar gut und schön, doch war es nicht die einzig wichtige Erbschaft der Geschichte. Für diese Menschen gab es noch andere Traditionen, nämlich die Bestimmungen der priesterlichen Rituale und der Ausübung des Kults. Wenn man sie nicht niederschrieb, konnten sie in Vergessenheit geraten, wenn sie jedoch schriftlich fixiert wurden, konnte man sie idealisieren; außerdem hielt man die Vergangenheit lebendig und überbrückte die Lücke, die das Exil gerissen hatte.

Ein von dieser Perspektive der Priester geprägter Text liegt den heutigen ersten fünf Büchern der Bibel zugrunde, deren zeitliche Einordnung zwangsläufig noch immer umstritten ist. Es gibt Wissenschaftler, die den Text in die Zeit weit vor dem Exil datieren, andere, die in seinem Autor gleichzeitig den letzten Bearbeiter der ersten fünf Bücher sehen wollen, und wieder andere, die davon ausgehen, daß der Text hundert Jahre lang oder mehr immer wieder überarbeitet wurde. Die traditionelle Ansicht, der Hauptteil des Texts falle in die Zeit des Exils oder kurz danach, ist allerdings nach wie vor die überzeugendste; sie paßt zu Form, Chronologie und Ton des Textteils, den wir auf einen Hauptautor zurückführen können. Dieser Autor der Priesterschrift (P) muß sich jedoch für die detaillierten Angaben seines Werks auf ältere Vorschriften und Überlieferungen gestützt haben. Er war nicht der einzige Verbannte, dem dies wichtig war. Wir finden ähnliche Angaben auch im Buch des Propheten Ezechiel, der zu einem früheren Zeitpunkt während des Exils schrieb. Der Autor der Priesterschrift war gleichsam Erbe anderer, ähnlich gesinnter Menschen, auf deren Erinnerungen und Ansichten er sich stützen konnte.[3]

Nicht stützen konnte er sich vermutlich auf eine weiter bestehende Tradition von Kult und Tempeldienst. Die jüdischen Verbannten waren im Unterschied zu vielen anderen Völkern, die von den Königen des Nahen Ostens in diese Region verpflanzt wurden, in Babylonien nicht als geschlossene Gruppe angesiedelt worden. Viele lebten, wie wir aus späteren Dokumenten erfahren, auf den Ländereien des Königs um die alte Stadt Nippur verstreut. Wir wissen von einem Gärtner, einem königlichen Geflügelwärter und einem Angehörigen der schwerbewaffneten Reiterei. »Der moderne, zuerst von Voltaire formulierte Gedanke, die Juden seien in der babylonischen Gefangenschaft zu Händlern und Wucherern geworden, gehört in den Bereich der Mythologie.«[4] Es war keineswegs einfach, in dieser Situation Gruppensolidarität zu beweisen. Außerdem hatten die Verschleppten mit internen Meinungsverschiedenheiten zu kämpfen. Obwohl Juden aus dem nördlichen Königreich bereits vorher, in den zwanziger Jahren des 8. Jahrhunderts, nach Babylonien verschleppt worden waren, gibt es keinen Hinweis darauf, daß zwischen den früheren Verbannten aus Nordisrael und den Neuankömmlingen aus Juda enge Verbindungen bestanden hätten. Und noch weniger Kontakt bestand wahrscheinlich zwischen den exilierten Juden, von denen viele den reicheren Familien angehörten, und denjenigen, die in der Umgebung von Jerusalem zurückgeblieben waren.

Wir dürfen auch nicht vergessen, daß die uralten und weltoffenen Städte, in die die Juden kamen, ihre Versuchungen hatten: Nippur war bereits tausend Jahre alt, als Jerusalem Bedeutung erlangte, und Babylon war das New York der Alten Welt. Keine der vielen in der Region lebenden Exilantengruppen war monotheistisch ausgerichtet. In einer solchen Gesellschaft war es leicht, den Glauben an Jahwe als einzigen Gott, wie ihn einige der »4600« verbannten Juden gepflegt haben mochten, aufzugeben. Außerdem lag es nahe, in Babylon zu den Göttern Babylons zu beten: Die Götter des Altertums waren eng mit dem Ort ihrer Verehrung verbunden – für Außenstehende galt dies auch für Jahwe –, und Besucher, auch Eroberer, waren umsichtig genug, die Götter des jeweiligen Ortes zu achten. Für Polytheisten war dieser Brauch ein Gebot der Klugheit, keine Frage der Toleranz. Und die großen Tempel Babylons flößten allein schon durch ihre Größe und ihr Alter Ehrfurcht ein; ihre Götter verkörperten moralische Werte, und ihr Kult war alt und ehrwürdig. Wir haben keine aus dieser Zeit erhaltenen Altäre oder Widmungen von Juden, aber wahrscheinlich verehrten viele von ihnen, wie auch schon vorher, andere Götter neben ihrem Hauptgott Jahwe. Vielleicht als Reaktion darauf betont in den dreißiger Jahren des 6. Jahrhunderts ein Prophet, den wir Deuterojesaja nennen, daß Jahwe der einzige Gott sei, während die heidnischen Götter überhaupt keine Götter, sondern nur Götzen aus Holz oder Stein seien.[5] Ganz offensichtlich gab es Juden, die anders dachten. Der Monotheismus, der Glaube an einen einzigen Gott, wurde aus den Spannungen dieser Zeit geboren.

Wir wissen nichts von einem Jahwe-Tempel in Babylonien, in dem die Verbannten ihren Gott hätten verehren können. Es ist, entgegen anderslautenden Vermutungen, auch nicht wahrscheinlich, daß er an einem Altar in den Ruinen Jerusalems weiterhin verehrt wurde. Wenn Opfer dargebracht wurden, dann sicher nicht zentral unter einer einheitlichen Priesterschaft. Singen konnte man dagegen überall, und Hymnen, Psalmen und Gebete konnte man Jahwe auch außerhalb seines Landes »opfern«. Anders als die babylonischen Götter blieb Jahwe jedoch gestaltlos, man machte keine Statuen oder Bilder von ihm. Männliche Israeliten hatten sich auch im Exil weiterhin der Beschneidung zu unterziehen. Jeder siebte Tag wurde als Sabbat besonders hervorgehoben und erinnerte die, die ihn einhielten, daran, daß sie etwas Außergewöhnliches waren, denn in den Kalendern anderer antiker

Völker gab es keine Wochenenden. Und die Verbannten wurden wie ihre Vorfahren an Gottes Hilfe während des Exodus erinnert und jährlich aufgerufen, im Gedenken an diese Hilfe das Passahfest zu feiern. Auch ein »Tag der Sühne«[6] wird erstmals in Quellen aus jener Zeit erwähnt. An diesem Tag sollten die Menschen sich prüfen, für Sünden büßen und für Unreinheit Abbitte tun. Vielleicht entstammte er einem älteren Brauch, der ursprünglich den Beginn des neuen Jahres kennzeichnete, doch hatte die Katastrophe von 587 ihm einen neuen Inhalt gegeben.

Ungeachtet solcher religiöser Übungen beschränkten selbst die »Extremisten« mit ihrer tiefen Liebe zu Jahwe als einzigem Gott ihre Hoffnungen auf das irdische Dasein. Die Vorstellung, sie könnten nach ihrem Tod beurteilt oder eines Tages wieder zum Leben erweckt werden, war ihnen fremd. Die Hauptakteure der Erzählung, die die Deuteronomisten im Exil schrieben, zeigen einen bemerkenswerten Realismus. »Und nun werde ich den Weg alles Irdischen gehen«, sagt zum Beispiel Josua, als der Tod naht. Und nicht einmal die »Extremisten« könnte man als bibelhörige Sekte bezeichnen. Das Gesetzbuch befahl ihnen, ihre Kinder sorgfältig in bestimmten Worten des Herrn zu unterweisen: »Ihr sollt ... von ihnen reden, wenn du zu Hause sitzt und wenn du auf der Straße gehst, wenn du dich schlafen legst und wenn du aufstehst.« Sie sollten die Worte um das Handgelenk binden; sie sollten sie zum Schmuck auf ihrer Stirn tragen; sie sollten die Worte auf die Türpfosten ihrer Häuser und auf ihre Stadttore schreiben. Doch das Gebot bezog sich nicht auf das gesamte Gesetz. Die Menschen sollten lediglich neunzehn Verse des Texts lernen, so den Satz: »Jahwe, unser Gott, Jahwe ist einzig.« Sie sollten stets daran denken, daß Jahwe von ganzem Herzen geliebt werden wollte, und sie sollten die Verheißung von Segen oder Strafe nicht vergessen, die der Herr denen senden würde, die ihm dienten bzw. ihn mißachteten. Diese neunzehn Verse waren sehr eindrucksvoll, doch boten sie keine umfassende Ausbildung in Glaubensdingen.

Alles in allem ist es auffallend, wie stark die Gebote dieses Gesetzes vom häuslichen Leben geprägt sind: »Wenn dich morgen dein Sohn fragt: Warum achtet ihr auf die Satzungen ..., dann sollst du deinem Sohn antworten ...«; die Situation ähnelt der eines Vaters, der die beiden Weltkriege erklären soll. Schließlich gab es noch keine richtigen Schulen; zwar wurde die Behauptung aufgestellt, man habe im frühen Israel oder im Exil Schulen gekannt, doch gibt es dafür keine Belege.[7] Auch für die Existenz von Synagogen in jener Zeit haben wir keine Anhaltspunkte, genausowenig wie für die von Versammlungsplätzen, an denen Juden gebetet und Schriftlesungen gelauscht haben könnten. Was es gab, waren verschiedene Gesetze. Gottesfürchtige Juden fügten den alten Gesetzen aus der Heimat neue hinzu; die anderen sahen allerdings keine Notwendigkeit, diese zu lernen oder gar zu befolgen, zumal die Gesetze nicht alle Einzelfälle regelten und untereinander auch nicht übereinstimmten. Man überließ die Fanatiker ihren eigenen fixen Ideen.

All diese diversen Schriften hätten religiöse Texte einer verschwindend kleinen Minderheit bleiben können. Der Prophet Ezechiel, der am »großen Kanal« in Nippur lebte, mochte noch so sehr betonen, daß Gottes Volk seine Schuld bezahlt habe, daß die Vergangenheit abgeschlossen sei und daß die »ausgetrockneten Gebeine« des zerstückelten Israel eines Tages als neues Volk wieder zum Leben erwachen würden; daß Jahwe sein Volk wieder aufrichten werde, um seinem Namen unter eben den Völkern Ehre zu machen, die ihn zu jener Zeit mißbrauchten, und daß diese Völker eines Tages zu seinem neu aufgebauten Tempel strömen würden.[8] Dies war ein hoffnungsvoller Optimismus, aber obwohl der überlebende König der Juden im Jahre 561 v. Chr. freigelassen und am babylonischen Hof geehrt worden war, war es doch eine Hoffnung unter Mißachtung der Tatsachen. In den Psalmen und in Teilen des heutigen Buches Jesaja finden wir Hinweise darauf, daß das Leben der Juden in Babylonien keineswegs einfach war. Vielleicht wurden sie unter dem babylonischen König, der bis 539 v. Chr. regierte, sogar verfolgt.[9] Wahrscheinlich war es daher das Volk Israel, das ein unbekannter Prophet (unser Deuterojesaja) so eindringlich als einen den Prüfungen jener Zeit ausgesetzten »Gottesknecht«[10] beschrieben hat.

Es bedurfte eines historischen Ereignisses, um die Notlage dieses »Knechts« zu ändern. Im Jahre 539 v. Chr., als im Nahen Osten viele alte Reiche wie Kartenhäuser zusammenfielen, eroberte der persische König Kyros Babylon. Er war der jüdischen Überlieferung zufolge sofort bereit, die jüdischen Verbannten in ihr Land und zum Tempel ihres Gottes zurückkehren zu lassen. Fünfzig Jahre zuvor war ein persischer König ein Niemand gewesen, völlig außerhalb des Blickfelds der Juden. Kein Mensch hatte die wachsende Bedeutung der Perserkönige vorhergesehen, am allerwenigsten die hebräischen Propheten. Wie andere Völker, denen Kyros die Rückkehr erlaubte, sollten nun auch die verbannten Juden als Volk, das sich durch einen bestimmten Kult an einem bestimmten Schrein definierte, zurückgeschickt werden; sie sollten ihre heiligen Gefäße, Schalen und alles andere mitnehmen und nach Hause zurückkehren, um ihren Gott zu verehren. Die Erlaubnis des Kyros in dieser besonderen Form führte dazu, daß die Verehrer von Jahwe als einzigem Gott und die Anhänger der Auffassung, er dürfe nur im Tempel angebetet werden, im Mittelpunkt des neuen jüdischen Zeitalters standen. Die Rückkehr und der Aufbau des Tempels waren nicht leicht, und immer wieder stand man vor schwerwiegenden Problemen; einmal reichte die Zeit nicht aus, ein andermal mußte man gegen eine innerjüdische Opposition ankämpfen. Aber es hatte sich bestätigt, was die Autoren im Exil hartnäckig wiederholt und immer wieder geschrieben hatten: Jahwe war tatsächlich der eine Gott, und er hatte sich nach den langen Jahren der Strafe seinem Volk tatsächlich wieder zugewandt. Sein Kult konnte nun an dem einzigen dafür zugelassenen Ort wiedererstehen.

Ein weiteres Ergebnis war, daß ein unbekannter Prophet bald nach den persischen Eroberungen Kyros, den Befreier der Juden, als den Gesalbten des Herrn[11] bejubelte, was wir ebenfalls bei Deuterojesaja nachlesen können. Ein solches Lob kann das Wohlwollen des persischen Königs für die jüdischen Mitbürger unseres Propheten nur noch vergrößert haben.

Was die staatliche Entwicklung anbetraf, so war die Hoffnung auf einen neuen König aus der Linie Davids unter den Juden lebendig geblieben. Die große Erzählung der Deuteronomisten ging weiterhin von einem ewigen Bund zwischen ihrem Gott und dem Hause David aus;[12] seit 597 hatte sich die Hoffnung einmal auf den jüdischen König in der Gefangenschaft und dann wieder auf den Ersatzkönig in Juda gestützt. Nach der Zeit des Kyros richtete sie sich auf die Abkömmlinge der alten königlichen Linie; in den zwanziger Jahren des 6. Jahrhunderts widersetzten sich diese einige Jahre lang den Nachfolgern des Kyros und wurden dadurch besonders bekannt. In der Zeit zwischen 550 und 520 wurden die Themen Verfolgung – in den Gedichten des Deuterojesaja vom Gottesknecht – und Erwartung eines gesalbten Königs – Kyros oder die jüdischen Führer in den zwanziger Jahren des 6. Jahrhunderts – auf bemerkenswerte Weise von jüdischen Propheten formuliert und schriftlich fixiert. Auch diesen Leitgedanken war eine Zukunft bestimmt, die damals nicht vorauszusehen war.

Doch wenden wir uns nun wieder der Rückkehr der Juden aus dem Exil zu. »Eine Wonne war es, in jener Morgendämmerung zu leben ...«: Alt zu sein und Erinnerungen zu haben, das war der Himmel auf Erden. Eine Minderheit hatte es nicht nur verstanden, während der fünfzig Jahre des Lebens in Babylon ihr Geschichtsbild und die Hoffnung auf die Zukunft zu bewahren; entgegen allen Erwartungen und zur Verwunderung der übrigen Juden hatte sie auch durch das Wohlwollen eines persischen Königs unerwartet recht bekommen und kehrte nun an die Stätte des Tempels zurück, zur Anbetung Jahwes und zu dem Kult, dessen Andenken sie gepflegt hatte. Es war nicht ungewöhnlich, einen Kult nach jahrelanger Unterbrechung an seinem früheren Ort wiederzubeleben. Wir wissen von anderen Göttern, deren Bilder nach langer Gefangenschaft unter den Assyrern zurückgebracht wurden;[13] auch die Göttin der Stadt Haran überlebte das Exil und hielt nach über fünfzig Jahren wieder Einzug in ihre Stadt. Das Ungewöhnliche an den heimkehrenden Juden war die Menge der Schriften, die sie über die Pläne ihres Gottes mit seinem Volk besaßen, und die Hartnäckigkeit, mit der sie darauf bestanden, daß er allein und nur an einem Ort zu verehren sei. Soweit uns bekannt ist, wurde im Exil nie ein provisorisches Heiligtum für Jahwe gebaut.

In Judäa gehörte die Zukunft diesen durch die Geschichte gerechtfertigten »Jahwisten« und den Gruppen, welche die Details des Jahwe-Kults bewahrt hatten. Ein Zufall kam ihnen zu Hilfe. Anders als das alte nördliche Reich nach seiner Zerschlagung durch Assyrien in den zwanziger Jahren des 8. Jahrhunderts waren Jerusalem und Juda im Jahre 587 nach der babylonischen Eroberung nicht durch fremde Kolonisten besiedelt worden. Daher stand dem Wiederaufbau des Tempels nichts im Wege, und die

Priester konnten den Kult Jahwes ungehindert aufnehmen.[14] Über die Rückkehr und Wiedereinsetzung des Kults müssen sich besonders die vielen Juden gewundert haben, die Juda nicht verlassen hatten. Sie dürften kaum erwartet haben, daß die Kinder der Verbannten mit königlicher Billigung zurückkehren würden.

II

Am Ende des Exils besaß das Volk Gottes Psalmen und Prophezeiungen, Gedichte, Sprichwörter, die beiden alten Erzählungen über die Erzväter (J und E), das lange Zeit verschollene Gesetzbuch und den umfangreichen historischen Bericht, der die Texte des heutigen Buches Josua bis zum Ende der Bücher der Könige umfaßte und von einem Anhänger des Gesetzbuchs im Exil nach 560 v. Chr. nicht nur bearbeitet, sondern überhaupt erst zusammengestellt worden war. Keiner dieser Texte ist prägend für das Judentum, wie es heute in der Vorstellung vieler Menschen existiert. Das heutige Bild wird eher vom Buch Levitikus mit seinen zahlreichen Bestimmungen zu Reinheit, Opfer, erlaubter Nahrung und priesterlicher Lehre bestimmt. Levitikus aber ist ein Teil der umfangreicheren, heute verschollenen Priesterschrift (P); auch andere Teile von P erscheinen in den ersten Büchern unserer Bibel, von der Sabbatschöpfungsgeschichte bis zum Bund zwischen Gott und Abraham, von der Einrichtung eines zeltartigen Heiligtums für Jahwe in der Wildnis bis zu den verschiedenen Gesetzen für Priester, Rituale und den Zehnten, der Einkommensquelle der Priester. Die Zeit ihrer Entstehung ist schwer festzulegen.[15]

Bei der Datierung der Priesterschrift hilft besonders, daß sie in zwei anderen, in der ersten Hälfte des 6. Jahrhunderts verfaßten Texten nicht erwähnt wird. Auch die lange Erzählung über die Zeit von Josua bis zum Fall Jerusalems wurde während des Exils (nach 560) abgefaßt, doch wird hier den Regeln und umständlichen Erklärungen, denen wir in der Priesterschrift begegnen, keine besondere Aufmerksamkeit geschenkt. Die Führer des Volkes werden in dieser Erzählung allein nach dem Gesetzbuch und ihrer Treue zu Jahwe beurteilt, nicht nach dem, was sie aßen oder anhatten oder dem Tempel und seinen Priestern zahlten. Vielleicht haben Ezechiel und der Verfasser der Erzählung die Regeln der Priester für ein gottesfürchtiges Leben ignoriert, selbst wenn sie bereits geschrieben und veröffentlicht waren. Wahrscheinlicher ist es jedoch, daß sie ihnen unbekannt waren, weil eine vollständige Priesterschrift zu der Zeit, als sie schrieben, noch gar nicht existierte. Es lag nahe, einen solchen Text am Ende der Exilzeit zu verfassen, als ein neuer Tempel nicht mehr nur ein Traum war und die Menschen in das Gelobte Land zurückkehrten. Erinnerungen an die alten Tempelregeln und Rituale müssen unter ehemaligen Priestern und ihren Familien während des Exils am Leben geblieben sein. Der Verfasser eines neuen Texts für die Zeit nach der Rückkehr konnte auf dieses ältere Material zurückgreifen. Vielleicht sollten wir uns nicht zu genau festlegen, doch ich vermute, daß der Hauptteil der Priesterschrift in der Zeit zwischen 530 und 500 v.Chr. verfaßt wurde. Die Heimkehrer aus Babylon waren noch immer eine gefährdete Minderheit, gewohnt, inmitten einer heidnischen Mehrheit zu leben. Die Priesterschrift enthält Regeln und Rituale, Verhaltensrichtlinien zur Definition und Bewahrung einer Gruppenidentität. Die genau festgelegten Grenzen zwischen Erlaubtem und Verbotenem entsprechen ebenfalls den Bedürfnissen einer Gruppe, die ihre Identität gegen andere Gruppen behaupten muß.

In Levitikus 11 ist dieses Streben nach Abgrenzung immer noch am augenfälligsten: »Der Herr sprach zu Mose und Aaron: Sagt den Israeliten: Das sind die Tiere, die ihr ... essen dürft.«[16] Strenggläubige Juden halten die anschließenden Speisevorschriften heute noch ein: kein Schweinefleisch, kein Kamelfleisch, keine Schalentiere und genaugenommen auch keine Haifische. Was aber war der Grund für diese Vorschriften, und nach welchen Regeln wurden sie ausgearbeitet?

Speisevorschriften gab es auch bei den Nachbarn Israels. Wir wissen beispielsweise von syrischen Kulten, die den Verzehr von Fisch verboten. Auch die Ägypter beachteten in diesem Zusammenhang genaue Regeln. So ordnet Josef in Ägypten an: »Tragt das Essen auf« (Gen 43,31); doch wurde ihm getrennt aufgetragen, weil es für Ägypter »unschicklich« war, mit einem Hebräer zu essen. Die Regeln der Priesterschrift bestimmten dasselbe für gesetzestreue Hebräer. Ernährungsvorschriften waren schon früher mit

Gott in Verbindung gebracht worden. Bereits in Exodus 22,30 hatte Gott die Israeliten aufgefordert, sich ihm zu »weihen« und deswegen kein »Fleisch von einem Tier, das auf dem Feld gerissen wurde«, zu essen; statt dessen sollte man das Fleisch Hunden vorwerfen. Die Textstelle dürfte kaum später als in den zwanziger Jahren des 8. Jahrhunderts v. Chr. entstanden sein. Auch im heutigen Text des Gesetzbuchs finden wir einige allgemeine Regeln, die Verbote, Schweine, bestimmte Vögel, Fisch oder Aas zu essen: »Denn du bist ein Volk, das dem Herrn, deinem Gott, heilig ist, und dich hat der Herr ausgewählt, damit du unter allen Völkern, die auf der Erde leben, das Volk wirst, das ihm persönlich gehört« (Dtn 14,2–21). Man könnte also vermuten, der priesterliche Levitikus-Verfasser wiederhole lediglich, was die Verfasser des Gesetzes bereits vor 622 v. Chr. formuliert hatten. Es ist allerdings wahrscheinlicher, daß die Verse über verbotene Speisen dem heutigen Deuteronomium erst später hinzugefügt und in der Priesterschrift erstmals schriftlich festgehalten wurden. Die Verse fassen im wesentlichen die Diskussion der Priester zusammen; nur Deuteronomium 14,21, das sich mit »Aas« befaßt, ist eine Ausnahme: Das Fleisch von Tieren, die nicht durch Schlachtung umgekommen sind, soll weggegeben oder an Ausländer verkauft werden.

Ziel dieser Texte ist es, den Menschen ein gottesfürchtiges Leben zu ermöglichen, damit sie für ihren Gott bereit sind. Vielleicht galten ähnliche Speisevorschriften für die Priester Jahwes in dessen erstem Tempel, noch bevor die Priesterschrift verfaßt wurde. Vielleicht versuchte man mit Hilfe des Textes, ältere Regeln für die Priester auf das ganze Volk zu übertragen, das in die Heimat und zu einem neuen Tempel und einem wiederaufgenommenen Kult zurückgekehrt war. Die Vorschriften decken sehr viele Bereiche ab: So, wie sie uns heute vorliegen, umfassen sie alle Elemente – Luft, Wasser und Erde. Der Verzehr von Rindern und Schafen war erlaubt, doch Kamele, Klippdachse und Schweine standen nicht auf dem Speiseplan; Wassertiere mußten Schuppen und Flossen haben; zwanzig Vogelarten waren verboten; schwärmende Insekten, Schlangen und Kleingetier kamen nicht in Frage, genausowenig Fledermäuse, Ratten und Eidechsen; eine Ausnahme waren Heuschrecken, da diese sowohl springen als auch fliegen konnten.

Was war die Absicht hinter diesen göttlichen Geboten? Sollte der Genuß von Schweinefleisch bei heißem Wetter aus gesundheitlichen Gründen verboten werden? Hatten die Vorschriften eine ökologische Bedeutung? (So glaubte man etwa eine »Futterbeschaffungsstrategie«[17] in ihnen zu erkennen.) Waren die Verfasser durch heidnische Kulte beunruhigt, und setzten sie deshalb alle Tiere auf den Index, die Nichtjuden ihren Göttern opferten? Oder erklären sich die Vorschriften einfach dadurch, daß diese Menschen – was durchaus verzeihlich wäre – Schweine höchst übelriechend fanden, daß sie von einem Fisch erwarteten, daß er wie ein Fisch aussah, und daß sie schnell krabbelnde Spinnen, sich ringelnde Schlangen und alles, was sich in nahöstlichen Schlafzimmern tummelte, verabscheuten?

Keine dieser alten Erklärungen ist auf alle Verbote anwendbar. Schweinefleisch mochte bei hohen Temperaturen schnell verderben, doch wie können wir behaupten, Rindfleisch sei besser haltbar gewesen, und wo lag das Gesundheitsrisiko einer verbotenen Kamelkeule oder eines erstklassigen Stücks unreinen Pferdefleischs? Einige Heiden opferten ihren Göttern Schweine, doch auf welchem heidnischen Altar wären Klippdachse, Fledermaus- und Straußenteile oder Stücke nicht springender unreiner Insekten dargebracht worden? Der Autor der Priesterschrift muß von einem anderen Gedanken ausgegangen sein.

Von Afrika bis Burma kennen wir heute Gesellschaften, die Tiere auf eine Art und Weise klassifizieren, die unseren Vorstellungen völlig zuwiderläuft. Die Anthropologen, die sich damit beschäftigen, haben einen umfassenderen Ansatz in bezug auf die biblischen Vorschriften angeregt:[18] Die Priester dachten nicht an Hygiene oder heidnische Bräuche, sondern waren (wie wir alle) durch eine bestimmte Mentalität und bestimmte Vorlieben geprägt, die möglicherweise durch ihr soziales Umfeld bestimmt wurden; besonders wichtig waren ihnen Ganzheit und Vollkommenheit in einem weiten Sinn, und dieses Ideal liegt auch ihren Vorschriften zugrunde: Priester und Opfergaben mußten rein sein, doch alle Mischformen und Kreuzungen waren unrein. Diesbezügliche Vorschriften regelten sogar Einzelheiten in bezug auf Kleidung und Ackerbau: Röcke durften nicht aus zweierlei Stoff gefertigt sein; es durften nicht zwei verschiedene Tierarten zusammen angespannt werden; Äcker durften nicht mit zwei verschiedenen Saaten bestellt werden. Die Priester würden unsere modernen Kunstfasern oder siebzigprozentigen Wollstoffe nicht dulden; Gärten mit uneinheitlicher Randbepflanzung wären in ihren Augen unrein, weil Rosen nicht neben Steingartenpflanzen und Immergrün nicht neben Artischocken gehörten. Solche Mischungen verletzen ein Ideal der Heiligkeit, das »durch Vollständigkeit veranschaulicht wird; Heiligkeit erfordert, daß Individuen mit der Klasse übereinstimmen, zu der sie gehören, und daß verschiedene Klassen von Dingen nicht vermischt werden«.

Wenn ein Priester dieser Überzeugung Tiere in Klassen einteilen wollte, begann er vermutlich mit den Tieren, die die Menschen seinem Gott gewöhnlich opferten. Wenn diese rein waren, entsprachen sie dem Idealtypus der Heiligkeit. Nun waren Rinder, Schafe und Ziegen die häufigsten Opfertiere. Was war diesen Tierarten gemeinsam? Wo fand sich eine Übereinstimmung, wie man sie auch in anderen Gattungen ausmachen konnte? Die Priester waren keine Zoologen, aber sie konnten die Ernährungsweise oder die Füße eines Tiers untersuchen. Rinder, Schafe und Ziegen hatten gespaltene Hufe und waren Wiederkäuer; also taugten wiederkäuende Paarhufer für den Tisch. Pferde und Hunde fielen aus dem Speiseplan heraus, ebenso wie Esel oder die armen Füchse des Simson.

Aber wie stand es um die Zweifelsfälle – Tiere, die mehr oder weniger gespaltene Klauen hatten, jedoch keine Wiederkäuer waren, oder Tiere, die wiederkäuten, aber andere Hufe oder Klauen hatten? Viele gab es nicht, aber das paarhufige Schwein war ein naheliegender Fall; es fraß Wurzeln und Körner, aber auch Dung, Abfälle, Aas, andere Schweine, wenn man es mit Artgenossen zusammensperrte, und sogar das saftige Fleisch christlicher Jungfrauen, wie es viele Jahre später in Gaza geschah. Schweinefleisch war also verboten. Ebenso erging es den Kamelen, die wegen ihrer Hufe ein Grenzfall waren, und den Hasen, deren Mümmeln die Priester als Wiederkäuen nicht existierender Nahrung interpretierten. Vielleicht dachten sie in diesem Zusammenhang auch an den kleinen Klippdachs; wahrscheinlicher ist jedoch, daß dieser der Liste der verbotenen Tiere erst später hinzugefügt wurde. Wie ein Buch auf den Index der katholischen Kirche gelangt, so wurde auch er vom Bannstrahl getroffen, als ihn jemand den Priestern zur Prüfung empfahl. Im späten 6. Jahrhundert v. Chr. kannte noch niemand das in fernen Ländern lebende Lama, das bei der Zuordnung Probleme aufgeworfen hätte. Das schwer einzuordnende Flußpferd war Ijob und den Philistern bekannt – seine Knochen wurden in ihren Städten gefunden –, doch wurde es von den Priestern nicht klassifiziert. Es war kein Tier, über das man sich den Kopf zerbrechen mußte, weil es als Speise eines Israeliten ohnehin nur schwer vorstellbar war.

Dadurch, daß die Priester mit den Tieren begannen, die sie am besten kannten, konnten sie das Tierreich schnell in zwei Gruppen teilen. Einige Tiere waren rein, aber nicht deshalb, weil sie körperlich intakt und vollkommen waren, denn reine Füße waren für den Priester nicht etwa vollkommen runde, sondern gespaltene Füße. Auch waren sie nicht deshalb rein, weil sie Pflanzenfresser waren, denn auch einige pflanzenfressende Huftiere wie Pferde oder Esel waren nach dem priesterlichen Schema unrein. Reine Tiere entsprachen vielmehr dem Idealtypus, der durch die gebräuchlichsten Opfertiere bestimmt wurde.

Soweit zu den Säugetieren. Wie stand es aber mit den Vögeln? Hier mußten die Priester einen anderen Weg beschreiten. Späterem Brauch zufolge waren die beliebtesten im Tempel geopferten Vögel wahrscheinlich Tauben, aber was war an ihnen so besonders? Auch die anderen Vögel hatten Schnäbel, Flügel und Füße. Ich vermute deshalb, daß die Priester auf die Regeln zurückgriffen, die sie bereits für Säugetiere festgelegt hatten. Wenn es reine und unreine Säugetiere gab, durften sich reine Vögel nicht vom Fleisch unreiner Säugetiere ernähren. Also wurden Raubvögel ausgeschlossen. Das Buch Levitikus nennt zwanzig verbotene Vogelarten, bei denen wir allerdings häufig nicht wissen, welche unserer heutigen Arten gemeint sind; sicher wären deutlich mehr aufgeführt worden, wenn die Priester in der Stadt Jerusalem mehr über die Vögel an Flüssen oder Küsten gewußt hätten. Tauben waren dagegen mit Sicherheit keine Fleischfresser. Der Idealtypus war schließlich ein Vogel, der seine Schwingen gebrauchte, Federn hatte und kein Fleisch fraß. Die Definition dieses Idealtypus führte dazu, daß einige weitere »Kuriositäten«, die diesen Kriterien nicht voll entsprachen, ausgesondert wurden.

So kamen Strauße nicht in Frage, weil sie nicht flogen. Fledermäuse hatten zwar Flügel und flogen, doch fielen sie durch das Raster, weil sie keine Federn hatten; für einen phantasievollen Betrachter hatten sie Kindergesichter, und außerdem hatten sie unheimliche, anomale Ohren.

Fische und Insekten boten sich eher für eine saubere Klassifizierung an. Unter ihnen gab es keine Tiere, die Jahwe geopfert wurden, deshalb verließen die Priester sich ganz auf ihr Grundprinzip des vollkommenen, unvermischten Wesens. Der Idealtypus des Fischs war derjenige mit den meisten Attributen des Fisches, nämlich mit Schuppen und Flossen; ein eßbarer Fisch mußte beides besitzen. Die Bibel nennt keine bestimmten Fischarten, sondern spricht ein allgemeines Verbot aus; aufgrund der Unkenntnis der Priester waren die Vorschriften bei Fischen also sehr streng. Das Wissen nahm später zu; daß der seltsame Wels dann zwangsläufig unter das Verbot fiel, wurde als weniger schlimm empfunden, doch die Schalentiere stellten einen ernstzunehmenden Verlust dar. Krabben und Hummer bewegten sich kriechend fort und konnten nicht schwimmen. Die Priester verboten durch ihre Vorschriften beides, vermutlich ohne je davon gekostet zu haben. Die Insekten wurden ihrerseits unter dem Oberbegriff der schwärmenden Lebewesen zusammengefaßt; darunter fielen auch Schlangen und Tiere, die sich auf vier oder mehr Füßen fortbewegten (Lev 11,42); sie ließen sich durch keinerlei brauchbare Kriterien eingrenzen, und es gab vernünftige Gründe, sie alle auf den Index zu setzen. Schwärmende Insekten flogen, waren aber keine Vögel; sie bewegten sich auf dem Land, »gingen« aber nicht im herkömmlichen Sinne; sie konnten schwimmen, aber es fehlten ihnen Schuppen und Flossen. Eidechsen und Mäuse hatten Füße, die wie Hände aussahen; Tausendfüßler hatten viel zu viele Füße; Wiesel waren keine Wiederkäuer. Und wieder gab es ein unangenehmes kleines Problem, das wahrscheinlich erst später angeschnitten wurde: Wohin gehörten Heuschrecken, die mit ihren langen Beinen hüpften und mit ihren Flügeln flogen, sich also auf dem Land und in der Luft fortbewegten, allerdings jeweils mit den von den Priestern dafür geforderten Körperteilen? Hüpfende Heuschrecken, Grillen und Grashüpfer wurden infolgedessen zu reinen Tieren erklärt. Dies war zu Zeiten von Heuschreckenplagen und

Hungersnöten eine sehr praktische Vorschrift: Die Armen aßen die Insekten, die ihre Ernte auffraßen.

»Ich bin der Herr, euer Gott. Erweist euch als heilig, und seid heilig, weil ich heilig bin«, heißt es in Levitikus 11,44: Das Volk Israel mußte nach Meinung des Verfassers der Priesterschrift sorgfältig darauf achten, was es aß. Nicht, daß einige Tiere »gut« und andere »schlecht« gewesen wären. Auch nachdem die Vorschriften der Priesterschrift abgefaßt worden waren, durfte ein Israelit sein »unreines« Pferd streicheln, einen »unreinen« Adler bewundern oder schmutzige Klippdachse in einem Stall als Haustiere halten. Lediglich das Fleisch und Aas dieser Tiere galt als unrein. Der uns heute als Buch Levitikus vorliegende Text widmet dem Aas mehrere Verse, die womöglich erst später hinzugefügt wurden. Diese Verse lehnen sich an die Speisevorschriften an, wobei sie ausdrücklich vor »allen Vierfüßlern, die auf Pfoten gehen«, warnen; tote Katzen waren also geächtet, und Simsons Rätsel um den Kadaver eines Löwen, der einen Bienenschwarm beherbergte, wäre späteren Lesern mit dieser priesterlichen Gesinnung als außerordentlich »unrein« erschienen. Doch es gab einen Unterschied zwischen Essen und Berühren. Der Kontakt mit Aas konnte zu zeitweiliger Unreinheit führen; wer eine tote Maus berührte, blieb bis zum Einbruch der Nacht unrein. Diese Art der Unreinheit konnte beseitigt werden, wie man Schmutz von einem Rock oder einer Hose entfernt; sie war ein unglücklicher Zufall, keine Sünde. Doch unreine Speisen wurden mit einem absoluten Verbot belegt; sie galten nicht als behebbarer und mit nur befristeter Unreinheit gekoppelter Unglücksfall. Die Israeliten sollten Gott vor allem dadurch gefallen, daß sie solche Speisen niemals verzehren.

Diese Vorschriften machten Israel zu etwas Besonderem. Die Israeliten mußten vor Gott etwas Besonderes sein, denn sie waren sein Volk, und das Volk Gottes mußte nach Ansicht der Priester so rein sein wie die Priester. Außerdem machten die Vorschriften die Priesterschaft unentbehrlich: Schließlich mußte jemand auf die Tradierung der Vorschriften achten, Standards aufrechterhalten, Opfergaben entgegennehmen und bei Verstößen für entsprechende Abhilfe sorgen. Aber die Israeliten wurden auch im Vergleich zu anderen Völkern zu etwas Besonderem. Sie durften deren Götter nicht verehren, ihre Speisen nicht essen und ihre toten Tiere nicht berühren. Durften sie dann noch ihre Frauen heiraten? Im Gesetzbuch war die Heirat zwischen Israeliten und Angehörigen einzelner Nachbarvölker verboten worden, obwohl das Verbot nicht die gesamte frühere Geschichte – oder die früheren Geschichten – des Volkes Israel gekennzeichnet hatte. Für Priester war der Gedanke an eine strenge Abgrenzung von ausländischen Frauen vielleicht nicht abwegig; sie paßte zu der klaren Einteilung von Tieren, Gegenständen und Sitten, wie sie uns im Priestertext des Levitikus begegnet. Zwar hielten sich nicht alle Priester daran, von den meisten anderen Israeliten ganz zu schweigen, doch einem solchen Priestermilieu entstammte der Esra, der später als Priester nach Jerusalem reiste und dort die Heirat mit Ausländern angeprangert haben soll, wobei er weit über die Buchstaben des Gesetzes hinausging. Die Heirat mit Ausländern führte seiner Meinung nach zu ausländischen Sitten und häufig zur Vernachlässigung des Gebots, Jahwe als einzigen Gott zu verehren. Es ist nicht so, daß eine Art von Trennung die anderen Trennungen nach sich zog, daß also Priester, die bereits gegen Mischehen opponierten, nun noch einen Schritt weiter gingen und die Vorstellung von Heiligkeit überhaupt von dem Gedanken klar getrennter, unvermischter Arten ableiteten. Vielmehr wurde eine bestimmte Mentalität konsequent umgesetzt: Von den Ehefrauen bis hin zur Nahrung wurde Israel von anderen Völkern abgesondert und die ganze Natur in Gruppen eingeteilt. Für den pflichtbewußten Israeliten sollte das Leben nie wieder so frei wie zuvor sein. Allerdings waren die Priester am Ende des Exils nur Priester, und P war nur eine Stimme unter vielen. Der Text und seine Vorschriften waren zwar sehr umfassend, aber sie spiegelten nur *eine* Ansicht darüber wider, wie ein gottesfürchtiges Leben auszusehen habe.

III

Nach der Rückkehr in die Heimat wurde der Tempel Jahwes endlich wieder aufgebaut; in den letzten Jahrzehnten des 6. Jahrhunderts tat endlich wieder eine Priesterschaft ihren Dienst. Sie opferte Jahwe Tiere und forderte seine Anhänger auf, sorgfältig auf ihre Ernährung zu achten. Die Geschichte und die besondere Ernährungsweise, eine wachsende Zahl von Festtagen, die Gestaltlosigkeit des Gottes und ein frei geäußerter Glaube an Jahwe als einzigen Gott trugen dazu bei, seine Anhänger von den Nachbarvölkern abzugrenzen. Dazu kommt, daß alle Priester dieses zweiten Tempels männlich[19] waren, ein Aspekt, der so sehr dominiert, daß er uns gar nicht mehr auffällt. Frauen durften auch weiterhin prophezeien, singen oder in Heiligkeit leben, doch sie durften in diesem männlich geprägten Kult nicht dienen. Die inneren Bezirke des Tempels blieben ihnen verschlossen.

Das Gesetzbuch nahm unter den Texten, die die verbannte Minderheit zurückbrachte, eine Sonderstellung ein. Es allein beanspruchte den Status einer heiligen Schrift. Allerdings wissen wir über einen Zeitraum von mindestens sechzig Jahren nach der Rückkehr der Israeliten nichts von ihrer Geschichte. Wir wissen nicht, was die Menschen lasen, hörten und beschlossen und wie viele von ihnen überhaupt die von der Priesterschrift definierten Speisevorschriften beachteten. Der heutige Text des Gesetzes berichtet, daß Mose befohlen habe, sein Gesetz »in jedem siebten Jahr ... vor ganz Israel ... den Männern und Frauen, Kindern und Greisen, dazu den Fremden, die in deinen Stadtbereichen Wohnrecht haben« vorzulesen (Dtn 31,10–12). Der nächste Text, der uns über die Geschehnisse in Jerusalem vorliegt, läßt freilich im unklaren, ob die Menschen sich an das hielten, was ihnen vielleicht alle sieben Jahre vorgelesen wurde.

Informationen über diese Zeit erhalten wir aus den Büchern Esra und Nehemia, die von den jeweiligen Reisen ihrer Namensgeber berichten.[20] Beide Männer kamen als Gesandte des persischen Königs aus dem Gebiet östlich des Eufrat in das kleine Judäa; wieder sollte der Anstoß zu einer erneuerten Frömmigkeit in Israel von außerhalb, nicht aus der Heimat kommen. Aber auch hier sind die Daten strittig; viele Forscher plädieren dafür, daß die Reise Esras im Jahr 458 und die Nehemias 445 stattgefunden habe. Wenn wir uns allerdings im folgenden der Frage zuwenden, inwieweit der Inhalt der beiden Texte mit den historischen Fakten übereinstimmt, werde ich zeigen, daß die Reise Nehemias die erste gewesen sein muß. Ich teile die Ansicht, daß Nehemia im Jahre 445 in Jerusalem eintraf und daß seine Mission mehr als nur den

Wiederaufbau der Stadtmauern zur Folge hatte. Nehemia bewirkte auch für die Armen bedeutende Veränderungen, er setzte den gesamten Stamm der Leviten als Tempeldiener ein, die vom Volk unterhalten werden mußten, er förderte die strikte Einhaltung des Sabbats und prangerte die Heirat mit Ausländern an. Wahrscheinlich setzte er bei seinen Zuhörern eine umfassende Kenntnis des mosaischen Gesetzes voraus, doch die überkommenen Teile seiner schriftlichen Erinnerungen berufen sich zu keinem dieser Themen auf vorhandenes Schriftgut: Sein Angriff gegen Ehen mit Ausländern ging noch über frühere Gesetzestexte hinaus.

Dagegen bezieht Esra das Gesetz deutlicher mit ein. Meiner Ansicht nach ist seine Reise historisch und fand im Jahr 398 v. Chr. statt; andere Wissenschaftler datieren sie auf das Jahr 458. Im Buch Esra wird beschrieben, wie Esra vom persischen Hof nach Jerusalem kommt. Er führt ein königliches Empfehlungsschreiben mit sich, dazu einige prächtige Geschenke für den Tempel und eine Abschrift des Gesetzes des Mose, die er den versammelten Juden vorliest. Im Buch Esra finden wir auch erstmals einen Bezug auf das, »was geschrieben steht« (Neh 8,13–15, ursprünglich Teil des Buches Esra). Es geht dabei um die Feier des Laubhüttenfests, und der Autor scheint sich auf unser Buch Levitikus, Kapitel 23, zu beziehen, obwohl die dortigen Bestimmungen zusätzlich interpretiert und erweitert werden. Das Prinzip ist jedoch klar: Wer wissen will, was man tun soll, schlägt bei Mose nach, denn ein Text des Mose besitzt Autorität.

Wie genau sah nun das mosaische Gesetz aus, das Esra mitbrachte? Man geht herkömmlicherweise davon aus, daß es sich dabei um den gesamten Pentateuch handelte, um die ersten fünf Bücher der Bibel von Genesis bis Deuteronomium in annähernd der Form, die uns heute vorliegt.[21] Demnach muß ein unbekannter Herausgeber irgendwann zwischen 540 und 400 v. Chr. verschiedene schriftliche Traditionen zu einem Ganzen verschmolzen und ältere, angesehene Texte in die heutige Einheit aus Erzählung und Gesetz eingearbeitet haben. Er verwendete dafür eine Mischung aus den alten Versionen des Nordens und des Südens (E und J). Wahrscheinlich waren Teile dieser Texte bereits im Exil nach Maßgabe der im Deuteronomium erkennbaren Grundeinstellung überarbeitet worden. (Diesen unbekannten Verfassern ist etwa die Einfügung der göttlichen Verheißung eines Landes an Abraham in Genesis 15 zuzuschreiben; die Verheißung gab den Verbannten Zuversicht und Hoffnung.) Der unbekannte Herausgeber übernahm auch die überlangen Betrachtungen, die der Verfasser der Priesterschrift in der jüngeren Vergangenheit zu Papier gebracht hatte; er übernahm den Anfangsteil der großen Erzählung des Deuteronomisten, weil es sich dabei ebenfalls um einen Gesetzestext handelte – er entspricht im großen und ganzen unserem Deuteronomium bis hin zum Tod des Mose. Aus diesen vier Quellen stellte er das zusammen, was wir heute als die ersten fünf Bücher der Bibel lesen, die später die aus dem Griechischen kommenden Titel Genesis, Exodus, Levitikus, Numeri und Deuteronomium erhielten. Die Arbeit des Herausgebers war nicht übermäßig schwierig oder subtil; sie wird von manchen modernen Kritikern überbewertet.

Es war klar, daß man Menschen brauchte, die das so zustande gekommene Gesetz des Mose auslegten, die »dazu Erklärungen gaben, so daß die Leute das Vorgelesene verstehen konnten« (Neh 8,8). Der Gesetzestext enthielt drei gesonderte Gruppen von Gesetzen, die zu verschiedenen Zeiten von unterschiedlichen Verfassern geschaffen und seitdem erweitert worden waren. So ging Exodus 20–23 teilweise auf ein Gewohnheitsrecht der Könige vor dem Exil zurück; die Grundlage des Deuteronomiums war der Text des Gesetzbuchs von ca. 720 bis 620, das seitdem ebenfalls erweitert worden war; und die Priesterautoren des 6. Jahrhunderts v. Chr. standen Pate für Levitikus 11ff. In diesem Gesetz, das zu keiner Zeit das Werk eines einzelnen, sondern vielmehr die Verschmelzung verschiedener früherer Schriften war, gab es ernstzunehmende Lücken, Unklarheiten und Widersprüche. Wer immer versuchte, sein Leben ausschließlich nach diesen Gesetzen auszurichten, mußte sich in einem heillosen Durcheinander wiederfinden. Der Widerspruch war bereits in der Entstehungsgeschichte der Texte angelegt.

Esra las das Gesetz seinen Zuhörern nicht einfach vor. Der persische König Artaxerxes soll das mosaische Gesetz in einem Befehl an ihn als das Gesetz anerkannt haben, das die persischen Statthalter künftig vor Ort auf die Juden in ihrem Rechtsbereich von Judäa bis zum Eufrat anwenden sollten.[22] Das Gesetz, das

Jahwe als alleinigen Gott propagierte, wurde also offiziell eingeführt, vermutlich eher infolge einer Bittschrift des Esra an den König – ich halte auch diese Geschichte für historisch – als kraft einer plötzlichen Initiative des Königs selbst. Der komplexe Text hatte von da an einen einzigartigen Status und Geltungsbereich. Er wurde zum unangefochtenen Mittelpunkt jüdischen religiösen Schrifttums und hat diese Stellung bis heute inne. Die Menschen wußten nicht, woher er kam; der Glaube, Mose habe ihn verfaßt – wobei er die Teile aus der Zeit nach seinem Tod vorhergesehen haben mußte –, bestätigte lediglich seinen Anspruch auf Vorrangstellung.

Nach der Rückkehr in die Heimat und dem Bau des neuen Tempels achteten die Menschen nun auch die Schriften jener Propheten von Amos bis Sacharja, die ihre Vergangenheit allem Anschein nach so zutreffend im voraus beschrieben hatten. Nicht daß es keine zeitgenössischen Prophezeiungen gegeben hätte, ganz im Gegenteil. Doch konnten es neue Propheten nicht mit älteren Texten von so großer historischer Bedeutung aufnehmen. Um beim Publikum anzukommen, war es sinnvoll, eine neue Prophezeiung mit dem Namen eines alten Autors zu versehen.[23] Dieser Trick ist im Buch Jesaja angewandt worden. Die spätere Entwicklung der jüdischen Religiosität ließ »das Gesetz« und »die Propheten« zu zwei getrennten Gruppen von religiösen Texten werden; Jesus nimmt beispielsweise in Matthäus 7,12 auf diese Zweiteilung Bezug. Um 400 v.Chr. hatten sich die beiden Textgruppen bereits deutlich abgesondert; ihre Bedeutung war durch die historischen Umwälzungen bestätigt worden. Das Gesetz wurde zum lebendigen Mittelpunkt des Lebens.

Wir sehen also, daß ein Großteil unseres heutigen Alten Testaments in den Jahren des Exils und der unmittelbaren Folgezeit verfaßt wurde;[24] aber wenn wir Esra 7,25ff. Glauben schenken wollen, dann trug die historische Tat eines persischen Königs dazu bei, den Gesetzbüchern eine besonders hervorgehobene Stellung für das Volk Israel zu verschaffen. Allerdings muß das Leben vielschichtiger gewesen sein, als die Verhaltensregeln der Schriften es vermuten lassen. Hinweise auf diese Vielschichtigkeit verdanken wir beispielsweise Ausgrabungen, die Keramik und Münzen aus dem Juda des vierten vorchristlichen Jahrhunderts zutage förderten. Auf jeden Fall standen schriftlich fixierte Texte nicht im Zentrum des religiösen Lebens. Während der gesamten persischen Herrschaft (ca. 520–331 v.Chr.) hatten die Juden ihren Tempel, dessen Kult und Priester als Mittler zwischen Volk und Gott fungierten. Nach dem Gesetzbuch durfte dieser Kult nur an einem einzigen Ort ausgeübt werden, doch selbst in diesem so wichtigen Punkt wurde die Schrift ignoriert. Wir wissen von Juden im Ägypten der Perserzeit, die nilaufwärts in Elephantine einen eigenen Jahwe-Tempel errichteten, ohne nach dem Gesetz zu fragen.[25] Sie verehrten neben Jahwe sogar noch andere Götter. Die Schrift wurde also keineswegs von allen als Verhaltensnorm anerkannt; in der Kultausübung hatte sie nicht annähernd dieselbe Bedeutung wie die verschiedenen Feste und die Opfer und Zeremonien des Tempels und seiner höchsten Diener.

Sicher wurden ungeachtet der Existenz der alten Texte auch neue geschrieben. Im 4. Jahrhundert v.Chr., möglicherweise um 350 bis 340, entstand ein zweiter Erzählblock; zu ihm gehören die Geschichten Esras und Nehemias und der Bericht, den wir als Chronik kennen und der nochmals fast den gesamten Zeitraum erfaßt, der bereits in den Büchern der Könige behandelt worden war. Die Autorschaft ist hier strittig; allerdings ist die alte These, der gesamte Block sei das Werk eines einzigen Verfassers, des »Chronisten«, nach wie vor einleuchtend.[26] Dieser »Chronist« könnte ein in Jerusalem verbliebener Levit gewesen sein. Sein Buch beginnt mit der Berufung der Leviten in den Tempel durch David, und wenn wir davon ausgehen, daß der gesamte Text von ihm stammt, so ist er es auch, der gegen Ende beschreibt, wie die Leviten wieder unverrückbar ihren Platz einnehmen; sie stehen im Dienst Esras und erhalten die von Nehemia eingeführten Abgaben. Der gesamte Block ist überdies geprägt durch ein einheitliches Anliegen: Es soll dargetan werden, welche Juden in die wahre, ungeteilte Heimat gehören, und ihre Geschichte soll mit der darauffolgenden Rückkehr und dem Wiederaufbau des Tempels in Verbindung gebracht werden. Solche Anliegen sind verständlich in einer Zeit der geschrumpften Territorien und ungewissen Grenzen, in der die Juden von ausländischen Nachbarn und – in den Augen einiger – der Gefahr von Mischehen mit Ausländern bedroht wurden. Ihr Gebiet umfaßte damals vielleicht ein Zehntel des Hoheitsgebiets des modernen Israel, und viele Juden lebten bereits verstreut in anderen Gebieten, von Ägypten bis Babylonien. Außerdem war dem Verfasser bewußt, daß die jüdische Gemeinschaft noch immer keinen König aus dem alten Geschlecht Davids hatte, wie er von Gott verheißen worden war.

Die Bücher der Chronik nehmen größtenteils die bereits in den älteren Büchern Samuel und Könige niedergeschriebenen Berichte auf und sind gerade deshalb eine wichtige Sekundärliteratur. Die Neufassung ist als Ausdruck der Hochachtung vor den älteren Schriften zu verstehen. Auch Textabschnitte, die wir aus Büchern der Propheten kennen, werden vom Verfasser wiederholt, obwohl er sich nie explizit auf die Propheten als Quelle bezieht.[27] Allerdings dürfen wir die Neufassung keinesfalls als Indiz dafür werten, daß die betreffenden Bücher heilige Autorität genossen hätten und in einem Kanon verankert gewesen wären. Wir wissen über die religiösen Schriften, die um die Zeit von 400 bis 100 v.Chr. auf Hebräisch oder Aramäisch entstanden, heute mehr als früher,[28] doch auch dieses Wissen darf uns nicht zu dem Schluß verleiten, die Texte seien fixiert und abgegrenzt gewesen. Wir verdanken unser Wissen der Auffindung von Teilen weiterer Texte in Höhlen um das Tote Meer und andernorts. Diese Funde beinhalten beispielsweise das Buch Jona, in dem die Nöte eines Propheten geschildert werden; es ist wahrscheinlich im 4. Jahrhundert v.Chr. geschrieben worden. Im Buch Rut, das vielleicht sogar noch älter ist, wird das Problem der Heirat mit Ausländern – Rut selbst war Moabiterin – nicht so negativ betrachtet wie bei Esra und Nehemia. Das Buch Ijob stammt vermutlich ebenfalls aus dem 4. Jahrhundert v.Chr.; ihm folgte das Buch Kohelet, vielleicht sogar als Antwort auf Ijob. Hier wird die »Philosophie der Erwerbsgesellschaft«[29] vor dem sozialen und wirtschaftlichen Hintergrund des dritten vorchristlichen Jahrhunderts dargestellt. Die beiden Bücher unterscheiden sich deutlich von den einseitigen Protesten der Propheten oder dem Wortschwall in den Heiligkeitsschriften der Priester. Ähnlich wie beim älteren Kernstück des Buchs der Sprichwörter gehen einige Wissenschaftler auch für die Hauptteile des Buchs Ijob davon aus, daß diese »das Judentum einfach beiseite lassen ... sie erwähnen weder dessen besondere Bräuche noch dessen Feste«.

Das Buch Ijob wurde, ebenso wie das Buch Kohelet, sogar einem Verfasser aus der Oberschicht zugeschrieben, der »sich mehr für das Elend des Menschen an sich als für die Not der unteren Schichten interessiert«.[30] Im selben Zeitraum zwischen 400 und 100 v. Chr. wurden auch neue Psalmen und Sprichwörter verfaßt, und in den sechziger Jahren des 2. Jahrhunderts kamen zu den älteren Geschichten um die Gestalt Daniels neue Visionen und Prophezeiungen hinzu und wurden in diesen Jahren, in denen das Volk eine tiefgreifende Krise durchlebte, zu einem einzigen Text verbunden. Auch die Erzählung von Ester wurde relativ spät niedergeschrieben, vermutlich um 250 bis 180 v. Chr.; sie wurde übrigens erst 78/77 v. Chr. ins Griechische übersetzt.

All diese Texte finden wir heute in unserer Bibel, doch sind sie nur ein Teil der vielen Texte, die damals entstanden. So besitzen wir außerdem noch die Geschichte der Kosmopoliten Tobit und Tobias, Teile der visionären Bücher Henochs, die Judit-Erzählungen und viele weitere Dichtungen, die unter anderem Esra zugeschrieben worden sind. Unser Interesse gilt nun der Frage, ob und inwieweit die Grenzen dieser blühenden Literatur klar festgelegt waren, ob wir also annehmen können, daß bereits damals eine genau definierte Anzahl von Schriftrollen die Basis der jüdischen Frömmigkeit bildete. Aus christlichen Quellen kennen wir die Formulierungen »das Gesetz und die Propheten« und »die Psalmen«, denen so der Anschein einer klaren Identität verliehen wird. Der Schluß liegt nahe, daß die Juden in der Zeit zwischen dem 4. Jahrhundert v. Chr. und den Geschehnissen der Evangelien eine Art eigene Bibel herausbrachten.

5

Anonyme Verfasser

I

Wir haben festgestellt, daß die Entstehungsgeschichte der von uns betrachteten Schriften ausgesprochen inkohärent ist. Es gab keinen einheitlichen Block einer frühen Schrift, der durch spätere Benutzer nur noch überarbeitet wurde; auch mein zur Veranschaulichung eingeführtes Beispiel, der georgianische Salon, in dem Kartoffelsäcke zum Ausstopfen der Ritzen dienen, ist zu einfach gewählt. Sicher wurden ältere Schriften »ausgestopft«. In den Büchern einiger Propheten ist dies ganz deutlich zu spüren, und auch die älteren Erzählungen weisen eindeutige Spuren einer solchen Überarbeitung auf. Zum Beispiel wurde ein Bund in die bereits bestehende Geschichte von Gott und Mose am Sinai und von Gott und Abraham in Genesis 15 eingefügt. Doch diese spätere Überarbeitung allein erklärt den Zustand der heutigen Bibeltexte noch nicht völlig. Einige von ihnen wurden schon sehr früh aus älteren Texten zusammengesetzt, und diese Konstruktionen entwickelten sich dann eigenständig und unabhängig weiter. Aus dieser Vielfalt konnte sich unmöglich ein einheitliches und kohärentes Ganzes entwickeln.

Die äußere geschichtliche Entwicklung spielte dabei weiterhin eine große Rolle und führte zur Abfassung immer neuer Texte und zu Neuinterpretationen der älteren. In der Zeit zwischen der Perserherrschaft und dem Ende des 1. Jahrhunderts n. Chr. waren die Juden Zeugen dreier wichtiger historischer Veränderungen. 332 v. Chr. begann für sie die Herrschaft Alexanders des Großen, der das Persische Reich erobert hatte. 167 v. Chr. wurde die Anbetung Jahwes in Jerusalem durch einen der Nachfolger Alexanders, Antiochos IV., unmöglich gemacht; die Verfolgungen durch Antiochos führten zu einem großen Befreiungskrieg unter Führung der Makkabäer, einer mutigen jüdischen Familie. In der Zeit zwischen 66 und 70 n. Chr. schließlich erhoben sich die Juden in einem Krieg gegen die jüngste im Nahen Osten herrschende Macht, Rom. Jedes dieser drei Ereignisse hatte andere Auswirkungen auf die heiligen Texte.

Die Eroberungen Alexanders lösten keine neue Flut von religiösen Schriften und historischen Berichten aus, aus einem einfachen Grund: Es änderte sich eigentlich nichts, es trat nur ein neuer, weit entfernter Gebieter an die Stelle des vorigen. Niemand mußte ins Exil, und aus der Sicht der Juden regierten die neuen Herren genauso gut oder schlecht wie die alten. Eine spürbare Veränderung gab es allerdings doch; sie betraf das alte israelische Königreich des Nordens. Die ausländischen Siedler in diesem Gebiet, die Samariter, hatten sich ebenfalls der Verehrung Jahwes als des einzigen Gottes zugewandt. Als nun Alexanders Generale heidnische Siedler in ihr Land schickten, baten die Samariter um die Genehmigung zum Bau eines Jahwe-Tempels auf ihrem heiligen Berg Garizim.[1] Sie erhielten die gewünschte Erlaubnis, und so kam es, daß Jahwe entgegen den Geboten des Gesetzes von nun an auch an einem Ort außerhalb des Tempels von Jerusalem verehrt wurde. Im Süden gab es Juden, die diese Veränderung mit Haß erfüllte. Um 200 v. Chr. werden die Brüder und Schwestern im Glauben an Jahwe von einem Juden aus dem Süden als »törichtes Volk« bezeichnet. Die Erben der Samariter haben noch heute einen eigenen Pentateuch-Text, also eine andere Ausgabe der ersten fünf Bücher unserer Bibel; sie leben im »Ghetto von Nablus« in der Nähe ihres heiligen Bergs.

Weiter südlich, in Juda, wurden keine Heiden angesiedelt, doch beeinflußten Sprache, Kultur und Wirtschaft der Griechen das jüdische Leben unterschwellig. Die Juden sahen sich auch ermutigt zu reisen und ihre Zukunft in anderen Ländern zu suchen: Das Gelobte Land konnte man getrost sich selbst überlassen. Einige Nachfolger Alexanders des Großen warben in Städten und Regionen der nichtjüdischen Welt Juden als Soldaten an und machten sie dort ansässig; auch sonst boten sich neue Möglichkeiten in der nichtjüdischen Umgebung. Juden, die in der Fremde lebten, hatten allerdings ein Problem: Wenn sie dem Gesetz treu bleiben wollten, mußten sie Jahwe als einzigen Gott anbeten, ihn von ganzem Herzen und von ganzer Seele lieben und alle anderen Götter ignorieren. Jahwe konnte jedoch nur durch Opfergaben im Tempel zu Jerusalem verehrt werden. Die nicht im Gelobten Land lebenden Juden mußten also entweder diese Vorschrift außer acht lassen oder eine eigene Form der Anbetung entwickeln. Wie das samaritanische »törichte Volk von Sichem« hatten auch einige der in Ägypten lebenden Juden lange einen eigenen Tempel; andere folgten, ebenfalls in Ägypten, diesem Beispiel.[2] Doch die meisten Abgewanderten waren gehorsamer. Wir wissen von Häusern in der Zeit um 250 v.Chr., in denen man sich zum gemeinsamen Gebet traf; für Juden in Ägypten beispielsweise sind solche Synagogen belegt.[3] Vermutlich waren Synagogen eine Erfindung jener Zeit; sie dürften außerhalb Judäas entstanden und von dort nach Judäa »zurückgekehrt« sein. Wir haben nur wenige Belege für ihre Existenz, doch zur Zeit Jesu trafen sich die Juden in den Synagogen zu einer farblosen Form des Gottesdienstes, die auch auf unseren christlichen Gottesdienst abgefärbt hat. Da außerhalb des Tempels von Jerusalem keine Opfer dargebracht werden durften, traf man sich zu Gebet und Psalmengesang, wie es auch die Gemeinden bei uns sonntags zu tun pflegen. Wir wissen, daß zu Lebzeiten Jesu in den Synagogen von Judäa Passagen der alten Texte vorgelesen wurden. Wahrscheinlich hatten auch diese Schriftlesungen schon früher in der Diaspora begonnen. Es muß sich eine jährliche Ordnung der Lesungen eingebürgert haben, doch wissen wir darüber bisher nichts.

Bald wurden auch Nichtjuden auf die kleinen Gebetshäuser aufmerksam, und manch einer besuchte die Versammlungen als wohlwollender Zuhörer. Auf den ersten Blick mögen den Nichtjuden die Schriftrollen der Juden vertraut erschienen sein, denn auch sie kannten bestimmte Kulte, in denen Texte Verwendung fanden. Doch die Art ihres Gebrauchs und ihre Bedeutung waren ganz anders: Bei den Nichtjuden waren die Texte Lieder, Erzählungen von Wundern oder Anleitungen zum Gottesdienst, in denen religiöse Riten genau beschrieben wurden. Sie wurden von Priestern gelesen und angewandt, wie Köche heutzutage ein Kochbuch verwenden; es war nicht üblich, sie einem größeren Publikum vorzulesen, und keinesfalls waren es Bücher, die ein erzieherisches Ziel verfolgten und zur Erkenntnis führen sollten. Doch selbst Texte mit so beschränkter Verwendung waren im Kult heidnischer Götter höchst unüblich. Die Heiden kannten Liederbücher oder Ritualbücher kleiner Minderheiten mit weisen Sprüchen, die dem legendären Orpheus oder dem ägyptischen Hermes zugeschrieben wurden, Göttern, die sie neben vielen anderen verehrten. Den großen Göttern ihrer eigenen heidnischen Städte brachten sie Weihrauch und Tieropfer dar. Der Gottesdienst bestand nicht in der Kenntnis oder Wiedergabe einer heiligen Schrift.

Den alten Texten fiel nun in den Synagogen eine neue Aufgabe zu. Das führte zu einer Entwicklung, deren Wirkung weit über den Kreis der Priester im Jahwe-Tempel in Jerusalem hinausging: Man begann, die Texte zu übersetzen. Während die Lieder und heiligen Bücher der benachbarten orientalischen Kulturen in seltsamen alten Sprachen abgefaßt waren, die nur von einer immer kleiner werdenden Priesterschar verstanden wurden, übersetzten die Juden im ägyptischen Alexandria im 3. Jahrhundert v. Chr. die ersten fünf Bücher der Schrift, den Pentateuch, aus dem Hebräischen ins Griechische.[4] Ein derart umfangreiches Übersetzungsvorhaben hatte es in der Geschichte heiliger Schriften noch nie gegeben. Hundert Jahre später erzählte man sich, der ägyptische Herrscher Ptolemäus II. habe die Übersetzung persönlich für seine königliche Bibliothek in Alexandria in Auftrag gegeben. Das ist zwar nur eine Legende, doch haben ihr durchaus auch bedeutende Menschen Glauben geschenkt.[5] Siebzig Übersetzer sollen an dem Projekt, das wir heute nach dem römischen Wort für siebzig (LXX) Septuaginta nennen, mitgearbeitet haben. Um 100 v. Chr. gab es bereits griechische Übersetzungen von den meisten alttestamentlichen Büchern; das Buch Kohelet dagegen wurde möglicherweise erst in christlicher Zeit übertragen.

In den Synagogen wurden nur wenige Auszüge aus einigen der alten Schriftrollen vorgelesen, doch die Übersetzung sollte diesen Texten eine internationale Zukunft bescheren; die ersten Heidenchristen nahmen sie dankbar an. Und wenn die Juden ihre Texte nun ins Griechische übersetzten, dann konnte ihnen diese Sprache künftig auch als Ausgangssprache beim Verfassen neuer Texte dienen. Ab dem 3. Jahrhundert v. Chr. sind uns sogar Namen von Autoren bekannt: Demetrius, Eupolemus und andere. Diese Namen erinnern uns gleichzeitig an einen großen Unterschied zwischen den griechischen und den älteren hebräischen Schriften, der sicher auch jedem Nichtjuden auffiel, der die Übersetzungen in die Hand bekam. Im Griechischen war es üblich, daß der Verfasser einer Prosaerzählung oder eines Geschichtswerks am Anfang des Textes seinen Namen nannte, es sei denn, er setzte die Arbeit eines anderen fort. Er war seinen Zeitgenossen bekannt und wurde von ihnen etwa persönlich angegriffen; seine Historiographie oder Erzählung war subjektiv und mit seiner Person verbunden. Im Hebräischen dagegen beziehen sich all unsere Schlußfolgerungen zu biblischen Erzählungen zwangsläufig auf unbekannte Autoren: Wir haben das »Buch Genesis« vor Augen oder das »Buch der Könige«, nicht ein Buch des Simon oder Natanaël.

Vielen Literaturkritikern ist diese Anonymität nur recht, weil sie ihrer Meinung nach hilft, den Autor zu vergessen und sich auf den Text zu konzentrieren. Bereits 1925 schrieb E. M. Forster, daß »jede Literatur nach Anonymität strebt ... Sie will keine Unterschrift tragen. Sie zieht uns immer in diese Richtung und erklärt: ›Ich bin es, die wirklich existiert, nicht mein Autor ...‹ ›Zeitweiliges Vergessen‹ des Verfassernamens und unseres eigenen Namens, diese momentane und gegenseitige Anonymität, ist ein sicherer Beweis für gute Qualität.«[6] Einige Ansätze in der Bibelforschung folgen diesem Ideal. So befassen sich die Strukturalisten mit dem Text und seiner Lektüre, nicht mit dem Autor und seiner Absicht. Die Formalisten fragen, wie man einen bestimmten Teil eines biblischen Textes am besten beschreiben kann. Sie interessieren sich für das Genre, nicht für den Verfasser: Haben wir es vielleicht mit einer Siegeshymne zu tun, einer öffentlichen Klage oder einem Stammbaum? Die Anonymität so vieler Schriften paßt also bestens zu vielen modernen Ansätzen der Bibelinterpretation.

Forster hat allerdings sehr richtig zwischen Fiktion und Information unterschieden. Wenn wir etwas glauben oder einen Bericht über die Vergangenheit akzeptieren sollen, ist es ausgesprochen dumm, den Verfasser außen vor zu lassen. Woher weiß er (oder sie) das alles? Anonyme Erzählungen verführen leicht dazu, einen Text kritiklos zu übernehmen und nicht als eine von einem bestimmten Menschen geschriebene Geschichte zu lesen. Erst intensive Bibelforschung ergab im Jahr 1943, daß die sieben Bücher von Josua bis zu den Büchern der Könige im wesentlichen von einer einzigen Person geschrieben worden sind, vielleicht auch von einer Person und deren Mitarbeitern. Auch die vier Bücher, die wir als 1. und 2. Buch der Chronik, Esra und Nehemia kennen, wurden wahrscheinlich von einer Person verfaßt; diese Theorie wird allerdings zur Zeit wieder einmal bestritten. Wenn wir uns bewußt machen würden, daß ein so großer Teil der hebräischen Berichte im wesentlichen das Werk zweier Hauptautoren[7] ist, würden wir ihre Autorität ganz anders beurteilen.

In der griechischen Welt nannten die Schriftsteller gemeinhin ihren Namen; häufig benutzten sie aber auch falsche Namen, um sich für jemand anderen auszugeben. Möglicherweise erfuhren die Juden durch den Kontakt mit den Griechen in der Zeit nach Alexander dem Großen von dieser Gewohnheit, und vielleicht sahen sie daraufhin ihre alten Schriften in einem neuen Licht. Wir sind die Erben dieser Praxis: Wir lesen die »Sprichwörter Salomos«, die »Visionen Daniels« oder die »Psalmen Davids«, obwohl weder Salomo noch Daniel noch David auch nur ein Wort davon geschrieben haben. Dasselbe Problem haben wir bei den christlichen Schriften; so werden dem Paulus bestimmte Briefe zugeschrieben, oder ein Evangelium trägt den Namen »Evangelium nach Matthäus«.

Allerdings waren die Griechen bei weitem nicht die ersten, die ihre Texte mit Verfassernamen verknüpften. Lange bevor man in Griechenland überhaupt zu schreiben begann, gab es in den alten Kulturen Ägyptens und Babyloniens Autoren, deren Namen uns überliefert sind.[8] Einer der ersten namentlich bekannten Autoren war eine Frau, Enheduanna; ihr werden die sumerischen Tempelgesänge aus der Zeit um 2350 bis 2300 v. Chr. zugeschrieben. Das Wort »Autor« bezieht sich in unserem Fall übrigens auf Schreiber wie auf Verfasser eines Textes. Wenn wir versuchen, diese beiden Gruppen zu trennen, stoßen wir auf ein klares Muster: Bei erzählenden Texten wurde kein Autor genannt; sie waren anonym. Dies kennen wir von ägyptischen Berichten, babylonischen Chroniken, assyrischen Annalen oder hebräischen Texten wie unserem Buch der Könige. Bereits aus der Zeit um 1700 v. Chr. ist uns der Name eines Mannes aus Babylonien bekannt, der eine Fassung des berühmten Flut-Epos schrieb;[9] doch er war nur der Schreiber oder ein Kopist, nicht der ursprüngliche Verfasser der Erzählung. Dasselbe gilt für andere Namen, die sich mit babylonischen Mythen späterer Jahrhunderte verbanden; auch dort haben Schreiber ihre Unterschrift unter die Abschriften gesetzt. Möglicherweise haben sie zu den überlieferten Erzählungen, die sie abschrieben, auch etwas beigesteuert, doch galten sie nicht als deren Verfasser. Im Gegensatz dazu wurden in Büchern, die Weisheiten, Gesetze, Sprichwörter, Träume oder Prophezeiungen enthielten, Verfasser oder Quellen genannt. Diese Unterscheidung läßt sich bei Schriften aus dem Nahen Osten deutlich und über lange Zeit beobachten. So führte eine Bibliothek in Babylon im 8. Jahrhundert v. Chr. ihre Bücher unter dem Namen des Verfassers, sofern es sich um Sprüche und ähnliches handelte, und unter den Anfangsworten, wenn es erzählende Werke waren.

Die Juden wandten dasselbe Schema auf ihre Texte an. Die Autoren der Erzählungen blieben anonym, und die erzählenden Bücher des Pentateuch waren unter ihren Anfangsworten bekannt. Die Namen, die wir aus der modernen christlichen Bibel kennen (Genesis, Exodus etc.), stammen aus der Zeit der griechischen Übersetzung. Im Gegensatz dazu ordnete man Weisheitssammlungen oder Büchern, die für prophetisch gehalten wurden, Autorennamen zu.[10] Wir sprechen heute vom Buch Hosea oder Amos, obwohl diese vermutlich erst nach dem Tod der Propheten von deren Anhängern zusammengestellt wurden. In der Zeit vor 200 v. Chr., als die Übersetzungen angefertigt wurden, brachte man auch das Buch der Sprichwörter mit Autorennamen in Verbindung. Ursprünglich ging man von einem oder zwei Verfassern aus: Die Sprichwörter wurden dem weisen König Salomo oder Agur und Lemuël zugeschrieben. Diese wohlmeinenden Vermutungen erhöhten die Autorität des Textes beträchtlich. Aus der fernen Vergangenheit waren außerdem Gesänge überliefert, die ebenfalls mit Namen assoziiert wurden, etwa das Debora-Lied oder das Buch des Aufrechten, das möglicherweise ein ganzes Buch mit hebräischen Liedern war. Außerdem besaß man die vielen Psalmen, von denen manche noch aus den frühen Jahren der Monarchie stammten. Einige der ältesten Psalmen wurden David zugeschrieben, obwohl dieser sie vermutlich nicht verfaßt hatte. Je mehr Zeit verging, desto mehr Psalmen wurden mit dem Namen David verbunden.[11]

Erst um 200 v. Chr. wird erstmals der Name eines hebräischen Verfassers in einem noch heute erhaltenen Text genannt; es ist Jesus, Sohn Eleasars, des Sohnes Sirachs, oder einfach Ben Sira, Verfasser des biblischen Buches Jesus Sirach. Nicht das griechische Vorbild führte dazu, daß er seinen Namen nannte; sein Buch war ein Buch der Weisheit, und solche Bücher waren schon immer unter dem Namen ihres Verfassers veröffentlicht worden. Im Gegensatz dazu haben die Autoren der beiden Erzählungen, die wir als das 1. und 2. Buch der Makkabäer kennen, ihre Namen nicht unter ihre Werke gesetzt, obwohl einer von ihnen ein Buch eines namentlich bekannten griechischen Historikers als Vorlage benutzte und es bearbeitete und kürzte. In der hebräischen Tradition waren Erzählungen stets anonym; wir wissen nicht, wer etwa das Buch Ester oder das Buch Judit geschrieben hat. Man vergißt das leicht, denn es gibt eine prominente Ausnahme: Mose gilt als Autor der ersten fünf Bücher. Doch sind diese Bücher keine Erzählungen im eigentlichen Sinne. Sie sind Gesetzbücher, und ihre erzählenden Passagen wurden als Prophezeiungen verstanden. Also mußten sie noch im nachhinein einen Prophetennamen erhalten; und man gelangte zu der Auffassung, daß Mose, der größte aller Propheten, sie geschrieben haben mußte, wobei er die Ereignisse, die sich nach seinem Tod zutragen sollten, vorhersah. Eine ähnliche, auf den ersten Blick verblüffende Überzeugung begegnet uns bei Flavius Josephus: Josephus glaubte, die Bücher Samuel und Könige seien sämtlich von dem Propheten Samuel verfaßt worden.[12] Auch Samuel hätte einen Großteil der historischen Erzählung vorhersehen müssen, denn er stirbt sehr früh im Verlauf der Geschichte. Für Josephus waren diese Bücher nicht bloße Geschichten wie für uns. Sie waren prophetische Texte, brauchten also einen Verfasser. Wer hätte sich dafür besser geeignet als Samuel, der größte Prophet jener Zeit? Solche falschen Autorennamen blieben lange mit den Texten verbunden. Erst im 17. Jahrhundert widerlegte der englische Philosoph Thomas Hobbes die These von der Autorschaft des Mose. Bis zu diesem Zeitpunkt war der Text zu Unrecht Nutznießer der Autorität des Namens Mose gewesen.

Wir wissen nun also, daß Erzählungen im Nahen Osten jahrhundertelang anonym veröffentlicht wurden, im Gegensatz zu prophetischen Schriften, Weisheitsbüchern oder Dichtung. Es muß für diese Konvention noch einen anderen Grund außer der Tradition gegeben haben. Vielleicht erschien die Anonymität sicherer, vielleicht war sie eine Möglichkeit, »unbequeme Dinge« darzustellen. In Judäa herrschten oft Priester und Könige, und Schriftrollen mit unangenehmem Inhalt wie die Jeremias konnten im Feuer enden. Am gefährlichsten war die Autorschaft freilich für Propheten, denn nach dem Gesetz drohte falschen Propheten die Todesstrafe. Trotzdem wurden Prophezeiungen unter dem Namen des jeweiligen Propheten verbreitet, obwohl Namenlosigkeit oder Pseudonyme sehr viel sicherer gewesen wären. Offenbar müssen wir den Grund für die unterschiedlichen Traditionen in bezug auf die Namensnennung anderswo suchen, nämlich in dem Ziel, das alle Autoren haben – dem Erfolg.

Die meisten biblischen Bücher mit Erzählcharakter behandeln eine so lange Zeitspanne, daß es höchst unglaubwürdig gewesen wäre, in ihnen den Bericht eines einzigen, wichtigen Augenzeugen zu sehen; zum Beispiel umfaßt ein Buch den Zeitraum von Josua bis zum Exil, ein anderes die Zeit vom Aufenthalt im Garten Eden bis zum Exodus. Es bestand also die Gefahr, daß die Autorität eines Erzählers, der lange nach den eigentlichen Geschehnissen geschrieben hatte, in zweifelhaftem Licht erschien, wenn eine breite Öffentlichkeit von seiner Identität erfuhr. Die Anonymität verschaffte dem Text unter den Zeitgenossen ein höheres Ansehen. Eine Erzählung ohne bekannten Verfasser konnte man leichter als wahre Geschichte akzeptieren. Man konnte in diesem Fall niemanden der persönlichen Färbung oder Ignoranz bezichtigen; anonyme Verfasser mußten die Folgen ihrer Irrtümer oder Lügen nicht tragen. Wenn dann jemand das namenlose Buch Jahre später las und es für wahrhaft prophetisch hielt, konnte es immer noch einem Großen der Zunft, wie etwa Samuel, zugeschrieben werden – um so besser für das Buch.

Im Gegensatz dazu waren Prophezeiungen, Weisheiten und Visionen schon allein durch ihre Form an eine Person gebunden und führten ganz automatisch zu Fragen nach dem Verfasser und der Gültigkeit seiner Aussage. Solche Texte waren ihrer Natur nach subjektiv und wurden eher geglaubt, wenn sie den Namen eines Urhebers trugen. Noch besser waren die Chancen, wenn der Autor unter Pseudonym arbeitete. Tief empfundene Glaubenswahrheiten sind für die Nachbarn des Autors doch nur dessen private Überzeugungen, und seine Prophezeiungen gelten nur als Vermutungen; Nachbarn und Bekannte tun sich schwer damit, an die Autorität eines Propheten zu glauben, der ihr Nachbar ist. Warum auch sollte ein Mann (sehr viel seltener eine Frau), der in alltäglichen Dingen auch nicht immer recht hat, plötzlich ein Bote Gottes sein? Auch die Meinungen ganz normaler Menschen erscheinen um ein Vielfaches bedeutsamer, wenn sie unter einem bekannten Namen verbreitet werden; erst recht gilt dies für Visionen und Prophezeiungen. Ein solcher Text bildet den Kern des Alten Testaments. Als unbekannte Autoren um 700 bis 660 v. Chr. das Herzstück des heutigen Deuteronomiums zusammenfügten, gaben sie die Gesetze und Ermahnungen als Worte des Mose aus, der hier als Prophet Gottes sprach. Eine Generation später, 622/621, wurde dieses »Buch des Gesetzes des Herrn« wiederentdeckt und als solches angenommen.

Ein bekannterer Name verleiht also größere Autorität. Am besten war es freilich, wie so oft, wenn beide Seiten aus einer solchen Verbindung Nutzen zogen. Die Propheten eigneten sich dafür hervorragend. Man legte älteren Propheten einfach sehr viel jüngere Prophezeiungen in den Mund und trug dabei gleichzeitig zu einer Erweiterung ihrer Werke bei.[13] Die geschicktesten Ergänzungen wurden Jesaja zuteil, der im späten 8. Jahrhundert v. Chr. gelebt hatte. In der zweiten Hälfte seines Buchs sind in der heutigen Fassung Prophezeiungen eines unbekannten Verfassers (Deuterojesaja) enthalten, der fast zweihundert Jahre nach Jesajas Tod schrieb. Die Worte des namenlosen Propheten erhielten dadurch das volle Gewicht der bereits existierenden Visionen des wirklichen Jesaja und seine Autorität; die Prophezeiungen Jesajas ihrerseits gewannen gleichfalls an Autorität, weil sie nun das Wirken des viel späteren persischen Königs Kyros und dessen Reden vorherzusagen schienen. Die Mischung war gekonnt und wohlüberlegt. Auch das Hohelied profitierte von solchen »Beimischungen«, doch waren die beiden Texte hier eher ungleich.[14] Wahrscheinlich hat das Buch seinen Ursprung in einer Sammlung weltlicher Liebesdichtung, die spätere Benutzer als religiösen, nicht als erotischen Text verstanden wissen wollten. Um diese neue Lesart zu untermauern, schrieben sie das Buch König Salomo zu; mögli cherweise geschah dies im 3. Jahrhundert v. Chr. Um dieselbe Zeit verfaßte ein anderer Jude jenen nachdenklichen Text, den wir als Buch Kohelet kennen. Hier war es der Verfasser selbst, der zu verstehen gab, er sei Salomo und habe in Jerusalem geherrscht – was nicht der Wahrheit entsprach. Auch hier verlieh der Hinweis dem Werk größeres Gewicht.

Die großen Namen aus der Vergangenheit wurden ausgesucht, weil sie den Texten größeres Gewicht verliehen, nicht etwa, weil der Schriftenkanon zu ihren Lebzeiten schon abgeschlossen gewesen wäre und Autoren auf alte, »kanonische« Namen hätten zurückgreifen müssen. Heutzutage bemühen sich Verfasser und Verleger darum, freundlich gesinnte Rezensenten zu finden; in der Spätphase der Entstehungsgeschichte der Heiligen Schrift suchten sich die Autoren statt dessen eine passende Identität. In beiden Fällen verfolgte man ein ähnliches Ziel: Das Buch sollte ein Erfolg werden. In der Antike gab es keine Titelblätter und kein Urheberrecht; alte Texte waren nur schwer von neuen zu unterscheiden. Es war nicht so, daß »die Zeitlosigkeit hebräischen Denkens Jahrhunderte komprimieren und Generationen überspringen konnte« oder daß »die enge Verbindung zwischen dem Volk Gottes und seinen Vorfahren die Vorstellungen austauschbar machte« – in den Evangelien fragen die Menschen etwa, ob Elija in der Gestalt Johannes des Täufers zurückgekehrt sei, während Johannes selbst ganz genau weiß, daß dem nicht so ist. Vielleicht identifizierten sich die Autoren bewußt mit ihren »Namenspatronen« und schrieben Dinge nieder, die jene hätten schreiben »müssen«, doch bleibt es eine Tatsache, daß sie bedenkenlos unter falschem Namen schrieben. In der modernen Literatur haben manche Autoren unter Pseudonym geschrieben, um ihre Leser zu unterhalten oder um in einer ironischen Brechung einer Person niedrigen Standes weise Ansichten in den Mund zu legen. Jüdische Verfasser dagegen suchten sich Namen von Höhergestellten aus, nicht von Untergeordneten; und diese Höhergestellten fanden sie stets in der fernen Vergangenheit.

Das Ergebnis war buchstäblich ein Fälscherparadies. Visionen von Himmeln und einer künftigen Welt wurden geheimnisvollen Personen zugeschrieben, die in den alten Texten genannt waren, etwa dem Henoch, der in Genesis 5,22 »seinen Weg mit Gott«

ging; mit Salomo wurde auf diese Weise ein neuer Schatz von Weisheiten in Verbindung gebracht, David wurden Dutzende von zusätzlichen Psalmen zugeschrieben.

Im Jahr 167 v. Chr. unternahmen die Juden in Judäa das große Wagnis, gegen König Antiochos, einen Nachfolger Alexanders, zu Felde zu ziehen, weil dieser sie verfolgte, um ihnen die griechische Religion und Kultur aufzuzwingen. Gegen Ende des Kriegs, im Jahre 164 v. Chr., verband ein unbekannter Autor eine große Prophezeiung aus der Vergangenheit mit der legendären Person des Daniel. Den Höhepunkt dieser Prophezeiung bildete eine Vorhersage für die Gegenwart, in der der unbekannte Autor lebte. Der Text wurde in Umlauf gebracht und ist heute weltweit das erste erhaltene Stück Widerstandsliteratur. Zusätzlich mischte man noch eine Reihe älterer Geschichten über die Taten Daniels hinein. Als das historische Geschehen dann zwar nicht alle Einzelheiten, aber die Tendenz der Hauptprophezeiung bestätigte, wurde diese rasch berühmt.

Wenn ein jüngerer Autor ein Pseudonym annahm, hatte das auch Auswirkungen auf die Bewertung der ursprünglich dem älteren Autor zugeschriebenen Texte; mitunter gewannen diese durch die Erweiterung an Ansehen, wie es beim Buch Daniel oder dem Hohenlied der Fall war. Oder der neue Text genoß dasselbe Ansehen wie der »echte«, wie etwa beim Gesetz des Mose oder bei einigen Psalmen Davids. Der Name Daniels mußte allerdings auch für die Einführung eines völlig neuen Gedankens herhalten: »Von denen, die im Land des Staubes schlafen, werden viele erwachen, die einen zum ewigen Leben, die anderen zur Schmach, zu ewigem Abscheu. Die Verständigen werden strahlen, wie der Himmel strahlt; und die Männer, die viele zum rechten Tun geführt haben, werden immer und ewig wie die Sterne leuchten« (Dan 12,2–3). Schon zuvor hatten einzelne Juden geglaubt, daß Gott ein neues Zeitalter anbrechen lassen würde. Andere stellten sich vage ein Schattenleben nach dem Tod vor. In den sechziger Jahren des 2. Jahrhunderts v. Chr. festigte sich dieser Glaube dann zunehmend, denn im großen Befreiungskrieg der Juden starben viele Märtyrer den Heldentod, und es war unvorstellbar, daß ihr Leben ein für allemal zu Ende sein sollte. Die erste Bibelstelle, in der eindeutig von einer Auferstehung des Leibes und vom ewigen

Leben für Heilige und Sünder die Rede ist, finden wir in einem Text, der erst in dieser Zeit entstand. Der Auslöser war eine historische Krise, und der neue Glaubensinhalt wurde einem Mann zugeschrieben, der niemals einen solchen Text geschrieben hatte; auch dieser Text sollte dadurch größere Überzeugungskraft gewinnen.

II

Die Judenverfolgungen der Jahre 167 bis 164 v. Chr. hatten nicht den von Antiochos gewünschten Erfolg. Die Juden unter der Führung der Makkabäer erhoben sich gegen den hellenistischen König und schlugen seine Truppen, und für das jüdische Volk brach eine Zeit der Unabhängigkeit an. Siege erzeugen allerdings oft neue, innere Spannungen, und so brachte diese Zeit der Unabhängigkeit auch grundlegende Veränderungen im religiösen Leben der Juden mit sich. Es kam zu heftigen Auseinandersetzungen um das Verhältnis zwischen Politik und Religion. Diverse Gruppierungen spalteten sich ab, und daraus entstanden unter anderem die Gruppe der Pharisäer und die Sekte, die wir aus den in der Nähe des Toten Meers gefundenen Schriftrollen kennen, wahrscheinlich die Essener. Besonders von den Essenern wissen wir, daß sie ein eigenes Verständnis der alten Texte pflegten. Sie schrieben Kommentare, die die Texte mit ihren eigenen Ansichten über die Geschichte in Einklang brachten.

Die unterschiedlichen Gruppen entwickelten sich im Umfeld der verschiedenen Synagogen; jede besaß ihre eigene Übersetzung der alten Texte. Ein Zentralorgan, das die Einheitlichkeit des Glaubens oder die Rechtgläubigkeit gefördert hätte, gab es nicht. Das dürfen wir nicht vergessen, wenn wir untersuchen, welche Aussagen genau aus den hebräischen heiligen Schriften herausgelesen wurden. Die älteste vollständige Fassung des Alten Testaments, die uns heute vorliegt, die sogenannte Leningrader Handschrift, stammt aus dem Jahre 1009 n. Chr. Die Form ihres hebräischen Textes läßt sich allerdings noch weiter zu Gruppen jüdischer Gelehrter zurückverfolgen, die im 8. und 9. Jahrhundert n. Chr. vor allem in Palästina lebten. Wir nennen sie heute nach dem hebräi-

125

schen Wort für Tradition, masora, die Masoreten; ihnen verdanken wir den heute allgemein bekannten Text des Alten Testaments. Bis vor relativ kurzer Zeit stand dieser hebräische Text allen Versuchen im Weg, die Entwicklung der Heiligen Schrift während der 1400 oder mehr Jahre, die seit der Entstehung der ersten Texte vergangen waren, zu untersuchen.[15] Es gab einige Inschriften auf antiken Gegenständen und Denkmälern, die zum Teil erstaunlich freidenkerisch anmuteten. Doch darüber hinaus hatten wir nur geringe, vage Kenntnisse zur Textgeschichte. Die griechischen Übersetzungen des Alten Testaments stammten teilweise aus dem 3. Jahrhundert v. Chr. Sind die Unterschiede, die man im Vergleich mit dem späteren masoretischen Text feststellt, auf Mißverständnisse zurückzuführen, oder lag den Übersetzungen eine ältere Textfassung zugrunde, die die gleiche Gültigkeit besaß wie der Text der Masoreten?[16] Auch von den abtrünnigen Samaritern, die sich in den Jahrhunderten nach der Herrschaft Alexanders des Großen von den Juden abgesondert hatten, sind uns Pentateuch-Handschriften überliefert.[17] Waren die Abweichungen in ihren Texten eine Besonderheit ihrer Sekte, oder zeugten auch sie von einer früher existierenden, alternativen Fassung?

Diese Fragen konnten nur dadurch beantwortet werden, daß irgendwo auf der Welt alte hebräische Bibeltexte auftauchten. Lange wurde nach solchen Handschriften gesucht. Mitte des 18. Jahrhunderts kamen englische Bibelkundler auf den Gedanken, unveränderte Texte der hebräischen heiligen Schriften könnten bei jenen Juden erhalten sein, die angeblich als späte Nachfahren eines verlorenen Stammes des Volkes Israels in China lebten.[18] Die fixe Idee einer Bibel in China wurde von einem christlichen Abenteurer zum nächsten weitergegeben, bis man 1851 endlich die chinesischen Juden aufsuchte. Und nun mußte man feststellen, daß ihre »alte« Schrift dem wohlbekannten Text der Masoreten entsprach.

Da das Herumreisen nicht den gewünschten Erfolg brachte, griff man zu den Methoden der Archäologie. Ein einzelnes Papyrusfragment aus dem 1. Jahrhundert v. Chr., der Nash-Papyrus,[19] wurde in Ägypten gefunden und 1903 der Öffentlichkeit zugänglich gemacht. Zunächst meinte man, ein Stück eines frühen Deuteronomium-Textes gefunden zu haben, dessen hebräische Wortwahl von dem späteren, vertrauten Text abwich. Doch inzwischen neigt man zu der Annahme, daß es sich überhaupt nicht um einen biblischen Text handelt. Nach den sensationellen Funden von Qumran[20] ist dieser Papyrus ohnehin in den Hintergrund getreten. 1947 wurden in Höhlen in der Nähe der Ruinen von Qumran südlich von Jericho am Westufer des Toten Meers wahre Schätze von Texten auf Papyrus und Pergament gefunden. Entgegen allen Erwartungen liegen uns dank dieser Entdeckung nun 175 Handschriften von Büchern des Alten Testaments vor, die ungefähr aus der Zeit zwischen 225 v. Chr. und 50 n. Chr. stammen. Allerdings sind nur vier von ihnen annähernd vollständig erhalten. Die Handschriften umfassen Teile aller alttestamentlichen Bücher bis auf das Buch Ester, und außerdem wurden weitere, nichtbiblische Texte gefunden. Die Untersuchung und Veröffentlichung der Funde hat sich leider über eine lange Zeit hingezogen, und noch heute, über vierzig Jahre später, wissen wir von einigen Schriftrollen nur aus Forschungsberichten. Es kann jedoch keinen Zweifel daran geben, daß die Fragmente uns Aufschlüsse über den Textzustand zu einer Zeit geben, die tausend Jahre weiter zurückliegt als die Fassung der Masoreten, auf die sich die jüdischen und christlichen Bibeln stets gestützt haben. In den fünfziger und sechziger Jahren unseres Jahrhunderts wurden weitere Papyri in Höhlen im Wadi Murabba'at und in Nahal Hever südlich von Qumran sowie in der Felsenfestung Masada gefunden.[21] Sie enthielten allerdings nur sehr wenige zusätzliche Schriftfragmente. Die Papyri von Masada müssen aus der Zeit vor 73 n. Chr. stammen. Die Funde aus den Höhlen von Wadi Murabba'at und Nahal Hever werden auf die Zeit vor 132 n. Chr. datiert; in jenem Jahr fand ein großer jüdischer Aufstand gegen die römische Herrschaft statt. Die Texte aus dem Wadi Murabba'at können mit ziemlicher Sicherheit sogar noch genauer zugeordnet werden; sie stammen offensichtlich aus den Jahren zwischen 40 und 132.

Bereits in den fünfziger Jahren des 18. Jahrhunderts fielen dem großen hebräischen Gelehrten Benjamin Kennicott die offenkundigen Unterschiede zwischen unseren heutigen Texten und deren Vorlagen auf. »Das von Gott Inspirierte wurde der Sorge des Menschen anbefohlen, und wir müssen gestehen, daß wir diesen Schatz in irdenen Gefäßen aufbewahrt haben.« 1947 begannen wir anhand der neuen Funde zu ahnen, welches Drama sich um diesen

Schatz abgespielt hatte. Und es eröffneten sich drei Wege zur Analyse der Schriften: die Untersuchung von Sprachgeschichte und Orthographie des Hebräischen,[22] das Studium der Textvielfalt in der Heiligen Schrift und die Frage nach der potentiellen Bedeutung der frühen griechischen Übersetzungen. Nun, da uns die älteren hebräischen Texte vorliegen, können wir kritisch untersuchen, wie die später schreibenden Masoreten und ihre Quellen zu bestimmten Schreibweisen oder Vokalisierungen für die hebräischen Wörter kamen. Das Hebräische wurde in der Antike ohne Vokale geschrieben, ähnlich wie unsere heutige Kurzschrift. Dank der neueren Funde fällt es uns jetzt leichter, einige Annahmen der masoretischen Herausgeber zu berichtigen. Drastischer ausgedrückt: Wir sehen nun, daß ihr Text nur eine späte und willkürlich gewählte Lesart ist, die als einzige aus einer früheren Vielfalt unkontrolliert nebeneinander existierender Texte überliefert wurde.

Ohne die Funde von Qumran hätten wir nichts von dieser Vielfalt gewußt. Die anderen drei Fundorte waren sehr viel weniger erhellend, da dort lediglich Fragmente von acht Bibeltexten gefunden wurden. Folgt man den Forschungsberichten zu diesen Fragmenten, stellt keines von ihnen die alte Theorie in Frage, daß der jüngere hebräische Text der Masoreten die einzige jahrhundertelang überlieferte Fassung war. Alle dort aufgefundenen Schriftrollen fügen sich anscheinend in dieses Bild ein; entweder entsprechen ihre Texte den masoretischen Texten, oder sie sind demselben Entwicklungsstrang zuzuordnen (»proto-masoretisch«). Die Untersuchung ist zwar noch nicht abgeschlossen, aber wenn diese Einschätzung zutrifft, scheint sich aus den aufgefundenen Texten zu ergeben, daß das uns bekannte Alte Testament bereits zu Lebzeiten von Jesus und Paulus die allgemein anerkannte Textform war. Die Fragmente der Bücher Exodus, Levitikus, Deuteronomium, Ezechiel und der Psalmen, die in Masada gefunden wurden, müssen alle aus der Zeit vor der berühmten Belagerung der Festung im Jahre 73 stammen. Einige in den Höhlen von Wadi Murabba'at und Nahal Hever gefundene Handschriften könnten ebenfalls vor dem Jahr 70 geschrieben worden sein. Diese Funde sind allerdings nicht sehr zahlreich und nur bruchstückhaft erhalten.

Sehr viel umfangreicher waren die Funde von Qumran. Sie führten dazu, daß der beruhigende Glaube an die frühe Existenz einer allgemein akzeptierten und von den Masoreten überlieferten Textfassung zerstört wurde. Zwar sind viele Qumran-Texte der Glaubensrichtung zuzurechnen, aus der die Masoreten-Texte schließlich hervorgingen, es wurden aber auch anders orientierte Schriften gefunden, die uns zeigen, welche Vielfalt möglich war. Schon aus den bisher vorliegenden Berichten und Veröffentlichungen geht hervor, daß in Qumran eine Fassung des Buchs Jeremia gefunden wurde, die um ein Achtel kürzer ist als der Text unserer Bibel;[23] der dort entdeckte Text der Bücher Samuel ähnelt der Übersetzungsvorlage unseres Bibeltextes nur sehr entfernt; für das Buch Ijob ergeben sich verschiedene Varianten; der Qumran-Text des Buchs Kohelet ist anders bearbeitet als der, den wir kennen; und neben vielen anderen umfangreichen Entdeckungen fanden sich auch zwei verschiedene Fassungen des Buchs Jesaja. Zu erwarten wäre ferner gewesen, daß die heiligsten Bücher, nämlich die ersten fünf Bücher der Bibel, die das Gesetz beinhalteten und öffentlich verlesen und vorgetragen wurden, kaum Abweichungen aufweisen. Tatsächlich finden sich hier weniger Varianten als bei anderen Texten, doch sind die Unterschiede dennoch beträchtlich.[24] Für einige Teile des Buchs Deuteronomium kennen wir nun eine ganze Reihe verschiedener Lesarten; sodann liegt ein Levitikus-Text vor, der sich so stark von der biblischen Fassung unterscheidet, daß er mit keiner bekannten Tradition in Einklang zu bringen ist; und auch die Qumran-Fassung des Buchs Exodus enthält eine verwirrende Vielzahl von Lesarten. Besonders wichtig ist es, sich klar zu machen, daß die Textvarianten in den meisten Fällen nicht durch Fehler der Schreiber beim Abschreiben derselben Vorlage zustandekamen, die auch wir seit dem 9. Jahrhundert n. Chr. kennen. Sie sind vielmehr das Ergebnis voneinander unabhängiger Entwicklungen.

Mitunter können wir feststellen, daß eine neue Textfassung aus verschiedenen Vorlagen entstand: Der Schreiber versuchte, den Text an eine abweichende Lesart anzupassen oder übernahm Elemente aus einem anderen Text, den wir unabhängig davon auch als eigenständiges Werk kennen. Solche Korrekturen der Schreiber gehen nicht alle in dieselbe Richtung und schon gar nicht in die Richtung, die zu unserem Bibeltext der Masoreten hinführt. Es fällt bei den Qumran-Texten zum Beispiel auf, daß ein Teil des Deuteronomiums-Textes, der der späteren Fassung der Masoreten ziemlich genau entspricht, in einer Handschrift von ungefähr 150 v.Chr. vorliegt. Allerdings wurde dieses Textstück später, vermutlich im 1.Jahrhundert v.Chr., nochmals abgeschrieben, und dabei wurden Korrekturen angebracht, die den Wortlaut sehr viel mehr in die Nähe der griechischen Übersetzungen rückten. Die Intention des Texts wurde dadurch eine völlig andere. Wenn wir nur die wenigen Texte von Masada und den anderen Fundorten besäßen, wären wir vielleicht zu der Überzeugung gelangt, der Text der Masoreten sei bereits vor dem Jahr 70 vorherrschend gewesen. Dank der sehr viel größeren Ausbeute von Qumran kommen wir zu einem gegenteiligen Schluß: Es gab viele verschiedene Textvarianten, und nur einige davon gehören zu dem Überlieferungsstrang, den die Masoreten schließlich aufgriffen. Man kann auch nicht davon ausgehen, daß es sich hier um private Abschriften handelte, die etwa mit geringerer Sorgfalt ausgeführt worden wären, oder daß die jeweiligen Fassungen zum Glauben einzelner Gruppen oder Sekten in Beziehung standen. Es gab zu Jesu Lebzeiten noch keine Standardfassung der religiösen Schriften, und nichts deutete damals darauf hin, daß der Text, der uns heute so vertraut ist, sich durchsetzen, die übrigen Texte verdrängen und als Heilige Schrift verehrt werden würde.

In einem Wort, es dominierte die Vielfalt. Sie ist besonders deswegen irritierend, weil sie Folgen für den Stellenwert der griechischen Übersetzungen des Alten Testaments hat. Könnte es nicht sein, daß den Übersetzern, als sie im 3.Jahrhundert v.Chr. ihre Arbeit begannen, noch eine ganze Reihe anderer hebräischer Textvarianten vorlag, die genauso alt waren wie die Textfunde von Qumran? Die griechischen Übersetzer waren keineswegs vollkommen, wenn sie auch von einer Gruppe jüdischer und frühchristlicher Theologen mit der Begründung in Schutz genommen wurden, die Übersetzung sei ihnen von Gott eingegeben worden. Die Übersetzer arbeiteten in Ägypten, wo das Hebräische nicht sehr weit verbreitet war.[25] Sie konnten keine hebräischen Grammatiken zu Rate ziehen, weil es keine gab. Die Texte, die ihnen vorlagen, waren in der hebräischen Schrift aus Konsonanten und kaum klar bezeichneten Vokalen verfaßt; dies konnte an Stellen, für die keine

aktuelle Lesungs- oder Interpretationstradition existierte, zu Unklarheiten in bezug auf den Sinn der Worte führen. Es war nicht
zu vermeiden, daß die Übersetzer hin und wieder Dinge falsch
verstanden und falsch übersetzten. Außerdem hatten auch sie ihre
Lieblingswörter und Eigenheiten, so daß die Übersetzungen der
einzelnen Bücher ins Griechische sehr uneinheitlich sind. Und
schließlich waren die verschiedenen Übersetzer keineswegs gleich
gut; eine Fassung des Buchs Jesaja gehört zu den schlimmsten
Beispielen für die Uneinheitlichkeit einer Übersetzung. In Wortwahl und theologischen Vorstellungen orientierten sie sich häufig
an der griechischen Welt, ohne die hebräischen Traditionen zu
berücksichtigen. Es ist nicht einmal ganz klar, welche Passagen
auf die ersten Übersetzer zurückgehen, da die Texte zwischen dem
1. Jahrhundert v. Chr. und dem frühen 4. Jahrhundert n. Chr. von
anderen Juden, später auch von Christen überarbeitet wurden.
Infolge dieser Revisionen entfernte sich der griechische Text immer weiter vom hebräischen Original. Dies gilt für die meisten
griechischen Texte, die uns heute vorliegen.

In den vierziger Jahren unseres Jahrhunderts nun hat eine eingehende Untersuchung der griechischen Fassung der Bücher der
Könige ergeben, daß ihr ein hebräischer Text zugrunde gelegen
haben muß, der sich von dem Original unseres Bibeltextes unterschied.[26] Die Funde von Qumran haben das Ansehen der Übersetzer wesentlich verbessert, denn in einigen Qumran-Texten gibt
es Hinweise auf Lesarten, die bisher nur aus den griechischen
Textfassungen bekannt waren.[27] Wir können nicht länger davon
ausgehen, daß alle Abweichungen im Text den griechischen Übersetzern und Bearbeitern anzulasten sind; vielleicht haben sie lediglich einen hebräischen Text verwendet, der deutlich älter war
als die heute bekannten Texte und sich zwar von diesen unterschied, aber genauso gültig war. Allerdings stimmt nur eine
Schriftrolle aus Qumran, ein Jeremia-Text, so weitgehend mit der
griechischen Übersetzung überein, daß der Schluß naheliegt, es
könne sich bei diesem Text um die hebräische Vorlage des Über-
setzers handeln.[28] Doch schon eine einzige Übereinstimmung dieser Art hat große Bedeutung. Untersuchungen zum antiken Verständnis von Übersetzungen bestätigen die Vermutung, daß der
hebräische Qumran-Text als Vorlage für die griechische Überset-

zung gedient haben könnte. Eine »buchstabengetreue«, wörtliche Übersetzung hielten die Griechen und Römer bei Texten für richtig, die einen präzisen und praktisch orientierten Inhalt hatten wie etwa weltliche Gesetze. Teile der hebräischen Schriften mögen den Übersetzern als literarische Texte erschienen sein, die man freier übersetzen durfte, doch für den Großteil wird in ihren Augen eine wörtliche Übersetzung angemessen gewesen sein, da es sich um einen heiligen Text handelte; dies galt wohl insbesondere für die Gesetzbücher und die prophetischen Texte.

Die griechischen Fassungen unserer biblischen Schriften müssen also nach den Funden von Qumran und im Lichte des antiken Verständnisses von Übersetzungen neu bewertet werden; welchen Stellenwert sie genau haben, ist noch offen. Einige Beispiele sollen belegen, was damit gemeint ist. Für die Bücher Exodus, Josua und Könige liegen uns keine rivalisierenden Fassungen vor, die sich grundsätzlich voneinander unterscheiden, etwa dadurch, daß sie völlig andere Personen und Ereignisse zum Gegenstand haben. Die deutlichen Unterschiede liegen hier in Länge, Wortwahl, Gliederung und Chronologie, die ja für jede Geschichtsschreibung unverzichtbar ist. In den griechischen Übersetzungen werden andere Daten für die in den Büchern Genesis und Exodus beschriebenen Geschehnisse genannt; diese Abweichungen haben die Übersetzer wahrscheinlich selbst zu verantworten.[29] Den Königen werden in den Büchern der Könige und den Büchern Samuel unterschiedliche Regierungszeiten zugeordnet; hier sind vermutlich die griechischen Angaben richtig und die der hebräischen Fassung der Masoreten falsch. Wer heute in einem christlichen oder jüdischen Gottesdienst eine Textlesung aus den Büchern Samuel oder Jeremia hört, hört aller Wahrscheinlichkeit nach eine Version, die später mit zusätzlichem Material »ausgestopft« wurde. Es ist auch nicht auszuschließen, daß die Teile der Chronik-Bücher, in denen dieselben Ereignisse wie in den Büchern Samuel in anderer Form beschrieben werden, letztlich auf einen besseren hebräischen Samuel-Text zurückgehen.

Einige Qumran-Schriften entsprechen dagegen Texten, die eine andere Entwicklung genommen haben, nämlich den ersten fünf Büchern der Bibel von Genesis bis Deuteronomium, wie sie die Samariter benutzten. Nicht alle, aber einige Texte der Samariter weisen eine Wortwahl und Gliederung auf, die auch in einzelnen hebräischen Manuskripten zu finden sind. Besonders ein in Qumran gefundener Text aus dem Buch Exodus[30] geht auf eine Grundform zurück, die später von den Samaritern an die Ziele ihrer Sekte angepaßt wurde. Solange die Schriftrollen vom Toten Meer nicht vollständig veröffentlicht sind, können nicht alle eventuell vorhandenen Parallelen herausgearbeitet werden. Einige allgemeine Schlüsse aus den Funden stehen jedoch bereits heute fest. Sie beziehen sich nicht auf zentrale Glaubenswahrheiten; Gott wird nach wie vor mit Bündnissen, Verheißungen und Gesetzen in Verbindung gebracht, und auch der Gesalbte des Herrn wird erwähnt. Wichtig ist vielmehr, daß der Glaube an die Unfehlbarkeit der Schrift nicht aufrechterhalten und die Bibel nicht mehr übereilt als literarische oder kanonische Einheit idealisiert werden kann. Hier möchte ich nochmals auf meinen Vergleich mit dem Kartoffelsack zurückkommen. Nicht die Autoren selbst schufen verschiedene Versionen ihrer Texte, sondern andere Menschen »stopften« die Originale später mit zusätzlichem Material aus; eine Ausnahme bildet möglicherweise Ben Sira, dessen Buch Jesus Sirach in verschiedenen Fassungen erhalten ist. Wir sehen uns also nicht mit einem schon früh festgelegten Kanon konfrontiert, sondern mit einer im Verlauf der gesamten Überlieferungsgeschichte existierenden Vielfalt von Texten. Die gutgemeinte Arbeit der Masoreten am Ende dieser Geschichte hat hierbei für uns kein allzu großes Gewicht. Manchen Wissenschaftlern und vielen bibelfesten Christen und Juden ist der späte masoretische Text allerdings durch Lektüre und Gottesdienst derart vertraut, daß sie weder die griechischen Übersetzungen noch ältere Fragmente akzeptieren können, obwohl diese Texte Alternativen bieten und eine beachtliche eigene Bedeutung haben. Man hat die zahlreichen Texte aus Qumran in einem optimistischen Ansatz nach ihrer Herkunft aus verschiedenen Regionen einzuteilen versucht – eine ägyptische Textart, eine palästinensische und eine babylonische.[31] Auch wurden sie zu den bekannten Überarbeitungen der griechischen Schriften in Beziehung gesetzt, als ob jede Revision versucht hätte, die Übereinstimmung mit einem bestimmten hebräischen »Regionaltext« herzustellen. Dieser Ansatz setzt jedoch einen Ordnungssinn voraus, der in dieser Form nicht existierte. Es gibt keinen Grund dafür, die ägyptischen Schrifttexte so deutlich von denen aus Palästina abzugrenzen oder diese beiden Arten den babylonischen Texten gegenüberzustellen. Die Quellenlage ist zu komplex, als daß man alle Fragmente zweifelsfrei dem einen oder anderen Texttyp zuordnen könnte.

Manche Wissenschaftler reagieren auf die Vielfalt der hebräischen Fassungen mit dem Hinweis, daß die Texte der griechischen Epen Homers, die von den Altphilologen nach wie vor ohne Bedenken in einer einzigen Fassung veröffentlicht und gelesen werden, genauso ungesichert seien wie die des Alten Testaments. Der Vergleich erscheint auf den ersten Blick einleuchtend. Wie die Gedichte Homers sind auch die ältesten Teile der Heiligen Schrift nicht exakt zu datieren und stammen mindestens aus dem 8. Jahrhundert v. Chr. Zwar wurden die homerischen Epen anders als die hebräischen Schriften aus dem Gedächtnis vorgetragen, und es gibt erst einige Jahrhunderte nach dem Zeitpunkt ihrer vermutlichen Entstehung Hinweise auf eine schriftliche Fassung, doch ließe diese zeitliche Differenz ja eine um so deutlichere Verfälschung der Gedichte erwarten. Aus der Zeit zwischen 300 und 150 v. Chr. besitzen wir einige frühe Papyri mit Fragmenten der homerischen Epen, die nicht genau mit dem heute gebräuchlichen Text übereinstimmen. Möglicherweise als Folge eines wissenschaftlichen Revisionsprogramms entstanden allerdings um 150 v. Chr. andere Papyri, die bereits den Homer-Texten entsprechen, die wir heute nach den ältesten vollständig erhaltenen Manuskripten drucken. In ähnlicher Weise revidierten die jüdischen Gelehrten ihre heiligen Schriften und begründeten den Entwicklungsstrang, dem letztlich der masoretische Text entstammt. Die Masoreten schrieben ihre Texte für die Nachwelt. Sie fügten in die Texte Vokalzeichen ein, die inzwischen eingeführt worden waren, um die hebräische Konsonantenschrift klarer zu gestalten. (Vokalzeichen wurden zuerst von den Syrern verwendet und ungefähr zur gleichen Zeit von Juden und Arabern übernommen.) Bei der Einsetzung der Vokale konnten natürlich Fehler vorkommen, die den Sinn oder den Rhythmus eines Texts zerstörten.

Wenn wir uns nun wieder dem Vergleich der hebräischen Schriften mit Homer zuwenden, stellen wir fest, daß die Parallelen doch nicht ganz so deutlich sind, wie es auf den ersten Blick scheint.[32]

Vor 150 v.Chr. weisen die homerischen Handschriften zwar sekundäre, überflüssige Ergänzungen auf, aber es gibt nicht zwei oder mehr abweichende, gänzlich unabhängige Textfassungen. Durch die Funde von Qumran und die griechischen Bibelübersetzungen ist uns klar geworden, daß genau dies bei den Büchern Jeremia, Samuel, Ijob und Josua der Fall ist. Den homerischen Texten lag, anders als den hebräischen Schriften um 300 v.Chr., eine einzige, immer gleiche Fassung zugrunde. Der Grund für diese völlig andere Ausgangssituation kann nicht nur darin liegen, daß die griechischen Worte mit Vokalen in ihrer Vollform niedergeschrieben wurden, während in den hebräischen Texten die Vokale fehlten. Einige Varianten lassen sich darauf zurückführen, doch bei weitem nicht alle. Im Unterschied zu den hebräischen Schriften hatten die Gedichte Homers ein kompliziertes Versmaß, das nur begrenzte Möglichkeiten der Veränderung zuließ. Außerdem wurden sie im Verlauf ihrer gesamten Geschichte öffentlich vorgetragen; regelmäßige öffentliche Lesungen der biblischen Texte fanden dagegen erst lange nach ihrer Entstehung statt. Die Probleme mit den verschiedenen Fassungen der hebräischen Texte sind also nicht mit denen der homerischen Epen zu vergleichen.

Unser Bibeltext gilt immer noch vielen als einzig richtig, doch läßt sich dieser Ansatz nicht durch die Papyri der alttestamentlichen Schriften abdecken. Es liegen uns mehr Texte vor, als die meisten Leser ahnen. Das Original ist jedoch verlorengegangen, und die Suche danach endet um 200 v.Chr. in einer Vielzahl miteinander unvereinbarer Textformen.

III

In der Zeit zwischen 250 v.Chr. und der Geburt Jesu begannen die Menschen sich für die genaue Lektüre der heiligen Schriften zu interessieren. Die Fähigkeit zu lesen oder zu schreiben hatte damit nicht direkt zu tun; die aufmerksame Lektüre setzte ein gewisses Bemühen und den Wunsch voraus, in einem Text nach Antworten auf bestimmte Fragen zu suchen. Jahrhundertelang hatten die Juden keine Schulen und keine höhere Bildung gekannt. Ein deutliches Indiz dafür ist die weite Verbreitung von

Sprichwörtern. Sie ist stets ein Symptom für eine Gesellschaft, in der »beschränkte Bildung dazu führt, daß Meinungen, Weisheiten und Gefühle auf traditionelle und konventionelle Weise formuliert werden«.[33] Ein anderes Beispiel für den regen Gebrauch von Sprichwörtern als Zeichen geringer Bildung ist in den dreißiger Jahren unseres Jahrhunderts Nordengland. In der römischen Literatur verwendet Petronius Sprichwörter, um die vulgäre und ungebildete Gesellschaft beim Gastmahl des Trimalchio zu charakterisieren. Trotz dieses Hangs zu Sprichwörtern gab es bei den Juden allerdings auch schriftlich fixierte Gesetzestexte, doch dies sollte uns nicht irritieren. Es war eine kleine Schicht von Schreibern entstanden; sie waren keine Lehrer, sondern Sekretäre, die den wachsenden Bedarf an schriftlichen Verträgen und Dokumenten auffingen und sich um die tägliche Abwicklung gesetzesrelevanter Vorgänge kümmerten, für die die Tempelpriester keine Zeit hatten. Die meisten Menschen konnten die Worte des heiligen Gesetzes nach wie vor zwar hören, aber nicht »sehen«. Das Gesetz war für die Juden eine Ansammlung von Wissen, das nicht durch Lektüre, sondern vielmehr durch Praxis und Vorbild weitergegeben wurde.[34] Der Text war der Bezugspunkt, aber er sollte nicht Wort für Wort umgesetzt werden. Die wesentlichen Normen konnten gegebenenfalls auch ohne Studium oder Lektüre befolgt werden. Ein moderner Bibelkundler hat sehr treffend an die Gestalt des Jo in Charles Dikkens' Roman *Bleakhaus* erinnert, der »völlig ungebildet ist und einen sehr niedrigen IQ besitzt ... aber sein kurzes Leben lebt, ohne ein Verbrechen zu begehen«.

Als jedoch auch im Gelobten Land Synagogen entstanden, bekamen sehr viel mehr Menschen sehr viel mehr alte Texte zu hören. In den Synagogen wurden zwar jeweils nur kurze Auszüge bestimmter Textpassagen verlesen, doch konnte man sich nach der Lesung über die Bedeutung des Gelesenen unterhalten. Der Ablauf solcher Gottesdienste ist uns vor allem aus Zeugnissen der frühchristlichen Zeit bekannt. Eine Inschrift aus der ersten Hälfte des 1. Jahrhunderts n. Chr. berichtet von einer Synagoge in Jerusalem, die gegründet worden war, um »das Gesetz zu lesen und die Vorschriften zu lehren«.[35] Aus den christlichen Texten wissen wir, daß sowohl Jesus als auch Paulus die Zuhörer in einer Syn-

136

agoge mit ihren Kommentaren zu einer eben verlesenen Schriftstelle verblüfften.

Zwar stand der Tempel mit seinem Kult im Zentrum des religiösen Lebens, doch immer mehr wißbegierige und interessierte Gläubige wollten selbst über Textstellen nachdenken. Vielleicht betrieben sie ihre Studien in den Synagogen, über deren verschiedene Funktionen wir nur sehr wenig wissen. In der griechischen Umgebung standen Texte, Bildung und literarische Beschlagenheit hoch im Kurs, und diese Hochschätzung setzte sich auch unter den gebildeten Juden immer mehr durch. Um 200 v.Chr. ist für Ben Sira Weisheit nicht mehr nur eine Zusammenstellung traditioneller Sprichwörter und Aphorismen; Weisheit ist das »Bundesbuch des höchsten Gottes, das Gesetz, das Mose uns vorschrieb«.[36] Man strebte nun das aufmerksame persönliche Studium der Texte an; nur ein Visionär des messianischen Zeitalters konnte freilich schreiben, was in den Jubiläen 23,26 steht: »Und in jenen Tagen werden die Kinder beginnen, die Gesetze zu suchen und das Gebot zu suchen und umzukehren auf den Weg der Gerechtigkeit« (dieser Text entstand wahrscheinlich erst in den siebziger Jahren des 2. Jahrhunderts v.Chr.). Es gab keineswegs Einrichtungen wie die Koranschulen in der modernen islamischen Welt, in denen die Kinder lernen, den Koran zu lesen und abzuschreiben, aber besonders wißbegierige Einzelpersonen begannen, sich mit dem Studium und der Lektüre der Schriften zu befassen. Im neunten Kapitel des Buchs Daniel, das aus der Zeit um 164 v.Chr. stammt, leitet Daniel selbst eine seiner Visionen mit dem Versuch ein, »in den Schriften zu ergründen«, was der Herr zu Jeremia gesagt hatte. Eifrige Leser dieses Typs besaßen möglicherweise sogar eine eigene Bibelabschrift. Hier könnte man beispielsweise an jenen äthiopischen Eunuchen denken, der im Buch Jesaja las, als er dem Christen Philippus begegnete.

Wenn ein interessierter Leser nun seine Studien betrieb, interpretierte er automatisch den Inhalt der alten Texte. Ungefähr im 1. Jahrhundert v.Chr. richteten jüdische Leser großen Schaden an, weil sie die Bedeutung der alten Schriften verfälschten.[37] Sie gingen die Texte Wort für Wort durch und kamen so zu den seltsamsten Auslegungen. Einzelne Wörter wurden überinterpretiert, Kontext und allgemeine Aussageabsicht ignoriert. Diese Leser gingen davon aus, daß die Worte der Propheten, die doch lediglich allgemeine Aussagen darstellten, präzise Vorhersagen zu enthalten hätten, die sich noch erfüllen müßten. Prophezeiungen dieser Art wurden in einzelnen Versen und in der Kombination verschiedener Textstellen ausgemacht. Das beste Beispiel für solche sinnentstellenden Interpretationen bietet uns die Gruppe, die wir aus den Schriftrollenfunden vom Toten Meer kennen und bei der es sich vermutlich um Essener handelte. Ihre Schriftkommentare waren von vorn bis hinten falsch. Sie stellten keine kritischen, historischen Fragen an die ererbten Texte und vergewaltigten sie deshalb.

Überdies wichen die essenischen Kommentatoren der grundlegenden Frage nach dem Wahrheitsgehalt der Texte aus. Zu jener Zeit galt die Philosophie in den griechischen Städten, die auch viele Juden in ihren Mauern beherbergten, als wichtiger Teil der Bildung. Selbst eine Philosophie, die von einem rein religiösen Standpunkt aus betrieben wurde, führte zu elementaren Fragen nach der Existenz Gottes oder nach dem Wesen der Gerechtigkeit. Auch wenn die Fragesteller als Antwort darauf *theologische* Werke schrieben, brachte doch die Philosophie die Menschen dazu, kritisch nachzudenken. Eine Folge davon war, daß im 1. Jahrhundert v. Chr. »das Nachdenken über Religion in Athen und Rom der Frömmigkeit der Menschen abträglich war«; bei den Juden wurde man umgekehrt »um so frommer, je mehr man über Religion nachdachte«.[38] Der Hauptgrund für diesen Unterschied lag darin, daß die Juden heilige Schriften besaßen. Diese gaben den Rahmen vor, in dem das Denken sich bewegen durfte, und sie wurden niemals kritisch hinterfragt.

Auf diese Weise entstand im Umfeld der alten, selbst schon uneinheitlichen Texte ein gewaltiger Wirrwarr aus Erzählungen, Interpretationen und Prophezeiungen, die keinerlei Anspruch auf Wahrheit erheben konnten. Zur Zeit Jesu las niemand die richtige Fassung der Schriften, weil man diese gar nicht mehr kannte. Die verschiedenen Verfasser von Mose bis Samuel wurden durcheinandergebracht, Inhalte wurden verfälscht. Es mag sehr interessant sein, worauf die interpretierenden Leser stießen und wie sie vorgingen, aber es bleibt eine Tatsache, daß beinahe alle ihre Entdeckungen völlig falsch waren.

Schwieriger wurde alles noch dadurch, daß die Texte selbst als heilig galten. In viele von ihnen hatten die Schreiber ein sehr bedeutsames Wort aus vier Buchstaben aufgenommen, den Gottesnamen YHWH.[39] Als die Juden engeren Kontakt mit der nichtjüdischen griechischen Welt bekamen, behielten sie diesen Namen lieber für sich, um die Gefahr zu bannen, das Wort könnte in den Zaubersprüchen oder der Magie der Nichtjuden Verwendung finden. Wenn man einem Gott einen Namen gab, nahm man damit gleichzeitig in Kauf, daß seine Macht eingegrenzt und umrissen werden konnte. Daher wurde in den Jahrhunderten nach Alexander der Name Jahwe nicht mehr verwendet; die meisten Texte, die in dieser Zeit neu verfaßt wurden, verwendeten nicht die vier Buchstaben, sondern belegten Gott mit anderen Namen. Allerdings blieb der alte Name in den Texten stehen, die noch aus der Zeit vor dieser Entwicklung stammten. Schließlich kam es so weit, daß Schriftrollen, die die Buchstaben YHWH enthielten, als besonders heilig verehrt wurden.

Ein bekannter Brauch und eine berühmte Diskussion zeugen von den Folgen dieser Entwicklung. Wenn Juden eine alte oder unerwünschte Schriftrolle »entsorgen« wollten, die den heiligen Gottesnamen enthielt, durften sie diese nicht zerreißen oder einfach wegwerfen. Vielmehr steckten sie den Text in einen Krug, wie er in nahöstlichen Gesellschaften häufig zur sicheren Aufbewahrung von Texten benutzt wurde, und vergruben ihn. Auch einige der am Toten Meer gefundenen Schriften befanden sich in Krügen;[40] der Brauch wurde auch später gepflegt: »Es sieht ganz danach aus, als ob die Institution eines Leichenschauhauses für heilige oder unerwünschte Handschriften, wie es sie im Judentum gab, von der frühen Kirche übernommen worden wäre.« Die Nichtjuden übernahmen später die Vorstellung von der physischen Heiligkeit bestimmter jüdischer Schriftrollen. In einer Verordnung des römischen Kaisers Augustus über die Privilegien von Juden in bestimmten Städten der Provinz Asien wurde der Diebstahl einer jüdischen heiligen Schrift dem Diebstahl eines heiligen Gegenstands gleichgesetzt.

Solche heiligen Schriftrollen waren mit äußerster Sorgfalt zu behandeln. Wir wissen von Diskussionen unter jüdischen Gelehrten, den Rabbinern, welche Texte als heilig anzusehen seien. Häufig wurden solche Streitgespräche von der späteren Forschung in unzulässiger Weise gedeutet. Im späten 1. Jahrhundert n. Chr. sollen Rabbiner darüber gestritten haben, ob das Hohelied oder das Buch Kohelet »die Hände [der Menschen] beschmutzten«, die sie berührten.[41] Auf dieses eine Zeugnis bauten ganze Theorien über das Zustandekommen eines jüdischen Kanons heiliger Schriften auf. Einer Theorie zufolge hat diese Diskussion unter jüdischen Spezialisten anläßlich eines formellen Konzils in Jamnia in den achtziger Jahren des 1. Jahrhunderts n. Chr. stattgefunden; das Konzil fiel angeblich in die Zeit nach dem verheerenden Krieg gegen Rom, in dem der Tempel in Jerusalem zerstört worden war. Nach dem Konzil sollen sich führende jüdische Gelehrte zusammengesetzt haben, um über einen jüdischen Kanon heiliger Schriften zu befinden; sie sollen darüber diskutiert haben, ob das Hohelied und das Buch Kohelet zum Kanon gehören sollten oder nicht.

Solche Theorien hielten sich ziemlich lange, verloren jedoch schließlich zu Recht an Bedeutung. Es ist nichts von einem Konzil in Jamnia bekannt,[42] und die oben genannten Diskussionen haben nicht im Rahmen eines Konzils oder einer Synode stattgefunden. Zudem diskutierten die Gelehrten überhaupt nicht über einen Kanon oder darüber, ob das Hohelied heilig war oder nicht. Sie gingen vielmehr davon aus, daß das Hohelied und das Buch Kohelet eine eindeutige Sonderstellung innehatten. Was sie beschäftigte, war die Frage, ob einzelne Texte denjenigen unrein werden ließen, der sie berührte. Dieses Problem ergab sich aus dem einfachen Sachverhalt, daß weder das Hohelied noch das Buch Kohelet den heiligen Gottesnamen enthielten; Gott wird in diesen Texten mit anderen Wörtern bezeichnet. Im Buch Ester wird er überhaupt nicht erwähnt, was später ebenfalls zu Diskussionen über mögliche Folgen des Umgangs mit diesem Buch führte.

Die Gelehrten waren also weit davon entfernt, sich mit der Frage nach einem Kanon zu befassen; allerdings setzten sie sich mit einem Problem auseinander, das für die Textbenutzer ausgesprochen unangenehm war. Wenn ein Text, dem besondere Verehrung entgegengebracht wurde, den heiligen Gottesnamen nicht enthielt, konnte er dann trotzdem als so besonders gelten, daß man sich nach der Berührung des Texts reinigen und waschen mußte wie bei Texten, die die vier Buchstaben enthielten? Die

Diskussion darüber ging über Jahrhunderte, denn es war wahrhaftig nicht einfach, diese Frage zu beantworten. Doch wurde dabei nicht über die Heiligkeit von Texten entschieden.

Die Entstehungsgeschichte der jüdischen Schriften erscheint in einem neuen Licht, wenn man anerkennt, daß kein Bericht über ein Konzil in den achtziger Jahren des 1. Jahrhunderts n. Chr. vorliegt, auf dem ein fester Kanon definiert worden wäre. Damit könnte man umgekehrt gerade das Fehlen jeder Festlegung hervorheben. Die Juden hatten ihre alten Schriftrollen mit den Texten des Gesetzes, der prophetischen Bücher, der Psalmen und anderer Schriften, kurzum eine umfangreiche religiöse Literatur ohne klare Abgrenzung. Die Juden des 1. Jahrhunderts n. Chr., unter ihnen auch Jesus, waren weit von der Festlegung eines Schriftenkanons[43] entfernt und kannten sehr viele verschiedene Texte mit religiöser Bedeutung; die Bücher des Mose nahmen darunter allerdings einen Sonderstatus ein.

Doch nur auf eine solche Offenheit infolge des Fehlens einer verbindlichen Textauswahl abzuheben, kann auch nicht richtig sein. Als die Schriftgelehrten über Texte diskutierten, die die Hände ihrer Leser »beschmutzen« könnten, sprachen sie nämlich nicht über Schriften wie das Buch Jesus Sirach, dessen Verfasser Ben Sira ebenfalls den heiligen Gottesnamen vermied, sondern über das Hohelied und das Buch Kohelet sowie später über das Buch Ester; diese Bücher hatten wie einige andere Besonderheiten, die es erforderlich machten, sie mit dem gebührenden Respekt zu behandeln, selbst wenn der Gottesname fehlte. Doch wie, wann und von wem war beschlossen worden, daß es sich hier um »besondere« Texte handelte? Dazu liegt uns nur ein einziges Zeugnis in Form einiger Bemerkungen des Flavius Josephus aus den frühen neunziger Jahren des 1. Jahrhunderts n. Chr. vor.

Josephus stellt die jüdische Heilige Schrift den zahlreichen einander widersprechenden Texten der Griechen gegenüber. Er schreibt, die Juden hätten keine Unzahl widersprüchlicher Texte, sondern nur »zweiundzwanzig, die zu Recht anerkannt sind und die Geschichte aller Zeiten beinhalten«. Er zählte diese Texte nicht im einzelnen auf, bezog sich jedoch auf die fünf Bücher des Gesetzes, die dreizehn Geschichtsbücher, die die Zeit bis Artaxerxes behandeln und Josephus zufolge allesamt von Propheten geschrieben worden waren, und vier »Bücher mit Hymnen an Gott und Regeln für das menschliche Verhalten«, womit wohl die Psalmen, das Buch der Sprichwörter, das Hohelied und das Buch Kohelet gemeint waren.[44] Flavius Josephus kannte noch weitere Bücher, doch waren sie seiner Ansicht nach weniger bedeutend als diese zweiundzwanzig, auch wenn es sich um Geschichtsschreibung handelte, denn sie waren nicht von Propheten verfaßt worden.

Mit dieser Argumentation sah sich Josephus gegenüber den griechischen Schreibern mit ihrer unübersichtlichen Menge von Texten im Vorteil. Und nicht er hatte sich die Zahl zweiundzwanzig ausgedacht. Das hebräische Alphabet umfaßt zweiundzwanzig Buchstaben. Bereits vor Flavius Josephus war jemand auf den Gedanken gekommen, die Anzahl der »besonderen« jüdischen Texte mit der Zahl der hebräischen Buchstaben gleichzusetzen.[45] Auch der Christ Hieronymus wurde auf die Zahl zweiundzwanzig verwiesen, als er dreihundert Jahre später jüdische Informanten befragte. Damals waren allerdings auch noch andere Zahlen im Umlauf; Gesprächspartner in Palästina nannten einem christlichen Frager in den siebziger Jahren des zweiten Jahrhunderts die Zahl fünfundzwanzig, und nach dem syrischen Text des jüdischen Vierten Buchs Esra kam man auf vierundzwanzig Bücher.[46] Dieser Text entstand noch vor dem Jahr 100 n. Chr., doch der heute erhaltene syrische Text stammt aus sehr viel späterer Zeit; im lateinischen Text kommt die Zahl vierundzwanzig nicht vor.

Die zuerst belegte Zahl zweiundzwanzig kannte Flavius Josephus vermutlich aus der Zeit, die er vor dem Jahre 70 in Judäa verbracht hatte. Vielleicht war sie zu Lebzeiten Jesu allgemein akzeptiert. Ähnlich wie bei der oben beschriebenen Auseinandersetzung um Texte und unreine Hände geht es auch bei der Frage der zweiundzwanzig Bücher darum, einer Gruppe religiöser Texte mehr Bedeutung zuzuerkennen als anderen. Diese Texte wurden allerdings nicht genau bezeichnet, daher die Frage nach der Stellung der Bücher Ester und Kohelet. Das Prinzip der Zuordnung von Texten zu den Buchstaben des Alphabets war eine kluge Lösung, die möglicherweise von einer einzelnen Gruppe wie den Pharisäern ausging. Es handelte sich nicht um einen offiziellen Kanon; die Idee einer solchen Textauswahl war vielleicht vielen Menschen bekannt, doch niemand war gezwungen, sie zu akzeptieren. Die Liste der heiligen Schriften war nicht ein für allemal festgelegt, und Texten, die nicht aufgenommen waren, wurde eine religiöse Bedeutung nicht abgesprochen. Allerdings deutete eine solche Liste darauf hin, daß es Texte gab, die »besonderer« waren als andere, und daß neben den fünf Gesetzbüchern nicht jeder beliebige Text akzeptiert wurde.

Jeder konnte diese Auswahl ignorieren; selbst die Pharisäer, die sie vielleicht getroffen hatten, glaubten nicht, daß ausschließlich diese zweiundzwanzig Texte religiöse Autorität besaßen. Die Gesetzbücher, die Bücher Genesis bis Deuteronomium, waren häufig verworren oder in sich widersprüchlich, und daher war in ihrem Umfeld eine ganze Tradition von Kommentaren entstanden, der besonders die Pharisäer große Bedeutung beimaßen. Im allgemeinen geht man davon aus, daß diese Tradition aus mündlich weitergegebenen Lehrmeinungen und Interpretationen bestand.[47] Nach der Zerstörung des Tempels im Jahre 70 n. Chr. pflegten die Rabbiner die Lehrmeinungen und Interpretationen; schließlich fanden sie um 200 n. Chr. ihren Niederschlag in einem Buch, der Mischna, die heute noch als autoritativ gilt. Die Pharisäer waren allerdings keine frühen Rabbiner; die Tradition, an die sie sich hielten, dürfte eher praktische Bedeutung gehabt und sich mit Verhaltensregeln befaßt haben, weniger mit mündlichen Kommentaren zum Text und dem Gesetz.

Die Pharisäer waren nur eine der damals existierenden jüdischen Gruppierungen; eine weitere waren die Sadduzäer. Die Sadduzäer wurden oft gleichgesetzt mit den führenden jüdischen Familien, die während der römischen Herrschaft die Hohenpriester für den Tempel stellten, aber diese Lehrmeinung wird heute heftig angegriffen;[48] nur ein einziger der zahlreichen Hohenpriester jener Zeit soll Sadduzäer gewesen sein. Die Sadduzäer können also keineswegs mit der Oberschicht in Jerusalem identifiziert werden, sondern zeichneten sich vielmehr wie andere Gruppierungen durch einen besonderen Glauben aus. Der christliche Verfasser der Apostelgeschichte und Flavius Josephus berichten über diesen Glauben der Sadduzäer allerdings sehr unterschiedlich. Ich gehe davon aus, daß der Verfasser der Apostelgeschichte ein Zeitgenosse war und Jerusalem kannte, so daß seine Darstellung die zutreffendere sein dürfte. Danach ließen die Sadduzäer nur das geschriebene Gesetz gelten, also den Pentateuch; sie unterscheiden sich damit deutlich von denen, die von zweiundzwanzig besonderen Büchern ausgingen. Der Hauptunterschied war jedoch zweifelsohne, daß sie den mündlichen Traditionen der Pharisäer mit ihren praxisorientierten Verhaltensnormen keinerlei Autorität zubilligten. Der Verfasser der Apostelgeschichte berichtet außerdem, die Sadduzäer leugneten die Existenz von Engeln und die Auferstehung. Diese beiden Glaubenssätze wurden allerdings auch erst später in Texte außerhalb des Hauptgesetzes aufgenommen. Wahrscheinlich lehnten die Sadduzäer die Psalmen und prophetischen Bücher nicht in Bausch und Bogen ab, doch dürften sie gegenüber den Textstellen, die über die Theologie des Gesetzes hinausgingen, sehr kritisch eingestellt gewesen sein.

Obwohl Sadduzäer und Pharisäer unterschiedliche Glaubensrichtungen vertraten, betrachteten sie sich dennoch nicht gegenseitig als Ketzer; sie existierten nebeneinander und kooperierten sogar ungeachtet sozialer oder inhaltlicher Unterschiede, ähnlich wie unsere Parlamentarier. Die Zahl zweiundzwanzig eignete sich gut für die »besonderen« heiligen Schriften, aber sie war kein Dogma, und nicht einmal die Pharisäer hielten ihre Bücherliste für den Inbegriff religiöser Autorität.

Die Juden betrachten ihre Heilige Schrift heute gerne als eine Art Dreiheit aus Gesetz, prophetischen Büchern – hierzu gehören auch die anonymen Erzählungen – und Schriften wie Ijob oder dem Hohenlied.[49] Man hat diese Dreiteilung auf die Einleitung zurückverfolgt, die der Enkel von Ben Sira um 110 v. Chr. seiner Übersetzung des vom Großvater verfaßten Buchs Jesus Sirach voranstellt; allerdings können seine Worte auch anders interpretiert werden, wenn man annimmt, daß er das Wort »Schriften« in einem weiteren Sinn gebraucht. Außerdem war diese Dreiteilung damals nicht allgemein üblich. Aus dem Neuen Testament kennen wir Wendungen wie »das Gesetz und die Propheten« oder »das Gesetz, die Propheten und die Psalmen«. Bei den Schriftrollen vom Toten Meer sind es nur die Bücher des Gesetzes, die Propheten und die Psalmen, die schriftlich kommentiert werden. Anscheinend hatten die anderen Texte für die Leser eine geringere Bedeutung.

Insgesamt können wir davon ausgehen, daß zu Jesu Lebzeiten

eine kleine Gruppe von Texten einen Sonderstatus hatte: jene Texte, die den Gottesnamen enthielten und daher als besonders heilig galten. An erster Stelle standen die Gesetzbücher, doch auch andere Bücher gehörten zu diesem »inneren Kreis«, natürlich die prophetischen Bücher und mindestens vier oder fünf weitere, wie die Psalmen, das Buch der Sprichwörter und andere. Einer Theorie zufolge betrug die Anzahl der »besonderen« Texte zweiundzwanzig, was sich in wunderbarer Weise zur Zahl der Buchstaben des hebräischen Alphabets in Beziehung setzen ließ. Von einem abgeschlossenen Kanon ging jedoch niemand aus, und schon gar nicht von einer fest umrissenen Bibel für den Gebrauch aller Juden. Ein Raum für abweichende Meinungen blieb erhalten. Vor dem Jahr 70 n. Chr. hat auch niemand je versucht, eine »autorisierte Fassung« der religiösen Schriften durchzusetzen. Die Formulierungen der Texte konnten sich auf einzelnen Schriftrollen stark voneinander unterscheiden. Es gab kurze und lange Versionen, und wahrscheinlich waren selbst die von den jeweiligen religiösen Gruppierungen benutzten Texte uneinheitlich. Am allerwenigsten konnte man sich darüber einigen, was die Texte eigentlich aussagten. Das Erbe einer langen Geschichte wurde in schönster Uneinigkeit weitergegeben. Zu dieser Zeit stellten die mächtigsten Familien der Stadt die Hohenpriester und bemühten sich nach Kräften, mit den römischen Herrschern zusammenzuarbeiten. So erreichten sie es an einem Freitag im März des Jahres 36, daß ein Jude hingerichtet wurde, dessen Jünger großen Einfluß darauf haben sollten, unter welchem Vorzeichen die Schriftrollen künftig gelesen wurden.

6

Jesus und die heiligen Schriften

Jesus wuchs unter Menschen auf, die heilige Texte, aber keinen Bibelkanon in unserem Sinne besaßen. Und sie sahen sich mit einem auch heute noch aktuellen Problem konfrontiert: Die Autorität der wichtigsten Texte, also der Gesetzbücher, wurde zwar von niemandem angezweifelt, man war sich aber nicht einig darüber, wie sie und all die anderen Schriften zu verstehen seien. Es gab Gesetze, die sich gegenseitig widersprachen, und es fehlten Antworten auf wichtige Fragen. Auch in den Erzählungen fand man eindeutige Widersprüche, und die ursprüngliche Intention der vielen prophetischen Texte war entweder längst nicht mehr aktuell oder gar in Vergessenheit geraten. Außerdem lagen die einzelnen Texte in verschiedenen Abschriften vor, und ihre Sprache war vom lebendigen Sprachgebrauch weit entfernt. Das Hebräische wurde zwar nach wie vor gesprochen, möglicherweise besonders in gebildeten Kreisen, doch die meisten Menschen sprachen jetzt Aramäisch. Wahrscheinlich hörten sie besonders gern die aramäischen Zusammenfassungen der heiligen Texte.[1]

Die Atmosphäre zu Lebzeiten Jesu war außerdem davon geprägt, daß die Menschen auf die baldige Rückkehr einer großen Gestalt aus ihrer Geschichte warteten; vielleicht würde dies Elija sein oder Mose oder gar die Königin von Saba, wie es Jesu Worte in Lukas 11,31 anzudeuten scheinen. Nehmen wir einmal an, König Salomo wäre zurückgekehrt – er hätte nur ungläubig den Kopf geschüttelt. Er hätte mit Menschen zu tun gehabt, die Texte verehrten, die er angeblich selbst verfaßt hatte, und darüber nachdachten, ob diese Texte die Hände des Lesers verunreinigten oder nicht. Dabei hatte er doch kein Wort davon geschrieben. In einem Text hieß es, Salomo habe »dreitausend Sprichwörter [verfaßt],

146

und die Zahl seiner Lieder [habe] tausendundfünf [betragen]«
(1 Kön 5,12) – verblüffend, was die Nachwelt aus ihm gemacht
hatte. Es gab sogar Menschen, die Salomo das Hohelied zuschrie-
ben; es wäre ihm wohl wie eine Sammlung der relativ offenher-
zigen Liebesgedichte erschienen, von denen seine ägyptische Ge-
mahlin so viele gekannt hatte. Und warum waren die Menschen
auf dieses Gesetzbuch verfallen, das angeblich die Worte des Mose
überlieferte? Warum hatten sie sich die Geschichte vom Bundes-
schluß mit Gott oder die Vorstellung eines künftigen Lebens ausgedacht? Salomo selbst und seine Freunde waren sehr gut ohne
dergleichen ausgekommen. Zu seiner Zeit hatte man keinen Augenblick geglaubt, Mose habe einen langen Gesetzestext hinterlassen oder auf Betreiben Jahwes einen Bund mit Jahwe geschlossen. Es war ja schön, daß sich die Menschen an Salomos Tempel
und all die Pferde und die Frauen erinnerten, aber ihre Zahl wurde
maßlos übertrieben. Auch die Erzählung über den Besuch der Königin von Saba hätte in den Ohren Salomos verwirrend geklungen,
auch wenn nichts Näheres über ihre Geschenke und die schweren
Rätselfragen gesagt wurde; schließlich hatte er de facto niemals
so hohen Besuch empfangen. Es stimmte zwar, daß er auf den
Kulthöhen um Jerusalem geopfert hatte, doch die auffälligsten
Altäre für fremde Götter und Göttinnen waren von seinen Frauen
angeregt worden. Salomo wäre nie auf den Gedanken gekommen,
daß alle fremden Götter von den Hügeln vertrieben werden müßten oder daß Jahwe der einzige Gott sein sollte. Auch Jahwe selbst
wäre nach Salomos Überzeugung nicht auf diesen Gedanken gekommen; schließlich war er den Juden über Jahre hin wohlgeson-
nen gewesen, und ein großes, vereintes Königreich war entstanden. Im Israel nach der Zeitenwende dagegen herrschte eine ganz
andere Situation: Das nördliche Reich existierte überhaupt nicht
mehr, es gab keinen jüdischen König, und die Römer hatten Judäa
unter ihrer Kontrolle. Und was war der Sinn des unentwirrbaren
Durcheinanders von Schriften? Es gab nach wie vor Priester in
Jerusalem, der Tempel war größer und schöner denn je und die
Reihe der Festtage und die Liste der Opfer viel länger als früher.
Salomo selbst hatte noch ein Fleischopfer am Morgen und ein
Brotopfer am Abend als durchaus ausreichend betrachtet, von
Notfällen und besonderen Gelegenheiten abgesehen. Jetzt ver-

brannten die Priester gleich zweimal täglich Fleisch, sie erhielten die Sühneopfer der Gläubigen, und sie hatten durchgesetzt, daß man ihnen den Zehnten entrichtete, die Erstlingsfrüchte ablieferte und Tempelsteuern bezahlte. Etwas mußte Jahwe ärgern; wollte er vielleicht, daß man auch seine Gefährten ehrte? War er verstimmt, weil man seinen Namen nicht mehr gebrauchte und weil man nur ihn allein anbetete?

Vielleicht wären die heiligen Schriften dem Salomo wirklich wie ein unentwirrbares Durcheinander erschienen. Doch sie waren nicht nur deswegen überliefert und geachtet worden, weil sie alt waren und man sie für heilig hielt. Sie berichteten vielmehr von der Geschichte des Volkes Israel und erklärten, warum die Menschen hatten leiden müssen und warum sie später belohnt worden waren. Auch all denen, die den Lesungen nur gelegentlich zuhörten, versicherten die Schriften, daß Gott sein Volk liebe, daß ihm das Gute am Herzen liege, daß es Hoffnung in der Verzweiflung gebe und daß eines Tages eine große Zukunft anbrechen werde. Die Menschen lasen die Texte nun im Lichte ihrer neuen Notlage; auch unter der römischen Herrschaft war die Botschaft für sie wichtig und stärkend. Die Gesetze verliehen den Juden eine Sonderstellung unter den Völkern, und ein besonderes Volk darf auch eine besondere Hoffnung hegen, und sie hatten einen sehr großen Vorteil: Sie gaben den Menschen vor, was sie zu tun hatten, und man glaubte, daß sie Hinweise auf die Zukunft enthielten; vieles blieb allerdings offen, denn die Gesetze waren unklar und oft widersprüchlich formuliert, und infolgedessen konnte man sie auf alle Wechselfälle des Lebens anwenden. Sie gaben einen Rahmen vor, innerhalb dessen die Wißbegierigen ihren Verstand schulen konnten, aber sie gaben den Menschen, was diese suchten. Der Wirrwarr an Texten bot Freiräume und Entfaltungsmöglichkeiten. Der Leser hatte sehr viel mehr Spielraum als etwa beim Matthäusevangelium oder den Paulusbriefen.

Gerade die Freiräume boten den Gesetzesanhängern aber auch ständigen Diskussionsstoff. Was genau durfte man am Sabbat tun? Angenommen, man wollte gern einen Knoten knüpfen oder lösen – durfte man das eine oder das andere oder keins von beidem? Durfte man sich wirklich nicht mehr als zweitausend Ellen von seinem Haus entfernen? Dann das Problem mit dem

Waschen: Wasser beseitigte Unreinheit; aber wirkte jedes Wasser gleichermaßen reinigend? Anders als in unseren heutigen Städten gab es in Jerusalem kein aufbereitetes Wasser; man wußte genau, woher das Wasser jeweils kam; wie sah es mit der Reinheit von Regenwasser oder geschmolzenem Schnee aus? Überall stieß man auf Probleme: bei den Frauen, bei der Eheschließung, selbst beim Gartenbau. Im Pentateuch war die Rede von Eheschließungen mit Ausländerinnen; das Gesetz verbot nur die Ehe mit Frauen aus einigen wenigen Nachbarstämmen; wie sollte man sich aber all den anderen nichtjüdischen Schönheiten gegenüber verhalten, den Griechinnen und Phönizierinnen mit ihren großen Augen und dem strahlenden Lächeln?[2] In einem Text aus dem frühen 1. Jahrhundert v. Chr., einem Gedicht des Juden Theodotus, finden wir erstmals die Vorstellung, daß die Heirat mit einem Juden nur rechtmäßig sein könne, wenn der nichtjüdische Partner konvertiere. Der Dichter legt diese Ansicht Jakob in den Mund, der von der Vergewaltigung seiner Tochter Dina erzählt; sie war im Gesetz nie so eindeutig formuliert worden. Das Leben im Gelobten Land hatte sich als vielgestaltiger entpuppt, als die ursprüngliche Verheißung es hatte vermuten lassen. Dort flossen nicht nur Milch und Honig, und es wuchsen nicht nur Oliven, Feigen, Trauben und die sauren Granatäpfel. Die Reben waren zu Wein, die Oliven zu Öl geworden, und die Griechen verkauften wunderbare Weine und Öle.[3] Es gab Walnüsse vom See Gennesaret, Dattelpalmen, Gewürze und Obst aus fremden Ländern. Doch das Gesetz hatte sich nie mit solchen Versuchungen befaßt. Für das Laubhüttenfest war lediglich vorgeschrieben, »schöne Baumfrüchte« zu opfern (Lev 23,40) – aber was waren »schöne Baumfrüchte«? Von Flavius Josephus wissen wir zufällig, daß in den neunziger Jahren des 1. Jahrhunderts v. Chr. Zitronen als geeignete Gabe galten; er berichtet nämlich, wie Festbesucher einen bösen Hohenpriester mit ihren Zitronen bewarfen.[4] Den Obsthändlern war diese Wahl sicher willkommen, denn Zitronen mußten importiert werden. Auch Priester, die den Zitronenhandel organisierten, müssen sie begrüßt haben.

Inzwischen hatte man allerdings vergessen, wie es zu dem Wirrwarr von Gesetzestexten gekommen war. Das Volk, das als »geschichtsbesessen« beschrieben wurde, besaß keinen einzigen Historiker, der die Quellen kritisch untersucht hätte. Die kritische Geschichtsschreibung ist ein zartes Pflänzchen, das nur in sehr wenigen Kulturen gedeiht, und der Boden in Judäa zur Zeit Jesu taugte dafür nicht. Die Menschen gingen davon aus, daß Gott die alten Texte bedeutenden Menschen wie Mose und Salomo anvertraut habe. Selbst der Geschichtsschreiber Flavius Josephus hielt alle Inhalte der heiligen Schriften für wahr.

In den Schriften gab es Prophezeiungen in approximativer Sprache über einen Gottesknecht oder einen König, der »demütig« ist und »auf einem Esel« reitet (Sach 9,9). Wer war damit gemeint? Andere wichtige Textstellen waren erst später eingefügt worden, lange nach den Geschehnissen am Sinai oder der Herrschaft Davids. Am eindeutigsten ist das im Buch Daniel. Hier wurde die Vorstellung einer leiblichen Auferstehung in die Bibel eingeführt und mit diversen Belohnungen und Strafen verbunden, doch der Einschub stammte erst aus den sechziger Jahren des 2. Jahrhunderts v. Chr. Es gab alte Prophezeiungen über einen vom Herrn erwählten künftigen König vom »Stamm Jesses«. Viele der Textstellen, in denen besonders deutlich auf diesen König Bezug genommen wird, waren während des babylonischen Exils unter der Fremdherrschaft verfaßt worden. Immer häufiger dachte man über den künftigen Helden nach, und um die Mitte des 1. Jahrhunderts v. Chr. entstanden die ersten Texte, in denen er als Messias, als Gesalbter Gottes, beschrieben wird. Das wechselvolle Geschick des jüdischen Volkes seit den sechziger Jahren des 2. Jahrhunderts v. Chr. führte dazu, daß die Gläubigen der Verheißung eines Messias nun eine ungleich größere Bedeutung beimaßen.[5]

Statt Salomo kam Jesus. »Hier aber ist einer, der mehr ist als Salomo«, soll Jesus gesagt haben. Nach der Darstellung der Evangelien bekannte Jesus sich zum Erbe der heiligen Schriften, wie durcheinander es auch immer sein mochte.[6] Der Verfasser des Matthäusevangeliums läßt Jesus in Matthäus 19,4 aus dem Buch Genesis zitieren, als ob es sich um die Worte Gottes selbst handelte. In Johannes 10,35 wird berichtet, er habe seinen Widersachern zur Antwort gegeben: »Die Schrift kann nicht aufgehoben werden.« Zuvor hatte er sich auf Psalm 82 bezogen und diesen als »euer Gesetz« bezeichnet. In Lukas 24,44 erklärt er seinen

Jüngern, daß nach seinem Tod »alles in Erfüllung gehen muß, was im Gesetz des Mose, bei den Propheten und in den Psalmen über mich gesagt ist«. Allerdings wissen wir nicht, welche Texte Jesus oder der Evangelist zu den Propheten und Psalmen zählten und ob sie die Meinung jener Juden teilten, die von zweiundzwanzig besonders wichtigen Texten ausgingen. In Lukas 11,51 wird berichtet, wie Jesus von den Prophetenmorden spricht, »vom Blut Abels bis zum Blut des Zacharias«. Abel ist der erste Tote im Buch Genesis, und Zacharias ist der letzte Prophet, von dessen Ermordung im 2. Buch der Chronik erzählt wird. Daraus läßt sich aber nicht schließen, daß Jesus oder der Evangelist alle erzählenden Bücher von Genesis bis 2. Chronik im Blick hatten, wie sie sich uns heute darbieten. Genausogut kann er an eine Überlieferung über Zacharias gedacht haben, die außerhalb der Schrifttradition existierte. In Johannes 7,37f. erfahren wir, daß Jesus am letzten Tag des Laubhüttenfests gesagt haben soll: »Wer Durst hat, komme zu mir, und es trinke, wer an mich glaubt. Wie die Schrift sagt: Aus seinem Inneren werden Ströme von lebendigem Wasser fließen.« Diesen Text finden wir nirgends in unseren hebräischen Schriften, und eine Stelle bei Sacharja 14,8 ähnelt dem Zitat nur sehr entfernt. Vielleicht dachte Jesus an andere »Schriften«. Im Evangelium ist freilich nicht davon die Rede, daß dieses Zitat die Zuhörer verwirrt haben könnte, im Gegenteil: »Einige aus dem Volk sagten, als sie diese Worte hörten: Er ist wahrhaftig der Prophet.«

Jesus befolgte wie die anderen Juden die Speisevorschriften und hielt den Sabbat ein. Für ihn hatten die Gesetzbücher höchste Autorität, aber welche Texte er außer ihnen noch als Autorität anerkannte, wissen wir nicht; es ist ohnehin fraglich, ob er von einer begrenzten Menge ausging oder gar einen Ausschließlichkeitsanspruch einer bestimmten Liste von Texten akzeptiert hätte. Es fällt allerdings auf, daß Jesus seine Argumentation in den Evangelien nie mit einem schwierigen Text beginnt und daß er nie von einem Textstück ausgehend die Intention des Autors zu erschließen versucht. Selbst in Markus 12,35 wird berichtet, daß er zunächst fragt: »Wie können die Schriftgelehrten behaupten, der Messias sei der Sohn Davids?« und erst dann ein Zitat aus den Psalmen anführt, um seine Meinung zu belegen, daß die Schriftgelehrten nicht recht hätten. Dasselbe kommt auch im Matthäusevangelium vor, hier allerdings in Form eines Dialogs (Mt 22,41–46). Daß Jesus sich offensichtlich nicht mit problematischen Textstellen auseinandersetzte, ist deshalb besonders bedeutsam, weil in späteren Dialogen beschrieben wird, wie sich Juden und Christen schon wegen kleiner Textausschnitte in den Haaren liegen. Genau dieser Argumentationsstil ist nicht aus den Evangelien ableitbar.[7] Im Gegenteil, wir erleben Jesus in den Evangelien als einen Meister der Argumentation auf der Grundlage dieser »Pflichtlektüre«. Wenn er zitiert, hat er den Text fest im Griff. Er versteht es wie seine Gegner, verschiedene Textstellen zu kombinieren und Text gegen Text zu stellen, um sich zu verteidigen. Ein Vers aus dem Buch Genesis dient ihm als Argument gegen die Scheidungsgesetze des Mose (Mk 10,4 ff.); die konservativen Sadduzäer verwirrt er mit einem Argument aus Exodus 3,6, das die Auferstehung mit rabbinischer Spitzfindigkeit »beweist« (Mk 12,26). Allerdings haben vielleicht erst die Jünger Jesu diesen »Beweis« erfunden, denn die Argumentationsstruktur als solche ist nicht überzeugend und beweist überhaupt nichts. Sie unterscheidet sich freilich nur wenig von einer Argumentationskette, die später dem Gamaliël zugeschrieben wurde, einem Juden, der fast zur selben Zeit lebte wie Jesus. Wir müssen davon ausgehen, daß die »Beweise« des Evangeliums von späteren Christen bearbeitet wurden, aber in den vier Evangelien werden ganz offensichtlich nicht die Ansichten eines Durchschnittsgaliläers beschrieben, der nur die Taten einiger weniger allgemein bekannter Personen aus den heiligen Schriften kannte. Es wäre nicht verwunderlich, wenn auch Jesus, wie viele seiner Zeitgenossen, alte Texte zuweilen unter Zuhilfenahme entstellender Überlieferungen interpretiert hätte, wie es damals gerade modern war.[8] Besonders sechs Beispiele werden häufig als Belegstellen hierfür angeführt; die Parallele zwischen dem umstrittenen Vers Johannes 8,7 und Numeri 5,30 ist das einleuchtendste von ihnen. Allerdings wissen wir kaum etwas über die Verzerrungen, denen die Texte damals ausgesetzt waren, und für keines der angeführten Beispiele haben wir einen entsprechenden Beweis. Nach heutigem Kenntnisstand hat Jesus die Ansichten, die er äußerte, selbst entwickelt; die Schriften zog er heran, um sie zu belegen. Beispielsweise betrachtete er Johannes den Täufer als wichtigen Vorboten und Propheten und bringt ihn in Matthäus

11,10 mit dem Wort von »meinem Boten« in Verbindung, wie wir es in Maleachi 3,1 lesen. (Vielleicht war es wirklich Jesus selbst, der diese Verbindung herstellte, die sich auch bei Markus 1,2 findet. Maleachi konnte das Wirken des Johannes ja nicht vorausahnen.) Jesus gestaltete sein Leben so, daß biblische Prophezeiungen darauf angewendet werden konnten; der Esel am Palmsonntag ist ein eindeutiges Beispiel dafür. Schließlich kannte er die Schriften gut genug, nachdem er sie möglicherweise vierzig Jahre lang studiert hatte.

Die Reaktionen der Zuhörer Jesu auf seine Textinterpretationen werden niemanden überraschen, der Erfahrung im Umgang mit großen, aber in sich widersprüchlichen Klassikern hat, die trotz ihrer Ungereimtheiten als Autorität gelten. Die meisten Schriftkundigen waren über Jesu Auftreten entsetzt. Sie sahen sich einem Mann gegenüber, der nicht zu ihnen gehörte, aber dennoch mit Autorität lehrte und die Schriften zu zitieren wußte, um seine eigenen Ansichten zu belegen, und der sich den Texten nicht unterwarf.[9] Manche Schriftgelehrten rangen mit den Schriften, und sie konnten auf eine spezielle Wortbedeutung hinweisen und eine abweichende Bedeutung desselben Wortes in einem anderen Buch feststellen. Sie lasen die Bücher beharrlich Zeile für Zeile und lösten sorgfältig jedes Wort aus dem Zusammenhang; sie vermochten die Auferstehung mit Hilfe alttestamentlicher Texte zu »beweisen«, die doch nicht den geringsten Hinweis darauf enthielten. Diese Männer mußten sich nun mit einem Mann auseinandersetzen, der solche Kniffe für nebensächlich hielt. Sie hörten ihm ungläubig zu; man könnte sie mit bedeutenden Altphilologen vergleichen, die ebenso kopfschüttelnd zuhören würden, wenn jemand ihre widersprüchlichen Quellentexte über das frühe Griechenland als erste Hinweise auf den drohenden Treibhauseffekt deuten wollte. Damals waren die Schriftgelehrten bei weitem nicht die einzigen, die von der Wahrheit der Texte überzeugt waren. Allerdings wußte niemand so recht, wie man sie vereinheitlichen und alle Einzelheiten unter einen Hut bringen konnte. Hier nun stand ein Mann, dessen Lehre die Textstellen geradezu anzog, wie ein Magnet Eisenspäne anzieht. Jesus zeigte und erklärte ihnen einen Weg durch den Wirrwarr der Schriften und fügte selbst noch einige weitere Texte hinzu. Viele seiner Ergänzungen hatten die

Form von Gleichnissen, Parabeln,[10] wie sie schon die ersten uns bekannten hebräischen Propheten benutzt hatten. Die Parabeln der Rabbinen nahmen meist einen Bibeltext zum Ausgangspunkt. Jesus dagegen leitet seine Gleichnisse in den Evangelien nie mit einem Bibelzitat ein, und nur ein einziges Mal endet eines von ihnen mit einem Zitat aus der Schrift: In Markus 12,10 zitiert Jesus den »Stein, den die Bauleute verworfen haben«, um die Geschichte von den bösen Winzern abzurunden; zu Beginn desselben Abschnitts, in Markus 12,1, ist der Bezug zu Jesaja 5 zwar nicht ausdrücklich hergestellt, er läßt sich aber dennoch erahnen. Mit diesen Parabeln erhielten die Menschen neue Geschichten und erzählerische Vergleiche, die sie zu einer Änderung ihrer Einstellung aufforderten. Zwar fühlten sie sich dadurch zunächst überfordert, doch Jesus begründete damit eine klare Unabhängigkeit der Christenheit von den Textstellen des Alten Testaments. Man mußte sich künftig nicht immer auf Textpassagen beziehen, wenn man über religiöse Themen diskutierte.

Außerdem deutete Jesus mit keinem Wort an, daß das Christentum weitere heilige Schriften benötige. In den Evangelien finden wir keinen einzigen Hinweis darauf, daß Jesus mit einer Niederschrift eines Neuen Testaments rechnete. An keiner Stelle erfahren wir, daß er verlangte oder erwartete, daß seine Lehren aufgeschrieben würden. Die ersten Christen waren Menschen, die den Glauben für das Wichtigste hielten, keine Textdogmatiker. Man hörte Petrus oder Paulus sprechen, Männer, die ihre Überzeugung selbst verkörperten und nicht nur trockene Bibelsprüche rezitierten; sie waren Künder einer neuen Botschaft, zu deren Untermauerung sie alte Textstellen anführten. Die Zeit, in der die Botschaft formuliert wurde, können wir eingrenzen; das persönliche Zeugnis des Paulus legt die Datierung auf die ersten vier Jahre nach Jesu Tod nahe. Den Christen in Korinth schreibt er, er habe »empfangen«, daß »Christus für unsere Sünden gestorben ist, gemäß der Schrift, und begraben worden [ist]. Er ist am dritten Tag auferweckt worden, gemäß der Schrift.« Danach sei Jesus Petrus und anderen erschienen, wobei die Formulierungen des Paulus an dieser Stelle nicht dem Bericht von den Erscheinungen des Auferstandenen in den Evangelien entsprechen. Ebenso hatte Paulus »vom Herrn empfangen«, daß Jesus beim Passahmahl das

Brot gebrochen und den Kelch genommen hatte, wobei er sagte, das Brot sei sein »Leib für euch« und der Kelch »der Neue Bund in meinem Blut«.[11] Seine Jünger sollten die Riten zu seinem Gedächtnis bewahren. Das Johannesevangelium, das doch angeblich von einem ganz besonderen Augenzeugen stammt, berichtet jedoch nichts von einer solchen Szene bei dem betreffenden Abendmahl.

Die genannten Lehren sind Paulus vermutlich von den Aposteln in Jerusalem vermittelt worden, die er drei Jahre nach seiner eigenen Bekehrung traf (Gal 1,18). Wenn wir die Kreuzigung Jesu auf das Jahr 36 datieren, erfolgte die Bekehrung des Paulus im Jahr darauf. Die genannten Lehren wären dann unmittelbar nach Jesu Tod entstanden. Die ersten Christen, die Paulus im Glauben unterrichteten, waren ebenfalls Judenchristen. Auch sie befolgten das Gesetz, besuchten den Tempel und unterschieden sich von den übrigen Juden lediglich durch den Glauben, daß der Messias bereits gekommen und von den Toten auferstanden sei. Der Hohepriester und einige andere Juden, darunter auch Paulus selbst, verfolgten die Vertreter des neuen Glaubens von Anfang an. Dennoch überlebten die Apostel und führten in Jerusalem ein Leben im verborgenen. Ich gehe davon aus, daß der Bericht zu diesen Ereignissen in den Kapiteln 1–12 der Apostelgeschichte im großen und ganzen zutrifft. Erst nach der ersten Missionsreise des Paulus und ihren Folgen brachen die Christen mit ihrer jüdischen Identität und erkannten Heidenchristen als gleichgestellt an. Es galt nun unwidersprochen, daß ein Christ nicht ein Jude war, der zufällig auch Christ war, ähnlich wie es Sadduzäer, Pharisäer oder Essener gab. Ein Christ war vielmehr in erster Linie Christ und je nach Geburt außerdem noch Jude oder Nichtjude. Diese enorme Veränderung hatte wiederum Folgen für die Speisevorschriften und für das Ritual der Beschneidung. Der alte Kodex zur Wahrung der Heiligkeit war nun plötzlich nicht mehr gültig. Die Christen durften künftig alles essen, ob es sich nun um schwärmende Insekten, Vögel oder Huftiere handelte. Wichtiger noch war, daß sich die Männer nicht länger beschneiden lassen mußten, eine Entscheidung von ungeheurer symbolischer Bedeutung. Auch hier waren, wie so oft in der christlichen Geschichte, die beiden Geschlechter unterschiedlich stark betroffen. Die Anführer der neuen

Gemeinschaft waren Männer, unter den Bekehrten hingegen gab es viele Frauen, die dem Beschluß sehr viel weniger Bedeutung beigemessen haben dürften.

Die christliche Bewegung hatte von den Berichten einiger Augenzeugen über ein leeres Grab ihren Ausgang genommen. Aufgrund dieser Nachricht erkannten die Jünger, was Jesus ihnen bedeutet hatte und was er jetzt für sie bedeutete. Niemand hatte mit dieser Entwicklung gerechnet. Der Messias war der römischen Unrechtsherrschaft zum Opfer gefallen und am Kreuz gestorben, ohne zuvor eine Änderung der Machtstrukturen seiner Zeit bewirkt zu haben. Jetzt keimten Hoffnungen auf ein neues Reich und das nahe Ende der Welt auf, und natürlich entstanden zahlreiche ausdrucksstarke Schriften und Bilder. Wenn wir versuchen, diese Entwicklung, die unmittelbar nach Ostern begann, mit unseren neutestamentlichen Autoren zu belegen, so erweisen diese sich als völlig unzuverlässige Quellen. Wer weiß, was Johannes oder Maria Magdalena an jenem Ostermontag wirklich zum Lobe Jesu sagten? Es war nicht die Zeit für präzise Geschichtsschreibung oder theologische Strenge.

Das wäre ja auch noch gar nicht möglich gewesen. Man glaubte, der allein zu verehrende Gott des Volkes Israel habe seinen Sohn Jesus zur Erde gesandt. Der ungerechtfertigte Tod eines Nazareners wurde als Opfer für die Sünden anderer Menschen angesehen. Das Brotbrechen galt als Erinnerung an seinen Leib und das Weintrinken aus einem Kelch als Zeichen des Gedenkens an seinen Tod, der als Beginn eines neuen Bundes bezeichnet wurde. Das Sprechen in unverständlichen Sprachen und das Gefühl der Erlösung, das seine ersten Jünger verspürten, wurden als Gaben des Heiligen Geistes gedeutet, nicht als Äußerungen eines Überschwangs der Gefühle. Die Tatsachen wurden mit allen möglichen Interpretationen ausgeschmückt. Den furchtbaren Tod Jesu sah man in Anlehnung an das Zeugnis eines Jüngers, der Augenzeuge gewesen war, als Offenbarung der göttlichen Herrlichkeit. Nach Paulus, der Jesus selbst nicht gekannt hatte, war dieser »Gott gleich«, klammerte sich aber nicht an die Gottesgleichheit, sondern »entäußerte« sich und nahm die Gestalt eines Sklaven an, erniedrigte sich selbst unter den Menschen, starb und wurde von Gott über alle erhöht. Man hielt es für verzeihlich, daß die Familie Jesu und seine Zeitgenossen in Nazaret das alles nicht verstanden hatten. In der Zwischenzeit hatten diejenigen, die an Jesus glaubten, ein neues Geschenk erhalten: die Gabe des Heiligen Geistes. Und die Theologen hatten von da an ein neues, wunderbar komplexes Thema. Der erste unter den Göttern, der Gott Abrahams und Davids, war zum einzigen Gott geworden, dem Gott Esras und des Autors des Buches Daniel. Und jetzt hatte er seine Einsamkeit aufgegeben und zwei Beigeordnete erhalten. Ihre Beziehungen zueinander boten nun Stoff für scharfsinnige Argumentationen über Jahrhunderte hinweg, doch hatte der zärtliche Züchtiger von einst seine alten Gewohnheiten keineswegs aufgegeben. Er hatte zwar einen Sohn gehabt, aber er hatte ihn auf die Erde gesandt, um ihn schmähen und kreuzigen zu lassen. Und keine sechzig Jahre nach dem irdischen Wirken des Sohnes hatte Johannes, der Verfasser der Offenbarung, eines Sonntags die Vision, der altehrwürdige Vater stehe im Begriff, einen Großteil der Menschheit auszulöschen.

Die meisten Mosaiksteinchen der christlichen Interpretationen ließen sich auf hebräische Texte zurückführen. Allerdings war neu, daß man sie auf eine bestimmte Person bezog und so miteinander verknüpfte. Ganz zu Beginn der Entwicklung hatte man dem Paulus erklärt, wesentliche Elemente der bezeugten Ereignisse seien »gemäß der Schrift« geschehen. Wenn die alten Schriften sich dahingehend auslegen ließen, daß man sie auf die römische Herrschaft und die Vergebung für Ehebruch anwenden konnte, dann war es genauso möglich, sie für den Tod »für unsere Sünden« oder eine Auferstehung »am dritten Tage« in Anspruch zu nehmen. In Wirklichkeit sagten die heiligen Schriften freilich nichts derartiges aus, ebensowenig wie sie ein Leben nach dem Tod verhießen oder die Heiligkeit von Schriftrollen bestätigten, die den Gottesnamen YHWH enthielten. Nach dem Vorbild ihrer jüdischen Zeitgenossen richteten auch die Christen enormen Schaden an den Texten an, als sie sich bemühten, für neue, wichtige Glaubensinhalte Belege in ihnen zu finden. Sie bewiesen eine ungeheure Zuversicht, als sie daran gingen, die überlieferten Texte umzuinterpretieren. Der Tod Jesu stellte den Beginn des »neuen Bundes« der Christen dar, und ganze zwanzig Jahre später erklärte Paulus bereits den Heidenchristen, daß in den Büchern des Mose, die die Juden lasen, über den »alten Bund« berichtet werde. Die religiösen

Schriften der Juden waren nicht mehr das lebendige Zentrum einer lebendigen Religion, sondern nur noch eine Vorbereitung, ein »altes Testament«[12].

Diese Umetikettierung der alten Schriften ermutigte viele, ohne jede Rücksicht auf Zusammenhang und allgemein anerkannte Bedeutung ihren Mutwillen mit den Texten zu treiben. Wir können anhand der frühchristlichen Texte leicht verfolgen, wie solche willkürlichen Interpretationen um sich griffen. Im Neuen Testament finden wir vor allem Anleihen aus den Büchern Genesis und Jesaja; Zitate aus den Büchern Ester und Kohelet oder aus dem Hohenlied kommen dagegen nicht vor. Das liegt nicht daran, daß diese Werke nicht zu einem wie auch immer gearteten Kanon gehörten oder als minderwertig galten. Vielmehr dauerte es einfach eine Weile, bis auch in ihnen Bezugspunkte gefunden wurden, an die die Christen anknüpfen konnten. Nur ein Buch des Neuen Testaments zitiert einen Text, der bekanntermaßen nicht zu der vermuteten jüdischen Liste der zweiundzwanzig heiligen Schriften stammt, und selbst in der Offenbarung ist die Auswahl an Zitaten nicht sehr groß. Eine Ausnahme stellt der Brief des Judas dar, in dem auf das Buch Henoch und die Himmelfahrt Mose Bezug genommen wird. Die Zurückhaltung in bezug auf alttestamentliche Zitate ist allerdings wohl eher ein Zufall als das Ergebnis einer Kanonbildung oder ein Prinzip. Sie wäre vielleicht weniger deutlich, wenn wir mehr über einige merkwürdige Stellen wüßten: So wird im 1. Brief an die Korinther aus »der Schrift« zitiert, daß die Botschaft des Paulus etwas sei, »was kein Auge gesehen und kein Ohr gehört hat« (1 Kor 2,9). In der Schrift finden wir jedoch keinen solchen Vers. Ähnlich problematisch ist die Stelle Jakobus 4,5.

Ungefähr in der Zeit zwischen 100 und 250 nahm die Zahl der Zitate deutlich zu, die christliche Autoren verwendeten, um ihre Lehre zu rechtfertigen. Dabei hielten sie sich keineswegs an eine Liste von zweiundzwanzig Texten. Sie zitierten völlig ungezwungen aus allen möglichen alten jüdischen Texten, wenn sie nur ein oder zwei Verse enthielten, die sich für eine Deutung vom christlichen Standpunkt aus eigneten. In einigen frühchristlichen Büchern finden wir Unmengen solcher Zitate, aber dennoch sind diese Bücher in ihrer religiösen Ausformung nicht eigentlich jüdisch geprägt. Es sind eher Schriften von Christen, die alte jüdische Texte »ausschlachten«, als Texte von Christen mit jüdischer Tradition.[13] Vermutlich ist die erste uns überlieferte klar umrissene Auflistung von Büchern des Alten Testaments sogar der Tatsache zu verdanken, daß Christen die alten Texte für ihre Zwecke benutzten. Diese Liste enthält einige apokryphe Bücher wie Judit, Tobit, die Bücher der Makkabäer, das Buch Jesus Sirach und das beeindruckende Buch der Weisheit. Sie stammt nicht von Juden, sondern von griechischsprachigen Christen in Alexandria,[14] für die eine Liste von Texten des Alten Testaments sehr wichtig war, wenn sie aus jüdischen Texten zitierten, denn die Juden hielten ihnen dann oft entgegen, die zitierten Schriften besäßen zum Teil keine besondere Autorität. Um solchen Einwänden zu begegnen, versuchten die Christen herauszufinden, welche Schriften denn nun »zählten«. Und die beste Antwort auf diese Frage schien der alte Gedanke von der Zahl zweiundzwanzig zu bieten; daneben spielten auch die Zahlen vierundzwanzig und siebenundzwanzig eine gewisse Rolle, je nachdem, wie die Bücher eingeteilt und gezählt wurden;[15] die mit diesem Problem beschäftigten Christen stießen auf verschiedene Antworten. Dabei war für die Geschichte unseres christlichen »Alten Testaments« besonders wichtig, daß sich Hieronymus, der berühmte Übersetzer der Bibel ins Lateinische, ausgiebig bei jüdischen Zeitgenossen erkundigte und von ihnen auf die Zahl zweiundzwanzig verwiesen wurde. »Was ihm vor allem zu schaffen machte, war das Dilemma, in dem er sich sah, wenn er mit den Juden auf der Grundlage von Büchern diskutieren mußte, die diese ablehnten.«[16] Die Unstimmigkeiten in bezug auf die Zahl der Bücher hatten dazu geführt, daß auch das christliche Alte Testament zunächst keine klaren Umrisse aufwies. Einem Bericht des Hieronymus zufolge hatte das erste große christliche Konzil in Nizäa im Jahr 325 das Buch Judit noch in den Kanon aufgenommen, wogegen er selbst dies nicht tut, genausowenig wie die Protestanten heute. Im 16. Jahrhundert, als die Anhänger des Protestantismus in der Reformation dringend eine festumrissene Heilige Schrift benötigten, um sich mit den Katholiken auseinanderzusetzen, tauchten die Meinungsverschiedenheiten über den Umfang des Kanons erneut auf. Sie wirken bis heute in der Bezeichnung bestimmter »zusätzlicher« biblischer

Bücher wie Jesus Sirach, Weisheit und anderer als »Apokryphen«
nach.

Wenn wir uns nun dem christlichen Neuen Testament zuwenden, so stellen wir fest, daß nicht die Evangelien, sondern einige
Briefe die frühesten Texte der Sammlung sind. Solche Briefe gewannen eine besondere Bedeutung, weil die ersten Christen bei
ihrer missionarischen Predigt mit dem Problem zu kämpfen hatten, daß apostolische Führerfiguren und lokale Leitungsstrukturen
fehlten. Als Paulus den von ihm Bekehrten in Galatien um 49/50
einen Brief schrieb, war ihm nicht bewußt, daß er damit den frühesten heute erhaltenen christlichen Bibeltext verfaßte. (Das erste
Evangelium entstand erst ungefähr fünfzehn Jahre später.) Paulus
geht es in seinen erhaltenen Briefen weniger darum, bei jeder Gelegenheit Jesu Worte zu zitieren; Thema seiner Sendschreiben ist
vielmehr der auferstandene Christus, während seine Predigten, die
uns allerdings nicht überliefert sind, möglicherweise andere
Schwerpunkte hatten. Selbst als man dann daranging, Jesu Taten
und Worte niederzuschreiben, wurden diese Sammlungen nicht
sofort zu heiligen Schriften erhoben; die mündliche Überlieferung
der Worte Jesu stand ebenfalls hoch im Kurs, häufig sogar höher
als die schriftliche. Der Verfasser des Lukasevangeliums benutzt
das Markusevangelium, bezieht sich jedoch gleichzeitig auch auf
»viele«, die bereits früher versucht haben, einen Bericht über Jesu
Wirken abzufassen. Meines Erachtens muß er sein Evangelium
zwischen 65 und 69 geschrieben haben; einige Wissenschaftler
gehen freilich auch davon aus, daß der Text nach dem Jahr 70
verfaßt worden ist. Die »vielen« anderen Berichte, auf die dort
Bezug genommen wird, sind uns nicht überliefert. Ebensowenig
kennen wir alle Briefe des Paulus. Er selbst schreibt in den erhaltenen Briefen von anderen Briefen, die für uns verloren sind; im
2. Brief an die Korinther spricht er beispielsweise von einem Brief,
den er »unter vielen Tränen« verfaßt habe.

Es ist außerordentlich schwer festzustellen, in welcher uns überlieferten antiken Quelle erstmals aus einem der vier Evangelien
zitiert wird. Der früheste Hinweis findet sich auf einem Papyrus,
der ein Fragment des Johannesevangeliums enthält und nach seiner
Handschrift ungefähr auf 125 n. Chr. datiert werden kann.[17] Die
erste Erwähnung des Markusevangeliums um 125 – 140 ist eigent-

lich nur eine Nennung des Namens seines Verfassers und kein Zitat aus dem Text des Evangeliums. Ein Satz, der heute im Matthäusevangelium steht, wird im selben Zusammenhang und ohne den Namen des Verfassers zu nennen von Ignatius von Antiochia zitiert (um 110) und möglicherweise vom unbekannten Verfasser des Barnabasbriefs. Leider ist das Entstehungsdatum des Briefs, der wahrscheinlich in Alexandria geschrieben wurde, nicht bekannt; gewöhnlich nimmt man eine Zeit um das Jahr 100 an, doch ist dies nur ein Zwischenwert der ebenfalls diskutierten Jahre 80 und 130.[18] Einige Wissenschaftler gehen ferner davon aus, daß auch in einem anonymen Brief von Rom nach Korinth, dem 1. Klemensbrief, verfaßt um das Jahr 93, auf das Matthäusevangelium Bezug genommen wird, doch ist die Andeutung im Text zu unpräzise und könnte genausogut aus einer allgemeinen Sammlung von Jesusworten stammen, die uns nicht überliefert ist. Das dritte Evangelium, das Lukasevangelium, stellt uns vor ein interessantes Problem. Im 1. Brief an Timotheus erfahren wir, daß in der Schrift geschrieben steht: »Du sollst dem Ochsen … keinen Maulkorb anlegen« – ein direktes Zitat aus dem Deuteronomium – »und: Wer arbeitet, hat ein Recht auf seinen Lohn.« Das Wörtchen »und« scheint dieses zweite Zitat mit dem Zitat aus dem Deuteronomium zu verbinden. Doch kennen wir das zweite Zitat nur als ein Wort Jesu aus dem Lukasevangelium (Lk 10,7). Kannte der Verfasser des Timotheusbriefs dieses Evangelium bereits, oder bezog er sich mit seinem Zitat auf eine andere schriftliche Quelle mit Jesusworten, die inzwischen verlorengegangen ist? Im ersten Vers des Briefes erklärte der Autor, er sei »Paulus, Apostel Christi Jesu«. Aber wie sollte Paulus aus einem Evangelium zitieren, das, wie allgemein angenommen wird, erst nach seinem Tod abgefaßt wurde?

Erst 120, wahrscheinlich sogar erst 135–140 n. Chr. treffen wir in einem erhaltenen Text auf eine Zuordnung von Evangelium und Verfassernamen. Dagegen verhehlten die christlichen Briefeschreiber ihre Identität nicht. Dürfen wir ihnen aber auch immer Glauben schenken? »Siehe, ich mache alle Dinge neu« – doch das Hauptziel eines Autors war nach wie vor: Er strebte nach Erfolg.

7

Christen unter falschem Namen

Im Neuen Testament haben wir auf den ersten Blick keine Probleme mit der Benennung der jeweiligen Autoren. Anders als die heiligen Schriften des Alten Testaments wurden alle christlichen Texte auf Griechisch verfaßt und verweisen auf eine beeindruckende Fülle von Autorennamen. So finden wir in der Bibel zwei von Aposteln verfaßte Evangelien (die Evangelien nach Matthäus und Johannes), Briefe von Paulus, Petrus und Jakobus sowie drei Briefe und eine Offenbarung, die ebenfalls einem Johannes zugeschrieben werden. Eine Ausnahme stellt der Brief an die Hebräer dar; er wurde zunächst ohne den Namen des Verfassers überliefert, vermutlich auch ohne Titel oder Adressaten.[1] Einige Christen hielten den Text in der Annahme, er stamme von Paulus, für besonders wichtig, andere erkannten sehr bald, daß Paulus nicht der Autor sein konnte, da der Stil des Briefs sich allzusehr von dem der paulinischen Briefe unterschied. Man hat sogar angenommen, der Brief sei deshalb anonym geblieben, weil eine Frau namens Priszilla ihn verfaßt habe.[2]

Doch sind die Autorennamen, die uns vorliegen, auch authentisch? Viele wurden aus den Titeln der Texte abgeleitet, nicht aus den Texten selbst. Nur das Johannesevangelium enthält beispielsweise einen Bezug auf den Verfasser im Text: »Der Jünger, den Jesus liebte«, heißt es in der später von Dritten angefügten Schlußbemerkung in Johannes 21,20–24; die genaue Bedeutung des Hinweises ist allerdings umstritten.[3] Paulus und Petrus werden in den ihnen zugeschriebenen Briefen jeweils in den ersten Versen genannt, während in den Johannesbriefen entweder kein Verfasser genannt oder, wie im zweiten und dritten Brief, nur der unbefriedigende Hinweis auf einen »Ältesten« zu finden ist.

Die Bezeichnung »Evangelium nach ...« finden wir in Evangeliumsfragmenten auf Papyrus aus der Zeit zwischen 180 und 200 n. Chr.[4] Es liegen also einhundertzwanzig Jahre zwischen der Abfassung der Evangelien und der Niederschrift der Texte in den fragmentarisch erhaltenen Texten. Bisher sind keine Belege gefunden worden, die uns helfen könnten, diese Zeitspanne zu überbrücken. Unser ältestes Zeugnis ist ein Zitat von Papias[5], dem Bischof von Hierapolis, dessen ursprüngliches Buch allerdings verlorengegangen ist. Er schrieb vermutlich in der Zeit zwischen 120 und 138. Bei ihm finden wir den Hinweis, daß Markus »der Dolmetscher des Petrus war und sorgfältig die Worte und Taten des Herrn aufschrieb, an die er sich erinnerte, jedoch nicht in der richtigen Reihenfolge«. Papias äußert hier nicht seine eigene Meinung, sondern zitiert die Meinung eines Ältesten namens Johannes, den wir an anderer Stelle als Jünger Jesu kennenlernen. Wenn der Bericht zutrifft, wird durch das Zeugnis dieses Ältesten die Autorschaft des Markus für eine sehr frühe Zeit um das Jahr 90 bezeugt, also lange vor dem Buch des Papias. Das Zeugnis des Johannes ist also außerordentlich bedeutsam. Bei Papias lesen wir auch, daß »Matthäus seine Worte auf Hebräisch niederschrieb und die anderen sie übersetzten, so gut sie jeweils konnten«. Hier bezieht sich Papias jedoch nicht auf den Ältesten, und die Worte haben eine ausgesprochen unsichere Grundlage.

Stimmt die Aussage des »Ältesten« über Markus? Das Evangelium beginnt mit den Worten »Evangelium von Jesus Christus«; es wurde zwar auf Griechisch geschrieben, doch entspricht sein Stil keineswegs den Konventionen, die gebildete Schreiber befolgten. Der Autor hat seinen Bericht wahrscheinlich entsprechend der nahöstlichen Tradition anonym veröffentlicht, denn für ihn ging es nur um Jesus Christus und dessen frohe Botschaft. Die Zuordnung des Namens Markus zu diesem Evangelium beruht dann womöglich nur auf Tradition oder bloßen Vermutungen. Vielleicht wußte man, daß Petrus selbst nichts geschrieben hatte, und versuchte daher, das Evangelium mit einem Menschen in Verbindung zu bringen, der Petrus nahegestanden hatte, um dem Text mehr Gewicht zu verleihen. Petrus geht nach der Erzählung der Apostelgeschichte zum Haus der Mutter des Johannes mit dem Beinamen Markus (Apg 12,12). Auch Vers 13 aus dem fünften Kapitel des sogenannten 1. Petrusbriefs mag in diese Richtung gewiesen haben. Vielleicht hat es mit der Zuordnung des Evangeliums aber auch seine Richtigkeit – wir wissen es nicht, und im Text selbst finden wir keinen Hinweis auf den Verfasser.

Matthäus hatte nach der Überzeugung des Papias sein Evangelium als erster geschrieben; alle anderen, schreibt Papias, hätten seinen Text übersetzt. Doch fast alle modernen Wissenschaftler lehnen diesen in der frühen Christenheit weit verbreiteten Glauben ab. Sehr wahrscheinlich hat Matthäus später als Markus geschrieben und dessen Evangelium verwendet.[6] Papias scheint noch einem weiteren Irrtum aufgesessen zu sein: Wir kennen kein hebräisches Original des Matthäusevangeliums, wie Papias es voraussetzt; diese Möglichkeit wurde zwar diskutiert, später aber verworfen. Vielleicht bezog sich Papias auf einen anderen Text, eine semitische Sammlung von Jesusworten aus der Zeit um 120–135, die Matthäus ebenfalls zugeschrieben wurde, jedoch nicht mit unserem heutigen Evangelium identisch war. Dann wäre der Verfasser des Matthäusevangeliums im Jahr 125 immer noch anonym gewesen und erst später durch christliche Leser, die sich einen Autor wünschten, dem Matthäus zugesprochen worden. In einem frühen Werk, der Didache (Zwölfapostellehre), finden wir ein Zitat aus dem Matthäusevangelium, aber dort wird nur auf »das Evangelium« verwiesen, nicht auf das »Matthäusevangelium«.

Wir wissen, daß das Interesse des Papias in erster Linie den überlieferten Worten Jesu galt, nicht geschriebenen Texten. Papias beschreibt, wie er sich bei christlichen Besuchern nach diesen Worten erkundigte, er war also ganz offenkundig nicht der Ansicht, sämtliche Worte Jesu seien in den vier kurzen Evangelien enthalten. Meiner Meinung nach wollte Papias erklären, wie die Evangelisten zu den »Worten Jesu« gekommen waren und warum sie in ihrer Wiedergabe voneinander abwichen. In seiner Erklärung ging er davon aus, daß Matthäus ein Buch auf Hebräisch (oder Aramäisch) verfaßt hatte, welches dann von den Evangelisten jeweils anders übersetzt worden war. Entweder kannte also Papias ein Matthäusevangelium und ordnete es falsch ein, weil er sich nicht die Mühe gemacht hatte, es genau zu lesen, oder er erfand eine angebliche hebräische Quelle und schrieb sie dem Matthäus zu. Damit bliebe die Möglichkeit offen, daß »Matthäus« ein anderes Evangelium auf Griechisch geschrieben hat.

Von den beiden Möglichkeiten halte ich letztere aus zwei Gründen für wahrscheinlicher. Einmal erleichtert sie uns den Umgang mit einem irritierenden Zeugnis, das, wie so vieles aus dieser Zeit, schwer zu interpretieren ist. Ein Christ namens Basilides schrieb vor dem Jahr 160 einen Kommentar in vierundzwanzig Bänden »über das Evangelium«. Leider ist dieser Kommentar nicht erhalten, und wir wissen nicht, ob es sich hierbei um das Werk handelt, das später als Evangelium des Basilides bezeichnet wurde. Einige Wissenschaftler datieren den Kommentar auf die dreißiger Jahre des 2. Jahrhunderts. Basilides stützte sich nach eigenen Angaben auf die Autorität des Apostels Matthias und den Aussagen seiner Schüler zufolge auf Glaukias, der vermutlich der Dolmetscher des Petrus war.[7] Wir wissen nicht, welche Tradition die ältere ist, doch wahrscheinlich reagierten Basilides und seine Jünger auf Behauptungen anderer Christen, sie seien im Besitz eines apostolischen Textes aus der Feder des Matthäus und eines anderen Textes, unseres heutigen Markusevangeliums, aus der Feder des Petrusdolmetschers. Wenn die Behauptung, Matthias sei der Gewährsmann seines Textes, auf Basilides selbst zurückgeht und er sein Werk in den dreißiger Jahren des 2. Jahrhunderts verfaßte, wäre bereits damals ein »Evangelium des Matthäus« unter diesem Namen bekannt gewesen.

Auch aus einem zweiten Grund gehe ich davon aus, daß Papias eine hebräische Quelle erfand. Die Verbindung des Namens Matthäus mit dem Text des Evangeliums setzte eine detektivische Arbeit voraus, die nicht ohne genaues Studium des Evangeliums möglich war. Nur im Matthäusevangelium wird der Levi aus dem Markusevangelium Matthäus genannt und als Steuereintreiber bezeichnet; außerdem fällt der Autor durch seine Vorliebe auf, in den Gleichnissen große Geldbeträge zu beziffern. Vielleicht brachten die frühen Leser diese Vorliebe mit der Finanztätigkeit des Matthäus in Verbindung?[8] Allerdings war es keineswegs nötig, daß Verfasser falscher Briefe oder Berichte sich solche Umstände machten, um ihre Leser zu täuschen. Wenn das Matthäusevangelium nach dem Markusevangelium geschrieben wurde, vielleicht sogar als das letzte der vier Evangelien, hat vielleicht schon sein

Verfasser begriffen, daß der Text den Namen eines Zeitgenossen Jesu im Titel tragen mußte, wenn er ein Erfolg werden sollte. Wenn er nun einen Apostel aussuchte, selbst einen weniger bekannten, konnte er die Autorität des Petrusdolmetschers Markus oder des Paulusgefährten, der das dritte Evangelium verfaßt hatte, noch überbieten. Gleichzeitig entging er der Kritik derjenigen, die sich noch daran erinnerten, daß die bekannten Apostel nichts Schriftliches hinterlassen hatten.

Wir dürfen über diesen Zweifeln hinsichtlich des Autors des Matthäusevangeliums nicht vergessen, daß eines mit Gewißheit gesagt werden kann: Das Matthäusevangelium wurde nicht von einem Augenzeugen geschrieben. Es lehnt sich sehr stark an das Markusevangelium an (auch wenn einige vereinzelte Wissenschaftler immer noch wenig überzeugend glauben, das Matthäusevangelium sei als erstes geschrieben worden), und es enthält keine unabhängigen Augenzeugenberichte oder Erinnerungen, wie sie ein Jesus nahestehender Jünger in den Text eingefügt hätte. Die Zuschreibung des Evangeliums an Matthäus läßt sich also nur so erklären: Entweder folgerten einige frühe Christen wegen der präzisen Zahlenangaben im Text scharfsinnig, aber falsch, der Autor müsse Matthäus gewesen sein (sie müßten dies meiner Ansicht nach vor Papias und Basilides, also vor 125, getan haben); oder aber der Verfasser des Evangeliums selbst ersparte seinen Lesern diese Denkarbeit und gab sich von Anfang an ein Pseudonym.

Was die Verfassernamen der anderen Evangelien betrifft, so lesen wir um 180 erstmals bei Irenäus von Lukas und um 140–150 bei dem Ketzer Herakleon von Johannes.[9] Im Johannesevangelium finden wir an verschiedenen Stellen indirekte Hinweise auf den »geliebten Jünger« oder den »anderen Jünger«. Später kam noch ein Nachtrag im heutigen Kapitel 21 hinzu, in dem ein weiterer Autor angibt, dieser »geliebte Jünger« habe das letzte Kapitel und, wie man vermuten kann, das ganze Evangelium geschrieben. Auch in diesem Fall besteht kein Zweifel, daß der Name des Verfassers nicht von Anfang an im Titel geführt wurde. Vielmehr zogen die Leser den Schluß, der geliebte Jünger müsse Johannes sein; einen anderen Johannes nennt das Evangelium nicht.

Was das Lukasevangelium betrifft, so stellen wir fest, daß der Verfasser in seinem zweiten Band, der Apostelgeschichte, bei der

Beschreibung der Reisen des Paulus immer wieder in die Erzählperspektive der ersten Person Plural fällt. Damit präsentiert sich die Apostelgeschichte als das Werk eines Reisegefährten des Paulus, obwohl einige Wissenschaftler versucht haben, diese offenkundige Tatsache in Abrede zu stellen.[10] Beide Bücher, Lukasevangelium und Apostelgeschichte, wurden in einem gehobenen griechischen Stil abgefaßt und einem bedeutenden Nichtjuden, dem Theophilus, gewidmet. Vielleicht führten sie bereits damals, entgegen der nahöstlichen Tradition, den Namen des Lukas im Titel; vielleicht waren sie aber auch nur wie ein Brief mit den Worten »An Theophilus« überschrieben.

Wir sehen also, daß von den vier Evangelien zwei, das Markusund das Johannesevangelium, zunächst anonym überliefert wurden, während eines, das des Matthäus, möglicherweise von Anfang an unter einem falschen Namen verbreitet war; nur das vierte, das Lukasevangelium, nannte vielleicht seinen wahren Autor. Eine andere Möglichkeit, die vielen Wissenschaftlern wahrscheinlicher scheint, wäre, daß alle vier Texte ohne Angabe eines Verfassernamens veröffentlicht wurden. Die Verbindung des Namens Markus mit dem zweiten Evangelium wurde schon früh hergestellt und überliefert und könnte authentisch sein. Auch die Zuschreibung des Johannesevangeliums könnte durchaus den Tatsachen entsprechen – ich glaube, daß der Jünger wirklich der Verfasser war. Und wenn wir davon ausgehen, daß das dritte Evangelium von einem Gefährten des Paulus stammt, so ist es eher gleichgültig, ob wir ihm den Namen Lukas oder einen anderen Namen geben. Die Autorschaft des Matthäus ist jedoch nicht authentisch, möglicherweise handelt es sich sogar um eine bewußte Irreführung des Lesers. »Die Annahme, der Evangelist habe bewußt ein Pseudonym verwendet, darf uns nicht empören«, versuchte uns ein großer Spezialist für die Entstehungsgeschichte dieses Evangeliums zu beruhigen. »Früher hatte man eine andere Einstellung zu Pseudonymen, und es galten andere Konventionen.«[11] Doch in Wahrheit war genau das Gegenteil der Fall, wie sich im Fall des Paulus zeigte: Als ein Christ im 2. Jahrhundert die falschen »Paulus- und Theklaakten« veröffentlichte, wurde er umgehend von den Bischöfen seines Amtes enthoben, obwohl er angab, »aus Liebe zu Paulus« gehandelt zu haben.

Bei den Briefen war das Problem der falschen Namen und Fälschungen besonders akut. Bereits im 2. Brief an die Thessalonicher mußte Paulus seine Leser vor falschen Briefen warnen, die manche Christen dazu benutzten, ihre Mitchristen durch Weltuntergangsphantasien zu verunsichern.[12] Einige moderne Wissenschaftler haben diese Aussage umgekehrt und erklärt, der 2. Thessalonicherbrief sei selbst eine Fälschung, »garniert« mit einem fiktiven Gruß des Paulus. Ich halte diese Ansicht nicht für überzeugend, aber es ist durchaus zutreffend, daß es bereits frühzeitig pseudo-paulinische Briefe gab. Die Gepflogenheiten des Paulus selbst geben uns einen Hinweis darauf. Wir wissen, daß Paulus einige seiner Briefe durch einen Schreiber aufzeichnen ließ; der Römerbrief enthält sogar den Namen des Schreibers, »Ich, Tertius«, und dessen persönlichen Gruß »im Namen des Herrn«. Allerdings enden solche Briefe manchmal auch mit einem von Paulus selbst geschriebenen Gruß. »Sehet, mit wie großen Buchstaben ich euch schreibe mit eigner Hand«[13], heißt es am Ende des Galaterbriefs. Wahrscheinlich bezog sich Paulus hier nur auf den Briefschluß und tat so kund, daß andere Teile diktiert worden waren. Die Briefe waren jedoch nicht deswegen in großen Buchstaben geschrieben, weil »die Hand des Handwerkers Paulus im Schreiben ungeübt war«. Paulus war zu gebildet und stammte aus einer viel zu angesehenen Familie, um beim Schreiben solche Schwierigkeiten zu haben. Naheliegender ist die Vermutung, daß die Schriftgröße absichtlich gewählt wurde, damit die Galater die Buchstaben lesen oder erkennen konnten, wenn man sie ihnen zeigte. Es durfte nicht vorausgesetzt werden, daß alle Christen lesen konnten, auch die aus niedrigeren Schichten und besonders die Frauen; da halfen die großen Buchstaben, um glaubwürdig zu zeigen, daß der Brief wirklich von Paulus geschrieben worden war.

In anderen frühchristlichen Briefsammlungen liegen uns Beweise für Fälschungen vor. Die wichtige Korrespondenz des Bischofs Ignatius von Antiochia aus der Zeit um 110 zog Fälscher an, die in ihren dem Ignatius untergeschobenen Briefen die Theologie einer erst später entstandenen Splittergruppe verteidigten. Diese Briefe wurden erst 1646, also über eintausendfünfhundert Jahre nach ihrer Abfassung, ausgesondert. Die Briefsammlung des Bischofs Cyprianus von Karthago aus der Zeit um 250 zeigt, daß christliche Zeitgenossen in seinem Namen recht offen Briefe fälschten, die sie an andere Kirchen sandten, um Cyprianus zu diskreditieren.[14] Aus den siebziger Jahren des 2. Jahrhunderts liegt uns das sehr informative Protestschreiben eines Bischofs Dionysios von Korinth vor, der sich darüber beklagte, daß andere Christen seine Briefe änderten und fälschten, ebenso wie sie, soweit er wisse, die Evangelien abgeändert hätten.

Allein schon deshalb liegt die Frage nahe, ob die Briefe, die angeblich von Paulus geschrieben wurden, auch wirklich aus dessen Feder stammen; vielleicht stammen die so überaus erfolgreichen Werke in Wirklichkeit von jemand ganz anderem. Drei Dinge könnten über die Autorschaft Auskunft geben: die historische Stimmigkeit, der Stil und die Lehre des Verfassers. Ein vierter, weniger zwingender Aspekt könnte hinzukommen: Man könnte nach den Einschätzungen frühchristlicher Gelehrter fragen und untersuchen, wann die Existenz der Briefe jeweils zum ersten Mal belegt ist. Zweifel an der Autorschaft des Paulus bestehen auch heute noch für die Briefe an die Philipper, an Philemon, an die Kolosser und an die Epheser (in zunehmender Stärke entsprechend der Aufzählung). Meiner Ansicht nach gibt es allerdings kein stichhaltiges Argument gegen Paulus als den Verfasser der ersten drei Briefe, und selbst der gröbere Stil und der Gedankengang des Epheserbriefs sind keineswegs so »unpaulinisch«, wie es die überwältigende Mehrheit der Wissenschaftler heute annimmt. Besonders überzeugend lassen sich unsere drei Kriterien bei zwei Briefgruppen anwenden, deren Echtheit heute nur sehr wenige Verteidiger hat: den Pastoralbriefen an Timotheus und den beiden dem Petrus zugeschriebenen Briefen. Hier hat es eine ausführliche Diskussion gegeben, die in diesem Rahmen freilich nur in komprimierter Form wiedergegeben werden kann. Doch möchte ich wenigstens zeigen, wie man bei einer solchen Analyse vorgeht.

Wenden wir uns zunächst den Pastoralbriefen an Timotheus zu. Es ist uns nicht bekannt, daß ihre Authentizität in der frühen Kirche angezweifelt worden wäre. Allerdings ergeben sich aus beiden historische Probleme, und ihr Stil und Inhalt machen sie verdächtig.[15] Der 2. Brief an Timotheus soll von Paulus in seinem letzten Lebensabschnitt in Rom geschrieben worden sein. Wenn dies zuträfe, so wären die letzten überlieferten Worte des Paulus an seinen Gefährten Timotheus gerichtet gewesen, den Sohn einer jüdischen Mutter und eines griechischen Vaters, der von Paulus beschnitten worden war. Timotheus hatte sich Paulus während dessen zweiter Missionsreise in der Provinz Asien, der heutigen Türkei, angeschlossen. Ein Vers am Ende dieses 2. Timotheusbriefs kann allerdings historisch nicht korrekt sein. Paulus schreibt aus Rom, er habe Trophimus »krank in Milet« zurückgelassen. Aus der Apostelgeschichte wissen wir aber, daß Trophimus Paulus von Milet nach Jerusalem begleitet hatte, wo seine Gegenwart für die Verhaftung des Paulus von entscheidender Bedeutung war (Apg 21,29). Paulus kam später nicht mehr nach Milet. Man kann den entsprechenden Abschnitt der Apostelgeschichte kaum in Frage stellen, er steht als Bericht eines direkt Beteiligten in der ersten Person. Um die Glaubwürdigkeit des 2. Timotheusbriefs dennoch zu erhalten, haben einige christliche Wissenschaftler die Vermutung geäußert, Paulus sei aus seiner ersten römischen Gefangenschaft, von der am Ende der Apostelgeschichte berichtet wird, entflohen und in die Provinz Asien zurückgekehrt; dort habe er Trophimus in Milet zurückgelassen, sei erneut verhaftet und wiederum ins Gefängnis geworfen worden. Es gibt allerdings keinerlei Anhaltspunkte für diese phantasievolle Theorie, sie wird vielmehr durch Apostelgeschichte 20,25 widerlegt. Hier spricht Paulus zu den versammelten Christen von Ephesus und Milet und erklärt ihnen, daß er nun nach Jerusalem ziehen wolle, mit Verfolgung zu rechnen habe und daß »ihr alle … mich nicht mehr von Angesicht sehen werdet«. Der Verfasser der Apostelgeschichte, der Paulus nach Rom begleitet hatte, wußte, daß Paulus nicht mehr in die Provinz Asien zurückgekehrt war.

Eine anderer Versuch, die Authentizität des 2. Timotheusbriefs aufrechtzuerhalten, besteht darin, ihn in verschiedene Teile zu zerlegen. Man könnte dann argumentieren, daß der problematische Textteil von einem späteren Herausgeber eingefügt wurde, der zwar wußte, daß der Text von Paulus stammte, ihn aber zeitlich nicht in das Leben des Paulus einzuordnen vermochte. Mitunter ist dieser Erklärungsversuch etwas zu weit getrieben worden, und man fand bis zu vier solcher authentischer Teile, gleichsam als ob viele Teilstücke paulinischer Briefe aus dem Zusammenhang gerissen im Umlauf gewesen wären. Immerhin kann uns diese Theorie das Problem des Trophimus lösen helfen. Der Name Trophimus wird am Ende des 2. Briefs an Timotheus nach dem abschließenden Amen genannt; vielleicht wurde dieser Nachtrag aus einem früheren Brief des Paulus übernommen, möglicherweise sogar aus dem 1. Timotheusbrief, zu dem er inhaltlich gut passen würde. Wenn das stimmt, kann man diese Stelle nicht als Beweis dafür ins Feld führen, daß der gesamte Brief eine Fälschung ist.

Allerdings verstärkt sich der Verdacht, wenn wir den außersprachlichen Kontext des Briefs betrachten. Aus dem Brief an Philemon wissen wir, daß Timotheus sich zur Zeit der Gefangenschaft des Paulus bei diesem in Rom aufhielt. Der 2. Timotheusbrief enthält nun aber keinerlei Hinweise auf die römischen Lebensbedingungen, die gemeinsamen Stunden in der Zelle des Paulus oder sonstige Einzelheiten des vor kurzem noch gemeinsamen Lebens. Der Brief deutet an, daß Paulus seine erste Verteidigungsrede allein gehalten habe, ohne den Beistand von Freunden, und nun auf die letzten Prüfungen seines Lebens warte. Wenn er sich Timotheus gegenüber an die gemeinsam erlebte Zeit erinnert, schreibt er zwar von Verfolgungen und von der Lehre und den Idealen, in denen Timotheus ihm folgte (2 Tim 3,10 f.), doch bezieht er sich dabei auf lange zurückliegende Geschehnisse in drei Städten im Verlauf der ersten Missionsreise. Aus der Apostelgeschichte wiederum wissen wir, daß Timotheus erst nach Abschluß dieser Reise zu Paulus stieß. Liest man den Brief als Schreiben an einen Gefährten, von dem Paulus sich erst vor kurzem verabschiedet hatte, so zeichnet er sich durch eine merkwürdige Distanz aus.

Auch der historische Kontext des 1. Timotheusbriefs ist unklar. Paulus soll laut Aussage dieses Briefes nach Mazedonien gereist, Timotheus aber in der Provinz Asien geblieben sein, um in Ephesus die rechte Lehre zu verkünden. Damit kann nur die Reise gemeint sein, die in Apostelgeschichte 20,1–3 beschrieben ist. Dort wird berichtet, wie Paulus von der Provinz Asien nach Mazedonien reiste und vor seiner Rückkehr drei Monate in Griechenland verbrachte. In Apostelgeschichte 20,4 sehen wir Timotheus an der Seite des Paulus auf der Rückreise durch Mazedonien. Auch taucht er als Mitautor des 2. Briefs an die Korinther auf, der unzweifelhaft während der Reise des Paulus von Asien nach Mazedonien verfaßt wurde. Wenn Timotheus also zur Verkündigung der Lehre in Ephesus geblieben war, so kann dies nur eine sehr kurze Zeit gewesen sein; die gemeinsame Weiterreise mit Paulus hätte dann im 1. Timotheusbrief keinen Niederschlag gefunden. Und schließlich wird in diesem Brief all das erstaunlich langatmig wiederholt, was Timotheus längst wissen mußte, da Paulus ihm bereits früher Ratschläge in bezug auf sein Verhalten in Ephesus gegeben hatte. 2 Timotheus 3,14 enthält einen Hinweis darauf, daß Timotheus bis zur Rückkehr des Paulus in Asien bleiben sollte. Pläne können zwar schnell geändert werden, doch liest sich der 1. Timotheusbrief genau wie der 2. eher so, als sei Timotheus nur Ausgangspunkt der formulierten Gedanken, nicht deren Adressat. In diesem Fall ist davon auszugehen, daß sich ein unbekannter Autor Timotheus als einen engen Gefährten des Paulus aussuchte, von dem man wußte, daß er eine Zeitlang im griechischen Osten geblieben war. Es war plausibel, sich ihn als Adressaten von Ratschlägen zur christlichen Lehre und Lebensweise vorzustellen, wie sie Paulus der Nachwelt hinterlassen haben mußte, und entsprechend benutzte ihn der unbekannte Briefautor.

Die Unstimmigkeit im Verhältnis von historischem Kontext und Inhalt der Timotheusbriefe spiegelt sich auch in deren geistlichem Gehalt wider. Die beiden Briefe befassen sich mit gefährlicher Ketzerei, wie es auch authentische Paulusbriefe tun. Aber wenn man sie liest, entsteht der Eindruck, daß sie mit Blick auf ein neues Feindbild verfaßt wurden. Es geht dem Verfasser vor allem um die Eigenschaften, die der *episkopos* oder Bischof besitzen muß, der die Kirche führen soll. Doch wir kennen keine Hinweise auf solche Führerpersönlichkeiten in den Gemeinden, an die Paulus seine Briefe richtete; auch in den Augenzeugenberichten der Apostelgeschichte finden wir nichts derartiges. Die Funktion des Bischofs war eine nachapostolische Erfindung; vielleicht wurde das Bischofsamt zu einem Zeitpunkt eingeführt, als die »Ältesten« keine Übereinstimmung mehr untereinander erzielen konnten. Auch in diesem Punkt dient Timotheus nur als Aufhänger für die Verbreitung wichtiger post-paulinischer Ratschläge.

Die nächste Frage muß sein, ob sich die verdächtigen Briefe auch aufgrund stilistischer Auffälligkeiten deutlich von den authentischen unterscheiden. Das ist vor allem bei den beiden Petrusbriefen der Fall.[16] Das Griechisch, in dem sie abgefaßt sind, zeugt von einem Bildungsgrad, der für einen galiläischen Fischer wie Petrus ungewöhnlich wäre. Ich will Petrus keineswegs jede Kenntnis des Griechischen absprechen; schließlich reiste er nach Rom, hatte Kontakt mit Nichtjuden und besaß sogar einen griechischen Beinamen, Kephas. Seine Heimatstadt Bethsaida, die »Stadt der Fische«, wurde vom Herrscher Galiläas neu organisiert, neue Kolonisten wurden angesiedelt, und die Stadt erhielt vermutlich in den Jahren 3 oder 4 v. Chr. den griechischen Namen Julias. Soweit uns bekannt ist, könnte die Frau, die Petrus auf seinen Missionsreisen bei sich hatte (auf Spesenrechnung, wie sich Paulus beschwerte), Griechisch als Muttersprache gesprochen haben. Doch ist eine Handvoll Griechisch, die er irgendwo, vielleicht im ehemaligen Bethsaida, dem neuen Julias, aufgeschnappt hatte, bei weitem nicht zu vergleichen mit dem Niveau der griechischen Prosa der beiden Petrusbriefe. Es ist bedeutend höher als das der Texte, die Johannes zugeschrieben werden, wobei dieser Johannes nicht unbedingt der galiläische Sohn des Zebedäus gewesen sein muß. Viele frühe Christen waren dem 2. Petrusbrief gegenüber mißtrauisch; denn abgesehen von Stilfragen wird in ihm auf die Paulusbriefe Bezug genommen, als ob diese bereits eine weitverbreitete Sammlung darstellten, während man doch annimmt, daß Petrus im Jahre 64 bald nach Paulus in Rom starb. Der 1. Petrusbrief berichtet, die Christen in der Provinz Asien seien von Heiden, nicht von Juden verfolgt worden, was vor dem Jahr 64 ebenfalls ausgesprochen unwahrscheinlich ist. Es entspricht auch nicht den Aussagen des Autors der Apostelgeschichte, den ich als Zeitzeugen ansehe, da er ein Reisegefährte des Paulus war. Man hat versucht, die Petrusbriefe anhand ihrer Wortwahl auf ein präzises Jahr in der Zeit zwischen 50 und 120 zu datieren, aber unsere Kenntnis vergleichbarer griechischer Prosa ist dafür nicht ausreichend; allerdings machen Stil und historische Aspekte die Autorschaft des Petrus höchst unwahrscheinlich. Auch wenn man annehmen würde, sein Schreiber habe die Briefe verfaßt, wären die grundsätzlichen Probleme damit nicht gelöst.

Die Timotheusbriefe sind stilistisch weniger auffällig. Der Stil eines Autors wird normalerweise anhand selten gebrauchter Wörter und Wortbedeutungen untersucht oder anhand der Wörter, die so oft verwendet werden, daß ihr Gebrauch nicht auf einer bewußten Entscheidung des Autors beruhen kann. Seltene Wörter dienen dazu, ein Werk mit anderen Werken desselben Autors zu vergleichen oder es sogar zu datieren, indem das erste Auftauchen eines Worts im weiteren Umfeld von Sprache und Literatur untersucht wird. Allgemein gebräuchliche Wörter und Konstruktionen dagegen haben eine andere Bedeutung: Sie ermöglichen uns, zu untersuchen, wie ein bestimmter Autor Wörter gebraucht, die andere Schriftsteller auch verwenden. Außerdem kann man den Gebrauch der betreffenden Wörter in verschiedenen Werken desselben Autors analysieren. Kleine stilistische Besonderheiten gelten dabei als besonders aussagekräftig, ähnlich wie die Details eines Gemäldes, wie die Fingernägel und Ohrläppchen eines Porträts. Seit Giovanni Morellis in den achtziger Jahren des 19. Jahrhunderts seine Theorien entwickelt hat, betrachtet man solche Details als relativ sicheren Hinweis auf die Identität eines Urhebers.

Auch die Briefe des Paulus und Petrus wurden auf seltene und häufige Wörter untersucht. Einige Punkte, die selbst dem normalen Leser auffallen müssen, konnten so bestätigt werden. Die Timotheusbriefe zeichnen sich durch die häufige Verwendung von Adjektiven und vor allem von komplizierten Adjektiven aus. Wir können zwar nicht genau bestimmen, wann diese Adjektive erstmals verwendet wurden, da wir keine vergleichbare griechische Prosa aus derselben Zeit besitzen, aber wir können einen Vergleich mit den anderen Paulusbriefen anstellen, selbst wenn der Kontext der einzelnen Briefe verschieden ist. Außerdem wurden die wenigen häufig auftretenden charakteristischen Wörter gezählt, und sogar die Wort- und Satzlänge der Briefe wurde untersucht. Diese Methode des quantitativen Messens, »die Stilometrie«, wurde 1851 speziell für das Studium der paulinischen Briefe entwickelt.[17] In den letzten zwanzig Jahren ist solchen und ähnlichen Untersuchungen aufgrund der inzwischen möglichen Unterstützung durch Computer neue Aufmerksamkeit zuteil geworden. Zwar hat man auch mit Computern keine neuen Fälschungstests entwickeln können, aber die existierenden Analyseformen können jetzt gründlicher und schneller eingesetzt werden. Es gibt heute sogar eine allein solchen Untersuchungen gewidmete Zeitschrift mit dem Namen *Bits, Bytes and Biblical Studies*.

Die Wissenschaftler sind sich allerdings nicht einig, was sie mit solchen Untersuchungen eigentlich bezwecken. Mitunter werden Details eines Texts oberflächlich untersucht, die aller Wahrscheinlichkeit nach nicht das Ergebnis bewußter oder unbewußter Stilentscheidungen waren; so wurden etwa die Wortlänge, die durchschnittliche Satzlänge, die Anzahl der Verbindungen mit »und« oder die Länge des letzten Worts eines jeden Satzes untersucht. Frühe Studien dieser Art führten dazu, daß alle Paulusbriefe bis auf vier zu Fälschungen erklärt wurden. Allerdings hatte diese Schlußfolgerung keinerlei Gewicht. Die Sätze der Paulusbriefe in der üblicherweise angenommenen Reihenfolge ihrer Entstehung werden mit fortschreitendem Alter des Paulus länger, was aber natürlich nicht heißt, daß sie nicht von Paulus geschrieben worden wären. Die Untersuchungsmethoden sind inzwischen weiterentwickelt worden, so daß grammatischen und syntaktischen Fragen und der Art, wie Wörter, Zeiten und Modi verwendet werden, größeres Gewicht zukommt. Auch die neueren Analysen sind nicht alle aussagekräftig (unter anderem wurde die Anzahl der Verben und der Substantive im Plural untersucht), doch ist das Gesamtergebnis ein anderes. Während die Stilometrie zunächst die Autorschaft des Paulus für fast alle Briefe verneint hatte, werden nun zwölf Briefe, einschließlich der erwähnten Pastoralbriefe, in einer Gruppe zusammengefaßt, wobei in keinem Fall allein die stilometrische Analyse ausschlaggebend war. Der einzige Brief, der sich dieser Gruppe nicht zuordnen läßt, ist der Titusbrief.

Auch damit haben wir allerdings noch keine wissenschaftliche Antwort auf unser Ausgangsproblem. Vielleicht ähneln sich die zwölf in einer Gruppe zusammengefaßten Briefe tatsächlich relativ stark, doch wenn wir untersuchen, welche Briefe sich am deutlichsten vom harten Kern der »echten« vier unterscheiden, stoßen wir wieder auf die Pastoralbriefe. In der jüngsten Studie wurde ganz richtig darauf hingewiesen, daß keine bekannte Analysemethode den Beweis erbringen kann, daß eine bestimmte Person der Verfasser eines Texts ist. Es gibt keinen »stilistischen Fingerabdruck«, höchstens eine stilistische Handschrift, die jedoch von einem Verfasser beliebig variiert und von einem Fälscher auch sehr gut nachgeahmt werden kann. Wir sehen die Computeranalyse hier mit einem für die paulinischen Briefe zentralen Problem konfrontiert. Sprache und Formulierungen des Epheserbriefs etwa ähneln den anderen Briefen, die Paulus zu Recht zugeschrieben werden, sehr stark.[18] Dem Kolosserbrief ist der Epheserbrief so ähnlich, daß sich der Eindruck aufdrängt, derselbe Verfasser müsse beide Briefe geschrieben haben. Die klare paulinische Prägung des Epheserbriefs scheint für seine Authentizität zu sprechen. Andererseits ist die Prägung schon wieder so deutlich, daß man genausogut das Gegenteil annehmen könnte. Die wenigen erhaltenen Paulusbriefe bestätigen den Sprachgebrauch im Epheserbrief, doch sind sie nicht die einzigen Briefe, die Paulus schrieb; für einen Nachahmer waren sie jedoch vielleicht die einzige Vorlage. Fast in der Hälfte der Verse des Epheserbriefs finden sich Sätze und Wörter, die mit denen des Kolosserbriefs nahezu identisch sind. Häufig werden sie jedoch in einer leicht abgewandelten Bedeutung verwendet, als ob jemand sie absichtlich ausgewählt und nach eigenem Gutdünken modifiziert hätte. Der Brief an die Epheser ist eher »superpaulinisch« als paulinisch, so daß hier anzunehmen ist, daß es sich um eine bewußte Nachahmung, nicht um ein Werk des Paulus handelt. Ein solcher Sachverhalt überfordert den Computer. Computeranalysen haben dort ihre Berechtigung, wo es darum geht, einen Text von einer klar umrissenen Gruppe anderer, in bezug auf Entstehungsdatum und Inhalt sehr ähnlicher Texte abzugrenzen (die Briefe des Paulus sind einander jedoch nicht so ähnlich). Eine Computeranalyse kann auch erbringen, daß ein Text sich deutlich von anderen unterscheidet. Doch man kann mit ihr nicht beweisen, daß ein Werk zu Recht zu einer Gruppe anderer Werke gehört, denn bewußte Fälschungen kann kein Computer ausfindig machen, und vermutlich handelt es sich beim Epheserbrief um eine solche bewußte Fälschung.

Seinen Titel trägt der Epheserbrief sicherlich zu Unrecht. Wie der Hebräerbrief ist auch der Epheserbrief vermutlich zunächst ohne seinen jetzigen Titel überliefert worden. Nur in einem der alten Manuskripte finden wir den heutigen Namen, doch entsprechen sich hier Titel und Inhalt nicht: Aus dem Text geht hervor, daß der Verfasser die Gemeinde, an die er schreibt, nie besucht hat; Paulus jedoch verbrachte mehrere Jahre in Ephesus. Der »superpaulinische« Stil und die deutlichen gedanklichen Probleme des Autors (insbesondere mit den Beziehungen zwischen Juden und

Christen) deuten darauf hin, daß der Text nicht von Paulus stammt, sondern von einem seiner Anhänger.

Festzuhalten ist also, daß die beiden Petrusbriefe nicht von Petrus stammen können, weil ihr Stil nicht zu dem einfachen Fischer paßt und weil die Briefe des Paulus sowie Verfolgungen durch die Heiden in ihnen erwähnt werden. Die beiden Timotheusbriefe sind ebenfalls aufgrund ihres Stils verdächtig, und auch Inhalt und Kontext schließen ihre Authentizität aus; sie sprechen von einer bischöflichen Führerpersönlichkeit, und auch die überflüssigen Belehrungen des Timotheus sowie die Frage, wo er sich genau aufhielt, sind nicht stimmig. Die Autoren der falschen Briefe waren außerordentlich kühn. Sie nennen sich »Petrus, Apostel Jesu Christi« und »Paulus, Apostel Christi Jesu«. Sie führten ihre Leser hinters Licht, auch wenn sie vielleicht das niederschrieben, was ihrer Meinung nach Petrus oder Paulus hätten schreiben »müssen«. Stammt der 1. Timotheusbrief aus dem 2. Jahrhundert, kann der Verfasser durchaus an das Lukasevangelium gedacht haben, wenn er die Worte vom »Lohn des Arbeiters« zitiert. Im selben Brief werden Paulus außerdem entschiedene Worte gegen die Frauenordination in den Mund gelegt: »Daß eine Frau lehrt, erlaube ich nicht, auch nicht, daß sie über ihren Mann herrscht; sie soll sich still verhalten« (1 Tim 2,12).

Der 2. Timotheusbrief enthält eine Stelle, die oft von Fundamentalisten zitiert worden ist:[19] »Jede Schrift ist von Gott eingegeben und ist auch nützlich zur Belehrung, zur Widerlegung, zur Besserung« (2 Tim 3,16).[20] Die Übersetzung ist, ebenso wie die Autorität des gesamten Textes, anfechtbar. Das Problem der biblischen Wahrheit zeigt sich hier in seiner ganzen Komplexität: Es ist interessant, daß gerade ein Text, der oft mißbraucht wurde, um ein buchstabengetreues Bibelverständnis zu rechtfertigen, in Wirklichkeit selbst das Werk eines Autors ist, der eine falsche Identität vortäuschte.

8
Zusätze und Streichungen

Den letzten Worten unserer Bibel können wir entnehmen, daß sich der Verfasser dieser Worte sehr wohl des Erfindungsreichtums seiner Zeitgenossen bewußt war. Er stößt nämlich einen furchtbaren Fluch aus: Wenn jemand dem Buch der Offenbarung etwas hinzufügen sollte, wird Gott ihm »die Plagen zufügen, von denen in diesem Buch geschrieben steht«. Und wenn jemand etwas weglassen sollte, wird Gott ihm »seinen Anteil am Baum des Lebens und an der heiligen Stadt wegnehmen«. Soweit uns bekannt ist, hat dieser Fluch nachfolgende Generationen tatsächlich davon abgeschreckt, den Text zu verfälschen. Sicher sind wir allerdings nicht; Zusätze und Streichungen sind Teil der Textgeschichte, und wieder einmal können wir nur aufs Geratewohl den Versuch einer Abgrenzung unternehmen.[1]

Als das Christentum sich ausbreitete, mußte es sich gegen eine Flut von veröffentlichten Texten durchsetzen, die es zum Teil sogar selbst provoziert hatte. In den nichtjüdischen Religionen war dies beispiellos. Nach der Zerstörung des Tempels im Jahre 70 n. Chr. versuchten die jüdischen Gelehrten vermutlich, die Vielfalt ihrer alten hebräischen Schriften in den Griff zu bekommen. Schließlich setzte sich die masoretische Fassung der Texte durch, auf die der Großteil unseres Alten Testaments zurückgeht. Wir wissen nicht genau, wann dies der Fall war, frühestens wohl nach dem Jahr 200. Auch unter den griechischen Übersetzungen der hebräischen heiligen Schriften mußte Ordnung geschaffen werden. Die Christen hatten begonnen, aus diesen Texten zu zitieren, um eine eigene Tradition zu stiften oder zu untermauern, und die Juden wollten sich nicht damit abfinden, daß sie sich dabei des griechischen statt des ursprünglichen hebräischen Textes bedienten. Vom späten 1. Jahrhundert an bearbeiteten die Christen die griechischen Texte und versuchten, die Übersetzungen enger an den hebräischen Urtext anzulehnen.[2]

Ähnlich wie bei den Juden gab es auch in der frühchristlichen Kirche bedeutende Schriftgelehrte. Der berühmteste von ihnen, Origenes, lebte in der ersten Hälfte des 3. Jahrhunderts. Ein sehr eindrücklicher Hinweis auf seinen Einfluß findet sich noch heute in einem der ältesten erhaltenen Texte der Heiligen Schrift, dem Codex Sinaiticus, der heute im Britischen Museum aufbewahrt wird. Am Ende des Buchs Ester lesen wir dort die Anmerkung eines christlichen Korrektors aus dem 7. Jahrhundert, der erklärt, er habe eine »ausnehmend alte Abschrift« des Texts vom 1. Buch der Könige bis zum Ende des Buchs Ester verwendet, die das Werk eines großen Bewunderers des Origenes gewesen sei.[3] Dieser Mann und ein anderer Christ hätten um 307 n. Chr. an dem Text gearbeitet, während sie im Gefängnis ihren Märtyrertod erwarteten. Sie hätten dabei eine unschätzbare Hilfe gehabt, eine Bibelabschrift des Origenes mit dessen eigenen Korrekturen. Die Arbeit der beiden gelehrten Märtyrer im Gefängnis erinnert an den heldenhaften William Tyndale, der ebenfalls im Gefängnis arbeitete. Er wurde 1536 stranguliert und verbrannt, weil er die Heilige Schrift ins Englische übersetzt hatte.

Bereits zweihundert Jahre nach Jesu Tod begriffen also einige Christen, daß man sich mit den heiligen Schriften wissenschaftlich befassen mußte. Wie solide ist nun aber die Überlieferungsgrundlage der frühchristlichen Texte, die wir heute im Neuen Testament lesen?

Im Unterschied zu den Schriften des Alten Testaments besitzen wir von denen des Neuen Testaments einige Abschriften, deren Entstehungszeit nicht allzuweit von der ersten Abfassung der entsprechenden Bücher entfernt ist. Die ältesten »Neuen Testamente« sind Teile zweier Bücher aus dem frühen 4. Jahrhundert, des eben erwähnten Codex Sinaiticus und des Codex Vaticanus, der sich heute in Rom befindet. Beide Bücher sind auf Pergament geschrieben; der Codex Sinaiticus wurde nie fertiggestellt, und einer der drei Kopisten leistete sehr schlechte Arbeit. Die ersten Quellen für das Neue Testament müssen allerdings aus sehr viel früherer Zeit stammen, denn ab dem späten 1. Jahrhundert zitieren christliche

179

Autoren Verse, die wir in unseren Evangelien und Briefen finden. Man hat neutestamentliche Texte wie alttestamentliche Schriften unerwartet auf alten Papyrusfragmenten entdeckt. Die meisten von ihnen stammen aus dem 3. Jahrhundert, das älteste Fragment ist jedoch ein Ausschnitt aus dem Johannesevangelium aus der Zeit um 125; es befindet sich heute in Manchester.

Die Bücher aus dem 4. Jahrhundert und die noch älteren Zitate und Fragmente ermöglichten es der modernen Wissenschaft, verschiedene Überlieferungsstränge für die Texte des Neuen Testaments herauszuarbeiten.[4] Eine Texttradition läßt sich besonders leicht erkennen; sie wird die »byzantinische« genannt, weil sie im griechischsprachigen Osten ab dem 7. Jahrhundert vorherrschte. Diese Textüberlieferung war auch schon für frühere Kodizes stark prägend, und jahrhundertelang galt sie als einzige akzeptierte Fassung der griechischen Schriften. Als englische Übersetzer 1611 die King James Bible erstellten, legten sie ihr wie selbstverständlich den byzantinischen griechischen Text zugrunde. Leider war das ein Fehler. Im späten 17. Jahrhundert begannen einzelne Wissenschaftler, den alleinigen Gebrauch des byzantinischen Textes in Frage zu stellen, und seit 1881 ist man sich darin einig, daß ihm keine Sonderstellung zukommen darf. Mit der Zeit machte man neben der byzantinischen noch drei weitere griechische Textfamilien der Bibel aus; die Lesarten dieser Überlieferungsstränge sind häufig vorzuziehen. Zunächst wurde ihre Existenz damit erklärt, daß in verschiedenen Teilen der christlichen Welt verschiedene Texte in Gebrauch gewesen seien. Seither kam es allerdings zu immer wieder neuen Feststellungen zu Zahl und Identität der Texte, so daß die Theorie der lokal bedingten Entstehung aufgegeben werden mußte. Heute sind neben dem byzantinischen der sogenannte »westliche« und der »alexandrinische« Texttyp allgemein anerkannt. Beide dürften in dieser Form um 200 entstanden sein, möglicherweise sogar noch etwas früher.

Auch hier haben Papyrusfunde unser Wissen vergrößert. Es gibt keinen alten Papyrus, der ein vollständiges Buch der christlichen Schriften enthält, doch haben wir frühe Fragmente, die uns Aufschluß über die Zeit vor der Entstehung der byzantinischen, westlichen und alexandrinischen Textfamilie geben.[5] Bislang besitzen wir achtundachtzig Fragmente aus der Zeit vor 300. Die Zahl der

Überreste aus den Jahren vor 180 ist zwar ausgesprochen gering, aber sie ermöglicht uns immerhin, christliche Handschriften kennenzulernen, die keine hundert Jahre nach der Abfassung der Originaltexte entstanden sind. Damit ist die Situation sehr viel günstiger als beim Alten Testament. Auch der häufig gemachte Vergleich mit den ältesten Quellen der griechischen und lateinischen Klassiker fällt zugunsten des Neuen Testaments aus. Die älteste erhaltene lateinische Handschrift der Liebesgedichte des Catull entstand erst ungefähr tausendfünfhundert Jahre nach seinem Tod. Die ältesten Quellen des Neuen Testaments sind dagegen nur knapp zwei Generationen von der Zeit des Paulus und der anderen neutestamentlichen Autoren entfernt. Als Folge davon gibt es einen großen Widerstand gegen Korrekturen auch nur einzelner Wörter der christlichen Heiligen Schrift oder gegen freie Konjekturen eines modernen Herausgebers. Man kann diesen Widerstand durchaus mit wissenschaftlichen Argumenten begründen, doch mitunter ist er eindeutig religiös motiviert. Auch haben Wissenschaftler die These vertreten, daß keiner der kleinen Fehler oder Formulierungsunterschiede in den Texten wesentliche Inhalte des christlichen Glaubens betreffe.[6]

Möglicherweise ist dies jedoch ein ungerechtfertigter Optimismus. Wir haben zwei frühe Papyri, die beide die gleichen siebzig Verse des Johannesevangeliums enthalten, und auch wenn wir offenkundige Schreibfehler beiseite lassen, unterscheiden sie sich immerhin noch an siebzig Stellen. Im Unterschied zu den Liebesgedichten des Catull oder den Satiren des Juvenal wurden die christlichen Texte in den ersten hundert Jahren ihrer Existenz ständig abgeändert und umgeschrieben. In den vierziger Jahren des 2. Jahrhunderts verwirrte ein Gelehrter namens Marcion seine Mitchristen, indem er ein »Evangelium« verfaßte; er kürzte das Lukasevangelium so, daß sich in ihm die Theologie des Marcion widerspiegelte.[7] Er strich beispielsweise die Geburtserzählung der ersten beiden Kapitel, allerdings nicht aus historischen, sondern aus theologischen Erwägungen. Ferner gab er zehn Paulusbriefe heraus, wobei er die Textstellen, die ihm nicht gefielen, wegließ oder abänderte und die Briefe an Timotheus und Titus ganz ignorierte. Er ging mit den schriftlich vorliegenden Texten völlig willkürlich um. Ähnliches läßt sich von den Bemühungen eines anderen Christen namens Tatian sagen, der in den siebziger

Jahren des 2. Jahrhunderts alle vier Evangelien in einem einzigen zusammenfaßte und den Text so änderte, daß er seine extreme Körperfeindlichkeit unterstützte. Diese Evangelienharmonie des Tatian, das »Diatessaron«, wurde in der östlichen Christenheit weithin akzeptiert und übte auf die syrischsprachigen Christen jahrhundertelang starken Einfluß aus.

Wenn wir also davon ausgehen müssen, daß der Text in so starkem Maße geändert und bearbeitet wurde, dann ist auch ein Zeitraum von nur hundert Jahren zwischen der Entstehung des Originals und der ersten überlieferten Papyrusfassung eine lange und möglicherweise gefährliche Zeit. Wir wissen einfach nicht, wie mit den Worten des Autors an wichtigen Stellen umgegangen wurde. Es hat nichts mit übertriebener Kritik zu tun, wenn wir uns eines Urteils enthalten und uns ganz verschiedene Möglichkeiten offenhalten. Wie fast alle Texte bietet auch das Neue Testament zahlreiche Beispiele für Varianten in der Wortwahl – müssen wir nun »und« lesen oder »aber«? Solche Probleme fallen jedoch meist nur für Menschen ins Gewicht, die glauben, alles, was in der Bibel steht, sei unfehlbar, weil es Gottes Wort verkörpere.[8] Doch auch zu interessanteren Themen finden wir unterschiedliche Aussagen. So stellt sich etwa die Frage, ob Jesus im Neuen Testament direkt »Gott« genannt wird; in 1 Timotheus 3,16 lesen wir laut den meisten Bibelübersetzungen: »Gott ist offenbart im Fleisch«, doch sagt der ältere und bessere Text »Er« anstelle von »Gott«; ähnliche Probleme werfen Titus 2,13, Römer 5,1 und 1 Johannes 5,7–8 auf. Auch einige sehr bekannte Bibeltexte sind problematisch, beispielsweise die Stelle mit den »Lilien auf dem Feld« aus der Bergpredigt, der Text der Apostelgeschichte, der Text von der Vergebung des Ehebruchs und die Auferstehungsgeschichte.

Die Bergpredigt im Matthäusevangelium enthält ein Jesuswort, das in unseren Übersetzungen folgendermaßen lautet: »Lernt von den Lilien, die auf dem Felde wachsen: Sie arbeiten nicht und spinnen nicht. Doch ich sage euch: Selbst Salomo war in all seiner Pracht nicht gekleidet wie eine von ihnen.« Alle erhaltenen Handschriften des Matthäusevangeliums haben denselben griechischen Text, von dem diese Übersetzung ausgeht. Die Worte unserer Übersetzung klingen zwar schön, doch sind sie keine korrekte Übersetzung des Originaltexts.

Der Wissenschaftler T. C. Skeat untersuchte 1938 den auf Pergament geschriebenen Codex Sinaiticus aus dem 4. Jahrhundert, den das Britische Museum gerade unter Einsatz aller möglichen Tricks der russischen Regierung abgekauft hatte.[9] Mit Hilfe von ultraviolettem Licht fand Skeat andere griechische Buchstaben am Anfang des Verses aus der Bergpredigt. Man hatte sie aus der Handschrift gelöscht und durch die bekannten Worte ersetzt. Durch den Vergleich mit den unterschiedlichen Formulierungen des Verses im Lukasevangelium konnte er zwei Fehler ausmachen und erklären, die sich im Verlauf der Textüberlieferung eingeschlichen hatten. So erhielt er eine Bestätigung für die Worte, die er in dem neuerworbenen Kodex entdeckt hatte, und machte den Textkritikern eine große Freude, indem er ihnen ein klassisches Beispiel ihrer Kunst vor Augen führte. Der Originaltext lautete: »Lernt von den Lilien: Sie kämmen keine Wolle und spinnen nicht.« Unsere Übersetzer haben uns eine falsche Fassung aufgetischt; im Urtext war nicht von Wachstum oder Arbeit die Rede. Genaugenommen kamen nicht einmal die »Lilien« vor, denn hier handelt es sich um eine sehr freie Übersetzung aus dem Griechischen. Der botanisch wahrscheinlich korrekte Name *Sternbergia* würde den Textfluß allerdings ziemlich stören.

In anderen Fällen ist es durchaus denkbar, daß schon der Autor selbst das Durcheinander verursacht. Bei Musik- oder Theaterstücken wundern wir uns nicht mehr, wenn ein Künstler zwei oder mehr Fassungen seines Werkes hinterläßt, wie es zum Beispiel bei Shakespeares »König Lear« oder den Brucknerschen Symphonien der Fall ist. Hier wäre eine Suche nach dem alleinigen Original eine Suche nach einem mißverstandenen Ideal. In Bibelübersetzungen finden sich entsprechende Hinweise nur selten, doch ist sicher, daß zwei Fassungen der Apostelgeschichte existieren, von denen die eine ungefähr zehn Prozent länger ist als die andere.

Der kürzere, gängige Text stützt sich auf einen der griechischen Haupttexte, den alexandrinischen, während der längere sich im Codex Bezae findet, einem Buch aus dem 5. oder 6. Jahrhundert, das die Evangelien und die Apostelgeschichte auf Griechisch und Lateinisch enthält. Seine besonderen Formulierungen und alternativen Lesarten klingen mitunter in Zitaten oder in alten Papyrusfragmenten des Texts der Apostelgeschichte an, von denen einige sogar aus dem frühen 2. Jahrhundert stammen.[10] Obwohl diese Textfassung gewöhnlich »westlicher Text« genannt wird, fand sie doch stets auch außerhalb der westlichen Kirchen Verwendung.

Im späten 19. Jahrhundert kam die Ansicht auf, daß derselbe Autor beide Fassungen geschrieben haben müsse; heute wird dagegen in den meisten wichtigen Kommentaren die gegenteilige Auffassung vertreten. Dazu wird auf deutliche Widersprüche zwischen den einzelnen Lesarten verwiesen; es sei unwahrscheinlich, daß sie von ein und demselben Autor stammen. Doch diese Einwände sind nicht stichhaltig. Auch Autoren können ihre Meinung gründlich ändern, außerdem haben die Lesarten nicht alle den gleichen Status. Die Hauptquelle ist stets der Codex Bezae; er wurde allerdings ziemlich spät geschrieben und weist spätere Zusätze zu einem ursprünglichen Textkern auf. Es ist schwierig, diesen ursprünglichen Text genau zu umreißen, doch er existiert mit Sicherheit. In den letzten zehn Jahren wurde die reine Textkritik, die sich mit den augenfälligen Unterschieden befaßte, durch literarische und stilistische Kritik ergänzt. Sofern ein Vergleich überhaupt möglich ist, geht man nun davon aus, daß der Text des zusätzlichen Materials dem deutlich ausgeprägten Stil der restlichen Apostelgeschichte aus der alexandrinischen Tradition entspricht. Selbst die Wissenschaftler, die sich nicht mit dem Gedanken an zwei Originale anfreunden können, müssen nun zugeben, daß im anderen Fall ein sehr früher Christ den Text unmittelbar nach dem eigentlichen Autor im frühen 2. Jahrhundert n. Chr. hätte bearbeiten müssen; auch hätte er den Gedankengang und die Sprache des Autors perfekt kennen müssen. Viele der kleinen Zusätze können nur schwer durch eine spätere Bearbeitung des ursprünglichen Texts erklärt werden. Der Stil und die Tatsache, daß diese Zusätze existieren, deuten eher darauf hin, daß der Autor der Apostelgeschichte seinen eigenen Text nochmals bearbeitet und selbst zwei Fassungen veröffentlicht hat. Nach wie vor ist dies die einleuchtendste Antwort auf eine offene Frage.

Wenn diese Annahme zutrifft, ist vermutlich die längere Fassung jünger, denn Einschübe sind in diesem Fall wahrscheinlicher als Streichungen; allerdings ist auch das umstritten. Allem Anschein nach hat der Autor einzelne Stellen nochmals überarbeitet, um die feindselige Haltung zwischen Christen und Juden zu unterstreichen. Ebenso betonte er nachträglich die entscheidende Bedeutung des Heiligen Geistes. Eine weitere Episode, überraschenderweise in der ersten Person Plural erzählt, wird hinzugefügt, so daß der Leser annehmen muß, der Autor selbst sei ein früher Zeuge der Ereignisse in der christlichen Gemeinde von Antiochia gewesen. Auch in der kürzeren Fassung begegnen wir der Feindseligkeit zwischen Juden und Christen, dem Heiligen Geist und einem plötzlichen Wechsel der Erzählperspektive; in die zweite Version jedoch hat der Autor – denn er war es nach unserer These – diese Elemente verstärkt eingearbeitet. Er fügte einige Details zu Reisebeschreibungen und Planungen hinzu, zum Beispiel wird nun erzählt, daß Paulus in Thessalien nicht gepredigt habe. Einzelne Personen werden klarer charakterisiert. So erfahren wir jetzt, daß die Mutter des Timotheus, eine Jüdin, Witwe war und daß die Söhne des Skeuas, die in Ephesus böse Geister austreiben wollten, nicht Söhne eines obskuren jüdischen Oberpriesters waren, sondern die eines heidnischen Priesters.[11] Durch eine geringfügige Änderung werden aus den »Frauen aus vornehmen Kreisen«, die Paulus in Thessalonike zuhören, »Frauen vornehmer Männer«; dieser Änderung wird in den modernen Studien über die Anziehungskraft, die das frühe Christentum auf unabhängige Frauen von vornehmem Stand ausübte, nicht immer gebührend Rechnung getragen. Wenn nun aber der Autor der Apostelgeschichte tatsächlich zwei Fassungen seines Textes schrieb, welche von beiden ist dann das »unfehlbare« Wort Gottes?

Ähnlich wie die Apostelgeschichte trägt auch eines der Evangelien Spuren einer Überarbeitung durch den Autor. In Johannes 14,31 sagt Jesus während seiner Abschiedsrede beim Letzten Abendmahl: »Steht auf, wir wollen weggehen von hier.« Doch bevor Jesus wirklich mit seinen Jüngern aufbricht, folgen noch drei lange monologische Kapitel. Wir alle kennen Gäste, die sagen, sie müßten jetzt aber wirklich gehen, und dann noch eine halbe Stunde reden, aber solche Gäste gab es bei diesem Abendmahl sicher nicht. In einem verzweifelten Versuch hat man die Wörter »steht auf« als »Aufforderung zu geistiger, nicht zu physischer Bewegung« gedeutet. Doch ist es naheliegender, anzunehmen, daß die Kapitel 15 bis 17 zu einem ursprünglich wesentlich kürzer und straffer gehaltenen Text hinzugefügt wurden. Wir haben es hier also nicht mit zwei verschiedenen Fassungen zu tun, wohl aber mit einem nicht sorgfältig eingearbeiteten Zusatz, der vermutlich aus der Feder des Autors selbst stammt.

Nicht aus der Feder des Autors stammt dagegen ein bekannter Zusatz in Johannes 8,1–11. Heute lesen wir dort Jesu bewegende Verteidigung einer Ehebrecherin, die für ihre Sünden gesteinigt werden sollte. »Wer von euch ohne Sünde ist, werfe als erster einen Stein auf sie«, sagt Jesus. »Auch ich verurteile dich nicht. Geh und sündige von jetzt an nicht mehr!«[12] Die Erzählung fehlt in den erhaltenen Kodizes aus dem 4. Jahrhundert, auf die sich das Neue Testament ansonsten stützt; auch kein alter Papyrus oder frühchristlicher Autor berichtet davon, obwohl das Thema des Ehebruchs durchaus behandelt wurde. Im Stil unterscheidet sich die Stelle nach allgemeiner Lehrmeinung vom Rest des vierten Evangeliums, außerdem stellt sie eine Unterbrechung des Textflusses dar. Bereits um 400 stellte Hieronymus fest, daß die Episode trotz ihres zweifelhaften Ursprungs in vielen griechischen und lateinischen Evangeliumshandschriften enthalten sei. Vielleicht ist sie also durchaus alt, und vielleicht ist sie mit der Geschichte identisch, die Papias im frühen 2. Jahrhundert aus dem falschen »Hebräerevangelium« kannte.

Viele Leser empfinden den Einschub als sehr viel christlicher in seiner Aussage als manches andere im Neuen Testament. Dennoch wurde er von irgendeinem Herausgeber nachträglich eingefügt, und heute sind sich die Textkritiker einig, daß er nicht in das ursprüngliche Evangelium gehört. Viele Führer der frühen christlichen Kirche hatten eine sehr strenge Einstellung zu Sünden im sexuellen Bereich, während diese Szene gelebte christliche Vergebung beschreibt. Sie ist dem Evangelium aus ethischen und ideologischen Gründen eingefügt worden.

Die Unterscheidung zwischen Jesusworten, die Christen in ein existierendes Evangelium eingefügt haben und die möglicherweise im großen und ganzen authentisch sind, und Worten, die ein Evangelist eigenmächtig und wenig überzeugend als Jesusworte ausgegeben hat, ist extrem schwierig. Doch gerade Zusätze wie der eben erwähnte sind es, die uns unter dem Aspekt der Textgeschichte interessieren. Die Szene mit Jesus und der Ehebrecherin wurde also später in das Evangelium eingebaut, wenn auch auf recht auffällige

Weise. Es stellt sich nun aber die Frage, was in den ungefähr einhundert dunklen Jahren, aus denen uns nichts zur Textgeschichte bekannt ist, sonst noch auf womöglich geschicktere Art hinzugefügt worden ist. Und was ist in dieser Zeit herausgestrichen worden? Die Frage drängt sich geradezu auf, wenn wir uns den Schluß des frühesten Evangeliums, des Markusevangeliums, ansehen.[13]

Die ältesten erhaltenen Handschriften dieses Evangeliums enden mit Vers 8 in Kapitel 16; es fehlen die Berichte von den Erscheinungen Jesu, die in den anderen Evangelien die Auferstehung gleichsam bestätigen. Nachdem die Frauen den Engel im Grab gesehen und gehört haben, daß Jesus von den Toten auferstanden sei, »flohen [sie] ... Und sie sagten niemand etwas davon; denn sie fürchteten sich.« Das Lukas- und das Matthäusevangelium scheinen zu bestätigen, daß die frühesten Fassungen des Markusevangeliums hier endeten. Das Ende ist bemerkenswert, und ein kühner Wissenschaftler erklärte, der Leser werde hier Zeuge eines »inadäquaten Verhaltens des Menschen, eines fehlenden Verstehens und einer großen Schwäche angesichts der Offenbarung göttlichen Wirkens«. Ein solches abruptes, rätselhaftes Ende entspricht zudem dem modernen literarischen Geschmack. In neuester Zeit haben Literaturwissenschaftler eine ganze Reihe von Büchern geschrieben, um es als besonders raffiniert zu verteidigen. Das Ende gilt als Beispiel der heute mit wachsender Bewunderung analysierten Sprachkunst des Autors des Evangeliums.

Auch bei anderen alten Texten wirft gerade das Ende Probleme auf; das berühmteste Beispiel ist die *Odyssee* des Homer.[14] Die Wissenschaftler fragen sich, ob die letzten anderthalb Bücher original sind oder ob sie bis zu einem Endpunkt ergänzt wurden, den zwei alexandrinische Gelehrte, die vor 170 v. Chr. lebten, für angemessen hielten; ihrer Meinung nach endete das Epos ursprünglich damit, daß Odysseus und Penelope gemeinsam zu Bett gehen. Der Schluß unseres Markusevangeliums basiert freilich auf dem Zeugnis früher Texte, nicht auf dem früher Textkritiker. Außerdem hat der Zweifel an dem postulierten offenen Ende einen viel einfacheren Grund: Es gibt kein anderes Beispiel dafür, daß eine zusammenhängende Erzählung mit einem so schwachen griechischen Wort wie in Vers 8 abschließt (auf Deutsch »denn«). Und es scheint trotz moderner literaturkritischer Würdigungsversuche unglaubwürdig, daß das erste Evangelium so abrupt geendet haben soll, ohne von dem auferstandenen Jesus zu berichten.

Die finstere Vermutung, der Originalschluß sei gestrichen worden, weil er eine theologisch falsche Aussage enthalten habe, ist nicht sehr überzeugend, denn der Rest des Markusevangeliums enthält nur einfache, direkte Aussagen. Die sinnvollste Erklärung ist, daß der letzte Textteil in einer sehr frühen Abschrift, vielleicht der eigenen Handschrift des Autors, noch enthalten war, dann jedoch verloren ging. Der Verlust war ein Unfall, und sicher wird die christliche Überlieferung, daß Jesus nach seiner Auferstehung den Jüngern erschien, dadurch nicht beeinträchtigt. Paulus hatte diesen Glaubenssatz in seinem Korintherbrief bereits Jahre zuvor bezeugt (1 Kor 15,4). Allerdings ist der Verlust aufschlußreich dafür, wie das erste Evangelium nach seinem Erscheinen behandelt wurde: Es war keineswegs sakrosankt, sondern wurde im Gegenteil reichlich nachlässig behandelt; man ließ sogar zu, daß der Schluß verlorenging.

Die Verse 9 bis 20, die das Evangelium heute abrunden, sind eindeutig ein Zusatz von späterer Hand, was im Gegensatz dazu für die letzten Zeilen der *Odyssee* keineswegs feststeht. Doch wieder bringt uns der Verlust des ursprünglichen Endes gleichzeitig einen Gewinn. Denn in diesen Versen erklärt Jesus den Aposteln, daß die Gläubigen »Schlangen anfassen oder tödliches Gift trinken« können, und »es wird ihnen nicht schaden«. Christen konnten nun also Dinge anfassen, die ein vorsichtiger Jude niemals berühren würde: Man lief nicht Gefahr, sich an den heiligen Schriften der Christen zu »verunreinigen«, und Christen waren noch dazu sicher vor Schlangenbissen. Im Jahre 1909 beeindruckten die Verse den amerikanischen Baptisten George Hensley so sehr, daß er anfing, Schlangen zu halten und sie bei christlichen Versammlungen herumzureichen. Schließlich starb er an einem Schlangenbiß, doch war er damals immerhin schon fünfundsiebzig Jahre alt. Noch heute gibt es in Carolina und Teilen des amerikanischen Südens sogenannte Kirchen Gottes, die die Tradition George Hensleys pflegen.[15] Ihre wichtigste Prüfung für eine christliche Gesinnung steht allerdings auf tönernen Füßen, denn sie stützt sich auf einen Text, den ein späterer Autor dem Evangelium hinzugefügt hat.

9

Von der Schriftrolle zum Buch

I

Die Unsicherheiten der Textgeschichte müssen in einem weiteren Zusammenhang gesehen werden. Solange noch Christen lebten, die die Apostel oder Jesus selbst gekannt hatten, war es nicht von vorrangiger Bedeutung, das Christentum mit einem Kanon von Büchern auszustatten. Einige Paulusbriefe sind verlorengegangen, und dasselbe gilt, wenn wir dem Lukasevangelium Glauben schenken dürfen (Lk 1,1), für einige frühe Erzählungen über Jesus. Auch die letzten Verse einer frühen Handschrift des Markusevangeliums, vielleicht sogar des Originals, kamen irgendwie abhanden. Im späten 2. Jahrhundert wurden Bücher jedoch zum Kennzeichen des christlichen Glaubens. Die Juden schrieben ihre heiligen Texte weiterhin auf gewaltige Schriftrollen aus Pergament oder anderen festen Materialien, während die frühen erhaltenen Papyrusfragmente der christlichen Evangelien und die christlichen Abschriften der jüdischen Texte sämtlich die Form kleiner Bücher oder Kodizes haben. Man hat sogar angenommen, die Christen hätten den Wechsel von der Schriftrolle zum Buch initiiert, der sich dann allmählich auch bei nichtchristlichen Schriften vollzog und das Lesen grundsätzlich veränderte. Unsere ältesten christlichen Papyri sind allerdings nicht sehr zahlreich und stammen ausschließlich aus Ägypten; ihre Datierung ist nach wie vor umstritten. Wahrscheinlicher ist, daß die Christen sich im 2. Jahrhundert lediglich dem Wechsel von der Schriftrolle zum Buch oder Kodex, der damals allgemein stattfand, anschlossen. Entscheidend ist jedoch der Bruch mit der jüdischen Tradition, und über die Gründe dafür ist man sich keineswegs einig.[1] Möglicherweise wollte man sich dadurch Vergleiche verschiedener Passagen oder Texte erleichtern, doch ist auch das kein zwingender Grund für eine solche Umstellung. Einige frühe christliche Bücher enthalten nur einen einzigen Text, in dem man auch in Rollenform leicht hätte nachschlagen können. Im Mittelalter wurden außerdem weiterhin Schriftrollen für offizielle Berichte verwendet, obwohl auch für diese eine leichte Handhabung und ein schnelles Auffinden der jeweils zu konsultierenden Stellen sehr wichtig war. Vielleicht wandten die Christen sich auch nur deshalb der bereits existierenden Form des Papyrusbuchs zu, weil sie sich von den ehrwürdigen jüdischen Schriftrollen und den Synagogen abgrenzen wollten. Solche Papyrusbücher sahen recht schmuddelig aus und unterschieden sich damit deutlich von den kostbaren jüdischen Schriftrollen mit ihrem schönen Schriftbild.

Die Umstellung begann möglicherweise mit den Evangelienabschriften und wurde dann auch bei den alttestamentlichen Büchern vollzogen, die den Christen wichtig waren. Die Entstehung der Buchtradition paßt zu der geringeren Achtung der Christen vor dem geschriebenen Wort. Niemand kam auf den Gedanken, ein christliches Buch könnte so heilig sein, daß es beim Anfassen die Hände verunreinigte. Wenn frühe Christen Zitate verwendeten, die wir heute aus unseren Evangelien kennen, mischten sie oft Worte aus verschiedenen Texten und zitierten sie so, als seien sie eine Einheit. Diese Gewohnheit ist seit den neunziger Jahren des 1. Jahrhunderts belegt und durchaus charakteristisch. Die Christen interessierten sich für »Jesusworte«, ob diese nun schriftlich oder mündlich überliefert waren; sie interessierten sich nicht für einzelne, genau abgegrenzte heilige Texte. Wie heute noch die meisten christlichen Laien waren auch die frühen Christen der Ansicht, daß der eigentliche Wert der Evangelien darin begründet liege, daß sie die Worte Jesu überlieferten. Daß erst die Evangelisten den Texten ihre Form gegeben hatten, sie manchmal sogar erst erfunden hatten, um ihr persönliches Jesusbild zu illustrieren, kümmerte sie weniger.

Diese Einstellung prägt auch den sogenannten 1. Klemensbrief, den die römischen Christen Mitte der neunziger Jahre des 1. Jahrhunderts an die Gemeinde in Korinth schickten. Der Name Klemensbrief ergibt sich nur aus dem Titel, der dem Text noch vor 150 gegeben wurde. Der anonyme Autor bezieht sich zweimal direkt auf »Worte des Herrn Jesus«, doch finden wir an beiden

Stellen kein genaues Zitat eines aus den Evangelien bekannten Jesusworts.[2] Der Autor gibt auch nicht zu erkennen, ob ihm ein schriftliches Neues Testament bekannt ist, und er verweist ganz allgemein nur selten auf andere Texte. Er fordert die Korinther auf, den ihnen vorliegenden Brief des »heiligen Apostels Paulus« zu beachten, und scheint an anderer Stelle auf weitere paulinische Briefe anzuspielen, als ob diese ihm bereits als Teile einer Sammlung bekannt gewesen seien. Ganz sicher kennt er den Hebräerbrief, aber auch er nennt den Namen des anonymen Autors dieses Sendschreibens nicht. Er bezieht sich ferner auf den Brief des Paulus an die Römer (Röm 1,29) und schließt daran ein Zitat aus dem 50. Psalm, das er mit dem Satz einleitet: »Denn in der Schrift heißt es ...« Offenbar waren die Briefe des Paulus für ihn nicht gleichbedeutend mit der Schrift. Es fällt auf, daß er nur an zwei Stellen Worte Jesu zitiert, während er über hundertmal auf Verse aus dem Alten Testament Bezug nimmt. Für diesen Autor ist das Christentum mit Sicherheit noch keine »Buchreligion« mit einem eigenen, festumrissenen Textbestand.

Das Christentum war allerdings bereits auf dem Weg dorthin, doch folgen wir der historischen Entwicklung. Spätestens um das Jahr 100 existierten die vier Evangelien, doch blieb es nicht dabei. Aus dem 2. Jahrhundert sind uns mindestens zehn weitere Evangelien bekannt, darunter ein Thomas-, ein Petrus- und ein Hebräerevangelium sowie ein »Evangelium der Wahrheit«.[3] Einige von ihnen kennen wir inzwischen durch Papyrusfunde aus Ägypten genauer; die dort gefundenen Fragmente sind allerdings nicht immer in der Originalsprache geschrieben. Künftige Überraschungen sind nicht auszuschließen, doch bereits in den letzten hundert Jahren ist unser Wissen über diese Evangelien enorm gewachsen.

Man könnte die Texte als sekundäre Erfindungen abtun, die unseren vier biblischen Evangelien nichts von historischem Wert hinzuzufügen haben. Tatsächlich bieten sie eine bunte Mischung. Sie bestehen zum Teil aus aneinandergereihten Jesusworten, zum Teil haben sie auch eine Rahmenerzählung, die allerdings kaum so umfangreich gewesen sein dürfte wie die der biblischen Evangelien. Im Petrusevangelium findet sich ein Bericht über Leiden, Sterben und Auferstehung Jesu, in den eine eindrucksvolle Beschreibung des auferstehenden Jesus aus der Sicht der römischen

Grabwächter eingefügt ist. Die Geschichte ist voller Anspielungen auf das Alte Testament, zugleich aber eindeutig Ergebnis einer Bearbeitung der Passionsgeschichte in den vier Hauptevangelien. Sie holte die Beschreibung des eigentlichen Auferstehungsgeschehens nach und schloß so eine Lücke der biblischen Evangelien.

Die Entstehungsgeschichte der Evangeliumstexte ist nicht immer so offensichtlich wie im Fall des Petrusevangeliums; insbesondere zwei Texte stellen uns vor Probleme. Da ist einmal ein anonymes Evangelium, von dem vier Fragmente auf einem Papyrus in Ägypten gefunden und 1935 veröffentlicht wurden. Der Papyrustext ist spätestens Mitte des 2. Jahrhunderts, möglicherweise bereits im Jahre 120 auf Griechisch geschrieben worden; der Wortlaut selbst könnte sogar noch älter sein. Er wurde von einem frühen Christen für die private Lektüre aufgeschrieben.

Das zweite Evangelium ist eine Sammlung von Jesusworten, die bereits ein wechselhaftes Schicksal hinter sich hatte, bevor sie Anfang bis Mitte des 4. Jahrhunderts auf einem koptischen Papyrus auftauchte. Sie ist als Thomasevangelium bekannt; der Name begegnet uns erstmals bei einem christlichen Autor, der um 200–230 schrieb; allerdings beschreibt er den Inhalt des Evangeliums anders, als wir ihn heute kennen.

Diese beiden nicht in die Bibel aufgenommenen Evangelien unterscheiden sich in ihrer Form stark voneinander. Den 1935 veröffentlichten Resten nach zu urteilen, war das »Unbekannte Evangelium« eine Erzählung, die vermutlich eine Passionsgeschichte in voller Länge beinhaltete.[4] Die wenigen griechischen Fragmente enthalten eine Diskussion Jesu mit den Schriftgelehrten und dem Volk über seine Vollmacht, zu lehren, ferner die Beschreibung, wie er entkam, als das Volk ihn steinigen und die Herrscher ihn verhaften wollten. Außerdem finden wir die Geschichte der Heilung eines Leprakranken, die ausdrücklich berichtet, daß Jesus während einer Reise mit Leprakranken und durch ein gemeinsames Mahl mit ihnen in einem Gasthaus angesteckt worden sei. Wir lesen, wie Jesus eine Frage zu Abgaben, die man an Könige entrichten soll, beiseite wischt und wie er am Jordan durch das Ausstrecken der rechten Hand ein Wunder wirkt, von dem trotz des nur bruchstückhaft erhaltenen Texts angenommen werden kann, daß es sehr willkommen war – der Text scheint die Worte »sandte Früchte« zu enthalten. Von dieser Wundererzählung abgesehen ähneln die meisten Fragmente Stellen in unseren synoptischen Evangelien und Jesusworten aus dem Johannesevangelium, doch ist der Stil des Autors und die Anordnung der Episoden anders als in den biblischen Texten. Stützte er sich also auf eine mündliche Überlieferung der Worte Jesu, aus der auch die vier Evangelisten schöpften, oder ging er von deren Texten aus und fügte einige weitere überlieferte Begebenheiten hinzu? Die ersten modernen Herausgeber des Papyrus gingen sogar so weit, zu vermuten, daß das Werk eine Quelle des vierten Evangelisten gewesen sei, weil ein im »Unbekannten Evangelium« aufgeführtes Jesuswort beinahe identisch mit Johannes 5,39 ist. Meiner Ansicht nach stützte sich der Autor des »Unbekannten Evangeliums« jedoch auf die Texte unserer vier Hauptevangelien; er wählte gezielt Stellen aus, formulierte sie um und ordnete sie neu. Daneben fügte er Teile ein, die er aus anderen, mündlichen Überlieferungen kannte. Sein Evangelium ist in weiten Teilen, jedoch nicht überall, ein sekundärer Text.

Vielleicht stellen wir allerdings eines Tages fest, daß es älter ist als vermutet. Ein neuer Papyrusfund könnte alles ändern. Auch jetzt ist das »Unbekannte Evangelium« weniger wegen seines Inhalts von Bedeutung als aufgrund seiner bloßen Existenz. Wissenschaftler, die den Text auf die Zeit nach Abfassung der vier biblischen Evangelien datieren, müssen gleichzeitig einräumen, daß die Existenz dieser Evangelien das Entstehen alternativer Berichte nicht ausschloß. Das »Unbekannte Evangelium« war das Eigentum eines einzelnen Christen, der den Text für seine private Lektüre besitzen wollte. Der Text macht keinen parteiischeren oder in irgendeiner Weise fragwürdigeren Eindruck als die biblischen Evangelien. Diese hatten im frühen 2. Jahrhundert offenbar noch nicht dieselbe herausragende Bedeutung wie heute.

Im Gegensatz zum »Unbekannten Evangelium« ist das Thomasevangelium kein Bericht. Es existiert in verschiedenen Fassungen, doch den vollständigsten Text verdanken wir dem Papyrusfund von Nag Hammadi in Ägypten; er enthält einhundertvierzehn Jesusworte auf Koptisch.[5] Seit der Erforschung dieser Verse in den fünfziger Jahren unseres Jahrhunderts haben sich einige Wissenschaftler die Frage gestellt, ob nicht manche der Sprüche authentischer seien als vergleichbare Jesusworte in unseren biblischen Evangelien. Vielleicht hat Jesus tatsächlich gesagt »Werdet Vorübergehende« (Spruch 42) oder »Liebe deinen Bruder wie deine Seele« (Spruch 25). Es wäre durchaus faszinierend, wenn Spruch 95 des Thomasevangeliums authentischer wäre als die entsprechenden Verse im Lukasevangelium: »Wenn ihr Geld habt, leiht nicht auf Zinsen, sondern gebt dem, von dem ihr es nicht zurückerhalten werdet.« Wäre es nicht amüsant, wenn Jesus sich ausdrücklich gegen die Tätigkeit eines Bankiers ausgesprochen hätte? Oder wenn Spruch 114 tatsächlich ein Wort Jesu und nicht die Erfindung eines frühen Christen wäre: »Simon Petrus sagte zu ihm: Maria soll von uns weggehen! Denn die Frauen sind des Lebens nicht würdig. Jesus sprach: Siehe, ich werde sie führen, daß ich sie zum Mann mache, damit auch sie ein lebendiger Geist wird, der euch Männern gleicht. Denn jede Frau, die sich zum Manne macht, wird eingehen in das Königreich der Himmel.«

Die Frage nach der Authentizität führt jedoch meiner Ansicht nach in eine andere Richtung. Teile des Materials, auf dem das Thomasevangelium basiert, stammen aus der Mitte des 2. Jahrhunderts, vermutlich sind sie sogar noch älter. Der Text entstand um das Jahr 120 und muß im Kontext der Jesusworte gesehen werden, die Papias und andere neben unseren biblischen Evangelien kannten. Wie die biblischen Evangelien, so ist auch das Thomasevangelium um bestimmte Themen aufgebaut; bei Thomas sind es die Suche und der Erwerb von Wissen, das Gottesähnliche in jedem Christen, das ehelose Leben und die Ablehnung von Sexualität und Weiblichkeit. Diese Themen wirken ungewöhnlicher als die unserer vier Evangelien, außerdem steht Jesus hier außerhalb des historischen jüdischen Umfelds. Aber auch »unsere« Evangelisten wählen aus, ordnen und formulieren selbst manches Wort, das sie Jesus zuschreiben. Überschneidungen zwischen den vier biblischen Evangelien und dem Thomasevangelium oder dem »Unbekannten Evangelium« erinnern uns daran, daß Jesusworte in verschiedenen Formen überliefert worden sind. Man kann nicht sagen, eines sei authentisch, ein anderes dagegen nicht. Sie sind alle nicht authentisch oder genaue Zitate der Worte Jesu. Sie drücken aus, was Jesus für einen frühen Christen verkörperte, ob dieser nun Autor eines synoptischen Evangeliums, des »Unbekannten Evangeliums« oder der Sprüche des Thomasevangeliums war. Es ist ziemlich unwahrscheinlich, daß Jesus jemals gesagt hat, Frauen sollten sich zu Männern machen, und vielleicht haben sich die Apostel nie so offen sexistisch gezeigt wie der Simon Petrus des Thomas. Doch war die frühe Christenheit mit einer Vereinnahmung der Apostel schnell bei der Hand, wenn es um Fragen ging, die für die christlichen Kirchen bis heute aktuell sind.

II

Erst aus den siebziger Jahren des 2. Jahrhunderts wird uns von einem Christen berichtet, der davon ausging, daß vier Evangelien, unseren vier synoptischen Evangelien, eine Sonderstellung gebühre. Damals nämlich erstellte Tatian seine Evangelienharmonie, in der er diese vier zu einem einzigen Text verband. Bereits in den vierziger Jahren desselben Jahrhunderts hatte Marcion die Ansicht vertreten, daß ein einziges Evangelium genüge, wobei er an das Lukasevangelium dachte; doch selbst aus diesem einen Text mußte er noch »störende« Teile entfernen, um ein befriedigendes Ergebnis zu erzielen. Zur selben Zeit entstanden weitere Evangelien, etwa das »Evangelium der Wahrheit«.

Man hat oft angenommen, Häresie sei der erste Anlaß gewesen, die vier biblischen Evangelien als die maßgeblichen zu definieren, und Marcion und die Verfasser anderer Evangelien sollten durch diesen Schritt in ihre Schranken verwiesen werden. Vielleicht brachte man den vier Hauptevangelien angesichts der Konkurrenz mehr Achtung entgegen, doch sicher ist diese Achtung nicht erst durch die anderen Evangelien entstanden. Das Thomasevangelium besteht nur aus Jesusworten, es enthält keinen eigentlichen Bericht. Was das Petrusevangelium angeht, so kann nur ein exzentrischer moderner Wissenschaftler auf die Idee kommen, seine Berichte von Passion und Auferstehung seien authentischer als die der biblischen Evangelien; bei Petrus steht mehr, doch hat der Text keine größere Autorität. Die Unterschiede sind recht offensichtlich. Die Fragmente des »Unbekannten Evangeliums« stützen sich meiner Ansicht nach auf die vier biblischen Evangelien, obwohl sie weitere Ergänzungen enthalten. Diese Anlehnung ist an sich schon ein Ausdruck der Hochachtung, auch wenn der Autor des

»Unbekannten Evangeliums« neben den synoptischen Evangelien weitere Texte gelesen hatte. Das hatten auch andere: Noch um die Wende vom 2. zum 3. Jahrhundert zitierte der christliche Intellektuelle Clemens von Alexandria aus dem »Ägypterevangelium« und interpretierte ein Jesuswort daraus, obwohl er genau wußte, daß es nicht zu den vier Hauptevangelien gehörte.[6] Um das Jahr 200 stellte der Bischof von Antiochia fest, daß das Petrusevangelium in einer kilikischen Kirche sehr geschätzt wurde. Solange er glaubte, es sei harmlos, war er durchaus bereit, es weiter lesen zu lassen, doch als er dann feststellte, daß es häretische Lehren beinhaltete – es leugnete die Leiden Jesu –, sprach er den Wunsch aus, es nicht mehr in der Kirche zu benutzen. Immerhin räumte er ein, daß der Text in weiten Teilen mit dem richtigen Glauben in Einklang stand.

Was den Rest des Neuen Testaments betrifft, so existierte möglicherweise bereits in den neunziger Jahren des 1. Jahrhunderts eine Sammlung der Paulusbriefe, mit Sicherheit gab es sie jedoch um 120. Zur Zeit des 1. Klemensbriefs kann sie schon vorgelegen haben, der Autor des 2. Petrusbriefs kannte sie sicher. Vielleicht gehörten bereits damals auch die beiden untergeschobenen Timotheusbriefe zur Sammlung. Bei anderen Texten waren die christlichen Leser weniger leichtgläubig und stellten die Autorschaft weiterhin in Frage, so etwa bei den Petrusbriefen, vor allem beim 2. Petrusbrief, einem Teil der Johannesbriefe und besonders bei der Offenbarung. Häufig argumentierten sie dabei äußerst scharfsinnig, und es steht fest, daß unter Pseudonym schreibende Autoren kein leichtes Spiel mehr hatten, seitdem Gelehrte begonnen hatten, sich intensiv mit den Texten auseinanderzusetzen. Einige Wissenschaftler vertreten die Ansicht, Kirche und Neues Testament hätten sich gemeinsam entwickelt, seien gleichsam zusammen gewachsen; es war allerdings eine Beziehung, die, wie meist unter Geschwistern, keineswegs immer und überall harmonisch verlief.

Erst im 4. Jahrhundert stellt ein christlicher Autor eine Liste genau der Bücher auf, die wir heute in der Bibel finden und die wir als eine Einheit sehen, die keine Veränderung zuläßt. Im Jahre 367 sandte der große Bischof Athanasios von Alexandria[7] seinen griechischsprachigen Kirchen einen Brief, in dem er die siebenundzwanzig Bücher unseres Neuen Testaments aufführte. Er nannte sie die einzigen »Quellen der Erlösung«, zu denen man nichts hinzufügen und von denen man nichts wegnehmen dürfe. Im lateinischsprachigen Westen bildete sich eine ähnliche Liste Mitte des 4. Jahrhunderts heraus;[8] gewöhnlich wird in diesem Zusammenhang auf den Kommentar des Augustinus hingewiesen sowie auf zwei Konzile in Nordafrika in den Jahren 393 und 397, auf denen unser Kanon gebilligt wurde. Ganz offensichtlich herrschte freilich besonders unter den griechischsprachigen Gebildeten weiterhin Uneinigkeit. Auf Konzilen im Osten diskutierte man auch später noch über anerkannte Kanones heiliger Schriften, und man kam dabei nicht immer zum gleichen Ergebnis. In den siebziger Jahren des 4. Jahrhunderts hatte besonders Epiphanios, ein Bischof auf Zypern, eine feine Nase für häretische Schriften, doch auch er setzte weiterhin die verdächtige Weisheit Salomos an das Ende seiner Liste neutestamentlicher Bücher;[9] möglicherweise teilte er die Ansicht mancher seiner Mitchristen, daß Philon, ein jüdischer Zeitgenosse des Paulus, dieses Buch geschrieben habe. Selbst im Westen mußte der Schriftenkanon trotz der Autorität des Augustinus und der verschiedenen lokalen Konzile immer wieder bestätigt werden. Die zahlreichen Christen, die außerhalb der lateinischen und griechischen Kirchen lebten, hätten den Gedanken eines klar umrissenen Kanons sicher sonderbar gefunden. Unter den östlichen Kirchen erkennt die Syrisch-Orthodoxe Kirche noch heute nur zweiundzwanzig unserer siebenundzwanzig neutestamentlichen Bücher für die Lesung im Gottesdienst an.[10] Die frühen syrischen Christen nahmen zusätzlich einen falschen 3. Brief des Paulus an die Korinther auf. Auch die Armenische Kirche hielt den Text für echt, und Lord Byron übersetzte den falschen Brief schließlich aus dem Armenischen ins Englische. Dagegen erkannte die Äthiopische Kirche weiterhin zwei verschiedene Fassungen des Kanons an, von denen eine sogar noch acht zusätzliche Bücher enthält, darunter den Klemensbrief und ein Buch des Bundes in zwei Teilen.

Wir könnten noch eine Vielzahl weiterer abweichender Kanones und lokaler Besonderheiten entdecken, doch schon jetzt sehen wir zweierlei bestätigt: Es gab nie eine zentrale Sammlung und Festschreibung eines Neuen Testaments für alle frühchristlichen Kirchen, genausowenig wie zuvor ein jüdischer Kanon für die hebräischen heiligen Schriften zentral festgelegt worden war. Feste Kanones neutestamentlicher Bücher entstanden erst, als sich die Menschen verstärkt den Texten widmeten. Dreihundert Jahre lang war die Christenheit ohne solche Kanones ausgekommen, und selbst als es sie gab, wurden sie nicht von allen Gläubigen in der gleichen Form anerkannt. Die alttestamentlichen Bücherlisten waren sogar noch umstrittener. Hier gewann die historische Zahl zweiundzwanzig, die in Judäa vor dem Jahr 70 kursierte, eine neue Bedeutung, nicht zuletzt als Reaktion der Juden darauf, daß die Christen aus zahlreichen Büchern zu zitieren pflegten, deren Autorität von jüdischen Hörern nicht akzeptiert wurde.

Es ist also ganz offensichtlich unmöglich, als Beweis oder Ergebnis der Führung der ersten Christen durch den Heiligen Geist die Einigkeit über einen Kanon von Schriften anzuführen. Selbst ein Atheist sieht den Unterschied zwischen einem schwülstigen oder stark ideologisch geprägten späten Evangelium und einem der vier anerkannten Evangelien. Andererseits zitierten auch Christen, die sich an die vier heute akzeptierten Evangelien hielten, hin und wieder aus einem der anderen Evangelien. In bezug auf die weiteren Bücher des Neuen Testament wurde nie eine abschließende Einigung erzielt; dies zu behaupten hieße, die Listen der Syrischen, Äthiopischen und Griechisch-Orthodoxen Kirche zu ignorieren und diesen damit die Teilhabe am Heiligen Geist abzusprechen. Gleiches müßte man dann auch mit den vielen griechisch schreibenden Christen tun, die in den ersten siebenhundert Jahren der Kirchengeschichte so feinsinnige Beiträge zur christlichen Theologie beisteuerten.

Wenn wir heute unser Neues Testament lesen, so halten wir eine Sammlung von Büchern in Händen, die einige christliche Bischöfe auf zwei Konzilen, die über dreihundert Jahre nach Jesu Tod stattfanden, billigten und durchsetzten; der Kanon der alttestamentlichen Bücher war zu keiner Zeit so klar abgegrenzt, deshalb wurden gerade die weniger zentralen Texte auch später noch von den Christen benutzt, um gegen Juden zu argumentieren. Dreihundert Jahre sind eine lange Zeit. Können die so spät entstandenen Sammlungen wirklich eine Einheit begründen, deren Autorität uns zu einem besseren Verständnis der Bibel verhilft? Eher bergen sie doch in ihrer heutigen Form die große Gefahr eines Mißverständnisses.

Mit Hilfe von Autorennamen und der Aufteilung in einzelne Bücher wird das reiche Durcheinander der alttestamentlichen Geschichte zu einer scheinbaren Ordnung komprimiert; doch die alttestamentlichen Texte unserer Standardbibel sind lediglich eine Fassung des hebräischen Textes, die im 7. und 8. Jahrhundert n. Chr. von wohlmeinenden Gelehrten ausgewählt wurde. Es war nicht die einzige existierende Fassung, und beim Einfügen der Vokale konnten die Gelehrten durchaus auch einmal falsch raten. Auch das Neue Testament läuft Gefahr, unzulässig komprimiert und vereinheitlicht zu werden. Dabei stammt das Matthäusevangelium nicht von Matthäus; die Timotheus-, Titus- und Hebräerbriefe sind nicht von Paulus geschrieben worden; die Petrusbriefe stammen nicht von Petrus, und hinsichtlich des Jakobus- und des Judasbriefs bestehen ernste Zweifel. Und egal, ob sich nun hinter den verschiedenen Autoren mit Namen Johannes ein und dieselbe Person verbirgt oder nicht und ob es sich dabei um den Apostel handelt, fest steht jedenfalls, daß die Aufnahme des 3. Johannesbriefs in die Heilige Schrift den Vorstand der christlichen Gemeinde, der in ihm gerügt wird, in große Bestürzung versetzt hätte.[11] Dieser Mann hatte sich geweigert, den Briefschreiber oder seine »lieben Brüder« aufzunehmen, und diejenigen Gemeindemitglieder, die sie aufnehmen wollten, »[schloß er] … aus der Gemeinde aus«. Aller Wahrscheinlichkeit nach nahm auch dieser Gemeindevorstand für sich in Anspruch, vom Heiligen Geist geleitet zu sein, doch wies er ausgerechnet den Mann ab, dessen Briefe wir heute in der Heiligen Schrift lesen.

Die Komprimierung und Festlegung auf einen Kanon fällt deshalb ins Gewicht, weil sie wesentliche historische Wahrheiten verschleiert. Außerhalb des Neuen Testaments gibt es eindeutige Belege dafür, daß Texte unter fremdem Namen verfaßt wurden. In der Zeit zwischen 400 und 600 wurden die Sammlungen fast aller frühchristlichen Briefschreiber durch »aggressive Fälschungen« aufgebläht. Diese gefälschten theologischen Texte machten es möglich, die großen Persönlichkeiten der Vergangenheit in einem Schisma oder Streit um den rechten Glauben für die eine oder andere Partei in Anspruch zu nehmen. Ein Kirchenhistoriker bemerkte ganz richtig:

199

Unter solchen Umständen grenzt die Erhaltung irgendwelcher authentischer Texte geradezu an ein Wunder. Die Bedürfnisse der dogmatischen Theologie richteten sich nicht an der historischen Überlieferung aus. [Um 600] war es zu einer Verzerrung eben jener historischen Materialien gekommen, auf die die Theologie sich angeblich stützte. Das völlige Fehlen eines Verständnisses für geschichtliche Entwicklungen machte es möglich, daß echte und falsche Dokumente so gründlich vermischt wurden, daß man sie über tausend Jahre lang nicht mehr entwirren konnte.[12]

Eine kritische christliche Geistesgeschichte hätte vor dem Jahr 1500 überhaupt nicht in Angriff genommen werden können, weil die Christen selbst immer weitere Fälschungen schufen.

Dieselbe Gefahr besteht auch beim Neuen Testament. Wenn man die Namen der neutestamentlichen Autoren, die Titel der Bücher und die Vorstellung eines endgültig festgeschriebenen Kanons ganz unbefangen betrachtet, entsteht der Eindruck, die Heilige Schrift sei von den Aposteln und ihren Zeitgenossen abgeschlossen worden, und das vollständige Konzept des christlichen Glaubens und der christlichen Religionsausübung sei bereits in den Jesusworten und den infolge von Eingebung niedergeschriebenen Texten der Apostel enthalten. Tatsächlich war es jedoch so, daß viele zentrale Themen erst im Laufe der Zeit aufkamen und infolgedessen auch die entsprechenden Aussagen der Evangelien später entstanden.[13] Diese historische Tatsache ist für das christliche Selbstverständnis von herausragender Bedeutung. Die Christen hatten vier Evangelien, nicht nur eines, und außerdem im übrigen Kanon eine ganze Reihe von Texten aus verschiedenen Zeiten. Ähnlich wie die hebräischen heiligen Schriften zeichneten sich auch die christlichen durch Inkohärenz aus. Durch die Zusammenfassung der Texte in einer Bibel wurden diese Unterschiede nicht aufgehoben, und es entstand dadurch auch keine Autorität, die über die ursprüngliche Bedeutung der Texte hinausgegangen wäre. Im späten 4. Jahrhundert empfahl ein Heide Augustinus in einem Brief die heidnischen Götter, weil sie auf der ganzen Welt in »einheitlicher Uneinigkeit«, wie er es nannte, verehrt würden. Eine ähnliche Uneinigkeit stellen wir noch heute in unserer Bibel fest; ihre Autoren waren schließlich auch nur Menschen.

10
Die Heilige Schrift im Original?

Aufgrund ihrer wirklich chaotischen Entstehungsgeschichte läßt sich in der Bibel keine Kohärenz ausmachen, die es rechtfertigen würde, von einer »biblischen« Wahrheit zu sprechen. Nach einer über tausendjährigen Entwicklung wurde schließlich ein Kanon zusammengestellt, doch haben wir es nicht mit einem einheitlichen »Werk« zu tun. Die Vorstellung, man müsse von diesem Kanon ausgehen, um zu einem tieferen Verständnis der Heiligen Schrift zu gelangen, ist ausgesprochen naiv. Die Kirchen haben jeweils verschiedene Listen von Büchern als kanonisch akzeptiert und lesen sie mit einem besonderen Vorverständnis, denn in ihrer jeweiligen Tradition haben die Texte Autorität. Aber diese Tradition ist nicht über jede andere mögliche Lesart erhaben. Ein Leser ist schließlich nicht durch sämtliche früheren Leser gebunden. Liest man alle diese Texte als Einheit, ist die Gefahr groß, daß sie falsch interpretiert werden. Solche Fehlinterpretationen können sehr interessant sein, wie etwa der Gedanke, Jesaja habe Jesu Geburt vorausgesagt; doch sind sie deswegen noch nicht wahr. Wenn Texte zusammengefaßt werden, wenn ein Text im Lichte eines anderen gelesen wird, wird der ursprüngliche Text beziehungsweise seine ursprüngliche Bedeutung dadurch nicht aufgehoben; es wird lediglich eine neue Lesart begründet, die häufig auch falsch ist. Mitunter ist vielleicht sogar eine bewußte Fälschung im Spiel.

Selbst einzelne Bücher unserer Bibel sind in ihrer heutigen Form bereits »ausgestopft« und überarbeitet. Das gilt für einen Großteil der hebräischen Schriften, nicht nur für die prophetischen Bücher, sondern auch für die erzählenden Texte und Weisheitssammlungen. Wie vom Buch Jeremia gab es auch von den Samuelbüchern ursprünglich mehrere, verschieden lange Fassungen. Die Bücher

Ijob und Kohelet wurden von Herausgebern so sehr bearbeitet, daß sie heute keinen durchgehenden Sinn mehr ergeben.[1] Wir glauben zwar alle, wir wüßten mehr oder weniger, um was es in diesen Büchern geht, doch enthalten sie zahlreiche unklare Stellen, nicht zuletzt aufgrund der eingefügten Kommentare oder Textstücke späterer Herausgeber und Überarbeiter, die den Tenor des Originaltextes verfälscht haben. Diese Zusätze erleichtern uns das Verständnis der Bücher Ijob oder Kohelet nicht, ganz im Gegenteil – die Texte sind jetzt schwerer zu verstehen. Sie mögen Literaturwissenschaftler und Fundamentalisten begeistern, doch bleibt es dabei, daß älteren Büchern späteres Material hinzugefügt wurde. Dies festzustellen ist keine »subjektive Voreingenommenheit« und kein Hokuspokus eines Historikers, wie manche Literaturwissenschaftler es genannt haben. Ein Historiker analysiert den ihm vorliegenden Text. Er sucht nicht, von der Phantasie geleitet, nach einem reineren früheren Zustand des Textes, sondern stützt seine Analyse auf historische Methoden und Beweise.

Auch negative Ergebnisse können dabei sehr wichtig sein. Vor allem in bezug auf das Alte Testament haben uns Historiker zu der Einsicht verholfen, daß wir nicht darauf hoffen können, einen ersten, »ursprünglichen« Text zu finden. Dennoch gibt es weiterhin Menschen, die dieses Original unbedingt rekonstruiert sehen wollen. Ein internationales Komitee zu Problemen des alttestamentlichen Textes, das unlängst zusammentrat, setzte sich zum Ziel, fünftausend wichtige Stellen im Alten Testament zu untersuchen, an denen ein hebräisches Wort steht, das so unklar ist, daß es möglicherweise berichtigt werden muß.[2] Solche Berichtigungen werfen schwierige methodische Probleme auf – dürfen wir ein hebräisches Wort mit anderen semitischen Wörtern, beispielsweise einem arabischen Wort, vergleichen und aus dem Vergleich auf eine neue, sonst nicht belegte Wortbedeutung schließen?[3] Doch noch viel schwerer wiegt ein anderes, grundsätzlicheres Problem: Bereits der Ausgangspunkt einer solchen Untersuchung, der erst spät zusammengestellte hebräische Text der Masoreten, kam unter Ausschluß einer ganzen Reihe älterer Textvarianten zustande. Schon dieser Text ist nur eine Fassung, die durch die Willkür der Gewohnheit geheiligt wurde.

Für das Neue Testament wurde 1966 vom Weltbund der Bibelgesellschaften ein griechischer Text für Studenten und Übersetzer herausgegeben, der ebenfalls als Standardtext bezeichnet wurde.[4] Das Komitee, das mit seiner Ausarbeitung betraut war, vertrat die Ansicht, daß es für zweitausend Stellen mehr oder weniger bedeutsame alternative Lesarten gebe, die in guten Handschriften überliefert seien, und wählte zwischen ihnen aus. Bis 1975 mußte dieser griechische Text bereits zweimal überarbeitet werden, weil in jeder überarbeiteten Version weitere Fehler und Verbesserungsmöglichkeiten gefunden wurden. Doch das Entscheidende ist, daß das Ziel, eine Standardfassung zu erarbeiten, als solches unrealistisch und irreführend ist. Angesichts der Vielfalt von Texten, die wir besitzen, bedeutet jede Standardisierung einen Verlust. Sie kann uns den genauen Wortlaut dessen, was Paulus oder die Evangelisten ursprünglich geschrieben haben, nicht wiedergeben.

Der Historiker versucht deshalb nicht, einen makellosen Originaltext ausfindig zu machen. Die nicht standardisierten Fassungen bedeuten für ihn im Wirrwarr der Texte eher einen Gewinn als einen Verlust. Allerdings hat diese Erkenntnis Folgen für den Status der überarbeiteten oder standardisierten Textfassungen, die moderne Übersetzer anstreben. Es ist etwas ganz anderes, ob man das Deutsch der Lutherbibel oder das Englisch der King James Bible von 1611 ändert, weil wir uns heute sicher sind, daß ein hebräisches oder griechisches Wort eine andere Bedeutung hat, und ob man eine solche Änderung vornimmt, um dem Originaltext näher zu kommen. Der Originaltext des Alten Testaments ist für uns verloren, und für die griechischen Texte des Neuen Testaments gibt es ohnehin nur unbedeutende Varianten und Alternativen, die hundert Jahre und mehr nach der Zeit entstanden sind, in der die Evangelien vermutlich abgefaßt wurden. »Literarische Authentizität« ist für die Übersetzungen des Alten und meiner Ansicht nach auch des Neuen Testaments ein falsches Ideal. Da die originalen Texte verlorengegangen sind, wird uns eine »biblische Authentizität«[5] als verlockender Ersatz angeboten. Es gibt heilige Schriften, jedoch keine Heilige Schrift, soweit wir nach unserem derzeitigen Wissensstand urteilen können. Also sollte jede Lesergruppe diejenige Form der Schriften verwenden können, auf der ihre besondere Tradition der Liturgie, Gebete, Kirchenlieder und Sprache fußt. Für den englischen Sprachraum ist die besondere Bedeutung der King James Bible heute noch unbestritten und sollte es auch bleiben. Entsprechendes gilt für die griechische Septuaginta. Die Juden benutzen zu Recht die masoretische Fassung, die bei ihnen seit Jahrhunderten in Vortrag und Liturgie Verwendung findet. Die Tatsache, daß das Original nicht wiederhergestellt werden kann, hat auch zur Folge, daß den beliebtesten Bibelübersetzungen mehr Autorität zukommt, als so mancher moderne Übersetzungskritiker wahrhaben möchte.

Zum Kanon bleibt zu sagen, daß er sich weniger mit einem Raum mit ausgestopften Ritzen vergleichen läßt als vielmehr mit einem Zimmer, das Gegenstände aus verschiedenen Epochen enthält, die nach einer allgemeinen Vereinbarung weder ergänzt noch entfernt werden dürfen. Diese Gegenstände ergeben nun zwar ihrerseits ein neues Ganzes, ein Interieur mit eigenem Stil, doch verlieren sie dadurch nicht ihre ursprüngliche Eigenart. Ein Stuhl bleibt ein Stuhl und ein Spieltisch ein Spieltisch, selbst wenn wir ihn heute als Schreibtisch oder Blumentisch verwenden. Texte haben darüber hinaus eine Aussage, sie sind keine stummen Gegenstände. Das Kriterium von ursprünglicher Aussage und richtiger oder falscher Interpretation wird heute selten an andere Kunstgattungen angelegt. Opern werden zum Beispiel gerne in modernen Kostümen und mit aktuellen Bühnenbildern aufgeführt. Versuche, die Musik Johann Sebastian Bachs oder seiner Vorgänger möglichst originalgetreu und unter den ursprünglichen Bedingungen aufzuführen, wurden wieder aufgegeben, weil man erkannte, daß man einem falschen Ideal gerecht zu werden suchte und daß diese Interpretationsmöglichkeit nur eine von vielen ist.[6] Gemälde werden häufig in neuen Zusammenstellungen gezeigt, als ändere die Anordnung zweier Bilder nebeneinander das Wesen beider. Interpretation gehört notwendig zur Kunst, was macht es also aus, wenn unsere Interpretation neu oder individuell ist? Warum sollten wir uns bei der Lektüre von Büchern weniger Freiheiten herausnehmen als in der Malerei oder Musik? Wollen nicht auch die Historiker uns fesseln wie die Philister einst den Simson?

Texte verwenden Worte, um eine Aussage mitzuteilen. Ein biblischer Text kann mehrere unbekannte Verfasser mit unterschiedlichen, vielleicht sogar entgegengesetzten Absichten haben; die Texte spiegeln diese Absichten wider, auch wenn ihre Aussage darüber hinausgeht. Musik kennt keine solchen konkreten Bezüge, sie ist in dieser Beziehung weniger leicht faßlich, doch in der Malerei gibt es ebenfalls die Möglichkeit des Bezugs zwischen Bild und Gegenstand, und Verstehen kann dann nur aus beidem erwachsen. Wenn wir uns eine Landschaft von Camille Corot mit Pappeln und Weiden neben den goldenen Fernen einer klassischen Landschaft von Claude Lorrain ansehen, kann sich dadurch unser Blick für beide Bilder ändern, doch die Bedeutung des Dargestellten ändert sich nicht. Bei Claude Lorrain sehen wir nach wie vor einen verzauberten Palast, den Amor für seine Besuche bei Psyche nutzt. Gleiches gilt für Texte. Wir können sie im Licht anderer, jüngerer Schriften lesen oder mit dem Glauben einer späteren Zeit interpretieren, doch werden wir sie dann wahrscheinlich mißverstehen. Obwohl das Hohelied in die Bibel aufgenommen wurde, bleibt es eine Sammlung erotischer Dichtung. Und trotz des Neuen Testaments ist der Immanuel des Jesaja ein Kind, das im 8. Jahrhundert v. Chr. von einer jungen Frau geboren wurde, und nicht der Knabe, der später von einer Jungfrau geboren werden sollte.

TEIL DREI

11
Auffassungen von Geschichte

Unsere Bibel entstand im Verlauf einer langen und faszinierenden Entwicklung aus allmählich anwachsenden Sammlungen unterschiedlicher Textsorten. Parallel dazu entwickelten sich verschiedene, überwiegend falsche Vorstellungen in bezug auf die Verfasser der einzelnen Texte. Die einzigartige Entstehungsgeschichte garantiert jedoch nicht den Wahrheitsgehalt dieses Buches. Der Kanon der Bibeltexte ist spät entstanden und stellt eine nachträgliche Auswahl dar. Er liegt der heutigen Bibel einiger christlicher Kirchen zugrunde, aber er hat widersprüchlichen Aussagen keine neue Kohärenz gegeben. Trotz solcher Widersprüche findet sich bei richtiger Auswahl eine kleinere Zahl von Aussagen, die im Prinzip durchaus kohärent sind. Damit sie aber als wahr gelten können, müssen sie auch den Tatsachen entsprechen. Diese Antwort auf die Frage des Pilatus nach der Wahrheit soll in den folgenden Kapiteln als Richtschnur dienen. Ich möchte untersuchen, ob bestimmte Teile der Heiligen Schrift dieser Anforderung genügen, ob sie also mit den historischen Tatsachen übereinstimmen.

Historiker sind mit dem Korrespondenzproblem, dem Problem der Übereinstimmung zwischen Aussage und Sachverhalt, vertraut und wissen, daß es nicht leicht zu lösen ist. Die biblischen Bücher umfassen eine große Bandbreite von Texten von den Psalmen bis zu den erschreckenden Visionen der Offenbarung des Johannes. Welche von ihnen kann man als geschichtlich begreifen und entsprechend untersuchen? Enthält die Bibel überhaupt solche Texte? Korrespondenz ist ein schönes, klares Konzept, aber woher sollen wir die historischen Fakten bekommen, denen einzelne Teile der Bibel vielleicht entsprechen? Fakten sind keine greifbaren Gegenstände, die wir wie Fossilien entdecken und vergleichend neben einen bestimmten Abschnitt der Bibel halten könnten. Wir wählen sie selbst aus und fassen sie in Worte.

Eine Untersuchung darüber, wie viele Worte eines Psalms historischen Tatsachen entsprechen, wäre zum Beispiel unsinnig. Der Herr mag durchaus der Hirte des Psalmisten sein und der »Tempel« des Herrn »freundlich« und sein Urteil »kostbarer als Gold, als Feingold in Menge«, aber Historiker können dazu nichts beitragen. Nach der Korrespondenz mit den Fakten kann man eher bei den vielen erzählenden Büchern fragen. Im 2. Buch Samuel erfahren wir in Vers 16,22: »Man errichtete für Abschalom ein Zelt auf dem Dach, und Abschalom ging vor den Augen ganz Israels zu den Nebenfrauen seines Vaters.« Und Johannes etwa schreibt in Kapitel 11, Jesus habe »mit lauter Stimme« gerufen: »Lazarus, komm heraus! Da kam der Verstorbene heraus, seine Füße und Hände waren mit Binden umwickelt, und sein Gesicht war mit einem Schweißtuch verhüllt.« Diese Dinge sind entweder geschehen oder nicht geschehen. Sie haben sich in beiden Fällen öffentlich, unzweideutig und vor Zeugen zugetragen. »Ganz Israel« soll zugesehen haben, wie Abschalom mannhaft ein Zelt mit zehn Konkubinen betrat, und »viele der Juden«, die »gesehen hatten, was Jesus getan hatte, kamen zum Glauben an ihn«. Wenn diese Ereignisse stattgefunden haben, sind die entsprechenden Abschnitte der Bibel wahr, andernfalls nicht.

Ehe wir der historischen Erzählung Tatsachen entgegenhalten, müssen wir jedoch noch eine Überlegung anstellen: Was ist, wenn diese Passagen des Buches Samuel und des Evangeliums oder sogar beide Bücher insgesamt aus Geschichten und eben nicht aus Geschichte bestehen? Dann wäre die Frage nach entsprechenden Tatsachen ebenso irrelevant wie für Vorkommnisse in der *Legenda aurea* oder in Tolstois *Krieg und Frieden*. Es gibt Theologen, die die biblischen Schriften als Erzählungen bezeichnen, Literaturwissenschaftler, die sie als erfundene Texte in historischem Gewand einordnen, und Historiker, die sie in Übereinstimmung mit vielen Fundamentalisten als historischen Bericht begreifen.[1] Die Frage nach der Wahrheit ist nicht in allen Fällen gleichermaßen relevant; sie ist relevant für den historischen Bericht, nicht aber für eine Erzählung oder einen erfundenen Text in historischem Gewand.

Damit hängen auch weitverbreitete Ansichten über das biblische Volk, die Israeliten, und über die Beziehung zwischen Bibel und Gott zusammen. »Die Israeliten waren stärker von der Geschichte besessen als jedes andere Volk«[2], hat man behauptet. Die Bibel wurde sogar als Zeugnis für »die Offenbarung Gottes in der Geschichte« gewertet, ein Zeugnis, das die jüdische Religion als einzigartig aus ihrem kulturellen Umfeld heraushob. Geschichte ist hier ein beruhigendes Wort, das der Autorität der Bibel mehr Gewicht zu verleihen scheint.

Bei unserer Untersuchung hängt viel davon ab, wie wir Geschichte definieren. Wir können den Begriff eng fassen und nur solche Texte über die Vergangenheit als Geschichtsschreibung zulassen, deren Verfasser einer kritischen Methode folgen, ihre Quellen sorgfältig prüfen und sich in ihrer Darstellung um die Wahrheit bemühen. Wir könnten auch die Autoren ausschließen, die Ereignisse vorwiegend mit dem Eingreifen von Göttern erklären, denn mit Göttern kann man im Prinzip alles erklären. Dieser strengen Definition würden die meisten Autoren zum Opfer fallen, die im Mittelalter über die Vergangenheit geschrieben haben, und auch eine ganze Reihe von Autoren unserer Tage, die keine Methode für die Auswahl und Überprüfung ihrer Materialien angeben (vor allem Biographen stehen ihrem Thema oft sehr naiv gegenüber). Vielleicht sollten wir zwar unsere Definition einer soliden Historiographie im Auge behalten, gleichzeitig aber auch Raum für eine Geschichtsschreibung lassen, die nicht so solide, ja vielleicht sogar sehr schlecht ist. Ausschließen sollten wir nur Mythen, heroische Dichtungen und die liebenswerte Kunst des Geschichtenerzählens. Wenn ein Autor dagegen versucht, die Vergangenheit aufzuzeichnen, ist er vielleicht schon als Historiker einzuordnen. Für meine Begriffe muß er allerdings zusätzlich versuchen, Zusammenhänge zu erfassen, und ganz allgemein danach streben, die Wahrheit zu sagen. Um Zusammenhänge herzustellen, muß er das Geschehen wenigstens grob datieren. Datierung und Chronologie sind für die Geschichte ebenso wichtig wie exakte Messungen für die Physik. Manchmal geben Autoren falsche oder nur sehr spärliche Daten an, oder sie verzerren sie oder versuchen gewaltsam, sie in eine einleuchtende Reihenfolge zu bringen oder ihnen eine tiefere Bedeutung zu verleihen. Wenn sie mit Datierungen so umgehen, sind sie schlechte Historiker; wenn ihnen jedoch die Abfolge von Ereignissen vollkommen gleichgültig ist, sind sie gar keine Historiker.

Man könnte argumentieren, daß es unmöglich sei, über einen Abstand von mehr als zweitausend Jahren hinweg zu entscheiden, von welchen Überlegungen ein Autor sich leiten ließ, und daß es nichts bringe, unsere modernen Vorstellungen von wahr und falsch hier anzuwenden.[3] Ich bin jedoch anderer Meinung. Die Israeliten hatten zwar keine Theorie der Wahrheit, aber es wäre überheblich, anzunehmen, die Menschen hätten vor der Entstehung unserer Philosophie keine Beweisführungen gekannt oder nicht feststellen können, ob etwas wahr oder falsch sei. Die Israeliten hatten eine sehr ausgeprägte Tradition der Gerichtsbarkeit und Rechtssprechung. Sie, und nicht die philosophisch so schöpferischen Griechen, haben uns das erste bekannte Zeugnis eines Kreuzverhörs hinterlassen: die Geschichte von Susanna im Bade, die zwar nicht mit letzter Sicherheit zu datieren, aber wohl um das Jahr 200 v. Chr. anzusiedeln ist.[4] Manchmal wurde ein Prozeß vor Gericht angestrengt, um eine Beschwerde an die Öffentlichkeit zu bringen, manchmal wurde er (wie heute) durch einen Vergleich beigelegt. Aber es konnte auch um die Wahrheit und um Beweismaterialien gehen. Den Begriff des Historikers kannte keine der frühen Kulturen; weder die Ägypter noch die Babylonier, noch selbst die frühen Griechen hatten ein Wort für diesen Beruf. Dennoch konnten sie durchaus Geschichte schreiben, lange bevor der Begriff dazu geprägt wurde. Der griechische Autor Thukydides ist auch nach strengen Maßstäben ein hervorragender Historiker, aber er nannte sich nicht so. Der Beruf war vor der Bezeichnung da.

Die Ziele von Schriftstellern sind nicht einfach deswegen undurchsichtig, weil diese Schriftsteller einer fernen Vergangenheit angehören. Antike Autoren nennen uns zwar manchmal ihre Ziele, aber meist müssen wir sie aus ihren Texten herleiten; das gleiche gilt aber auch für viele moderne Autoren und besonders Dichter. Immerhin können wir uns die Suche nach den Zielen erleichtern, indem wir antike Texte mehrerer verwandter Kulturen miteinander vergleichen und so Anhaltspunkte dafür gewinnen, von welchen Überlegungen sich die Autoren leiten ließen. Die

Erzählungen der Bibel sind zwischen zwei benachbarten Kultur-
kreisen angesiedelt: der griechischen Kultur, deren Sprache im
Laufe der Zeit zur Sprache des Neuen Testaments wurde, und den
verschiedenen Kulturen des Nahen Ostens, die in einer früheren
Periode auf die Israeliten einwirkten.

Die Kulturen des Nahen Ostens waren sich der Bedeutung
und des Nutzens von Aufzeichnungen über die Vergangenheit
sehr wohl bewußt. Im Zeitalter Davids und Salomos schilderten
Schreiber in Assyrien die Schlachten ihrer Könige in der ersten
Person und schufen so Annalen, die in den Königspalästen gefunden wurden. Es gab Verzeichnisse von assyrischen Gebäuden,
Königslisten, Schriften, die zu Ehren des jeweiligen Königs die
Reiche ferner Vorgänger rekonstruierten, und sogar ein Schrift-
stück, das die Könige von Assyrien und Babylonien zueinander
in Beziehung setzt und in dem den Babyloniern wiederholte Brü-
che der Grenzverträge vorgeworfen werden. Wir besitzen nur
winzige Bruchstücke dieser Texte und werden sie mit der Zeit
vielleicht noch besser verstehen oder weitere Funde machen. Wir
haben auch Fragmente assyrischer Chroniken, die in der dritten
Person geschrieben sind und die Ereignisse eines jeden Jahres
verzeichnen. Sie dienten vielleicht als Quellen für die in Ton ge-
ritzten königlichen Annalen. In der Zeit zwischen Ahab und Jeremia brachten die Schreiber in Assyrien eine höchst reichhaltige
Literatur hervor, in der sie vergangene Ereignisse festhielten, verzerrt darstellten oder sich einfach ausdachten;[5] diese ersten Journalisten des Nahen Ostens begriffen instinktiv den Nutzen eines
solchen Tuns.

In Ägypten gab es schon immer eine Fülle phantasievoller Erzählungen.[6] Bei schriftlichen Aufzeichnungen über die Vergangenheit stand auch hier der Herrscher im Mittelpunkt. Es ging
um seine Heldentaten und den Beifall der Götter; die Sorge um
Wahrheit oder gar Veränderungen spielte demgegenüber kaum
eine Rolle. In Babylonien war besonders im 7. und 6. Jahrhundert v. Chr. die Vergangenheit für alle, die lesen konnten, ein
Gegenstand lebhaften Interesses. Aufgezeichnet wurde sie in den
Tagebucheinträgen von Sterndeutern, also in Büchern, in denen
es um Omen und aus ihnen abgeleitete Prophezeiungen ging,
sowie in einer langen und eindrucksvollen fortlaufenden Chro-

nik.[7] Diese babylonische Chronik wurde erst vor kurzem entdeckt und ist für die Geschichte dieses Landes sehr wichtig. Wir kennen mit ihr eine lange Textfolge, in der wichtige Ereignisse dokumentiert und Jahr für Jahr datiert sind. Die Chronik beginnt 747 v.Chr. und geht über das Jahr 539 v.Chr., die Eroberung des Landes durch die Perser, weiter bis in die Zeit Alexanders des Großen und darüber hinaus. Auch in Babylonien gab es Königslisten und phantasievolle Versuche, Chroniken bis in das Jahr 2000 v.Chr. zurück zu rekonstruieren. Diese Rekonstruktionen weit zurückliegender Zeitalter sind etwas ganz anderes als die zeitgenössischen Chroniken und müssen uns als Vergleichstexte dienen, wenn wir versuchen, das Buch Genesis oder Numeri literarisch einzuordnen. Es gab auch Bücher, die bestimmte Ereignisse durch eine einfache, gewöhnlich religiöse Ursache zu erklären suchten, etwa die Mißachtung eines Gottes und seines Festtages. Ein sehr interessanter Text, die Chronik des Asarhaddon (geschrieben nach 660 v.Chr.), benutzte die Informationen aus den jährlich aufgeschriebenen Chroniken, veränderte sie aber beträchtlich, um ein möglichst positives Bild von Asarhaddon zu zeichnen und eine düstere Periode babylonischer Geschichte wegzuerklären. Ein ähnliches Verfahren läßt sich in mancher Hinsicht bei den Büchern der Könige in der Bibel feststellen.

Wie die Verfasser des Alten Testaments befaßten sich die Schriftsteller dieser Kulturen einerseits mit Listen und präzisen Daten, andererseits mit einer weit zurückliegenden Vergangenheit. Sie datierten Ereignisse nach den Regierungsjahren des jeweiligen Königs (ihre Kalender und Zählweisen waren unterschiedlich und ziemlich kompliziert). Die babylonischen Chronisten gaben sogar Daten an, die es ermöglichen sollten, Ereignisse in verschiedenen Königreichen wie Assyrien, Babylonien und Elam synchronistisch nebeneinanderzustellen.[8] Hier besteht eine große Ähnlichkeit mit der Datierungsweise in den biblischen Büchern der Könige. Ähnlich sind ferner auch die Ursachen, auf die bestimmte Ereignisse zurückgeführt wurden: Babylonische Schreiber erklärten die Schwierigkeiten einer Regierungszeit oder eines Zeitalters etwa damit, daß man einen ihrer Götter vernachlässigt habe (ein solcher Text, die Weidner-Chronik, stammt wahrscheinlich schon aus der Zeit um 1100 v.Chr.), und auch in späterer Zeit waren die Verfasser der Bibel sicher nicht die einzigen, die historische Ereignisse auf diese Weise zu erklären suchten.

Die Methoden dieser Autoren waren ebensowenig einzigartig wie ihre Anonymität. Für die Texte aus dem Nahen Osten einschließlich der Bibel gilt eine feste Regel: Sie benennen ihre Verfasser nicht. Außerdem läßt keiner der Texte erkennen, daß sein Urheber sich bewußt Gedanken über seine Methode gemacht hätte, und auch eine kritische Bewertung des Quellenmaterials findet nicht statt. Die hebräischen Texte bilden hier keine Ausnahme. Doch in anderer Hinsicht gibt es erhebliche Unterschiede.

Die Autoren des Nahen Ostens stellten in ihren Schriften die Könige in den Mittelpunkt, wobei die Babylonier sie in Dynastien einteilten, die Assyrer nicht. Manchmal schrieben sie die Worte und Taten eines Herrschers einem anderen zu, aber sie deuteten niemals an, daß es in ihrer Welt eines Tages keine Monarchie mehr geben könnte. Obwohl die babylonische Chronik sich am faktischen Geschehen zu orientieren scheint, enthält sie kurze Listen von Ereignissen, deren Motivation und Urheberschaft unklar ist; man könnte deshalb noch immer den Standpunkt vertreten, die Chronik sei nur als Hilfsmittel geschaffen worden, um Omen besser zu verstehen.[9] Im Gegensatz dazu sind die biblischen Erzählungen viel reichhaltiger, länger und sorgfältiger im Umgang mit Motiven und Beweggründen als alles, was wir aus den Kulturen in ihrem Umfeld kennen. Sie machen Veränderungen sichtbar, schildern den Übergang von einer Zeit ohne Könige zu einer vorübergehenden Monarchie und fassen den Tag ins Auge, an dem vielleicht wieder ein König eingesetzt wird. Obwohl auch sie in die Zukunft schauen, haben sie nichts mit Omen oder Astrologie zu tun. Sie enthalten viele Prophezeiungen, und lange Zeit wurden sie von den Juden als im weitesten Sinne des Wortes prophetische Schriften gelesen. Das Alte Testament ist mehr als jeder andere Text aus dem Nahen Osten mit Reden gespickt, bietet anschauliche Erklärungen, Deutungen und Verheißungen und stellt menschliche Nöte dar. Das bringt uns zu der Frage zurück, was die Texte der Israeliten so einzigartig macht. Denn zunächst könnte man sagen, daß die hebräischen Geschichten den Erzählungen der sie umgebenden Kulturen des Nahen Ostens sehr ähnlich sind und daß auch die Angehörigen dieser Kulturen eine Heilige Schrift hätten haben können, wenn sie einige Texte ausgewählt und zusammengestellt hätten. Nach unserem derzeitigen Wissensstand waren die israelitischen Autoren nicht einzigartig in der Geschichte des Nahen Ostens. Doch trotz vorhandener Ähnlichkeiten zwischen den Texten sind die Unterschiede noch auffallender. Vielleicht kann man einen oder zwei der babylonischen Schreiber des 7. und 6. Jahrhunderts v. Chr. als Historiker einstufen, weil sie versucht haben, die Vergangenheit wahrheitsgemäß aufzuzeichnen, zu rekonstruieren und zu erklären; dazu würde sicher auch der Herausgeber der babylonischen Chronik gehören. Doch liegt ein Abgrund zwischen ihren kurzen und sehr eintönigen Texten und der großen Erzählung von Josua bis zum 2. Buch der Könige, welche die exilierten Juden im Land der Babylonier verfaßten.

Richten wir den Blick nun nach Westen. Dort stehen den biblischen Erzählungen die ersten griechischen Historiker am nächsten. Das Alte Testament war in der klassischen Antike nicht bekannt. Der Römer Cicero hielt (wie mancher moderne Altphilologe) Herodot, der zwischen etwa 460 und 420 v. Chr. wirkte, für den Vater der Geschichte.[10] Herodot kann zwar unbestreitbar Anspruch darauf erheben, Historiker zu sein, aber er ist auch ein Beispiel dafür, daß in frühen Geschichtswerken oft Techniken und Kniffe angewandt wurden, die wir heute für unzulässig halten würden. So berichtet Herodot von Gesprächen, von deren Verlauf er nichts gewußt haben kann; manchmal erklärt er den Gang der Geschichte mit dem Eingreifen eines Gottes oder eines notwendigen Schicksals; Träume und Visionen motivieren bei ihm wichtige Entscheidungen; er interessiert sich für Prophezeiungen von Sehern und Orakeln und begegnet ihnen mit gläubigem Vertrauen; die Sprecher seines Geschichtswerks äußern häufig Mahnungen und Warnungen, und bedeutende Personen stürzen in seinen Berichten regelmäßig ins Unglück, wenn sie aus Stolz oder Ehrgeiz das rechte Maß verlieren. Trotzdem war Herodot sicher ein Historiker, und seine Leistung ist höher zu bewerten als die Summe seiner Irrtümer oder der erfundenen Details, die für uns, anders als für ihn, ins Reich der Phantasie gehören. Zudem macht er uns auf einen wichtigen Unterschied zwischen Phantasie und Fälschung aufmerksam. Meiner Meinung nach hat er sein Material niemals absichtlich verzerrt oder ein Ereignis erfunden, um den Leser wissentlich in die Irre zu führen. Er hat phantasiert, er war »erfinderisch« in dem Sinne, in dem die Historiker der Klassik den Begriff später verstanden; er half der Wahrheit auf die Sprünge, machte lebendiger, was er wußte, und erzählte manchmal, wie es hätte sein sollen.

Auch die biblischen Erzählungen haben diese Eigenheiten, dürfen aber ihretwegen ebensowenig als unhistorisch abqualifiziert werden wie Herodot. Allerdings hatte Herodot eine andere Vorstellung von seiner Aufgabe. Seine geschichtlichen Texte waren seine persönliche Version, und im Gegensatz zu den Verfassern des Alten Testaments schrieb er mit der Absicht, seine Erzählungen öffentlich vorzutragen; Prosastil und gesprochene Sprache waren in seiner Welt noch eng verwandt.[11] Im Gegensatz zu den hebräischen Autoren nennt er uns seinen Namen und seine Zielsetzung: Er will große Taten für die Nachwelt erhalten und berichten, wie es zu einem großen Krieg kam. Die Erinnerung war auch ein wesentlicher Aspekt des hebräischen Gesetzbuchs, aber es hatte eine andere Ausrichtung; seine Aufgabe war, an die Hilfe zu erinnern, die Gott seinem Volk geleistet hatte. Diese Erinnerung sollte in den Familien lebendig gehalten werden, und die Väter sollten die Erzählungen an ihre Söhne weitergeben. Dadurch gewannen sie ein Eigenleben; sie beruhten nicht auf der schriftlichen, überprüften Version eines Einzelnen. Herodot hat demgegenüber eine völlig andere Methode und ein ganz anderes Bewußtsein in bezug auf sein Tun. Seine Geschichtsschreibung ist eine Erinnerung, die auf persönlicher Recherche beruht, auf Befragungen und Reisen, bei denen er Tausende von Kilometern zurücklegte und als wacher Beobachter viele unterschiedliche Kulturen besuchte (allerdings beherrschte er keine der orientalischen Sprachen). Um Informationen einzuholen, ging er zu Fuß und sprach mit den Menschen. Dieses Erkunden heißt auf griechisch *historia*. Das Ergebnis ist persönlich gefärbt, denn Herodot gibt in den neun Büchern seiner *Historien* über tausend Kommentare zu den Ergebnissen seiner Forschung ab, beispielsweise über ihre Glaubwürdigkeit oder ihre Ursachen. Er glaubt keineswegs alles, was er berichtet. Es war für ihn selbstverständlich, daß man eine Information kritisch bewerten mußte.

Die hebräischen Erzählungen unterscheiden sich davon deutlich. Sie sind anonym und verbergen die Tatsache, daß auch sie subjektiv urteilen, während Herodot diese Tatsache schon im ersten Satz seines Werkes verkündet. Die Subjektivität ist auch ein zentraler Faktor unseres modernen Geschichtsbewußtseins.[12] Inzwischen ist uns klar, daß uns Geschichtsschreibung auch etwas über ihren Verfasser sagt, nicht nur über die Ereignisse, die sie zum Gegenstand hat. Geschichte beginnt mit einer persönlichen Frage, könnten wir sagen, oder sogar: Alle Geschichte ist zeitgenössische Geschichte. Dieses Bewußtsein steht in der Nachfolge Herodots. Die hebräischen Autoren verweisen dagegen nirgendwo auf Reisen, Befragungen oder eigene Forschung, die über die Lektüre anderer Bücher oder die Einarbeitung allgemein bekannter Geschichten hinausginge. Sie unterscheiden die »Pflicht der Berichterstattung« nicht von der »Legitimität des Glaubens«. Die Kernerzählung der Bibel bietet einen zusammenhängenden Bericht von der Schöpfung bis zum Exil, ohne Einschränkungen oder Vorbehalte gegenüber den Quellen. Herodot hingegen nahm für sich nicht in Anspruch, die Weltgeschichte lückenlos zu kennen. Zwar konnte er sich eine unendlich weit zurückliegende Vergangenheit vorstellen, mehr als zwanzigtausend Jahre von seiner eigenen Lebenszeit entfernt, in der die Welt ganz anders ausgesehen hatte (die biblische Geschichte setzt von der Schöpfung bis zu Christus nur eine Zeitspanne von viertausend Jahren an). Doch wenn er innerhalb dieses größeren Zusammenhangs von »den ersten Völkern« spricht, »von denen wir wissen«, datiert er die meisten von ihnen auf die Zeit um die Mitte des 6. Jahrhunderts v. Chr., ungefähr hundert Jahre vor seiner eigenen Gegenwart. An einigen Stellen erörtert er zwar, gestützt auf ihm verläßlich erscheinendes Material, eine Theorie über die ferne Vergangenheit (sein Wort für dieses Material, *tekmerion*, war bei den griechischen Denkern der Klassik so beliebt wie das Wort »Struktur« bei den heutigen Historikern), doch zieht er implizit eine Trennlinie zwischen Geschichten und gesichertem Wissen, selbst wenn er diese Linie nicht immer dort zieht, wo wir sie gerne sähen.[13]

Die Verfasser der Bibel schrieben aus fünfhundert oder mehr Jahren Abstand über die Taten eines Gideon oder Simson, ohne sich des Problems der Wahrheit und der falschen Überlieferung erkennbar bewußt zu sein. Das Leitmotiv ihrer Geschichten ist der Gehorsam oder Ungehorsam gegenüber Gott und seinen Geboten. Herodot kannte keine theologische Leitlinie der Geschichte, und wenn in seinem Werk Götter erwähnt werden, dann meist im Zusammenhang mit einem komplexen Geflecht menschlicher Absichten und Motive. Götter werden häufig herangezogen, um die Frage: »Warum gerade er oder sie?« zu beantworten, nicht aber die Frage: »Warum haben sich die Ereignisse einer Regierungszeit oder einer ganzen Epoche gerade so abgespielt?« Als echter Grieche war Herodot vorsichtig damit, Götter zur Erklärung von Ereignissen heranzuziehen. Sein großer Nachfolger, der Athener Thukydides (etwa 435–398 v. Chr.), zeigte sich eine Generation später noch zurückhaltender.

Wie Herodot erkannte auch Thukydides, daß man bei der Erforschung einer weit zurückliegenden Vergangenheit auf »Anzeichen« angewiesen war und vorsichtig vorgehen mußte. Er hätte nach der Logistik des Exodus gefragt und sich nicht mit Himmelsbrot abspeisen lassen. Seiner Geschichte des Peloponnesischen Krieges stellte er ein bewundernswertes Vorwort voran, in dem er seine Methode darlegte – seine Leitlinien waren, ganz unbiblisch, Genauigkeit und Realismus. Er schrieb in der – inzwischen bestätigten – Hoffnung, daß seine Geschichte auch für zukünftige Generationen von Nutzen sein würde (unter der Voraussetzung, daß die Natur des Menschen sich gleich blieb): Sie sollte uns bei unseren Entscheidungen und Entschlüssen in politischen Krisen helfen. Im Gegensatz zu den Verfassern der Bibel machte Thukydides keine direkten Aussagen über die Zukunft in Form von Prophezeiungen oder einer impliziten Typologie. Er gab drei zentralen Bestandteilen der Geschichtsschreibung eine neue Rolle: den Reden, der Datierung und den Göttern.

Die Verfasser der Bibel erfanden ebenso wie Herodot Reden für ihre menschlichen Protagonisten, und sie überlieferten uns Dialoge, von denen einige, besonders die, an denen Könige beteiligt sind, den kurzen Gesprächen in den Büchern Herodots ähneln. Sie bieten uns auch noch etwas anderes: Viele wichtige Personen der Bibel von Moses bis Stephanus halten lange Reden, die wie Predigten an uns gerichtet sind und oft prophetische Züge aufweisen. »Die Donnerstimme Elijas macht unsere Ohren taub für die Antwort Isebels. Wir hören die Makkabäer, nicht aber ihre

Feinde.«[14] Herodot war bei der Auswahl seiner Reden weit weniger einseitig, und in ihrer vollen Schärfe zeigen sich die Unterschiede beim Vergleich mit Thukydides. Er hielt es für notwendig, die Reden, von denen er berichtete, möglichst genau wiederzugeben, und anders als die Verfasser des Alten Testaments hatte er das Ziel, »sich so eng wie möglich an das zu halten, was tatsächlich gesagt wurde«. Bei wichtigen Entscheidungen stellte er häufig zwei Reden einander gegenüber, da eine Ansprache nicht genügte, um alle Motive und Hintergründe zu beleuchten. (Eine Ausnahme bildet sein politisches Vorbild Perikles, auf dessen Reden niemals eine Gegenrede folgt.)

In den biblischen Büchern finden sich zahlreiche Daten, Genealogien und genau angegebene Zeitspannen wie die Lebenszeit von Personen, die Regierungszeit von Königen und einige wenige längere Zeiträume wie die Zeit des Exils in Ägypten oder die Zeit vom Exodus bis zum Bau des ersten Tempels. Die Chronologie spielt in der Bibel eine wichtige Rolle. Auch Herodots und Thukydides' Werke decken einen langen Zeitraum ab. Bei Herodot gibt es einige präzise Angaben über die Regierungszeiten östlicher Könige, aber genaue Daten finden sich viel seltener, und oft müssen wir mit komplizierten Hilfskonstruktionen eigene Berechnungen anstellen. Nur einmal gibt er uns ein exaktes Datum, indem er den Namen eines athenischen Archonten des betreffenden Jahres nennt.[15] Thukydides geht ganz anders vor. Er dachte sorgfältig über das Problem der Datierung nach, kritisierte die Lösungen anderer, war sich der Schwierigkeiten der vielen lokalen Kalender bewußt, die auf ganz verschiedenen Datierungsmethoden beruhten, bemühte sich um Genauigkeit und Korrektheit und verwendete schließlich ein eigenes System zur Zählung der Jahre.[16] Wie ein Naturwissenschaftler legte er Wert auf genaue Meßdaten.

Auf den ersten Blick scheinen auch die Verfasser der Bibel Wert auf genaue Daten zu legen, aber sie legen ihre Zählweise nicht offen. Es gab mehrere Möglichkeiten, die Regierungszeit eines Königs zu errechnen, und die Kalenderjahre begannen an verschiedenen Orten zu unterschiedlichen Zeiten. Will man alle angegebenen Regierungsdaten miteinander in Einklang bringen, steht man massiven Schwierigkeiten gegenüber (wobei Fehler, die beim Abschreiben der Texte entstanden sind, nur ein marginales Problem darstellen). Vor allem bei den größeren Zahlen scheint eine verdächtige Systematik zugrunde zu liegen: »430 Jahre« in Ägypten, »480 Jahre« vom Exodus bis zum ersten Tempel, wieder »430 Jahre« vom Bau des Tempels bis zu seiner Zerstörung und »50 Jahre« von der Zerstörung bis zum Beginn des Wiederaufbaus, so daß zwischen dem ersten und dem zweiten Tempel erneut »480 Jahre« liegen. Ähnliche Zahlenmuster kann man im Buch Genesis entdecken, von der Schöpfung bis zur Geburt Abrahams, von Abraham bis zum Exodus usw. Einige dieser Zahlen stehen im Widerspruch zu anderen Angaben für Regierungszeiten und ähnliches innerhalb des entsprechenden Zeitraumes. Offensichtlich wurden die größeren Zahlen nicht aus Gründen der Genauigkeit in den Text eingefügt, sondern um System, Weissagungscharakter und zusätzliche Bedeutung hineinzubringen. Herodot und erst recht Thukydides mißbrauchten Zahlen und Daten niemals dazu, tieferliegende oder verborgene Bedeutungen zu konstruieren.

Auch Motive und Ursachen menschlichen Handelns sind bei den griechischen Autoren frei von versteckten Systemen und Bedeutungen. Ihre langen Berichte zeigen ein Geflecht aus menschlichen Motiven und übergeordneten Ursachen politischer, geographischer und manchmal sogar ökonomischer Natur auf. Herodot war zwar der Ansicht, daß allzu tüchtige und erfolgreiche Menschen unausweichlich zu Fall kommen – er läßt seine Personen immer wieder sagen, das Leben des Menschen sei ein Kreis oder die Götter seien eifersüchtig – aber er schrieb nicht unter dem Eindruck einer umfassenden und alles beherrschenden theologischen Geschichtsauffassung.[17] In der Bibel spielen menschliche Motive nur in viel kürzeren Handlungsabläufen eine Rolle, während auf lange Sicht der Wille Gottes maßgeblich ist, den die Verfasser angeblich kennen. Thukydides läßt in einem großen Sprung auch Herodots übernatürliche Erklärungen hinter sich; seine Berichte unterscheiden sich deutlich von den biblischen Erzählungen: Er verbannte die Götter aus der Erklärung der Geschichte, denn Götter erklären alles und somit gar nichts. Das war natürlich eine Argumentation, die den Verfassern der Bibel nie in den Sinn gekommen wäre.

Bei den beiden griechischen Autoren finden wir die Eigenschaften, die noch immer für gute Geschichtsschreibung entscheidend sind; durch den Vergleich mit ihnen können wir die biblischen Erzählungen besser einschätzen. Herodot und Thukydides schrieben wie der Deuteronomist, der Verfasser der Bücher Josua bis Könige, in der Verbannung, fern ihrer Heimatstadt. Obwohl sie mit unterschiedlichen Methoden arbeiteten, häufte keiner von ihnen einfach Informationen über die Vergangenheit auf. Vielmehr stellten sie Fragen an die Vergangenheit: Warum bekämpften sich die Griechen und die Perser? Warum wurden die Juden nach Babylon verschleppt? Warum gab es Krieg zwischen Athen und Sparta? Alle drei wurden durch ein großes Ereignis dazu veranlaßt, zur Feder zu greifen und zu berichten und zu erklären: durch den griechischen Sieg über die persischen Eindringlinge, das babylonische Exil und den »denkwürdigen Krieg« zwischen Sparta und Athen.[18] Ihr kultureller Hintergrund war jedoch außerordentlich verschieden. Herodot und Thukydides standen in einer Tradition intensiver geistiger Auseinandersetzungen mit theoretischen Überlegungen, die jeweils zu Lebzeiten der Historiker in Ionien beziehungsweise im Athen der Klassik eine Blütezeit erlebten. Bei den Juden dagegen stand ein Priester, ein Angehöriger des Hofes oder ein Altertumsforscher im Exil nicht in einer vergleichbaren geistigen Kultur und hatte keine politische Erfahrung, einmal abgesehen von den Intrigen einer geschlossenen Gesellschaft. In den griechischen Städten gab es häufig politische Veränderungen, die alle Bürger betrafen. Die politische Debatte wurde offen und häufig demokratisch geführt. Thukydides verdankte seinen ausgeprägten Realismus und seine nüchterne Urteilsfähigkeit ganz wesentlich seiner persönlichen Erfahrung mit politischen Auseinandersetzungen und Entscheidungen. In der griechischen Welt kleiner Stadtstaaten konnte ein Verbannter im Exil durch eigene Forschung und durch Befragen anderer Menschen widersprüchliche Sichtweisen eines Sachverhaltes sammeln. Eine alleingültige »griechische Version« gab es nicht. Weder Herodot noch Thukydides schrieben als Priester oder bezogen ihre Information allein aus dem Vorrat priesterlicher Tradition. Zwar beeinflußten Könige oder Despoten ihr Quellenmaterial, aber ihre Darstellung wurde nicht von der Hoffnung auf eine Monarchie verzerrt.

Diesem Gegensatz der Methode und der Kultur entspricht ein grundlegender Unterschied bei der Quellenlage. Die beiden griechischen Autoren waren keine Verwalter eines Erbes autoritativer schriftlicher Quellen. Ihr ganzes Material bestand bis auf einige wenige Inschriften aus mündlicher Überlieferung, und als Herodot erstmals eine Inschrift zitierte, merkte er, vorsichtiger als wir modernen Wissenschaftler, an, daß es sich dabei um eine Fälschung handele. Auch heute noch wird die mündlich überlieferte Geschichte schriftloser oder schriftferner Kulturen häufiger von Anthropologen als von Historikern erforscht, aber es ist uns inzwischen viel deutlicher bewußt, wie vielfältig und flexibel sie sein kann, welche Chancen der Genauigkeit sie hat und über wie lange Zeit sie tradiert werden kann.[19] Eine Gemeinschaft wie eine neue Kolonie in der Fremde überliefert zuweilen eine relativ fixierte Geschichte ihrer Herkunft, und eine Familie kann eine lange Reihe von Vorfahren im Gedächtnis bewahren. Ich habe Erzählungen gehört, in denen Eskimos ihre Vorfahren bis zu elf Generationen zurückverfolgen; die Taten dieser Vorfahren können jedoch je nach der Zeit, zu der sie erzählt werden, variieren. Durch mündliche Weitergabe können sich auch Traditionen entwickeln und halten, die gar nicht auf Tatsachen beruhen (wie es zum Beispiel bei »Johannes dem Priester« der Fall war, einem sagenhaften christlichen Priesterkönig des Mittelalters). Wie lange genaue Details überliefert werden, ist schwer vorhersagbar. Große Ereignisse oder die Taten und Untaten eines König werden in groben Zügen manchmal über mehrere Jahrhunderte tradiert. Auch in Familien können weit zurückliegende Wendepunkte im Gedächtnis haften bleiben; besonders Adlige erinnern sich gern an längst vergangene glorreiche Zeiten. In den meisten mündlichen Kulturen verblaßt die detaillierte Erinnerung an bestimmte Ereignisse nach ungefähr zwei Generationen; Großväter sind häufig nur noch Namen wie in unserer eigenen Kultur der mündlich weitergegebenen Familiengeschichte. Erinnerungen an die Jugend eines Großvaters etwa können in eine Zeit zurückreichen, die bis zu hundert Jahren vor der Zeit des Erzählers liegt (natürlich ist diese Spanne je nach Familie und einzelner Person verschieden; Historiker können auch auf besonders alte oder außergewöhnlich gut informierte Berichterstatter stoßen). Über diesen Zeitpunkt hinaus werden die Informationen in der mündlichen Tradition bedeutend dünner, erweitern sich dann aber wieder zu einem Dickicht von Mythen und

Geschichten über Gründerväter oder frühe Helden und Ahnen, die für die Existenz der Gemeinschaft einmal wichtig waren. Man hat dieses Informationsmuster passenderweise mit einer Sanduhr verglichen, die in der Mitte eng und an beiden Enden weiter ist.

Dasselbe Muster ist bei Herodot erkennbar, der mündlich überlieferte Quellen benutzte. Dazu paßt, daß er nur selten genaue Daten angibt (in mündlichen Traditionen werden Personen häufig nach Generationen oder mit Hilfe von »vor« und »nach« eingeordnet; Ereignisse, die an verschiedenen Orten stattfinden, werden nur selten synchronisiert und erhalten auch nur selten Jahreszahlen).

Bei der Bibel gewinnen wir zunächst einen ähnlichen Eindruck. Die frühen Teile der Erzählung berichten ausführlich über Gründerväter und das große Ereignis des Exodus, ebenso wie die Griechen viel über ihr Schlüsselerlebnis, den Trojanischen Krieg, zu erzählen wußten. Die Informationen der Bibel sind nach Genealogie und Generationenfolge geordnet. Nach der Landnahme führt nur ein sehr dünner Faden weiter zur Zeit der Richter, doch dann, mit der Herrschaft Davids, vergrößert sich der Informationsgehalt des Textes nach Ansicht vieler Fachleute zu detaillierter Geschichtsschreibung (einige Wissenschaftler nehmen an, daß den biblischen Büchern für diese Zeit frühe schriftlich niedergelegte Erinnerungen eines gut informierten Berichterstatters zugrunde liegen). Hier zeigen sich Unterschiede der Darstellung, was die sorgfältige Auflistung der Regierungszeiten von Königen, einzelne Jahreszahlen und die Anzahl von Details bei der Annäherung an die zwei Generationen abdeckende Gedächtnisspanne des Hauptverfassers betrifft. Doch während bei Herodot die Geschichte von diesem Punkt an erheblich ausführlicher wird (wobei die »ersten Menschen, von denen wir wissen«, überwiegend etwa hundert Jahre vor der Lebenszeit Herodots anzusiedeln sind), entwickeln sich Dichte und Detailreichtum der Darstellung im 1. und 2. Buch der Könige nicht plötzlich um 650 v. Chr., also an der Grenze der wahrscheinlichen »Großvater-Gedächtnisspanne« des Hauptverfassers, der im Exil vermutlich um 550 v. Chr. schrieb. Zwar sind die Einzelheiten, die genannt werden, meist korrekt, soweit wir das an äußeren Nachweisen überprüfen können, aber es gibt keine Zunahme wie bei Herodot. Die Details für die Spanne von etwa 610 bis 560 v. Chr. sind wesentlich weniger zahlreich als in der griechischen Historiographie. Das verweist uns auf einen zweiten, noch grundlegenderen Unterschied.

Die Autoren der Geschichte von Josua bis zum Exil schrieben im 6. Jahrhundert v. Chr. und stützten sich dabei nicht auf eigene Nachforschungen in der mündlichen Überlieferung. Sie schöpften vielmehr überwiegend aus den Büchern anderer, verknüpften deren Informationen miteinander und gaben die detaillierten Angaben der älteren Bücher in bezug auf die Regierungszeiten der Könige weiter. Im 4. Jahrhundert v. Chr. ging der anonyme Verfasser der Chronik genauso vor. Er benützte frühere Schriften für seine Erzählung vom 1. Buch der Chronik bis (wahrscheinlich) zum Ende des Buches Nehemia. Der Umfang des niedergeschriebenen Wissens hing nicht von der natürlichen Reichweite des menschlichen Gedächtnisses ab, sondern von den Informationen der Schriften, die als autoritativ galten. Die Verfasser erbten eine schriftliche Tradition, die sie eher zu verbinden als in Frage zu stellen suchten.

Es ist wichtig, im Auge zu behalten, daß jegliche korrekte Überlieferung, ob schriftlich oder persönlich erinnert, nur von einer Person ausgehen kann, die Zeuge eines Ereignisses war. Herodot und besonders Thukydides bemühten sich deshalb um Augenzeugenberichte und konnten manches auch selbst bezeugen. Das persönliche Zeugnis oder die Erinnerung sind primäre Quellen, ob nun aufgeschrieben oder mündlich berichtet. Zeitgenossen sind nicht in jedem Falle primäre Quellen, und selbst unsere schriftlichen Statistiken oder Dokumente sind nur dann vertrauenswürdig, wenn sie auf einen direkten Zeugen zurückgehen, der etwas gezählt oder aufgeschrieben hat. Wenn ein solches Zeugnis in der gleichen Generation oder einer späteren Generation weitererzählt wird, ist es keine primäre Quelle mehr.[20] Es wird zu einer mündlichen Überlieferung, die in bezug auf die berichteten Inhalte sekundär ist. Derselbe Unterschied gilt auch für eine erneute Niederschrift.

Für die Frage nach der historischen Wahrheit ist die Trennung zwischen primären Zeugen und sekundären Quellen wichtiger als die Trennung zwischen mündlich und schriftlich. Im hebräischen Alten Testament ist ganz offensichtlich kein Buch im strengen Sinn des Wortes primär. Die Autoren haben Stoff aus älteren Büchern ausgewählt und ihn mit eigenen Zusätzen versehen und auf ihre Weise interpretiert. Nur beim Buch Nehemia ist man sich einig, daß es teilweise auf Primärquellen zurückgeht. Viele Wissenschaftler lassen auch keinen der Verfasser des Neuen Testaments als Primärquelle gelten; meiner Meinung nach gibt es hier allerdings zwei Ausnahmen.

Der Gegensatz zwischen den Erzählungen des Alten Testaments und den ersten griechischen Historikern hilft uns, eine alte und eine moderne Ansicht zu korrigieren. In den Jahren um 90 n. Chr. pries der Jude Josephus, der die griechischen Autoren kannte, die höhere Qualität der hebräischen Bibel in puncto Geschichtsschreibung.[21] Er sprach in diesem Zusammenhang von den zweiundzwanzig Büchern, einer schriftlichen Geschichte »der gesamten Zeit« von der Schöpfung bis zu König Artaxerxes (465–424 v. Chr.). Sie widersprachen einander seiner Meinung nach nicht, sie waren von inspirierten Propheten geschrieben worden (von Mose und anderen), und sie befanden sich in der Obhut von Priestern, deren reine Abstammung (ebenso wie die Reinheit der Texte) sorgfältig überwacht wurde. Die Griechen dagegen schrieben laut Josephus des Ruhmes und Gewinnes halber; ihre Bücher über ihre frühe Geschichte wurden angeblich lange nach den entsprechenden Ereignissen geschrieben und widersprachen einander. Interessanterweise irrte sich Josephus in vielerlei Hinsicht. Er hatte unrecht bezüglich der »prophetischen« Verfasser, denn die meisten der zweiundzwanzig Bücher wurden lange nach den Ereignissen geschrieben, die sie schildern, er hatte unrecht bezüglich der ungebrochenen Abstammungslinie der Priester, er hatte unrecht bezüglich der Integrität der biblischen Texte. Und vor allem stellte er sich angesichts der einen Version, die er so harmonisch fand, nicht die Frage, ob nicht allein schon die einheitliche Überlieferung ein Zeichen für einen Mangel an kritischem Geist sei. Bei den Griechen stellte Herodot widersprüchliche Geschichten einander gegenüber und blieb sich vielleicht infolgedessen der Grenzen des Wissens bewußt. Die biblischen Autoren erzählten nur eine Geschichte, die eine viel weniger solide Grundlage hatte, als Josephus glaubte (sie war keine primäre Quelle), und die sich nie den Problemen der Methodik stellte, die für eigenständig forschende Historiker aus widersprüchlichen mündlichen Quellen erwuchsen.

Einige moderne Anthropologen haben behauptet, eine kritische Einstellung zur Geschichte könne sich erst dann entwickeln, wenn man beginne, schriftliche Aufzeichnungen zu machen. Sie gehen davon aus, daß die mündliche Überlieferung der Vergangenheit jeweils harmonisch an die Gegenwart angepaßt wird, während sich schriftliche Dokumente nicht so einfach umschreiben lassen.[22] Die Erzählungen der Bibel und die ersten griechischen Historiker legen genau das Gegenteil nahe. Herodot und Thukydides fanden viele lokale und individuelle Überlieferungen vor, die sich stark voneinander unterschieden und keineswegs an die Gegenwart angepaßt worden waren. Sie befragten die Menschen ausführlich und hatten einen bewundernswert scharfen Blick für die Trennlinie zwischen Wissen und Fabulieren. Beide Historiker neigten zur Vorsicht, beide zeichneten vor allem die Geschichte der jüngsten Vergangenheit auf. Die jüdischen Verfasser der Bibel dagegen erbten alte, anonyme Bücher über weit zurückliegende Zeiten, deren Existenz allein schon Zweifel erstickte und die Anwendung einer kritischen Methode behinderte. So wurde vorbehaltlos über Ereignisse geschrieben, über die es kein primäres Wissen gab. Methodisch solide Geschichtsschreibung kann nicht aus einer solchen Vorgehensweise entstehen, sondern nur aus persönlicher Befragung und Forschung. Herodot hätte auf ein altes und anonymes Buch über die frühe Geschichte des Ostens sicher mit Erstaunen reagiert. Es ist eine reizvolle Frage, ob er es angezweifelt hätte; als geübter »Befrager« hatte er aber soviel Erfahrung mit Menschen und ihren Geschichten gesammelt, daß er es bestimmt mit erheblicher Vorsicht benutzt hätte.

12

Die ersten Historiker

Geschichtsschreibung kann mit einer ganzen Reihe von Schwächen behaftet sein, und wir dürfen sie in der antiken Welt nicht allzu streng definieren. Kritische Nachforschungen der Griechen führten zu einer relativ soliden Historiographie, während die Babylonier eine Chronik schrieben, deren Anspruch auf den Titel »Geschichtswerk« eher umstritten ist. Andere frühe Schriften über die Vergangenheit können diesen Anspruch gar nicht erst erheben. Texte über die glorreichen Taten eines König Sargon oder eines ägyptischen Pharao, die tausend Jahre nach deren Tod entstanden, sind sicher nicht als historisch zu werten. Es sind Erzählungen ohne jede faktische Grundlage.

Wir müssen nun die biblischen Geschichten einer dieser Gruppen zuordnen, andernfalls forschen wir vielleicht dort nach Geschichtsschreibung, wo gar keine historische Genauigkeit beabsichtigt war. Dazu müssen wir zwei Fragen beantworten: Hat der Verfasser versucht, eine wahre und zusammenhängende Darstellung der Vergangenheit zu geben, selbst wenn er damit gescheitert ist? Wenn das der Fall ist, verdient er, als Historiker bezeichnet zu werden. Stützt sich seine Arbeit zweitens auf primäre Zeugnisse, die ihm ermöglichen, wahrheitsgemäß zu berichten? Wenn ja, ist sie historisch richtig. Diese beiden Fragen müssen voneinander getrennt werden. Die Arbeit eines Historikers kann, auch wenn sie falsch und deshalb keine Geschichte ist, dennoch faszinierende Einblicke vermitteln, indem sie uns zeigt, wie der Verfasser und andere damals die Dinge sahen. Wenn ein Prophet des Alten Testaments oder einer der zwölf Jünger Ausschnitte aus diesem Buch (oder einem der vielen anderen Bücher über sie) lesen könnte, würde er den Unterschied zwischen den beiden Fragen sehr schnell erfassen.

Die biblischen Erzählungen lassen sich von der Genesis bis zu den Evangelien und der Apostelgeschichte in fünf Abschnitte einteilen. Ich werde jeden dieser Abschnitte allgemein charakterisieren, ohne auf die Hunderte von Details und die vielen Streitigkeiten über frühere und spätere Ausgaben und Einschübe gleichgesinnter Bearbeiter einzugehen. Leser, die zu der Auffassung neigen, daß ein Großteil der biblischen Erzählung wahr ist, müssen sich dabei die zwei oben genannten einfachen Fragen stellen: Kann man diesen oder jenen Teil der Bibel überhaupt als Geschichte bezeichnen? Und: Hatte sein Verfasser ernstzunehmende Quellen zur Verfügung?

Der erste Abschnitt beginnt beim Buch Genesis und reicht bis zum Ende des Buches Numeri, umfaßt also die Zeit von der Schöpfung bis zur Ankunft im Gelobten Land. Die fünf Bücher des Pentateuch beruhen auf früheren schriftlichen Vorlagen, die in unseren heutigen Text eingewoben wurden. Obwohl man seit dem späten 19. Jahrhundert über ihre Entstehungszeit, ihre Beschaffenheit und ihre Zahl heftig gestritten hat, konnte die alte Ansicht, daß dem Pentateuch vier Quellen zugrunde liegen, bisher das Feld behaupten.[1] Jüngste Versuche, diese These umzustoßen, sind gescheitert und haben sie nur gefestigt. Es sollte niemanden überraschen, daß ein alter Text aus mehreren noch viel älteren Texten zusammengefügt wurde. Historiker der griechischen und römischen Welt sind damit in bezug auf ihre Quellen längst vertraut, und auch im Mittelalter wurde die bequeme Kunst der Kompilation von vielen Verfassern praktiziert und offen zugegeben. In Fall der Bibel wurden die vier früheren Quellen von einer fünften Person zusammengeschrieben. Dieser unbekannte Verfasser muß irgendwann zwischen 520 und 400 v. Chr. gearbeitet haben, meiner Ansicht nach eher kurz vor 400 v. Chr. Bei der Zusammenstellung der Quellen versuchte er, deren Inhalt zu bewahren und jeweils das Beste aus den Vorlagen aufzunehmen. Er war ein geborener Redaktor[2] und hatte die Begabung, die man braucht, wenn man eine Enzyklopädie erstellen will. Ein Historiker war er meiner Meinung nach nicht, aber ich glaube, er wäre erstaunt gewesen, wenn man ihm gesagt hätte, daß nichts in seinem so mühsam zusammengesetzten Buch wahr sei. Er ging davon aus, daß seine Quellen zuverlässig waren.

Seine Quellen stützten sich jedoch nicht auf primäre Zeugen. Sie waren nicht nur Jahrhunderte, sondern fast ein Jahrtausend nach den Ereignissen niedergeschrieben worden. Wie hätte eine mündliche Überlieferung über einen solchen Zeitraum hinweg historisch korrekte Details tradieren sollen? Bestenfalls bewahrte sie noch die Erinnerung an ein großes, einschneidendes Ereignis. Bei den Griechen war der Trojanische Krieg ein solches Ereignis, bei den Israeliten war es der Auszug aus Ägypten. Vielleicht handelt es sich tatsächlich um eine geschichtliche Erinnerung, aber genau können wir das nicht sagen. Meiner Meinung nach haben wahrscheinlich irgendwann einmal einige Israeliten unter Führung ihres Gottes Jahwe Ägypten verlassen, auch wenn der Auszug vielleicht keine Wanderung des ganzen Volkes war. Was allerdings die »Riesen auf Erden« angeht, den Turmbau zu Babel oder die Taten Jakobs und Abrahams, so spricht nichts dafür, daß daran etwas Wahres ist. Die detaillierteste Erzählung im Buch Genesis ist die wunderbare Geschichte von Josef, die aus zwei verschiedenen Quellen zusammengestellt wurde, von denen jedoch keine auf historischen Tatsachen zu beruhen braucht. Stimmige Hinweise auf das Leben in Ägypten sind selten und nicht an eine bestimmte Periode gebunden; Versuche, sie sicher in die Zeit zwischen etwa 1900 und 1800 v. Chr. einzuordnen, sind gescheitert.

Die späteste der vier aufgenommenen Quellen ist die sogenannte Priesterschrift (P).[3] Versuche, zu widerlegen, daß ihr Verfasser mehr als ein Herausgeber war, schlugen bisher ebenso fehl wie Versuche, den Verfasser zeitlich vor dem Exil anzusiedeln. Ich habe mich bereits der älteren Auffassung angeschlossen, der zufolge die Priesterschrift ein eigenständiger Text ist, der nicht vor etwa 540 v. Chr., wahrscheinlich aber kurz nach dem Ende des Exils (um 530–500) geschrieben wurde. Was wir von der Arbeit des Autors erschließen können, wirkt wie ein undurchdringliches Dickicht von Listen und Regeln, aber dieser Kern hat doch eine gewisse Einheit. Der Priester begann mit dem ersten Schöpfungsbericht, in dem Gott am Ende ruht, dem Bund Gottes mit Noach, einem Bericht über die Sintflut und dem sehr wichtigen Bund Gottes mit Abraham, der in Genesis 17 geschildert wird. Der Bund sollte für immer halten, nichts sollte ihn brechen können, so daß ein weiterer Vertrag mit Mose nicht notwendig war.

Nach dem Exodus und der Wanderung ging es dem Verfasser am Sinai nicht um einen Bund, sondern um die Unterwerfung des Volkes unter die Herrschaft Gottes und um die Errichtung eines zeltähnlichen Heiligtums mit einer eigenen Priesterschaft. Dieses Heiligtum und seine Priester waren Vorläufer des späteren Tempels und der Priesterschaft im Gelobten Land. Für den Verfasser von P, der selbst ein überzeugter Priester war, waren das die großen Ereignisse am Sinai. Möglicherweise endete sein Buch ohne einen Bericht über die Landnahme selbst, enthielt dafür aber die Gesetze für die Heiligkeit und die Reinheit (einschließlich der Ernährung), die sich im Buch Levitikus finden. Vielleicht reichte es dem Verfasser, seine Leser bis auf Sichtweite an das Gelobte Land herangeführt zu haben; er hatte dem Volk ja gezeigt, wie es heilig und gottgefällig werden konnte. Im Zeitalter des Exils und der Rückkehr nach Judäa war diese Botschaft mehr als deutlich.

Man kann darüber streiten, ob eine so selektive und an der Zukunft ausgerichtete Darstellung der Vergangenheit verdient, Geschichte genannt zu werden. Der Verfasser ist mehr an der Gegenwart und der Zukunft interessiert als an der Vergangenheit um ihrer selbst willen. Man hat einige seiner Gedanken sogar als Vorbild für unser eigenes, spätindustrielles Zeitalter hingestellt: Die Schöpfungsgeschichte der Priesterschrift, die erste in der Bibel, ist vegetarisch angelegt; das »Herrschen« des Menschen über die Tiere kann man auch als »Hüten« übersetzen. Das Fleischessen wäre dann ein späteres Zugeständnis an die Sündhaftigkeit des Menschen. Der Verfasser sei nicht nur Priester, sondern auch Pazifist; er beschreibe keine Kriege und Eroberungen – so lautet zumindest eine Ansicht über den verlorenen Gesamttext.[4] Ein friedliebender, körneressender Priester mag ein Leitbild für unsere Zukunft sein; was wir jedoch über die faktische Grundlage seiner Darstellung wissen, bereitet den Historikern eher Unbehagen. Daten und Angaben über Zeitspannen finden sich im ganzen Text verstreut, werden allerdings an Schlüsselereignissen wie der Geburt Abrahams festgemacht oder der Zeit vor und nach dem Tempelbau, vor und nach der Sintflut und so weiter. Insgesamt läßt sich eine Spanne von viertausend Jahren errechnen. Das erste Lebensjahr Abrahams fällt ins Jahr 1600, der erste Tempelbau beginnt in der Mitte der bis dahin vergangenen Zeit, im Jahr 2800. Vielleicht machen die

Kenntnisse des Verfassers von P über die Vergangenheit und sein Drang, zu erklären und zu interpretieren, ihn gerade noch zum Historiker, aber die Entscheidung fällt nicht leicht.

Die andere, sehr gut belegte Quelle ist der Text, den ich die »südliche Version« genannt habe. Ich gehe davon aus, daß er vor 722 v. Chr. in Juda geschrieben wurde, denn der Fall Israels oder die nach 722 einsetzenden politischen Aktionen von Nachbarn wie den Edomitern sind nicht in ihn eingegangen. Der Verfasser nennt Gott »Jahwe«, daher ist er im allgemeinen als Jahwist (J) bekannt.[5] Sein Text ist die Quelle der Paradieserzählung. Optimistische Forscher datieren seine Arbeit auf die Zeit um 950 v. Chr., aber selbst dann wären schon über dreihundert Jahre seit dem Zeitpunkt eines möglichen Exodus und noch viel mehr seit den Tagen Jakobs oder Abrahams verstrichen. Die Erzählungen wurden aus mündlich überlieferten Geschichten zusammengestellt, die nicht den Status wahrer Geschichte haben. Sie berichten von Mose, dem Sinai und den Jahren in der Wüste, und wie beim Verfasser der Priesterschrift ist auch beim Jahwisten sehr umstritten, wo er geendet hat. Schloß er mit den Worten des Heiden Bileam, der Israel am Schluß des Buches Numeri segnet? Oder schrieb er noch weiter und erzählte von der Besitznahme des Gelobten Landes, so daß wir Teile seiner Version im Buch Josua vor uns haben? Ich neige zur zweiten Auffassung, obwohl ich glaube, daß das Buch Josua eigentlich das Werk eines ganz anderen Bearbeiters ist.

Die Erzählung des Jahwisten beginnt mit der Schöpfung von Adam und Eva und führt weiter zu den Taten der Erzväter, zu einer Version der Geschichte Josefs und zu Mose, dem Exodus, der Begegnung mit Gott am Sinai usw. Was wir von seinem Werk ermitteln können, ist sehr ansprechend. Auf ihn gehen einige der besten Kurzgeschichten der Bibel zurück, knapp gefaßt und mit Wortspielen, Ironie und Anspielungen gewürzt. Im Gegensatz zum Verfasser der Priesterschrift hatte der Jahwist keinerlei Interesse an priesterlichen Regeln und Ritualen, und er betonte auch den Bund Gottes mit Israel nicht so stark. Der Jahwist lebte in einer früheren, heilen Welt, in der noch nicht Propheten, Priester und Deuteronomisten das Leben kompliziert machten.

Das Motiv, aus dem heraus er eine solche Erzählung schrieb,

ist ebenso unklar wie ihr ursprünglicher Umfang und Inhalt. Manche meinen, der Jahwist hätte mit seinem Werk auf andere Autoren reagiert. Die ältere, unvollständige nördliche Version war ihm vermutlich bekannt, aber es ist wenig wahrscheinlich, daß er nur schrieb, um sie zu korrigieren. Es ist eine moderne Phantasie, daß der Jahwist eine Frau oder ein Beamter am Hofe Salomos gewesen sein könnte, ein geduldiger Schreiber, der den Ehebruch Batsebas mit David mißbilligte und daher Eva die Schuld am Sündenfall gab. Wir wissen darüber ebensowenig wie über seine politische Einstellung. Man hat in seiner Version politische Vorlieben erkennen wollen; er soll die Teilung Israels unter dem bösen König Rehabeam kritisiert und demzufolge die ältere Zeit der Einheit unter David bewundert haben. Aber es gibt keinen konkreten Hinweis auf eine solche Parteinahme. Der einzige relativ offensichtliche Bezug des Jahwisten auf die Zukunft ist das sehr allgemeine Versprechen von Gottes Segen.

Dagegen wissen wir, daß er in seinen Erzählungen Ursachen und Gründe der Geschehnisse zu klären versuchte. Er war sich nicht bewußt, daß er (unwahre) Mythen erzählte, und er dürfte seine Darstellung kaum für eine Geschichte gehalten haben, die er durch eine andere ersetzen konnte, wenn sie keinen Anklang fand. Seine ersten Erzählungen erklärten die universellen Tatsachen des Lebens, die alle Menschen betrafen, wie etwa die Schöpfung oder den Ursprung der Sprachen (Babel). Die späteren Geschichten berichteten vom Ursprung der Stämme Israels, benannt nach ihren Ahnherren wie Benjamin und anderen, oder von den Nachbarn Israels; die Geschichte von Esau, Jakob und dem Linsengericht betrifft Edom und Israel, in anderen Geschichten geht es um die Ismaeliten oder um Ammon und Moab. Weiterhin gab es die Erzählungen über den Exodus, die Wanderung und die Landnahme. Das Kapitel 21 des Buches Numeri schildert die Kriege der Israeliten in allen Einzelheiten und spricht von einem alten Lied und einem »Buch der Kriege des Herrn« (Num 21,14; vielleicht haben wir Glück, daß es nicht erhalten ist). Das erinnert uns daran, daß der Jahwist auch alte Lieder als Quellen einbezog. Wir finden einen prahlerischen, blutrünstigen Ausschnitt aus einem Lied in Genesis 4,23, ein weiteres Liedfragment in Jakobs Segnung in Genesis 27 und womöglich weitere Bruchstücke in anderen Segnungen und Flüchen, besonders im Buch Numeri. Der Versuch, eine Darstellung der Vergangenheit mit alter »Dichtung« zu untermauern, ist einfallsreich und geschickt, auch griechische Autoren griffen später zu diesem Mittel. Zwar ist keines der wiedergegebenen Lieder eine Primärquelle für die darin geschilderten Ereignisse, aber zumindest sind sie älter als die Arbeit des Jahwisten.

Wir könnten mehrere Kapitel lang durch dieses Labyrinth von Geschichten streifen, die Veränderungen im Ton von den ersten Erzählungen bis zu den Geschichten der Erzväter (ab Gen 12) konstatieren sowie die Vorkommnisse auf dem langen Marsch der Israeliten im Buch Numeri nachlesen. Interessant ist vor allem ein besonders merkwürdiges Kapitel, nämlich Genesis 14.[6] Hier wird eine ganze Liste ausländischer Könige mit klangvollen Namen aufgeführt, die gegen andere Könige, unter anderem gegen den König von Sodom, in den Krieg ziehen; außerdem werden Ortsnamen und präzise Zeitspannen genannt. Früher glaubte man die Namen der Könige mit Personen identifizieren zu können, die in Texten des Nahen Ostens aus dem frühen 2. Jahrtausend v. Chr. vorkommen. Man nahm an, daß das Kapitel daher einen Hinweis auf die Lebenszeit Abrahams gebe, der als Kämpfer in diesen Kriegen genannt wird, und daß der Jahwist Aufzeichnungen von Kriegen benutzt habe, die sich aus grauer Vorzeit erhalten hätten. Keine dieser Thesen hat einer Überprüfung standgehalten: König Amrafel ist nicht der große Hammurapi von Babylon, der Stil des Berichtes weist nicht auf einen ursprünglichen Kriegsbericht und schon gar nicht auf eine ausländische Quelle hin. Der Name Abraham wurde den Erzählungen über die Kriegsunternehmen erst nachträglich hinzugefügt. Also belegt die Geschichte der Könige mit den wohlklingenden Namen kein genaues Datum für Abrahams Lebenszeit, sie beweist nicht einmal seine Existenz; inzwischen wird sie selbst als späte Ergänzung angesehen, die vielleicht erst aus dem 10. oder 9. Jahrhundert v. Chr. stammt.

Es ist fast sicher, daß auch die anderen Erzählungen des Jahwisten nicht wahr sind, aber dennoch neige ich dazu, ihm Qualitäten eines Historikers zuzuschreiben: Er schuf seine lange Geschichte aus mehreren Quellen und Überlieferungen, und er glaubte (meiner Meinung nach), wahrheitsgetreu über Vergangenes Auskunft zu geben. Die Geschichten, die er uns erzählt, haben immer wieder dasselbe Anliegen. Sie berichten vom Ursprung verschiedener Dinge, nicht nur vom Ursprung der Sprachen oder der bäuerlichen Arbeit, sondern auch, warum Israel Edom überlegen ist, warum Bet-El Bet-El heißt oder warum es an einem Ort namens Beerscheba Brunnen gibt.[7] Dieser Typ von Geschichtsschreibung, die Ursachen erklärt, ist auch in anderen Kulturen weit verbreitet. Viele Jahrhunderte lang spielte er in den Schriften griechischer Historiker, Dichter und Reisender eine auffallend große Rolle, und er liegt sogar einigen griechischen Mythen zugrunde, die beinahe zeitgleich mit den Geschichten des Jahwisten entstanden. Eine Ätiologie (Ursprungsgeschichte) entsteht manchmal dann, wenn ein Autor einer Geschichte beiläufig einen eigenen Kommentar anfügt. Die Suche nach einem »Ursprung« kann auch eine ganze Geschichte anregen. Warum ist die Landschaft um das Tote Meer so dürr und kahl? Bestimmt hat Gott Sodom für seine Sünden bestraft ... Doch was für Sünden? ... Es muß etwas Schreckliches gewesen sein ... Vielleicht haben die Menschen versucht, einen Engel, der zu ihnen geschickt wurde, zu vergewaltigen ... Warum heißt Bet-El »Bet-El«, also Gotteshaus? Weil Jakob dort von der Himmelsleiter geträumt hat ... Hinter den Ätiologien steckt oft einfach die menschliche Neugier. Sie zeigen uns, welche wunderbaren Geschichten Menschen sich an langen Nachmittagen ausdenken konnten, um Erklärungen für die Dinge in ihrer Umgebung zu finden, die ihre Neugier weckten. So wurden Namen auf der Landkarte, auffällige Erscheinungen in der Landschaft und selbst die Sitten anderer Menschen erklärt. In Genesis 47,26 steht (die Stelle stammt wahrscheinlich aus der Feder des Jahwisten), daß der Pharao auf Josefs Wort hin begonnen habe, das Ackerland seiner Untertanen mit einem Fünftel zu besteuern, und daß dieses Recht noch heute, also zur Zeit des Jahwisten, in Ägypten gelte. Vielleicht stimmt diese letzte Angabe (leider haben wir keine Beweise dafür), aber es war nur eine patriotische Vermutung des Jahwisten, daß die Steuer von einem Juden zur Zeit einer schrecklichen Hungersnot eingeführt worden sei.

Ätiologien sind noch keine Geschichtsschreibung, aber sie entstehen aufgrund einer Neugier, die leicht zur Historiographie führen kann. Sie erklären Tatsachen der Gegenwart durch Ereignisse der Vergangenheit und gehen davon aus, daß die Dinge einmal anders waren und daß wir heute von Zeugnissen früherer Zeiten umgeben sind. Der Jahwist geht dabei viel zurückhaltender vor als der Verfasser der Priesterschrift: Er projiziert nicht alle möglichen gesellschaftlichen Bräuche und religiösen Rituale seiner eigenen Zeit unter den Königen in eine ferne Vergangenheit zurück (Genesis 25,23 prophezeit jedoch »zwei Völker«; vergleiche auch Genesis 27,29 und Genesis 27,39), sondern hält die ferne Vergangenheit auf Distanz und läßt sich nicht auf theologische Debatten ein. Natürlich wurden ihm theologische Motive zugeschrieben, etwa ein Interesse an der Auserwählung Israels oder am Bund (obwohl sich diese Ideen erst nach der Zeit des Jahwisten herausbildeten) oder auch die Überzeugung, daß »das Gesetz in der Geschichte weitergegeben« werde (obwohl J nicht sonderlich am Gesetz interessiert war). Ich glaube, daß er im großen und ganzen schrieb, um uns mitzuteilen, wie alles geworden war und wie es, so Gott wollte, weitergehen würde. Er setzte Geschichten ein, um zu zeigen, wie fremde Sprachen entstanden waren, woher die Nachbarn Israels kamen, wie Israel aus Ägypten herausgekommen war usw. Es gibt auch Stellen, an denen er in die Zukunft schaut: In Genesis 12,1–4 verheißt Gott Abraham ein Land und verspricht ihm, daß Segen auf seinen Nachkommen ruhen wird und durch Abraham »alle Geschlechter der Erde Segen erlangen« sollen. Hier blickt der Jahwist optimistisch in die Zukunft und spricht einen bedingungslosen Segen aus, der beinhaltet, daß eines Tages die Israeliten, die Nachkommen Abrahams, in der ganzen Welt gesegnet sein werden.[8]

Aus dem Munde eines Menschen, der in der Mitte des 8. Jahrhunderts oder noch früher lebte, ist dieses Vertrauen in eine große Zukunft der Israeliten auf der ganzen Welt sehr bewegend. Dieselbe Kombination aus der Erklärung gegenwärtiger Tatsachen und einem dennoch hoffnungsvollen Blick in die Zukunft taucht im nächsten Teil der Erzählung erneut auf. Vom Buch Deuteronomium bis zum 2. Buch der Könige haben wir einen zweiten Abschnitt vor uns, dessen grundsätzliche Einheit Martin Noth 1943 schlüssig nachwies. Seine sehr elegante Theorie stellt uns einen einzigen Verfasser vor Augen, der den Großteil dieser Bücher in der Zeit des Exils um die Mitte des 6. Jahrhunderts v. Chr.

schrieb: den Deuteronomisten (D).[9] Inzwischen haben einige Wissenschaftler behauptet, das Werk sei in zwei Etappen erschienen: einer früheren unter Joschija um 620 v. Chr. und einer späteren nach 560. Ich habe mich bereits gegen diese Theorie der zwei Ausgaben ausgesprochen. Meiner Meinung nach hat es einen späten Autor im Exil gegeben, der auf Material aus früheren Quellen, die vor dem Exil entstanden waren, zurückgriff. Doch der Deuteronomist stand mit seinen Ansichten nicht allein da. Die Juden, die an dem Gesetzbuch festhielten, das 622/621 im Tempel gefunden worden war, unterstützten seine Haltung. Und seine Leistung war wahrhaft überragend; an sein kunstvolles Werk reicht nichts in der bis dahin bekannten Weltliteratur heran.

Zwar schrieb der Deuteronomist nicht unbedingt die Wahrheit; aber er hatte besondere Gaben, die Historikern heute noch ins Auge stechen. Er benutzte für die verschiedenen Geschichtsperioden eine Vielfalt schriftlicher Quellen, war bemüht, eine Chronologie mit genauen Jahreszahlen zu erstellen, hatte ein durchgängiges Motiv, mit dem er die Vergangenheit erklärte, und blickte, obwohl es objektiv nur wenig Anlaß dazu gab, hoffnungsvoll in die Zukunft. Er kehrt in seiner Darstellung immer wieder zu der Prophezeiung zurück, das Volk Israel werde eines Tages aus seinem Land vertrieben werden. Daher können wir vermuten, daß er außerhalb des Landes schrieb, als ein Verbannter in Babylonien, für den diese Prophezeiung bittere Realität war. Babylonische Autoren derselben Zeit erklärten den Verlauf der Geschichte ihres Landes damit, daß bestimmte Götter und deren Kulte und Festtage vernachlässigt oder beachtet wurden. Der Deuteronomist interessierte sich nicht übermäßig für die genauen Einzelheiten des Kultes im Tempel seines Gottes, er führte das Unglück statt dessen auf den Ungehorsam gegenüber dem Gesetz Gottes zurück.

Deshalb war er auch fasziniert von den Propheten der Vergangenheit, besonders denen des Nordreiches, und von dem, was sie gesagt haben »mußten«. In seinen Schriften verkünden Samuel, Natan und Ahija jene Botschaft, die auch schon im Gesetzbuch enthalten war: Sie warnen mit gutem Grund vor den furchtbaren Folgen eines Gesetzbruches. Bereits Mose und Josua hatten, wie der Deuteronomist glaubte, vorausgesehen, daß der Gehorsam sich in der Geschichte Israels nicht durchsetzen würde. Mit dieser

Einstellung hätte die Darstellung des Deuteronomisten leicht eine Geschichte vom Typ »sie haben es euch ja gleich gesagt« werden können. Sie ist aber viel mehr, denn ihre Perspektive erweiterte und vertiefte sich in einer Weise, die uns heute noch berührt.

Obwohl der Deuteronomist im Exil lebte, hoffte er auf die Zukunft. Wenn sich das Volk Gottes Gott in Reue wieder zuwandte, konnte es sich darauf verlassen, daß Gott ihm erneut Gutes tun würde. »Und wenn einige von dir bis ans Ende des Himmels versprengt sind, wird dich der Herr, dein Gott, von dort zusammenführen, von dort wird er dich holen« (Dtn 30, 4). Gleichgesinnte Bearbeiter haben den Originaltext des Deuteronomisten verändert, daher müssen wir bei diesen Hinweisen auf eine glücklichere Zukunft vorsichtig sein; die meisten wurden vielleicht von den Bearbeitern hinzugefügt. In unserer Bibel endet jedoch das 2. Buch der Könige, das vom Deuteronomisten stammt, mit der Begnadigung und Ehrung des gefangenen Königs Jojachin durch die Babylonier. Die Erwartungen, die dieses große Ereignis des Jahres 562/561 weckte, erwiesen sich zwar wenig später als überzogen, aber vielleicht deutet sich die Hoffnung des Deuteronomisten darin an, daß er seine Erzählung mit dieser Episode beendete.

Der Deuteronomist, der den Blick teils auf die Sünden der Vergangenheit und teils auf die Hoffnungen für die Zukunft richtete, war ein geborener und leidenschaftlicher Redenschreiber. Zum erstenmal akzentuierten jetzt lange Monologe die Themen einer historischen Erzählung, und wie die späteren griechischen Historiker verstand es auch der Deuteronomist, seine Reden an den Höhepunkten einer Geschichte zu plazieren.[10] Natürlich hatte er sie selbst erfunden, denn niemand erinnerte sich an genaue Worte aus der Frühzeit der israelitischen Geschichte. Wir hören Mose und Josua kurz vor ihrem Tod, wir lauschen den Reden am Vorabend der Landnahme oder zu Beginn der Monarchie. Der Verfasser selbst spricht zu uns, wenn 722 das Nordreich untergeht. Volksmengen versammeln sich um die Redner des Deuteronomisten, die (wie er selbst) ihrer Aufgabe alle Ehre machen. Über den Rahmen der Erzählung hinaus wenden sie sich auch an uns, wie die Reden im Drehbuch eines epischen Films. Nach guter biblischer Sitte gibt es keine Gegenrede; alle Reden bleiben ohne

Erwiderung: Der Deuteronomist ist somit auch der erste bekannte Verfasser von Predigten.

Er begann seine Arbeit mit einer langen Rede, die Mose gehalten haben soll, als er jenseits des Jordans am Rande des Gelobten Landes wartete. Dann baute er seine ehrwürdigste Quelle ein, das alte »Buch der Gesetze des Herrn«, das von dessen Anhängern mit ins Exil genommen worden war. Der Text war 622/621 im Tempel wiedergefunden worden, aber seit damals hatte man einige Stellen auf den neuesten Stand gebracht und ergänzt. Schließlich hält Mose noch einmal eine glühende Rede, und in unserer Bibel hat eine spätere Hand noch ein Lied und einen Segen angehängt. Auf diese Weise kam unser Buch Deuteronomium zustande, und die Erzählung setzte sich fort von Josua über das Buch der Richter zu den Büchern der Könige und dem einschneidenden Beginn des Exils.

Ein späterer, unbekannter Kompilator setzte schließlich den Pentateuch, die ersten fünf Bücher unserer Bibel, zusammen. Er arbeitete meiner Einschätzung nach im 5. Jahrhundert v. Chr. und verband vier sehr verschiedene Stränge: J (etwa 750 v. Chr. oder früher), einige Teile von E (vielleicht noch älter), D (etwa 550–540 v. Chr.) und P (etwa 530–500). Diese vier haben unterschiedliche Stärken und Schwächen und bieten viel Spielraum für phantasievolle Konstruktionen. Ich stelle sie mir manchmal als Führer eines gemeinsamen Unternehmens vor: P kümmert sich um die Details und das Kleingedruckte, er ist der geborene Wirtschaftsjurist; D ist der eloquente Verfasser von Rundbriefen, der ideale Chef der Vertriebsabteilung, der immer eine Erklärung zur Hand hat, wenn etwas schiefgeht; E ist die graue Eminenz der Firma; und der alte J ist der bedächtige Vorsitzende, der gern geistreiche Wortspiele macht, sich auf die Ursprünge der Firma besinnt und überlegt, wie man überhaupt so weit gekommen ist, aber dennoch überzeugt ist, daß sein Unternehmen eine große, weltweite Zukunft hat. Frauen gibt es in meinem Vorstandszimmer des Unternehmens Pentateuch nicht. Und wie nicht anders zu erwarten, widersprechen sich die vier vorhandenen Stimmen, denn die Chancen, daß so weit von den Ereignissen entfernte Personen eine einheitliche Geschichte produzieren, sind minimal.

Mit dem Buch Josua gewinnt die Erzählung des Deuteronomisten an Fahrt, und der sekundäre Kompilator tritt zurück. Von nun an ist der Deuteronomist allein, doch es lassen sich einige deutliche Spuren älterer Quellen entdecken, die er benutzt hat. Von Kapitel 13 an zitiert er kunterbunt durcheinander aus Listen von Volksstämmen und Städten, die etwas mit der Landnahme Israels zu tun haben. Diese Listen waren keine Primärquellen und wurden mindestens dreihundert, vielleicht sogar siebenhundert Jahre nach der Entstehung der in ihnen benannten Siedlungen zusammengestellt.[11] Sie passen überhaupt nicht zu einigen anderen Texten des Buches Josua. In Kapitel 10 zitiert der Deuteronomist bei der Beschreibung von Josuas Großtaten bei Gibeon, wo »die Sonne stehenblieb«, aus einem »Buch des Aufrechten«. Dieses Buch wird nur im masoretischen hebräischen Text, nicht jedoch in der früheren, davon unabhängigen griechischen Übersetzung erwähnt, aber ich glaube nicht, daß die Quellenangabe deshalb falsch ist. Aus anderen Texten wissen wir, daß das »Buch des Aufrechten« eine Liedersammlung war, die nicht vor der Zeit Davids entstand.[12] Das Lied über Gibeon wurde möglicherweise erst spät gedichtet, fernab von der Hitze des historischen Gefechtes. Der Deuteronomist (oder auch schon seine Quelle) verstand das Lied allzu wörtlich, als sei das, was poetische Ausschmückung ist, wirklich geschehen, als sei die Sonne tatsächlich am Himmel stehengeblieben. Vielleicht fand auch der Deuteronomist selbst das Ereignis so unglaublich, daß er sich ausnahmsweise auf seine Quelle berief und sie benannte, als könne sie seiner Geschichte mehr Gewicht verleihen.

Es fällt auf, daß viele Erzählungen in den ersten dreizehn Kapiteln des Buches Josua wieder Ursprungsgeschichten sind, die sich auf Eigenheiten der Gesellschaft oder der Landschaft beziehen.[13] Vielleicht benutzte der Deuteronomist das Buch des Jahwisten als Quelle. Die Themen sind sich so ähnlich, daß ich dies stark vermute, aber die Frage ist sehr umstritten. In den Ätiologien geht es besonders häufig um Felsformationen. Der Leser bekommt erklärt, warum die zwölf auffallenden Steine noch immer in der Mitte des Jordan stehen, warum die Stadt Ai ein Trümmerhaufen ist, warum große Steine vor dem Eingang einer bestimmten Höhle liegen (sie schließen die Leichen von fünf Israel feindlich gesonnenen Königen ein, die Josua hatte aufhängen und dann in die Höhle werfen lassen). Die Geschichten sind buchstäblich auf Fels gegründet, denn ihm verdanken sie ihren phantasievollen Ursprung. Es ist wenig wahrscheinlich, daß der Deuteronomist sie erstmals im Exil aufgrund mündlich überlieferter Erzählungen niederschrieb, die fern der heimatlichen Landschaft überlebt hatten. Ich habe den Verdacht, daß er sie vom Jahwisten übernahm und daß sie deshalb aus seinem Werk verschwanden, als er für den weiteren Gang der Dinge die Quellen wechselte.

Keine dieser Quellen ist primär, ausgenommen vielleicht das Lied von Gibeon, aber es gibt Archäologen, die dennoch einen Wahrheitsgehalt retten wollen. Um die Geschichte von Josua abzurunden, legt der Deuteronomist ihm kurz vor dem Tod noch zwei Reden in den Mund (Jos 23 f.). Beide wenden sich an »ganz Israel«, und man hat versucht, sie als historische Quellen zu verstehen: Könnte sich in ihnen nicht vielleicht eine Art »Fest des Bundes« widerspiegeln, bei dem Israel anfangs alljährlich den Bund mit Gott erneuerte?[14] Dieses Fest wurde sogar für die Überlieferung der frühen Geschichten verantwortlich gemacht: Sie sollen alljährlich bei der Feier des Festes in Sichem rezitiert worden sein.

Für diese phantasievolle Theorie gibt es jedoch außer den Reden selbst keinerlei Beweise, sie ist also völlig unhaltbar. Es gab kein solches Fest und keinen frühen Bund, und wir finden in den Reden keine Spuren der Geschichte des 10. Jahrhunderts v. Chr. Vielmehr sind sie gespickt mit Themen, die den Deuteronomisten und dessen Bearbeiter beschäftigten. Sie legten Josua kurz vor seinem Tod in den Mund, was sie selbst für den Sinn des Lebens hielten. In der ersten Rede gebietet Josua den Israeliten, alles zu beachten, »was im Gesetzbuch des Mose geschrieben steht«, an Jahwe als einzigem Gott festzuhalten und sich nicht mit fremden Völkern zu vermischen.[15] Er erwähnt kurz die Wohltaten Gottes in der Vergangenheit und mahnt die Israeliten dann, den Bund mit Gott, ihrem Herrn, nicht zu brechen. Die zweite, längere Rede hält Josua in Sichem, und sie wirkt noch kraftvoller. Josua hält den Stämmen vor, sie seien »nicht imstande, dem Herrn zu dienen«, sie würden ihn gewiß verlassen. Schließlich schreibt er seine Worte »in das Buch des Gesetzes Gottes«, nimmt einen großen Stein und stellt ihn, wahrscheinlich in Sichem, im Heiligtum des Herrn als Zeugen gegen das Volk auf: Auch der Stein habe die Worte des Herrn gehört, aber im Gegensatz zum Volk Israel werde er nie vom rechten Weg abweichen. Bei einer früheren Gelegenheit hatte Josua auf dem Berg Ebal auf Stein eine Abschrift des Gesetzes Mose angefertigt und es im vollen Wortlaut, mit Segen und Fluch, der ganzen Versammlung Israels verlesen, »auch den Frauen und Kindern«.

Diese Szenen sind bewundernswerte Erfindungen ihrer Verfasser aus der Zeit nach 560 v. Chr. Es ist unwahrscheinlich, daß der Deuteronomist, der ursprüngliche Verfasser, beide Reden schrieb; meiner Meinung nach wurde die erste Rede später hinzugefügt. Sie wurde von jemandem verfaßt, der die Grundauffassung des Deuteronomisten teilte, aber die Unbotmäßigkeit der Ehe mit Fremden hervorheben wollte; dieses Thema war im ursprünglichen Gesetzbuch nicht so stark betont worden. Die zweite Rede stammt wahrscheinlich vom Deuteronomisten selbst. Dazu paßt, daß sie vor der zunehmenden Untreue der Israeliten gegenüber Gott warnt und damit eine Entwicklung prophezeit, die der Verfasser dann im Buch der Richter, den Büchern Samuel und den Büchern der Könige nachzuzeichnen beabsichtigte; die Themen passen zur Zeit des Exils, zu seiner eigenen Zeit. Das Bild, das er zeichnet, trägt die kraftvollen Züge eines Meisterwerkes. Wir sehen Josua, wie er das Buch des Gesetzes Mose niederschreibt (das erst etwa 600 Jahre später entstand) und die Israeliten daran erinnert, wie viele Wohltaten Gott ihnen in der Vergangenheit erwiesen hat. Er mahnt sie eindringlich, sich an Gottes Gebote zu halten. Wie vorausgesagt, tat das Volk das Gegenteil: Es wandte sich jenseits des Flusses den fremden Göttern zu. Das war ein herber Tadel für die jüdischen Zeitgenossen des Verfassers, die ja »jenseits des Flusses« in Babylon lebten. Unterdessen stand der große Stein noch immer als Mahnmal in Sichem und bezeugte, daß Israel vom rechten Weg abgewichen war und sein Wort gebrochen hatte. Ausnahmsweise sagt uns der Deuteronomist bei dieser Geschichte nicht, daß der Stein noch zu sehen sei. Vielleicht kannte er einen entsprechenden Steinblock bei Sichem, aber wahrscheinlicher ist, daß ihn andere bedeutsame Steine in seinen Quellen zu der Geschichte angeregt haben. Als krönenden Abschluß seiner Erzählung stellte er sozusagen noch einen letzten Menhir zu den schon vorhandenen.

Meiner Ansicht nach ist dieses Buch das Werk zweier großer

Autoren, des Jahwisten, der Ätiologien in Erzählungen verwandelte, und des Deuteronomisten, eines Juden im Exil, der vielfältige Quellen aufgriff und das Buch des Gesetzes predigte. Zwar enthält das Buch bestialische Mordszenen und die Reden und Geschichten sind weit von jeglicher Realität entfernt, aber es ist dennoch ein Meisterwerk von der Hand eines sprachgewandten Historikers.

Das Buch der Richter, das sich daran anschließt, wirkt wie der einfachere Mittelsatz einer Symphonie.[16] Das Buch Josua ist in der griechischen Übersetzung länger, und es wurden einleuchtende Argumente dafür vorgebracht, daß die längere Version älter ist und dem Original nähersteht.[17] Auch die ersten beiden Kapitel des Buches der Richter sind vielleicht eine spätere Einfügung, so daß Kapitel 3 möglicherweise direkt an das (im Original längere) Buch des Deuteronomisten anschloß. Der darauf folgende Text wirkt weniger einheitlich als das Buch Josua, aber auch hier stützt sich der Verfasser auf alte Lieder und Geschichten. In Kapitel 5 zitiert er das berühmte Debora-Lied, das wahrscheinlich das älteste in der Bibel wiedergegebene Lied ist und sehr wohl eine Primärquelle sein könnte.[18] Es wurde wohl anläßlich des Sieges über Sisera um 1100 v. Chr. geschrieben und im Buch der Richter später mit einem schmückenden Erzählrahmen ausgestattet. In Kapitel 4 wird die Geschichte von Debora und Sisera zunächst in Prosa erzählt. Das Kapitel verbindet die alte Schlacht, die in dem Lied besungen wird, mit einer anderen Schlacht gegen König Jabin, und es hebt besonders hervor, daß Debora eine Prophetin war. Debora prophezeit die Heldentat einer Frau, und Jaël erfüllt die Weissagung, indem sie Sisera in ihrem Zelt tötet. Die Weissagung ist allerdings nicht das Thema des dann folgenden Liedes.

Die Herstellung falscher Verbindungen zwischen einer Quelle und einem Ereignis sowie der deutliche Wunsch zu zeigen, wie sich die Worte eines Propheten bewahrheiteten, sind Charakteristika, die im Werk des Deuteronomisten immer wieder auftreten. In den restlichen Kapiteln des Buchs der Richter ist nacheinander von verschiedenen Personen die Rede, vom spannend erzählten Mord Ehuds an Eglon bis zu den Taten eines Gideon oder Simson. Einige Fachleute vertreten die Ansicht, auch diesen Erzählungen liege eine schriftliche Quelle zugrunde, die möglicherweise unter König Hiskija (etwa 715–687 v. Chr.) in Jerusalem zusammengestellt wurde. Aber das ist nicht beweisbar. Die Geschichten wirken, als seien in ihnen mündliche Erzählungen großer Taten schriftlich festgehalten worden: Jiftach legt ein folgenschweres Gelübde ab (er muß seine Tochter opfern), Gideon stellt seine Männer auf die Probe, Simson gibt seinen Hochzeitsgästen ein Rätsel auf, heiratet eine Frau, auf die er sich nicht verlassen kann, und vernichtet die Ernte der Philister, indem er je zwei Füchse an den Schwänzen zusammenbindet, eine Fackel dazwischen befestigt und diese anzündet; dann läßt er die Füchse in die Felder laufen. (Diese gräßliche Taktik kann er nicht angewendet haben, denn wenn man an zwei aneinandergebundenen Füchsen eine brennende Fackel befestigen würde, würden sie in Panik geraten und in entgegengesetzte Richtungen ziehen.)[19]

Es macht keinen großen Unterschied, ob unser Verfasser die Geschichten aus einem Buch übernommen oder sie erst um das Jahr 550 v. Chr. aus volkstümlichem Erzählgut zusammengestellt hat. Bestenfalls hat sich hier ursprünglich primäre Erinnerung zu sekundärer mündlicher Überlieferung abgeschwächt. Über einen Abstand von mindestens vierhundert Jahren haben sich vielleicht ein paar Namen wirklicher Helden erhalten, aber bei der Darstellung ihrer Taten spielte die Phantasie des Erzählers eine große Rolle. Dennoch verwendet der Deuteronomist die Geschichten so, als seien sie Geschichte, und zwängt sie in eine feste Struktur. Als Verbindung zwischen ihnen dienen weniger die eingeschobenen Reden als vielmehr sein eigener Kommentar. Immer wieder lesen wir, daß das Volk Böses tat und daß Gott es daraufhin für eine gewisse Zeit Unterdrückern auslieferte. Dann beginnt der Prozeß der Versöhnung wieder von vorn. Der Deuteronomist reiht die einzelnen Episoden mit präzisen Zeitangaben aneinander, aber viele Geschichten decken genau einen Zeitraum von »vierzig Jahren« ab. »Vierzig Jahre« ist die herkömmliche Zahl für eine Generation, und wahrscheinlich waren die Originalgeschichten nach Generationen geordnet, was ja auch der üblichen Zeitstruktur für die mündliche Überlieferung entspricht. Unser Verfasser nahm dann eine Umwandlung in Zahlen vor.

Wir kommen nun zu den Büchern Samuel und den Büchern der

Könige, die der Deuteronomist ebenfalls aus verschiedenen Quellen zusammengefügt hat. Sie führen uns von der Zeit der Richter zur Zeit der Könige, beginnend mit Saul, David und Salomo.[20] Besonders die Bücher Samuel bieten Textkritikern ein reiches Betätigungsfeld, da sie in mehreren frühen Versionen existierten, von denen unsere späten hebräischen Manuskripte nur noch eine einzige wiedergeben. Auch in ihnen spielen Legenden eine wichtige Rolle. Die Schilderungen der Wahl Sauls in der Eingangsszene des ersten und der Wahl Davids in der des zweiten Buchs beruhen teilweise auf volkstümlichen Erzählungen, die nicht mehr Wahrheit enthalten als jede andere Legende um einen ehemaligen und einen zukünftigen König. Für Historiker besonders reizvoll ist die Beschreibung der Herrschaft Davids von 2 Samuel 9 bis zu Salomos Thronbesteigung in 1 Könige 2 (unter Auslassung von 2 Samuel 20).[21]

Dieser Abschnitt der Königsgeschichte unterscheidet sich von allen anderen. Er enthält keine Wundererzählungen, steckt aber voller Intrigen und boshafter Tricks, bei denen vor allem Frauen im Vordergrund stehen. Er berichtet von Privatgesprächen hochgestellter Persönlichkeiten, erzählt eine zusammenhängende Geschichte von den Kriegen gegen Ammon bis zum Ehebruch zwischen David und Batseba, berichtet vom Tod zweier Söhne Davids und von den Machenschaften um seine Nachfolge. Der Stil ist ausgesprochen zurückhaltend (etwa beim Tod des Ahitofel), und das dargestellte Ereignis wird von unterschiedlichen Standpunkten beleuchtet (beispielsweise die Nachricht von Abschaloms Tod). Angesichts des Todes zeigt der Erzähler viel Mitgefühl, etwa wenn er von Davids Reaktion auf die Krankheit und das Sterben des ersten Kindes von Batseba oder auf den Verlust seines Lieblingssohnes Abschalom berichtet. Einzelne Teile der Geschichte sind sorgfältig miteinander verknüpft, und es geht stets um Dinge, die die Herzen der Menschen bewegen: Sünde und Irrtum, Unwissenheit und Vergebung, Treue und Verrat und das Wissen, wann eine Handlung zutiefst unrecht ist.

Während der rund zwanzig Jahre, in denen David herrscht, stehen die Ereignisse am Hof um Davids Freunde und Feinde im Mittelpunkt. Infolgedessen hat man angenommen, die Quelle des Deuteronomisten für diese Kapitel sei eine Hofchronik gewesen, die Arbeit eines beinahe zeitgenössischen Zeugen, der Zugang zu den Geheimnissen des Hofes hatte. War der Autor vielleicht der Prophet Natan, der Priester Abjatar oder (warum nicht?) Batseba selbst? Umfang, Beschaffenheit und Datierung dieser Quelle sind natürlich höchst umstritten, aber sie hat unüberhörbar einen eigenen Klang. Das Bild König Davids ist nicht übermäßig schmeichelhaft gezeichnet, immerhin begeht er mit Batseba Ehebruch und läßt ihren Ehemann Urija umbringen. Deshalb wurde die Quelle als eine Art »Gegen-Geschichtsschreibung« klassifiziert und in der späten Exilzeit angesiedelt. Sie wurde als eine Reaktion auf die Idealisierung Davids als Haupt der messianischen Königslinie gedeutet. Allerdings gibt es nirgendwo sonst eine Spur von einer solchen »Gegen-Geschichtsschreibung«; je später unsere Quellen, desto stärker wird die Gestalt König Davids in ihnen idealisiert. Außerdem weisen Einzelheiten des Textes, sein Ton und seine Hauptthemen darauf hin, daß er erheblich früher geschrieben wurde. Wie hätte der Verfasser sonst so viele Details des Hoflebens und der Geographie kennen und seine Geschichte relativ schlüssig erzählen können?

Ich teile die allgemeine Ansicht, daß hinter diesen Kapiteln eine frühe Geschichte steht, die sich aus höfischen Quellen speiste. Wenn sie auch ein Stück der Weisheit enthält, die im Buch der Sprichwörter zu finden ist, dann deswegen, weil diese Weisheit ein Teil der Kultur des Verfassers war. Der Text wirkt ganz anders als die erfundenen Geschichten von Hofbeamten, die aus der ägyptischen Literatur bekannt sind. Unklar ist, ob er eine politische Zielsetzung hatte. Salomo wird zwar schließlich Davids Nachfolger, aber wenn der Verfasser (Natan?) lediglich die Absicht gehabt hätte, Salomos Rechtsanspruch auf den Thron zu unterstreichen, hätte es dafür bessere und plakativere Methoden gegeben. Die Autoren des Nahen Ostens waren im allgemeinen nicht zurückhaltend, wenn sie Lesern eine bestimmte Sichtweise nahebringen wollten. Der Text war daher wohl kaum eine offizielle Historie, die König Salomos Anspruch auf den Königsthron untermauern sollte. Vielmehr handelt es sich, wie ich vermute, um eine höfische Erzählung, die in irgendeiner Weise auf einer primären Kenntnis der Personen am Hof beruht. Entweder wurde sie während Salomos Herrschaft oder relativ kurz danach aufgrund einer detaillierten Erzählung aus der Erinnerung niedergeschrieben.

Wir treffen hier womöglich also lange vor Herodot auf den ersten Historiker der Welt. Er berichtete von der Politik eines Hofes und den intriganten Auseinandersetzungen innerhalb einer Familie. Wie Herodot hatte er ein ausgeprägtes Gerechtigkeitsgefühl; er schilderte gern, wie ein treuer Gefolgsmann eine Belohnung erhielt, während ein grausamer Hauptmann von seinen Soldaten verdienterweise im Stich gelassen wurde. Seine Dialoge und Reden sind von bestechender Rhetorik. Ein wahres Meisterstück ist die Szene mit der Frau aus Tekoa; die Frau schmeichelt David, er durchschaut ihre Worte jedoch sofort und erkennt, daß Joab sie ihr in den Mund gelegt hat. Die Erzählungen sind eng miteinander verbunden, und wie Herodot hat ihr Verfasser eine Vorliebe für bedeutsame kurze Szenen oder markante persönliche Gesten. Anders als Herodot erzählt er seine Geschichte jedoch anonym und ohne Kritik oder Zweifel an seinen Quellen.

Gott ist dabei zwar gegenwärtig, aber es gibt keine Predigten, und es liegt nicht jedem Ereignis ein expliziter Plan Gottes zugrunde. Diese Zurückhaltung hat die Theologen unter den Lesern in große Bedrängnis gebracht. Von dem Wunsch beseelt, Gott in jedem biblischen Ereignis wiederzufinden, behaupten manche, der Text bezeuge eine neue religiöse Weltsicht. Mit den alten Geschichten des Jahwisten von Wundern und Begegnungen mit Engeln sei es nun vorbei. Jetzt halte Gott »alle Fäden in der Hand«, er sei selbst in profanen Angelegenheiten wie den Kämpfen in der Königsfamilie präsent, nicht nur in den großen Taten von Richtern und Helden. Diese Veränderung weist angeblich auf ein Zeitalter der Aufklärung hin, das die Weltsicht des Verfassers am Hofe Salomos beeinflußt habe.[22]

Der Text widersetzt sich jedoch einer solchen Deutung. Das andere Extrem vertritt ein großer Altertumsforscher und Spezialist für Griechenland und den Nahen Osten, Eduard Meyer. Er hält den Text für ein vollkommen säkulares Werk. »Gänzlich fern liegt jede religiöse Färbung, jeder Gedanke an eine übernatürliche Leitung.« In seinen Augen »zeigt sich hier in geradezu grotesker Weise die in der Weltgeschichte waltende Ironie, daß diese durch und durch profanen Texte dem Judentum und dem Christentum als heilige Schriften gelten«.[23] Doch auch er interpretiert zu einseitig. Gott ist durchaus anwesend: Wie der Prophet Natan weis-

247

sagt, bestraft Gott David für den Mord an Urija (Davids Söhne sterben); als Salomo geboren wird, hören wir plötzlich, daß Gott ihn liebt; Gott führt Abschalom durch einen falschen Rat in die Irre, und Gott ist in den vielen Gebeten und Segenssprüchen ebenso gegenwärtig wie im Rat der Frau von Tekoa. Ganz gewiß lesen wir hier keine »säkulare« Quelle. Was fehlt, ist eine geschlossene Geschichtstheologie, nach der sich jeder Akt des Geschehens entwickelt. Hierin ist der Text einzelnen Teilen von Herodots Geschichtswerk erstaunlich ähnlich. Auch bei Herodot kommt es zu einem bestimmten Irrtum oder Zufall oder einer »gerechten Belohnung« manchmal »notwendig«, auf Geheiß der Götter. Vergleichbar ist etwa die Ablehnung des guten Rates durch Abschalom. Und auch bei Herodot mischen sich die Götter ein, um einzelne Menschen zu bestrafen oder zu belohnen. So wird erklärt, warum einem bestimmten Menschen in einem bestimmten Augenblick etwas widerfährt (man vergleiche Gottes plötzliche Liebe zu Salomo). Wie Natans Weissagung kann ein Orakel im Griechenland Herodots ein Unglück als Vergeltung für einen Frevel prophezeien, denn Herodot glaubte, daß Orakel die Wahrheit sagen; im Gegensatz zu den Aussagen der Propheten sind die Orakel allerdings mehrdeutig und haben unklare Bezüge. Bei Herodot mißdeuten die Menschen die Prophezeiungen, in der Bibel mißachten sie deren ausdrückliche Botschaft.

Die Hofgeschichte ist weder rein säkular, noch ist sie ein Beweis für eine neue Theologie. Sie ist eine ferne Erinnerung an das, was möglich gewesen wäre: an einen israelitischen Historiker, der sich nur sparsam auf Gott bezog, der schrieb, ehe Ideen von einem Bund oder Priesterschriften voller Legenden entstanden waren, ehe irgendwelche Gesetzbücher des Mose die Autoren, die über die Vergangenheit schrieben, beeinflussen konnten. In diesen wenigen Kapiteln vernehmen wir die Botschaft eines Historikers, doch der Nachfolger, der diese Botschaft für uns sichert, übernimmt dann wieder selbst die Führung. Der Deuteronomist tritt nicht in die Fußstapfen seines Vorgängers. Er ignoriert seine Spuren und übertönt ihn. Mit dem Deuteronomisten setzt tatsächlich eine neue Weltsicht ein, aber sie unterdrückt die biblische Stimme, die Herodot, dem griechischen Vater der Geschichte, am nächsten steht.

13

Von David zu Paulus

I

Sobald die Erzählung in den Büchern der Könige über die Hofge-
schichte Davids hinausgeht, scheint vergessen, was deren Verfas-
ser gerade geschrieben hat. David wird zum idealen König, dem
König, dem Gott eine lange Reihe von Nachfolgern auf dem
Thron versprochen hat. Die einzige Bedingung ist, daß diese
Nachfolger sich an Gottes Gebot halten; anderenfalls wird das
Versprechen hinfällig, wie sich im weiteren Verlauf der Geschichte
zeigt. Im Gegensatz zum Schreiber der Hofgeschichte arbeitet der
Deuteronomist mit Blick auf die Zukunft. Er hegt die Hoffnung,
daß sich die königliche Linie des großen David noch einmal fort-
setzt, und läßt Gott zu Salomo sprechen: »Wenn du nun alles
hörst, was ich dir gebiete, auf meinen Wegen gehst und das tust,
was mir gefällt, wenn du meine Gebote und Befehle befolgst wie
mein Knecht David, dann werde ich mit dir sein« (1 Kön 11,38).
Um welche Gebote und Befehle geht es hier? David hatte die Frau
eines anderen begehrt, sie verführt, belogen und die Ermordung
ihres Mannes eingefädelt. Zu seinen letzten Worten gehörte die
ausdrückliche Aufforderung an Salomo, alte Rechnungen zu be-
gleichen und zwei Feinde aus seiner Regierungszeit zu töten:
»Schick sein graues Haupt blutig in die Unterwelt« (1 Kön 2,9).

Beim Deuteronomisten haben Ideale die Tatsachen verschüttet,
die der »erste Historiker« festgehalten hatte. Vom Regierungsan-
tritt des Jerobeam im Jahre 932 v. Chr. an verdeckt der Deuteronomist die Tatsachen nicht mehr, aber er sieht und entstellt sie.
Seinen eigenen Angaben nach liegen der Erzählung Fakten zugrunde. Er spricht von der »Chronik der Könige von Israel« und der
»Chronik der Könige von Juda« in einer Art und Weise, die uns
an die Vollständigkeit des Textes und die Kompetenz des Verfas-

sers glauben läßt: Er schreibt, in diesen Chroniken stehe »die übrige Geschichte« eines Herrschers, so als sei die ganze Geschichte erhalten geblieben und er habe uns nur das Wichtige berichtet, »die übrige Geschichte« aber sei an anderer Stelle zu finden. Wenn diese Chroniken »die übrige Geschichte« eines Herrschers berichten, können wir wahrscheinlich daraus schließen, daß unser Verfasser einige Informationen aus derselben Quelle bezogen hat. Ich vermute, daß diese Quellenangaben kein Schwindel sind, der nur erfunden wurde, um uns zu beeindrucken; in dem viel späteren Buch Ester 2 ist eine ähnliche Angabe (Est 10,2) allerdings reine Erfindung.

Was also hat es mit den Chroniken auf sich? Einige Forscher betrachten sie als sekundäre Quellen, die aus früheren Aufzeichnungen zu einer Erzählung zusammengestellt wurden.[1] Zeitlich siedelte man sie zum Teil sogar erst im Exil an, weil man fälschlicherweise annahm, keine Monarchie vor den Babyloniern habe damals solche »Chroniken« geführt und »die Entdeckung der ›antiquarischen Chronik‹ durch die Babylonier im 6. Jahrhundert habe den Anstoß zu den ›Chroniken von Israel und Juda‹ gegeben«. Beide Argumente sind nicht überzeugend. Wir wissen zu wenig über frühe assyrische Texte, aber es gibt Fragmente, die wahrscheinlich aus schon zu dieser Zeit in der dritten Person geschriebenen Chroniken stammen, während andere, ebenso alte und von Königen »verfaßte« Schriftzeugnisse in der ersten Person genau wie die Bücher der Könige in der Bibel die Kriege, Beutestücke und Gebäude des Königs auflisteten. Solche Listen beruhten wahrscheinlich auf separaten Königschroniken, die inzwischen verlorengegangen sind. Es ist auch möglich, daß die Könige von Tyrus Annalen geschrieben haben; allerdings ist der einzige Hinweis darauf vielleicht auch eine Erfindung. Er findet sich bei Josephus, der nur eine griechischen Version dieser Annalen anführt.[2]

Meiner Ansicht nach waren die hebräischen Chroniken genau das, wofür sie der Autor der Bücher der Könige ausgab: echte Aufzeichnungen der Taten eines Königs sowie wichtiger Ereignisse der Zeit. Einige Kopien hatten die Katastrophen von 722 und 587 überlebt und waren wißbegierigen Juden in den Jahren des Exils zugänglich. Wahrscheinlich waren diese »Chroniken« Primärquellen oder fußten zumindest direkt auf primärem Material. Die biblischen Bezüge zeigen, daß dort nicht nur von königlichen Bauwerken und Stadtgründungen, Großtaten und Kriegen berichtet wurde, sondern auch von Verschwörungen und Aufständen. Solche Inhalte sind angesichts dessen, was wir über königliche Annalen oder Chroniken in den Monarchien des Nahen Ostens wissen, ausgesprochen glaubwürdig.

Von Jerobeam an ist daher die biblische Erzählung in einen Rahmen schriftlicher Quellen von höchster Bedeutung eingebettet. Der Deuteronomist benutzte sie in mehrfacher Weise. Er bezog Fakten aus ihnen: Sie sind die wahrscheinlichste Quelle von Einzelheiten über Schätze und bauliche Maßnahmen am Tempel Salomos. (Alles, was mit Tempeln zu tun hatte, spielte auch in den babylonischen Chroniken eine große Rolle.) Der Deuteronomist holte sich aus diesen frühen Quellen auch die Details, mit denen er die Könige einführt: »Manasse war zwölf Jahre alt, als er König wurde, und regierte fünfundfünfzig Jahre in Jerusalem. Seine Mutter hieß Hefzi-Bah« (2 Kön 21,1). Die Einleitungen sind im Wortlaut verschieden,[3] und nur bei den Königen des südlichen Reiches Juda wird auch die Mutter genannt. Vielleicht dienten tatsächlich zwei verschiedene Werke als Vorlage, eine Chronik über Israel und eine über Juda. Am Ende der Geschichte eines jeden Königs verweist der Deuteronomist auf diese Chroniken, in denen »die übrige Geschichte« des jeweiligen Herrschers zu finden sei.

Außerdem entnahm der Deuteronomist seinen Quellen Zeitangaben und Datierungen.[4] Die Bücher der Könige geben Regierungszeiten an, das Alter eines Königs bei der Thronbesteigung und gelegentlich ein bestimmtes Regierungsjahr, in dem etwas Bedeutendes geschah. Nebenbei erwähnen sie auch an einigen Stellen Ereignisse, Könige und Regierungszeiten im jeweils anderen (nördlichen bzw. südlichen) Königreich. Aus diesen Zahlen errechnen Historiker noch immer ihre Chronologien für die Geschichte Israels. Ihren Bemühungen stellen sich freilich vielfältige Schwierigkeiten in den Weg: Die Zahlen für die Regierungszeiten der einzelnen Könige sind in den hebräischen, griechischen und samaritanischen Texten verschieden; die Querverbindungen zwischen den Königen von Juda und den Königen von Israel stimmen nicht exakt mit den Regierungszeiten überein, die für die beiden Königreiche je einzeln angegeben sind.

Es gibt mehrere Möglichkeiten, solche Schwierigkeiten auf ein Mindestmaß zu reduzieren: Vielleicht wurden die Zahlen in unserem hebräischen Text hier und da falsch abgeschrieben; möglicherweise sind die griechischen Zahlen verläßlicher; und es kann vorgekommen sein, daß zwei Könige gleichzeitig in einem Reich regierten (im Text selbst ist davon nicht die Rede, aber Wissenschaftler berufen sich auf diese Möglichkeit, damit ihre Zahlen stimmiger werden). Unsicherheit herrscht auch darüber, wie die Länge der Regierungszeit errechnet wurde. Zählte ein angefangenes Jahr mit, wenn der König vor Ende des Jahres starb? Wurde es auch bei seinem Nachfolger angerechnet? Wurden die Jahre einschließlich der genannten Eckdaten gezählt? Wann begann das Jahr im jeweiligen Kalender? Änderte sich dieser Zeitpunkt während der Jahrhunderte, um die es hier geht? Um welche Art von Kalender handelte es sich überhaupt, zählte man Sonnenjahre, Mondjahre oder Lunisolarjahre? Wie sehr wich dieser Kalender über einen Zeitraum von mehreren Jahren von unserem Kalender ab? Von den Antworten auf diese Fragen hängt unsere Chronologie ab. Und es ist nicht leicht, Antworten zu finden. Die neueste Untersuchung hält einen lunisolaren Kalender für wahrscheinlich, bei dem Neujahr in den Herbst fiel;[5] Juda schloß sich dann aber dem babylonischen Kalender an, nach dem das neue Jahr im Frühling begann; diese Umstellung wurde vermutlich unter König Joschija vollzogen. Dann stellte Juda auf eine ausschließende Datierung um (was allerdings strittig ist), so daß das erste Regierungsjahr eines Königs mit dem neuen Jahr begann, das auf seine Thronbesteigung folgte. Vorher hatten beide Königreiche eine einschließende Datierung praktiziert. Daß man überhaupt Antworten erschließen kann, ist der wichtigen Tatsache zu verdanken, daß der Deuteronomist die Angaben zu den Regierungszeiten nicht selbst erfand, sondern sie unverändert aus den älteren Chroniken übernommen haben muß. Daraus ergaben sich auch die Unterschiede bei den Berechnungen, denn die Zählweise der Chroniken änderte sich im Laufe der Zeit. Wenn der Deuteronomist eine Querverbindung zwischen Ereignissen in Israel und in Juda herstellte, hatte er vermutlich auch diese Daten aus den Chroniken. Da die Könige der beiden Reiche häufig miteinander in Berührung kamen, sind Angaben über die Regierungszeiten des jeweils anderen in den offiziellen Chroniken ziemlich wahrscheinlich.

Auf einer bestimmten Ebene stützt sich dieser Abschnitt der Bibel also auf Primärmaterial. Die übergreifenden Zahlenangaben hingegen stellen die Wissenschaftler vor Probleme. Sie sind anscheinend so manipuliert worden, daß sie einer symbolischen Chronologie entsprechen. Im 1. Buch der Könige steht in Kapitel 6 eine wichtige Übersichtszahl: 480 Jahre sollen vom Auszug aus Ägypten bis zur Grundsteinlegung des ersten Tempels vergangen sein. Die Zeitangabe wurde dem Deuteronomisten zugeschrieben und als entscheidender Hinweis darauf gewertet, daß er der Verfasser der gesamten Erzählung vom Exodus an ist.[6]

Hier taucht jedoch ein Problem auf. Wenn man die einzelnen Regierungszeiten der im folgenden genannten Könige vom ersten Tempel bis zum Exil zusammenzählt, kommt man auf 430 Jahre, weitere 50 Jahre verstreichen vom Exil bis zum Baubeginn des zweiten Tempels. Es ergibt sich also wiederum die Summe 480, die sich am Zeitpunkt des Tempelbaus orientiert. Diese glatte Zahl ist mit ziemlicher Sicherheit nicht zufällig entstanden. Jemand muß an den Zeitangaben herumgebastelt haben, damit die beiden Gesamtzahlen übereinstimmen.

Das Schema kann nicht vom Deuteronomisten selbst stammen, denn er schrieb während des Exils, noch ehe die genannten 50 Jahre vorbei waren. Die ersten 480 Jahre, vom Exodus bis zum Tempelbau, stehen im Widerspruch zu den einzelnen Summen, die in seinem Werk vom Buch der Richter bis zum Buch Samuel angegeben sind (zusammen 430 Jahre). Wir haben bereits den Verdacht geäußert, daß bei diesen Berechnungen ein Priester die Hand im Spiel hatte: Die Gesamtsumme in 1 Könige 6 paßt zwar in den allgemeinen Gang der Erzählung des Deuteronomisten, ist aber dennoch wahrscheinlich ein Einschub des Verfassers der Priesterschrift. Falls der Deuteronomist selbst ein bestimmtes Zeitschema im Sinn hatte, dann ergibt es sich vielleicht aus den Angaben im griechischen Text für die Ära seiner Könige: 480 Jahre von König David bis zum Exil, die den 450 Jahren von der Besiedlung Kanaans bis Eli (im hebräischen Text von den Richtern bis Samuel) plus weiteren 30 Jahren für die Lebenszeit Samuels entsprechen. Wieder bewegen sich die Zahlen von der

Landnahme bis zum Exil um 480; vielleicht hat auch der Deuteronomist mit diesem Muster gearbeitet, dabei aber gleichzeitig die separaten Regierungszeiten seiner Quellen, der Königschroniken, beibehalten.

Das Entscheidende hierbei ist, daß solche beeindruckenden Zahlenspielereien in solider Geschichtsschreibung keinen Platz haben. Sie sagen zwar etwas über die Vergangenheit aus, verwässern aber die Wahrheit. An anderer Stelle verbarg der Deuteronomist weniger schamhaft, daß er mogelte, und ließ seine Quellentexte ganz ungeniert in den Hintergrund treten, um seinen Standpunkt in bezug auf gewisse Dinge deutlich zu machen. Er schrieb im Exil und stützte sich auf Bücher, nicht auf persönliche Forschungen, und er machte sich nicht die Mühe, das Gelesene durch die Suche nach Inschriften oder noch erhaltene Grabmäler zu verifizieren. Er war kein Altertumsforscher, er verwandelte einfach das, was er gelesen hatte, in das, was er sagen wollte.

Zwischen der Regierungszeit Davids und den beiden Chroniken für die Königreiche Juda und Israel klaffte eine Lücke: die Regierungszeit Salomos. Hier verweist der Deuteronomist uns auf eine »Chronik Salomos«, in der »alle seine Taten und die Beweise seiner Weisheit« aufgezeichnet sind (1 Kön 11,41).[7] Seine Version dieser Regierungszeit enthält einige brillante fiktive Ansprachen sowie einige wortreiche Geschichten über die Weisheit und die Frauen, die ganz und gar nicht nach Aufzeichnungen einer Königschronik klingen. Als der Deuteronomist schrieb, müssen schon unzählige Geschichten über Salomo in Umlauf gewesen sein, und es war vermutlich unmöglich, die Spreu vom Weizen zu trennen. Ein paar davon sind in sein Werk eingegangen, so die Geschichte von den beiden Frauen und dem Kind und wahrscheinlich die Erzählung über die Königin von Saba. Einige Verse beziehen sich jedoch auch auf die Politik und Verwaltung unter Salomo (1 Kön 4 oder 1 Kön 9,15 ff.); auch Einzelheiten des Tempel- und Palastbaus könnten durchaus in einer Königschronik vorgekommen sein. Die »Chronik Salomos« mit den »Beweisen seiner Weisheit« mag eine solche Quelle gewesen sein; jedenfalls hat es den Anschein, als seien Bruchstücke einer Primärquelle in der gesamten Darstellung des Deuteronomisten zu finden. Entweder fußte die »Chronik Salomos« auf einer Primärquelle, oder sie war selbst eine; sicher ist, daß der Deuteronomist sie mit späteren Legenden und moralisierenden Reden anreicherte.

Es wäre indessen außerordentlich naiv, die Erzählung der Bücher der Könige als wahre oder umfassende Geschichtsdarstellung anzusehen. Sie ist eingestandenermaßen selektiv (»die übrige Geschichte« erfährt man, so man will, an anderer Stelle) und offensichtlich polemisch: Jede Regierungszeit wird danach beurteilt, ob sich der König an das deuteronomische Gesetz hielt oder nicht. Die Erzählung ist schlechte Geschichtsschreibung, die teilweise auf besseren Quellen, zum Beispiel dem Bericht vom Hofe Davids, beruht, und sie bezeugt stets eindrucksvoll den Standpunkt eines beherzten Autors. Der Deuteronomist begann mit alten Liedern und Ursprungsgeschichten und endete mit durch Primärquellen belegten Büchern über die Taten der Könige. Sein durchgängiges Ziel war es, seine Einschätzung der Vergangenheit und der Zukunft deutlich zu machen; er ist ein Historiker, dessen Technik und dessen Motive wir nachvollziehen können, ohne ihm glauben zu müssen.

Ihm folgt ein weniger bedeutender Autor, der Chronist, der die Geschichte noch stärker verzerrt und nur punktuell Quellen verwendet. Seine Darstellung führt uns von den beiden Büchern der Chronik zu den Büchern Esra und Nehemia. (Einige moderne Wissenschaftler wollen Esra und Nehemia vom Textkorpus des Chronisten abtrennen, aber sie können keine guten Argumente dafür anführen.) Auch dieser Verfasser hatte das Ziel, eine überzeugende Darstellung der Vergangenheit zu liefern, die eine größere Wahrheit ans Licht bringen sollte. Seine Methode ist diesem Ziel jedoch nicht angemessen.

Im Grunde werden in den beiden Büchern der Chronik ganze Passagen aus den Büchern Samuel und den Büchern der Könige wiederverwendet. Dem Verfasser sind die Bücher Samuel in einer hebräischen Fassung bekannt, die häufig von der heutigen Bibelfassung abweicht; das belegen die Manuskripte der Bücher Samuel, die in Qumran gefunden wurden. Doch nicht andere Textvarianten sind für die Darstellung König Davids ausschlaggebend. Im Werk des Chronisten ist David der ideale König, der gesamte Inhalt der Hofgeschichte wird weggelassen. Sie mißfällt dem Chronisten, denn sie verdirbt das positive Bild Davids.

Im Jahr 1896 kam ein aufmerksamer Gelehrter zu folgendem Schluß:

… keine Tatsache steht in der Forschung zum Alten Testament so fest wie die, daß der Chronist als Historiker ausgesprochen unzuverlässig ist. Er verzerrt absichtlich und systematisch Fakten: Er erfindet in aller Freiheit ein Kapitel nach dem anderen, wobei besonders gefährlich ist, daß er seine Geschichte nicht um ihrer selbst willen schreibt, sondern im Interesse einer extrem einseitigen Theorie.[8]

Der Chronist war zwar nicht ganz so erfinderisch, wie ihm hier unterstellt wird, aber spätere Untersuchungen haben dieses Urteil kaum gemildert. So ergab eine genaue Überprüfung des historischen Gehaltes von 2 Chronik 10–36, daß von den Versen, die von der Erzählung der Königsbücher unabhängig sind (2 Chr 11, 5–10; 26,6 und 10; 32,30 sowie 11,22–23 und 21,1–4), nur achteinhalb Verse sicher und sechs Verse wahrscheinlich auf historischen Tatsachen beruhen.[9] Auch diese Zahl könnte sich noch reduzieren, wenn wir eine vollständigere frühere Fassung der Bücher der Könige finden, in der womöglich weitere dieser Verse enthalten sind. Vielleicht hat der Chronist ältere Chroniken herangezogen und daraus einige Geschichten ausgewählt, die in den uns bekannten Büchern der Könige ausgelassen wurden, aber seine Auswahl war völlig willkürlich. Wir werden auf Bücher wie die »Geschichte des Propheten Schemaja und des Sehers Iddo« verwiesen, um mehr über die Regierungszeit eines Königs zu erfahren (2 Chr 12,15). Manche Wissenschaftler vermuten, daß der Chronist fiktive Quellen angibt, um seine Darstellung glaubwürdiger zu gestalten; vielleicht existierten diese Texte aber tatsächlich neben den Königsbüchern, und vielleicht lieferten sie dem Chronisten einige Fakten.

Wann hat dieser phantasievolle Schwindler geschrieben, und wer war er? Offensichtlich entstand sein Text lange nach der Rückkehr aus dem Exil, denn er schreibt einmal von einer persischen Münze, einem Dareikos, der erst seit Dareios I. († 486 v. Chr.) im Umlauf war,[10] und er sieht auf Jesaja und die frühen Propheten als autoritative Quellen zurück. Wenn sein Werk, wie ich annehme, auch die Bücher Esra und Nehemia umfaßt, dann endet es mit den großen Vergünstigungen, die den Juden von den persischen Königen gewährt wurden. Da an keiner Stelle angedeutet wird, daß diese Vergünstigungen ein Ende haben könnten, kann man wohl annehmen, daß der Chronist im 4. Jahrhundert v. Chr. schrieb, vor den dreißiger Jahren dieses Jahrhunderts und den Eroberungszügen Alexanders des Großen, als es noch ein dauerhaft erscheinendes Persisches Reich gab. Dazu paßt auch, daß er die Einheit Israels betont, denn die Samariter, die Jahwe später einen eigenen Tempel im Norden errichteten, hatten sich zu dieser Zeit noch nicht abgespalten. In den Büchern der Chronik gilt seine besondere Gunst den Leviten innerhalb der Priesterschaft, und er beendet das Buch Nehemia mit der Feststellung, daß die Leviten nun wieder in hohen Ehren stünden. Vielleicht war der Chronist selbst ein Levit und schrieb in Jerusalem um das Jahr 350 v. Chr.

Niemand kann bestreiten, daß der Chronist sehr voreingenommen berichtet. Er idealisiert David und Hiskija, er schreibt König Joschafat eine ungewöhnlich einflußreiche Rolle zu, ignoriert aber erstaunlicherweise die getrennte Existenz und den Fall des israelischen Nordreiches vollkommen. Aufgrund seines Stils hat man sogar vermutet, sein Werk sei eine von einem Leviten verfaßte und zum Vortrag vor dem Volk bestimmte Predigt. Ganz sicher kann man die Voreingenommenheit am besten aus der Zeit des Autors erklären, in der die Juden wieder in der Heimat waren und einen neuen Tempel besaßen. Der Chronist beginnt sein Buch mit langen Genealogien, die bis zu Adam zurückreichen; passend zum Großteil seiner Erzählung repräsentieren sie die Fortdauer des Volkes in einem einzigen Land, wie es unter König Hiskija vereint worden war. Er ignoriert damit die Tatsachen, wie es deutlicher nicht mehr geht, und gibt zu verstehen, man habe für die Sünden der Vergangenheit gebüßt und der rechte Weg bestehe nun darin, mit der gebührenden Demut eine vereinte Zukunft ins Auge zu fassen.

Hier und da verwendet der Chronist Bruchstücke alten Materials, das in den Büchern der Könige ausgelassen worden war. Seine Arbeit ist offenkundig sekundär und einseitig; sie bezeugt eine Begabung für unterhaltsame fiktive Monologe, hat aber als Quelle historischer Wahrheit wenig Wert. Sein Vorhaben war jedoch das eines Historikers, auch wenn wir ihm selten trauen können.

Ich teile die weitverbreitete Ansicht, daß die Erzählungen der Bücher Esra und Nehemia ebenfalls das Werk des Chronisten und stark bearbeitete Neufassungen älterer Quellen sind.[11] Die zugrundeliegenden Materialien, darunter viele echte offizielle persische Dokumente, sind von einzigartigem Wert. Vor allem aber beruhen Teile des Buches Nehemia auf Nehemias persönlichen Erinnerungen, die dieser nach 430 v. Chr. aufgeschrieben hatte. Wir haben hier den ersten Augenzeugenbericht vor uns. Endlich wird mit der Technik der früheren biblischen Erzählungen und ihrer anonymen Tradition gebrochen. Diese Neuerung läßt sich am besten durch Nehemias mißliche Lage erklären: Er war ein äußerst umstrittener Reformer. Die Quelle des Buches Esra läßt sich nicht so eindeutig feststellen, allerdings vermuten einige Forscher, daß ihm persönliche Erinnerungen Esras zugrunde liegen. Die Bearbeitung beider Bücher ist chaotisch, und die Datierungsprobleme innerhalb dieses Textkorpus geben noch unlösbare Fragen auf, aber es sind die einzigen Bücher des Alten Testaments, die erstklassige Primärquellen zitieren, auch wenn sie selbst sekundär sind. Dieses Material macht sie zu einer Fundgrube für Historiker.

Wir kommen nun zum letzten hebräischen Abschnitt des Alten Testaments, der weitgehend aus fiktiven Geschichten besteht: Die Erzählungen von Jona, Rut, Daniel und Ester haben keine wahre Grundlage in den Ereignissen, von denen sie berichten. Das Buch Jona wurde wahrscheinlich um 450–300 v. Chr. geschrieben (es wird im Buch Tobit erwähnt);[12] die Datierung für das Buch Rut ist unsicher, aber es entstand wohl nach 450 v. Chr. In der Zeit zwischen 433 und 424 v. Chr. kritisierte Nehemia die Heirat mit Ausländern in Jerusalem, aber der Verfasser des Buches Rut störte sich nicht daran, daß Rut eine Ausländerin war, die ehrenvoll nach Israel einheiratete.[13] Einzig beim Buch Daniel haben wir Gewißheit. Es wurde aus älteren Geschichten über Daniel, die zwischen etwa 280 und 180 v. Chr. in Umlauf waren, und aus Weissagungen aus den Jahren 167 und 164 v. Chr zusammengestellt. Das Buch selbst muß kurz nach 164 entstanden sein.

Weniger leicht einordnen läßt sich das Buch Ester.[14] Im Gegensatz zu Rut ist Ester eine Jüdin (durch Adoption), die in die Fremde heiratet. Sie vermählt sich mit dem nichtjüdischen König von Persien und rettet später durch ihre Vermittlung die Juden vor der Vernichtung. Ein Hofbeamter, der böse Haman, hatte den König mit verleumderischen Behauptungen zu einem Erlaß gegen Leib und Leben der Juden sowie ihr Eigentum bewogen. Das Buch ist eine fiktive, in persischer Umgebung spielende Geschichte. Es setzt die Welt der Diaspora nach 300 v. Chr. voraus, in der jede jüdische Gemeinde für sich selbst entscheidet, und es erwähnt an keiner Stelle das Heilige Land, den Tempel und den Kult und spricht nicht einmal (explizit) von Gott. Einige Wissenschaftler datieren es auf die Zeit nach 160 v. Chr., nach der großen Verfolgung des jüdischen Kultes und der jüdischen Lebensweise durch den hellenistischen König Antiochos, obwohl in der Erzählung nichts von diesen schrecklichen Ereignissen anklingt.[15] Die Bedrohung gilt dem jüdischen Volk, nicht seinem Kult, Gesetz oder Tempel, und sie hat eine persönliche Ursache: Haman fühlt sich von dem Juden Mordechai gekränkt. Der König stimmt den Vorschlägen des Hofbeamten zu, weil er getäuscht wird; er ist naiv, aber nicht bösartig. Nach 160 v. Chr. hätte ein Autor eine solche Verfolgung kaum noch als unglücklichen Zufall dargestellt, der weder das Gesetz noch die jüdische Praxis gefährdete. Artaxerxes, der König, um den es hier geht, befiehlt die Verfolgung der Juden aus Unwissenheit, und die Jüdin Ester wird seine Gattin und Königin, ohne sich im geringsten wegen der Einhaltung der jüdischen Traditionen und Vorschriften sorgen zu müssen.

Ich würde das Buch daher auf die Zeit zwischen etwa 280 und 180 v. Chr. datieren. Die einfachste Theorie ist, daß es von einem Juden geschrieben wurde, der in der Gegend von Susa, der alten Residenzstadt der persischen Könige, lebte, denn er kennt das dort entstandene Purimfest (Est 9,26–28) und zeigt sein »Wissen« über alte persische Sitten.[16] Dieser Autor hat einen einheitlichen literarischen Stil und flicht die Themen älterer Hoferzählungen ineinander. Er stellt ihnen eine hübsche kleine Geschichte über den weiblichen Ungehorsam voran, der zu einem königlichen Erlaß führt; durch diesen sollen die Frauen im ganzen Persischen Reich dazu gebracht werden, ihren Männern zu gehorchen. Hauptziel des Autors ist, den Ursprung des populären (heute noch gefeierten) Purimfestes bekanntzumachen und ihm Würde zu verleihen. Er verbindet es mit einer Erzählung darüber, wie die Juden einer durch Verleumdung angezettelten Verfolgung entgingen, und schreibt, das Purimfest erinnere an die beiden Gegenerlasse, die Ester und Mordechai erwirkten. Dabei vermischt er Anklänge an anschauliche persische Erzählungen, die vielleicht rund um Susa verbreitet waren, mit seinen eigenen, wahrheitsfernen Phantasien. Die Geschichten sind ausnahmslos fiktiv, aber der Verfasser will sie glaubhaft machen. Er unterstreicht seinen Anspruch, authentisch vom persischen Königshof zu berichten, wenn er am Ende von »der Chronik der Könige von Medien und Persien« spricht und so tut, als hänge seine Geschichte mit dieser Chronik zusammen. Wo es um persische Belange geht, beteuert er immer wieder seine Wahrheitstreue.

Seine farbenfrohe Geschichte wurde ebenso populär wie das Purimfest selbst. Auch andere Juden kamen dadurch auf den Gedanken, Briefe und Geschichten zu schreiben, um die Bedeutung eines Festes zu fördern. Wir haben noch heute Briefe, die um 120 v. Chr. aus Jerusalem zum Thema Tempelweihfest geschrieben wurden.[17] Vielleicht in Anlehnung daran wurde das Buch Ester in Jerusalem 78/77 v. Chr. vom Hebräischen ins Griechische übersetzt und (wie die Briefe über das Tempelweihfest) an Juden in Ägypten geschickt, um das Purimfest auch dort durchzusetzen. Bei der Übersetzung wurde auch eine feindselige Note gegenüber anderen Völkern in das Buch hineingetragen. Später im selben Jahrhundert, wahrscheinlich unter Augustus (nach 31 v. Chr.), erfand ein Autor in Ägypten im apokryphen 3. Makkabäerbuch eine weitere Geschichte über eine zuletzt mißlungene Judenverfolgung, um den Ursprung eines Festes ägyptischer Juden zu erklären. Wahrscheinlich nahm er sich dabei das Buch Ester zum Vorbild.

Die biblische Erzählung endet also so, wie sie begonnen hat: mit einer Ätiologie, die den Ursprung eines Brauches erklärt. Im Buch Genesis erfahren wir, warum die Menschen hart arbeiten müssen, im Buch Ester, warum das populäre Purimfest gefeiert wird. Wenn wir einen historiographischen Text im Alten Testament suchen, finden wir ihn nicht in diesen fiktiven Erzählungen, sondern im 1. und 2. Buch der Makkabäer, die in den Bibeln vieler christlicher Konfessionen nur als apokryphe Schriften aufgeführt werden. Sie wurden mindestens dreißig, vielleicht sogar erst sechzig Jahre nach den Ereignissen geschrieben, von denen sie berichten, dem folgenschweren Krieg und der Verfolgung zwischen 170 und 160 v. Chr. Das 1. Buch der Makkabäer ist die griechische Übersetzung eines verlorengegangenen hebräischen Originals, das um 130–110 v. Chr. entstand;[18] die Erzählung ist manchmal unzusammenhängend. Das 2. Buch der Makkabäer (nach 124 v. Chr.) ist ein Auszug aus einem früheren griechischen Werk, das wir ebenfalls nicht mehr im Originaltext besitzen.[19] Vorangestellt wurden Briefe, die die Feier des Tempelweihfestes rechtfertigen sollten. Im Gegensatz zum Buch Ester stimmen hier die Titel bei Hofe und die Beschreibung des historischen Schauplatzes so genau, daß nur die Primärquelle im Buch Nehemia einen ähnlichen Grad an Präzision erreicht. Die beiden Makkabäerbücher sind zwar keine Primärzeugnisse, aber das zweite Buch faßt das Werk eines zeitgenössischen griechischen Autors zusammen und ist die geschichtstreueste Erzählung im Umfeld des Alten Testaments. Sie ist dennoch stark theologisch gefärbt, berichtet nicht in chronologischer Ordnung und bietet keine ausgewogene Darstellung der Ereignisse. Sie zitiert mehrere offizielle Briefe, von denen aber einer (2 Makk 9,19–27) eindeutig gefälscht ist.

II

Von den phantasievollen Ursprungserzählungen in den Büchern Genesis und Josua sind wir durch mindestens sechs Jahrhunderte hindurch zu Werken vorgerückt, in denen sich erstmals Primärquellen feststellen lassen. Man ist versucht, die Geburt der Geschichtsschreibung als das natürliche Ergebnis dieser Progression zu erklären: von Ursprungsgeschichten (wie der von den großen Steinen im Buch Josua) über die Geschichten großer Helden (Gideon und seine geschorene Wolle, Simson und seine Füchse) hin zu direkt bezeugten Geschichten (die Hofgeschichte von der Nachfolge Davids).[20] Diese Entwicklung ist jedoch nicht in allen Kulturen gleich verlaufen. Viele Völker kannten Ursprungsgeschichten und Heldengeschichten, entwickelten aber keine Geschichtsschreibung. Die Kluft zwischen solchen Geschichten und einer schriftlichen Rekonstruktion der Vergangenheit, die kausale Zusammenhänge herstellt, ist gewaltig.

In Israel haben mehrere Autoren diese Kluft überbrückt. Sie verwandten frühe Quellen für ihre Rekonstruktion der Geschichte, in der ihr Gott eine zentrale Rolle spielte. Theologen haben daher Gott als den Urheber der Geschichtsschreibung angesehen. Man hat die Geschichtsschreibung der Israeliten und ihren Glauben zueinander in Beziehung gesetzt, als seien die Israeliten zu einer historischen Art des Denkens und somit zur Historiographie gelangt, weil sie an die Herrschaft Gottes in der Geschichte glaubten.[21] Die Theologie war jedoch nicht die primäre Ursache der Geschichtsschreibung; sie erstickte schon bald das Kind, dessen Vater sie angeblich war. Viel mehr ist die Historiographie dem Impuls zweier großer geschichtlicher Ereignisse zu verdanken, dem Exodus und der anschließenden Landnahme sowie dem Exil von 587 v. Chr. Nach diesen einschneidenden Veränderungen wollten die Juden wissen, wie ihre Stämme dazu gekommen waren, sich im Gelobten Land niederzulassen, und sie verlangten nach einer Erklärung für die erlebten Katastrophen. Dazu kam die Frage nach dem weiteren Verlauf der Geschichte. Bei der Konstruktion einer Antwort griffen sie zu schriftlichen Aufzeichnungen, in denen Gott eine sehr geringe Rolle spielte und nur selten erwähnt wurde: zu einer Hofgeschichte von David bis Salomo und den Chroniken späterer Könige. Diese Bücher wurden geschrieben, um der Monarchie zu dienen, nicht der Theologie.

Die angeblich »einzigartige Geschichtsbesessenheit« der Israeliten bedarf einer sorgfältigen näheren Bestimmung. Das eigentlich Überraschende ist die Herstellung einer fortlaufenden Geschichte von der Schöpfung bis zum 5. Jahrhundert v. Chr. Bei den Griechen verloren sich die historischen Traditionen nach dem Trojanischen Krieg über vier Jahrhunderte fast völlig; es folgte eine Zeit, die man das Dunkle Zeitalter nennt und die erst um 800 v. Chr. endete.[22] In der israelitischen Geschichtsschreibung dagegen gibt es keine solche Lücke, auch nicht für das nur stakkatoartig geschilderte Zeitalter der Richter. Diese Geschichtsschreibung war selektiv (»die übrige Geschichte« fand sich angeblich in anderen Büchern) und brach mit den Ereignissen um Nehemia ab; nur zur

Zeit der Makkabäer wurde sie noch einmal kurz aufgenommen. Wenn man nach der erhalten gebliebenen Literatur urteilen darf, »hörten die Juden im 2. und 3. Jahrhundert n. Chr. für mehr als tausend Jahre auf, Geschichte zu schreiben«.[23] Natürlich war die Vergangenheit für sie weiterhin von Bedeutung, aber sie drückten das nicht mehr durch Geschichtsschreibung aus.

Für unsere Begriffe haben sie mehr Geschichten geschrieben, weniger Geschichte, mehr Erzählungen als Tatsachenberichte. Dennoch hatte diese Geschichte eine überwältigende Wirkung: Sie verdrängte eine davon unabhängige Mythologie und stellte für die Israeliten ein Vermächtnis dar, an das spätere Erzählungen anknüpften. Während die Griechen eine mannigfaltige Mythologie besaßen, auf die erst eine Lücke und dann ein wildes Durcheinander konkurrierender Geschichtsbilder folgte, hatten die Juden eine universelle Geschichte, die eine große Zahl weiterer Erzählungen inspirierte, aber, soviel wir wissen, keine davon unabhängigen Mythen. An ihre Stelle traten die heiligen Schriften mit ihrer parteiischen Interpretation der Vergangenheit.[24]

Vielleicht sollten wir die jüdischen Schriften nicht mit den besten Werken der geistig so wendigen Griechen vergleichen, sondern mit den Werken der Römer, die ebenfalls in eine traditionelle Gesellschaftsordnung eingebunden waren, in der Sitte und Alter respektiert wurden. Wie die Juden hinterließen auch die Römer kaum Spuren einer älteren, außerhalb ihres frühen Geschichtsbildes angesiedelten Mythologie; die faktischen Quellen ihrer Geschichtsschreibung waren nicht Königschroniken, sondern Annalen, die von den Priestern für jedes Jahr geführt wurden. Die Geschichten von Romulus bis König Servius, wie wir sie heute lesen, wurden von späteren Autoren geschrieben, die allgemein verdächtigt werden, Lücken durch freie Erfindung gefüllt zu haben. Wie die frühe Geschichte Israels stellte auch die frühe Geschichte Roms »nicht eine objektive, kritische Rekonstruktion dar: Vielmehr war sie ein ideologisches Konstrukt mit dem Ziel, zu kontrollieren, zu rechtfertigen und zu inspirieren.«[25] Auch auf die Werke des Chronisten oder des Deuteronomisten paßt diese Aussage gut, aber es gibt dennoch einige wichtige Unterschiede. Die römische Tradition hatte keinen starken religiösen Hintergrund; sie war nicht auf Priester oder Propheten ausgerichtet, sondern beruhte vor allem auf der Geschichte miteinander rivalisierender Familien. Am besten wissen wir das aus der langen literarischen Darstellung des Livius, der Ende des 1. Jahrhunderts v. Chr. schrieb. Livius war ein durchgängig sekundärer Berichterstatter, aber im Gegensatz zu den Verfassern der Bibel meldete er Zweifel an der Zuverlässigkeit und Wahrheit vieler Überlieferungen aus der fernen Vergangenheit an. Die überlieferte römische Geschichte war in vielem die Erfindung von Autoren des 2. und 1. Jahrhunderts v. Chr., aber die Art ihrer Erfindungen unterschied sich von denen des Deuteronomisten und auch des Chronisten. Die beiden biblischen Autoren interpretieren alte Quellen stark, ohne jedoch (meiner Meinung nach) große Teile der Erzählung von sich aus dazuzuerfinden. Sie schreiben mit historischen Zielsetzungen, erzählen von der Vergangenheit und erklären Ursachen und Gründe der Geschehnisse. Ihre Beweise sind oft mangelhaft und werden durch ihre Auffassung von Wahrheit verzerrt. Nach einer weiten Definition sind sie zwar Historiker, aber sicher keine sehr guten. Trotzdem erreichten sie vielleicht ihr Ziel. Denn wie der Schriftsteller Samuel Butler seinen viktorianischen Lesern erklärte, »kann zwar Gott die Geschichte nicht ändern, aber die Historiker können es; vielleicht toleriert Er ihre Existenz, weil sie Ihm in dieser Hinsicht nützlich sein können«[26].

III

Der letzte Abschnitt der Bibel umfaßt die Bücher des Neuen Testaments. Hier sind die Verfälschungen durch die Tradition wegen des viel kürzeren Zeitraums nicht ganz so problematisch, aber die Erzählungen haben, soweit sie historiographisch angelegt sind, noch immer denselben Zweck: Sie sollen Gott nützlich sein. Sie befassen sich nur mit einem kleinen Ausschnitt aus dem Leben Jesu, mit drei von vielleicht vierzig oder mehr Jahren; im Johannesevangelium umfaßt die erzählte Zeit kaum zweieinhalb Monate. Das Geschehen wird vor dem Hintergrund von Schemata und Prophezeiungen aus dem Alten Testament interpretiert: Haben die Verfasser vielleicht ihren Messias und sein Reich sowie den Grund für seine Gefangennahme verzerrt dargestellt, weil sie für eine empfindliche nichtjüdische Leserschaft schrieben?

Auf diese Fragen werden wir später noch zurückkommen. Hier sei lediglich daran erinnert, daß die Evangelien ungefähr dreißig bis fünfzig Jahre nach Jesu Tod entstanden.[27] Daß persönliche Erinnerungen in sie eingegangen sind, ist daher erheblich wahrscheinlicher als bei den Büchern des Alten Testaments (ausgenommen Nehemia); der Autor des ältesten Evangeliums, des Markusevangeliums, konnte wahrscheinlich aus einer schriftlichen Quelle schöpfen, die inzwischen verlorengegangen ist und der Lebenszeit Jesu noch näher war. Die Stellung der vier Evangelien zueinander zu erforschen, kann einen Wissenschaftler noch immer das ganze Leben beschäftigen; wie sie jedoch im Sinne unserer Untersuchung einzustufen sind, läßt sich leicht sagen. Sie sind ihrer Absicht nach historische Werke, weil sie das Ziel haben, die wahren Taten und Worte einer historischen Person während verschiedener Phasen ihres Lebens darzustellen. Sie sind keine historischen Romane, denn ihre Verfasser geben das wieder, was sie für die Wahrheit halten. Sie haben eine religiöse Absicht (das Johannesevangelium wurde geschrieben, »damit wir glauben und das ewige Leben haben«), aber ihr Status als »gute Nachricht« setzt ihren historischen Anspruch nicht außer Kraft: Wenn Jesus nicht das getan hat, was sie beschreiben, nicht mit den Menschen zusammengekommen ist, die sie nennen, und nicht die Handlungen vollzogen hat, die sie interpretieren, dann sind die Evangelien unwahr. Selbst dann, so könnte man argumentieren, versuchen sie, irgendeine Wahrheit über die Absichten oder die Bedeutung Jesu herauszustellen, allerdings mit einer historisch falschen Darstellung.

Die Evangelien berichten uns auch, was Jesus und andere gesagt haben. Hier können sie ein bißchen mehr Spielraum einfordern; sie geben vielleicht mehr eine allgemeine Vorstellung des Inhalts und nicht – mit dreißig Jahren Verzögerung – eine genaue Wiedergabe von Rede und Gegenrede. Hier kann »Erfindung« im besten Sinne eine Rolle spielen, mit dem Ziel, der Wahrheit auf die Sprünge zu helfen, herauszustellen, was die Gesprächsteilnehmer meinten. Dabei muß jedoch genau unterschieden werden. Wir lesen entweder, was Jesus tatsächlich (in irgendeinem Kontext) gesagt hat, was den zentralen Punkt seiner Aussage erfaßt, was den gemeinten Inhalt in den Augen des Autors wiedergibt oder was Jesus von der christlichen Tradition in der Zeit zwischen seinem Tod und der Niederschrift der Evangelien zugeschrieben wurde. Alle diese Ebenen von Wahrheit können in der Gesamtheit der in den Evangelien wiedergegebenen Jesusworte vorkommen, aber zwei von ihnen sind historisch besonders schwierig. Wenn wir dem Autor des Evangeliums oder dem Urheber einer frühen Überlieferung trauen, könnte auch ein nichtauthentischer Ausspruch eine historische Einsicht über Jesus vermitteln: Denn so hat ein primärer Zeuge, der Jesus vielleicht nahestand, seine Worte verstanden. Aber wie können wir Jesu eigene Worte von dem unterscheiden, was ein ihm nahestehender Mensch darunter verstand, und von dem, was spätere Christen ihm in den Mund legten?

Alle Jesusworte unbesehen als historische Worte Jesu zu akzeptieren, ist falsch.[28] Die Worte variieren in den verschiedenen Evangelien, es gibt keine genaue Übereinstimmung. Oft haben wir es nicht mit dem zu tun, was Jesus sagte oder meinte, sondern mit dem, was er nach dem Verständnis der Verfasser oder nach Aussage der Quellen meinte, die die Verfasser als verläßlich ansahen. Wir wissen das, auch wenn wir die einzelnen Gruppen von Aussagen nicht klar voneinander abgrenzen können.[29] Mit Sicherheit gibt es in allen Abschnitten der Evangelien spätere Erfindungen; der historische Status eines jeden Abschnitts variiert je nachdem, welcher Rang ihm in der Überlieferung zugeordnet werden kann.

Die drei Markus, Matthäus und Lukas zugeschriebenen Evangelien enthalten einen gemeinsamen Informationskern, betrachten diesen Kern aber von unterschiedlichen Standpunkten aus.[30] Im Lukasevangelium erfahren wir, daß wir keine primäre Quelle vor uns haben; laut seinem Verfasser haben schon »viele« vor ihm über Jesus geschrieben. Der Verfasser schöpft wie Matthäus aus dem Markusevangelium; Matthäus respektiert die Anordnung der Erzählung bei Markus allerdings stärker. Matthäus- und Lukasevangelium haben auch Material gemeinsam, das nicht von Markus, sondern wahrscheinlich aus einer anderen gemeinsamen Quelle stammt. Daß Lukas von Matthäus abgeschrieben hat, ist weniger wahrscheinlich. Viele Wissenschaftler glauben, daß diese Quelle ein schriftliches Werk war, beiden Autoren zu unterschiedlichen Zeiten zugänglich. Die Existenz einer solchen ominösen schriftlichen Quelle ist in der modernen Bibelwissenschaft bis heute heftig umstritten, obwohl immer noch mehr für als gegen sie zu sprechen scheint. Was diese Quelle im einzelnen beinhaltete und ob es sie überhaupt gab, ist allerdings völlig unwesentlich für eine übergeordnete Feststellung: Weder das Lukasevangelium noch das Matthäusevangelium sind Berichte von Augenzeugen, und dasselbe gilt wahrscheinlich auch für das Markusevangelium (es ist nur eine Theorie unter vielen, daß der Bericht in Markus 14,52 über einen jungen Mann, der nackt davonlief, als Jesus im Garten Getsemani festgenommen wurde, eine Anspielung des Verfassers auf sich selbst sei).

Diese drei Evangelien speisen sich aus mündlichen Überlieferungen der Worte und Taten Jesu. Einige von ihnen gehen auf die Erinnerungen von Menschen zurück, die Jesus persönlich kannten. Lukas und Matthäus kannten ihn mit Sicherheit nicht, Markus wahrscheinlich auch nicht. Ein kleiner Kern authentischer Jesusworte hat die Kette der Überlieferung vermutlich heil überstanden; das Problem besteht nur darin, ihn zu erkennen. In einem ersten Schritt könnten wir das Material, das von den Evangelien übereinstimmend überliefert wird, heraussuchen. Als historisch anfechtbar müssen wir all das beiseite lassen, was spätere Anliegen der frühen Christen betrifft. Das heißt nicht, daß Jesus keine Prophezeiungen über Einzelheiten der Eroberung Jerusalems im Jahr 70 oder über die Christenverfolgung gemacht haben kann, aber Historiker dürfen sie nicht aufgreifen. Die Gefahr, daß sie später erfunden wurden, ist allzu groß. Ebenso drücken Jesusworte, die nicht übereinstimmend überliefert sind oder die der jeweiligen Richtung eines Evangeliums angepaßt sind, wahrscheinlich nicht aus, was Jesus sagte, sondern was er nach dem Verständnis des Autors meinte. Da die drei synoptischen Verfasser keine Augenzeugen sind und Jesus nicht gekannt haben, bezeugt dieses Material, dessen genauer Umfang schlecht einzugrenzen ist, die postume Wirkung Jesu und frühchristliche Problemstellungen, nicht aber die Lehre des historischen Jesus.

Viele Leser und Wissenschaftler meinen, das vierte, das Johannesevangelium, sei am leichtesten einzuordnen, und behandeln es als weitgehend unhistorisch, als reines Zeitzeugnis des frühen

Christentums.[31] Das Evangelium interpretiert sehr stark und steht in offenem Widerspruch zu den Angaben über Aufenthalte und Wanderungen Jesu und den Jesusworten, Zeitangaben und Bekanntschaften, die in den ersten drei Evangelien beschrieben werden. Ich glaube aber, daß es den größten historischen Wert besitzt. Es gibt uns einen Hinweis auf seinen tatsächlichen Verfasser: Die letzten Verse sind der Nachtrag eines späteren Schreibers,[32] der darin seine Überzeugung äußert, daß das letzte Kapitel des Evangeliums (»diese Dinge«, ein Bezug auf das direkt Vorangehende) auf dem schriftlichen Zeugnis des »Jüngers, den Jesus liebte beruhe«.[33] Wir können diesen Nachtrag nicht datieren, aber wir wissen, daß das letzte Kapitel dem übrigen Text des Evangeliums hinzugefügt wurde, nachdem der geliebte Jünger gestorben war. Vermutlich wurde es angehängt, weil man schon das gesamte vorangehende Evangelium für das Werk des geliebten Jüngers hielt. Im Prolog behauptet der Verfasser, ein Augenzeuge gewesen zu sein: »… wir haben seine Herrlichkeit gesehen« (Joh 1,14). Im Kontext gelesen muß sich diese Herrlichkeit auf das irdische Leben Jesu beziehen.

Als das Evangelium veröffentlicht wurde, hielt man sich dabei ziemlich sicher an die Spielregeln nahöstlicher Erzähltradition: Es wurde anonym herausgegeben. Es gibt keine stichhaltigen Argumente dafür, daß der Titel »nach Johannes« sich weiter als bis frühestens in das Jahr 120 n. Chr. zurückdatieren läßt. Dennoch verweist der Text auf ungewöhnliche Weise auf eine bestimmte Gestalt: Beim letzten Abendmahl, im Haus des Hohenpriesters, bei der Kreuzigung und am leeren Grab ist die Rede von einem »anderen Jünger« und »dem Jünger, den Jesus liebte«. Die häufigen Erwähnungen wurden oft als Hinweis auf die wahre Identität des Verfassers gewertet. Mir fällt keine griechische Parallele zu diesen wissenden Anspielungen auf einen ungenannten Teilnehmer ein; bereits in einem frühen Stadium der Textgeschichte vermutete der Herausgeber, der das letzte Kapitel an das Evangelium anhängte, daß diese Anspielungen sich auf den Verfasser des Textes bezogen. Alle frühen Christen, von denen eine Stellungnahme zum Johannesevangelium überliefert ist, stimmen dieser Auffassung zu. Ich glaube, daß sie recht haben und daß in dieser Annahme die einzige Erklärung für die seltsame Häufung von Anspielungen zu finden ist. Wenn das so ist, beruht das vierte Evangelium auf einer hervorragenden Primärquelle: einem Jünger, der Jesus sehr nahestand, der beim Abschiedsmahl auf dem Platz neben ihm war und der in das leere Grab blickte.

Unsere einzigen sonstigen Hinweise sind der Stil und der Blickwinkel des Johannesevangeliums selbst. Lassen sie sich mit einem solchen Ursprung vereinbaren? Wir kommen dadurch weiter, daß wir offenkundige Sackgassen meiden, etwa die Behauptung, das Johannesevangelium sei derart hellenisiert, daß ein Jude mit geringer Bildung es nicht geschrieben haben könne. Diese Frage kann man mit einer sprachwissenschaftlichen Analyse des Stils und des Wortschatzes klären.[34] Offensichtlich konnte der Verfasser nur mit wenigen der zahlreichen Verbindungswörter umgehen, die einem guten Griechisch eine solche Kraft verleihen; er benutzte einfache Wörter und Sätze, und er liebte Wiederholungen und Parallelismen, die seinen Stil nicht gerade elegant machten. Seine Art zu schreiben war aber auch nicht naiv und ungeschliffen. Wie Lukas kannte er die griechischen Übersetzungen des Alten Testaments, und fast sein gesamter Wortschatz ist in diesen Texten zu finden. Andererseits sind viele dieser Vokabeln geläufige griechische Wörter, und manchmal werden sie im Alten Testament in einem ganz anderen Sinn benutzt als bei Johannes. Die Überschneidung ist dennoch auffallend groß, wenn man die geringe Überschneidung des Wortschatzes zwischen dem Evangelium und religiösen Schriften des heidnischen Griechenlands in Betracht zieht, mit denen das Johannesevangelium als angeblich »hellenisches Evangelium« manchmal verglichen worden ist.[35]

Der Verfasser war deutlich von jüdischen Texten und jüdischer Frömmigkeit geprägt, was immer deutlicher wird, je mehr wir über beides wissen. Er braucht nicht Mitglied einer Sekte gewesen zu sein, aber es hat sich herausgestellt, daß es faszinierende Parallelen zwischen einigen seiner markanten Formulierungen (»Söhne des Lichts«, »Wasser des Lebens«, »die Wahrheit tun«) und den Formulierungen jener jüdischen Gruppe gibt, die wir inzwischen dank der Qumranrollen genauer kennen.[36] Nirgendwo schöpft er aus dem griechischen Denken oder verwendet einen literarisch geprägten griechischen Stil, obwohl er griechisch schreibt. Auch seine Kenntnis jüdischer Gepflogenheiten legt nahe, daß er gebildeten jüdischen Kreisen angehörte.[37] Er wußte, daß große steinerne Wassergefäße für Reinigungsbäder benutzt wurden, daß das Laubhüttenfest und das Tempelweihfest in Jerusalem hohe Feiertage waren und daß man am Sabbat keine Beschneidung vornehmen durfte. Seine Schilderung der Verhaftung Jesu ist detailliert; er weiß Einzelheiten über die Hohenpriester, und im Gegensatz zu den übrigen Evangelisten geht er davon aus, daß Jesus mehrmals im Jahr zu Festtagen nach Jerusalem kam; dem Werk von Josephus können wir entnehmen, daß solche Pilgerreisen, selbst von Galiläa her, nichts Ungewöhnliches waren. Er macht konkrete Angaben über Orte, Zeitabschnitte und Entfernungen, zum Beispiel über den Teich Schiloach, die zwölf Stunden eines jüdischen Tages und die Entfernung von Betanien nach Jerusalem. Er gab modernen Lesern mit dem »Teich« in Jerusalem und seinen »fünf Säulenhallen« Rätsel auf, bis der Teich von Betesda mit seinen zwei Becken, den Säulenreihen auf vier Seiten und einer fünften Reihe in der Mitte von Archäologen gefunden wurde. Manchmal lassen sich seine Angaben weder beweisen noch widerlegen: Wir haben keine stichhaltigen Beweise für oder gegen seine Behauptung, daß Juden und jüdische Priester das Haus des Pilatus, also den Amtssitz eines Nichtjuden, nicht betreten wollten, um nicht am Abend vor dem Passahfest unrein zu werden. Solange der Verfasser nicht widerlegt ist, nehme ich an, daß er auch an dieser Stelle recht hat. Nach unserem derzeitigen Kenntnisstand weist nichts von dem, was er über Jerusalem, jüdische Sitten oder jüdische Gruppen schreibt, auf ein Datum nach dem Jahr 70 hin, in dem der Tempelkult aufhörte und sich die jüdische Frömmigkeit im Zuge des Krieges gegen Rom entscheidend veränderte.

Aber so gut informiert er auch war, er schrieb doch offensichtlich außerhalb Judäas für Leser, die keine praktizierenden Juden waren. Er erklärt seine nicht-griechischen Wörter und betrachtete die Juden als eine eigene Gruppe, der er sich nicht zugehörig fühlte. In seinem Evangelium sagt Jesus sogar zu Pilatus, er sei »den Juden ausgeliefert worden« (Joh 18,36), obwohl Jesus doch selbst Jude ist; beim letzten Abendmahl sagt Jesus: »was ich den Juden gesagt habe« (Joh 13,33), obwohl er zu Juden im selben Raum spricht. Während Natanaël ein Mann ohne Falschheit, ein echter

Israelit ist, werden die Jünger Jesu von Leuten aus den Synagogen vertrieben werden, die sie »hassen«. Die Distanz zu jüdischen Gemeinden ist eine gedankliche Grundlage dieses Evangeliums; dennoch wurde sie zu Unrecht mit einer formellen Verfluchung der Christen in Verbindung gebracht, auf die man sich auf einem jüdischen Konzil von Jamnia um 80 n. Chr. geeinigt haben soll. Es gibt keine überzeugenden Beweise für eine solche Verfluchung, und das Konzil ist historisch nicht nachgewiesen. Um einen passenden Kontext zu finden, brauchen wir nur in die Apostelgeschichte zu schauen, die, wie ich schon angedeutet habe, das Werk eines Gefährten des Paulus ist. Dort kommt es schon sehr früh zu einer solchen Spaltung zwischen Juden und Christen. Paulus selbst (ein »Pharisäer, der von Pharisäern abstammt«) soll die Erlaubnis des Hohenpriesters erbeten haben, alle Anhänger des »(christlichen) Weges« in den Synagogen von Damaskus aufzuspüren und sie gefesselt nach Jerusalem zu bringen (Apg 9,1–2). Zu diesem Zeitpunkt lag die Kreuzigung Jesu noch nicht einmal ein Jahr zurück, doch der Verfasser, der Gefährte des Paulus, glaubte, daß die Spaltung schon so früh begonnen habe, auch wenn er Einzelheiten übertrieb. Und wie der geliebte Jünger betrachtete auch der Verfasser der Apostelgeschichte die Juden in den Städten außerhalb Judäas als eine separate Gruppe.

Wir haben also ein Evangelium vor uns, dessen Verfasser genaue Kenntnisse des jüdischen Lebens und der jüdischen Frömmigkeit vor dem Jahr 70 besitzt, der jedoch von außerhalb auf die Juden blickt und sie als eine getrennte, feindselige Gruppe ansieht (obgleich das Heil in Joh 4,22 »von den Juden kommt«, in dem Sinn, daß sie Gott ehrlich anbeten).[38] Sein griechischer Stil, seine Sprache und seine Anspielungen entsprechen denen eines griechischsprachigen Juden, setzen aber ein Publikum außerhalb Judäas voraus. Diese Tatsachen passen zu einem Jünger, den Jesus liebte und der Judäa verlassen hatte, sie passen sogar zu einem Johannes, der vielleicht in Ephesus oder in einer anderen Stadt in Kleinasien geschrieben hat: Sie stützen die Glaubwürdigkeit des Verfassers des Epilogs und die offensichtliche Überzeugung des Verfassers des Nachtrags (Kapitel 21) und erklären die merkwürdigen, indirekten Anspielungen auf den Jünger im Evangelium selbst.

271

Name und Identität des Jüngers bleiben umstritten. War er irgendein unbekannter Johannes, oder war er einer der Zwölf, war er vielleicht ebenso wichtig wie Petrus, und kam er als erster an das Grab Jesu (Joh 20,8)? Oder war er der berühmte »Johannes, Sohn des Zebedäus«, dessen Name im vierten Evangelium nicht genannt wird?[39] Dieser Johannes war einer der »Donnersöhne« Jesu, ein galiläischer Fischer, der im Boot seine Netze flickte (Mk 1,19). Aber war es möglich, daß ein Fischer den Hohenpriester kannte (Joh 18,15) und ein solches Buch auf griechisch verfaßte? Wenn der Text tatsächlich von Johannes, dem Sohn des Zebedäus, stammt, hätten wir ein weiteres Beispiel für einen tiefgreifenden Charakterwandel vor uns. Petrus, der Christus verleugnete, wurde zu einem wichtigen Apostel, auch wenn er in seiner anfänglichen Einstellung gegenüber den Heidenchristen, die dem Gesetz nicht gehorchten, keineswegs ein »Felsen« war (Gal 2,11). Saulus, der Christen aufspürte und sie fesseln ließ, wurde zu Paulus und ließ sich später um Jesu willen schlagen und töten. Johannes, der »Donnersohn«, der Feuer vom Himmel fallen lassen wollte, um ein samaritisches Dorf zu vernichten, und der im Reich Jesu an Jesu Seite sitzen wollte, hätte dann das Evangelium geschrieben, dessen höchstes Gebot »liebet einander« lautet. Doch gerade um solche Verwandlungen ging es im Christentum.

Wem das nicht glaubhaft erscheint, der kann auf die Möglichkeit verweisen, daß es unter den Jüngern noch einen weiteren Johannes gegeben haben könnte; dieser Johannes ist vielleicht identisch mit dem »Ältesten«, der die drei Johannesbriefe geschrieben hat, und mit Johannes dem Ältesten, der um etwa 125 bis 140 in der christlichen Überlieferung ebenfalls als Jünger bekannt war. Ich identifiziere den Verfasser lieber mit dem »geliebten« oder »anderen« Jünger, möchte mich aber nicht auf seinen Namen festlegen. Markus scheint in Markus 10,39 bereits den Märtyrertod von Johannes, dem Sohn des Zebedäus, anzudeuten. Wenn seine Worte hier nicht wahrhaft prophetisch sind, stehen wir vor dem Problem, daß der Verfasser des vierten Evangeliums offenbar doch weitergelebt und den Text von Markus für seine Darstellung berücksichtigt hat (unter anderem korrigiert und erweitert Johannes 6,25–59 mit seinen Aussagen über das Brot vom Himmel vielleicht Markus 8,14 ff.).[40]

Ob namentlich oder nicht, der Autor war auf alle Fälle eine Primärquelle; wer das akzeptiert, für den ergeben sich ganz neue Perspektiven. Der Jesus des Johannes redet und handelt anders als der Jesus der anderen drei Evangelien, und auch Ortsangaben, Abläufe und Datierungen widersprechen sich. Sollen wir also dem Jünger, den Jesus liebte, glauben und die anderen ablehnen? Auch direkte Zeugen können auswählen, uminterpretieren, erfinden und neu arrangieren. Beeinflußt die literarische Gestaltung dieses Evangeliums seine historische Wahrheit? Wir werden uns später noch einmal ausführlich mit solchen Fragen beschäftigen, aber eines steht schon jetzt fest: Von allen Büchern der Bibel macht das Johannesevangelium die klarsten Angaben über Dinge, die nur ein Augenzeuge wissen kann. Bei der Kreuzigung sollen »Blut und Wasser« aus der Seite Jesu geflossen sein. »Und der, der es gesehen hat, hat es bezeugt, und sein Zeugnis ist wahr. Und er weiß, daß er Wahres berichtet ...« (Joh 19,35). Viele haben daraus geschlossen, daß der Zeuge der Verfasser selbst gewesen sei, der geliebte Jünger, der unter dem Kreuz stand, aber dieser Schluß ist keineswegs zwingend. Doch jedenfalls zitiert hier ein Verfasser, der in meinen Augen selbst ein direkter Zeuge war, ausdrücklich eine Primärquelle.

Das letzte erzählende Buch ist die Apostelgeschichte,[41] der faszinierende Folgeband des Lukasevangeliums, mit dem das Buch eng zusammenhängt. In Kapitel 16 wechselt die griechische Hauptversion des Textes plötzlich in die erste Person Plural und benutzt diese mit Unterbrechungen in der ganzen noch folgenden Geschichte. Der uns als Variante überlieferte »westliche« Text, der, wie wir gesehen haben, die »zweite Auflage« desselben Verfassers gewesen sein könnte, verwendet schon in Apostelgeschichte 11,28, vor dem Beginn der ersten Missionsreise, ein »wir«. Der offensichtliche Schluß daraus ist, daß der Verfasser damit beiläufig auf seine eigene Anwesenheit hinweist. Viele Gelehrte streiten sich wegen dieser lästigen Tatsache noch immer, teilweise, weil sie meinen, der Verfasser vertrete eine relativ späte Theologie (was freilich nicht zu einer definitiven Aussage ausreicht), aber vor allem deshalb, weil sie glauben, sein Buch stehe im Widerspruch zu den Schriften des Paulus. Ich finde diese Widersprüche nicht unüberwindlich; manche sind faktischer Natur (ich teile jedoch die Auffassung, daß das Konzil in Apostelgeschichte 15 sich aus den Ereignissen herleitet, die Paulus zutreffender in Galater 2,1–9 schildert[42]), manche sind theologischer Natur (die Apostelgeschichte enthält nicht die gesamte Theologie der Paulusbriefe), manche weisen auf ein anderes Umfeld hin (die Paulusbriefe scheinen sich an Heidenchristen zu richten, während die Apostelgeschichte erzählt, daß Paulus zunächst mit einigem Erfolg in den Synagogen der Juden gepredigt habe, oft in den Städten, in die er später Briefe schickte). Wir dürfen die Verbundenheit der Gefährten nicht überschätzen; der Verfasser der Apostelgeschichte kann ohne weiteres falsch unterrichtet gewesen sein über die anfängliche Laufbahn des Paulus oder über Zeiten, in denen sie getrennt waren. Die Apostelgeschichte betont durchaus die Feindseligkeit der Juden in den meisten Städten, auch in Thessalonike und in Korinth, wohin Paulus schreibt. Die Erfolge in den Synagogen waren vielleicht doch nicht so durchschlagend, so daß die Mehrheit in den Kirchen der Apostelgeschichte ebenso wie in den Paulusbriefen aus Heidenchristen oder aus »gottesfürchtigen« Nichtjuden bestand, die vorher die Synagogen besucht hatten. Was die Theologie des Paulus betrifft, so geben die erhalten gebliebenen Briefe nur einen kleinen Teil seiner theologischen Anschauungen wieder, das, »was er allen Menschen sagen wollte«, und sie richten sich an Christen, nicht wie die Apostelgeschichte an mögliche Konvertiten. Einem Reisegefährten könnte die in den Briefen enthaltene Theologie durchaus entgangen sein, und der Verfasser der Apostelgeschichte verwendete die Briefe nicht als Quelle. Zudem sehen schon Schüler ihre Meister sehr unterschiedlich: Sokrates war der Lehrer von Platon und von Xenophon, aber trotzdem sind deren Bücher über ihn bemerkenswert verschieden. Das ist, wie ich glaube, ein faszinierendes Problem. In der Apostelgeschichte besitzen wir ein von einem Gefährten geschriebenes Porträt des Paulus, darunter auch Reden, die wir neben die Paulusbriefe stellen können. Die Texte überschneiden sich kaum. Im Johannesevangelium haben wir ein von einem Gefährten gezeichnetes Porträt Jesu, in dem ebenfalls lange Reden vorkommen. Wir haben nichts von Jesu eigener Hand, das wir zur Kontrolle daneben halten können, aber sollen wir daraus schließen, daß auch dieser Gefährte die Gedanken seines Gegenübers falsch dargestellt hat? Der Unterschied liegt meines Erachtens in der Nähe der beiden Autoren zum Objekt ihrer Darstellung und in ihrer Intelligenz: Im Johannesevangelium haben wir den geliebten Jünger vor uns, nicht einen zeitweiligen Reisegefährten und nicht den milden, wohlmeinenden, menschlichen Verfasser des Lukasevangeliums und der Apostelgeschichte, der Schwierigkeiten zu glätten suchte und schwer zu begeistern war.[43]

Die Fachleute, die den Verfasser der Apostelgeschichte nicht als Gefährten des Paulus ansehen, konnten bisher keine plausible Erklärung für die Verwendung der ersten Person Plural geben, die der Verfasser immer wieder bei der Schilderung von Paulus' Erlebnissen benutzt. Die gelegentliche Verwendung paßt sehr gut zu der variierenden Detailkenntnis des Verfassers und der schwankenden Reichweite der Informationen: Sie zeigt, daß er ein Augenzeuge war. Ich sehe es daher als erwiesen an, daß er Paulus kannte und ihn zeitweise auf seinen Reisen begleitete. Er hielt sich mit ihm in Jerusalem auf, und er verbrachte einige Zeit in Cäsarea, wo er bei Philippus wohnte, einem der Sieben, der vier Töchter hatte, prophetisch begabte Jungfrauen (Apg 21,8–9). Er verfügte nicht über schriftliche Quellen, aber für einen Teil der Apostelgeschichte war er selbst eine Primärquelle. Den Rest stellte er aus dem zusammen, was ihm andere erzählten, ebenso wie Herodot und Thukydides es machten.[44] Meiner Meinung nach schrieb er zuletzt in Rom, wo er noch mit anderen Gefährten des Paulus sprechen konnte, mit Leuten wie Aristarch (eine Quelle für Apg 19,23 ff., vgl. Apg 27,2; Apg 17,1–15) oder vielleicht mit Aquila und Priszilla (vgl. Apg 18). Bereits Philippus könnte ihm von dem äthiopischen Eunuchen erzählt haben (den Philippus kannte) und von Stephanus und den Sieben (zu denen Philippus wahrscheinlich gehörte) oder der Bekehrung des Kornelius in Cäsarea (wo Philippus wohnte). Vom Propheten Agabus, den Paulus und seine Gefährten in Apostelgeschichte 21,10 kennenlernen, könnte die Kenntnis von der früheren Weissagung des Agabus in Apostelgeschichte 11,28 stammen. Im Gegensatz dazu sind die frühen Kapitel über Pfingsten, die Heilungswunder und die Tötung von Hananias und Saphira keine wahren Geschichten, sondern spiegeln vielmehr die Versuche des Verfassers, die stark gefärbten Geschichten, die ihm Christen in Antiochia, Cäsarea oder Jerusalem über die frühen Jahre der Gemeinde erzählt hatten, in einen historischen Sinnzusammenhang zu bringen; wie wir an der Weihnachtsgeschichte sehen, begann die Mythenbildung früh. Dennoch haben seine Erzählungen einen besonderen Wert: Der erste Teil ist ein Geflecht frühchristlicher Geschichten, der zweite beruht auf einer Darstellung der Ereignisse durch Beteiligte, zu denen er auch selbst gehörte. Zudem erhellt der Verfasser die weitergehende Bedeutung des Geschehens durch die Reden, die er in seinen Text einbaut.[45] Häufig hat er keine Quellen und keine unmittelbare Kenntnis dessen, was die Betreffenden wirklich gesagt hatten, aber er legt ihnen Worte in den Mund, die zu ihnen passen. Allerdings unterlief ihm trotzdem ein historischer Schnitzer: In Apostelgeschichte 5,36 erwähnt der Sprecher Gamaliël Ereignisse, die erst nach seinem Tod stattfanden.

Von der ersten historischen Erzählung der Bibel bis zu ihrer letzten, der Apostelgeschichte, haben wir einen langen Weg zurückgelegt. Im 8. Jahrhundert v. Chr., vielleicht sogar etwas früher, hatte der unbekannte Jahwist in Juda Erzählungen zusammengestellt und aufgeschrieben, um die Ursprünge von Dingen zu erklären, die die Leute kannten und in ihrer Umgebung sahen. In den fünfziger und sechziger Jahren des 1. Jahrhunderts n. Chr. mischte der Verfasser der Apostelgeschichte seine eigenen Erinnerungen mit den Erinnerungen bedeutender christlicher Bekannter und betrieb wie Herodot oder Thukydides vor ihm persönliche Nachforschungen. Auch aufgrund seines Stils und bestimmter Formen wurde er als »hellenistischer Geschichtsschreiber« eingestuft und mit den beiden großen griechischen Vorläufern verglichen.

Es bleiben jedoch signifikante Unterschiede. Der Verfasser der Apostelgeschichte zweifelt kein einziges Mal die Geschichten aus der jüngsten Vergangenheit an, die er vom Hörensagen kannte und zusammenstellte. Es unterliefen ihm nicht nur in einigen frühen Kapiteln amüsante Irrtümer bezüglich der Chronologie, er unterzog seine Berichte auch keiner »strengen Prüfung«, wie Thukydides sie für sich in Anspruch nahm. Wenn der Verfasser der Apostelgeschichte eine Rede einfügte, paßte er sich der biblischen Tradition an. Eine ganze Generation moderner Wissenschaftler hat diese Reden unter die Lupe genommen und sie mit denen der klassischen griechischen Historiker verglichen. Auch hier gibt es deutliche Unterschiede. Die Redner der Apostelgeschichte tragen nach biblischer Sitte Predigten vor oder sprechen zur Selbstverteidigung. Auf eine Rede erfolgt nie eine Gegenrede, und nur Christen halten längere Reden, mit zwei Ausnahmen: Einmal spricht der Jude Gamaliël und einmal ein Anwalt namens Tertullus, der vor einem römischen Statthalter Anklage gegen Paulus erheben muß. Gamaliël rückt allerdings die Christen in ein günstiges Licht, während Tertullus nach ein paar Sätzen steckenbleibt und seine Rede aufgrund der langen Antwort des Paulus völlig untergeht.

Wie ein klassischer Historiker steuert der Verfasser der Apostelgeschichte seine Erzählung durch Auswahl und eigene Interpretation. Wir sehen das Christentum durch die Brille der anderen, die es mißverstehen, wir hören, dreimal wiederholt, von der völligen Unschuld des Paulus. Der Verfasser wird jedoch von seinem Wissen um eine unsichtbare, aber immer gegenwärtige Kraft geführt: der »Plan Gottes« steht hinter allem.[46] Thukydides, der König der griechischen Historiker, wäre entsetzt gewesen.

14
Ausgrabungen und Reisen

Wir können nun die Erzählungen vom Buch Genesis bis zur Apostelgeschichte besser einschätzen, können genauer sagen, ob ihre Verfasser oder deren Quellen historisch zuverlässig sind, und wissen, wo die wenigen Bruchstücke primärer Quellen am ehesten zu finden sind. Wir haben gesehen, daß in der Bibel je nach Abschnitt ganz unterschiedliches Gewicht auf Fakten gelegt wird. Außerdem haben wir festgestellt, daß die Feststellung eines Verfassers und erst recht eines anonymen Autors und seiner Quellen eine schwierige Kunst ist, bei der häufig vorgefaßte Meinungen über die Wahrheit gesiegt haben. Nicht jeder will glauben, daß das Werk des Deuteronomisten so umfangreich ist oder daß ein Jünger Jesu das vierte Evangelium verfaßt hat. Ich meinerseits bin davon überzeugt. Nun möchte ich die Suche nach den Tatsachen noch weiterführen, indem ich Ausschnitte aus den biblischen Erzählungen zu geeignetem Belegmaterial außerhalb der Bibel in Beziehung setze und prüfe, ob beide Quellen miteinander korrespondieren. Ich werde drei Arten solcher Belegmaterialien heranziehen: Ausgrabungen und Reiseberichte, schriftliche Zeugnisse außerhalb der Bibel und die geschichtliche Zukunft, die den biblischen Autoren bei ihren Prophezeiungen und Weissagungen noch unbekannt war. Wo solche Belege mit der Bibel nicht übereinstimmen, kann uns unser Durchgang durch die historischen Bücher der Bibel bei der Entscheidung, welcher Quelle wir glauben sollen (wenn überhaupt), eine Hilfe sein, weil wir jetzt wissen, welche Bücher auf einer guten, einer schlechten oder überhaupt keiner historischen Grundlage aufbauen.

Wir können nur anhand von Stichproben vorgehen, und gelegentlich werden die Argumente sehr detailliert sein müssen: Auf dieser Ebene zählen die kleinsten Einzelheiten. Ich werde mich zunächst mit den Ausgrabungen und Reiseberichten beschäftigen, auch wenn die Details archäologischer Datierungen häufig so speziell sind, daß sie hier nur zusammengefaßt dargestellt werden können. Ausgrabungen und Reisen haben jedoch eine Unmittelbarkeit, die auch Nichtfachleute (wie in diesem Fall mich) dazu verführen, den Ergebnissen bereitwillig Glauben zu schenken.

Bibelreisen haben eine lange Tradition. Sehen heißt vielleicht glauben, aber Glaube bewirkt auch, daß man viel sieht. Schon knappe hundert Jahre nach der Kreuzigung gab es Christen, die eine bestimmte Höhle in Betlehem als Geburtsstätte Jesu verehrten, obwohl die Evangelien nirgendwo eine Höhle erwähnen und die Geburt in Betlehem eine reine Legende ist.[1] Um die Mitte des 3. Jahrhunderts dienten die Schriften des großen christlichen Gelehrten Origenes als Reiseführer zu den wichtigsten Schauplätzen der Bibel. Origenes hatte eine Rundreise zu den Stätten des Alten Testaments gemacht und dabei Orte wie das Grab der Patriarchen in Hebron besucht oder die Brunnen, die Abraham in Aschkelon gegraben haben soll.[2] Von ihnen sagte Origenes, sie seien »im Vergleich zu den anderen Brunnen in einem außergewöhnlichen Stil« gegraben worden. »Auf der Suche nach den Spuren Jesu, der Apostel und der Propheten« besuchte er auch christliche Stätten. Anschließend schlug er etwa vor, die Bibelgeschichte mit den Schweinen von Gadara anders zu lokalisieren, da man ihm, wie anderen Besuchern des Sees Gennesaret, am Ufer eine Stelle gezeigt hatte, an der sie sich in den See gestürzt haben sollten. Später entstanden dort ein Kloster und eine große Kirche.

Zu der Zeit, als Origenes reiste, war das Christentum im Römischen Reich noch eine verfolgte Religion. Trotzdem gab es Menschen in Galiläa, die bereit waren, Besuchern den genauen Ort zu zeigen, an dem sich nach ihren Informationen angeblich eine Herde Schweine aus wundersamen Gründen einen Abhang hinuntergestürzt hatte. Die Christen fanden rasch ortskundige Führer, schlaue Nutznießer, die seither immer auf ihre Kosten gekommen sind.

Im Jahr 324 bekam das Heilige Land einen neuen Schirmherrn. Es stand nun unter der Herrschaft Konstantins, des ersten römischen Kaisers, der den christlichen Glauben annahm. Die Sehenswürdigkeiten, die jetzt allen Besuchern offenstanden, können wir aufgrund der Reisebeschreibung eines christlichen Pilgers kennenlernen, die zu den kostbaren Schätzen gehört, die uns aus der Antike erhalten geblieben sind.

Im Jahr 333 verließ dieser anonyme Pilger sein Haus in Bordeaux und reiste durch die Alpen und Kleinasien nach Palästina. Er legte etwa fünftausend Kilometer zurück, für die er auf unterschiedlich gut ausgebauten Straßen ungefähr sechs Monate gebraucht haben muß.[3] Das Unternehmen war eine Huldigung an den weiten Horizont, der sich im neuen Reich Konstantins aufgetan hatte, und der Bericht des Pilgers läßt keinen Zweifel daran, daß die Mühe sich gelohnt hatte. Weder Mose noch Josua hatten das Gelobte Land je mit so geschärftem Blick betrachtet. Der Pilger glaubte, das Haus Ijobs gesehen zu haben; in Jericho zeigte man ihm das Haus der Dirne Rahab; er bestieg den Berg, auf den Abraham mit Isaak gegangen war, und zählte eintausenddreihundert Schritte bis zu dessen Spitze; er sah den Ort, an dem Dina vergewaltigt worden war, und den Brunnen, an dem Jesus mit der Frau aus Samaria gesprochen hatte. Jakob hatte ihn gegraben und rundherum Platanen gepflanzt, die noch immer gut gediehen. Wir bestaunen heute in Jerusalem Olivenbäume, die älter sind als der christliche Glaube; unser Pilger sah in Mamre den Baum, unter dem Abraham den Herrn und seine zwei Engel bewirtet hatte; und an der Straße nach Jerusalem stand noch der Feigenbaum, auf den Zachäus geklettert war, um Jesus zu sehen.

Jerusalem war der Höhepunkt der Reise. Am altehrwürdigen Ort des Tempels sah unser Pilger das Blut des Zacharias auf dem Marmorboden, »so frisch, daß man sagen würde, es sei am selben Tag vergossen worden«. Er sah sogar den Stein, »den die Bauleute verworfen hatten und der zum Eckstein geworden« war. Den Mittelteil des Tempels hatte man gerade freigelegt. Kaiser Konstantin hatte eine Ausgrabung angeordnet und einen Venustempel entfernen lassen, von dem man meinte, er stehe auf dem Grab Christi. Man hatte mehrere Gräber entdeckt und eines von ihnen zum Grab Christi erkoren, gestützt auf nicht näher erläuterte Beweise, die nach Konstantins Meinung »über alle Maßen erstaunlich« waren.[4] Der Zeitgeist kam dem Kaiser dabei sehr zugute. »Die Überraschung wäre noch größer gewesen, wenn man nichts gefunden hätte«, meinte jüngst ein Historiker, der sich mit dieser Zeit befaßt hat. Der Pilger kehrte auf dem langen Landweg nach Südfrankreich zurück und brannte darauf, den Nachbarn in Bordeaux seine tausend Geschichten von Abenteuern und heiligen Stätten zu erzählen.

Schon zwanzig Jahre nach seiner Reise hatte sich die Anzahl der Sehenswürdigkeiten verdoppelt. Splitter vom Holz des Kreuzes waren von Jerusalem bis nach Nordafrika verbreitet, was die historisch nicht belegte Legende förderte, das Kreuz Jesu und die beiden benachbarten Kreuze seien von Konstantins Mutter Helena gefunden worden und die Nägel habe man als Schmuck für das Zaumzeug des kaiserlichen Reitpferdes nach Rom geschickt.[5] Um 390 ergänzte eine unternehmungslustige Nonne den Bestand an heiligen Gewächsen um eine sensationelle Entdeckung: Sie hatte auf dem Berg Sinai den brennenden Dornbusch gefunden, aus dem Gott zu Mose gesprochen hatte. Der Busch sei stark zurückgeschnitten worden, schrieb sie, aber er »entwickelt noch frische Triebe«.[6]

Bibelreisen erweiterten nicht den geistigen Horizont, sondern bestätigten wie moderne Kreuzfahrten nur die im Geist der Reisenden schon vorhandenen Überzeugungen. Die Wahrheit lag, wie die Schönheit, im Auge des Betrachters, und der Genius loci verführte zu trügerischen Erklärungen. Nirgendwo wird das deutlicher sichtbar als in dem weitverbreiteten Buch *Vie de Jésus* (dt. *Das Leben Jesu*), das seit seinem Erscheinen im Jahr 1863 unzählige Male neu aufgelegt worden ist. Sein Autor, der große französische Gelehrte Ernest Renan, besuchte im Frühjahr 1861 für vierundzwanzig idyllische Tage das Land Palästina, begleitet von zwei Jüngerinnen, seiner Frau und seiner Schwester. »Die erstaunliche Übereinstimmung zwischen den Texten und den Stätten, die wunderbare Harmonie des biblischen Idealbildes mit der Landschaft, die seinen Rahmen bildet, waren für mich eine Offenbarung. Ich sah vor meinen Augen ein fünftes Evangelium, zerfleddert, aber doch lesbar.«[7]

In Galiläa sah Renan in jenem Frühjahr überall nur eine schlichte Schönheit. Die Berge strahlten Harmonie aus, die Landbevölkerung führte ein »zufriedenes und bescheidenes Leben«, das »sich in erdentrückten Träumen vergeistigte«. Auch die Tiere,

»kleine und friedliche Geschöpfe«, waren von dieser Atmosphäre erfaßt, und sogar die Schildkröten hatten »sanfte Augen«. Diese Umgebung hatte für Renan Jesus als Knaben tief geprägt; sie erklärte die »bezaubernde ländliche Idylle«, als die in Geschichten aus jener Gegend die frühen Jahre Jesu beschrieben wurden. Die Wüste dagegen paßte zum »strengen Johannes dem Täufer«, während die »Dürre der Natur um Jerusalem die Abneigung Jesu gegen diese Stadt verstärkt haben muß«. Renan stellte dem lieblichen Galiläa die harte, komplexe Welt Jerusalems gegenüber, wobei er den Kontrast aus dem fünften Evangelium der Landschaft gewann. »Im Osten« flammten nun »Leidenschaft und Leichtgläubigkeit« auf, die gemeinsam »zum Betrug anstifteten«; Renan kam zu dem Schluß, Jesus sei gegen Ende seiner Laufbahn gezwungen gewesen, Wunder zu wirken, um die Menschenmengen des Ostens zufriedenzustellen. Er begründete dies mit seinem Gefühl für die Landschaft, und seine Erkenntnisse trugen dazu bei, daß sich das Buch gut verkaufte. Renan war von Haus aus Bretone und empfänglich für die Welt der Natur. Mit ihm hatte ein neuer Pilger, diesmal nicht aus Bordeaux, sondern aus der Bretagne, sein fünftes Evangelium in den Ortsnamen, auf den Straßen und in der Landschaft des Heiligen Landes gefunden.

Die Wirkung dieses fünften Evangeliums dauert bis heute an, denn hilft nicht Sehen dem Glauben, und vertiefen nicht Reisen ins Heilige Land unser Verständnis der biblischen Erzählungen? In seinen *Geistlichen Übungen* betonte Ignatius von Loyola eindringlich den Wert der bildlichen Vorstellung für eine vertiefte Betrachtung der Bibel: »Mit den inneren Augen die Straße ... nach Betlehem sehen, ermessend ihre Länge und Breite und ob der Weg eben ist oder durch Täler und über Hügel führt. Ebenso die Stätte oder Höhle der Geburt betrachten, wie geräumig, wie eng, wie niedrig, wie hoch sie ist und wie ihre Ausstattung war ...«[8] Spirituell kann diese Übung vielleicht hilfreich sein, aber für die historische Wahrheit ist sie irrelevant. In den Evangelien kommt keine Höhle vor, und Jesus wurde nicht in Betlehem geboren. Dennoch sind auch heute, Ende des 20. Jahrhunderts, viele Besucher des Heiligen Landes davon überzeugt, daß ihnen der Anblick der heiligen Stätten hilft, sich biblische Geschichten besser vorzustellen. Kamele und Beduinen erinnern an das Leben in biblischer

Zeit, das Tote Meer ist noch immer salzig und liegt in einer ausgedörrten Landschaft, Galiläa verwandelt sich im Frühling über
Nacht in ein Blütenmeer, und Jerusalem ist bisweilen noch immer
ein Alptraum. Die Eindrücke können jedoch auch außerordentlich
in die Irre führen: In biblischer Zeit trug, soviel man weiß, niemand die heute typisch arabische Kopfbedeckung aus Tuch und
doppelter Kordel, die *kaffiyeh*, die zum Kennzeichen so vieler
Bibelfilme geworden ist.

Renan besuchte Palästina im Urlaub nach einjähriger For-
schungsarbeit in Phönizien. Seine bemerkenswerten Untersuchungen dortiger Gräber und Ruinen sind noch heute grundlegend.
Die Altertümer des Heiligen Landes dagegen hinterließen in *Vie
de Jésus* keine Spuren, und obwohl Renan seine Kenntnis der
Ortsnamen einsetzte, um bestimmte historische Stätten ausfindig
zu machen, wies er nie darauf hin, daß es zum besseren Verständnis beitragen könnte, diese Stätten auszugraben. Das war ein
merkwürdiges Versäumnis, denn bereits zwanzig Jahre zuvor
hatte die Entdeckung der assyrischen Königspaläste die Leserschaft der Bibel in Erstaunen versetzt. Das Versäumnis wurde
1865, zwei Jahre nach dem Erscheinen von Renans Buch, gutge-
macht, als in London ein unabhängiger Fonds zur Erforschung
Palästinas (Palestine Exploration Fund) aufgelegt wurde.[9] Präsi-
dent sollte der Erzbischof von York werden, und man wollte Kon-
troversen vermeiden und strebte eine »Veranschaulichung der Bibel« an. Die ersten Ausgrabungen machte man im Herzen der
Altstadt von Jerusalem. Geleitet wurden sie von einem Offizier,
der Erfahrungen mit militärischen Grabensystemen hatte und
seine Kenntnisse allzu direkt auf die neue Situation übertrug. 1870
wurde eine ähnliche Vereinigung in New York gegründet, die »Palestine Exploration Society«, die nicht nur die »Veranschaulichung« der Bibel, sondern auch ihre »Verteidigung« anstrebte,
allerdings nicht sehr lange existierte.

Zum Reisen und Besichtigen trat nun eine dritte Dimension
hinzu, das Ausgraben. Die Vertreter der Wissenschaft waren freilich noch rührend ahnungslos in bezug auf das, was sie ausgraben
wollten. Die wichtigsten Stätten in Palästina waren Schicht um
Schicht zu hoch aufragenden Hügeln (arabisch Tulul, Einzahl Tell)
angewachsen, die aus dem Schutt nacheinander an der gleichen

Stelle errichteter Städte bestanden. Besucher glaubten, die alten Städte und Gebäude hätten einst auf diesen Hügeln gestanden, seien inzwischen aber leider von deren Gipfeln verschwunden. Erst 1890 wurde die Entstehungsgeschichte eines solchen Hügels durch Flinders Petries meisterhafte Ausgrabung von Tell el-Hesi offengelegt: Es stellte sich heraus, daß der Tell schichtweise entstanden war und die Archäologen in jeder Schicht eine andere Lebenswelt erschließen konnten. Ein neues Zeitalter hatte begonnen, doch die nun vorgenommenen systematischen Untersuchungen schlossen den Glauben an die historische Wahrheit der Bibel nicht aus; sie steigerten ihn sogar noch. Der Glaube Renans oder des Pilgers aus Bordeaux an das Sichtbare blieb nicht mehr auf die Erdoberfläche beschränkt, sondern erweiterte sich um den Bereich unter der Erde. Die Bibel-Archäologie konnte unter Umständen bestätigen, was in der Schrift stand. Der brennende Dornbusch mochte inzwischen aus Altersgründen eingegangen sein, aber wer konnte wissen, was ein Spaten im Laufe der Jahre noch zutage fördern mochte, nachdem schon Ägypten und Ninive, Troja und die Totenmaske König Agamemnons das Publikum in Erstaunen versetzt hatten?

Nicht Palästina, sondern der Irak machte mit archäologischen Funden, die die Bibel betrafen, erstmals weltweit Schlagzeilen. Im Jahr 1854 erforschte J. E. Taylor, britischer Konsul in Basra, den Tell al-Muqayyar (Berg der Stufen) im südlichen Irak, ungefähr fünfzehn Kilometer westlich des Eufrat. Der Hügel war eigentlich ein von Menschenhand erbauter Stufenturm, eine Ziggurat, die als Kultstätte gedient hatte: Auf der höchsten noch erhaltenen Plattform fand Taylor Zylinder aus gebranntem Ton, aus deren Inschriften hervorging, daß Mitte des 6. Jahrhunderts v. Chr. der König von Babylon diese Plattform hatte restaurieren lassen. Nach Landessitte waren auch in den Fundamenten des königlichen Bauwerkes Tonzylinder deponiert worden, und auf ihnen wurde der Ort »Ur« genannt. Im Jahr 1922 setzte ein junger Absolvent des New College in Oxford, Leonard Woolley, die Ausgrabung des Hügels fort. Seine Unternehmung wurde vom Britischen Museum und der Universität von Pennsylvania gemeinsam finanziert und durchgeführt.[10] Zwischen 1926 und 1928 fand er eine große Menge äußerst interessanter Königsgräber, die bis auf die Zeit um

2500 v. Chr. zurückgingen. Tempel und Mauern, der riesige Stufenturm, dessen oberste Plattform etwa 550 v. Chr. restauriert worden war, und ein Bezirk mit Häusern, Plätzen und schmalen Gassen aus der Zeit um 2000 v. Chr. kamen nach und nach ans Tageslicht. Die Ausgräber gaben den Straßen Namen, die ihnen aus London und Oxford vertraut waren (Broad Street, Carfax, Paternoster Row). Woolley, ein Pfarrerssohn, der mit den Texten der Bibel groß geworden war, hielt die Stadt für das alte Ur in Chaldäa. Dann mußten die Häuser aus der Zeit Abrahams stammen, denn in einem Vers des Buches Genesis (Gen 11,31) heißt es, Abraham sei aus Ur in Chaldäa ausgewandert. Woolley glaubte also, er habe die Stadt gefunden, in der Abraham aufgewachsen war.

Zu Lebzeiten Jesu konnte man Abrahams zweite Heimat in der Nähe von Damaskus besichtigen. »Selbst heute ist der Name Abraham noch berühmt in dieser Gegend«, erzählt uns der Historiker Nikolaos, Hofschreiber bei Herodes dem Großen, »und man kennt ein Dorf, das ›Haus Abrahams‹ genannt wird«.[11] In den zwanziger Jahren unseres Jahrhunderts entzündete die Nachricht von der neu gefundenen Heimat Abrahams in Mesopotamien die Phantasie der westlichen Journalisten. Zeitschriften brachten Zeichnungen mit der Überschrift »Haus aus der Zeit Abrahams«, und auch Woolley erwärmte sich zusehends für sein Thema: Abraham war kein einfacher Nomade, der mit Vieh und Kamelen umherzog und mit seinen Frauen in Zelten lebte. »Wir müssen unsere Auffassung von dem hebräischen Patriarchen entscheidend revidieren, wenn wir sehen, in welch anspruchsvoller Umwelt er seine Jugendzeit verbrachte. Er war der Bürger einer großen Stadt.«[12] Abraham hatte womöglich in einem der zwei- und dreistöckigen Häuser an der Broad Street gewohnt, und seine Nachbarn waren Kaufleute und Knaben, die zur Schule gingen. Dort lebte eine Gesellschaft, die »ausgesprochen individualistisch war, ein hohes Maß an persönlicher Freiheit genoß, materialistisch orientiert war und gut verdiente, hart arbeitete und Komfort außerordentlich zu schätzen wußte«. Eines der Königsgräber enthielt die Nachbildung eines Ziegenbocks, der sprungbereit neben einem goldenen Baum steht. Dies veranlaßte Woolley zu einem für ihn charakteristischen Gedankensprung

von den Gräbern in Tell al-Muqayyar zum »Widder im Gestrüpp«, der im Buch Genesis anstelle von Isaak geopfert wird
(Gen 22,13). Im Frühjahr 1929 ließ Woolley unter dem Friedhof
weiter in die Tiefe graben und fand eine Schicht »reinen Lehm,
überall gleich, von der Art, wie er sich nur durch Ablagerungen
im Wasser bildet«. Sie war fast drei Meter dick und »konnte
nur die Folge einer großen Flut sein«. Woolley glaubte, er habe
die Spuren jener Sintflut gefunden, auf die sowohl die biblischen
wie die mesopotamischen »Geschichten von einer großen Flut«
zurückgingen.

Die in der Stadt gefundenen Grabbeigaben waren eine erstaunliche Entdeckung, aber die Theorien vom Geburtsort Abrahams,
von der Sintflut oder gar vom Widder im Gestrüpp haben kritischer
Überprüfung auf Dauer nicht standgehalten. Für moderne Historiker sind die Erzählungen über Abraham keine Geschichte; Abraham ist für sie wie Äneas oder Herakles eine Sagengestalt.[13] Die
Bibel macht über den Ort seiner Herkunft unterschiedliche Angaben; Ur in Chaldäa ist nicht der einzige Anwärter (in der griechischen Übersetzung der Genesis wird die Stadt nicht genannt). Der
»Widder im Gestrüpp« ist nur eine originelle Erfindung, und was
die Flut betrifft, so fanden sich bei anderen Ausgrabungen im südlichen Mesopotamien bald ähnliche Ablagerungen in sehr unterschiedlichen Schichten und aus ganz verschiedenen Zeiten. Seit
1929 ist Woolleys Sintflut immer mehr zusammengeschrumpft und
hat sich als lokale Überschwemmung entpuppt, die keineswegs
»hunderttausend Quadratkilometer Land« bedeckte. Es gibt keinen Grund, die mesopotamischen und hebräischen Geschichten auf
eine bestimmte Flut zurückzuführen; die hebräischen Erzählungen
gehen höchstwahrscheinlich auf Legenden aus Mesopotamien zurück. Sie sind Dichtung, nicht Geschichte.

Woolleys Entdeckungen zählen zu Recht weiterhin zu den sen-
sationellsten Erfolgen der Archäologie, aber seine Interpretationen
können nur als warnendes Beispiel dienen. Sie haben nicht allein
dem seither vielfach geteilten Glauben Vorschub geleistet, Beweise
für die Wahrheit der Bibel könnten jeden Augenblick buchstäblich
aus dem Boden auftauchen, sie gingen auch von der naiven Annahme aus, die Erzählungen der Bibel seien durchweg historisch
(Woolley hat nie untersucht, ob ihnen irgendwelche Primärquellen

zugrunde liegen) und »stumme Gegenstände« ohne Text und Inschrift könnten eine schriftliche Erzählung bestätigen. Auch nach Woolley führte man unverdrossen weiter Ausgrabungen durch, und man glaubte weiter, man könne auf diesem Weg gleichsam wissenschaftliche Beweise für die Richtigkeit der Bibel zutage fördern. Den Höhepunkt erreichte diese Welle in den Nachkriegsjahren, denn die Gründung des Staates Israel brachte ein Volk ins Heilige Land zurück, das ein großes Interesse an dessen historischen Stätten hatte und Zeugnisse der Vergangenheit aufspüren wollte. Archäologische Fundstellen galten als »Geschenke der Vorfahren«, und ihre Erforschung fand starke politische Fürsprecher. Zudem gab es Theologen, die den Gott Israels als einen »Gott der Ereignisse« verstanden wissen wollten, der in der Geschichte gehandelt habe und in ihren materiellen Überresten noch sichtbar sei. Daraus erwuchs eine starke Allianz zwischen Archäologen und Fundamentalisten, die die historische Wahrheit der Bibel verteidigten und sich von der Archäologie Unmittelbarkeit und »wissenschaftliche« Beweise versprachen.

Es gab zwar auch erheblich vorsichtigere Archäologen, Historiker und Theologen, aber Woolleys Gedanken verbreiteten sich in der ganzen Welt. Fast die gesamte Öffentlichkeit war bereit, ihm kritiklos zu glauben, und die Zeitungen gierten nach entsprechenden Sensationsmeldungen. 1956 zeigte ein Buch des deutschen Journalisten Werner Keller, wie stark der Glaube des Publikums an die Verbindung zwischen Heiliger Schrift, Ausgrabungen und Reisen war. Das Buch hatte den Titel *Und die Bibel hat doch recht* und den Untertitel *Forscher beweisen die historische Wahrheit*. Keller begegnete Woolleys Thesen mit Vorsicht und äußerte sich zurückhaltend über das zählebige Gerücht, Teile der sagenhaften Arche Noachs seien gefunden worden (1955 waren Holzfragmente vom Berg Ararat von einem forstwirtschaftlichen Institut in Madrid fälschlich auf das Jahr 4000 v. Chr. datiert worden). Nach diesem kurzen Anflug kritischer Zurückhaltung warf Keller jedoch alle Skepsis über Bord und veranstaltete in seinem Buch einen Rundgang durch die biblischen Landschaften mit einem Überblick über jüngste »Entdeckungen« von der Genesis bis zu den Schriftrollen von Qumran. Sein Buch wurde in Schulen gelesen, in vierundzwanzig Sprachen übersetzt und innerhalb von zwanzig Jahren mehr als zehnmillionenmal verkauft.

Weder der Stil des Buches noch die Illustrationen waren übermäßig attraktiv, aber das Merkwürdigste an seinem Erfolg war, daß, wie sich bei aufmerksamer Lektüre zeigte, die archäologischen Funde die Aussagen der Bibel überhaupt nicht beweisen konnten. Die Berge am Toten Meer mögen aus Salz bestehen und dem Wind ausgesetzt sein, und die Erosion der Salzblöcke an ihren Hängen mag zu der Ursprungsgeschichte geführt haben, daß Lots Frau zur Salzsäule erstarrt sei, aber all das beweist nicht, daß die Erzählung der Bibel wahr ist. Es werden noch einmal die altbekannten Entdeckungen aus der ganzen Region von Phönizien bis Babylon besprochen, aber Keller stößt nirgendwo zu relevanten hebräischen Texten vor, weil man schlichtweg keine gefunden hatte. Große Schwierigkeiten mit der Chronologie und Geschichtlichkeit der biblischen Erzählungen werden überspielt, als könne der Bibeltext die archäologischen Funde identifizieren helfen, die dann wiederum die Bibel in ihrer letzten, masoretischen Form bestätigen sollen.

In den siebziger Jahren begann das Mißtrauen gegenüber der Bibel-Archäologie deutlich zu wachsen, doch die biblischen Namen verliehen alten Orten immer noch eine Romantik, welche Gelder für Ausgrabungen reichlich fließen ließ. Die Namen inspirierten viele Ausgräber und sicherten ihren Funden (oder deren Ausbleiben) allgemeines Interesse. Grabungsstätten und Fundstücke waren konkret und unmittelbar, aber um Bedeutung zu erlangen, mußten sie erst interpretiert und präzise datiert werden. Zudem konnten Tonscherben oder Grundrisse von Häusern den Lesern der komplexen biblischen Geschichten kaum irgend etwas von Bedeutung offenbaren. Doch es gab ja stets die Möglichkeit, daß sich irgendwo ein verschüttetes Archiv voller Texte fand, die die Bibel aus ihrer eigenen Zeit kommentieren würden. Die Chancen dafür waren zwar äußerst gering, aber 1976 stieß man auf einen verheißungsvollen Hügel in Syrien. Im Tell Mardich, einem gut fünfzehn Meter hohen Hügel etwa siebzig Kilometer südlich von Aleppo, machte ein erst fünfundzwanzig Jahre alter italienischer Archäologe eine traumhafte Entdeckung: Er fand achtzehnhundert unversehrte Tontafeln und Fragmente von weiteren sechzehntausend Tafeln, von denen zehntausend allerdings sehr klein waren.

Die Tafeln wurden einem italienischen Epigraphiker übergeben, der sich an die schwierige Aufgabe machte, sie zu entziffern. Die Sprache ähnelte dem Sumerischen und war somit weitgehend verständlich. Die Zeichen entsprachen durchgängig der mesopotamischen Keilschrift, aber sie standen stellenweise für eine offenbar eigenständige Regionalsprache, das Eblaitisch, für das es eblaitisch-sumerische Wortlisten gab. Wie sich herausstellte, war der Tell Mardich mit dem alten Ebla identisch. Die Entzifferung der dort gefundenen Tontafeln hatte weitreichende Folgen.[14] Das Wort »Jahwe« wurde in der Bildung von Personennamen entdeckt, fünf Städte wurden hintereinander genannt, genau entsprechend den »fünf Städten in der Ebene« im alten und strittigen Kapitel 14 des Buches Genesis, außerdem waren auf den alten Tafeln deutlich die Zeichen für Sodom und Gomorra zu erkennen, und es tauchte sogar der Name eines Vorfahren von Abraham auf, Eber. Die Nachricht von der Entdeckung eines lange verschollenen Königreichs Ebla, dessen Beziehungen nach dem Zeugnis der gefundenen Tontafeln weit in die damals bekannte Welt hineinreichten, erreichte die Presse. Auf den Tontafeln wurden Städte genannt, die Abraham gekannt hatte, und es gab Verbindungen (wenn auch schwache) zur Zeit der Patriarchen, die nachweislich viel früher gewesen war als alle, mit Ausnahme einiger hartgesottener Schriftgläubiger, jemals angenommen hatten. Noch ganz erfüllt von den soeben gemachten Entdeckungen traf sich der italienische Spezialist mit einem bekannten Bibelarchäologen. »Es war ein unvergeßlicher Augenblick«, berichtete er später über das Gespräch. »Der Name Birscha, laut dem Buch Genesis der König von Gomorra, schien auf einer Tontafel aus Ebla aus dem dritten Jahrtausend v. Chr. bezeugt zu sein.«

Von 1978 bis 1981 erlebten Bücher über Bibel-Archäologie wieder einen Aufschwung, und man konnte ihnen ein weiteres Kapitel anfügen: Die Presse verbreitete die Nachricht, man könne die Abraham-Geschichte mit Hilfe der neuen Texte in einen historischen Zusammenhang einordnen. Die Folgemeldungen wurden dann weniger lautstark verkündet. Der König von Gomorra überlebte einen zweiten Lesedurchgang der entsprechenden Tontafel ebensowenig wie zwei der fünf Städte (es waren nirgendwo alle fünf auf derselben Tontafel aufgeführt); die Namen Sodom, Gomorra und die übrigen stellten sich als Fehldeutungen heraus. Wie die mit dem Wort »Jahwe« gebildeten Namen erwies sich auch der von Abrahams Vorfahr Eber als Wunschbild der Wissenschaft. Die Tontafeln waren nur so weit verständlich, wie sie mit dem Sumerischen übereinstimmten (was für etwa ein Viertel der Texte nicht zutraf), und die angeblich so weiten Beziehungen von Ebla schrumpften bei näherer Betrachtung drastisch zusammen. Zwar enthielten viele Tontafeln Listen mit Wörtern oder Ortsnamen, doch fanden sie sich nur deshalb im Archiv von Ebla, weil sie dort, an der Nahtstelle zwischen eblaitischer und sumerischer Sprache, eine Standardübung für Schreiber darstellten.[15] Über die Handelswege in der Region sagten sie nichts aus. Zudem stellte sich heraus, daß die berühmte Liste von Ortsnamen weiter östlich ein genaues Gegenstück hatte; diese Liste hatte man ohne jedes öffentliche Aufsehen in Abu Jalabich südöstlich von Babylon gefunden. Ebla war zuletzt nur noch eine archäologische Stätte mit interessanten Schmuckfunden und ansonsten wenig aussagekräftigen Überresten. Man mag sich heute noch Gedanken über ein »Grab des Herrn der Ziegen« machen, das ungefähr aus dem Jahr 1750 v. Chr. stammt, eine der Fundstellen mit den Übungstafeln der Schreiber, die aber zufällig weiter westlich liegt und besser erhaltene Tafeln enthält. Es steht jedoch fest, daß weder diese Fundstätte noch das Archiv den Text der Bibel in irgendeiner Weise erhellen.

»Die Forscher, die an den Tontafeln von Ebla arbeiten, sind nun nach Kräften bemüht, den Rummel zu vergessen. Ebla ist für sie eine syrische Stadt mit für die bronzezeitliche Kultur und Geschichte Syriens bedeutsamen Überresten.«[16] Theologisch, historisch und archäologisch hat sich das Blatt gewendet, und das Hauptinteresse gilt nicht mehr den »handfesten« Beweisen von Ausgrabungen. Gegenstände werden erst zu Fakten der Geschichte, wenn wir sie entsprechend interpretieren. Wie schon das Beispiel des Pilgers aus Bordeaux zeigte, sind wir es, die die stummen Zeugnisse mit Leben erfüllen. Wir können sie mit Hilfe der Bibel auch falsch interpretieren und dadurch eine biblische Erzählung in Pseudogeschichtsschreibung verwandeln oder die

Probleme des Bibeltextes selbst vergessen machen. Viele Forscher lehnen die Bibel-Archäologie deshalb überhaupt ab und sprechen statt dessen lieber von »syrisch-palästinensischen Ausgrabungen«. Sie wollen Archäologie und Bibeltext voneinander trennen und schlagen vor, beides als zwei Arten von Beweismitteln auf unterschiedlichen Ebenen zu deuten. Ähnlich erging es der Homer-Archäologie in der angrenzenden ägäischen Welt. Mit Hilfe von Gegenständen, die zu unterschiedlichen Zeiten hier und dort gefunden wurden, hatte man auf verschlungenen Wegen versucht, die historische Glaubwürdigkeit von Homers Epen zu beweisen. Dieses unwissenschaftliche Vorgehen veranlaßte Archäologen dazu, gegen die Bezeichnung »Homer-Archäologie« zu protestieren und ihre Arbeit statt dessen als »ägäische Archäologie von der späten Bronzezeit bis zur frühen Eisenzeit« zu bezeichnen. Allerdings wirkt sich auch diese »ägäische Archäologie« direkt auf die anhaltenden Bemühungen aus, die Dichtung Homers räumlich und zeitlich einzuordnen. Ihr Nutzen besteht nicht darin, daß sie etwa Troja freilegt oder behauptet, Teile des Königreiches des Agamemnon gefunden zu haben, sondern in dem Hinweis, daß in Homers Dichtung Materialien und Gegenstände in einer unmöglichen Zusammenstellung vorkommen, daß Metalle oder Begräbnisarten oder Hausformen aus weit auseinanderliegenden Zeiten miteinander vermischt wurden. Die Welt Homers kann niemals ausgegraben werden, sehr wohl aber Teile von ihr, und die dabei gewonnenen Erkenntnisse haben direkte Auswirkungen auf unsere Vorstellung von der, wie wir heute wissen, erfundenen homerischen Welt.

Die Erfahrungen mit Homer sind relevant für die Bibel-Archäologie: Ausgrabungen können eine Erzählung nicht beweisen, aber sie können uns helfen, zu beurteilen, wie und wann sie zustande kam. Über dem ganzen Rummel um Ur und Ebla vergessen wir leicht, daß die Unfähigkeit, etwas zu beweisen, nicht zugleich die Unfähigkeit bedeutet, etwas zu widerlegen: Wie im Fall der Homer-Archäologie können uns Ausgrabungen helfen, negative Feststellungen zu treffen. Paradoxerweise ist gerade dafür die Bibel-Archäologie heute noch gültig und relevant. Es bleibt also abzuwarten, ob sich Ausgrabungen in dieser hilfreichen Weise auf unser Verständnis der Bibel auswirken werden.

II

Die Archäologie ist für Historiker besonders dann eine wichtige
Hilfswissenschaft, wenn sie auf irgendeinem Gegenstand, sei es
eine Mauer, ein Topf oder ein Stück Papyrus, etwas Geschriebenes
zutage fördert. Jede Entdeckung dieser Art könnte unser Verständnis ganzer Abschnitte der biblischen Erzählung verändern. In den
letzten achtzig Jahren hat man hier ungeheuer viele neue Erkenntnisse gewonnen. Dank archäologischer Funde besitzen wir Texte
der babylonischen und kanaanitischen Schöpfungsgeschichten,
Texte über Götter und Mythen. Das Alte Testament steht für uns
heute in einem Zusammenhang anderer Texte. Funde in Israel und
seiner näheren Umgebung haben zwar keine bedeutenden Schriftzeugnisse ans Licht gebracht, aber Dutzende von Kleinfunden vermitteln uns eine klarere Vorstellung von der Entwicklung des Alten Testaments. Sie bieten uns Schriftbeispiele aus verschiedenen
Zeiten und geben Aufschluß darüber, wie es um die Lese- und
Schreibkenntnisse des Hebräischen im frühen Israel stand.[17] Aus
dem Zeitalter Davids und Salomos von etwa 980 bis 920 v. Chr.
haben wir keine königlichen Inschriften und keine konkreten materiellen Belege für eine weitverbreitete Hofkultur, zu der auch
Lesen und Schreiben gehört hätten, oder für die »Aufklärung«,
die Fachleute für die Quellen der Bücher Samuel oder Könige
manchmal postuliert haben. Doch wahrscheinlich wurden zumindest die »Taten Salomos« schriftlich aufgezeichnet, und dem frühen Hofchronisten muß eine detaillierte Geschichte der Ereignisse
und Orte, die im Leben Davids eine Rolle spielten, zur Verfügung
gestanden haben. Aber noch besitzen wir keine archäologischen
Funde, die uns weiterhelfen. Scherben mit Schriftzeichen finden
sich erst vom 9. und in größerer Anzahl vom 8. Jahrhundert an,
doch auch sie sind kein direkter Beweis für eine allgemeine Lese-
und Schreibfähigkeit der Israeliten. Aus dem 8. Jahrhundert haben
wir außerdem Tonsiegel aus Archiven und von privaten Dokumenten. Doch auch sie reichen als Beweismittel nicht sehr weit.
Noch heute führen die Menschen im Nahen Osten manchmal
Stempel oder Siegel mit ihrem Namen, ohne daß sie selbst lesen
und schreiben können. Wenn man Siegel findet, bedeutet das daher nicht, daß ihre Besitzer des Lesens und Schreibens kundig

waren. Einfache kurze Notizen beweisen nicht, daß dieselben Leute jemals längere Texte geschrieben haben, und schon gar nicht, daß sie regelmäßig lasen. Lesen und Schreiben sind Fähigkeiten, die oft unabhängig voneinander existieren.

Ich stelle die Frage nach schriftlichen Zeugnissen jedoch für das nächste Kapitel zurück. Hier soll es um die Hauptfunde der »Buddelei« gehen, um Mauern und Gegenstände ohne Inschriften. Wenn wir sie in die allgemeine Geschichte einordnen wollen, müssen wir uns über zwei Dinge im klaren sein: über ihre Datierung und über ihre grundsätzliche Aussagekraft.

Für die biblische Zeit ist die Datierung der verschiedenen Schichten eines Fundortes äußerst schwierig und immer noch sehr unsicher. Häufig hängt die zeitliche Einordnung von der Datierung der Gegenstände ab, die in einer Schicht gefunden werden, vor allem der Tonscherben. Die Schichten werden außerdem zu Schichten anderer Fundstätten in Beziehung gesetzt, in denen man vielleicht ähnliche Gegenstände und schriftliche Zeugnisse gefunden hat. Sodann braucht das ganze Gefüge noch einen fest datierbaren äußeren Rahmen; für das zweite und erste Jahrtausend vor Christus bieten sich dafür die Daten der ägyptischen Pharaonen an.[18] Sie beruhen letztlich auf astronomischen Berechnungen und erlauben uns daher, sie mit festen Jahreszahlen gleichzusetzen. In dieses einigermaßen gesicherte Raster können wir dann unser Wissen um die höchstmögliche Anzahl von Regierungsjahren eines jeden Pharaos einfügen. Darüber geben uns Bauwerke, Dokumente und Inschriften aus der jeweiligen Zeit Aufschluß; wir können auch nach einem Jubiläum suchen, das meist das dreißigste Jahr einer Regierungszeit war, und wir können die Länge der Regierungszeiten mit den Angaben des alten ägyptischen Priesters und Geschichtsschreibers Manetho vergleichen, der im dritten Jahrhundert v. Chr. geschrieben hat. Die daraus resultierende Abfolge ist zwar nicht ganz gesichert, denn die korrekte Lesart der astronomischen Daten ist noch umstritten, aber im allgemeinen schwanken die Berechnungen für die biblische Hauptzeit (etwa 1400–700 v. Chr.) um nicht mehr als zwanzig bis dreißig Jahre.

In archäologischen Stätten an wichtigen Orten der biblischen Erzählung findet sich oft eine Spur, die sich zu einer soliden Datierung anhand eines ägyptischen Pharaos ausbauen läßt. Es gibt jedoch auch Gegenstände aus Schichten, deren Datierung unsicher ist. Ob nun datierbar oder nicht, ihre Aussagekraft ist in jedem Fall begrenzt: Stumme Gegenstände müssen interpretiert werden, und wenn »der Spaten nicht lügen kann«, hat man diese schöne Eigenschaft zu Recht der Tatsache zugeschrieben, daß er auch nicht sprechen kann. Die Archäologie zeichnet die Entwicklung gerade der stummen Gegenstände nach. Sie klassifiziert Artefakte und zeigt den Prozeß der Veränderung in der »materiellen Kultur«, die Verwendung unterschiedlicher Metalle (zuerst Bronze, dann Eisen), verschiedene Arten von Bestattungszeremonien (Verbrennung oder Beerdigung) und die stilistische Entwicklung von Tongefäßen. Inspektionen eines Geländes am Boden oder aus der Luft lassen manchmal die Besiedlungsstruktur einer Gegend erkennen, die sich unter Umständen nach Phasen ordnen läßt, an denen man wiederum Entwicklungen studieren kann. Auch die Untersuchung von Siedlungen, seien es Dörfer oder größere Städte, kann entwicklungsgeschichtlich aufschlußreich sein: Eine Siedlung ersetzt eine andere, und manchmal gibt es Anzeichen für Zerstörung durch Waffengewalt oder Feuer, die den Wandel erklären helfen.

Die Archäologie ist daher am ehesten geeignet, einen literarischen Text zu belegen, wenn dieser sich auf eine bestimmte Phase der Besiedlung an einem eindeutig angegebenen Ort bezieht, wenn er Veränderungen der »materiellen Kultur« erwähnt oder einen bestimmten Gegenstand oder ein Bauwerk zu einer klar definierten Zeit beschreibt. Das Alte Testament enthält zentrale Texte dieser Art; die berühmtesten sind die Texte über den Einzug der Israeliten in Kanaan nach dem Exodus. Hier, und nicht bei Nachforschungen über den Geburtsort Abrahams, kann das stumme Zeugnis der Archäologie hilfreich sein.

Die zweite Hälfte des Buches Numeri und das ganze Buch Josua beschreiben den Einzug der Israeliten in Kanaan.[19] Der Text schildert eine Reihe denkwürdiger Eroberungen: Heschbon, die Hauptstadt des Amoriterkönigs Sihon, wurde von den Israeliten eingenommen und besetzt (Num 21,25f.), Dibon erlitt offenbar ein ähnliches Schicksal (Num 21,30 und 32,3). Josua brachte die Stadtmauer von Jericho zum Einsturz (Jos 6,20), und anschließend metzelten die Israeliten alle Männer, Frauen und Kinder nieder, mit Ausnahme der Dirne Rahab, die ihnen geholfen hatte. Mit der Stadt Ai und ihrer Bevölkerung nahm es gleichfalls ein böses Ende (Jos 8,28), die Bewohner von Gibeon retteten sich durch List (Jos 9,26), die Stadt Lachisch wurde eingenommen, und Josua »erschlug alles, was in ihr lebte, mit scharfem Schwert« (Jos 10,32). Debir erging es genauso, und alles geschah in frommer Verehrung Jahwes: »Alles, was lebte, weihte er [Josua] dem Untergang, wie es der Herr, der Gott Israels, befohlen hatte« (Jos 10,40). Auch Hazor wurde eingenommen, die Bevölkerung getötet und die Stadt in Brand gesteckt (Jos 11,10 f.), und dasselbe Schicksal ereilte die Städte der verbündeten Könige. Die Eroberungen gipfeln in einer großen Aufzählung der Gewalttaten der Israeliten, die in ihrer frommen Hingabe überall wüteten und alles abschlachteten (Jos 12).

Trotz der angeblich vollkommenen Siege heißt es nur von Hazor ausdrücklich, es sei niedergebrannt worden. Wahrscheinlich fügte ein späterer Leser Josua 11,13 ein, um zu erklären, warum nicht überall vom Feuer die Rede war: »Städte, die (heute noch) auf ihren Trümmerhügeln liegen«, verbrannte Israel nicht. Für den ursprünglichen Verfasser hatte das Feuerlegen wohl überall zum großen Gemetzel gehört, aber er hatte es nicht immer explizit erwähnt. Auf jeden Fall wurden alle diese Städte vollständig zerstört, und so müßten die Archäologen Spuren dieser Katastrophe finden können.

In den letzten fünfzig Jahren hat man Schutthügel aufgegraben, die man mit diesen eroberten Städten identifiziert. Manche Identifizierungen sind gesichert, manche ziemlich verläßlich, und nur im Falle der Stadt Debir sind wohl ernsthafte Zweifel angebracht. Die Ergebnisse haben viel weniger öffentliches Aufsehen erregt als die ersten Berichte über Ur oder Ebla, vielleicht, weil sie ganz allmählich zusammenkamen, vielleicht aber auch, weil sie den Anspruch der Bibel, in diesem Punkt geschichtlich wahr zu sein, ziemlich zweifelhaft erscheinen lassen.

Auf welche Zeit sollen wir die Zerstörungswelle datieren? Für eine gesicherte Chronologie fehlen uns Texte. In 1 Könige 6,1 erfahren wir zwar, daß vom Auszug aus Ägypten bis zum vierten Regierungsjahr König Salomos 480 Jahre vergingen. Doch dieser Zeitraum entspricht einem Schema (zwölf Generationen von je vierzig Jahren), und wie wir gesehen haben, bildet er ein Gegenstück zum Aufenthalt der Israeliten in Ägypten (der Exodus 12,40 zufolge 430 Jahre dauerte). Wenn wir das Datum als historisch akzeptieren wollten, würden die Taten Josuas dadurch in die Jahre 1420–1400 v. Chr. zurückverlegt, was jedoch mit Sicherheit nicht korrekt ist. Ohne diese Angabe haben wir als einzigen Fixpunkt eine ägyptische Ehreninschrift, die Ereignisse zur Zeit des Pharaos Merenptah beschreibt.[20] Sie erwähnt eine Plünderung Kanaans, einen Sieg über Aschkelon, die Eroberung von Geser und die Vernichtung von Yaro'am, einer Stadt, die am südlichen Rand des Sees Gennesaret lag. Dann folgen die entscheidenden Worte: »Israel ist verwüstet und sein Same ist nicht mehr.« Merenptahs Regierungszeit fiel ins späte 13. Jahrhundert v. Chr., am wahrscheinlichsten in die Jahre 1224–1214 v. Chr. Damit muß es um 1220 (der Text gehört ins fünfte Regierungsjahr des Pharaos) das Volk Israel in Kanaan gegeben haben; die israelitischen Eroberungen und der Exodus müssen zu einem früheren Zeitpunkt stattgefunden haben. Der Text dieses Pharao ist noch immer der früheste erhalten gebliebene Hinweis auf Israel; die entsprechende Hieroglyphe bezeichnet ein Volk, nicht einen Ort. Auch das grammatische Geschlecht ist eindeutig: Ortsnamen sind in ägyptischen Texten feminin, Israel aber ist als Bezeichnung eines Volkes hier maskulin.

Wir müssen also vor etwa 1225 v. Chr., vielleicht sogar bis zu zweihundert Jahre früher, an Grabungsstätten im Heiligen Land nach Spuren von Bränden und Zerstörung suchen. In dieser Zeit fanden zwei wichtige Umbrüche statt: der Übergang von der mittleren zur späten Bronzezeit und der Übergang von der späten Bronze- zur frühen Eisenzeit. Der erste Übergang brachte zwar die Zerstörung mehrerer von Mauern umgebener Siedlungen mit sich, darunter Jericho, Hazor und Gibeon, aber es bleiben unlösbare Probleme. Man weiß nicht, ob die Zerstörungen das Werk von Eindringlingen waren, und schon gar nicht, ob die Israeliten dabei ihre Hand im Spiel hatten. Zudem gibt es ein großes Datierungsproblem: In Palästina fällt der Wechsel von der mittleren zur späten Bronzezeit mit dem Auftauchen eines bestimmten Typs von Töpferware in den relevanten Schichten der Fundorte zusammen (der zypriotischen Bichromat-Töpferware).[21] Diese Töpferware geht auf das 16. Jahrhundert v. Chr. zurück. Die Datierung stützt sich unter anderem zuverlässig auf Schriftzeugnisse, die man in Alalach, einem nahegelegenen Grabungsort in Syrien, gefunden hat. Der Übergang von der mittleren zur späten Bronzezeit liegt daher früher, als es die biblische Erzählung für Josua nahelegt, von den schematischen Zeitangaben der Bibel einmal ganz abgesehen. Wir müssen daher annehmen, daß hundert Jahre oder mehr aus der Erzählfolge herausgefallen sind, wenn wir Josua mit den Ereignissen um 1500 v. Chr. in Verbindung bringen wollen. Ganz entschieden ist das Problem noch nicht, aber Versuche, Josuas Eroberungen mit diesen archäologischen Funden zusammenzubringen, schaffen mehr Probleme, als sie lösen.

Diese Versuche sind auch nur deshalb noch einmal unternommen worden, weil die andere Übergangszeit ebenfalls Probleme aufwirft. Die Archäologen suchten die Fundstätten vergeblich nach den Mauern ab, die Josua gestürmt haben soll. In den dreißiger Jahren unseres Jahrhunderts überprüfte man die Grabung von Jericho noch einmal und stellte »deutliche Anzeichen für einen riesigen Brand«, einen eingestürzten inneren Stadtmauerring und eine Zerstörung der Stadt um 1400 v. Chr. fest.[22] Manche allzu vertrauensseligen Forscher wollten das Ereignis sogar gleich ins Jahr 1200 v. Chr. legen. Bei genauerer Untersuchung stellte sich jedoch heraus, daß die Stadtmauer etwa aus dem Jahr 2350 v. Chr. stammte, also tausend Jahre älter und somit der Reichweite Josuas gänzlich entzogen war. Der Gipfel des Schutthügels von Jericho hätte vielleicht mehr Aufschluß geben können, aber er war im Laufe der Jahrhunderte abgerutscht. Allerdings hätte man selbst dann weiter unten am Abhang oder am Fuß des Hügels Spuren einer großen Mauer oder Stadt finden müssen, was nicht der Fall war. Selbst bei wiederholten Ausgrabungen hat Jericho den Bibelwissenschaftlern nicht mehr geboten als einige alte Gräber, die offenkundig um etwa 1400–1300 ein zweites Mal belegt wurden. Neben dem Hügel entdeckte man ein kleines Gebäude, das auf etwa 1320 v. Chr. datiert werden konnte, aber es enthielt nur einen Krug, einen kleinen Backofen aus Lehm und etwas Töpferware, so daß es, wie die Ausgräber bemerkten, »Teil der Küche einer kanaanitischen Frau« gewesen sein könnte, die »vielleicht den Krug neben dem Backofen fallen ließ und floh, als sie Josuas Männer kommen hörte«. Vielleicht war Jericho um 1320 v. Chr. ein stattliches Dorf, aber ganz sicher war es keine Stadt mit einer uneinnehmbaren Stadtmauer. Nach 1300 war der Ort überhaupt nicht mehr besiedelt: Folgt man der üblichen Datierung des Exodus und der Landnahme auf 1250–1230 v. Chr., hätten die Israeliten nicht einmal eine Trompete blasen müssen, um den Ort zu erobern.

In Ai wurde eine erste Grabung, die bis 1935 gedauert hatte, noch einmal aufgenommen und bis 1972 fortgeführt, aber auch sie konnte Josua nicht bestätigen. Die Ausgräber fanden eine frühe Stadt, die um 2350 v. Chr. zerstört worden war. Für die Zeit danach gab es keine Spuren einer weiteren Besiedlung, nichts, was vordringenden Israeliten ins Auge hätte stechen können, und schon gar nichts, was einen zweiten Ansturm nötig gemacht hätte. Zur Zeit der beiden für Josua möglichen Datierungen war Ai nicht mehr besiedelt. Im 11. Jahrhundert v. Chr. errichteten ein paar Bauern an der Stelle des alten Ortes ein kleines Dorf, aber diese Bebauung erfolgte zu spät und war zu geringfügig, um zum Bericht der Bibel zu passen. Versuche, zu zeigen, daß der ausgegrabene Ort (et-Tell) gar nicht mit dem früheren Ai identisch ist, waren erfolglos.

Von Gibeon erzählt die Bibel eine bemerkenswerte Geschichte: »... die Stadt Gibeon war ebenso groß wie die Städte mit Königssitz, sie war größer als Ai, und alle ihre Männer waren kampferprobte Krieger« (Jos 10,2). Als die fünf Könige die Stadt angriffen, weil sie mit Josua Frieden geschlossen hatte, brachten ihnen Josua und der Herr »bei Gibeon eine schwere Niederlage bei«, und die Sonne »stand still« über Gibeon, um den Tag der Rache zu verlängern.

Der Ort, an dem Gibeon einst stand, konnte zweifelsfrei identifiziert werden, aber als Archäologen zum erstenmal dort gruben, kamen sie zu dem Schluß, daß es an dieser Stelle in der späten Bronzezeit, der bevorzugten Datierung für die Ankunft Josuas, überhaupt keine Siedlung gegeben hatte. Später verschob sich das Bild ein wenig, aber nur unwesentlich. In sieben Gräbern wurden einige Tongegenstände aus der fraglichen Zeit gefunden, aber diese Gräber waren schon in der mittleren Bronzezeit angelegt und später nur erneut genutzt worden. Sie machten nur einen

kleinen Teil eines großen alten Friedhofes aus, dessen übrige acht-
undvierzig Gräber nur einmal belegt worden waren. Wer immer
diese sieben Gräber ein zweites Mal nutzte, hinterließ sonst keinen
bleibenden Eindruck an dieser Stätte. Die Besucher gehörten vielleicht zu »zeitweiligen Lagern in der Umgebung«, meinte der zu-
ständige Archäologe, »aber es kann aufgrund des Grabungsbe-
fundes als gesichert gelten, daß es dort zur Zeit Josuas keine Stadt
von Bedeutung gab«.

Von Hazor, dem Sitz des Königs Jabin, heißt es in der Bibel:
»Die Israeliten erschlugen alles, was in der Stadt lebte, mit scharfem Schwert und weihten es dem Untergang. Nichts Lebendiges
blieb übrig. Die Stadt selbst steckte man in Brand« (Jos 11,10).
Diese Aussage schien die Archäologie zunächst zu bestätigen. Hazor wurde am Ende der späten Bronzezeit tatsächlich verwüstet.
Die große Unterstadt wurde aufgegeben; die Oberstadt blieb zunächst unbewohnt, und später entstand dort eine einfache, vorübergehende Ansiedlung. Der Schlüssel zur Datierung dieser Ver-
wüstung liegt in der Töpferware mykenisch-griechischen Typs, die
in der relevanten Schicht der Grabungsstätte gefunden wurde.[23]
Die aufeinanderfolgenden Sorten dieser weitverbreiteten Töpferware werden auch gegenwärtig noch gründlich untersucht, und
schlüssige Argumente sprechen dafür, sie mit beschrifteten und
datierten Gegenständen aus den Regierungszeiten mehrerer
ägyptischer Pharaonen in Verbindung zu bringen. Bei der ersten
Grabung in Hazor ordnete man die Töpferware in die Zeit um
etwa 1230 v. Chr. ein, was Josua eine Chance gegeben hätte. Die
Datierung erwies sich jedoch als falsch, und Spezialisten für my-
kenisch-griechische Funde haben das Datum immer weiter bis in
die Zeit zwischen 1200 und 1190 v. Chr. vorgezogen. Dieses Datum liegt zu spät für die Ankunft der Israeliten, denn Pharao
Merenptah kannte »Israel« bereits etwa 1220.

Bis vor kurzem setzten Fundamentalisten ihre Hoffnung auch
auf Lachisch. »Und der Herr gab auch Lachisch in die Gewalt
Israels. Josua nahm die Stadt am zweiten Tag ein. Er erschlug
alles, was in ihr lebte, mit scharfem Schwert« (Jos 10,32). Der
historische Ort wurde mit Sicherheit am Ende der späten Bronzezeit zerstört, aber nach jahrelangen archäologischen Debatten
fand man endlich 1973 Beweise, die eine zweifelsfreie Datierung

der Zerstörung auf einen Zeitpunkt während oder kurz nach der Regierungszeit des ägyptischen Pharaos Ramses III. (etwa 1194–1163) erlaubten. Wiederum wurde also die Stadt so spät zerstört, daß nach dem Zeugnis Merenptahs die Israeliten längst dagewesen sein müssen. Dasselbe Problem ergibt sich noch für mehrere andere Orte in Palästina, die im Buch Josua oder im Buch der Richter genannt werden: Für die Zeit, in die der Eroberungszug Josuas vorzugsweise datiert wird, fehlen Spuren einer städtischen Siedlung mit einer Stadtmauer, und es gibt keine Anzeichen für eine große Zerstörungswelle, die gleichzeitig alle Orte überrollt hätte.

Ihre letzte Zuflucht sehen die Verteidiger der historischen Wahrheit der Bibel darin, die Archäologie zu neuen Taten anzufeuern. Vielleicht würde man bei weiteren Grabungen neues Material finden, vielleicht hatte man an den falschen Stellen gegraben, vielleicht war »das Abrutschen der Hänge die offensichtliche Antwort«.[24] Diese Ausflüchte klingen nicht überzeugend, und es ist höchst unwahrscheinlich, daß die Ortsnamen falsch identifiziert wurden oder daß bei kontrollierten Proben jeder einzelnen Schicht eines Ausgrabungsortes Siedlungen einer Größenordnung übersehen wurden, wie sie die Bibel voraussetzt. Sinnvoller ist, bisherige Ergebnisse nicht in Zweifel zu ziehen und statt dessen zu erkennen, daß sie uns helfen können, die Bibel richtig zu lesen. Das Buch Josua erzählt die Geschichte einer eindrucksvollen Eroberung unter Mithilfe eines Gottes, der vor den meisten damaligen Bewohnern des Heiligen Landes keinerlei Respekt zeigte. Die Erzählung hat ihre Kraft bis heute nicht eingebüßt, aber sie ist keine Geschichtsschreibung, und sie war es auch nie.

Hier unterstützt die Archäologie in erfreulicher Weise die historisch-kritische Methode. Die meisten Kämpfe um das angebliche Abrutschen aussagekräftiger Schuttschichten und um Datierungen auf die mittlere Bronzezeit wurden im Interesse eines sehr oberflächlichen Bibelverständnisses geführt. Die Darstellung des Buches Josua, die damit verteidigt werden soll, beruht in unseren Bibeln jedoch auf dem späten masoretischen hebräischen Text. Wir haben nicht nur eine frühere griechische Übersetzung, die manches ausläßt und einige leicht anderslautende Formulierungen enthält, sondern es gibt außerdem unter den Schriftrollen von

Qumran einen fragmentarischen hebräischen Text des Buches Josua, der noch unveröffentlicht ist. Angeblich ist er weder mit dem griechischen noch mit dem masoretischen Text genau deckungsgleich. Offensichtlich gab es andere frühe Versionen dieses Buches, und die masoretische Fassung, die unserer Bibel zugrunde liegt, ist nicht die einzige Autorität.

Wir haben auch gesehen, daß das Buch eine späte Arbeit des namenlosen Deuteronomisten ist, der an dieser Stelle sein Augenmerk auf Ursprungsgeschichten richtete und sicher keine Primärquelle war. Die Beziehung zwischen einem solchen Text und einem archäologischen Fundstück ist wahrscheinlich komplizierter, als die meisten Archäologen annehmen. In Josua 5,2 sagte der Herr zu Josua: »Mach dir Steinmesser und ordne wieder eine Beschneidung der Israeliten an.« Der hebräische Text fügt vor Beschneidung noch »eine zweite« ein, der griechische Text nicht. Die Kinder der Israeliten waren, wie der Verfasser oder ein späterer Leser uns erklären, während all der Jahre der Wüstenwanderung um die Beschneidung herumgekommen. Nun wurden auf Anordnung Josuas alle Männer unter Qualen beschnitten, und das Volk blieb im Lager, bis die Männer sich erholt hatten. Der Schauplatz der Operationen wurde Gilgal genannt und die Bedeutung des Ortsnamens durch die großangelegte Verstümmelung der Männer erklärt, während doch der Name seinerseits zur Entstehung dieser Geschichte beigetragen hatte (er bedeutet eigentlich Wälzplatz, weil dort die ägyptische Schande abgewälzt wurde). Die Geschichte ist allerdings auch mit konkreten Belegen verknüpft. Sehen wir uns das Ende der griechischen Version an, die länger ist als die hebräische. Als Josua starb, heißt es dort, gab man ihm die Messer aus Feuerstein, mit denen man die Beschneidung durchgeführt hatte, mit in sein Grab in Timnat-Serach, und sie blieben dort »bis zum heutigen Tag«. Hier kommt die Archäologie ins Spiel: »Die Entdeckung von Werkzeugen aus der Steinzeit in Timnat-Serach, der Grabstätte von Moses Nachfolger, im Jahr 1870 gibt uns einen Hinweis auf die Ursprünge dieser Erzählung.«[25] Offenbar waren immer wieder steinzeitliche Werkzeuge aus Feuerstein in der Nähe der Stelle aufgetaucht, an der sich der Legende nach Josuas Grab befand. Die Menschen, die sie fanden, wunderten sich und dachten sich eine passende Erklärung aus: Die primitiven Steinmesser konnten nur die Werkzeuge sein, mit denen Josua seine männlichen Zeitgenossen in ordentliche Juden verwandelt hatte. Wie moderne Archäologen hatten einige Israeliten das stumme Zeugnis der Fundstücke als Beweis einer biblischen Geschichte interpretiert. Ihr Denken hätte einem Leonard Woolley Ehre gemacht, aber die moderne Archäologie wiederum hat uns ermöglicht, die Entstehung dieser Ursprungsgeschichte nachzuvollziehen. Die Archäologie beweist nicht den Inhalt der Bibel, aber sie hilft uns, die Bibel zu verstehen. Sie stützt in diesem Fall ein Detail, das nur die griechische Übersetzung überliefert, und legt damit nahe, daß diese zumindest hier tatsächlich auf eine frühe hebräische Version des Textes zurückgeht.

Neben solchen negativen Feststellungen weist die Archäologie aber auch positive Ergebnisse auf. Als die Grabungskosten an einzelnen bedeutenden Stätten immer weiter stiegen, begann man den Sinn der Unternehmen in Frage zu stellen. Warum sollte man ein oder zwei Städte ausgraben und die vielen Siedlungen außer acht lassen, die in der Umgebung der Städte existiert hatten? Seit 1960 stellt man deshalb Ausgrabungen zugunsten von Surveys (Oberflächenbegehungen) zurück, auf denen man Spuren kleiner Siedlungen zusammenträgt, soweit sie von Arbeitsgruppen im Gelände entdeckt werden können. Antike Reste an der Erdoberfläche oder knapp darunter sind dabei die wichtigsten Hinweise. Diese Methode ist im Nahen Osten nicht neu; sie wurde in hervorragender Weise in den Jahren nach 1930 im Jordangebiet praktiziert. Das Interesse für den Zusammenhang zwischen Stadt und Umland geht sogar schon auf die Jahre nach 1890 und auf Flinders Petrie zurück, der die Methode sinnvoll und erfolgreich in Ägypten anwandte.

Surveys nehmen viel Zeit in Anspruch, aber bestimmte Gebiete, die in der Geschichte des alten Israel eine Rolle spielten, sind inzwischen so gründlich erfaßt, daß in ihrem antiken Besiedlungsmuster eine Entwicklung sichtbar wird. In späteren Kapiteln des Buches Josua (Jos 16–17) und in Richter 1,27 ff. finden sich Details über die Gebiete, die den Stämmen Manasse und Efraim zugeteilt und von ihnen besetzt wurden: Bei Oberflächenuntersuchungen hat man hier sehr wenige Anhaltspunkte für verstreute ländliche Siedlungen vor dem Beginn der frühen Eisenzeit um 1180–1150 v. Chr. gefunden. Dann jedoch tauchen plötzlich über hundert solcher Siedlungen auf, Siedlungen eines ganz bestimmten Typs.[26] Sie hatten keine Schutzmauer, und ihre Häuser bildeten einen Ring um eine Innenfläche, waren meist aus Stein und drei oder vier Räume groß und hatten steinerne Pfeiler. Ihre Bewohner bauten Feldfrüchte an und hielten auch Vieh, das in der Mitte einiger Dörfer geschützt in Pferchen untergebracht werden konnte. Welchen Ursprung diese Dörfer auch immer gehabt haben mögen, sie zeigen auf alle Fälle eine wichtige Veränderung im Besiedlungsmuster der für die Geschichte Israels in dieser Zeit wichtigen Region.

Leider sind auch diese Dörfer kein Beweis für die Ankunft der Israeliten unter Josua. Da die Funde auf die Zeit nach 1200 v. Chr. datiert wurden, liegen sie später als das erste Auftreten des Volkes Israel in der Geschichte auf Merenptahs Siegesdenkmal. Hängen sie aber vielleicht mit einer zweiten Phase der Eroberung zusammen? Als man die Siedlungen entdeckte, behaupteten viele Archäologen, bestimmte Merkmale bewiesen die Anwesenheit der Israeliten: etwa ein bestimmter Typ von Vorratskrug mit ausgestülptem Rand oder die praktische Gewohnheit, Zisternen zum Sammeln von Wasser in die Erde zu graben und deren Inneres mit Mörtel zu verputzen. Zudem hätten die Israeliten eine neue Hausform mit bis zu vier Räumen eingeführt, und zwar nicht auf zwei Geschosse verteilt, sondern alle vier ebenerdig in einer rechteckigen Anordnung. Sie hätten auch häufig Pfeiler im Inneren des Hauses verwendet. Die Israeliten, so schien es, hielten mit praktischen Verbesserungen, Krügen, Zisternen und anders aufgeteilten Häusern Einzug in Kanaan und begannen eine neue Art dörflichen Lebens.

Doch heute lassen sich die Spuren, die sie hinterließen, nicht mehr so eindeutig zuordnen. Die Israeliten waren damals nur eine Gruppe unter vielen anderen: Im Gelobten Land gab es eine Vielzahl von Völkern, Philister, Hiwiter, Pereziter und andere, die die Bibel einmal erwähnt und dann wieder in Vergessenheit geraten läßt. Die Krüge, die Zisternen und die Häuser könnten auch deren Werk sein. Surveys in Gegenden jenseits des Jordan bringen nach und nach ähnliche Funde ans Licht wie die Surveys in Israel, obwohl nicht sicher ist, daß die Israeliten nach dem Auszug aus Ägypten auch diese Regionen besiedelt haben. Wieder zeigt sich, daß etwas, was man zunächst allein den Israeliten zugeschrieben hatte, bei ihnen nur zuerst gefunden wurde. Durch eine besonders gründliche Erforschung war Israel in eine unnatürliche Isolation geraten. Die israelitischen Siedlungen der frühen Eisenzeit sind Teil einer größeren Struktur, die weit über ein einzelnes Volk hinausgeht.

Bis wir den Schutt einer israelitischen Siedlung vom Schutt einer nichtisraelitischen unterscheiden können, bleibt nur festzuhalten, daß dieses neue Beweismaterial recht gut zu den Entwicklungen paßt, die implizit im Buch der Richter erwähnt sind: Die Stämme Efraim und Manasse haben sich offenbar zuerst niedergelassen, und Kanaaniter scheinen sich vor allem in dem vom Stamm Manasse besetzten Gebiet gehalten zu haben. Im Gebiet des Stammes Efraim haben die neuen Siedler eine charakteristische materielle Kultur hinterlassen und sich wohl in Schilo konzentriert. Von diesen beiden Gebieten her dehnt sich das Muster allmählich nach Süden aus, in die offenen Gebiete von Juda. Nach heutigem Forschungsstand ist gut denkbar, daß der Einfluß der Ägypter in Kanaan um 1170–1150 v. Chr. nachließ. Nach ihnen gewannen die Philister an Macht, und andere Völker, vielleicht in erster Linie die Israeliten, besiedelten die neuen Dörfer. Allerdings hielten sich diese Siedlungen an vielen Orten nicht lange. Nur wenige blieben bis nach 1050–1000 v. Chr. erhalten oder wurden im folgenden Zeitalter Davids und Salomos zu ummauerten Städten.

Die Funde stimmen mit dem ersten Kapitel des Buches der Richter überein, beweisen es aber nicht: Die Gegenstände sind stumm und nicht mit dem Stempel einer israelitischen Handelsmarke versehen. Unsere Vorstellung von der Zeit der Besiedlung müssen wir aufgrund der Funde allerdings revidieren. Sie belegen, daß etwas *nicht* stattgefunden hat: nämlich Josuas blutrünstige Feldzüge. Vielleicht vermindern sie die Wirkung der biblischen Geschichten auf heutige Bibelleser, allerdings sind sie zu spät ans Licht gekommen, um eine Reihe von modernen Josuas aufzuhalten, allen voran Oliver Cromwell, der sich bei seinem vernichtenden Feldzug gegen die Katholiken Irlands Josua zum Vorbild nahm. Aufgrund der Funde kann man eine längere Periode der Koexistenz zwischen den künftigen Dorfbewohnern und der Kultur Kanaans in der späten Bronzezeit am Ende des 13. Jahrhunderts v. Chr. vermuten, aber man kann sie nicht beweisen. Es folgte eine Zeit der Neubesiedlung. Vielleicht waren die Israeliten vorher Halbnomaden gewesen, und es fand weniger eine Eroberung als vielmehr ein allmähliches Einsickern verschiedener Stämme statt, die schon gleichzeitig mit der städtischen Kultur existiert hatten, ehe sie sich in eigenen Häusern mit vier Räumen niederließen. Keine der großen Zerstörungen an einigen Orten in Kanaan kann mit gutem Gewissen Israel oder seinem kriegerischen Gott zugeschrieben werden.

Durch wen und warum es zu den verschiedenen Verwüstungen kam, ist den stummen Zeugnissen nicht zu entnehmen. Vielleicht bekämpften und zerstörten sich die kanaanitischen Städte gegenseitig. Das grausige Debora-Lied in Richter 5 ist ein beredtes Zeugnis dafür, daß wir auch Kämpfe in der frühen israelitischen Geschichte mit Sicherheit nicht gänzlich ausschließen dürfen;[27] die Archäologie allein jedoch kann sie nicht nachweisen. Leider sind wir auch nicht in der Lage, eine bessere politische Geschichtsschreibung anstelle der biblischen Historiographie zu konstruieren.

Keine Rechtfertigung gibt es für den neuesten einschlägigen Mythos, dem zufolge Kanaan von einer sozialen Revolution auseinandergerissen wurde und eine kleine Gruppe von Auswanderern nach Süden gen Ägypten floh, später aber zurückkehrte, um ihre unterdrückten Brüder aufzurütteln und im Gelobten Land eine »Befreiungstheologie« zu predigen; dabei sollen die Rückkehrer den Befreiten eine »israelitische« Identität gegeben haben, die sie von ihren früheren kanaanitischen Verwandten unterschied.[28] Dieser Mythos ignoriert die biblische Erzählung vollständig. Er läßt sich durch die Archäologie genausowenig beweisen oder auch nur irgendwie stützen wie die Zerstörung des Landes, das Niederbrennen der Städte und die große Beschneidungsaktion unter Josua. Die Archäologie kann einen Mythos widerlegen, aber das heißt nicht, daß sie deswegen einen neuen Mythos stützt.

15

Das fünfte Evangelium

Auch für die Zeit nach dem Exodus und der Landnahme verliert die Bibel-Archäologie nicht an Bedeutung. Dutzende von Grabungsorten, Schichtenhorizonte, Keramikfunde und andere Gegenstände wurden herangezogen, um einen Kontext für die Heilige Schrift zu schaffen oder ihre Aussagen zu stützen. Es ist bewundernswert, mit wieviel Sachverstand und Energie diese Ausgrabungen durchgeführt werden. Sie sind auch deshalb wichtig, weil immer die Möglichkeit besteht, daß ein neuer Text gefunden wird, der unser Verständnis erweitert. Mit Hilfe dieser Forschungsarbeiten ist das Umfeld der biblischen Erzählungen bereits deutlicher hervorgetreten, aber wo es um die Wahrheit der Bibel geht, sind direkte Berührungspunkte wichtig. Ob auch hier wirkliche Fortschritte erzielt wurden, bleibt fraglich.

Für die Zeit von der Herrschaft Davids bis um 398 v. Chr. hat die Archäologie in Palästina nur eine Handvoll Bibelverse bestätigen können. Wenn das 1. Buch der Könige in Vers 16,23f. berichtet, Omri, König von Israel, habe erst in Tirza und dann in Samaria regiert, entspricht diese Aussage direkt dem archäologischen Befund an diesen beiden Orten: Tirza wurde verlassen, während Samaria aufblühte; in Samaria wurde außerdem dieselbe Art von Keramik verwendet und weiterentwickelt, die vorher in Tirza gebräuchlich gewesen war.[1] In 2 Könige 20,20 und 2 Chronik 32 heißt es, König Hiskija habe einen Teich und eine Wasserleitung angelegt und das Wasser nach Jerusalem geleitet (wahrscheinlich um 710–701 v. Chr.). Archäologen haben den Kanal gefunden, der unter der alten Stadt in den Felsen getrieben wurde und zum Teich Schiloach führte.[2] In Lachisch hat man eine Belagerungsrampe gefunden, die fast sicher von Sanherib errichtet wurde, als er 701 v. Chr. die Stadt angriff;[3] in Jerusalem, vor allem auf dem östlichen Kamm des Ofel, gibt es Hinweise auf die Plünderung der Stadt durch die Babylonier im Jahr 587 v. Chr.[4] Allerdings waren die historischen Zeugnisse für die Feldzüge von Sanherib und Nebukadnezzar nie umstritten.

Weniger auffallend ist auf den ersten Blick, daß wir sonst fast nichts in der Hand haben, um die biblische Darstellung der Geschichte zu bestätigen. Ein königlicher Umzug, ein Kanal und zwei Belagerungen sind diesbezüglich eher von marginaler Bedeutung. Es ist allerdings wenig wahrscheinlich, daß man an Fundstellen, die außerordentlich schwer zu datieren sind, Material findet, das einen so komplexen Text wie die Erzählungen der Bibel bestätigt. Immer wieder werden Trugschlüsse offenbar. Bis vor kurzem wurden einige alte Elfenbeinschnitzereien aus Samaria »Ahabs Elfenbein« genannt,[5] und der Grundriß eines Tempels in der Stadt Arad wurde wiederholt mit dem Grundriß von Salomos Tempel in Jerusalem verglichen, da man beide für beinahe zeitgleich hielt.[6] Angeblich sollte der Tempel in Arad den Bibeltext über den Bau Salomos in 1 Könige 6–7 illustrieren (obwohl die Einzelheiten nicht recht passen), und die Elfenbeinschnitzereien, die oft in Büchern abgebildet sind, wurden mit 1 Könige 22,39 in Verbindung gebracht. Inzwischen sind sie jedoch ins späte 8. Jahrhundert datiert worden; in Amos 6,4 ist für diese Zeit von Betten aus Elfenbein die Rede. Der Tempel von Arad gilt heute als erheblich jünger, er ist wahrscheinlich lange nach Salomos Regierungszeit gebaut worden. Eine solche Verschiebung von Datierungen droht ständig, weil die zeitliche Einordnung von Gegenständen und Schichten in Palästina für die Jahre von etwa 1100 bis 700 v. Chr. heikel und unsicher ist. Sehr viel hängt an der Abfolge der Stile der Keramik, wobei die Keramik aus der frühesten Schicht von Samaria besonders umstritten ist. Stammt sie aus der Zeit um 880 v. Chr., als Omri in die Stadt zog? Wenn ja, verschiebt sich die ganze Chronologie um fünfzig Jahre. Oder wir retten die Chronologie und nehmen an, daß der Standort Samaria schon bewohnt war, als Omri das Gelände kaufte (obwohl die Bibel nichts davon sagt).

Die alten Stätten haben klangvolle Namen, und sie haben die Wirkung eines »fünften Evangeliums«, wie Renan es ausdrückte. Es ist interessant, an der Stätte des einst befestigten Beerscheba zu

stehen, das alte Jericho anzuschauen oder den Philistern in Aschkelon, Aschdod und (wahrscheinlich) Ekron einen Besuch abzu-
statten, und die Aussicht ist oft überwältigend. Viel schwieriger ist
es dagegen, die ursprüngliche Szenerie vor dem geistigen Auge
wiedererstehen zu lassen. Ausgrabungen in Jerusalem konzentrieren sich etwa auf Reste der Stadtmauern und deren umstrittene
Datierung, und die Überreste biblischer Städte erinnern einen
Besucher, der Griechenland oder Ägypten gesehen hat, an das,
was ein großer Altertumsforscher beim Anblick Trojas empfand:
»Rechts und links erstreckte sich ein Gewirr menschenunwürdiger
Behausungen ... finstere kleine Hütten mit dünnen Wänden, mit
unvollständigen Wänden, fast ohne Einrichtung ... eine Beleidigung für das Auge und eine Kränkung für den Stolz.«[7]

Wo ist das sagenumwobene Reich Salomos, wo sind die präch-
tigen Gebäude und die Pferde, wo Weib, Weisheit und Gesang,
von denen uns die Bibel so großartige Geschichten erzählt? Archäologen können Weisheit und Gesang nicht einfangen, und auch
der weibliche Anhang des Königs, angeblich siebenhundert Ehefrauen und Prinzessinnen sowie dreihundert Nebenfrauen, hat
sich dem Zugriff der Ausgräber entzogen, wenn sich nicht noch
ein bisher unentdeckter Harem oder ein Massengrab findet. Archäologische Funde wären hier besonders wertvoll, weil wir nicht
genau wissen, ob »die übrige Geschichte Salomos« tatsächlich
eine Primärquelle vom Königshof war und wieviel in der biblischen Darstellung auf ihre Autorität zurückgeht. Auch Salomos
Ansehen und seine Lebenswelt werfen viele Fragen auf: Gab es
dieses fabelhafte Reich von Ofir bis Saba und Nordsyrien mit
seinen Schätzen und dem Handel mit exotischen Dingen wirklich,
oder spricht der archäologische Befund dagegen?

Für die Bauwerke Salomos gibt es tatsächlich sichtbare Belege.
Bei den Ausgrabungen in Megiddo, Hazor und Geser hat man
scharfsinnig argumentiert, bestimmte Tore seien dem Zeitalter Salomos zuzuordnen,[8] und obwohl die Bauweise der Tore nicht ausschließlich zur Zeit Salomos oder in dessen Reich angewandt
wurde, muß man die Argumente doch als stichhaltig anerkennen.
1 Könige 9,15–27 berichtet von Bauarbeiten an eben jenen drei
Orten und sagt, Salomo habe dafür Fronarbeiter eingesetzt; leider
kann uns die Archäologie keinen Aufschluß über den Status der

Arbeiter geben. In Jerusalem konnte man den südöstlichen Rand der Plattform von Salomos Tempel im Gewirr des späteren Mauerwerks an dieser Stelle identifizieren; in Megiddo weitete sich die Suche nach Häusern aus Salomos Zeit zu einem größeren Projekt aus.

In den dreißiger Jahren ordnete man langgestreckte Gebäude in Megiddo der Zeit Salomos zu und erklärte sie mit seinem aus der Bibel bekannten Interesse an Pferden. »Mit jedem weiteren Gebäude, das zum Vorschein kommt, staunen die Archäologen mehr«, schreibt Keller. Nach nahezu zehn Jahren mühseliger archäologischer Fleißarbeit glaubten die beiden Ausgrabungsleiter, die Stallungen Salomos gefunden zu haben. »Nachdem der ganze Komplex überschaubar ist, zählt Guy Einzelboxen für wenigstens 450 Pferde und Hallen für 150 Wagen.«[9] Doch weder Datum noch Verwendungszweck konnten sich lange halten. Die Gebäude wurden bald auf das Jahrhundert nach Salomo datiert, die Existenz eines eigens angelegten königlichen Marstalls wurde als »anachronistisch« abgetan, und noch weniger wahrscheinlich schien es, daß die Ausgräber Futterkrippen für Pferde gefunden hatten. Frühere Könige des Nahen Ostens von Ägypten bis Assyrien hatten jedoch durchaus eigene Marställe, sie sind in Texten belegt. Und wenn die Pferde zu Salomos Zeit so klein waren, wie Skelette an anderen Fundorten Asiens nahelegen, kann man noch immer mindestens zehn geräumige Boxen rund um einen Hofraum mit einer Zisterne unterbringen; es gibt ein aufgerauhtes Pflaster, das die Hufe schont, und Löcher für die Halfter der Pferde. Selbst die Futterkrippen wurden rehabilitiert; sie sind zwar relativ flach, könnten für ein Pferd der Eisenzeit aber durchaus ausgereicht haben.[10]

Futterkrippen spielen allerdings in der Bibel nicht gerade eine zentrale Rolle, ausgenommen in der Geschichte von Christi Geburt. Wie steht es mit Salomos sagenhaftem Reichtum? 1974 wies der Archäologe James Pritchard auf folgendes Dilemma hin: Die sogenannten Städte Megiddo, Geser, Hazor und sogar Jerusalem waren »eher Dörfer. Die Grundfläche von Megiddo wird auf gut fünf Hektar, die von Geser auf etwa elf Hektar, die von Hazor auf ungefähr zwölf Hektar geschätzt. Die öffentlichen Gebäude waren relativ klein, die Häuser waren armselig und hatten Lehmböden. Die gefundenen Gegenstände verweisen auf eine materielle Kultur, die nicht einmal nach dem Maßstab des alten Orients als hochstehend oder luxuriös beschrieben werden kann ... Die ›Herrlichkeit‹ von Salomos Zeitalter ist sehr provinziell, und es fehlt ihr eindeutig an Glanz, obwohl das 1. Buch der Könige genau das Gegenteil impliziert.«[11]

Doch hier verlangt ein Archäologe zu viel von seinem Gegenstand: Ausgräber können nicht darauf hoffen, an einer Fundstätte auf eine vollständige Sammlung der kostbaren und vergänglichen Güter einer fernen Vergangenheit zu stoßen. Salomo soll große Mengen von Gold erworben, mit Pferden, Elfenbein, Affen und Pfauen gehandelt und mit König Hiram von Tyrus gemeinsame Unternehmungen zur See unternommen haben; in Jerusalem soll Silber damals »so häufig wie die Steine« gewesen sein. Die Überlebenschancen dieser Luxusgüter sind extrem gering, nicht zuletzt deshalb, weil Edelmetalle oft als Beute mitgenommen oder wieder eingeschmolzen wurden. Auch vom sagenhaften Reichtum der kleinasiatischen Könige Kroisos und Midas blieb nichts erhalten. Diskutieren läßt sich dagegen über die Herkunft dieser Güter, die Struktur der Handelsbeziehungen und den Zielort der Waren.

Nach 1 Könige 9,26 baute Salomo in Ezjon-Geber am Roten Meer eine Flotte, und König Hiram half ihm mit seinen Leuten aus, geübten Seefahrern. Gemeinsam brachten sie große Mengen Gold »aus Ofir« nach Israel. In den fünfziger Jahren wurde im Tell Qasile, der heute in einem Vorort von Tel Aviv liegt, eine bemerkenswerte Tonscherbe gefunden.[12] Sie trug folgende Inschrift: »[G]old [von] Ofir. Nach Bet-Horon – 30 Sch[ekel].« Die Zahl dreißig war im phönizischen Stil geschrieben, der auch in Tyrus und Sidon gebräuchlich war. Das Datum des Textes ist ungewiß, aber er entstand wahrscheinlich mindestens zweihundert Jahre nach Salomo und beweist, daß zumindest später (etwa 725 v. Chr.) tatsächlich Gold aus Ofir kam und bis zur Meeresküste von Palästina gehandelt wurde.

Wo aber lag Ezjon-Geber? Die Archäologen haben wahrscheinlich recht, wenn sie es auf der »Koralleninsel« unmittelbar südlich von Akaba am Roten Meer ansiedeln, auf der die ägyptischen Pharaonen vermutlich einst einen Hafen unterhielten.[13] Ofir könnte dann das heutige Somalia auf der anderen Seite des Roten

Meers sein. Ein gemeinsamer Vorstoß von diesem Hafen zu den afrikanischen Goldminen wäre durchaus denkbar gewesen. Aber was exportierten die Seeleute als Tauschware? In der Bibel ist nicht die Rede davon, daß König Salomo selbst Minen besaß, doch die Archäologen haben sie ihm freundlicherweise zugeschrieben. Gleich nach der ersten Probegrabung, die sie etwas nördlich von Akaba in Tell el-Kheleifeh durchführten, machten sie Salomo zum »großen Kupferkönig« und Ezjon-Geber zum »Pittsburgh von Palästina«. Später stellte sich heraus, daß man an diesem Grabungsort kein Kupfer gefördert und erst lange nach Salomos Tod ernsthaft Bergbau betrieben hatte. Beim zweiten Anlauf im Timna-Tal nördlich von Akaba fand man Kupfervorkommen, Bergarbeitersiedlungen und Anzeichen einer Nutzung in biblischer Zeit seit etwa 1150 v. Chr. Die Radiokarbon-Datierung ergab, daß in dieser Mine vom 10. bis zum 7. Jahrhundert v. Chr. gearbeitet wurde, aber der Spielraum für Fehleinschätzungen ist groß, und Material, das die Datierung erhärten könnte, ist äußerst spärlich.

In der Bibel besitzt Salomo nur Kupfer aus dem Norden, ein Erbe seines Vaters David. Nur der dringende Wunsch der Wissenschaftler, seine Exportartikel zu finden, und unser hartnäckiges Festhalten an der Legende von Salomos Kupferminen verbinden sein Gold mit dem Kupferhandel.[14] Vielleicht hat Salomos Flotte Ofir geplündert, oder vielleicht war der Handel einseitig: Schiebergeschäfte mit Metallen, Gewürzen und seltenen Kostbarkeiten, die vom Handel mit fernen Ländern abgezweigt wurden, haben auf den Wegen von den Häfen am Roten Meer nach Syrien und in den Norden eine lange Geschichte.[15] Im 10. Jahrhundert v. Chr. wurden auch nach und nach Kamele anstelle der weniger belastbaren Esel als Tragtiere eingesetzt; womöglich hat sich Salomo mehr aufs Plündern und Organisieren von Karawanen verlegt. Vielleicht gibt uns aber auch 1 Könige 10,28f. Aufschluß über die Art seiner Handels- und Tauschgeschäfte. Der griechische und der hebräische Text dieser Verse sind verschieden, aber dennoch werfen beide in einzigartiger Weise Licht auf den Pferdehandel zur biblischen Zeit.[16] Dort heißt es, daß Salomos Händler in Koë und Ägypten Pferde, in Ägypten dazu noch Wagen kauften. Der hohe, aber in der Antike nicht beispiellose Preis ist in Schekel angegeben, und die »Könige der Hetiter und der Aramäer« kauften ebenfalls

Pferde, »auf dem Seeweg« (in Griechisch) bzw. »durch ihre Vermittlung« (in Hebräisch). Das Koë des griechischen Texts ist die
Region Kilikien rund um Tarsus im Süden Kleinasiens. Sie war
für ihre Pferde berühmt, und im Zeitalter Salomos hatten die
dortigen Herrscher Kontakte zu den phönizischen Städten. Beide
Versionen der Verse im 1. Buch der Könige nennen Ägypten, dessen Streitwagen berühmt waren, aber vielleicht sollten wir statt
dessen Muzri lesen, ein noch größeres Zentrum für Pferdezucht
im mittleren Kleinasien, dem alten Kappadokien. Vielleicht wird
der Pferdehandel hier aber auch zutreffend beschrieben, und die
Händler Salomos tauschten in Ägypten und im südlichen Kleinasien seltene Metalle gegen Streitwagen ein und verkauften dann
die Wagen an die kleinen asiatischen und syrischen Könige weiter,
weil sie im Süden mehr erworben hatten, als sie selbst brauchten.
Ein Handel mit Streitwagen wäre Ende des 10. Jahrhunderts politisch und geographisch sinnvoll gewesen und würde die Vorstellung untermauern, Salomo habe sein Geld vorrangig im Handel
verdient und weder Bergbau betrieben noch eigene Waren hergestellt.

Nach 1 Könige 10,14–17 läßt Salomo fünfhundert Schilde aus
Gold herstellen und in seinen Palast, das Libanonwaldhaus, bringen.[17] Er läßt seinen Thron mit feinstem Gold überziehen, trinkt
nur aus goldenen Gefäßen (Silber war damals zu gewöhnlich) und
stattet auch den Tempel des Herrn und das Allerheiligste ver-
schwenderisch mit Gold aus. Hätte es damals schon fließendes
Wasser gegeben, wären die Wasserhähne an seiner Badewanne
ohne Zweifel auch aus Gold gewesen. Nichts von all dieser Ex-
travaganz ist für die Archäologen erhalten geblieben, aber neben
der Tempelkultur benachbarter Königreiche nimmt sie sich gar
nicht so befremdlich aus. Von den früheren Pharaonen in Ägypten
weiß man, daß sie in ihren Tempeln tonnenweise Gold verwendeten: Der Tempel der Heiligen Barke in Karnak, der von Thut-
mosis III. errichtet wurde, soll mit Gold verkleidet gewesen sein,
das an heute noch sichtbaren Schlitzen in den Steinsäulen befestigt
war. Zur Zeit Salomos erwähnen die detaillierten Aufzeichnungen
der assyrischen Könige einen bemerkenswerten tonnenschweren
Goldschatz, der aus einigen von den Assyrern geplünderten Tempeln herangeschafft wurde. Die Beutestücke werden im einzelnen

beschrieben, und die frühen Fassungen dieser Beschreibung gehen vielleicht sogar auf Gewährsleute zurück, die an den Feldzügen teilgenommen hatten. Es gibt Texte und Reliefs, die darstellen, wie der assyrische König Sargon einen Tempel an der Grenze seines Reiches plündert, der mit goldenen Schilden geschmückt ist. Die Geschichte von Salomos Goldschilden ist also zumindest nicht völlig aus der Luft gegriffen. Man unterschätzt die riesigen Mengen von Gold und Silber leicht, die in den alten Königreichen aus dem Verkehr gezogen und den Göttern dargebracht wurden und so als ständige Bremsen für Inflation und Geldumlaufmenge fungierten. Die Tempel in Ägypten und Assyrien dürfen wir uns nicht wie die aus Stein und Holz erbauten Kathedralen der abendländischen Christenheit vorstellen, sondern eher wie die goldenen Tempel der Hindus und Buddhisten, die man in Indien oder Thailand bewundern kann.

Ein goldener Tempel in Jerusalem ist also nicht von vornherein unglaubhaft, seine Existenz ist durch solche Vergleiche aber auch nicht bewiesen. Man hat geschickt versucht, mit zeitgenössischen Texten zu argumentieren. Nach Salomos Tod soll der Pharao Schischak nach Jerusalem gezogen sein und dem Sohn Salomos die goldenen Schilde abgenommen haben (vielleicht wurden sie als Bestechungsgeld bezahlt, damit der Pharao nach Norden abzog). Der biblische Schischak wird traditionell mit dem ägyptischen Pharao Scheschonk identifiziert, und ich glaube, daß diese Identifizierung auch richtig ist. Es läßt sich nachweisen, daß Scheschonks Sohn Osorkon behauptete, ägyptischen Tempeln enorme Mengen von Gold und Edelmetallen gestiftet zu haben; allerdings wurden die Zahlen aus einem einzigen detaillierten Text errechnet, der während seiner Regierungszeit in Stein gemeißelt wurde.[18] Allein das Gold hätte danach insgesamt zweihundertundfünf Tonnen gewogen, erheblich mehr als die Gaben seines Vaters oder seiner Nachfolger. Stiftete er die Beute, die sein Vater aus Jerusalem mitgebracht hatte? Landeten Salomos Goldverkleidungen vielleicht zuletzt in den Tempeln Ägyptens?

Texte, Monumente und scharfsinnige Schlußfolgerungen scheinen die Erzählung der Bibel zu stützen, aber das alles steht auf tönernen Füßen. Scheschonk muß nicht unbedingt gegen Ende seiner Regierungszeit gegen Jerusalem gezogen sein. Wir wissen nur, daß der Feldzug vor seinem einundzwanzigsten Jahr auf dem Thron stattfand. Und es ist merkwürdig, daß er selbst nach Aussage seiner eigenen Texte wenig stiftete, während sein Sohn sich später mit riesigen Schenkungen brüstete. Die Zahlen für die Geschenke Osorkons sind vielleicht gewaltig übertrieben (königliche Selbstdarstellung lügt häufig, damals wie heute). Selbst wenn sie einigermaßen stimmen, hatte Osorkon vielleicht eine eigene Goldquelle, möglicherweise wie Salomo im nahegelegenen Ofir. Zu viele Unwägbarkeiten spielen herein, als daß sich irgendeine Aussage der Bibel durch solche Überlegungen als sicher bestätigen ließe.

Dasselbe Problem taucht noch einmal in der zweiten Episode auf, die vom jüdischen Tempelbau erzählt. Mitte des 6. Jahrhunderts v. Chr. soll König Kyros ein Edikt zugunsten der Juden erlassen haben, das ihre Rückkehr nach Jerusalem ermöglichte und den Wiederaufbau des zerstörten Tempels begünstigte. Im Buch Esra ist in den Versen 3 ff. angeblich der Befehl des Königs im Wortlaut wiedergegeben, einschließlich der Maße und Materialien, die für den neuen Tempel bestimmt wurden: »Auf drei Lagen Quadersteinen soll eine Lage Holz kommen« (Esra 6,4).[19] Diese Passage fiel kürzlich einem Archäologen auf, der sich mit den alten persischen Palästen beschäftigt und dabei beobachtet hatte, daß Gebäude auf drei Lagen Stein für die persische Palastarchitektur zur Zeit des Kyros charakteristisch sind. Diese Bauweise ist bei den damals gebauten Palästen in Pasargadai im Herzen Persiens zu sehen, aber »nach der Regierungszeit des Kyros wurde im Iran die Verwendung solch teurer Steinsockel aus mehreren Lagen aufgegeben«. Ist damit bewiesen, daß das Edikt authentisch ist? Vielleicht ist der Text nur mit genauer Kenntnis solcher Dinge geschrieben worden. Eine andere Annahme liegt freilich noch näher: Auch der ursprüngliche Tempel Salomos stand »auf drei Lagen Quadern« (1 Kön 6,36) und entsprach genau den Maßen, die Kyros in seinem Befehl angegeben haben soll (1 Kön 6,2 und Esra 6,4). Entweder hatten die Juden in einer Petition Kyros um einen solchen Tempel gebeten, und seine Schreiber übernahmen, wie auch anderswo, den Wortlaut der Bitte in den Erlaß des Königs, oder die Einzelheiten sind eine literarische Reminiszenz an den alten Tempel, dessen Beschreibung der Verfasser kannte und in das Edikt des Kyros einbaute. Die Vorstellung, archäologische Funde in Persien könnten die Authentizität des Ediktes beweisen, ist zwar äußerst verlockend, aber trotz allem nicht überzeugend. Ein solcher Beweis läßt sich am besten durch einen Vergleich mit ähnlichen Texten führen.

»Salomo liebte viele ausländische Frauen ...« aus mindestens sechs verschiedenen Ländern. Später hieß es, der Herr habe diese Frauen den Israeliten verboten, doch Salomo hing »mit Liebe an ihnen«. Es ist vergnüglich, sich vorzustellen, wie sie über die Handelswege von Tarsus nach Somalia gesprochen haben mögen, über den Pferdehandel, über Wettips für Streitwagen, über den Affenfang oder über den Erwerb von Gold (1 Kön 10,14–22). Die Archäologie kann unserer Phantasie auf die Sprünge helfen, wenn sie keine negativen Beweise liefert und statt dessen einen gewissen Spielraum der Spekulation zuläßt. Im Fall Salomos hat das Fehlen materieller Beweise einen anderen Stellenwert als im Fall der Landnahme durch Josua. Der Handel mit Luxusgütern ist dadurch nicht widerlegt, denn im Gegensatz zu zerstörten Städten haben Gold und Silber die Tendenz, sich zu verflüchtigen. Das Schweigen, das Salomo umgibt, widerlegt den möglichen Glanz seines Zeitalters nicht, denn es erstreckt sich auch auf die meisten seiner Nachbarn im Nahen Osten des 10. Jahrhunderts, des »dunklen Zeitalters«. Die Zahlen sind zweifellos übertrieben, die Weisheitsgeschichten erfunden, aber hinter den Versen über Bauwerke, Handelswege und Gegenstände im Tempel könnte sehr wohl eine primäre Quelle vom Königshof stehen, die vielleicht in einem zweiten Buch überarbeitet und schließlich in dieser Form vom Deuteronomisten für die Zeit Salomos verwendet wurde.

Kann die Archäologie auch etwas über religiöse Überzeugungen und über die Riten sagen, die in den Gebäuden vollzogen wurden? Vorgeschichtler, die sich nicht auf Texte stützen können, sind sich der mit dieser Frage verbundenen Probleme sehr wohl bewußt: Wann ist ein Raum oder ein Gebäude ein Heiligtum und kein Vorratsraum oder Privathaus? Gefundene Statuen, kostbare Gegenstände, Tierknochen und anderes mögen eine religiöse Verwendung nahelegen, aber ein Beweis sind sie nicht. Es ist nicht leicht zu sehen, was die stummen Zeugen der Archäologie diesbezüglichen Texten der Bibel hinzufügen könnten.

Ein Versuch der Annäherung wurde mit Hilfe der Bildwelt der Gedichte, Sprichwörter und Psalmen des Alten Testaments unternommen. Diese Bildwelt läßt vermuten, daß die Darstellung Gottes und seiner Beziehung zum Menschen und zur Welt viel der Kunst und der bildlichen Darstellung verdankt. Da das alte Israel keine eigene Kunst hervorgebracht hat, suchte man die Anregungen für die Phantasie des Psalmisten in den Skulpturen und Bildern der Nachbarreligionen des Nahen Ostens. Wenn kanaanitische Texte vom Grabungsort Ras Schamra uns geholfen haben, ein Wort oder eine Wendung in den hebräischen Psalmen zu verstehen, könnte dann nicht auch die Kunst Mesopotamiens, Ägyptens oder Syriens Bilder erklären, die die biblischen Dichter im Sinn hatten?

Bei solchen Versuchen sind die Gefahren größer als der eventuelle Nutzen. Ohne Begleittext oder Inschrift können wir nie ganz sicher sein, was eine Reliefszene aus dem Nahen Osten darstellt. Sogar die Inschriften selbst können irreführend sein: In der Kunst des Nahen Ostens gibt es keine eindeutige Übereinstimmung zwischen dem Namen einer Gottheit in einer Inschrift und der Szene, zu der die Inschrift gehört. Der Name kann sich auf den einen Gott beziehen, während die Szene einen anderen darstellt, ein Problem, mit dem man bei der Untersuchung griechischer oder römischer Kunst selten konfrontiert wird. Es besteht auch das Risiko, daß eine vage Ähnlichkeit zwischen Text und Gegenstand überinterpretiert wird, etwa wenn jede Aussage über die Beziehung Gottes zu Bäumen oder Pflanzen im Buch der Psalmen aus einer gemeinsamen nahöstlichen Tradition der Fruchtbarkeitsgottheiten oder des Lebensbaums in der Kunst abgeleitet werden soll. Die hebräischen Psalmen stehen den Hymnen und der Bildwelt Ägyptens zu fern für solche Ableitungen, und Vergleiche konnten eine gegenseitige Einflußnahme der beiden Formen bisher nicht eindeutig belegen.[20]

Noch größere Probleme ergeben sich, wenn man einem Gegenstand eine bestimmte Funktion zweifelsfrei zuordnen will. Wenn wir in Israel Schweineknochen oder in Hazor das Skelett eines Schweins etwa aus dem Jahr 730 v. Chr. ausgraben oder wenn wir in Jerusalem in größeren Mengen Figurinen von nackten Frauen und von Stieren und Pferden finden, was sollen wir dann daraus schließen? Das Essen von Schweinefleisch ist nach den Ernährungsvorschriften des Buches Levitikus verboten, daher schloß der jüdische Archäologe, der Hazor ausgrub, von dem Schweineskelett auf eine assyrische Eroberung: Es war das Mahl eines Nichtjuden, »der seinen Triumph feierte«, denn es »konnte« nicht das Mahl eines Juden sein.[21] Die Ernährungsvorschriften wurden jedoch viel später niedergeschrieben, und wir können nicht davon ausgehen, daß sie im 8. Jahrhundert auch nur theoretisch für jedermann galten, von der Praxis ganz zu schweigen. Was die Figurinen betrifft: Handelt es sich um Statuetten von Göttinnen, von Sturm- oder Sonnengöttern? Wie können wir ohne Inschrift wissen, wozu sie den Menschen gedient haben?

Weiter südlich, in der Wüste Negev, haben vor einiger Zeit materielle und Textfunde unsere Vorstellung von dem, was in der Archäologie möglich ist, erweitert. In Kuntillet Adschrud haben Ausgrabungen ein rechteckiges Steingebäude mit Türmen an jeder Ecke und einem Hof in der Mitte freigelegt.[22] Das Gebäude sieht zunächst nicht wie ein Tempel oder eine Kultstätte aus, aber auf Fragmenten des Wandverputzes fanden sich Graffiti von Besuchern, die dort im 9. und 8. Jahrhundert v. Chr. ihre Götter anriefen. Einige der hebräischen Inschriften bitten um einen Segen Jahwes und seiner Aschera, des hölzernen Bildnisses einer Göttin, die Jahwe persönlich als Gefährtin beigegeben war. Auf den ersten Blick wirkte die Vorstellung, daß Jahwe von Hebräisch sprechenden Menschen zusammen mit einer Partnerin verehrt wurde, höchst befremdlich, aber Belege für eine ähnliche Form der Verehrung waren bereits von der Inschrift einer Säule aus dem späten 8. Jahrhundert bekannt, die in einer Höhle bei Lachisch gefunden wurde. In die gleiche Richtung wiesen auch Papyri, die eine jüdische Kolonie im 5. Jahrhundert v. Chr. in Elephantine in Ägypten zurückgelassen hatte. Schließlich enthält die Heilige Schrift eine lange Polemik des Deuteronomisten gegen die Verehrung hölzerner Ascherastatuen, die anscheinend schon in der Regierungszeit Ahabs üblich war. Daß Jahwe als einziger Gott zu verehren sei, war, wie bereits dargelegt, nur die Auffassung einer Minderheit in Israel. Wenn Salomo Hunderte von ausländischen Frauen haben durfte, warum sollte dann nicht Gott von Zeit zu Zeit eine Partnerin haben? An diesem abgelegenen Grabungsort bestätigte die Archäologie, daß auch Jahwe eine Geliebte hatte. Um das zu erkennen, war freilich ein schriftliches Zeugnis notwendig: Für sich allein wäre das Gebäude stumm geblieben.

II

Die Texte des Neuen Testaments erzählen uns von Menschen in einem historischen Rahmen, den wir auch unabhängig von der Bibel durch Primärquellen hinreichend gut kennen. Damit fallen viele Probleme, die wir mit Salomo oder Josua haben, weg; wir müssen uns nicht fragen, ob Jesus von Nazaret überhaupt gelebt hat und die Orte besucht haben kann, die die Evangelien nennen. Aber die Texte interpretieren das Geschehen aus dem Blickwinkel der bekannten Prophezeiungen des Alten Testaments, und die Theologie spielt in der Darstellung eine zentrale Rolle. Die Archäologie hat zur Wahrheit dieser Texte wenig zu sagen, sie kann höchstens bestätigen, daß kleinere Details der Schauplätze zumindest plausibel sind. Diese wurden allerdings meistens ohnehin niemals ernstlich angezweifelt.

Trotzdem werden weiterhin Palastmauern und Stadtpläne rekonstruiert und Münzen und Gräber gesammelt, um das Neue Testament zu veranschaulichen. Man geht davon aus, daß »aufregende neue Funde« nicht nur unser Wissen um die materielle Kultur dieser Zeit vertiefen können (was sie auch tatsächlich tun), sondern auch unser Wissen um Jesus, die Bedeutung der Evangelien und ihren Platz im Judentum. Ebenso wie babylonische oder kanaanitische Quellen das Alte Testament in einen textlichen Zusammenhang stellen, der im 19. Jahrhundert noch fehlte, hat man auch für das Neue Testament durch fortlaufend neue Entdeckungen zwar keine Beweismittel, aber Vergleichsmöglichkeiten und einen plausiblen Kontext gewonnen.

Viele Entdeckungen betreffen die umstrittene Rolle der griechischen Sprache und Kultur in Galiläa, Judäa und Jerusalem zwischen den Eroberungen Alexanders des Großen und dem Zeitalter Jesu. Hier können uns materielle Funde manchmal etwas über die kulturellen Vorlieben bestimmter Gruppen sagen. Am Hof von König Herodes war der griechische Stil vorherrschend, und die

Ausgrabung der wichtigsten Residenzen dieses Königs hat unser Verständnis erweitert: Es gab Rennbahnen und Theater, und im Winterpalast in Jericho blieben sogar die Blumentöpfe der Gärten des Herodes erhalten.[23] Sie kamen aus der Umgebung, ähnelten allerdings im Stil den Blumentöpfen in Pompeji und der griechischen Welt. Gegenstände können so auf gesellschaftliche Gepflogenheiten hinweisen. Das wichtigste Kennzeichen der Hellenisierung freilich ist und bleibt die Sprache. Die aufgefundenen Texte bringen hier keine Klarheit. Immer wieder werden griechische Inschriften auf steinernen Beinurnen oder Ossuarien gefunden,[24] in denen die Toten in Jerusalem und Umgebung beigesetzt wurden. Sie stammen aus der Zeit zwischen etwa 100 v. Chr. und 130 n. Chr. Im Jahr 1988 waren 228 solcher Inschriften bekannt, von denen 71 nur in Griechisch abgefaßt waren und weitere 16 in Griechisch und einer weiteren Sprache.

Sollen wir daher unsere Meinung revidieren, daß die griechische Sprache im Zeitalter Jesu unter in Judäa geborenen Juden wenig verbreitet war? Eine solche Revision wurde heftig diskutiert, aber die Belege für die Zeit vor 70 n. Chr. sind doch sehr spärlich. Sie finden sich nur für die höheren Gesellschaftsschichten in ausreichender Zahl. In Ossuarien mit griechischen Inschriften wurden auch Besucher, Pilger und Einwanderer beigesetzt, die aus uns bekannten griechischen Städten nach Jerusalem gekommen waren; daher beweisen die Inschriften nicht sehr viel. Der interessanteste Fund aus der Zeit vor 70 n. Chr. ist das Grab der Familie Goliat in Jericho.[25] Es liegt in der Nähe des Hippodroms und enthält zweiunddreißig Inschriften (siebzehn davon in Griechisch) und die Gebeine von achtundzwanzig Familienmitgliedern mit griechischen Namen. Aber der griechische Lebensstil einer so bedeutenden Familie, die auch mit der Priesterschaft in Jerusalem in Verbindung stand, sagt nichts über die sonstige Bedeutung des Griechischen in der Gesellschaft aus. Zwar gab es mit Sicherheit griechischsprachige Besucher Jerusalems, griechischsprachige Mitglieder der oberen Gesellschaftsschicht sowie Menschen, die ein paar Worte Griechisch konnten, genug, um sich notdürftig zu verständigen. Doch kein Fund macht es bisher wahrscheinlich, daß Jesus selbst oder viele Juden seiner heimatlichen Umgebung fließend griechisch sprachen.

Kehren wir zurück zu der mannigfaltigen Weise, in der das »fünfte Evangelium« seine Wirkung entfaltet. In Jerusalem hilft uns die Tatsache, daß die Burg Antonia nahe beim Tempel liegt, wenn wir uns die Gefangennahme des Paulus in der Apostelgeschichte vorstellen wollen. Es macht auch Spaß, ihm auf seinen Missionsreisen zu folgen, in den Ruinen von Philippi oder im Theater von Ephesus zu stehen (das allerdings seit dem Besuch des Paulus wieder aufgebaut wurde). Im Heiligen Land können wir sogar auf den Spuren von Johannes dem Täufer wandeln, der in der jüngst ausgegrabenen Festung Machärus gefangengehalten wurde, bis die Tochter der Herodias beim Festmahl seinen Kopf verlangte. In Markus 6,21–24 verläßt die Tochter die männlichen Gäste und sucht ihre Mutter; die Archäologen fanden zwei nebeneinander gelegene Räume und identifizierten sie aufgrund dieser Episode als Speisezimmer. Der Fund zeigte ihrer Meinung nach auch, daß die Gäste beim Geburtstagsessen tatsächlich nach Geschlechtern getrennt auf zwei verschiedene Räume verteilt waren.[26]

»Meister, sieh, was für Steine und was für Bauten!« sagen die Jünger in Markus 13,1 zu Jesus, als sie den neu erbauten Tempel im Jerusalem des Herodes sehen: Wir können ihre Bewunderung ein wenig nachvollziehen, wenn wir das Mauerwerk der herodischen Tempel-Plattform und vor allem den riesigen Stein betrachten, der sich in der westlichen Stützmauer befindet. Sein Gewicht wurde kürzlich auf 415 Tonnen geschätzt.[27] Viele in den Evangelien oft genannte Orte können wir jedoch nicht sicher lokalisieren. Trotz ortskundiger Führer und alter Überlieferungen wissen wir noch immer nicht genau, wo Emmaus oder Getsemani oder das Haus des Kajaphas, des Hohenpriesters von Jerusalem, liegen. Der Palast, in dem Pilatus Jesus verhörte, war fast sicher der frühere Palast des Herodes, den die römischen Statthalter übernommen hatten.[28] Wenn das stimmt, lag er westlich des Tempels, und daraus ergibt sich eine interessante Beobachtung: Wir kennen den Weg, den die Pilger seit dem Mittelalter genommen haben, wenn sie dem Kreuzweg mit seinen Stationen folgten; sie zogen genau in die entgegengesetzte Richtung des Weges, den Jesus wahrscheinlich genommen hat.

Das »fünfte Evangelium« veranschaulicht, wo es nicht in die

Irre führt; auch Gegenstände und Orte können unsere Auffassung vom Wesen der vier Evangelien beeinflussen. Sie können zwar nichts beweisen, aber unter Umständen widerlegen sie einige Einzelheiten und werfen damit Zweifel auf, ob die vier Evangelien auf unmittelbarem Erleben beruhen. Solche Details betreffen zwar nicht die Hauptelemente des christlichen Glaubens (die sowieso nichts mit Ausgrabungen zu tun haben), aber vielleicht den Ort oder den Rahmen einer Handlung. Dank der kürzlich erfolgten Rekonstruktion einer antiken Triere verstehen wir nun zumindest, was der Verfasser der Apostelgeschichte meint, wenn die Matrosen im Sturm vor Kreta »Taue um das Schiff herumspannen« (Apg 27,17). Offensichtlich spannte man innen im Schiffsrumpf eine doppelte Länge Tau vom Bug zum Heck und zog sie straff, um zu verhindern, daß sich das Schiff unter der Wucht der Wellen verbog. Die Maßnahme war der Situation angemessen, was dafür spricht, daß der Verfasser selbst an Bord und Augenzeuge war.[29]

Das Johannesevangelium enthält am meisten solcher Details und hat somit bei einer entsprechenden Überprüfung am meisten zu verlieren, aber seine Einzelheiten erweisen sich immer wieder als plausibel. In Johannes 5,2–9 lesen wir von einem Teich in Jerusalem beim Schaftor, zu dem fünf Säulenhallen gehören und der wahrscheinlich Betesda hieß. Archäologen fanden in den fünfziger Jahren an der entsprechenden Stelle einen Teich mit zwei Becken und konnten erklären, wie es sich mit den merkwürdigen fünf Säulenhallen verhielt; es gab zwei Becken mit zwei Säulenhallen auf jeder Seite und eine Säulenhalle zwischen den beiden Becken.[30] In Johannes 19,13 sitzt Pilatus auf seinem Richterstuhl auf einem Platz, der auf griechisch »das Pflaster« hieß, auf aramäisch jedoch *Gabbata*, »Höhe«: Wenn sein »Prätorium« mit dem weiter westlich gelegenen Palast des Herodes identisch ist, paßt dieses Detail gut. *Gabbata* bezieht sich dann auf die Höhe des eindrucksvollen Ortes »dort oben« im Westen, und »das Pflaster« ist der gepflasterte Platz vor dem Palast. Tausende von Touristen suchen ihn an der falschen Stelle, am *Lithostrotos*, der die Markierungen eines Spiels aufweist, das traditionell den römischen Soldaten zugeschrieben wird. Diese Pflasterung ist mit Sicherheit nach der Zeit Jesu entstanden; sie geht wie der sogenannte Ecce-Homo-Bogen wahrscheinlich auf die Regierungszeit Kaiser Hadrians um 130 zurück. Die Soldaten haben mit Sicherheit nicht auf diesem Pflaster um die Kleider Jesu gewürfelt.

Das Johannesevangelium verrät eine Ortskenntnis, die auf eine Quelle vor der Zerstörung des Tempels im Jahr 70 zurückgeht. Damit ist zwar nicht bewiesen, daß der Verfasser selbst diese Quelle war, aber seine Darstellung ist auch nicht widerlegt. Positiver ausgedrückt: Die Archäologie kann einzelne Details illustrieren, aber nicht eine Geschichte bestätigen. Wie steht es also um die zentrale Geschichte des Neuen Testaments vom Tod Jesu?

Gräber, Gebeine und Grabbeigaben bilden die Masse der archäologischen Zeugnisse. In Judäa können wir zwischen der Mitte des 1. Jahrhunderts v. Chr. und dem Jahr 70 n. Chr. anhand dieser Funde einen interessanten Wandel des Begräbnisrituals beobachten. Die Gebeine der Menschen wurden jetzt in festen Steinbehältern bestattet, sogenannten Ossuarien.[31] Dafür wurde entweder das Fleisch von den Knochen gelöst, oder die Gebeine wurden aus einem vorläufigen Grab herausgenommen, sobald das Fleisch auf natürlichem Wege verwest war. (In trockenen Klimazonen mußte man das Fleisch sicher manchmal ablösen.) Wahrscheinlich verfolgte man mit dieser Art der Bestattung das Ziel, die Erinnerung an die Toten dauerhafter zu machen: Die Ossuarien trugen auf der Innenseite den Namen der Verstorbenen. Vielleicht war der Grund auch ein neues Streben nach Reinheit; der Glaube an eine persönliche Auferstehung ist allerdings ein eher umstrittenes Motiv, denn warum sollte man deswegen die Grabruhe stören und die Gebeine aus ihrem ersten Grab in einen steinernen Behälter umbetten? Zur Zeit Jesu waren Ossuarien mit Sicherheit eine übliche, wenn auch keine ganz billige Art der Beisetzung, und möglicherweise ist diese Sitte älter, als die erhaltenen Steingefäße annehmen lassen. In Nachal David in der Wüste von Judäa wurde ein hölzernes Ossuar gefunden. Vielleicht wurde Holz schon früher als Stein, also vor 100 v. Chr., für Ossuarien verwendet, ist aber in den meisten Fällen vermodert, so daß wir keine Spuren mehr davon finden.

Die ersten Christen werden diese Form der Bestattung gekannt haben, aber sie bestatteten ihren Herrn nicht nach dieser Tradition. Vielmehr ist im Neuen Testament von einer Grablegung und einem konventionellen Felsengrab die Rede, und es ist nicht bekannt, daß man vorgehabt hätte, die Gebeine Jesu später umzubetten. Stimmt die Archäologie mit den biblischen Details überein? Das moderne Jerusalem bietet Besuchern zwei mögliche Stellen für das Grab Jesu an. Das Heilige Grab in der heutigen Grabeskirche wurde im Jahr 326 bei Ausgrabungen im Auftrag Kaiser Konstantins und seiner Ratgeber freigelegt;[32] sie ließen sich von einer Überlieferung leiten, nach der das Grab Jesu unter einem späteren Venustempel lag. Dieser Tempel war in der Regierungszeit Hadrians errichtet worden, als man der Stadt nach dem letzten jüdischen Aufstand 135 eine neue heidnische Identität geben wollte. Die Plazierung des heidnischen Tempels muß kein gezielter Schlag gegen das Christentum gewesen sein, aber die spätere christliche Überlieferung kann dennoch stimmen; ohne sie wäre nur schwer zu erklären, warum Jesu Grab ausgerechnet unter einem heidnischen Tempel vermutet wurde. Die Ausgräber Konstantins fanden bei ihrer Arbeit alte Gräber und in der Nähe des vermuteten Grabes Christi einen großen Felsen, der hoch über die ihn umgebenden Schichten hinausragte. Dieser Felsen wurde nun kürzlich von Archäologen wiedergefunden; das Gebiet war offensichtlich für den Abbau eines weißen Steines genutzt worden. Einige moderne Archäologen identifizierten den Felsen wie die Ausgräber im 4. Jahrhundert mit Golgota. Die antiken Ausgräber hatten sogar geglaubt, den Stein, der bei der Auferstehung weggerollt wurde, im ausgegrabenen Schutt gefunden zu haben. Dabei ist keineswegs sicher, ob die Ausgräber überhaupt das richtige Grab gefunden haben. Man irrte sich auch schon früh in bezug auf Betlehem. Damit aber kann man Golgota nicht überzeugend lokalisieren. Die Grabeskirche geht auf eine christliche Überlieferung, aber nicht unbedingt auf die historische Wahrheit zurück.

Sicher wissen wir jedoch, daß das zweite für Jesus in Anspruch genommene Grab, das Gartengrab,[33] trotz des Friedens, den die Stätte in ihrem heutigen Zustand ausstrahlt, keinerlei historisches Beweismaterial für sich in Anspruch nehmen kann. Die Stelle wurde von Claude Conder ausgewählt, einem der ersten Archäologen, die für den *Palestine Exploration Fund* arbeiteten; als General Gordon 1885 Jerusalem besuchte, unterstützte er den Anspruch auf Echtheit. Gordon gelangte durch eine Reihe von gewundenen biblischen Argumenten zu der Überzeugung, daß Golgota (»Schädelstätte«) auf einem nahegelegenen Felsen außerhalb der Stadtmauer Jerusalems gelegen haben müsse. In jüngerer Zeit haben Fremdenführer begonnen, Besucher auf die schädelartige Form dieses Felsens hinzuweisen. Aber selbst seit 1885 hat seine Oberfläche die Form verändert: Das schädelartige Aussehen verdankt sich modernen Steinbrucharbeiten, zu Gordons Zeit sah der Felsen anders aus. Das Gartengrab liegt nicht in der Nähe des sicher lokalisierten Kalvarienberges, die Stätte ist nicht mit frühchristlichen Riten verbunden, und die Assoziation mit Jesus ist eine reizvolle Erfindung des letzten Jahrhunderts.

Wir wissen also immer noch nicht, wo Jesus starb, aber wissen wir mehr darüber, *wie* er starb? Eine entsprechende Diskussion in der Archäologie begann 1968, als man in Giveat ha-Mivtar im nordöstlichen Teil Jerusalems einen bemerkenswerten Fund machte. Man legte in einem Grab, das auf die Zeit vor dem Jahr 70 zurückgeht, ein Ossuar frei, in dem sich die Gebeine eines kleinen Kindes und die Knochen eines Mannes befanden, dessen Füße noch immer von einem riesigen Nagel und einem Stück Holz gehalten wurden: Er war gekreuzigt worden.[34]

Mit großer Hast wurden die Knochen einer medizinischen Untersuchung unterzogen. Eine Inschrift auf dem Ossuar gab den Namen des Mannes mit Jehohanon an, und Ärzte kamen zu dem Schluß, er sei zwischen vierundzwanzig und achtundzwanzig Jahre alt und ungefähr einen Meter siebzig groß gewesen. Die Form seiner Knochen ließ, wie man in der Aufregung des ersten Augenblicks feststellte, auf ein schönes Gesicht und einen »grazilen, beinahe weiblichen« Körper schließen. Die Schienbeine waren, so nahm man an, durch einen harten Schlag, vielleicht mit einem Hammer, zertrümmert worden (in Johannes 19,31 schlagen die Juden Pilatus dasselbe vor); auf den Unterarmknochen waren Kratzspuren zu sehen, was auf einen Nagel an dieser Stelle hinzudeuten schien (im Johannesevangelium erkennen die Jünger und der ungläubige Thomas Jesus allerdings an den durchbohrten Händen, nicht an den Unterarmen). Man ging davon aus, daß beide Füße vom selben Nagel durchbohrt worden waren. Skizzen von Jehohanon am Kreuz zeigten ihn daher mit gebeugten Beinen, festgenagelten Armen und Füßen und einem kleinen Sitz unter dem Gesäß. Ein solcher Sitz, *sedile* genannt, ist in mehreren römischen Schilderungen von Kreuzigungen bezeugt.

Die Analyse von Knochenfunden ist eine wichtige Hilfswissenschaft der Archäologie. Allerdings wurde die hier vorgenommene erste Untersuchung inzwischen durch eine zweite in allen wichtigen Punkten widerlegt. Die Schienbeine wurden nicht zerschlagen, die Armknochen nicht durchbohrt, die Füße nicht mit einem einzigen langen Nagel fixiert; Jehohanon wurde wahrscheinlich ohne einen Sitz und mit den Füßen auf den beiden Seiten des Längsbalkens gekreuzigt (die rätselhafte Inschrift auf seinem Ossuar wurde übersetzt mit »der Mann, der mit den Knien auseinander starb«). Er wurde ganz anders ans Kreuz gehängt, als die Evangelien es beschreiben; seine Arme wurden wahrscheinlich am Kreuz festgebunden. Die Entdeckung der Gebeine führte jedoch dazu, daß die Frage, welche Rolle das Ersticken beim Tod durch Kreuzigung spielt, wieder aufgegriffen wurde. Man weiß davon aus Lagern der Nazis und der Japaner, in denen im Krieg Menschen gekreuzigt wurden. Das Gewicht des Körpers zieht die Arme nach unten, während die Fixierung der Füße das Opfer daran hindert, sich zu bewegen; wenn die Beine nachgeben, gerät der Rumpf unter eine solche Spannung, daß die Lungen nicht mehr genug Luft bekommen. Im Johannesevangelium heißt es, Jesus sei früher gestorben als die beiden Räuber neben ihm: Wahrscheinlich erstickte er. Um die Hinrichtung wegen des bevorstehenden Passahfestes zu beschleunigen, wurden den Räubern dann die Beine zerschlagen. Dadurch verloren sie den Halt und bekamen ebenfalls keine Luft mehr.

Anstatt die Bibel zu veranschaulichen, hat dieser Knochenfund uns lediglich gezeigt, daß es unterschiedliche Techniken der Kreuzigung gab. Es ist für die Erzählungen der Bibel zentral, daß die Hände Jesu mit Nägeln am Kreuz befestigt waren, während die Hände Jehohanons wahrscheinlich nicht durchbohrt wurden. Nach der Darstellung im Johannesevangelium wurde der Leichnam Jesu von Josef von Arimathäa vom Kreuz abgenommen, und Nikodemus brachte eine gewaltige Menge Myrrhe und Aloe. (Die Aloe wurde inzwischen als Aloe Vera identifiziert, die aus dem Jemen stammt und bis in weite Fernen gehandelt oder auch gezüchtet wurde; die in Psalm 45,9 erwähnte Aloe war dagegen

Adlerholz.[35]) Der Leichnam Jesu wurde mit Leinenbinden umwik-
kelt, und ein weiteres Tuch, ein Schweißtuch (Joh 20,7), wurde
auf den Kopf gelegt. Man verwendete auch wohlriechende Salben,
was ebenso wie das Einwickeln in Leinenbinden den Begräbnis-
sitten der Juden entsprach. Obwohl es nicht eigens erwähnt wird,
muß zu diesen Vorbereitungen auch die übliche Waschung gehört
haben.

Hier berühren sich die Texte über den Tod Jesu mit der berühmtesten Reliquie, die von ihm zeugt. Seit 1350 wird behauptet,
daß ein über vier Meter langes Stück gewebtes Tuch, das sogenannte »Turiner Grabtuch«, ein Grabtuch aus der Zeit Jesu sei,
vielleicht sogar das Grabtuch Jesu selbst.[36] Die These hat auch
heute noch viele eifrige Anhänger.

Im Jahr 1988 wurden Fragmente des Tuches einer Radiokar-
bon-Untersuchung unterzogen und dem 14. Jahrhundert zugeordnet. Die C 14-Datierung kann um hundert Jahre danebenliegen,
nicht aber um tausendfünfhundert: Die Echtheit des Turiner
Grabtuches ist deshalb für die meisten durch die Wissenschaft
endgültig widerlegt worden. Bemerkenswert daran ist, daß der
technische Aufwand rational betrachtet gar nicht notwendig gewesen wäre. Es gab bereits überwältigende historische Beweise
dafür, daß das Tuch eine späte Fälschung ist. Als es in Lirey bei
Troyes zum ersten Mal auftauchte, forschte der Bischof von
Troyes sorgfältig nach seiner Herkunft und berichtete, er könne
keinen Nachweis dafür finden, daß es alt sei. Der Bischof behauptete sogar, die Person gefunden zu haben, die es gefälscht
hatte. Zwei weitere Untersuchungen durch kirchliche Behörden
bestätigten dieses Ergebnis in den ersten dreißig Jahren nach Be-
kanntwerden der Geschichte. Das »Grabtuch« war eine mittel-
alterliche Fälschung, und das Bild auf dem Gewebe, das mit der
Zeit verblaßt ist, wurde kunstvoll von einem Handwerker mittels
verschiedener chemischer Substanzen aufgedruckt. Seine Technik
wurde inzwischen rekonstruiert, und Spuren der von ihm verwendeten Pigmente wurden auf den Fäden des Tuches gefunden.
Es gibt keine alten Blutflecken, keine »versengten« Stellen, keinen
mysteriösen »Negativ-Abdruck«. Das Grabtuch zeigt das Bild
eines nackten Körpers, der möglicherweise mit Dornen gekrönt
war: Die Hände sind über den Geschlechtsteilen gefaltet, eine

Stellung, die aus der Antike nicht bekannt ist, die aber mit Bildern des vom Kreuz abgenommenen Jesus übereinstimmt, wie sie bei den Malern des 14. Jahrhunderts beliebt waren. Das Tuch tauchte zuerst in der Kirche auf, die von der Familie de Charny in Lirey erbaut und 1356 geweiht worden war. Damals gab es eine lebhafte Nachfrage nach Grabtüchern und sogenannten Schweißtüchern der Veronika (»echten Bildnissen«), die mit Jesus Christus in Verbindung gebracht werden konnten. Ein unbekannter Fälscher produzierte also in Zentralfrankreich sein dreistestes Werk.

Statt die Schilderung der Evangelien zu bestätigen, widersprach ihnen das Grabtuch sogar. Wer für seine Echtheit eintrat und behauptete, es sei ein Nachweis für den Tod Jesu, wußte oft gar nicht, was er damit sagte. Denn er widersprach damit dem einzigen Zeugnis für dieses Geschehen, den Evangelien, und zwar vor allem dem Johannesevangelium, das sich in Johannes 19,35 deutlich auf einen Augenzeugen unter dem Kreuz, den Jünger Johannes, beruft. Der »Jünger, den Jesus liebte« und der möglicherweise der Verfasser dieses Evangeliums ist, war in das Grab hineingegangen und hatte Leinenbinden und das Schweißtuch gesehen, das auf dem Kopf Jesu gelegen hatte. Er hatte nicht ein großes Leichentuch mit einem eingewebten Fischgrätmuster von etwa 1350 gesehen. Ferner berichtet er, der Leichnam Jesu sei mit den Geschenken des Nikodemus gesalbt worden. Wer behauptet, das Abbild eines blutbefleckten, also nicht gereinigten Gesichtes auf dem Grabtuch sei echt, behauptet damit zugleich, daß Johannes nicht weiß, wovon er redet.

Auch Versuche, das Tuch mit einem früheren Grab- oder Schweißtuch in Verbindung zu bringen, das in der syrisch-christlichen Stadt Edessa berühmt geworden war, schlugen fehl. Auch auf dem Tuch von Edessa soll das Gesicht Jesu zu sehen gewesen sein, aber nach den vorhandenen historischen Belegen kann es nicht weiter als bis etwa auf das Jahr 560 zurückgehen. Es war ein Gesichtstuch, kein ganzes Leichentuch, und seine Entdeckung in Edessa wurde mit einem internen Streit zwischen den christlichen Splittergruppen in der Mitte des 6. Jahrhunderts n. Chr. in Verbindung gebracht, was auch plausibel ist. Berichte, nach denen Pollenkörner im Gewebe des Turiner Grabtuches zu Pflanzen gehören, die für die Gebiete um Jerusalem und Edessa charakteristisch sind, sind ebenfalls unzutreffend.

Das Grabtuch selbst ist nur eine faszinierende Reliquie aus dem Hochmittelalter, aber es ist für meine Argumentation nicht unwichtig. Mit historisch-kritischen Mitteln konnten die Behauptungen, die in bezug auf das Grabtuch erhoben wurden, schon immer widerlegt werden, aber die Verfechter der Echtheit des Grabtuches versuchten zuerst, das mit Hilfe der Wissenschaft zu vertuschen (mit dem Negativ-Abdruck, den angeblichen Pollen usw.) und wurden dann schließlich doch von der Wissenschaft durch die Radiokarbon-Datierung widerlegt. Die Naturwissenschaften, nicht die historische Forschung, spielten die entscheidende Rolle bei der Frage nach der Echtheit. »Was fordert diese Generation ein Zeichen?« (Mk 8,12). Sie hatte bereits ein Zeichen, nicht in Gestalt eines gefälschten Stückes Tuch, sondern im Text des Evangeliums, dessen Verfasser sich als einziger auf einen Zeugen beruft und damit meiner Ansicht nach zu verstehen gibt, daß er selbst die Primärquelle ist. Hier schließt sich der Kreis, das »fünfte Evangelium« der heiligen Stätten und der stummen Gegenstände kommt wieder mit dem Johannesevangelium und seinem schriftlichen Zeugnis zusammen, und auch wir kehren nun wieder zum Text zurück.

16
Heidnische Texte, biblische Wahrheiten

I

Die Zeugnisse der materiellen Kultur, die bei Ausgrabungen und auf Reisen entdeckt wurden, liefern bestenfalls indirekte Hinweise auf den Wahrheitsgehalt der biblischen Erzählungen. Schriftliche Zeugnisse dagegen ermöglichen uns, Daten und Ereignisse zu vergleichen und Geschichten gegenüberzustellen. Der Vergleichstext kann eine Erzählung sein oder ein Teil eines historiographischen Werkes, das uns nach jahrhundertelanger Überlieferung als mittelalterliches Manuskript eines griechischen oder lateinischen Autors vorliegt. Er kann ein orientalischer Text sein, der in seiner ursprünglichen Form auf Papyrus oder einem Rollsiegel aus Ton erhalten blieb. Oder er ist eine datierbare Inschrift, die auf einem Stein, einer Münze oder einem Siegelzylinder erhalten blieb, ein zeitgenössischer Brief auf Papyrus oder ein Vertrag auf einer Tontafel, vielleicht mit Angabe des Datums und Namen von Zeugen. Rein zufällig bezieht sich der Inhalt vielleicht auf eine bestimmte Angabe in einem biblischen Text, auf ein Datum beispielsweise oder den Aufenthaltsort einer Person. Wenn solche zufällig erhaltenen Texte mit einer biblischen Geschichte übereinstimmen, die uns, nicht aber den Verfassern dieser Texte bekannt ist, wird es ungeheuer spannend.

An heidnische Texte müssen die gleichen Maßstäbe angelegt werden wie an biblische. Beruhen sie auf Primärquellen? Sind sie vielleicht voreingenommen, mißverständlich oder schlichtweg falsch? Für die Bibel relevante Stellen finden sich freilich äußerst selten; ist dieses Schweigen auch bedeutsam? Die Personen, die in den historisch frühen Teilen der Bibel genannt werden, sind größtenteils noch nicht in außerbiblischen Quellen identifiziert worden. Es wurden zwar viele Versuche unternommen und einige gewagte Behauptungen aufgestellt, bisher gibt es jedoch noch keine guten Gründe, Mose oder Josef mit einer bestimmten Person oder Zeitspanne in alten ägyptischen Aufzeichnungen in Zusammenhang zu bringen.[1] Abrahams Taten werden auch durch die Tontafeln des alten Königsitzes Mari nicht erhellt; und sogar von der seltsamen Liste kriegführender Könige in Genesis 14 nimmt man heute nicht mehr an, daß sie historische Regenten nennt.[2] Amrafel ist nicht König Hammurapi von Babylon; Tidal keiner der Tudhelija genannten hetitischen Könige. Alle diese Identifikationen sind linguistisch nicht bewiesen und chronologisch inkonsistent. Auch die Tafeln von Ebla konnten die Beweislage nicht verbessern.

Ortsnamen sind besser belegt, doch wissen wir noch immer nicht, ob sich die biblischen Geschichten wirklich an den jeweiligen Orten abspielten. Es heißt, die Israeliten hätten in Ägypten zwei Städte des Pharaos, Pitom und Ramses, im Frondienst gebaut (Ex 1,11). Die Orte sind in ägyptischen Zeugnissen belegt, und wir wissen, daß einer der Pharaonen, die dort bauten, Ramses II. war (er baute dort zu Anfang seiner Regierung, ca. 1300–1280 v. Chr.). Wir wissen nicht, ob die biblische Geschichte in diesem Zeitraum anzusiedeln ist und ob die Erwähnung der Städte überhaupt historisch fundiert ist; auch wer einen historischen Roman schreibt, könnte solche Städtenamen verwenden.

Nicht nur für Mose, Josua oder die Richter fehlen die außerbiblischen Belege, sondern auch für David und Salomo. Die erste Übereinstimmung mit schriftlichen Quellen außerhalb der Bibel fällt ins späte 10. Jahrhundert v. Chr. In 1 Könige 11,40 flieht unter der Herrschaft Salomos Jerobeam, der zukünftige König von Israel, »nach Ägypten zu Schischak, dem König von Ägypten«. In 1 Könige 14,25–26 fällt Pharao Schischak »im fünften Jahr des Königs Rehabeam«, eines Sohnes des Königs Salomo, in Juda ein. Man nimmt an, daß Schischak gleichzusetzen ist mit dem Pharao Scheschonk I., der von ägyptischen Inschriften her bekannt ist. Wir haben ein Stück eines großen, mit Inschriften versehenen Steines, der aufgestellt wurde, um an die Eroberungen des Pharaos in Megiddo weit nordwestlich von Jerusalem zu erinnern. In Ägypten gibt es noch einen Text über den Feldzug, der im einundzwanzigsten Regierungsjahr des Pharaos für ein königliches

Monument in Karnak verfaßt wurde. Der Text ist nicht mehr vollständig, beweist jedoch, daß Scheschonk in Palästina einfiel und angeblich über hundertfünfzig Orte eroberte. Doch es ergeben sich auch Probleme. So wird Jerusalem nicht erwähnt, und viele der hundertfünfzig Orte liegen im Norden, in den Gebieten Jerobeams, der sich einst zu Schischak geflüchtet hatte. Auch Pharaonen sind wankelmütig – vielleicht müssen wir annehmen, daß Schischak aufbrach, um gegen Jerobeams Feinde in Juda zu kämpfen, mit Gold aus den Tempelschätzen bestochen wurde, seine Pläne änderte und nach Norden gegen Jerobeam zog.

Schischaks Taten sind für die religiöse Aussage der Bibel nicht gerade bedeutsam. Die inschriftliche Überlieferung ermöglicht es jedoch, biblische und heidnische Zeugnisse in Zusammenhang zu bringen, und es deuten sich Übereinstimmungen an. Zudem sind die Vorgänge für die Datierung biblischer Ereignisse von großer Wichtigkeit: Scheschonks Feldzug verknüpft die biblische Geschichte mit der ägyptischen Geschichtsschreibung, auf die sich die moderne Datierung der Bücher der Könige stützt.[3] Doch auch die ägyptische Historiographie hat Lücken. Wir wissen nicht, wann Scheschonks Regierungszeit begann; die Vermutungen liegen mehr als zwanzig Jahre auseinander. Über den Zeitpunkt der militärischen Expedition nach Palästina weiß man nur, daß er vor dem einundzwanzigsten Regierungsjahr Scheschonks liegen muß. Die biblische Aussage, daß sie genau mit dem »fünften Jahr des Königs Rehabeam« zusammenfiel (1 Kön 14,25), kann ein Irrtum sein. Die Fakten scheinen zum Greifen nahe, lassen sich aber nicht endgültig festmachen.

Im Jahr 1967 wurde ein außerordentlicher Fund gemacht, der auf den ersten Blick die Existenz einer wesentlich älteren biblischen Gestalt zu bestätigen schien. Bei der Freilegung eines Gebäudes in Deir Alla im Jordantal entdeckte man Inschriften auf Bruchstücken weißen Wandverputzes. Sie sind zwar unvollständig, und die genaue Klassifizierung der Sprache ist noch umstritten, aber die Texte sind weitgehend verständlich. Wahrscheinlich handelt es sich um einen ammonitischen Dialekt. Sachkundige Restaurierung brachte die Namen »Bileam« und »Bileam, Sohn Beors« zutage. Bileam, der Sohn Beors, ist uns aus dem Buch Numeri 22–24 wohlbekannt. Er wird vom moabitischen König

Balak aufgefordert, die einfallenden Israeliten zu verfluchen. Gott warnt ihn davor, da das Volk Israel gesegnet sei. Bileam macht sich dennoch auf den Weg zu Balak, doch ein Engel erschreckt Bileams Esel und versperrt ihm den Weg. Schließlich segnet Bileam die Israeliten, statt sie zu verfluchen. Er ist ein Seher, ein Heide, der dennoch mit Gott in Verbindung steht. In den neuen Inschriften von Deir Alla spielt er eine ähnliche Rolle. Er verkündet die Vision eines Rates heidnischer Götter.[4]

Der bemerkenswerte Fund schien die Historizität der Bibel auch für das 13. Jahrhundert v. Chr., die Zeit Bileams, zu belegen. Doch ganz so einfach ist es doch wieder nicht. Die Inschrift entstand frühestens kurz vor der Mitte des 8. Jahrhunderts v. Chr., wahrscheinlich sogar erst um 600 v. Chr. Das Buch Numeri übernimmt die Geschichte von Bileam aus der Schrift des Elohisten, die vermutlich im 9./8. Jahrhundert v. Chr. verfaßt wurde. Die Inschrift beweist nur, daß Bileams Ruhm im alten Gebiet der Ammoniter lange Bestand hatte. Vielleicht lebte der biblische Bileam in Ammon; der griechische Text des Buches Numeri legt dies nahe. Es mag sich um denselben Bileam handeln, von dem später in Josua 13,22 gesagt wird, er sei von den Israeliten erschlagen worden. Die Inschrift ist viel zu spät entstanden, um zu beweisen, daß es Bileam wirklich gab. Wie der griechische Orpheus kann auch Bileam ein mythischer Seher gewesen sein. Die Inschrift beweist nur, daß der Name fünfhundert Jahre oder mehr nach dem in der Bibel genannten Zeitpunkt außerhalb Israels noch berühmt war. Vielleicht ist dieser Ruhm der Grund dafür, daß in der Schrift des Elohisten eine Geschichte über ihn erzählt wird: Der alte Bileam war eine hochgeschätzte Autorität, und ein Lob Israels aus dem Mund des Propheten, den die Feinde bewunderten, war der beste Weg, Israel zu verherrlichen.

So bleibt Schischaks Angriff das erste biblische Ereignis, das in außerbiblischen Quellen belegt ist. Doch es ist nicht das letzte. Ich werde für die folgenden neun Jahrhunderte, angefangen bei Ahab im 1. Buch der Könige bis zu Ereignissen in der Apostelgeschichte, Belege aus fünf des Lesens und Schreibens kundigen Kulturvölkern aus der Umgebung des biblischen Volkes heranziehen: Zeugnisse der Assyrer, Babylonier, Perser, Römer und Griechen. Die Beispiele ließen sich beliebig erweitern, sind jedoch so ausgewählt, daß sie sich auf die historisch überzeugendsten Stellen der biblischen Erzählung beziehen, auf Stellen, die meiner Meinung nach auf Primärquellen beruhen. Mit ihrer Hilfe können wir dem Deuteronomisten und seiner Verwendung der »Chroniken der Könige von Israel und von Juda« auf die Spur kommen. Wir können versuchen, Esra und Nehemia zeitlich einzuordnen, und wir können die Geschichte der Evangelien und die Darstellung zweier besonders interessanter christlicher Quellen überprüfen, den Text des Jüngers, den Jesus liebte, und den eines Begleiters des Paulus. Die Beziehungen zwischen Bibel und historischer Wahrheit sind sehr vielfältig.

II

Die assyrischen Könige beherrschten vom 9. bis zum 7. Jahrhundert v. Chr. von Mesopotamien aus große Teile des Nahen Ostens. Um 722 v. Chr. zerstörten sie das Nordreich Israels. Im Jahre 701 wäre es ihnen beinahe gelungen, Jerusalem zu erobern. Sie sind an vielen wichtigen Ereignissen im 2. Buch der Könige und in den Büchern der Propheten beteiligt. Schließlich wurde 612 v. Chr. ihre Hauptstadt Ninive geplündert. Das Geschehen wird in dem kurzen biblischen Buch Nahum mit grausamen Worten vorausgesagt. Der Verfasser der Bücher der Könige erwähnt es nicht, da es den Rahmen seiner Geschichte gesprengt hätte.

Auf Monumenten eines assyrischen Königs finden sich Inschriften, die eine erste sichere Datierung ermöglichen und zum ersten Mal einen israelitischen Protagonisten der Bibel erwähnen: Es geht um das Jahr 853 v. Chr., lange nach der Ära des König David, ganz zu schweigen von Mose, Josua und Gideon. Damals (vermutlich im Sommer 853) kämpfte der Assyrerkönig Salmanassar III. gegen eine Allianz von zwölf Königen aus dem Nahen Osten, deren Armeen in seinen königlichen Aufzeichnungen detailliert beschrieben sind.[5] Unter ihnen war auch König Ahab von Israel, der zehntausend Fußsoldaten und zweitausend Streitwagen stellte. Bezeichnenderweise ist in den assyrischen Inschriften von einem Sieg die Rede, doch Salmanassar hatte gegen vergleichbare alliierte Heere auch noch in den Jahren 849, 848 und 845 zu

333

kämpfen, bis er schließlich im Jahr 842/841 nach Damaskus vordrang. Die große Schlacht, an der Ahab beteiligt war, hielt die assyrischen Truppen zwölf Jahre lang vom Nahen Osten fern. Es ist wahrscheinlich, daß er und seine Nachfolger in Israel auch an den folgenden drei Auseinandersetzungen beteiligt waren.[6]

Ahab ist uns durch die Arbeit des Deuteronomisten bekannt, der etwa 550–540 v. Chr. die Bücher der Könige verfaßte. Er schöpfte aus mehreren Quellen, aus Prophetengeschichten insbesondere von Elija und Elischa sowie aus einer »Chronik der Könige von Juda« und einer »Chronik der Könige von Israel«. Bei diesen Chroniken handelte es sich vermutlich um Primärquellen. Sie beschrieben »das Elfenbeinhaus, das er gebaut, und die Städte, die er ausgebaut hat« und verzeichneten »alle seine Taten«. Es muß in ihnen auch von Ahabs ruhmreicher Rolle bei der großen Schlacht von Qarqar die Rede gewesen sein; der Deuteronomist erwähnt die Heldentat jedoch mit keinem Wort.

Er unterschlug sie, weil sie nicht in seine Darstellung paßte. Seiner Meinung nach war Ahab gottlos. Ahab nahm Isebel, die Tochter des Königs der Sidonier, zur Frau, betete Baal an, stellte einen Kultpfahl auf und kümmerte sich nicht um Jahwe, und er »tat noch vieles andere, womit er den Herrn, den Gott Israels, mehr erzürnte als alle Könige Israels vor ihm«. In den Primärquellen, den Chroniken, stand nichts Negatives über Ahab als Götzendiener und Ehebrecher. Er hatte prächtige Städte und Paläste errichten lassen, einen spektakulären Sieg über die Assyrer errungen und vielleicht in den folgenden acht Jahren weitere erfolgreiche Schlachten geschlagen. Wenn die Assyrer gewonnen hätten, wäre das sehr viel schlechter für Jahwe gewesen. Doch der Deuteronomist verschwieg die Triumphe und zeichnete mit Hilfe anderer Zeugnisse einen anderen Ahab.

Hierfür boten sich die Prophetengeschichten an. Im Kontrast zu Elijas extremer Glaubenshaltung wird die Gottlosigkeit Ahabs und seines Hofes besonders deutlich. Doch taucht hier ein neues Problem auf. In den Geschichten wird erzählt, Elija habe Ahab prophezeit, Hunde würden sein Blut lecken, da er sich an Nabots Weinberg vergriffen habe; Ahab hatte zugelassen, daß der arme Besitzer des Weinberges gesteinigt wurde, und sich dabei beinahe ebenso brutal gezeigt wie der ruhmreiche David. Wie konnte man aber die Geschichte von den blutleckenden Hunden einbauen? Nach dem Buch der Chronik starb Ahab und ruhte »bei seinen Vätern«, eine Formulierung, die gewöhnlich auf ein friedliches Ende hindeutet.[7]

Der Deuteronomist löste das Problem geschickt mit Hilfe anderer Prophetengeschichten, in denen verschiedene Kriege mit Syrien vorkamen. In der griechischen Fassung der Bücher der Könige wird Ahab nicht als völliger Unmensch dargestellt.[8] Als er erfährt, daß Isebel Nabot töten ließ, trauert er um den armen Mann, bevor er den Weinberg übernimmt. Er weint, als empfände er Reue. Daraufhin hält Gott die Strafe zurück; sie soll erst seinen Sohn treffen (vgl. mit 1 Kön 21,29). Doch Ahab begeht noch einen Fehler. In einem Krieg gegen die Syrer werden alle Gefangenen Gott versprochen. Ahab begeht die schlimme Sünde, Menschlichkeit zu zeigen: Er verschont den syrischen König. Ein namentlich nicht genannter Prophet verkündet daraufhin, Ahab müsse für diesen Gnadenakt sterben. Und wirklich kommt Ahab im nächsten Krieg gegen Syrien um. Jemand »spannt aufs Geratewohl seinen Bogen«, Ahab wird getroffen und verblutet im Wagen. »Als man im Teich von Samaria den Wagen ausspült«, lecken schließlich Hunde sein Blut. In 1 Könige 22,38 kommen sogar noch Dirnen ins Spiel: Sie waschen sich in seinem Blut.

In unserem auf die hebräische Fassung zurückgehenden Alten Testament beweint Ahab Nabot nicht. Die Szene mit dem Weinberg findet zwischen zwei syrischen Kriegen statt, so daß die raffiniertere (und meiner Meinung nach ältere) Ereignisfolge des griechischen Textes verloren geht. Die Kunst des Deuteronomisten ist aber noch erkennbar. Die eine Geschichte erzählt, Elija habe das Blutlecken vorausgesagt, doch der König stirbt friedlich. Zur Ehrenrettung Elijas wird gesagt, Gott habe Ahab vergeben und die Rache für seine Söhne aufgehoben. In der anderen Geschichte verflucht ein namentlich nicht genannter Prophet einen nicht näher bestimmten König von Israel während eines Krieges gegen einen ebenfalls nicht spezifizierten syrischen König (es folgten in Syrien mehrere Ben-Hadads aufeinander). Die Worte des Propheten bewahrheiten sich in einem zweiten Krieg. Der König wird von einem geschickten Schützen getroffen. Was lag näher, als den namenlosen König mit Ahab zu identifizieren, die Szene mit der

Bogenwunde weiter auszubauen und Elijas Prophezeiung in Erfüllung gehen zu lassen? Schließlich war der Deuteronomist davon überzeugt, daß in der Geschichte Israels die Propheten immer die Wahrheit vorausgesagt hatten.

Die assyrischen Inschriften deuten auf weniger dramatische Vorgänge hin. Im Jahre 853 kämpfte Ahab zusammen mit Syrien gegen Assyrien. Vermutlich haben die Verbündeten auch die Angriffe der Assyrer in den kommenden acht Jahren gemeinsam zurückgeschlagen. Daher ist es sehr unwahrscheinlich, daß sie in diesem kurzen Zeitraum auch noch drei Kriege gegeneinander geführt haben: Assyrien blieb der gemeinsame Gegner. Genauso wenig wird Ahab wohl um Ramot-Gilead gekämpft haben. In 2 Könige 8–10 ist der Ort noch im Besitz der Israeliten; er ging erst nach 842/841 unter einem anderen König verloren. Aus diesem und anderen Gründen schließe ich mich der alten kritischen Ansicht an, D habe zwei spätere Kriege gegen Syrien in Ahabs Zeit verlegt. Seine Quellen erwähnten einen nicht namentlich genannten König von Israel und Juda sowie einen Ben-Hadad als König von Syrien. Doch es gab mehrere Könige dieses Namens. Möglicherweise fanden die Kriege sogar in der Zeit statt, von der er später noch einmal erzählt; wir können das nicht genau klären. Dann jedenfalls hätte König Joasch (2 Kön 13,17–24) bei Afek, dem Ort von »Ahabs Sieg«, die Syrer geschlagen, und König Joram (2 Kön 8,25) hätte die Niederlage hinnehmen müssen. Auch Joram wurde von einem König von Juda unterstützt: Wie Ahab kämpfte er bei Ramot Gilead und wie dieser wurde auch er im Kampf tödlich von einem Pfeil getroffen.

Der biblische Bericht über König Ahab ist historisch äußerst unzuverlässig sowohl in dem, was er beschreibt, als auch in dem, was er wegläßt. Er gleicht eher einer phantastischen Erzählung: Ahabs größter Sieg wird unterschlagen, die Hunde lecken sein Blut, Elijas Worte bewahrheiten sich, und selbst die Dirnen haben einen Auftritt. Und das Geschichtsbewußtsein des Deuteronomisten wird nicht besser: Auch beim Bericht über Ahabs Nachfolger bleibt die Darstellung auf diesem niedrigen Niveau.

Im 2. Buch der Könige lesen wir vom Abfall Moabs nach Ahabs Tod. Ahabs Sohn König Ahasja gerät mit dem unnachgiebigen Propheten Elija in Konflikt. Nach Ahasjas Tod regiert König Joram über Israel, König Joschafat über Juda. Gemeinsam führen sie einen Feldzug gegen das abtrünnige Moab durch, an dem sich auch der Prophet Elischa beteiligt.[9] Das Unternehmen endet unbefriedigend und liefert einige denkwürdige Szenen. So rief Elischa nach einem Harfenspieler, und während dieser spielte, »kam die Hand des Herrn über Elischa« – eine seltene Anspielung auf die Verbindung von Musik und Inspiration. Die Moabiter hielten rötlich glänzendes Wasser aus der Entfernung für das Blut der Feinde und nahmen an, die Könige von Israel, Edom und Juda hätten sich gegenseitig umgebracht, was ja nicht auszuschließen war. Und der König von Moab nahm seinen erstgeborenen Sohn »und brachte ihn auf der Mauer als Brandopfer dar«.

Zufälligerweise ist uns ein außerbiblischer Text bekannt, der aus einer anderen Perspektive über diesen Krieg berichtet: Im Sommer des Jahres 1868 zeigten Beduinen in Jordanien dem Missionar Frederick Klein einen großen Stein aus schwarzem Basalt, der mit alten Schriftzeichen übersät war. Während sich die im Land mit Konsulaten vertretenen westlichen Mächte noch um den Fund stritten, brachen einige Beduinen den Stein in Stücke und verteilten ihn unter ihre Stammesgenossen, weil sie glaubten, dem Stein wohne eine wertvolle heilige Kraft inne. Damals hatte man erst eine grobe Abschrift des Textes erstellt, und die Fragmente konnten leider nicht mehr vollständig zusammengetragen werden. Ungefähr zwei Drittel des Steines gelangten schließlich in französische Hand und kamen 1873 in den Louvre.[10] Inzwischen wußte man, daß der Text von den Taten des Königs Mescha von Moab erzählt, dessen Name in Kapitel 3 des 2. Buches der Könige erwähnt wird; dort heißt es, er habe König Ahab hunderttausend Lämmer und die Wolle von hunderttausend Widdern liefern müssen. Nach Ahabs Tod führte Mescha den Aufstand gegen die israelische Herrschaft an.

Die europäische Presse berichtete 1870 begeistert von dem Fund und der Entzifferung des Textes. Sie stellte ihn als Beweis für die Historizität der biblischen Geschichte dar. Ihm zufolge wurde Moab von König Omri, dem Vater Ahabs, unterworfen und blieb auch während der ersten Hälfte von Ahabs Regierungszeit unter israelischer Herrschaft. Insgesamt soll Moab etwa vierzig Jahre von Israel aus regiert worden sein. Im 2. Buch der Könige fällt Moab erst nach Ahabs Tod ab, und die Regierungszeit von Omri zusammen mit der halben Regierungszeit seines Sohnes ergeben unmöglich vierzig Jahre. Man darf vermutlich auf eine runde Zahl wie vierzig nicht allzuviel geben, unter Umständen stimmen auch die Zeitrechnung oder die Verwandtschaftsangaben der Moabiter nicht genau. Wahrscheinlich geht es nicht um Omris Sohn, sondern um seinen Enkel, einen Sohn Ahabs. Aber auch von diesen Problemen abgesehen gibt es einige ernsthafte Widersprüche zwischen dem Text und der biblischen Geschichte.

In der Bibel sagte Elischa einen überwältigenden Sieg voraus. Die Israeliten zogen sich erst zurück, als König Mescha seinen erstgeborenen Sohn verbrannte. »Da kam ein gewaltiger Zorn über Israel«, und die Angreifer machten kehrt. Dem Text des Königs Mescha zufolge errangen die Moabiter eine Reihe von Siegen und eroberten israelische Stellungen. Die hier genau benannten Orte werden in der Bibel nicht erwähnt. Vielleicht waren diese Siege Teil von Meschas Gegenangriff. Allerdings werden in seinem Text überhaupt keine Niederlagen und kein Menschenopfer erwähnt, und die Eroberung der israelischen Stellungen könnte nach dieser Darstellung der erste Teil eines erfolgreichen Aufstands gewesen sein. Selbst wenn wir annehmen, daß die Darstellung aus der Sicht der Moabiter parteiisch gefärbt ist, passen die Ereignisse nicht zu einem nach der Erzählung der Bibel beinahe besiegten König. Elischas biblische Prophezeiung wird von dem Erfolgsbericht des Feindes in Frage gestellt. In der Bibel veranlaßt der »Zorn über Israel« die Armee zum Rückzug, wobei nicht deutlich wird, ob es sich um den Zorn Jahwes oder aber, was wahrscheinlicher ist, um den Zorn Kemoschs, des Gottes der Moabiter, handelt. Laut König Mescha hatte die »Wut Kemoschs« auch zur Unterwerfung der Moabiter unter die Israeliten geführt. Auf beiden Seiten waren also zornige Götter aktiv: Die biblischen Schriften sind nicht die einzigen Texte aus dem Nahen Osten, in denen die Geschichte mit Hilfe eines Gottes erklärt wird.

Es bleibt noch ein schwieriges Problem: Welche Könige waren an der Auseinandersetzung beteiligt, und wann fand sie statt? In 2 Könige 3,1 ist der Feldzug gegen Moab eine gemeinsame Aktion von König Joram von Israel und König Joschafat von Juda. Nach 2 Könige 1,17 begann die Herrschaft Jorams allerdings erst nach dem Tode Joschafats, und das stimmt auch mit dem griechischen Text überein.[11] Zumindest eine der Angaben muß falsch sein, unter Umständen stimmen beide nicht. In 2 Könige 1,1 fällt Moab in der kurzen Regierungszeit des Ahasja, des Vorgängers von Joram, von Israel ab. Ahasja wiederum stand mit Elija in Verbindung, was D den Prophetengeschichten entnahm. Und D wußte auch, daß der Krieg mit den Moabitern mit Elischa assoziiert wurde. Da er davon ausging, daß Elischa Elija nachfolgte, mußte er fälschlicherweise annehmen, daß der Krieg später, nach der Regierungszeit Ahasjas begann, als mit Sicherheit König Joschafat in Juda regierte. Die Geschichten über diesen Krieg, der eigentlich unter Ahasja stattfand, waren vielleicht ohne Nennung der beteiligten Könige überliefert worden, und wiederum schrieb D einen Krieg dem falschen Regenten zu.

Dieser Irrtum ist wenigstens auf den Versuch zurückzuführen, konsistent zu berichten. Es gibt jedoch auch vorsätzliche Fälschungen. Laut König Mescha hatten Omri und Ahab Moab mehrere Jahre lang unter ihrer Herrschaft. Diese Herrschaft stellte eine beeindruckende Ausdehnung der israelischen Macht im Gebiet des heutigen Jordanien dar. Man hatte es geschafft, einen alten Nationalfeind zu unterwerfen. Die Chroniken der Könige müssen über diesen Erfolg berichtet haben, doch D schweigt darüber. In unserer Schrift ist König Omri nur ein gottloser Freund seltsamer Götzen und Anhänger verwerflicher Kulte, der auf dem Berg Samaria eine neue Hauptstadt gründet. In den Inschriften der Assyrer dagegen ist Omri noch lange nach seinem Tod präsent, vielleicht, weil deren Verfasser ihm persönlich begegnet waren. Sie beschreiben seine Nachfolger als Nachkommen aus dem Haus oder aus der Familie Omris, und es sieht so aus, als sei er wirklich zu einem gewissen Ruhm gelangt, über den D jedoch schweigt.

In der Bibel erhält die Dynastie Omris schließlich ihre gerechte Strafe durch den Usurpator Jehu. Er tötet die gesamte Familie Ahabs, über siebzig Personen, und läßt Isebel aus dem Fenster werfen. Diese Szene ist besonders anschaulich beschrieben: »Ist jemand da, der zu mir hält? Zwei oder drei Hofleute sahen zu ihm herab, und er befahl ihnen: Werft sie herunter!« (2 Kön 9,32 f.).

Wer also ist der schlimmere Sünder? In der Bibel ist Jehu für seinen wilden Tatendrang bekannt; aus der zeitgenössischen assyrischen Kunst und zeitgenössischen Inschriften lernen wir jedoch jemand anders kennen: einen keineswegs ungestümen, sondern eher unterwürfigen Mann. In einem berühmten assyrischen Relief, das sich heute im Britischen Museum befindet, wird er dargestellt, wie er demütig vor dem assyrischen König Salmanassar auf dem Boden kriecht. Es handelt sich um die einzige bekannte Darstellung eines Königs aus dem Alten Testament durch einen zeitgenössischen Künstler. In der dazugehörigen Inschrift werden die Geschenke beschrieben, die Jehu bei seiner Kapitulation anbot.[12] So wie in der Bibel nichts über Ahabs Aktivitäten in Assyrien gesagt wird, so wird auch Jehus Unterwerfung unter die Großmacht verschwiegen. Sie muß jedoch ein Wendepunkt in den zwischenstaatlichen Beziehungen dieser Region gewesen sein. Bis Jehu die Fronten wechselte, hielten die verbündeten Könige vermutlich mit Israels Hilfe Assyrien in Schach. Unmittelbar danach, in den Jahren 842/841, zerstörten die Assyrer die alte Allianz. In der Bibel ist Jehu die lange vorausgesagte Geißel der lasterhaften Omri-Dynastie; tatsächlich war er jedoch ein kläglicher Überläufer. Die assyrischen Zeugnisse liefern uns auch ein Datum: Jehus Unterwerfung fand im Jahre 843 statt, eine Angabe, die die Chronologie der Regierungszeiten Ahabs und seiner Söhne in den hebräischen Texten und den griechischen Übersetzungen klar widerlegt.

Der Deuteronomist stellte die fünfzig Jahre von Omri bis Jehu aus seiner eigenen Perspektive dar, verzerrt und mit falschen Zeitangaben. Sein Bericht ist in diesen Abschnitten hochgradig unglaubwürdig, und die Fehler sind um so bedeutsamer, als ihm die königlichen Chroniken zur Verfügung standen. Die Primärquellen hätten ihm den historischen Rahmen liefern können. Doch er hielt sich an Elijas Geschichten, die von so schrecklichen Verbrechen wie der Ermordung Nabots erzählten. Vielleicht übertrieben sie, denn auch Elija hatte dunkle Seiten, und es muß für Isebel schwer gewesen sein, mit einem Propheten zu leben, der ihr ständig den Spaß verdarb. Womöglich gibt es noch eine weitere biblische Quelle, die über die Königin berichtet: Der 45. Psalm ist ein Lied für die Hochzeit eines jungen Königs und seiner Braut »im Schmuck von Ofirgold«. »Das Zepter deiner Herrschaft ist ein gerechtes Zepter«; der König liebt »das Recht und haßt das Unrecht«. »Die Königstochter ist herrlich geschmückt, ihr Gewand ist durchwirkt mit Gold und Perlen«, und sie ist eine Prinzessin, die »die Töcher von Tyrus« verehren. Dieser Psalm, der »nach der Weise ›Lilien‹ gesungen« werden soll, könnte die Hochzeitshymne für Ahab gewesen sein, geschrieben für den gerechten König von Israel zur Hochzeit mit Isebel, der königlichen phönizischen Braut.[13] Aus Zeugnissen, die Josephus bespricht, können wir erschließen, daß Dido, die Königin von Karthago, Isebels Großnichte war.[14] Dido liebte den Römer Aeneas und beging Selbstmord, als ihre Liebe verraten wurde. Vergil machte aus der Geschichte ein pathetisches Gedicht. Glücklicherweise konnte D Vergils *Aeneis* nicht kennen. Er hätte darin einen weiteren Beweis für Gottes Rache gegen Ahab und sein Haus gesehen.

III

Man hat die Bücher der Könige »ein gewaltiges Werk über die tatsächliche Geschichte der jüdischen Königreiche«[15] genannt. Zeugnisse aus Assyrien und Moab beweisen jedoch, daß die biblische Darstellung in bezug auf die Herrschaftsverhältnisse und Ereignisse im 9. Jahrhundert Fehler aufweist. Dann wechselten jedoch die Akteure der geschichtlichen Bühne. Bis zum Jahr 612 v. Chr. wurde die Macht des assyrischen Reiches immer schwächer, und schließlich forderten die Könige von Babylon ihr Vermächtnis ein. Ihre Taten wurden Jahr für Jahr auf Tontafeln festgehalten. Erst kürzlich hat man festgestellt, daß diese Texte eine kontinuierliche babylonische Chronik bilden, die vom Jahr 747 v. Chr. bis über den Tod Alexanders des Großen hinaus reicht.[16] Im Unterschied zu vielen anderen babylonischen Texten wird in dieser Chronik nicht jede Niederlage der Babylonier unterschlagen und nicht jedes Ereignis als Ehrenbezeugnis für einen Gott oder als religiöses Fest gedeutet. Es handelt sich zwar um einen Sekundärtext, aber die Informationen wurden vermutlich Originalaufzeichnungen babylonischer Astronomen entnommen. Die Quellen der Chronik sind also verläßlich, auch wenn sie nicht nachprüfbar sind.

Die Aussagen dieser Chronik können somit als Tatsachen gelten. Sie erlauben uns, erneut in den Dialog mit dem Deuteronomisten zu treten. Seine Hauptquellen für die Zeit nach dem Fall des Nordreiches waren die Chroniken der Könige von Juda im Süden. D ergänzte sie mit eigenem Wissen über die großen Ereignisse, die für ihn ungefähr fünfzig Jahre oder zwei Generationen zurücklagen. Im Jahre 1956 entzifferte man im Britischen Museum eine Tontafel, die die Zeit von 605 bis 595 v. Chr. beschreibt. Der Text liefert Parallelen zu den Geschichten aus dem 2. Buch der Könige, Kapitel 23–25, zu den Ereignissen kurz vor dem Fall Jerusalems und dem Beginn des Exils, das eine so wichtige Rolle im Alten Testament spielt. Die Tontafel verschaffte uns erstmals Einblick in die Entwicklung kurz vor der Zerstörung Jerusalems aus der Perspektive babylonischer Schriftgelehrter zur Zeit Nebukadnezzars.[17]

Anders als die assyrischen Aufzeichnungen über Ahab bestätigt und bereichert der babylonische Text die Andeutungen der Bibel über die internationale Politik. Nach Aussage des 2. Buches der Könige unternahm »Pharao Necho, der König von Ägypten, einen Kriegszug gegen den König von Assur an den Eufrat« (2 Kön 23,29). König Joschija von Juda, derselbe, der im Jahre 622 das Gesetzbuch überreicht bekam, zog dem Pharao entgegen und wurde bei Megiddo getötet. Nach der Darstellung in der babylonischen Chronik überquerte tatsächlich im Jahr 609 ein »großes ägyptisches Heer« den Eufrat, und es wird auch ein assyrischer König erwähnt. Joschijas Tod fällt demnach in das Jahr 609. Die ägyptischen Truppen rückten ostwärts vor, mußten eine Belagerung erfolglos abbrechen, so die Chronik, und zogen ein paar Monate später an Juda vorbei wieder zurück. Nach 2 Könige 23,33 wurde Joschijas Nachfolger nach nur dreimonatiger Herrschaft von Pharao Necho abgesetzt. Das paßt gut zur Datierung von Nechos Rückkehr, die sich aus den babylonischen Aufzeichnungen erschließen läßt.

Das nächste große Ereignis ist die Schlacht von Karkemisch, in der der babylonische Regent Nebukadnezzar die Ägypter schlug. Das Buch Jeremia erwähnt diesen großen babylonischen Sieg und bezeichnet Nebukadnezzar dabei schon als »König von Babel« (Jer 46,2). Die Chronik gibt eindeutig den Sommer 605 als Zeitpunkt an. Zu der Zeit war Jojakim König von Juda; als Nebukadnezzar »heraufzog«, war Jojakim laut 2 Könige 24,1 drei Jahre lang Babylon untertan. Die Unterwerfung paßt genau ins Jahr 604, das Jahr nach dem babylonischen Sieg bei Karkemisch. In gleichen Jahr empfängt Nebukadnezzar »alle Könige von Hatti [Syrien] und ihr schweres Tribut« und nimmt eine Stadt in Syrien oder Palästina ein. In Jeremia 36,9 lesen wir, daß im November 604 ganz Juda zu einem »Fasten vor dem Herrn« aufgerufen wurde. Die angstvolle Anrufung Gottes läßt sich als Reaktion auf Nebukadnezzars Truppenverlagerungen im Westen verstehen, da sich Jojakim zu dem Zeitpunkt noch nicht ergeben hatte. Die Unterwerfung erfolgte erst im Winter des Jahres 604.

Die in 2 Könige 24 erwähnten »drei Jahre« bringen uns ins Jahr 601. Die Chronik berichtet, daß Nebukadnezzar gegen ein wieder erstarktes Ägypten marschierte und »einen offenen Kampf führte, bei dem sie sich gegenseitig schlugen und schwer trafen«. Die Babylonier zogen sich zurück und leckten ihre Wunden. Vor dem Hintergrund des erneuten ägyptischen Erfolges fiel Jojakim, der König von Juda, von Babylon ab. Doch 599 v.Chr. kehrten die Babylonier nach Darstellung ihrer Chronik zurück. »Sie gingen in die Wüste und raubten die Besitztümer, Tiere und Götter der Araber«, vermutlich in Süd- und Zentralsyrien. 2 Könige 24,2 bringt die babylonischen Angriffe mit Überfällen der Aramäer, Moabiter und Ammoniter in Verbindung. Das paßt gut in das Bild der babylonischen Chronik. Vielleicht schlug in dieser Zeit der König von Babel den König von Hazor, wie der Zeitgenosse Jeremia in Jeremia 49,28–33 voraussagte.

Ende des Jahres 598 starb König Jojakim von Juda, und sein Sohn Jojachin trat die Nachfolge an. Die babylonischen Truppen zogen erneut gegen Jerusalem. In 2 Könige 24,10 steht im masoretischen hebräischen Text, die Truppen Nebukadnezzars hätten mit der Belagerung Jerusalems begonnen. Nach Darstellung der griechischen Übersetzung war es Nebukadnezzar selbst. Wahrscheinlich schloß sich Nebukadnezzar später den vorausgesandten Truppen an, wie wir es in der babylonischen Chronik lesen, wonach er »das Lager gegen die Stadt von Juda aufschlug« und an einem genau bezeichneten Tag, unseren Berechnungen nach am 15. oder 16. März, die Stadt eroberte und den König gefangennahm. Er setzte einen König seiner Wahl ein und nahm große

Schätze mit nach Babylon. Der Rahmen der Geschichte im 2. Buch der Könige paßt hier sehr gut. Nebukadnezzar hatte König Zidkija vermutlich schon ernannt, ehe die Stadt gefallen war, und er brachte Tempelschätze und den ehemaligen König Jojachin in seine Hauptstadt. Es sind Texte aus dem Südpalast in Babylon erhalten, die verzeichnen, daß Nebukadnezzar Jojachin, »den König der Judäer«, von 592 bis 569 mit Öl und Lebensmitteln versorgte.[18] Auch dessen fünf Söhne befanden sich im Gewahrsam eines babylonischen Gesandten, der einen vermutlich jüdischen Namen trug. Laut 2 Könige 25,29 wurde der exilierte Jojachin schließlich von Nebukadnezzars Sohn begnadigt. Er wurde aus dem Gefängnis entlassen und durfte mit dem König speisen. Diese ehrenvolle Praxis ist für den babylonischen Hof allgemein bekannt, obwohl sie in diesem speziellen Fall, der am Ende der Bücher der Könige beschrieben wird, bisher nicht mit babylonischen Zeugnissen belegt werden kann.

Von 609 bis 598 stimmen die Angaben der biblischen Erzählung des Deuteronomisten, die auf einer Chronik der Könige von Juda basiert, also mit denen der babylonischen Chronik überein. Es bleiben allerdings zwei Probleme. Nach Darstellung der babylonischen Quelle fielen die Einnahme Jerusalems und die Gefangennahme des Königs in Nebukadnezzars siebtes Jahr. In 2 Könige 24,12 wird das Ereignis dagegen ins achte Regierungsjahr Nebukadnezzars gelegt. Die Stadt fiel gegen Ende eines babylonischen Kalenderjahres, doch können die Zeitangaben nicht in Übereinstimmung gebracht werden. Die biblischen Autoren waren sich vermutlich nicht sicher, wann genau Nebukadnezzar König geworden war. Die zweite Schwierigkeit betrifft Widersprüche innerhalb der Bibel. Gemäß Jeremia 52,28–30 – vermutlich eine zeitgenössische Ergänzung zum Werk Jeremias – gingen nach der Niederlage 3023 Menschen ins Exil. Laut 2 Könige 24,16 waren es insgesamt achttausend, siebentausend Wehrfähige und tausend Handwerker. In 2 Könige 24,14 ist von zehntausend Mann die Rede. Es gab unzählige Versuche, die Zahlen in Einklang zu bringen. Letztlich sieht es aber so aus, daß der Verfasser des Buches der Könige die Regierungsjahre Nebukadnezzars durcheinanderbrachte und bei der Zahl der Verbannten übertrieb. Auch wenn also der Inhalt der Bibel in Teilen von außerbiblischen Zeugnissen gestützt wird, ist es grundsätzlich möglich, daß die Verfasser sich irren.

Für die Zeit nach 595 v. Chr. gibt es keine babylonische Chronik. Wir wissen jedoch, daß die Ägypter unter einem neuen König zu neuer Macht gelangten. Aus Jeremias Prophezeiungen geht deutlich hervor, daß die Juden unter Nebukadnezzar und seinem Vasallenkönig weiterhin schwankten, ob sie Ägypten oder Babylon als Schutzmacht anerkennen sollten. Verhängnisvollerweise schlug sich König Zidkija auf die Seite der Ägypter und brach den Schwur auf seinen Gott Jahwe, den die Babylonier von ihm gefordert hatten. Im Jahre 587 v. Chr. (auch hier ist das in Jeremia 52,12 angegebene Regierungsjahr Nebukadnezzars wahrscheinlicher als das in 2 Könige 25,8) kehrte Nebukadnezzar zurück, nahm Jerusalem ein, klagte den rebellischen Zidkija an und sprach das Urteil über ihn.[19] Er ließ den aufrührerischen König blenden. Einen Monat nach der Eroberung der Stadt ordnete er die Verbannung führender Juden und die Zerstörung der Stadt und des Tempels an.

Es gibt zwar keine babylonischen Schriften, die von diesen Ereignissen berichten, doch Archäologen entdeckten vor kurzem höchstwahrscheinlich zeitgenössische Belege. Unter einigen Siegeln, die im heutigen Israel gefunden wurden, befinden sich mehrere, die Namen aus der biblischen Geschichte tragen. So wird der Name des Juden genannt, den die Babylonier als offiziellen Vertreter in Juda einsetzten. Wir verfügen sogar über Siegel eines gewissen Baruch, bei dem es sich um den Schreiber Jeremias gehandelt haben könnte, und des Prinzen Jerachmeël, der dabei war, als der König die Buchrolle verbrannte, die Jeremia diktiert hatte.[20] Der Gedanke, daß es sich hierbei um Relikte aus der Zeit dieser berühmten biblischen Personen handelt, ist verführerisch. Ebenso möchte man gerne glauben, daß einige Weinkrüge, die in Juda gefunden wurden, etwas mit dem ehemaligen König Jojachin zu tun haben. Sie sind am Henkel mit einem Prägestempel »Eljakim, Diener des Jojachin« versehen.[21] Möglicherweise stammen die Krüge von Weingütern, die nach 587 v. Chr. die babylonischen Truppen mit Wein belieferten.

Doch aus keinem dieser Zeugnisse läßt sich unabhängig von der Bibel schließen, daß Jerusalem ein zweites Mal eingenommen wurde oder daß eine große Invasion stattfand. Belege dafür erhoffte man sich von Ausgrabungen in Lachisch in den dreißiger Jahren, als man einundzwanzig Scherben mit hebräischen Schriftzeichen fand. Allerdings befinden sich nur auf dreien lesbare Texte von einer gewissen Länge, und auch sie können nicht eindeutig zugeordnet werden.[22] Es scheint sich um das Schreiben eines Untergebenen an seinen Vorgesetzten zu handeln. Die Namen beider basieren auf Jahwe, der von dem Untergebenen auch genannt wird. Es ist unklar, wo Adressat und Schreiber sich aufhielten. In den Fragmenten ist jedoch von Feuersignalen, von Truppen, die sich südwärts von Palästina nach Ägypten bewegen, und von Prinzen die Rede, die gegen den König arbeiten. Weiter könnte es um einen Propheten und einen gewissen Tobiah gehen (der Name konnte nicht genau entziffert werden). In einigen spekulativen Interpretationen wurden die Texte mit der babylonischen Invasion und den Ereignissen im Buch Jeremia in Verbindung gebracht. Der Zusammenhang mit der biblischen Geschichte ist jedoch nicht bewiesen, und als Beleg für die biblischen Inhalte erweisen sich die Briefe auf den Scherben somit als wertlos.

Die Archäologen meinten auch in Jerusalem, insbesondere an der Ostmauer der Stadt, verschiedene Zeugnisse für die Zerstörung im Jahre 587 gefunden zu haben. Umstritten ist nicht die Belagerung, obwohl die Bibel dafür bisher den einzigen Beleg liefert; problematisch ist vielmehr das Ausmaß der Folgen. Laut Jeremia 52,28–30 gingen im Jahre 587 nur 832 Menschen ins Exil, fünf Jahre später nochmals 745. Die Babylonier besiedelten den Ort sicher nicht mit eigenen Kolonisten. Nach 2 Könige 25,11–12 dagegen wurde »der Rest der Bevölkerung« verschleppt, ausgenommen nur die armen Leute im Land. D scheint wiederum übertrieben zu haben. In seinen Augen bildeten die Verbannten anscheinend den Mittelpunkt des jüdischen Volkes, aber 1577 Verbannte bedeuten noch nicht das Ende eines Volkes. Einige Juden im Exil tauchen in babylonischen Zeugnissen auf, doch wird keine Gesamtzahl genannt. Auf einer babylonischen Schreibtafel aus den Jahren kurz nach 587 findet sich beispielsweise der Name eines Gärtners, der mit großer Sicherheit Jude ist.[23]

Während die Verbannten um ihre verlorenen Landgüter, die zerstörte Stadt und den Tempel trauerten, erinnern uns die babylonischen Texte daran, daß die Angelegenheit zwei Seiten hatte. Wie die Juden, so führten auch die babylonischen Könige ihre Kriege in Begleitung ihres Gottes. Wenn sie gewannen, hatte ihnen ihr Gott in einem gerechten und gottgefälligen Krieg beigestanden. Nebukadnezzars Schreiber hinterließen uns im Libanon in Fels geritzte Inschriften, die von seinen frühen Feldzügen berichten.[24] Nebukadnezzar, so heißt es, habe Truppen ausgesandt, um »den Wald des Gottes Marduk zurückzuerobern«. Sein Sieg »erlaubte dem Volk, sich sicher niederzulegen« und »vor niemandem Angst zu haben«. Wie die meisten Könige, die in Mesopotamien herrschten, berichtete Nebukadnezzar von seiner besonderen Beziehung zu dem Gott, für den und mit dem er seine Eroberungen machte. »Du warst wie ein Vater zu mir und betrautest mich mit der Herrschaft über alle Völker ... mach, daß sie deine Herrlichkeit lieben.« Stärker als die meisten Könige betonte er allerdings auch sein Bemühen um »Gerechtigkeit«. Juda hatte immerhin gelobt, ihm zu gehorchen, und war dann abgefallen. Der Vasallenkönig, den er erwählt hatte, hatte bei seinem Gott Jahwe Treueschwüre abgelegt, doch kurz darauf hatte er den Eid gebrochen und sich den Ägyptern zugewandt. Hätte König Zidkija weiterhin den Befehlen aus Babylon gehorcht, hätte es keine Belagerung und keine Zerstörung Jerusalems gegeben, keine Verbannung und vielleicht sehr viel weniger Bibeltexte. Doch alle Sünder gegen Gott sollten eine gerechte Strafe bekommen, wie es auch die Propheten Israels verkündeten.

Für die Zeit unter Omri und Ahab offenbaren heidnische Zeugnisse also grobe Verzerrungen in der biblischen Geschichte und machen uns bewußt, wie falsch diese Darstellung sein kann. Hinsichtlich der letzten Jahre von Juda werden dagegen die Einzelheiten der biblischen Erzählung bestätigt, aber auch Hinweise zur Interpretation des Textes und zur Datierung der Ereignisse geliefert. Die Leser von D kannten die Zeit noch aus Erzählungen, deshalb hatte er weniger Spielraum, die Fakten zu verändern. Doch er konnte Erklärungen liefern. Nach Meinung des Deuteronomisten hatte weder Nebukadnezzar noch der Gott Marduk die Truppen gegen den König von Juda geführt. Vielmehr bestrafte Jahwe ihn für vergangene religiöse Sünden. Die letzten beiden Könige von Juda hätte diese Argumentation erstaunt: Sie hatten

Regierungsnamen wie »Jahwe befestigt« und »Meine Gerechtigkeit ist Jahwe« angenommen. D glaubte dagegen, die Gerechtigkeit habe sich schließlich in der schrecklichen Katastrophe des
Jahres 587 erfüllt. Mit ihr wurden die Sünden des schon lange
gestorbenen Königs Manasse bestraft, der einen Kultpfahl und
Altäre für fremde Götter hatte errichten lassen, Totenbeschwörer
und Zeichendeuter um sich versammelt hatte und der Gottlosigkeit Ahabs in nichts nachstand (2 Kön 21–24,3).

Sowohl in Babylon wie in Judäa glaubte man also, daß ein
gerechter Gott hinter der Geschichte stand. In Babylon ging man
davon aus, daß Marduk einen offenkundigen Fall von Meineid
und politischem Verrat bei den jüdischen Vasallen bestraft habe.
In Judäa meinte man, Jahwe habe sich für die religiösen Sünden
eines Königs gerächt, die über fünfzig Jahre zurücklagen. Die babylonische Erklärung kommt der Wahrheit näher. Beide Seiten
rechtfertigten das Geschehene, doch es ist der Gott der Verlierer,
nicht der der Gewinner, der heute noch Anhänger hat.

IV

Wenig später, in der Mitte des 6. Jahrhunderts, fielen die Königreiche des Nahen Ostens eines nach dem anderen dem persischen
König Kyros zu, der bis dahin in der Geschichte dieser Region
keine Rolle gespielt hatte. Im Jahre 539 v. Chr. eroberten Kyros
und seine Truppen auch Babylon. Die in der Verbannung lebenden
Juden kamen für über zweihundert Jahre unter persische Herrschaft.

Die Ereignisse spiegeln sich in den biblischen Erzählungen und
den Büchern der Propheten wider. Die ersten Übereinstimmungen
ergeben sich für die Jahre 539 bis etwa 519, in denen die Juden
aus dem Exil zurückkehrten und versuchten, den Tempel von Jerusalem wieder aufzubauen. Die letzten Kapitel des Buches Jesaja,
die nicht von Jesaja selbst, sondern von einem anderen Propheten
stammen, begrüßen Kyros als Gesalbten des Herrn; das Buch Esra
zitiert angeblich den entscheidenden Erlaß des Kyros, der den
Juden die Rückkehr nach Jerusalem erlaubte. Außerdem wird
darin auf ihre Versuche angespielt, den Tempel neu aufzubauen.

Das Buch Esra ist das späte Werk eines Autors aus dem 4. Jahrhundert v. Chr. Nach weitverbreiteter Meinung, der ich mich anschließe, handelt es sich dabei um den Chronisten, also den Verfasser der Bücher der Chronik und des Buches Nehemia. Die Ereignisse und Personen aus der Zeit des Wiederaufbaus des Tempels sind außerdem aus Primärquellen bekannt, den Büchern der beiden zeitgenössischen Propheten Haggai und Sacharja.

Nach einer Lücke von gut sechzig Jahren folgen die Abenteuer von Esra und Nehemia in den gleichnamigen biblischen Büchern. Mit dem für Herausgeber biblischer Bücher typischen Geschick bringt der Chronist seine Quellen durcheinander und setzt Teile der Geschichte Nehemias in sein Buch Esra (Neh 8, vermutlich auch Neh 9; ich würde Neh 7,5 an das Ende des Kapitels setzen). Auch ein Dokument aus Nehemias Leben wurde fälschlicherweise in Esras Lebenslauf eingesetzt (Esra 4,6–23 gehört meiner Meinung nach zu den Ereignissen in Neh 6). Die zeitliche Einordnung und Reihenfolge der beiden Reformer ist noch immer stark umstritten. Die Angaben des Chronisten sind zweideutig und möglicherweise falsch. Vielleicht irrte er sich, als er Esra als ersten der beiden bezeichnete. Der chaotische Text wurde mit Berichten Nehemias vermischt, die als Primärquelle eine wertvolle Rarität sind. Vielleicht basieren auch Teile des Buches Esra auf einer solchen Quelle.

Das Wirken der beiden Reformer ist nach unserem Verständnis der Geschichte der Bibel und des Gesetzes sehr bedeutend. Beide kommen vom Hof des Königs Artaxerxes, und zwar vom ersten oder zweiten der drei Perserkönige dieses Namens. Dieselbe Umgebung taucht in dem späteren Buch Ester, einer spannenden Geschichte über Recht und Unrecht am Hofe eines Königs Ahaswerosch bzw. Artaxerxes, erneut auf. Das Buch entstand lange nach der Zeit der persischen Herrschaft, vermutlich um 200–180 v. Chr. Es enthält jedoch hin und wieder wahre Details: Der Name einer Nebenfigur (Parschandata in Est 9,7) wurde kürzlich auf einem persischen Siegel entdeckt. Das Buch ist eine fiktive Geschichte, doch vermittelt der Verfasser mit seinem literarischen Stil und seinen Kenntnissen persisches Lokalkolorit. Auch im Buch Daniel wird König Dareios erwähnt, und in den apokryphen Schriften des Tobias tauchen ebenfalls persische Anklänge auf.

Wir besitzen keine »persische Fassung« oder Chronik, die wir mit den biblischen Aussagen über Persien vergleichen könnten. Es liegt uns aber eine ständig wachsende Zahl von Zeugnissen sowohl aus dem Persischen Reich als auch aus anderen Quellen vor, die mit einzelnen Passagen der biblischen Geschichten in Zusammenhang stehen.

Private Verträge auf Tontäfelchen aus Babylonien erwähnen Juden unter persischer Herrschaft. Außerdem liegen uns aus persischen Palästen viele Dokumente vor, in denen Lebensmittelrationen für Arbeiter und Reisezuschüsse für wichtige Persönlichkeiten bewilligt werden. Dagegen hat man, von einigen öffentlich verbreiteten Texten abgesehen, noch keine königlichen Akten gefunden. Aus Babylonien sind ein paar Rollsiegel aus Ton erhalten, deren Inschriften von den Taten einiger Könige erzählen. Außerdem sind Berichte griechischer Besucher über die Lage in Persien überliefert. Besonders wichtig sind die Texte Herodots, der auch Informationen persischsprachiger Zeitgenossen verwendete. Seine Reisen führten ihn bis nach Babylon, und er kannte vermutlich ein paar amtliche persische Texte in einer griechischen Übersetzung. Auch einige Originalbriefe auf Papyrus, Leder oder Pergament und einige Dokumente zur Reichsverwaltung sind erhalten. Sie sind Teil einer Korrespondenz zwischen einem wichtigen Prinzen und persischen Statthaltern. Außerdem besitzen wir sehr wertvolle Texte einer Gruppe von Juden, die in Ägypten einen Tempel für Jahwe gebaut hatten und am ersten Katarakt des Nils (nahe des heutigen Assuan) in einer persischen Garnison lebten. Eine noch unveröffentlichte Briefsammlung enthält den Namen eines Erzfeindes des Nehemia. Und schließlich wurde vor zwölf Jahren erstmals über eine bedeutende Zahl beschrifteter Siegel und Tonsiegel auf Dokumenten aus Judäa berichtet.[25] Sie enthalten Namen, die teilweise mit denen in den Büchern Esra und Nehemia übereinstimmen. Beispielsweise heißt das Dienstmädchen (oder die Konkubine) eines hohen Beamten genauso wie die Tochter des berühmten Serubbabel, der den Wiederaufbau des jüdischen Tempels leitete. Die zeitliche Einordnung der Siegel ist allerdings ebenso umstritten wie die von Esra und Nehemia. Es gibt auch eine kleine Silbermünze, auf der kürzlich der Name eines Priesters, der in den Büchern Esra und Nehemia vorkommt, entziffert wurde;

sie stammt aus dem 4. Jahrhundert v. Chr. Doch auch dieser Beleg ist nicht eindeutig.

Die persische Präsenz zeigt sich in der Bibel erstmals in der Lobpreisung des Deuterojesaja, eines unbekannten Propheten, dessen Texte den Schriften Jesajas hinzugefügt wurden. Er preist Kyros als den Gesalbten Gottes, der eine neue Weltordnung bringt. Die Prophezeiungen entstanden vermutlich nicht bevor, sondern kurz nachdem Kyros Babylon erobert hatte, und sie gingen wahrscheinlich seiner Entscheidung voraus, die jüdischen Verbannten zu begünstigen. Sie spiegeln die hoffnungsvolle Stimmung eines Beobachters wider. Interessanterweise gleicht die Sprache an einigen Stellen auffallend der Sprache zeitgenössischer babylonischer Texte über die Herrschaft des Kyros.[26]

Im Buch Esra stoßen wir auf etwas noch Erstaunlicheres: auf zwei angebliche Zitate aus dem Erlaß des Kyros, der den Juden erlaubt, Babylon zu verlassen und in Jerusalem den Tempel wieder aufzubauen. Die Juden sollen die heiligen Geräte mit zurücknehmen, ihrem Gott reiche Opfer bringen und für den persischen König und seine Söhne beten. Dieser Befehl gehört zu den bedeutendsten Entscheidungen in der Geschichte des Judentums. Die Wahrscheinlichkeit, daß die Worte des Erlasses in der Bibel unverfälscht überliefert wurden, scheint auf den ersten Blick sehr gering, denn es finden sich zwei Fassungen, eine in Hebräisch in Esra 1,1 und eine in Aramäisch in Esra 6,3–5. Für das Vorhandensein beider Texte wurde jedoch eine brillante Erklärung gefunden, die den Anspruch auf Authentizität stärkt. Sie sind demnach Belege für eine auch sonst bezeugte Praxis: Königliche Boten verkündeten den Juden die hebräische Fassung des Erlasses; eine solche auch von anderswo bekannte mündliche Verbreitung von Befehlen erfolgte natürlich in der Sprache der Angesprochenen (vgl. Est 3,12). Die aramäische Fassung dagegen war die Niederschrift des Entscheids für die königlichen Akten. Die persischen Könige bewahrten wie auch andere orientalische Herrscher Aufzeichnungen ihrer Entscheide auf, und Aramäisch war die Verkehrssprache unter den königlichen Schreibern. Die Perser selbst hatten keine Schriftsprache.[27]

Die zwei Texte in verschiedenen Sprachen weisen also auf ein authentisches Verfahren hin, das Fälscher höchstwahrscheinlich nicht imitiert hätten. Im Buch Ester finden wir fiktive königliche Erlasse, die nicht in doppelter Form zitiert werden; auch stimmt ihre Sprache kaum mit der in erhaltenen persischen Originaldokumenten überein. Im Buch Esra dagegen nennt König Kyros Jahwe den »Gott des Himmels«; dieselbe Bezeichnung taucht später in den Briefen persischer Beamter wieder auf. Kyros bringt sein eigenes riesiges Reich mit dem Wohlwollen Jahwes in Verbindung, genau wie er in einem zeitgenössischen babylonischen Text seine Herrschaft in Zusammenhang mit einer Gottheit aus Ur sieht. Er gibt Jahwes Volk und seine Kultgegenstände frei, genau wie er in Babylonien und in Gebieten östlich des Tigris Völker und Götter, vermutlich Statuen, in ihre verschiedenen Heimatorte zurückkehren ließ. Diese Taten sind uns aus dem berühmten Text des Kyros-Siegelzylinders bekannt, einer Inschrift auf Ton, die 1879 in Babylon gefunden und durch weitere Funde im Jahre 1972 ergänzt wurde.[28] Der Text ist allerdings weder so beispiellos noch von so grundlegender Bedeutung, wie einige Wissenschaftler meinten, und er beweist ganz sicher nicht, daß Kyros die Juden bevorzugte. Er paßt jedoch sehr gut zu den Inhalten der beiden biblischen Erlasse, denn er berichtet, daß Kyros für einige verschleppte Götter und deren Anhänger in Babylonien eintrat. Der Bibeltext bezeugt dies für den Fall Jahwes und der verschleppten Juden.

Die Sprache der beiden Dokumente im Buch Esra, die beiden Textsorten und ihre Einzelangaben sowie ihre generelle Aussage wurden intensiv vergleichend untersucht, und ihr Kerngehalt kann kaum mehr als Fiktion oder Fälschung verworfen werden. Ihre zeitliche Einordnung und Reihenfolge ist schwieriger festzustellen. Nach den ersten Versen des Buches Esra wurde der Erlaß »im ersten Jahr des Königs Kyrus von Persien« verkündet, also 539/538 v.Chr.[29] Es ist ungewiß, ob das Datum im erhaltenen Text des Erlasses angegeben war, und man sollte ihm wohl nicht allzu großen Wert beimessen. Ein späterer Autor könnte den Befehl des Königs einfach auf dessen erstes Regierungsjahr datiert haben. Auch die Folgen des Erlasses sind unklar. König Kyros schickte Scheschbazzar nach Judäa, einen Juden mit vermutlich babylonischem Namen, der Anhänger des Sonnengottes war. Man weiß aber nicht, welche Fortschritte der Aufbau des Tempels von Jerusalem in der Regierungszeit des Kyros machte. Die Nachbarn der Juden waren von deren Rückkehr nicht begeistert, und auch unter den Juden selbst gab es wohl einige, die von Scheschbazzar und seiner Mission erst überzeugt werden mußten. Diejenigen, die niemals aus Juda verbannt worden waren, freuten sich nicht unbedingt über die Rückkehr der Exilierten, unter denen es vielleicht Familien gab, denen vor der Verbannung ein Großteil des Landes gehört hatte. Und vielleicht gab es auch Juden, die es den Rückkehrern verübelten, daß sie der Hilfe eines fremden Königs so stark vertrauten.

Die Zeit der Rückkehr und des Baubeginns am Tempel wird im Buch Esra nur verwirrend kurz behandelt, und man gelangt schnell »zum zweiten Jahr der Herrschaft des Perserkönigs Darius«, des übernächsten Perserkönigs nach Kyros. Scheschbazzar taucht nicht mehr auf. Statt dessen erfahren wir, daß ein gewisser Serubbabel die Leitung des Baus in Jerusalem übernommen hat und »Haggai, der Prophet, und Sacharja, der Sohn Iddos« die Juden drängen, an die Arbeit zu gehen und den Tempel wirklich wieder aufzubauen. Die Bücher von Haggai und Sacharja sind uns als Primärquellen überliefert. Nach dem Tod des Kyros »im zweiten Jahr von Darius« bekommt Haggai von Gott den Auftrag, Serubbabel, dem Führer der Juden in Judäa, zu sagen, Gott werde Himmel und Erde erbeben lassen und Serubbabel als König anerkennen. Serubbabel ist wie Scheschbazzar ein Jude mit babylonischem Namen, aber er ist der Enkel Jojachins, des Königs von Judäa, der verbannt und von Nebukadnezzar in Babylon festgehalten worden war. Die Prophezeiung eines politischen Umbruchs und eines neuen Königs zu diesem Zeitpunkt und mit Serubbabel als Thronanwärter war ein sehr dramatisches und wichtiges Ereignis, dessen Datierung dennoch lange unklar blieb. Üblicherweise beginnt für die babylonischen Könige ein neues Jahr im Frühjahr. Damit fiele Haggais Prophezeiung jedoch in einen Zeitraum, zu dem die Herrschaft des Dareios schon fest etabliert war und die Voraussage eines Umbruchs und der Einsetzung einer Königsherrschaft utopisch geklungen hätte.[30]

Das Rätsel konnte erst gelöst werden, als man ein anderes Rechensystem zugrunde legte. Die Herrschaftsjahre eines Königs konnten auch vom Moment der Thronbesteigung an gezählt werden, und es konnte ihnen die kurze Herrschaft eines unrechtmäßigen Vorgängers angerechnet werden. Dareios hatte einen solchen Thronprätendenten besiegt. Rechnen wir nach diesem System, so passen Haggais Prophezeiungen genau in die Zeit von Oktober bis Dezember 521 v.Chr. Wir wissen aus amtlichen Aufzeichnungen von König Dareios, daß in dieser Zeit in zahlreichen von den Persern eroberten Gebieten Aufstände losbrachen. Im Herbst 521 rebellierte Babylon zum zweiten Mal. Ein Armenier gab sich als neuer König Nebukadnezzar IV. aus und wurde erst am 27. November geschlagen.[31] Haggais erste messianische Prophezeiung paßt genau in diesen Kontext: In Babylon gab es einen neuen König, warum also nicht auch in Judäa? Bei seiner zweiten Weissagung nur drei Wochen später geht der Prophet entweder von einer Fortsetzung der Rebellion aus, oder er wußte schon von einem anderen Aufstand im Gebiet um Susa, der König Dareios im nächsten Jahr beschäftigte.

Die neue Interpretation der Jahresangaben in den Büchern der Propheten legt eine weitere Verbindung nahe. Serubbabel, der neue Tempelbauer, kam danach zwischen dem 23. Juli und dem 21. August nach Jerusalem. Zu dieser Zeit kämpfte Dareios noch nicht um die Macht, und der persische Staat wurde noch von seinem unrechtmäßigen Vorgänger regiert. Die Juden, so scheint es, nutzten das kurze Zwischenspiel in der persischen Königsfolge geschickt aus, um ihre Position zu stärken und den Tempelaufbau zu beschleunigen. So können wir besser denn je verstehen, warum feindliche Nachbarn den Wiederaufbau Jerusalems zu stoppen versuchten, indem sie an Dareios schrieben, und warum die Juden im Gegenzug energisch darauf hinwiesen, Kyros habe den Bau erlaubt. Dareios selbst hatte den Wiederaufbau nicht gestattet, und die neuen jüdischen Führer konnten sich schlecht auf die Erlaubnis des persischen Usurpators berufen, zu dessen Zeit sie die Bauarbeiten aufgenommen hatten. Also führten sie den Erlaß des Kyros an.[32]

Im Oktober 521 fand in Babylonien also der Aufstand unter einem neuen Nebukadnezzar statt, und Haggai bejubelte einen neuen König aus Judas alter Königsdynastie. Sein Kandidat, Prinz Serubbabel, legte das Fundament für den neuen Tempel. Ende November wurde Babylons letzter Nebukadnezzar jedoch gefangengenommen und gepfählt. Der Prophet Haggai sprach weiter davon, daß Gott Serubbabel erwählt habe, daß er die Throne der Könige stürzen und die Macht der Königreiche zerschlagen werde, doch Haggai war zu optimistisch. Dareios setzte sich durch, und im Februar des Jahres 520 hatte der Prophet Sacharja eine ganz andere Vision. Er hatte zwischen Myrtenbäumen und Reitern einen Reiter auf einem rotbraunen Pferd gesehen, der folgende Botschaft überbrachte: »Die ganze Erde ruht und liegt still« (Sach 1,11). Friedvolle Ruhe war an die Stelle des erwarteten Chaos getreten. Dareios hatte seine Stellung gefestigt, die Juden gaben ihre Hoffnung auf einen neuen David auf und mußten sich mit der Erzählung des Königs Dareios von den Siegen über seine Rivalen begnügen. Von dieser gab es eine aramäische Fassung, die erst kürzlich fast vollständig rekonstruiert wurde.[33]

Die Bibel liefert also einen beeindruckenden, aber unvollständigen Bericht dieser entscheidenden Jahre von der Herrschaft des Kyros bis zu den ersten Regierungsjahren des Dareios. Das Zeitalter regt die Phantasie eines jeden Historikers an, doch der Verfasser des Buches Esra bringt durch die mangelhafte Anordnung seiner mageren Quellen vieles durcheinander. Nach dem Zitat aus dem Erlaß des Kyros bleiben die Jahre zwischen Kyros und Dareios im dunkeln, und dasselbe gilt für die Leistungen der ersten Generation des Wiederaufbaus. Meiner Ansicht nach ist Esra 4,5 der mißglückte Versuch des Autors, eine Verbindung herzustellen. Die Verse 4,6–23 stehen an der falschen Stelle. Sie gehören eigentlich zu den Quellen für Nehemia. In Esra 4,24 kehren wir in die Zeit um 520 zurück; einzelne Angaben passen zu außerbiblischen Belegen. In Vers 5,3 wird der persische »Statthalter des Gebiets jenseits des Stroms« in den Streit zwischen den jüdischen Rückkehrern und ihren Nachbarn verwickelt. Der Ausdruck »jenseits des Stroms« bezeichnet in den persischen Verwaltungstexten das Gebiet westlich des Eufrat. Auch Syrien gehörte dazu, doch es ist problematisch, die Ausdehnung des Gebietes zu einem bestimmten Zeitpunkt genau zu umgrenzen. Sie variierte vermutlich unter den verschiedenen Herrschern. Der in der Bibel genannte Statthalter Tattenai ist wahrscheinlich Taat[anu], der in einem unabhängigen babylonischen Text aus dem Jahr 502 als Statthalter »jenseits des Stroms« aufgeführt wird. Die Übereinstimmung ist augenfällig, sie wäre aber noch

schlüssiger, wenn wir nicht von einem weiteren Statthalter von
»Babylon und den Gebieten jenseits des Stroms« wüßten, der in
den frühen Regierungsjahren des Dareios tätig war. Vielleicht
war Tattenai einer seiner Untergebenen.[34]

Sehen wir von den Datierungs- und Kontinuitätsproblemen ab,
so liefert das Buch Esra uns Dokumente des Perserkönigs und
seiner Statthalter; es berichtet von geschickt formulierten Bittge-
suchen der Juden und ihrer Nachbarn, vom Tempelbau mit königlicher Zustimmung in einer persischen Provinz und vom Un-
mut einer neuen Gruppe von Aktivisten vor Ort. Vergleiche
können Vorgänge plausibel machen, nicht jedoch sicher beweisen.
Wir können diese Themen mit einem berühmten in Griechisch
verfaßten Brief vergleichen, den König Dareios zu einem nicht
bekannten Zeitpunkt an seinen Statthalter in Kleinasien sandte.[35]
Der Brief ist nur in einer viel späteren Kopie in Form einer Inschrift auf Stein erhalten, doch gilt der Text zu Recht als authentisch. Dareios stellt darin die örtlichen Priester des griechischen
Gottes Apollo unter seinen Schutz. Sie hatten den König vermutlich um Hilfe angerufen, weil sein Statthalter sie schlecht behan-
delte; vielleicht hatten sie dessen sorgfältig gepflanzte Obstbäume
ausgegraben und für den Baumkult zur Anbetung ihres Gottes
verwendet. Auch in diesem Fall respektierte König Dareios einen
fremden Gott, dessen Sprecher, wie Jahwes Jesaja, den Kyros gelobt hatten. Apollo, so sagte Dareios, habe »seinen Vorfahren«
(vermutlich Kyros selbst) die »ganze Wahrheit« verkündet. Von
Untertanen der Perser liegt uns auch ein faszinierendes Bittgesuch
vor, von dem wir noch eine Kopie auf Papyrus besitzen. Es stammt
aus jener jüdischen Gemeinde, die sich in Ägypten in einer Garnison am Nil niedergelassen hatte. Ihre Führer schickten das Ge-
such an den persischen Statthalter von Judäa und die Söhne des
Statthalters im benachbarten Samaria. Sie bitten darin um ein
Schreiben zugunsten des Wiederaufbaus eines kleinen Jahwe-Tempels, den es auf ihrer Nilinsel gegeben hatte. In der Bibel wird er
mit keinem Wort erwähnt. Die Ägypter hatten ihn zerstört, nicht
zuletzt, weil sie die jüdische Gewohnheit, Tiere zu opfern, abstoßend fanden. Die Juden schrieben also an einflußreiche persische
Beamte, betonten das Alter des Tempels und versprachen, als
Dank für die Hilfe ihren Gott um Wohltaten für die Perser anzu-

rufen. Die Bitte um den Wiederaufbau eines lokalen Jahwe-Tempels stammt aus dem Jahr 408 v.Chr., sie spiegelt jedoch genau die Vorgänge wider, die für eine frühere Zeit in Esra 5,3–6,15 beschrieben werden. Für die Ereignisse in Jerusalem in den Jahren zwischen 538 und 521 fehlt uns allerdings jede Quelle. Die im Buch Esra enthaltenen Dokumente beziehen sich zwar auf wichtige geschichtliche Ereignisse, doch ist das Buch selbst keineswegs ein historisches Werk.

V

Nach dem Bericht über diese wechselvolle Epoche der Geschichte schweigt die Bibel über die nächsten siebzig Jahre. Wir verfügen allerdings über zeitgenössische außerbiblische Quellen von Privatpersonen, aus denen sich ablesen läßt, daß sich bei den Juden, die außerhalb Judäas lebten, Veränderungen anbahnten. Aus der Zeit zwischen ca. 530 und 460 sind Geschäftsverträge auf Tontafeln aus Nippur in Babylonien erhalten. Sie und ihre Siegel enthalten unter den Unterzeichneten viele jüdische Namen.[36] Um 470 läßt sich bei den Juden eine starke Zunahme von Namen feststellen, die von Jahwe und nicht mehr von babylonischen Götternamen abgeleitet sind. Hatte bisher sogar Serubbabel noch einen babylonischen Namen gehabt, legten viele Männer diese jetzt ab und gaben auch ihren Kindern jüdische Namen.

Esra wie Nehemia waren Fremde, die vom persischen Hof nach Judäa kamen. Beider Ziel war angeblich, die Frömmigkeit zu steigern und die Juden von Mischehen abzuhalten. Wenn ihre Missionen erst in den Jahren um 450 oder 440 stattfanden, gehören sie selbst zur neuen »Jahwe-Generation«, von der außerhalb von Judäa in babylonischen Dokumenten die Rede ist. Diese Zeugnisse bieten einen überzeugenden Rahmen für die extreme Frömmigkeit der beiden Besucher und für ihre strenge Haltung gegenüber den nachlässigen Glaubensbrüdern in der alten Heimat.

Die zeitliche Einordnung und Reihenfolge und das Ziel der Missionen von Esra und Nehemia gehören jedoch zu den umstrittensten historischen Fragen der Bibel. Das ging so weit, daß sogar die Existenz der beiden angezweifelt wurde. Doch es lassen sich aus beiden Büchern Stellen anführen, die so gut mit dem übereinstimmen, was wir über das Leben unter persischer Herrschaft wissen, daß man sie für authentisch erklären kann. Der Chronist setzt Esra an erste Stelle, also beginnen wir mit dem, was Esra uns erzählt. Er schildert häufig sehr plastisch. Wir können uns Esra vorstellen, wie er mit viel Geld, aber ohne bewaffnete Begleitung vom persischen Hof aufbrach. Sein Auftrag war, eine Reform des Rechts in Judäa zu verkünden und durchzusetzen. Die Bibel erzählt, daß er unterwegs an einem Fluß anhielt und fastete, um Gottes Hilfe zu erlangen. In Jerusalem verlas er von einer hölzernen Kanzel aus den versammelten Männern und Frauen das Gesetz des Mose. Die Leviten erklärten dem Volk das Gelesene, und »alle Leute weinten ... , als sie die Worte des Gesetzes hörten«. Die eindrucksvolle Szene erhellt die Entstehungsgeschichte der Bibel: Sie liefert den ersten Hinweis darauf, daß die frühen Quellen von J, E, D und P zum Pentateuch, den ersten fünf Büchern unserer Bibel, verbunden worden waren. Drei Monate später soll Esra das Volk zusammengerufen und die Heirat mit »fremden Frauen aus der Bevölkerung des Landes« verurteilt haben. »Alle zitterten wegen der Sache, um die es ging, aber auch wegen des Regens, der niederging.« Esras Sorge um die Reinheit des jüdischen Volkes ging über das hinaus, was er aus dem Gesetzbuch vorgelesen hatte.

Das Buch stimmt in Einzelheiten mit außerbiblischen Zeugnissen über die persischen Regierungsmethoden überein. So heißt es, Esra sei mit reichen Geschenken und zahlreichen Opfergaben von König Artaxerxes und den »sieben Räten« zum Tempel des Herrn nach Jerusalem geschickt worden. Seinem Gefolge werden große Mengen an Silber, Weizen, Wein und Öl zugesichert, die »alle Schatzmeister im Gebiet jenseits des Stroms« ausgeben sollen. Amtliche Briefe, die königlichen Boten und bewährtem Personal bestimmte Rationen zusichern, sind inzwischen hinreichend durch Originaldokumente belegt, die in den Amtssprachen des Persischen Reiches verfaßt wurden. Sie sind in einem vertrauten Stil geschrieben und gehören zum gut strukturierten System der Reichsverwaltung.[37] Esra wurde im Erlaß des Königs als »Priester Esra, der Schriftkundige im Gesetz des Gottes des Himmels« gewürdigt; der jüdische Gott wurde auch in anderen persischen Dokumenten so genannt.

Die »sieben Räte« entsprechen den sieben privilegierten Familien im Iran, die in griechischen Quellen zu finden sind und mit den Helfern in Zusammenhang stehen, die Dareios in seiner offiziellen Rede zur Thronbesteigung erwähnt.[38]

Aus der Sicht eines persischen Schatzmeisters war der Auftrag eine von vielen offiziellen Anweisungen des Perserkönigs, einem bestimmten Gesandten Gaben zu gewähren und einem fremden Gott Geschenke darzubringen. Es kam aber noch etwas hinzu: Der König hatte zugestimmt, daß Esras Gesetz für alle jüdischen Völker »im Gebiet jenseits des Stroms« gelten solle (Esra 7,25; in einigen Manuskripten wurde fälschlicherweise angenommen, daß es sich um ein Gesetz nicht nur für alle Juden, sondern für alle Menschen in diesem Gebiet handle). Diese wichtige Erlaubnis war entscheidend für den Status und die Zukunft der alttestamentlichen Bücher des Gesetzes. Es mag reichlich unwahrscheinlich klingen, daß sich ein persischer König mit jüdischen Fragen im Detail auseinandergesetzt haben soll, doch ist dies durchaus möglich. Wieder geben Dokumente der jüdischen Gemeinde in Ägypten Aufschluß. Wir wissen daraus, daß die Frage nach der Einhaltung der Feiertage des Passahfestes durch die Juden am Ort eine Reihe wichtiger Perser bis hin zu König Dareios II. selbst beschäftigte. Ein persischer Prinz dieser Zeit, Arsames, hatte einen Sekretär mit einem jüdischen Namen, der Texte entwerfen, nicht aber schreiben konnte.[39] Gleichzeitig lebte ein anderer wichtiger Jude am Hof, der König Dareios II. in allen jüdischen Angelegenheiten beriet (vgl. Neh 11,24). Bei der Einsetzung des jüdischen Gesetzes war König Dareios I. ähnlich vorgegangen wie bei den ägyptischen Gesetzen, die er kurz nach seinem Amtsantritt zusammentragen ließ, vermutlich damit seine Statthalter sie bei Streitfällen unter Ägyptern in dem von ihm beherrschten Gebiet anwenden konnten.[40]

Wiederum machen Vergleiche die Erzählung glaubwürdig. Sie liefern jedoch keinen Beweis dafür, daß alles so und zu diesem Zeitpunkt geschah. Das Buch Esra wechselt im Laufe der Darstellung in die erste Person, als lägen ihm Esras Erinnerungen zugrunde. Wir verfügen bisher aber über keine außerbiblische Darstellung, die das Erzählte bestätigt. Deshalb können wir nicht völlig sicher sein, daß alles so war, wie Esra berichtet.

In Nehemias Bericht werden noch detailliertere Angaben zu dessen Mission gemacht. Nehemia setzte sich beim Perserkönig für das zerstörte Jerusalem ein, während er ihn beim Essen bediente. In seinem Bericht von der Ankunft in Jerusalem malte er ein trauriges Bild von einer Stadt in Trümmern und von den Gefahren beim Wiederaufbau. Nehemia kehrte zu einem zweiten Besuch zurück, und auch er betätigte sich als Reformer bestehender Mißstände. Er erließ den Armen ihre Schulden bei den Reichen und schüttelte als symbolische Warnung »den Bausch seines Gewandes aus«. Er führte die Abgabe von Opferanteilen für die Leviten wieder ein und hielt die Sabbatordnung aufrecht: Alle fremden Händler mußten Jerusalem am Sabbat fernbleiben. Und auch er ging gegen Mischehen vor. Noch leidenschaftlicher als Esra berichtet er: »Ich machte ihnen Vorwürfe und verfluchte sie. Einige von ihnen schlug ich und packte sie bei den Haaren.«

Nehemia tritt als glühender Verteidiger der Gerechtigkeit auf, der eine genaue Vorstellung von seiner Stadt und seinem Gesetz hat. Wo er von persischen Angelegenheiten spricht, stimmen seine Angaben mit unabhängigen Quellen überein. Er war königlicher Mundschenk[41]; das Amt des Mundschenks ist uns aus Königslegenden vertraut, und wir wissen aus Herodots Geschichten von einem weiteren Mundschenk am persischen Hof, der kein Perser war. Nehemia sagt ausdrücklich, daß die Königin beim Mahl anwesend war. Dies ist erwähnenswert, da griechische Quellen gewöhnlich berichten, sie sei bei Trinkgelagen nicht dabei gewesen.[42] Er erhält Briefe mit Vollmachten, darunter einen für den Verwalter der königlichen Wälder, um von dort Bauholz zu beziehen. Es ist ein amtlicher Brief aus dem ebenfalls von den Persern regierten Ägypten erhalten, der zeigt, daß ein großer bürokratischer Aufwand nötig war, um die Materialien, darunter Bauholz, für ein einziges Nilschiff genehmigt zu bekommen. Nehemia erhält Geleit, was auch von anderen Empfängern königlicher Reisedokumente überliefert ist.[43] In Jerusalem erfährt er, daß die Armen sich verschuldet haben, um die Steuern des Königs aufzubringen, was nur zu glaubwürdig ist. Er tritt als »Statthalter« des Königs auf; wir kennen diesen aramäischen Titel von Siegeln aus persischer Zeit, die man in Judäa fand, sowie aus Briefen der Juden in Ägypten unter persischer Herrschaft. Die genaue Hierarchie der persischen Verwaltungsstruktur ist jedoch ungewiß. Nehemia hält sich zugute, daß er auf die Erhebung der üblichen Zahlungen für seinen Unterhalt verzichtete und kein Land kaufte, sondern im Gegenteil für hundertfünfzig führende Bürger Jerusalems Essen ausrichtete. Die Steuern, der offizielle Unterhalt für Statthalter, ein kompliziertes System aus Lebensmittelzuteilungen, die Erlaubnis zur Ausrichtung von Essenseinladungen und der Erwerb von Land in den Provinzen sind in orientalischen und griechischen Zeugnissen gut belegte persische Praktiken.[44]

Die Angaben des Buches Nehemia über die persische Herrschaft stimmen erstaunlich gut mit den Erkenntnissen überein, die wir aus zeitgenössischen Dokumenten des Persischen Reiches gewonnen haben. Die zitierten Briefe sind durchaus dem amtlichen Stil dieser Zeit angemessen. Meiner Meinung nach stammt der in Esra 4,7 eingefügte Brief aus Nehemias Quelle. Auch die dort vorkommenden offiziellen Titel sind durch persische Dokumente belegt.[45] Zudem bietet sich eine einfache Erklärung für die exakten Details und dokumentarischen Zitate an: Das Buch Nehemia wechselt häufig in die erste Person und basiert, wie schon gesagt wurde, auf schriftlichen Erinnerungen Nehemias.

Diese zugrundeliegende Primärquelle von einem im Alten Testament einmaligen dokumentarischen Wert ist für die Geschichte der Weltliteratur von größtem Interesse. Es handelt sich um die Erinnerungen einer Person des öffentlichen Lebens, eines Reformers, der die Erinnerungen zu seiner Rechtfertigung im Alter niederschrieb. Allerdings sind Nehemias Memoiren durchaus nicht die weltweit erste Biographie. Schon im Jahre 594 v. Chr. hatte in Griechenland der große athenische Reformer Solon seine politischen Errungenschaften in Versform dargestellt. Aus Ägypten ist eine lange Inschrift eines hochrangigen Schreibers und Geschäftsmannes erhalten, der einige Zeit nach Solon lebte; er beschrieb im Jahre 518 v. Chr. seine Leistungen und appellierte an die Götter, sie nicht zu vergessen und seinen Ruhm zu fördern;[46] der Schreiber hatte die Fronten gewechselt und unterstützte den persischen König. Nehemias Erinnerungen waren nach heutigem Kenntnisstand jedoch länger und persönlicher als der Bericht des Ägypters, und sie waren an eine andere Zuhörerschaft gerichtet als Solons Dichtung. Während Solon zu seinen Mitbürgern sprach und die Götter als Zeugen seiner Taten anführte, sprach Nehemia zu seinem Gott und bat ihn, sich des Guten zu erinnern, das er vollbracht habe.

Keine Passage in den Büchern Esra oder Nehemia steht in ernsthaftem Widerspruch zu dem, was wir über die persische Regierung und deren Mitglieder wissen. Im Buch Ester hingegen liegt uns eine historische Fiktion vor, in der anschauliche Details aus dem persischen Leben geschildert werden, die sich jedoch schnell als falsch erweisen. Der Verfasser schrieb lange nach dem Ende der persischen Herrschaft. Er lebte vermutlich in Susa, einer ehemaligen Residenzstadt der Perser, und schrieb, umrahmt von zahlreichen Details über den König, seine Konkubinen und seine Festessen, daß am alten persischen Hof der König dem Juden Haman »einen höheren Rang als allen anderen Fürsten seiner Umgebung« verliehen habe (Est 3,1–2). Der höchste bekannte Rang eines Höflings ohne königliche Abstammung war der des »Chiliarchen«, der militärische Aufgaben übernahm und die Reiterei unter sich hatte. Haman jedoch wird im Buch Ester nur als Hofbeamter ohne militärische Funktionen beschrieben, denn der Autor stellte seine Funktionen aus der Sicht der veränderten königlichen Verwaltungsstruktur seiner Zeit dar.[47]

Das Buch Ester kann persische Bräuche, die wir auch aus unabhängigen Quellen kennen, illustrieren, aber es kann nicht als Beleg für Angaben gelten, von denen wir anderweitig nichts wissen. Die Bücher Esra und Nehemia sind dagegen eigenständige Quellen. Die Frage nach der Historizität bleibt jedoch bestehen. Welcher der beiden Reformer kam zuerst nach Jerusalem, und wann war das genau? Der Chronist unserer Bibel setzte Esra an die erste Stelle. Im Buch Esra wird jedoch eine sehr große Gemeinde genannt (Esra 10,1), während die Erinnerungen Nehemias ein ergreifendes Bild des dünn besiedelten, in Trümmern liegenden Jerusalem liefern. Esra spricht von den Mauern Jerusalems, Nehemia gibt an, die Stadtmauern wieder aufgerichtet zu haben. Esra soll den Juden das Gesetz des Mose vorgelesen haben und gegen Mischehen vorgegangen sein. Auch Nehemia mußte in Jerusalem gegen Mißstände ankämpfen und sich mit Mischehen auseinandersetzen. Schließlich werden in seinen Erinnerungen Esra oder seine Taten weder erwähnt noch vorausgesetzt; die beiden beiläufigen Nennungen Esras in Nehemia 12,26 und 12,36 sind eindeutig spätere Einfügungen in die älteren Namenslisten. Zur Zeit Nehemias ist Eljaschib ein wichtiger Priester, während Esra in Vers 10,6 einen Sohn Eljaschibs, Johanan, in einer ähnlichen Position aufführt. Einige Probleme ließen sich zwar auch anders lösen, doch die einfachste Lösung ist, daß der Chronist als Herausgeber eingriff: Er brachte seine beiden Hauptquellen durcheinander und setzte Esra fälschlich vor Nehemia.

Damit wären die obengenannten Probleme gelöst, ohne daß neue Probleme entstehen. Wann allerdings wirkten Esra und Nehemia? Von Esra wird gesagt, daß er »im siebten Jahr des Königs Artaxerxes« nach Jerusalem gekommen sei. Es gab drei Perserkönige dieses Namens. Esras Mission könnte somit im Jahr 458 stattgefunden haben, wie gemeinhin angenommen, aber auch im Jahr 398 oder 352. Der einzige weitere Hinweis ist der bei Esra genannte wichtige Priester Johanan. Aus den aramäischen Papyrusrollen, die von der jüdischen Kolonie in Ägypten erhalten sind, wissen wir, daß im Jahre 407 ein Mann namens Johanan Hoherpriester war. Die kaum noch lesbaren hebräischen Buchstaben auf einer kleinen Silbermünze aus Judäa, die im 4. Jahrhundert geprägt wurde, entzifferte man kürzlich als »Johanan der Priester«. Er war vermutlich der angesehenste Priester der Zeit. Die Münze kann keinem bestimmten Jahrzehnt zugeordnet werden, obwohl man sich das erhofft hatte; ein Stilvergleich mit anderen Silbermünzen läßt vermuten, daß sie nicht vor 380 v. Chr. entstand.[48] Johanan ist ein gängiger Name, und vielleicht wurde die Inschrift falsch entziffert, da die Münze stark beschädigt ist. Aus den vorliegenden Zeugnissen läßt sich strenggenommen nur ablesen, daß Esra im 4. Jahrhundert v. Chr. wirkte, und zwar eher im Jahre 398 als 352. Das zweite Datum liegt zu nahe an dem Zeitpunkt, zu dem der Chronist vermutlich die Bücher zusammenstellte, und das Durcheinander bei den Quellen wäre dann weniger wahrscheinlich gewesen.

Die beiden Missionen des Nehemia fanden im zwanzigsten und zweiunddreißigsten Regierungsjahr eines Königs Artaxerxes statt. Für die erste kommen nur die Jahre 445 oder 384 in Frage. Einer seiner Hauptfeinde war Sanballat, der Horoniter. Hier eröffnen neue Entdeckungen interessante Perspektiven: Es liegen uns jetzt zwei Papyrusrollen vor, die den Namen Sanballat erwähnen. Einer war Hoherpriester eine Generation vor 410, der andere eine Generation vor 354.[49]

Wir müssen uns also auch mit den Priestern befassen. Der Hohepriester, mit dem Nehemia zu tun hatte, war Eljaschib, der denselben Namen trägt wie der Vater von Johanan bei Esra. Es könnte gut sein, daß es sich bei den beiden Eljaschibs um dieselbe Person handelt. Nehemia wäre somit zeitlich vor Esra anzuordnen. In diesem Fall wären die kritischen Probleme seines Schweigens über Esra, Esras »Mauer« und so weiter leicht dadurch zu lösen, daß man die Reihenfolge der Bücher in der Bibel umkehrt. Nehemia kam im Jahre 445 oder 384 nach Jerusalem; wenn Esra auf ihn folgte, kam er 398 oder 352. Ich ziehe die Jahre 445 für Nehemia und 398 für Esra vor, vor allem deswegen, weil dann leichter zu erklären wäre, warum der Herausgeber, vermutlich der Chronist, der nicht vor 350 v. Chr. schrieb, die Fakten durcheinanderbrachte.

In einem größeren Rahmen betrachtet ergeben sich aus dieser Datierung interessante Folgerungen. Der erste Hinweis darauf, daß ein vollständiges Gesetz des Mose existierte, ist, daß Esra es verlas. Wenn wir davon ausgehen, daß es sich um unseren Pentateuch handelte, müssen wir den ersten biblischen Beleg für die Existenz der fünf Bücher von 458 ins 4. Jahrhundert v. Chr. verlegen. Auch bei Nehemia eröffnen sich neue Perspektiven. Wenn seine Mission ins Jahr 445 v. Chr. fiel, könnte der von ihm geförderte Bau der Stadtmauer eine Reaktion auf die zahlreichen Probleme gewesen sein, die die Perser damals mit ihren westlichen Provinzen hatten.[50] Kurz zuvor hatte der Perserkönig die griechischen Städte an der Westküste Kleinasiens in einem Vertrag an Athen abgetreten, die neue Vormacht in Griechenland (ganz sicher ist dies freilich nicht). Eine Folge dieses Vertrags soll gewesen sein, daß die Stadtmauern der kleinasiatischen Städte niedergerissen wurden. Ägypten fiel um 450 vom Persischen Reich ab, so daß es sinnvoll gewesen wäre, Nehemia als Reaktion darauf in das noch von den Persern beherrschte Jerusalem zu schicken, um dessen Stadtmauern verstärken zu lassen. Nehemia fungierte demnach als Beauftragter des Königs, während sich weitreichende politische Veränderungen anbahnten.

Im frühen 4. Jahrhundert kann ebenfalls ein passendes Umfeld für den Auftrag des Nehemia gefunden werden. Der persische König hatte zwar die griechischen Städte in Kleinasien wiedergewonnen – die Ansicht, daß er erst daraufhin deren Stadtmauern abreißen ließ, wird nur von wenigen Wissenschaftlern vertreten –, doch in Ägypten brach kurz vor 370 erneut ein Aufstand aus, der sich anscheinend an der Küste entlang bis nach Phönizien ausweitete.[51] Wieder könnte Nehemia als Vermittler in der persischen Provinzpolitik gearbeitet haben. Der Hintergrund für den Mauerbau ist eher bei den ägyptischen Unruhen als bei den Problemen mit den Griechen zu suchen.

Wir haben es mit zwei Texten zu tun, die beide eine Person in den Mittelpunkt der Erzählung stellen. Im einen Text werden wahrscheinlich authentische persische Briefe zitiert, im anderen die Erinnerungen des Helden. Die Geschichte wird stark theologisch interpretiert, die Rückkehr der Juden wie ein zweiter Auszug aus Ägypten geschildert. Der biblische Autor brachte die Inhalte seiner beiden Quellen durcheinander, außerdem meiner Meinung nach auch die zeitliche Abfolge ihrer Unternehmungen. Natürlich ist auch zweifelhaft, ob die Erinnerungen einer Persönlichkeit des öffentlichen Lebens genau den Tatsachen entsprechen, auch wenn Gott als Zeuge angerufen wird. Aus diesen Gründen können wir nicht sagen, ob die Bücher »den Tatsachen entsprechen«; ihre theologischen Ansichten entziehen sich sowieso der Verifizierung. Die Bücher enthalten jedoch Dokumente und Detailangaben, die kein Historiker, der sich mit dem Persischen Reich befaßt, vernachlässigen darf. Nehemias Erinnerungen sind persönlich und in gewissem Sinne auch historisch. Es gibt im gesamten Alten Testament nichts Vergleichbares, auch wenn wir nicht sicher wissen, wann genau der Text entstanden ist.

17

Der Prozeß Jesu

I

Im Neuen Testament gewinnt die Beziehung zwischen der biblischen Erzählung und der Geschichte eine neue Komplexität. Als das Neue Testament niedergeschrieben wurde, lagen die in ihm geschilderten Ereignisse noch nicht sehr lange zurück; es wurde in griechischer Sprache geschrieben, und eins seiner Bücher, die Apostelgeschichte, ist ohne weiteres mit der griechischen Geschichtsschreibung vergleichbar. Die Evangelien bestehen aus vier eigenständigen Büchern, die miteinander verglichen werden können, und man weiß über ihre sozialen und politischen Rahmenbedingungen sowie über die Jahre der Römerherrschaft in den griechischsprachigen Städten und jüdischen Gemeinden mehr, als wir je über die Zeiten von Ahab oder Nehemia erfahren werden.

Unser Wissen wächst zwar noch immer stetig, doch dadurch werden auch immer neue Unsicherheiten offengelegt. In der Apostelgeschichte hören wir beispielsweise wiederholt von Menschen, die »Gott fürchten« oder »zu Gott beten« und bei denen die Predigten der Christen auf offene Ohren stoßen. »Gottesfürchtige« tauchen auch in einigen späteren griechischen Inschriften auf, meist in einem jüdischen Kontext. Jetzt verfügen wir zusätzlich über eine lange Inschrift, die kürzlich in der griechischen Stadt Aphrodisias in der heutigen Türkei gefunden wurde. Sie bezieht sich auf Angelegenheiten der dortigen Synagoge.[1] So listet sie vierundfünfzig »Gottesfürchtige« auf, die den Namen nach zu schließen überwiegend Nichtjuden waren und verschiedenen Berufsgruppen angehörten. Damit stützt sie die alte Auffassung, daß die Gottesfürchtigen der Apostelgeschichte Nichtjuden waren, die mit dem jüdischen Glauben sympathisierten, jedoch nicht konvertierten und nicht den vielen jüdischen Gesetzen gehorchten. Die christlichen Prediger boten solchen Menschen ein attraktives neues Israel mit einem Messias und weniger strengen Gesetzen. Doch die neugefundene Inschrift entstand erst um 200 n. Chr. oder noch später und kann, auch wenn sie einen Anhaltspunkt bietet, nicht beweisen, was die Apostelgeschichte fast zweihundert Jahre früher unter einem Gottesfürchtigen verstand.

Es werden auch immer wieder neue Texte auf Papyrus gefunden, und einige kürzlich veröffentlichte Papyrusdokumente aus Höhlen in Judäa sind für die Lehre Jesu zum Thema Sexualität und Ehe im Neuen Testament interessant und aufschlußreich. Dabei handelt es sich um einige Briefe aus der Zeit um 120 n. Chr.; sie beziehen sich auf die Geschäfte einer Jüdin, deren Mann außer ihr noch eine weitere Frau hatte. Man nahm bisher an, daß die Polygamie, die im patriarchalen Zeitalter der Bibel blühte, später nur noch die seltene Ausnahme in den höchsten Kreisen der jüdischen Gesellschaft war. Der Mann dieser Frau war wie sie selbst auch relativ wohlhabend, aber er gehörte nicht der obersten Gesellschaftsschicht an. Die Bigamie war also allem Anschein nach nicht auf einige wenige Mitglieder der höchsten Kreise beschränkt.[2]

Neben Papyri und Inschriften haben wir auch die Bücher eines zeitgenössischen jüdischen Historikers, des Flavius Josephus. Er war eine Generation jünger als Paulus, lebte jedoch noch in Judäa, ehe im Jahr 70 die große Katastrophe hereinbrach, bei der der Tempel zerstört wurde und Gruppen wie die Pharisäer und die Sadduzäer für immer aus der Geschichte verschwanden. Josephus schreibt von ungefähr 70 n. Chr. bis in die Mitte der neunziger Jahre und erwähnt Johannes den Täufer; dagegen ist nirgendwo in seinen Büchern vom Lebensweg Jesu die Rede. Die einzige Passage, die sich mit Jesus zu beschäftigen scheint, ist anerkanntermaßen eine christliche Ergänzung.[3] Die Erinnerungen des Josephus sind nicht immer verläßlich, aber sie stehen dem Judäa der Zeit Jesu viel näher als die Texte, die später von jüdischen Gelehrten verfaßt wurden. Manchmal blickt er auch auf das Judäa vor der Katastrophe von 70 zurück, allerdings ist sein Werk keine Primärquelle, denn er idealisiert oder entstellt oft, was er schildert.

Auch die Evangelien sind keine echte Geschichtsschreibung, aber sie berichten über bedeutsame Ereignisse aus dem Leben des historischen Jesus und geben seine Worte wieder. In diesem Sinne sind sie biographisch mit einer stark religiösen Ausrichtung. Sie wurden in so großer zeitlicher Nähe zu den Ereignissen geschrieben, daß sie uns Jesus in einer Umgebung zeigen, mit der ein nichtjüdischer Stadtbewohner kaum vertraut gewesen wäre. Daß es in den Evangelien keine Sklaverei gibt und Markus von den »vornehmsten Bürgern von Galiläa« (*megistanes,* Mk 6,21) spricht, entspricht dem sozialen Gefüge in Galiläa, wie es auch in den Schriften des Josephus geschildert wird.[4] Nach Darstellung der Evangelien betrat Jesus nie die beiden neuen griechischen Städte, die kurz zuvor in Galiläa gegründet worden waren, obwohl diese Art von Stadt und ihre gesellschaftliche Struktur nach seinem Tod der vorrangige Schauplatz christlichen Lebens werden sollte.[5] Menschen wie die Syrophönizierin mit griechischer Abstammung in Markus 7,26 werfen ein Licht auf die kulturelle Vielfalt der Region. Auf einer anderen Ebene sind die Geschichten zum Thema »gebt dem Kaiser«, ob wahr oder nicht, außerordentlich wichtig, um zu verstehen, in welchem Verhältnis die Provinzbewohner zu ihrem Kaiser standen und in welchem Maße von den Untertanen Roms verlangt wurde, die Herren, die auf ihren Münzen abgebildet waren, zur Kenntnis zu nehmen.

Auf dieser Ebene werden Episoden in den Evangelien von Historikern, die sich mit dem Leben in den römischen Provinzen beschäftigen, zu Recht als gültiges Belegmaterial angesehen.[6] Wissenschaftler, die sich mit Jesu Verhältnis zum Judentum befassen, haben es schwerer, denn nach dem Tod Jesu gerieten Christen und Juden in Konflikt miteinander. Ihre Auseinandersetzungen haben zwar nicht unbedingt in die Evangelien Eingang gefunden, aber die Existenz solcher Konflikte hat die Darstellung der Gespräche Jesu mit den Juden durchaus beeinflußt. Bekanntlich betrachtet das Johannesevangelium die Juden als eine feindliche Gruppe, fast so, als sei Jesus nicht einer von ihnen gewesen. Im Markusevangelium hat man bei einigen Disputen das Gefühl, daß sie in einem außerordentlich unrealistischen Rahmen angesiedelt sind: »Die Pharisäer schlossen sich sicher nicht zu Gruppen zusammen und verbrachten den Sabbat in den Kornfeldern Galiläas, in der Hoffnung, jemanden zu erwischen, der das Gesetz übertrat (Mk 2,23 ff.), und es ist auch nicht glaubwürdig, daß Schriftgelehrte und Pharisäer eigens von Jerusalem nach Galiläa reisten, um die Hände der Jünger Jesu zu inspizieren (Mk 7,1).«[7]

Das Hauptproblem aber ist, daß wir vier Evangelien haben und nicht nur eines. Ihre Angaben über die Wege und Aufenthaltsorte Jesu sind nicht miteinander vereinbar, und wenn sie seine Worte und Gespräche widergeben, stimmen Formulierungen und Situationen selten überein. Die Auffassung, jedes Wort der Evangelien sei ein historisches Zeugnis, mußte der Einsicht weichen, daß die vier Verfasser ihren Stoff in unterschiedlicher Weise geformt haben. Und wie die Bearbeitung, so ist auch der Stoff selbst manchmal nur ein Zeugnis dafür, was Jesus nach Überzeugung seiner christlichen Anhänger gesagt und getan haben mußte. Aus dem Zögern der Apostel, das in den ersten Kapiteln der Apostelgeschichte beschrieben wird, geht klar hervor, daß es eine feste Tradition gab, derzufolge Jesus nicht befohlen hatte, Nichtjuden zu missionieren. Doch hier und da findet eine solche Mission statt, wie Funken von einem großen Feuer hierhin und dorthin sprühen, und als diese Funken ein gewaltiges Feuer entfachen, werden als Reaktion darauf Jesus in den Evangelien Worte zugeschrieben, die die Apostel auffordern, zu den Nichtjuden zu gehen und sie zu lehren (Mt 26,17; Mt 28,19; Lk 24,47). Die spätere Erfahrung der Gemeinschaft hat hier die Worte geprägt, die Jesus in den Mund gelegt werden. Dieses Beispiel ist gesichert, aber an anderen Stellen muß man sich fragen, wo die Trennlinie zwischen dem zu ziehen ist, was Jesus tatsächlich gesagt hat, und dem, wovon man später glaubte, daß er es gesagt habe.

Vor dieses Problem gestellt, tun Theologen manchmal so, als könne man den »Christus des Glaubens« kennen, während der »Jesus der Geschichte« verloren oder sogar relativ unwichtig sei. Es lesen aber nicht nur Christen die Bibel, und wer den »Christus des Glaubens« nicht anerkennt, ist nach wie vor mit den Darstellungen der Evangelien konfrontiert, die sich mit dem historischen Jesus von Nazaret befassen, der lebte, lehrte und starb und von dem man glaubte, daß er sich auf eine Messias-Vorstellung und einen bereits bekannten Gott berief. Der historische Jesus ist in direkter Weise relevant für den späteren »Christus des Glaubens«; man nahm nicht an, daß Gott einfach irgend jemanden auferstehen ließ. Was kann man also als Historiker über ihn sagen?

Das gesicherte Minimum sind die Taten, die allgemein bekannt waren und über die sich alle Evangelien einig sind. Wir wissen, daß Jesus die zwölf Apostel als eine besondere Gruppe unter seinen Jüngern ansah (Paulus zeigt in 1 Korinther 15,5, daß die Bedeutung dieser Zahl schon sehr früh bekannt war, wie auch Johannes 20,24 bezeugt). Bezeichnenderweise wissen wir nicht, wer die zwölf waren, denn in verschiedenen Listen werden unterschiedliche Namen für sie angegeben. Man wußte jedoch, daß die Zahl zwölf wichtig war, ganz gleich, wen sie im einzelnen umfaßte, und so wurde sie schon unmittelbar nach dem Tod Jesu wieder hergestellt (Apg 1,15–26). Wir wissen auch, daß Jesus mit den zwölf Aposteln über das Reich Gottes sprach (das Johannesevangelium sagt darüber am wenigsten, aber auch dort wird in Johannes 3,5 ähnliches schon dem Nikodemus gegenüber angedeutet). Die Inschrift auf dem Kreuz bezeichnete Jesus öffentlich als den König der Juden. Wir wissen, daß er mit einigen Juden in Konflikt geriet, daß er festgenommen wurde, während seine engsten Vertrauten in Freiheit blieben, und daß er durch die römische Strafe der Kreuzigung hingerichtet wurde, daß also die römischen Behörden eine Rolle spielten. Schon dieses gesicherte Minimum schließt mehrere Interpretationen aus, so etwa, daß Jesus nur ein Wundertäter gewesen sei (warum war dann die Rede von einem Königreich?), daß er die »außerordentlich glaubwürdige Persönlichkeit«[8] eines frommen heiligen Mannes aus Galiläa besessen habe (warum dann die Zwölf? Sie stand mit Sicherheit für die zwölf Stämme eines neuen Israel; eine neue Gemeinschaft aber war nie das Anliegen eines uns bekannten »heiligen Mannes aus Galiläa«).

Von dem gesicherten Minimum führen vor allem zwei Wege weiter. Wir können die Darstellungen der vier Evangelien vergleichen und den Tatsachen oder Jesusworten besondere Beachtung schenken, bei denen die Übereinstimmung am deutlichsten ist. Besonders interessant ist es, nach Übereinstimmungen zwischen Evangelien zu suchen, die sonst relativ wenig miteinander gemeinsam haben, etwa Johannes und Lukas oder auch Johannes und Matthäus. Die andere Methode besteht darin, das »gesicherte Minimum« mit unserem Wissen über andere »Verbrecher« zu vergleichen, die in Judäa vor dem Krieg von 68–70 gegen die Römer auftraten. Wir wissen von ihnen aus den Geschichtswerken des Josephus, und obwohl dieser nirgendwo die Festnahme oder den Tod Jesu erwähnt, können wir doch fragen, was Jesus getan haben muß, um sich von anderen Unruhestiftern derart zu unterscheiden, daß er sich damit die ungerechte Strafe einer Kreuzigung durch die Römer einhandelte. Aus einem Werk des Josephus erfahren wir, daß in den vierziger Jahren römische Soldaten (nicht Juden oder jüdische Priester) loszogen, um einen charismatischen Juden namens Theudas festzunehmen, der durch die Behauptung, er werde den Jordan teilen, die Massen mobilisiert hatte.[9] Die Römer nahmen ihn gefangen und töteten ihn. Römische Soldaten gingen auch gegen einen ägyptischen Propheten und seine Anhänger vor und brachten viele von ihnen um, weil sie angeblich geplant hatten, Jerusalem gewaltsam zu besetzen. Josephus sagt in einem seiner Werke, die Zahl der Anhänger habe 30000 betragen, in einem anderen Buch vermerkt er, 400 seien getötet und 200 gefangengenommen worden. Paulus schreibt in Apostelgeschichte 21 von 4000 Anhängern wohl desselben Ägypters. In Galiläa nahm zu Lebzeiten Jesu der Tetrarch Herodes Antipas Johannes den Täufer fest und ließ ihn hinrichten. Nach Ansicht des Josephus wurde Johannes festgenommen, weil er Buße und die Taufe predigte (Josephus läßt Herodes Antipas überlegen, daß es besser sei, gleich zuzuschlagen, denn »eine so wirksame Redegabe könnte das Volk zu einer Revolte aufstacheln«). Und fast dreißig Jahre nach Jesu Tod zog ein weiterer Jude namens Jesus, ein »einfacher Mann vom Land«, am Laubhüttenfest des Jahres 62 durch Jerusalem und rief dabei: »Eine Stimme aus dem Osten, eine Stimme aus dem Westen, eine Stimme aus allen vier Himmelsrichtungen, eine Stimme gegen Jerusalem und das Heiligtum, eine Stimme gegen das ganze Volk.« Einige führende Bürger der Stadt ergriffen ihn voller Zorn und peitschten ihn aus, und als er nicht aufhörte zu rufen, brachte ihn die jüdische Obrigkeit vor den römischen Statthalter. Dort beantwortete er jede Frage mit den gleichen Worten der Klage, worauf ihn der Statthalter freiließ und der Mann noch weitere sieben Jahre klagte.[10]

Ebenfalls am Laubhüttenfest, genauer am letzten Tag des Festes, rief dem Johannesevangelium zufolge Jesus, der für Leute wie Josephus zweifellos auch ein »einfacher Mann vom Land« war, laut aus: »Wer Durst hat, komme zu mir, und es trinke, wer an mich glaubt« (Joh 7,37f.). Rufe solcher frommer Pilger müssen am Laubhüttenfest, das den religiösen Eifer entfachte, zahlreich gewesen sein. Genau wie seinem späteren Namensvetter soll dem Jesus der Evangelien damals die Festnahme durch die jüdische Obrigkeit gedroht haben. Bei dieser Gelegenheit entkam er, aber beim Passahfest war es dann so weit, und man führte ihn dem römischen Statthalter vor. Im Gegensatz zu seinem Namensvetter wurde er allerdings getötet. Er muß daher mehr gewesen sein als ein Prophet, der dem Tempel und dem Volk den Untergang verkündete. Er war kein revolutionärer Prophet wie der namentlich unbekannte Ägypter und auch kein politischer Messias wie Theudas, der den Jordan teilen wollte. Ihnen hefteten sich römische Soldaten an die Fersen und überwältigten sie, gegen Jesus und seine Anhänger unternahmen die Römer von sich aus nichts. Zwar mußte Jesus wie Johannes der Täufer möglichst rasch festgenommen werden, weil man fürchtete, daß seine religiöse Botschaft Unruhe stiften könnte. Im Gegensatz zu Johannes dem Täufer fühlte sich Herodes Antipas in seinem Falle aber nicht genötigt, in Galiläa zu handeln; Jesu Stunde schlug in Jerusalem. Und ebenfalls im Gegensatz zu Johannes dem Täufer wurde er aufgrund eines Urteils getötet, bei dem die jüdische Obrigkeit und der römische Statthalter zusammenwirkten und eine römische Strafe verhängt wurde. Die Reaktionen der Menschen müssen sich über einen Zeitraum von dreißig Jahren hinweg nicht unbedingt gleichbleiben, aber hier scheint ein Muster erkennbar.

In den Augen seiner Häscher war Jesus weniger als ein politischer Rebell, aber mehr als ein Prediger, der von Buße und Verderben sprach. Er war mehr, weil er einem neuen Reich Gottes sprach und die Römer dies nicht zulassen konnten.[11] Zudem war seine Wirkung größer. Auch der Täufer erreichte Buße und Umkehr und fand Widerhall beim Volk, aber nur von Jesus glaubten seine Anhänger später, er sei von den Toten auferstanden.

Diese Anhänger haben uns vier Darstellungen hinterlassen, die weit über das gesicherte Minimalwissen hinausgehen; den größten Teil ihrer Berichte widmen sie der Frage, wann, wie und warum Jesus festgenommen, verhört und zum Tode verurteilt wurde. Manches davon, aber nicht alles, berührt sich mit griechischen, römischen und jüdischen Quellen. Das hat den Prozeß Jesu zu einem umstrittenen Forschungsgebiet gemacht. Der Streit gilt der Frage der historischen Richtigkeit, aber auch der Frage der Schuld. Ein tief empfundener Vorwurf von christlicher Seite gegen die Juden war deren augenscheinliche Verantwortung für den Tod Jesu. Haben die Evangelien die Rolle der Juden übertrieben, und kann ihre Darstellung durch andere Beweismittel korrigiert werden? Wenn die Juden verantwortlich waren, warum wurde Jesus dann durch eine römische Strafe getötet?[12]

Im groben Ablauf des Geschehens stimmen die vier Evangelien durchaus überein: Jesus wird festgenommen, seine Begleiter jedoch nicht; er wird vom Hohenpriester verhört, dann zu Pontius Pilatus gebracht und erneut verhört; irgendwann wird er gegeißelt, und schließlich wird Barabbas an seiner Stelle freigelassen, er selbst dagegen von Pilatus zur Kreuzigung bestimmt. Der größte Teil dieses äußeren Rahmens besteht aus Ereignissen, bei denen die Öffentlichkeit Zeuge ist; das Verhör durch Pilatus endet mit einer Szene zwischen Pilatus und der Menge, die voraussetzt, daß Pilatus und Jesus sich zuvor getroffen haben. In bezug auf das Verhör beim Hohenpriester heißt es von Petrus sicher zu Recht, er habe im Haus des Hohenpriesters gewartet; in Johannes 18,15 wird beschrieben, daß ein »anderer Jünger«, der mit dem Hohenpriester bekannt war, mit Jesus hineinging. Es ist eine alte und in meinen Augen auch zutreffende Vermutung, daß dieser Jünger die Quelle des vierten Evangeliums ist.

Die Rahmenerzählung könnte also auf Primärquellen beruhen, aber sogleich tauchen weitere Fragen auf: Was genau geschah in den dazwischenliegenden Stunden, wer sagte wann was? Selbst ein Augenzeuge konnte bei dem Kommen und Gehen in jener Nacht in Verwirrung geraten, und die ersten drei Evangelien wurden nicht von Augenzeugen geschrieben (der »junge Mann« in Markus 14,51 ist meiner Meinung nach nicht der Verfasser des Evangeliums; außerdem rannte er ja davon). Die Evangelisten zögern dennoch nicht, uns alles zu erzählen, was wir wissen wollen. Man kann ihre Angaben nun freilich mit Materialien außerhalb der Bibel vergleichen, besonders mit jüdischen und römischen Zeugnissen zur Durchführung eines Prozesses. Ich werde mich dieser Methode bedienen, auch wenn sie erfordert, daß wir Einzelheiten aus jedem der vier Evangelien herausgreifen. Dann werde ich darlegen, wie dahinter ein tieferes Problem sichtbar wird, das in den Evangelien selbst begründet liegt.

Die wichtigsten jüdischen Belege finden sich in Texten, die von Rabbinen geschrieben wurden und aus der Zeit ab 200 n. Chr. stammen; sie werden vor allem wegen ihrer Ansichten zum Vergehen der Gotteslästerung und zu den Zusammenkünften des jüdischen Sanhedrin oder Hohen Rates zitiert. Aus den Texten geht hervor, daß Gotteslästerung ein Kapitalverbrechen ist, wenn sie in der Verehrung von Götzenbildern oder dem »Aussprechen des Namens Gottes« besteht. Keines der beiden Vergehen paßt genau zu der angeblichen Gotteslästerung Jesu, die der Hohepriester in Markus 14,64 vor seinen Zuhörern anprangert. Hier soll Jesus lediglich der Aussage zugestimmt haben, er sei der Messias, der »Sohn des Hochgelobten«, und auf das Kommen des »Menschensohnes« hingewiesen haben, womit er auf die geheimnisvolle Gestalt anspielte, die aus dem Buch Daniel bekannt ist. Keine dieser Aussagen entweihte den Namen Gottes. Auch die Zusammenkunft des Sanhedrin selbst ist höchst problematisch. In den synoptischen Evangelien nach Matthäus, Markus und Lukas verhört ein »Rat der Juden« (»Sanhedrin«) Jesus und »fällt« in Markus 14,64 »das Urteil«, er sei schuldig und müsse sterben. Alle drei Evangelien legen das Verhör in die Zeit des Passahfestes, Markus und Matthäus sogar in die Nacht. Die rabbinische Abhandlung über den Sanhedrin (abgefaßt etwa 200 n. Chr.) hält dagegen fest, daß dessen Zusammenkünfte nicht an einem Sabbat oder Festtag und schon gar nicht nachts stattfinden durften und daß ein Todesurteil erst am Tag nach dem Prozeß bestätigt und damit rechtskräftig gemacht werden konnte.[13]

Man hat diese Diskrepanzen mit außerbiblischen Quellen über den Charakter des Pontius Pilatus in Verbindung gebracht. Der gebildete Jude Philon, ein griechischsprachiger Zeitgenosse Jesu aus Alexandria, zitiert einen Brief des jüdischen Königs Agrippa I., eine kompetente Quelle, die Pilatus als »hart, unbeugsam und dickköpfig« beschreibt.[14] Josephus schildert in seinen Werken mehrere Versuche des Pilatus, seine jüdischen Untertanen zu provozieren oder einzuschüchtern. Auch Münzen, die während der Statthalterschaft des Pilatus in Judäa geprägt wurden, passen zu diesem Bild: Auf ihnen sind zum ersten Mal während der römischen Herrschaft heidnische Kultgegenstände abgebildet, sie stellen somit einen Affront gegen die Gefühle der Juden dar.

Man kann also feststellen, daß die jüdischen Quellen strenggenommen den Vorwurf der Gotteslästerung im Markusevangelium entkräften (denn was war gotteslästerlich daran, vom »Menschensohn« oder Messias zu sprechen?) und die Vorstellung eines Prozesses und einer Verurteilung durch den Sanhedrin in der Nacht zunichte machen (eine Nachtsitzung war unmöglich). Außerbiblische Quellen widerlegen zudem das in den Evangelien gezeichnete Bild eines schwachen Pilatus, der lediglich dem Drängen einer wütenden jüdischen Menge nachgab. Man könnte nun behaupten, die Christen hätten die Wahrheit entstellt, um dem jüdischen Sanhedrin eine Handlung zur Last zu legen, die eigentlich auf die Härte des Römers Pilatus zurückzuführen war. Schließlich wurde am Ende des Prozesses eine römische Strafe verhängt, und man hat einen wichtigen Hinweis auf den wahren Anteil der Römer in Johannes 18,3 sehen wollen. Im Gegensatz zu den anderen Evangelien deutet Johannes hier an, daß die Gruppe, die Jesus in Getsemani gefangennahm, eine »Abteilung« Soldaten war (er verwendet das griechische Wort für eine römische Kohorte).[15] Sie wurde von einem Offizier angeführt, dessen Rang mit dem üblichen griechischen Wort für einen römischen Tribun bezeichnet wird.

Man hat mit Hilfe des alternativen Quellenmaterials weitreichende Theorien konstruiert, aber die Schwächen dieses Materials sind größer als seine Stärken. Der interessanteste Ansatzpunkt findet sich in den Evangelien selbst, nicht außerhalb: die Erwähnung der römischen Soldaten bei Johannes. Johannes könnte allerdings unrecht haben (die anderen Evangelisten beschreiben den Vorgang anders); selbst wenn er recht hat, könnten die römischen Soldaten in einem dringenden Notfall von den jüdischen Behörden auf den Plan gerufen worden sein (wir kommen später noch auf die Logik dieses Arguments zurück). Die anderen Punkte sind nicht stichhaltig. Der strenge Pilatus hatte vielleicht einen schlechten Tag; zeitgenössische Papyrusdokumente römischer Prozesse oder christliche Darstellungen von Martyrien berichten von mehreren Statthaltern, die dem Geschrei der Menge nachgaben.[16] Die »Gotteslästerung« bei Markus muß im Zusammenhang gesehen werden: Das griechische Wort bedeutet vielleicht nur »Beleidigung«, nicht spezifisch »Beleidigung Gottes«.[17] Überdies stellt Markus das Verhör als ein wüstes Durcheinander dar. Die Ankläger können sich nicht einigen, Jesus aber schweigt. Schließlich erhebt der Hohepriester den Vorwurf der Gotteslästerung und zerreißt sein Gewand; es paßt in den Ablauf der Erzählung, daß er unter Mißachtung der Wahrheit ein vorschnelles Urteil fällt. Weiterhin könnte man sagen, es sei kein formaler »Sanhedrin« einberufen worden, es habe sich nur um »einen« Rat (griechisch: »ein« *synhedrion*) gehandelt, den der Hohepriester rasch zu seiner Unterstützung zusammengerufen habe.[18] Eine spontan einberufene Sitzung war keine formelle Zusammenkunft des offiziellen Rates von Judäa. In Markus 14,55 spricht Markus allerdings von den »Hohenpriestern und dem ganzen Hohen Rat«, aber vielleicht entsprach die formelle Bezeichnung nicht der Wirklichkeit. Welchen Status der Rat auch gehabt haben mag, die Nachtsitzung war auf jeden Fall nur eine Anhörung, nicht jedoch ein formaler Prozeß. Markus 14,64 wird von den Übersetzern aus dem Griechischen mit »Und sie fällten einstimmig das Urteil: Er ist schuldig und muß sterben« wiedergegeben. Vielleicht war das Ergebnis des Treffens weniger offiziell: »Sie urteilten, er habe die Todesstrafe verdient«, und verschoben die »Verurteilung« auf eine andere Zeit und einen anderen Ort.[19]

Es ist also keineswegs klar, daß im Markusevangelium eine offizielle Verurteilung geschildert wird und daß Markus recht hat, wenn er von einer formalen Zusammenkunft des Sanhedrin spricht. Manche Historiker behaupten neuerdings sogar, es habe während der Herrschaft des Herodes und seiner römischen Nachfolger gar keinen ständigen offiziellen Sanhedrin in Judäa gegeben. Meiner Ansicht nach wird seine Existenz in christlicher Zeit jedoch durch die Apostelgeschichte bewiesen (Apg 5,27; Apg 5,34 und besonders Apg 22,30 ff.). Zudem brauchen wir diesen Ansatz gar nicht, um den Konflikt zwischen den Evangelien und den rabbinischen Texten über den Sanhedrin aufzulösen. Trotz der Darstellung in Markus 14,55 muß im Fall Jesu kein formaler Sanhedrin mitgewirkt haben, und die Texte der Rabbinen über den Hohen Rat wurden erst geschrieben, als es die Institution selbst schon lange nicht mehr gab (sie ging mit dem jüdischen Aufstand gegen die Römer im Jahr 68 unter). Die rabbinischen Autoren haben sich Einzelheiten dieses glorreichen Rates der fernen Vergangenheit ausgedacht und sein Handeln idealisiert. Genaugenommen nennen sie ihn meist einen Gerichtshof (*Beth din*) und benutzen das Wort »Sanhedrin« kaum. Bei Zusammenkünften dieses Gerichts saßen angeblich alle einundsiebzig Mitglieder in einem Halbkreis, und bei einer schwerwiegenden Anklage gaben die jüngeren Teilnehmer zuerst ihr Urteil ab, um nicht durch die Ehrfurcht vor den älteren beeinflußt zu werden. Solche und ähnliche Texte beschreiben wohl kaum die Vorgänge in einem historischen Gerichtssaal.

Stichhaltigere Informationen erhalten wir aus Texten zum römischen Recht und zur römischen Verwaltung. Die meisten stammen aus der Zeit bis 200 n. Chr. und sind in historischen Darstellungen enthalten, nicht in phantasievollen Rückblicken voller Wunschdenken. Wir haben sogar auf Papyrus erhaltene offizielle Protokolle von Verhören vor römischen Statthaltern. Deren Rechte und Pflichten waren Gegenstand juristischer Schriften, die in späteren Sammlungen zum römischen Recht erhalten blieben. Zwischen der Zeit, von der die Evangelien berichten, und der Entstehungszeit der römischen Materialien (bis 230 n. Chr.) hat sich nicht viel an der Art und Weise geändert, in der die Statthalter den Frieden zu wahren suchten.

Zum letzten Mal wurden die Passionsgeschichten der Evangelien vor ungefähr dreißig Jahren detailliert von einem Fachmann für römisches Recht untersucht: Er war beeindruckt davon, wie genau sie den »rechtlichen und administrativen Hintergrund und seine technischen Einzelheiten« erfaßten.[20] Diese »technischen Einzelheiten« bestehen aus einer bunten Mischung, die von der jeweiligen Tageszeit bis zur Art der Urteilsverkündung reicht. In allen vier Evangelien wird Pilatus in den frühen Morgenstunden eingeschaltet. Der Arbeitstag anderer römischer Würdenträger läßt darauf schließen, daß sie in der Tat früh am Morgen mit der Arbeit begannen und sich von der sechsten Stunde, der Mittagszeit, an erholten. Im Johannesevangelium heißt es, Pilatus habe sein Verhör um diese Stunde beendet. Johannesevangelium und Markusevangelium erwähnen den Richterstuhl des Pilatus (sie verwenden dafür den genauen Fachausdruck *bema*), und die Ankläger sind beim Verhör dabei, wie das römische Verfahren es im allgemeinen verlangt. Pilatus will nicht sofort ein Urteil fällen, und die wiederholte Befragung seines Gefangenen entspricht der Praxis der Statthalter bei späteren Prozessen gegen Christen, bei denen sie die Schuldfrage (angeblich) dreimal wiederholten. Im Lukasevangelium läßt Pilatus den Galiläer Jesus sogar zum Verhör zu Herodes Antipas bringen, der in Galiläa regiert und zufällig auch gerade in Jerusalem ist. Die späteren Texte römischer Rechtsgelehrter erwähnen das Recht eines Mannes auf einen Prozeß nach der Gerichtsbarkeit an seinem »Wohnort«, nicht nach der am »Ort des Vergehens«.

Im Markus- und im Matthäusevangelium wird Jesus vor der Kreuzigung schwer gegeißelt, im Lukasevangelium droht ihm lediglich die Auspeitschung vor seiner Freilassung. Die in den Evangelien verwendeten Wörter für diese beiden Arten der Bestrafung sind mit Bedacht gewählt, und der Unterschied zwischen ihnen wird vom römischen Recht gestützt. Das eine Wort benennt eine schwere Mißhandlung vor der Vollstreckung des Todesurteils, das andere beschreibt eine Art Warnung, die ebenfalls als Rechtsmittel vorgesehen war. Während der Zeit bei Pilatus trägt Jesus ein purpurrotes Gewand und eine Dornenkrone und wird von seinen Häschern verspottet: Eine solche Grausamkeit kann man einerseits mit einem prophetischen Text vom »leidenden Gottesknecht« in Verbindung bringen, sie ist andererseits aber auch glaubwürdig, und wir können zum Vergleich eine Szene heranziehen, die der Jude Philon im Sommer des Jahres 38 in Alexandria erlebte. Dort wurde ein Schwachsinniger in eine Decke gehüllt, mit einer Krone und einem Zepter aus Papyrus ausgestattet und von einigen Griechen als König gegrüßt und behandelt; sie wollten damit den damaligen König der Juden Agrippa verspotten.[21] Schließlich heißt es, Jesus seien die Kleider weggenommen worden, und die Soldaten hätten das Los über sie geworfen. Das Johannesevangelium zitiert einen dazu passenden Vers aus dem 22. Psalm, aber wir wissen auch aus einer gesetzlichen Bestimmung des Kaisers Hadrian (um 120), daß das Konfiszieren der »alten Kleider« eines Verurteilten und die Definition der »alten Kleidung« einer offiziellen Regelung bedurften.[22] Der Kaiser erlaubte, daß diejenigen, die für die Bewachung eines Verbrechers zuständig waren, ihm seine Kleider, das Geld in seinen Taschen und sonstige Dinge ab-nahmen. Nach einer späteren Ansicht sollte der Provinzstatthalter diese Dinge selbst an sich nehmen und mit ihrem Verkauf die Kosten bestreiten, die bei seiner Arbeit entstanden, etwa für Schreibpapier oder Geschenke für ausländische Besucher.

Die Berührungspunkte mit dem römischen Umfeld sind beru-higend; sie erinnern uns daran, daß die Übereinstimmung eines Ereignisses mit einer alten Prophezeiung nicht unbedingt bedeutet, daß das Ereignis selbst nicht stattgefunden hat. Es könnte sich dabei jedoch statt um die Realität auch um literarischen Realismus handeln. Bei näherem Hinsehen sind die meisten der »technischen Einzelheiten« nicht mehr so eindrucksvoll, wie sie anfangs erschei-nen mögen. Die morgendliche Routine der römischen Beamten konnte ebenso wie die eines jeden anderen Menschen variieren, und Lukas denkt vielleicht an eine Überstellung oder »Übergabe« des Galiläers Jesus an Herodes Antipas, nicht aber an etwas so Formales wie das Recht auf einen Prozeß nach der Gerichtsbarkeit am Wohn- oder Heimatort des Gefangenen. Zudem gibt es gute Gründe dafür, die historische Wahrheit dieser Episode überhaupt anzuzweifeln, wie wir später sehen werden. Was die dreimalige Befragung der Christen durch römische Statthalter betrifft, so ist sie für zwei andere Verhöre bezeugt (für die Christen vor Plinius dem Jüngeren und für den Märtyrer Polykarp um 150), doch handelt es sich nicht um eine Verfahrensregel.[23]

Die meistdiskutierte Einzelfrage bleibt, ob die Juden oder ihr Sanhedrin unter der römischen Herrschaft die Macht hatten, einen Mann zum Tode zu verurteilen.[24] Hätte die Hinrichtung Jesu so abgewickelt werden können, daß die ganze Geschichte aus dem Bereich der römischen Verwaltung herausgehalten wurde, selbst wenn kein formaler Sanhedrin mitwirkte? Im Johannesevangelium sagen die Juden zu Pilatus: »Uns ist es nicht gestattet, jemand hinzurichten« (Joh 18,31). Die Reichweite dieser Aussage ist noch immer umstritten. Meinten sie, es sei ihnen zu keiner Zeit gestat-tet, oder war nur das Passahfest der Hinderungsgrund? Wir müs-sen versuchen, die Lage anhand anderer Beispiele und des Mate-rials aus anderen römischen Provinzen zu erschließen. Nach Darstellung der Apostelgeschichte 7,57f. wurde Stephanus, der er-ste christliche Märtyrer, ohne formale Verurteilung von aufgebrachten Juden gesteinigt. Im Vorhof des Tempels warnte eine Inschrift Nichtjuden, daß sie Gefahr liefen, gelyncht zu werden, wenn sie den Tempel betraten. Eine spontane Tötung ist allerdings nicht mit der Todesstrafe gleichzusetzen, und obwohl keine bindende rechtliche Aussage aus dem römischen Judäa erhalten geblieben ist, sprechen die Beispiele aus anderen römischen Provinzen erheblich gegen ein Recht der Juden, eigenmächtig die Todesstrafe zu verhängen. Nur in einigen wenigen hochprivilegierten Städten und in dem römischen Roman *Der goldene Esel,* dessen historischer Gehalt allerdings sehr unsicher ist, hören wir von Gemeinden unter römischer Herrschaft, die offenbar rechtlich befugt waren, ein Todesurteil auszusprechen. Ansonsten lag die Kapitalgerichtsbarkeit fest in der Hand des römischen Statthalters, der die Befugnis allerdings anscheinend an Untergebene delegieren konnte. Die rechtlichen Belege zu dieser Frage sind unklar. Die Einwohnerschaft von Jerusalem war höchst unzuverlässig und schwierig, und die römischen Statthalter hatten seit ihrer Herrschaftsübernahme im Jahr 6 n. Chr. sogar die zeremoniellen Gewänder der Hohenpriester in Verwahrung genommen. Die Konfiskation der Gewänder war eine sehr einschneidende Maßnahme, und wenn die Römer so weit gingen, hatten sie in Jerusalem mit Sicherheit auch die Kapitalgerichtsbarkeit in der Hand.

Die Bestrafung durch die Römer bedeutet allerdings nicht unbedingt, daß die Juden keine wichtige Rolle beim Prozeß gespielt hätten: Zwar konnten die Gegner Jesu diesen als »König der Juden« rechtlich nicht töten, aber sie konnten den römischen Statthalter davon überzeugen, daß dies notwendig sei. Alle vier Evangelien sagen aus, Pilatus habe den Gefangenen verhört und sei dann zu einem Urteil gelangt, und das entspricht dem üblichen damaligen Vorgehen eines Statthalters bei einem Untersuchungsverfahren. Mehr läßt sich dazu nicht feststellen. Die jüdischen Texte widerlegen die Darstellung der Evangelien vom Prozeß nicht, und die römischen beweisen nur, daß sie voller richtiger technischer Details sind. Es gibt jedoch eine noch tiefer gehende Frage: Sind sich die Evangelien selbst über das Geschehen einig?

II

Im Jahr 1899 konnte Theodor Mommsen, der große Historiker
der römischen Geschichte, in bezug auf die Evangeliendarstellun-
gen vom Prozeß Jesu noch von »im Ganzen übereinstimmenden
und sicher im wesentlichen auch geschichtlichen Berichten« sprechen.[25] Elias Bickerman dagegen arbeitete 1935 in einer brillanten
Detailuntersuchung die Unterschiede zwischen ihnen heraus und
verglich die Alternativen unter dem Aspekt der offiziellen Verfah-
rensweisen der Rechtssprechung, wie sie aus anderen historischen
römischen Quellen und aus Papyrusdokumenten bekannt sind.[26]
Es zeigte sich, daß die Schilderungen von der in sich schlüssigen
Perspektive des jeweiligen Verfassers geprägt waren. Bickermans
ausgezeichnete Arbeit ist von vielen nachfolgenden Autoren noch
immer nicht völlig rezipiert worden.

Die Unstimmigkeiten der Evangelien beginnen schon auf einer
elementaren Ebene: Sie sind sich nicht einmal über den Tag einig,
an dem der Prozeß stattfand.[27] Die synoptischen Evangelien berichten, das letzte Abendmahl habe am Passahfest stattgefunden,
während das vierte Evangelium (in dem der geliebte Jünger vorkommt, der dabei gewesen sein soll) das Abendmahl auf den vor-
hergehenden Tag legt. Es nennt als Termin für den Prozeß und
die Kreuzigung den Rüsttag, den Tag der Vorbereitung auf das
Passahfest. Diese Datierung ist entscheidend für den gesamten
Verlauf des Zusammentreffens von Pilatus, Jesus und den Juden.
Die synoptischen Evangelien stimmen darin überein, daß die
Kreuzigung auf einen Tag der Vorbereitung fiel, aber sie scheinen
zu meinen, daß diese Vorbereitung einem gewöhnlichen Sabbat
galt, nicht dem Passahfest, das schon vorbei war. Beide Datierungen hatten aus theologischer Sicht ihre Vorzüge: Die synoptischen
Evangelien machten das letzte Abendmahl zu einem Passahmahl,
das vierte Evangelium machte den Vortag des Passahfestes zum
Todestag Jesu, der von Johannes dem Täufer in Johannes 1,36 als
»Lamm Gottes« bezeichnet wurde. Meiner Meinung nach hat das
vierte Evangelium recht, denn es beruht auf einer Primärquelle;
die ersten Christen hatten demnach unrecht, wenn sie das letzte
Abendmahl auf das Passahfest legten.

Dieser Konflikt muß uns warnen: Obwohl der genaue Tag der

Kreuzigung Jesu eine elementare Tatsache war, sind sich die Evangelien dennoch nicht einig. Diese Uneinigkeit erstreckt sich auch auf weitere Einzelheiten innerhalb des großen Rahmens. Entscheidend ist dabei, daß diese Einzelheiten zu jeweils sehr unterschiedlichen Auffassungen vom Prozeß und der Gefangennahme Jesu gehören. Um die Unterschiede herauszustellen, werde ich die Evangelien einzeln durchgehen.[28]

Bei Markus (und bei Matthäus, der sich wahrscheinlich auf ihn stützt), wird Jesus von einer nicht näher bezeichneten Schar von Männern festgenommen, die von den Hohenpriestern geschickt worden sind. Markus spricht von diesen Männern, als seien sie eine Art Bürgerwehr, die von einer städtischen Behörde ausgeschickt wurde, um einen Verbrecher gefangenzunehmen. Jesus wird zum Hohenpriester geführt und von Zeugen vor dem »Hohenpriester und dem ganzen Hohen Rat« angeklagt. Die Zeugen können sich nicht einigen, und Jesus sagt dem Hohenpriester, er sei der Messias und man werde den Menschensohn bald »mit den Wolken des Himmels kommen sehen«. Der Hohepriester ruft, das sei Gotteslästerung, und die Versammlung »fällt einstimmig das Urteil: Er ist schuldig und muß sterben.« Eine zweite Versammlung tritt am Morgen zur Beratung zusammen (zweifellos darüber, wie man Jesus töten solle) und liefert ihn schließlich an Pilatus aus. Gefesselt wird Jesus vor den Statthalter gebracht, und dieser fragt ihn: »Bist du der König der Juden?« Jesus weicht aus, und die Hohenpriester »bringen viele Anklagen gegen ihn vor«. Aber Jesus sagt nichts, wie ein Mann, der das Recht hat, zu schweigen.

Jetzt mischt sich die Menge ein. Pilatus läßt am Passahfest gewöhnlich einen Gefangenen frei, und die Menge bittet ihn, diese Gunst wie sonst auch zu gewähren. Er fragt sie, ob er den König der Juden freilassen solle, aber die Hohenpriester haben die Menge dazu aufgewiegelt, Barabbas zu fordern. Pilatus fragt sie, was er mit dem tun solle, den sie den König der Juden nennen, und sie verlangen Jesu Tod. Der Statthalter willigt ein und läßt Jesus zunächst geißeln.

Nach der Darstellung des Markus liegt die Initiative ganz bei den Juden. Der Hohepriester klagt Jesus übereilt wegen Gotteslästerung an und zerreißt sein Gewand, der ganze Rat erklärt den Angeklagten für schuldig. Wenn Pilatus zu Beginn seines Verhörs gleich fragt, ob Jesus der König der Juden sei, können wir daraus schließen, daß die Juden den Gefangenen samt einer formalen Anklageschrift zu Pilatus gebracht haben. Zu diesem Vorgehen gibt es Parallelen, in Papyrusdokumenten ist seine Anwendung belegt: Der römische Statthalter, dem die Anklageschrift vorgelegt wird, bezieht sich, wie Pilatus, gleich in seiner ersten Frage an den Gefangenen auf die Vorwürfe.[29] Als Jesus ausweicht, müssen die Hohenpriester wieder aktiv werden und wiederholen ihre Anklage. Pilatus steht schließlich mit den unbestätigten Vorwürfen der Juden und einem Gefangenen da, der sich weigert, zu reden. Leider gibt es keinen weiteren Beleg für die Sitte, am Passahfest einen Gefangenen freizulassen, aber Markus beharrt darauf, daß Pilatus in diesem Punkt den aufgebrachten Juden nachgab. Bei Markus gibt es keinen formalen Rechtsspruch des Pilatus und kein schriftliches Urteil. Pilatus weiß, daß die Juden Jesus nur »aus Neid« an ihn ausgeliefert haben, aber um des lieben Friedens willen läßt er sie mit ihrem sogenannten König einfach tun, was sie wollen. Strenggenommen gibt es überhaupt keinen richtigen Prozeß.

Man kann sich über die Übersetzung einzelner Wörter streiten, etwa darüber, wie die Begriffe »Gotteslästerung« und »Verurteilung« bei der jüdischen Vernehmung aufzufassen sind, aber der Standpunkt des Markus ist klar. Die jüdischen Behörden beschließen, daß Jesus sterben muß, also übergeben sie ihn mit einer simplen politischen Anklage (»König der Juden«) Pilatus. Als Jesus schweigt, zögert Pilatus; er liefert ihn erst nach lautstarken Forderungen einer jüdischen Volksmenge aus. Diese Geschichte ist nachvollziehbar und entspricht (bis auf das Privileg am Passahfest) dem Verhalten römischer Statthalter bei Prozessen im übrigen Reich.

Bei Lukas ist der Prozeß in einigen Details anders dargestellt. Jesus wird von der Tempelwache festgenommen und zum Haus des Hohenpriesters gebracht, aber es gibt kein nächtliches Treffen irgendeines Rates. Erst bei einer Versammlung am Morgen stellt der Hohe Rat Jesus Fragen: Ist er der Messias, ist er der Sohn Gottes? Die ganze Versammlung begleitet ihn dann zu Pilatus, wo sie ihre Anklagen gegen ihn vorbringt. Offensichtlich kommen die Hohenpriester nicht mit einer formalen Anklageschrift und auch nicht mit einem Bericht darüber, was sie selbst bereits herausgefunden haben (sie haben keine Sitzung abgehalten, bei der sie einen solchen Text hätten verfassen können). Pilatus findet keine Schuld, die jüdischen Ankläger bleiben jedoch hartnäckig. Schließlich schickt Pilatus den Angeklagten zu Herodes Antipas, der ihn verspottet. Aber auch Herodes findet keine Schuld und schickt ihn zu Pilatus zurück. Der Statthalter entschließt sich dazu, Jesus auspeitschen zu lassen und ihn dann freizulassen, aber da schreien die Juden, er solle Jesus kreuzigen und Barabbas freilassen. Pilatus beschließt, ihre Forderungen zu erfüllen, und liefert ihnen Jesus aus, wie sie es verlangen.

Historiker haben den Bericht des Lukas stets vorgezogen, weil er glatter und einfacher ist. Das zu erreichen war die Absicht seines Verfassers, wir können daraus freilich nicht schließen, daß er deshalb wahr ist. Das Evangelium des Lukas beruht im Gegensatz zur Apostelgeschichte nicht auf Primärquellen. Lukas kannte das Markusevangelium, aber seine eigene Fassung unterscheidet sich davon. Sie glättet den Bericht des Markus. Bei ihrem Verhör fragen die Juden Jesus, ob er der Sohn Gottes sei, was die Verurteilung logischer werden läßt und die Übersetzung des Begriffs »Gotteslästerung« aus dem Bericht des Markus überflüssig macht. Es gibt keine nächtliche Versammlung, sondern nur eine am Morgen. Es gibt keine merkwürdige Sitte beim Passahfest, dafür hebt Lukas stärker darauf ab, daß Pilatus eigentlich die Absicht hat, Jesus freizulassen. Das Ergebnis ist verräterisch: Das Verfahren gleicht jetzt den Prozessen gegen Christen, die Lukas in seinem zweiten Buch, der Apostelgeschichte, für die Zeit nach dem Tod Jesu schildert. Lukas kannte Beteiligte an diesen Konflikten, während er selbst vorwiegend in den griechischen Städten lebte und dort das Vorgehen der Römer bei Verhören außerhalb Jerusalems kennenlernte. Wie bei den Prozessen der Apostelgeschichte verurteilt bei ihm die Versammlung des jüdischen Hohen Rates Jesus nicht formal: Die Juden stellen lediglich fest, daß sie einen Fall vorbringen können, und gehen direkt zu Pilatus, vor dem sie als Ankläger auftreten. Daher tauchen im Bericht des Lukas keine Zeugen bei einem vorausgehenden jüdischen Verhör auf. Es ist bedeutsam, daß die Juden keine formale Zusammenfassung ihrer Anklage vorlegen, aufgrund derer Pilatus direkt in das Verhör einsteigen könnte. Das ist alles ganz anders als bei Markus.

In einem nächsten Schritt schickt Pilatus Jesus zu Antipas, weil Antipas in Galiläa regiert, das nicht direkt unter römischer Herrschaft steht, und nicht weil Jesus nach römischem Gesetz in den Genuß irgendeines generellen Rechtes auf einen Prozeß nach der Gerichtsbarkeit des Wohnortes kommt. Kein anderes Evangelium spricht von Antipas. Hat Lukas also die ganze Szene erfunden? Unter den frühen Christen in Antiochia könnte er Manaën kennengelernt haben (Apg 13,1), der zusammen mit Antipas aufgewachsen war. Hatte Manaën die Geschichte vielleicht von seinem Freund gehört? Wesentlich wahrscheinlicher ist, daß sie von einem Text des Alten Testaments inspiriert wurde: In Apostelgeschichte 4,26 zitiert Lukas den 2. Psalm: »Die Könige der Erde stehen auf ... gegen ... Seinen Gesalbten.« Welche Könige waren das, wenn nicht Antipas? Die Geschichte liegt quer zu allen anderen Evangelien, aber sie gefiel Lukas, weil sie nicht nur die Voraussage des Psalms erfüllte, sondern auch eine noch viel größere Wahrheit betonte: Jesus war vollkommen schuldlos und erklärte das auch frei heraus. Nur das Lukasevangelium berichtet uns von dem römischen Hauptmann unter dem Kreuz, der sagte: »Das war wirklich ein *dikaios.*« Das griechische Wort bedeutet hier nicht »gerechter Mensch« oder Messias, es bedeutet »unschuldig«.[30] Im Bericht des Lukas glaubt Pilatus selbst ebensowenig an die Schuld Jesu wie Herodes Antipas, und sogar einer seiner eigenen Soldaten leugnet sie.

Die Darstellung des Lukas ist kohärent, aber sie entspricht keineswegs der von Markus. Die Darstellung des Matthäus wiederholt im wesentlichen die des Markusevangeliums, enthält aber noch weitere Einzelheiten (den Selbstmord des Judas, die Fragen des Hohenpriesters) und weitere Beweise der Unschuld Jesu (die Frau des Pilatus weiß, daß Jesus unschuldig ist, sie hat es in einem Traum erkannt; Pilatus wäscht sich die Hände in Unschuld). Auch hier werden die Beweise angeführt, um die zentrale Wahrheit zu unterstreichen: Jesus ist unschuldig.

Im Johannesevangelium nehmen die Dinge einen ganz anderen Verlauf. Erstens liegt das Passahfest noch in der Zukunft, und zweitens wird Jesus überhaupt nicht von einem jüdischen Rat verhört. Er wird zuerst in das Haus des Hannas gebracht, des Schwiegervaters des Hohenpriesters, und dort lediglich über seine

Jünger und seine Lehre befragt. Seine von ihm selbst beanspruchten Titel oder sein Status werden nicht diskutiert. Dann wird er in das Haus des Hohenpriesters Kajaphas gebracht und schließlich zur Residenz des Pilatus. Pilatus fragt die Juden, welche Anklage sie gegen Jesus erheben, und die Juden erwidern, sie hätten ihn nicht gebracht, wenn er kein »Übeltäter« wäre. Daraufhin sagt Pilatus, sie sollten ihn mitnehmen und nach jüdischem Gesetz richten, aber die Juden entgegnen, es sei ihnen »nicht gestattet, jemand hinzurichten«. Offenbar hatte Pilatus nicht damit gerechnet, daß das Vergehen, das Jesus zur Last gelegt wurde, so groß war; er hatte gehofft, die Juden könnten mit dem Missetäter, den sie festgenommen hatten, selbst fertigwerden.

Die Antwort der Juden wird auf zweierlei Weise interpretiert. Viele katholische Theologen beziehen im Anschluß an Augustinus die Unzulässigkeit einer Hinrichtung auf das Herannahen des Passahfestes.[31] Mußten die Juden, wenn sie an einem solchen Fest einen Menschen zu Tode brachten, nicht für die Feierlichkeiten unrein werden? Der Evangelist schreibt, daß die Juden aus Furcht, vor dem Passahfest unrein zu werden, das Haus des Pilatus nicht betraten. Erklärt da nicht eine Weigerung die andere? Doch Pilatus wies sie an, Jesus nach ihrem Gesetz zu richten, und ihre Antwort »es ist nicht gestattet« scheint sich auf seinen Vorschlag zu beziehen. So, wie ihre Antwort dasteht, liest sie sich wie ein uneingeschränktes Verbot: »Es ist nicht gestattet«, und zwar überhaupt nicht, weder am Passahfest noch an einem anderen Tag. Wenn das zutrifft, paßt ihre Antwort zur allgemeinen Tendenz der übrigen Belege: Wie andere Gemeinschaften hatten auch die Juden das Recht verloren, die Todesstrafe zu verhängen.

In scharfem Kontrast zu den Darstellungen der übrigen Evangelien läßt das vierte die Juden draußen vor dem Haus des Pilatus warten, während Pilatus Jesus drinnen verhört und dann wieder zu den Anklägern hinausgeht. Die Juden können nicht hereinkommen, weil sie fürchten, unrein zu werden. Daher fragt Pilatus Jesus unter vier Augen, ob er der König der Juden sei, und das Gespräch entwickelt sich zu dem bekannten Dialog über die Wahrheit. Pilatus geht hinaus und sagt den Juden, er finde keinen Grund, Jesus zu verurteilen. Im übrigen sei es Tradition, daß er am Passahfest einen Gefangenen freilasse, solle er also den König der Juden freilassen? Sie verlangen Barabbas, und Jesus wird von den Soldaten gegeißelt, mit Dornen gekrönt, verhöhnt und dann hinausgeführt. Pilatus erklärt ihn für unschuldig (»Seht, ich bringe ihn zu euch heraus ...«). Die Juden schreien, man solle ihn kreuzigen, und Pilatus antwortet, dann sollten sie ihn nehmen und kreuzigen (was sie rechtmäßig nicht können). Sie wehren diesen ironischen Vorschlag ab und sagen, er habe sich als Sohn Gottes ausgegeben und müsse deshalb sterben. Pilatus bekommt Angst, befragt Jesus noch einmal, und als er wieder hinaustritt, schreien die Juden, wenn er Jesus freilasse, sei er kein Freund des Kaisers.[32] Erst jetzt tritt Pilatus ganz aus dem Haus und setzt sich auf seinen Richterstuhl. Hier nennt die Geschichte Ort, Tag und Stunde des Geschehens, und es wird geschildert, wie Pilatus den Gefangenen vorführt (»Da ist euer König«). Die Juden schreien wieder, er solle ihn kreuzigen, Pilatus willigt ein und liefert Jesus »ihnen«, den Juden, aus. Das Wort »ihnen« unterstreicht die Auffassung des Evangeliums, wer die eigentlichen Anstifter und Schuldigen des Ganzen sind.

Auch im Matthäusevangelium (aber nicht im Markusevangelium) wird der Richterstuhl des Pilatus erwähnt; Lukas beschreibt ebenfalls eine formelle Verurteilung (Lk 23,24), und die genaue Benennung des Stuhles, der Zeit und des Ortes im vierten Evangelium zeigt, daß auch Johannes an ein formelles Urteil des Statthalters dachte. Er erwähnt das Schild am Kreuz und hält fest, daß die Inschrift ganz offiziell in drei Sprachen abgefaßt war. Offensichtlich handelte es sich hier um das Ergebnis eines richtigen Prozesses. Es war jedoch ein römischer Prozeß; das vierte Evangelium weiß nichts von einem Prozeß vor einem jüdischen Rat und nichts von einem vorherigen Verhör mit Anklage und Verurteilung. Diese auffälligen Unterschiede werden durch einen Unterschied in den früheren Passagen der Erzählung schlüssig erklärt. Bei Markus lockt der Einzug Jesu am Palmsonntag die Massen an, aber er zieht keinen offenen Widerspruch der Tempelpriester nach sich. Vielmehr bekommen die Priester und Schriftgelehrten erst nach der Tempelreinigung Angst, Jesus weiter lehren zu lassen, aber sie fürchten sich auch vor den Volksmengen, die sich zum Passahfest versammeln. Im vierten Evangelium schicken die Hohenpriester und Pharisäer jedoch schon viel früher Gerichtsdiener aus, um Jesus festnehmen zu lassen, nämlich nach seinem

Auftreten im Tempel am Laubhüttenfest (Joh 7,32). Auch nach der Auferweckung des Lazarus soll der Hohepriester Kajaphas gesagt haben, daß es »besser ... ist, wenn ein einziger Mensch für das Volk stirbt« (Joh 11,50). Jesus zieht sich in die Wildnis zurück, und die Hohenpriester und Pharisäer ordnen an: »Wenn jemand weiß, wo er sich aufhält, soll er es melden« (Joh 11,57).

Diese Anordnung läßt sich gut mit der Ächtung oder Proskription gesuchter Verbrecher erklären, welche die ortsansässigen Behörden in anderen Städten des Römischen Reiches praktizierten.[33] Die Namen der Verbrecher wurden öffentlich bekanntgegeben und die Untertanen aufgefordert, sie zu denunzieren, wie wir aus Papyrusdokumenten ersehen können, die im römischen Ägypten erhalten geblieben sind. Die Proskription ist entscheidend für die Gestaltung des späteren Geschehens im vierten Evangelium. Obwohl beim Laubhüttenfest zum ersten Mal angeordnet wird, Jesus gefangenzunehmen, kehrt dieser dennoch zum Tempel zurück und lehrt weiter. Der zweite Befehl, der auf die Auferweckung des Lazarus hin erfolgt, hat eine stärkere Wirkung. Jesus »bewegte sich von nun an nicht mehr öffentlich unter den Juden« und zieht sich vor der Verfolgung an einen einsamen Ort nahe der Wüste zurück. Die Tempelpriester überlegen, ob er es wagen wird, zum Passahfest nach Jerusalem zu kommen, aber als er kommt, haben sie nicht den Mut, ihn festzunehmen, weil er jetzt eine so große Gefolgschaft mitbringt. Jesus verläßt Betanien und zieht sich in den Garten »auf der anderen Seite des Baches Kidron« (Joh 18,1) zurück. Bezeichnenderweise gibt es vorher kein Gespräch über den Verrat zwischen Judas Iskariot und dem Hohenpriester wie bei Markus. Im vierten Evangelium mußte Judas schon aufgrund der öffentlich verkündeten Ächtung wissen, daß Jesus gesucht wurde. Judas kannte auch sein Versteck, der »Geächtete« hatte es früher schon oft benutzt (Joh 18,2). Es ist daher nicht überraschend, daß, dem Wortlaut des Evangeliums nach zu schließen, römische Soldaten, eine »Kohorte« und ein »Tribun«, bei der Gefangennahme dabei waren. Jesus war ein Geächteter, daher nahm der Verfasser an, daß die jüdischen Behörden die römischen Ordnungshüter aufgefordert hatten, ihnen in einem dringenden Fall zu helfen und einen lange gesuchten Verbrecher festzunehmen. Nachdem die jüdische Obrigkeit den Mann verhaftet hatte, war es nicht mehr nötig, ihn vor dem Rat zu vernehmen und seine Schuld festzustellen (im Markusevangelium müssen an dieser Stelle außenstehende Zeugen herangezogen werden). Die Tatsache, daß Jesus öffentlich gesucht wurde, setzte schon voraus, daß er schuldig war. Statt dessen befragt der Hohepriester Jesus über seine Jünger und seine Lehre, ehe er ihn zu Pilatus weiterschickt. Hier taucht eine weitere bedeutsame Unstimmigkeit auf: Bei Markus und Lukas fesseln die jüdischen Wächter Jesus erst nach dem Verhör. Im vierten Evangelium ist er schon vom Augenblick der Festnahme an gefesselt. Der Grund dafür ist einfach: Hier ist sein Status als Krimineller bereits durch den Haftbefehl festgeschrieben, der erstmals in Johannes 7,30 erteilt und dann in Johannes 11,57 bekräftigt wurde.

Der Bericht dieses Evangeliums stimmt nicht mit dem in Markus oder Lukas überein, er ist anders angelegt und hat andere Zeitangaben, aber wir können deshalb nicht sagen, daß er falsch ist. Er paßt sogar ausnehmend gut zu unseren Informationen über das Vorgehen von Ordnungshütern und über Festnahmen in anderen Provinzstädten unter römischer Herrschaft. Es ist gut möglich, daß die Obrigkeit Jesus tatsächlich geächtet hat, wie das Johannesevangelium es beschreibt, und daß seine Ankläger Pilatus durch den Vorwurf, wenn er Jesus freilasse, sei er»kein Freund des Kaisers«, unter Druck setzten und zu einem formellen Prozeß zwangen. Die Formulierung »kein Freund des Kaisers« ist auch an anderen Stellen bezeugt. Die Statthalter mußten sich stets in acht nehmen, daß ihre Untertanen sie nicht beim Kaiser anzeigten, und König Agrippa erwähnt die Furcht des Pilatus vor Denunziation in einem nur wenig später geschriebenen Brief.[34] Obwohl man sich leicht von dem erschütternden Bericht, den Fragen, den Antworten Jesu und den Kommentaren mitreißen läßt, die Johannes in seine Geschichte hineinpackt, ist dieses Evangelium freilich nicht das einzige. Es ist genausogut möglich, daß eine Versammlung der jüdischen Behörden, die vielleicht nicht als formaler Sanhedrin tagte, sondern als ein vom Hohenpriester einberufener »Rat«, Jesus zuerst für schuldig befand, wie Markus schreibt, und dann mit einer vorbereiteten Anklageschrift zu Pilatus ging. Vielleicht hat sogar Lukas recht, wenn er sagt, daß der Rat nur einmal am Morgen zusammentrat und dann sofort vor Pilatus Anklage erhob. Historisch sind all diese Vorgehensweisen denkbar. Das

Problem ist, daß nicht alle Berichte wahr sein können, weil sie einander widersprechen.

Man hat gesagt, die synoptischen Evangelien seien wie eine »Fotografie, die aus leicht verschiedenen Blickwinkeln aufgenommen ist«, das vierte Evangelium dagegen sei das »freie Porträt eines Malers, der mit einem sehr individuellen Stil arbeitet«.[35] Die unterschiedlichen Versionen des Prozesses widersprechen dieser Einschätzung. Die synoptischen Evangelien sind keine Fotografien desselben Gegenstandes, sondern drei selbständige Gemälde, die in drei unterschiedlichen Stilarten aus einer ähnlichen Grundkonstellation heraus gemalt wurden. Es ist verführerisch, Teile dieser Konstellation auf die unmittelbare Kenntnis von Zeitgenossen zu stützen, auf Petrus und den anderen Jünger, der im Haus des Hohenpriesters wartete, oder vielleicht auf Manaën, der Einzelheiten über Antipas wußte, oder Josef von Arimathäa, einen Freund Jesu und späteren Christen, der dem Rat der Juden angehörte und möglicherweise an den Versammlungen teilnahm. Doch selbst wenn die Primärquellen verläßlich sind, hilft uns das nicht viel weiter. Erstens könnten sich die Augenzeugen getäuscht haben über das, was in der Nacht, in der sich die Krise zuspitzte, geschah: Haben Petrus und der Jünger, den Jesus liebte, alle Juden erkannt, die in dieser Nacht im Hause des Hohenpriesters ein und aus gingen? Das größere Problem ist aber, daß bei einer strengen Prüfung der Grundkonstellation sogar die synoptischen Berichte in wichtigen Punkten voneinander abweichen. Haben sich die Juden in der Nacht versammelt und dann wieder am Morgen oder nur am Morgen? Wurde Antipas eingeschaltet oder nicht? Selbst wenn es einen gemeinsamen Grundstock an Vorgängen gibt (die Festnahme, eine Zeit mit den Juden, Pilatus, die Kreuzigung), wurden der weitere Zusammenhang und die Darstellung des Geschehens stark interpretiert. »Er [Pilatus] merkte nämlich, daß die Hohenpriester nur aus Neid Jesus an ihn ausgeliefert hatten«, heißt es beispielsweise bei Markus (Mk 15,10). Wie konnte irgend jemand wissen, was in Pilatus vorgegangen war?

Das vierte Evangelium wiederum ist nicht unbedingt ein »freies Porträt«. Wenn sein Verfasser der geliebte Jünger, also eine gut informierte Primärquelle war, stellt das Datierung, Verlauf und Zeitplan der Ereignisse in den anderen drei Evangelien stark in

Frage. Denn der Verfasser ist dann nicht auf Augenzeugen angewiesen, sondern selbst Zeuge gewesen und hat sich auf sein eigenes Wissen verlassen können. Er hat dann kein freies Porträt gemalt, sondern ein Bild nach dem Leben. Auch dieses Bild ist stark interpretiert, doch manche Details sind vielleicht fotografisch genau und verdanken sich dem scharfen Blick des Verfassers.

Für die Erzählung von Nehemia konnte außerbiblisches Material über das Persische Reich einige Details belegen und den Anspruch stützen, daß die Geschichte auf den persönlichen Erinnerungen Nehemias beruht. Die wesentlichen Ereignisse, die Rückkehr der Juden und der Wiederaufbau des Tempels und der Stadtmauer, fügen sich in den Kontext bekannter persischer Edikte und Entscheidungen ein, auch wenn man sich über die Datierung noch streiten kann. Die Berichte vom Prozeß Jesu haben eine schwierigere Beziehung zur Wirklichkeit sichtbar gemacht. Wir haben drei wichtige Erzählstränge, die jeweils in sich kohärent sind und mit äußeren Belegmaterialien übereinstimmen, sich jedoch gegenseitig widersprechen. Von der frühen Kirche bis hin zu modernen historischen Arbeiten über den Prozeß Jesu hat man die Berichte dadurch harmonisiert, daß man einige Details dieser, andere jener Quelle entnahm. Aber Harmoniestreben ist hier fehl am Platze: Wenn wir die Wahrheit wollen, müssen wir eines der drei Bilder wählen oder gar keines.

Wenn das vierte Evangelium von dem Jünger, den Jesus liebte, verfaßt wurde, ist es eine Primärquelle. Sollten wir also diese Version akzeptieren und die anderen verwerfen? Das Problem bleibt natürlich, wieviel auch ein unmittelbarer Zeuge gewußt und viele Jahre später erzählt haben kann, ohne die Tatsachen umzuformen. Nach meiner Ansicht war Johannes Augenzeuge: Er kannte den genauen Tag, er hielt sich im Haus des Hohenpriesters auf und wußte besser als alle anderen, wer kam und ging. In bezug auf beobachtbare Einzelheiten und allgemeine Tatsachen billige ich ihm eine größere Autorität zu als den anderen Verfassern, deren Wissen bestenfalls aus zweiter oder dritter Hand stammt. Was ist aber von der Allwissenheit und der stark interpretierenden Haltung des vierten Evangelisten zu halten? Johannes hatte gewiß eine zusammenhängende Folge von Ereignissen im Kopf (ich vermute, daß sie richtig ist), aber wußte er wirklich genau, wann oder warum die jüdischen Behörden seinen Meister geächtet hatten? Vielleicht hatte er davon erfahren, aber wußte er auch, worüber Jesus und der Hohepriester sprachen, oder was Pilatus, Jesus oder die Juden unter Ausschluß der Öffentlichkeit sagten? Selbst wenn er es wußte, formte er es, »erfand« er es im klassischen Sinn, um die Wahrheit ans Licht zu bringen, »wie sie letztlich (nicht tatsächlich) war«. Der Porträtmaler eignete sich an und setzte um, was sein Gedächtnis vielleicht fotografisch genau festgehalten hatte.

Wenn sich die Evangelien schon nicht darüber einig sind, wie Jesus festgenommen wurde, können sie uns dann wenigstens sagen, warum er inhaftiert und in den Tod geschickt wurde? Alle beschreiben die Feindseligkeit der Juden, aber es bleibt unklar, wer genau an der Festnahme und am Prozeß beteiligt war. Markus denkt zuerst an die Pharisäer und Herodianer, später geht es um Schriftgelehrte, Älteste und ähnliche jüdische Gruppen. In den drei synoptischen Evangelien kommt der Mordplan (oder der extreme Haß auf Jesus) auf, nachdem Jesus den Mann mit der verdorrten Hand geheilt hat (Mk 3,1–6; Mt 12,9–14; Lk 6,6–11); im vierten Evangelium entsteht er in Jerusalem (nicht in Galiläa), weil Jesus am Sabbat einen Gelähmten heilt (Joh 5,1–18) und außerdem (nur in diesem Evangelium) Gott »seinen Vater« nennt. In den drei synoptischen Evangelien sind die Szene im Tempel und das Gleichnis von den bösen Winzern, das die jüdischen Zuhörer sehr gut verstehen, schließlich ausschlaggebend. Im vierten Evangelium führt Jesu Auftreten beim Laubhüttenfest zur ersten Anordnung, ihn festzunehmen, und die Auferweckung des Lazarus verschärft die Situation weiter. Die anderen Evangelien lassen die Episode mit Lazarus ganz aus, während das vierte die entscheidende Szene der anderen drei, die Tempelreinigung, an den Anfang von Jesu öffentlichem Wirken stellt und sie nicht mit irgendwelchen jüdischen Feindseligkeiten in Verbindung bringt. Innerhalb dieses Evangeliums kann man mit gutem Grund einige Verschiebungen annehmen: Wurde die Szene mit Lazarus dort eingefügt, wo in den anderen Evangelien die Szene der Tempelreinigung beschrieben wird? Ist das der Fall, wurde die Tempelszene vorgezogen, neutralisiert und von der Auferstehung Jesu her erklärt.

Hat tatsächlich Jesu öffentliches Lehren beim Laubhüttenfest oder gar die Auferweckung des Lazarus die Juden dazu veranlaßt, Jesus zu ächten? Man kann sich kaum vorstellen, daß nicht mehr dazu gehörte, zumindest Worte gegen den Tempel und vielleicht auch die Furcht vor jenem neuen Königreich, das die Grenze zwischen der politischen und der religiösen Sphäre überschritt und den gesamten Kompromiß zwischen den Sadduzäern und Rom aufs Spiel setzte. Und doch kommen diese Erklärungen im vierten Evangelium nicht vor. Wenn es also einerseits recht hat mit der Ächtung, der Gefangennahme, dem Fehlen eines jüdischen Prozesses und der Datierung des Geschehens, gibt es andererseits keine ganz zuverlässige Auskunft über die Ursprünge der Feindseligkeit und den Grund des Haftbefehls. Aber vielleicht sollte uns das gar nicht überraschen: Wußten die Jünger denn, was die führenden Juden dachten? Der Haftbefehl war eine Sache, die Gründe dafür eine andere. Ein Evangelium scheint eine zutreffende Vorstellung von Verhaftung und Festnahme zu vermitteln, die anderen bieten überzeugendere Gründe für die Ursachen der Schwierigkeiten. Müssen wir also die Aussagen des vierten Evangeliums in bezug auf Ereignisse und Formalitäten ernstnehmen, in bezug auf die Ursachen und Gründe dafür jedoch ablehnen? Oder haben wir drei selbständige Bilder, von denen keines historisch richtig ist? Ich neige dazu, die Aussagen des vierten Evangeliums über den Ablauf des Geschehens zu akzeptieren, nicht jedoch die angegebenen Gründe, da erstere auf unmittelbarer Beobachtung beruhten, letztere jedoch vom Verfasser selbst formuliert wurden. Andere Wissenschaftler enthalten sich des Urteils gänzlich: Ihre Überlegungen gipfeln in dem Schluß, daß uns die Evangelien überhaupt keine schlüssige wahre Version bieten.

III

Es gibt vier Evangelien, aber nur eine Apostelgeschichte. Sie ist unser einziger Bericht über die ersten Christen von der Kreuzigung im Jahr 36 bis zur Festnahme des Paulus in Rom um 60 n. Chr. Auch hier gibt es eine Primärquelle, den Verfasser selbst (in den Teilen, in denen immer wieder das Wort »wir« vorkommt), und die Erinnerungen und mündlichen Traditionen, die er ähnlich wie

Herodot auf seinen Reisen (meist als Begleiter des Paulus) gesammelt hat.

Das neue Datum für die Kreuzigung, das Jahr 36, gibt dem Bericht zusätzliches Gewicht. Ich akzeptiere (was viele bestreiten), daß Paulus in Galater 2,1 ff. von dem Konzil in Jerusalem spricht, das auch den Hintergrund zu Apostelgeschichte 15 bildet, und die weniger bedeutende Begegnung mit den Aposteln in Jerusalem, wie sie in Apostelgeschichte 11 beschrieben wird, ausläßt. »Vierzehn Jahre« seien vergangen, schreibt er, seit er das Licht auf der Straße nach Damaskus gesehen habe. Wenn wir die genannten Jahre mit einschließen, würde diese Zeitspanne genau von einem Gespräch im Jahr 36/37 bis zum Frühjahr 49 reichen.[36] Kurz darauf folgte die zweite Missionsreise, die Paulus im Winter 49/50 nach Korinth unternahm. Dieses Datum ist unser nächster Fixpunkt. Es beruht auf einer kürzlich veröffentlichten griechischen Inschrift, deren Lesart jedoch nicht hundertprozentig verläßlich ist. Sie erwähnt den Prokonsul Gallio, der zur Zeit der Missionsreise nach Auskunft der Apostelgeschichte römischer Statthalter in Achaia war.[37]

Der Zeitplan ist eng, aber er paßt und erlaubt aufschlußreiche Folgerungen. Die Ereignisse in Apostelgeschichte 1–9, von der Himmelfahrt über das Martyrium des Stephanus bis zur Bekehrung des Paulus, sind zeitlich viel stärker komprimiert, als es sich die heutigen Leser oft vorstellen. Der Verfasser gibt keine Hinweise auf die Chronologie, aber nach meiner Ansicht werden die Ereignisse wesentlich plausibler, wenn sie rasch aufeinander folgten. Die Apostel warteten zunächst in der Umgebung des Tempels und fragten sich, ob Jesus ihn in irgendeiner Weise »wiederherstellen« werde; sie hatten Zusammenstöße mit den Hohenpriestern und gewannen Konvertiten bei griechischsprachigen Ausländern in Jerusalem. Das überrascht nicht, denn unter diesen Ausländern waren Pilger, die die Botschaft, zufällig auf den neuen Messias gestoßen zu sein, begeistert aufnahmen. Die Erfolge führten zu Gefangennahme und Martyrium des Stephanus, und die Christen zerstreuten sich größtenteils. Saulus, der »Pharisäer und Sohn von Pharisäern«, machte sich auf den Weg nach Norden, um die Christen bis hinauf nach Damaskus zu verfolgen und festzunehmen. Er war beauftragt, sie in den Synagogen aufzuspüren, und befugt, die Männer und Frauen, die er festnahm, gefesselt nach Jerusalem zu bringen (Apg 9,1). Der Bruch zwischen Kirche und Synagoge fand also schon sehr früh statt. Nach Ansicht des Verfassers der Apostelgeschichte, der später den Paulus begleitete, entstand er schon innerhalb des ersten Jahres nach dem Tod Jesu.

Dieses frühe Auftreten von Spannungen kann dazu beitragen, zwei lange diskutierte Probleme zu klären. In Damaskus drohte Paulus nach seiner Bekehrung die Festnahme durch König Aretas (so schreibt er wenigstens in 2 Korinther 11,32), und er wurde in einem Korb die Stadtmauer hinuntergelassen (Apostelgeschichte 9,25 bestätigt die Flucht im Korb, sagt aber nichts über Aretas).[38] König Aretas regierte von Petra aus und stand auf Kriegsfuß mit Herodes Antipas, weil dieser seine Tochter geheiratet und später verstoßen hatte. Es ist sehr gut möglich, daß die Truppen des Aretas um 36/37 bis hinauf nach Damaskus aktiv waren, denn Aretas hatte bei dem Krieg, der in der Folge des Scheidungsskandals ausbrach, einen großen Sieg über Herodes Antipas errungen und sogar Teile der ehemals von Philippus, dem 33/34 verstorbenen Bruder des Herodes, regierten Tetrarchie überrannt. Erst Anfang 37 gelang es Antipas, römischen Beistand gegen den König in Petra zu mobilisieren und ihn zu schlagen. Die Gefahren, denen Paulus in Damaskus ausgesetzt war, fallen also genau in die Zeit, in der die Soldaten des Aretas noch die Früchte ihrer Eroberungen im Norden genießen konnten.

Nach Paulus' eigener Aussage (nicht aber nach der Apostelgeschichte) zog er sich anschließend für drei Jahre (37 bis 39) nach »Arabien« zurück, wahrscheinlich in das Gebiet des Aretas um Petra. Nicht lange danach berichtet uns die Apostelgeschichte in Kapitel 10,1 von der ersten Bekehrung eines Heiden, des Kornelius, »Hauptmann in der sogenannten Italischen Kohorte«, der »mit seinem ganzen Haus fromm und gottesfürchtig lebte«. Die kürzlich in Aphrodisias gefundene Inschrift hat die alte Ansicht gestützt, daß Kornelius ein nichtjüdischer Sympathisant war, »der beim ganzen Volk der Juden in gutem Ruf steht« (Apg 10,22), der die Synagoge besuchte, aber nicht so weit gegangen war, sich den Schmerzen der Beschneidung auszusetzen. Auch das Rätsel der »Italischen« Kohorte ist inzwischen gelöst. Um 39–41 stand Cäsarea noch unter direkter römischer Herrschaft, und natürlich waren römische Soldaten in der Hauptresidenz des Statthalters anwesend. Weniger gedrängte Chronologien, die von einer Kreuzigung im Jahr 30 oder 33 ausgehen, haben Kornelius in der Zeit nach 41 angesiedelt, als die Provinz wieder für kurze Zeit dem jüdischen, aber von Rom abhängigen König Agrippa unterstand.[39] Für diese Zeit wäre eine »Italische Kohorte« aus römischen Soldaten aber viel schwerer zu erklären. Meiner Meinung nach ist es auch nicht verwunderlich, daß der Verfasser über Kornelius Bescheid wußte: Er war in Cäsarea gewesen, unter anderem bei Philippus und dessen sieben jungfräulichen Töchtern, und die Christen dort kannten bestimmt Herkunft und Lebensumstände des berühmten ersten Nichtjuden, der sich bekehrte.

Ferner stoßen wir bei jeder Chronologie, besonders aber bei der von mir vorgelegten, auf eine faszinierende Lücke: Paulus zog sich in seine Heimatstadt Tarsus zurück und tauchte erst nach mehreren Jahren wieder auf, meiner Ansicht nach frühestens im Jahr 44. Er trat wieder in den Vordergrund, als Agabus (den der Verfasser kennenlernte, s. Apg 21,10) den Christen in Antiochia eine Hungersnot auf der ganzen Erde prophezeite (Apg 11,27f.). Nach dem Zeugnis zeitgenössischer ägyptischer Papyri und anderer literarischer Quellen herrschte diese Hungersnot von 45 bis 46 n.Chr.[40] Wenn Agabus ein ernstzunehmender Prophet war, kann er nicht viel später als im Frühjahr 45 gesprochen haben, als sich eine schwere Mißernte in Ägypten abzeichnete. Kurz nachdem der Verfasser der Apostelgeschichte von der Ankündigung des Agabus berichtet hat, schildert er den Tod des Königs Herodes Agrippa, der »Gott nicht die Ehre gegeben hatte« und »von Würmern zerfressen« starb.[41] Agrippa starb im Frühjahr oder Frühsommer des Jahres 44, was bedeuten würde, daß Agabus die Hungersnot in jenem Jahr voraussagte.

Wir sind also mit einer großen Lücke in den frühen Jahren des bekehrten Christen Paulus konfrontiert. Seine Reisen und Briefe beschäftigen uns so stark, daß wir diese Lücke leicht vergessen. Der ehemalige Verfolger, der Christ geworden war, lebte mindestens fünf Jahre still in Tarsus, nachdem er aus Arabien zurückgekehrt war. Acht oder neun Jahre waren seit jenem »blendenden Licht« vergangen, aber der zukünftige Apostel der Heiden entfaltete, soweit bekannt ist, keinerlei missionarische Tätigkeit außerhalb seiner Heimatstadt und beschwor keine Krise unter den Aposteln herauf wie später, als er die Heidenmission propagierte. Erwartete er vielleicht ein rasches Ende der Welt wie diejenigen, die Jesus noch gut gekannt hatten und denen er in Jerusalem kurz begegnet war?

Etwa im Jahr 45 schickten die Christen wegen der Hungersnot eine Spende an die Brüder in Jerusalem, und nach der Apostelgeschichte war Paulus der Überbringer. Vielleicht irrt sich der Verfasser hier (er spricht im Zusammenhang mit dem Auftrag nicht von »wir«), oder vielleicht ignorierte Paulus die Episode in Galater 2,1. Von da an dienen uns jedenfalls die »vierzehn Jahre« von seiner Bekehrung im Jahr 36 bis zu seiner Zusammenkunft mit den Aposteln (Gal 2,1 ff.) und seiner Ankunft in Korinth im Jahr 49/50 als Anhaltspunkte. Die erste seiner Missionsreisen gehörte, wenn man auf dieser Grundlage rechnet, ins Jahr 47 oder 48. Wir kennen den unmittelbaren Grund für den neuen Aufbruch nicht. Zunächst reiste Paulus zusammen mit Barnabas, der aus Zypern stammte, in dessen Heimat und gewann den römischen Prokonsul Sergius Paulus für die christliche Sache. Das war sein bemerkenswertester Erfolg in vornehmen Kreisen. Dann suchte er sich ein erstaunliches Reiseziel aus: Er fuhr von Zypern aus nach Nordwesten und kehrte auf das Festland zurück, nach Perge, wo ihn einer seiner Begleiter verließ. Von dort aus legte er Hunderte von Kilometern auf dem Landweg nach Antiochia in Pisidien zurück. Er besuchte also eine relativ junge römische Kolonie, die zwar eine Synagoge besaß, aber eigentlich keine augenfällige Anziehungskraft für zwei christliche Prediger, die sich vorsichtig in die neue Welt der Heiden vortasteten.

Im Bericht der Apostelgeschichte werden entscheidende Wendungen auf den Missionsreisen meist durch das Wirken des Heiligen Geistes herbeigeführt, aber dieser eigentümliche Ausflug in rein heidnisches Gebiet bleibt ohne jeden Kommentar. Wir besitzen jedoch eine berühmte Inschrift aus Antiochia in Pisidien, die einen gewissen Sergius Paulus ehrt, der fast sicher der Sohn des Prokonsuls von Zypern ist.[42] Eine Nachfahrin, wahrscheinlich seine Enkelin, heiratete dann einen einflußreichen Mann ihrer Stadt und erlangte Anfang der siebziger Jahre eine große Auszeichnung des römischen Senates, wahrscheinlich mit Hilfe ihrer Familie. Der regionale Einfluß der Sergii Pauli in Kleinasien hängt auch damit zusammen, daß sie große Ländereien im nahegelegenen Zentralanatolien besaßen. Sehr wahrscheinlich gehen alle oder zumindest die meisten dieser Entwicklungen auf die Lebenszeit des Sergius Paulus zurück, den der Apostel Paulus während seines Aufenthalts auf Zypern kennenlernte und bekehrte. Hier findet sich das Bindeglied, das die Apostelgeschichte ausläßt. Paulus ging von Zypern ausgerechnet in das abgelegene Antiochia in Pisidien, weil der von ihm gerade bekehrte Sergius Paulus ihn dorthin schickte, wo seine Familienangehörigen Land und Macht besaßen. Der Verfasser der Apostelgeschichte benutzt bei seiner Schilderung der ersten Missionsreise nie das Wort »wir« und schreibt Besonderheiten in ihrem Verlauf im Zweifelsfall dem Heiligen Geist zu. Ganz sicher besaß der Heilige Geist einigen Einfluß, aber auch die römischen Familienbande waren sehr stark: Das Christentum bekam durch Empfehlung der höchsten römischen Gesellschaftsschicht Zugang zur heidnischen Welt des römischen Kleinasien. Dieser Zusammenhang ist von entscheidender Bedeutung, aber er war dem Verfasser der Apostelgeschichte, den so viele als den ersten wahren christlichen Historiker gepriesen haben, anscheinend unbekannt.

Im Frühjahr 49, vierzehn Jahre, nachdem er das »blendende Licht« gesehen hatte, konfrontierte Paulus die Christen in Jerusalem mit dem Problem der Heidenmission (Apg 15). Bis zu diesem Punkt ist die Erzählung der Apostelgeschichte faszinierend, aber eindeutig aus anderen Quellen zusammengestellt. Vielleicht war der Verfasser in Antiochia dabei (der westliche Text verwendet in Apostelgeschichte 11,26 ein »wir«; vielleicht handelt es sich hier um eine zweite Auflage des gleichen Verfassers), aber er hatte die frühen Ereignisse dort nicht persönlich miterlebt und auch nicht an der ersten Missionsreise teilgenommen (vielleicht hat ihm Paulus später manches davon erzählt). Sein anschließender Besuch in Cäsarea bot ihm die Gelegenheit, Agabus und Philippus kennenzulernen, und er schrieb ihre Geschichten auf, erwähnte die Hungersnot, den ägyptischen Eunuchen, die Namen der Sieben (Philippus war einer von ihnen), die Bekehrung des Kornelius und das Wirken des Stephanus (der mit Philippus zusammengearbeitet hatte). Darüber hinaus überlieferte er schon länger bekannte Geschichten (von denen er einige während seiner mit Paulus in Jerusalem verbrachten Monate gesammelt haben könnte). All das setzte er zu einem einfachen Bild von der frühchristlichen Gemeinde zusammen und verband die einzelnen Teile mit frommen Gemeinplätzen, so daß keine klare Vorstellung von der Zeit oder der Abfolge der Ereignisse entsteht; eine kritische Bewertung der Informationen findet nicht statt. Die Gabe des Zungenredens an Pfingsten ist nur eine Erzählung aus zweiter Hand, und Johannes 20,22 widerspricht der Darstellung der Apostelgeschichte (dort haucht Jesus selbst seinen Jüngern an Ostern den Heiligen Geist ein). Der plötzliche Tod des Hananias als Strafe dafür, daß er einen Teil des Erlöses für ein Feld zurückhält, ist nur eine Geschichte, die zur Warnung erzählt wird, und die Informanten des Verfassers machten auffallend wenig Aussagen über die ersten Christen. Jakobus, Johannes und andere bleiben schattenhafte Gestalten.

Ab Kapitel 16 der Apostelgeschichte machen die persönlichen Erinnerungen des Verfassers die Erzählung lebendiger. Zwar ist er auch jetzt nicht über jeden Fehler erhaben, denn beispielsweise ist der rechtliche Status der Stadt Philippi nicht ganz richtig angegeben, obwohl der Verfasser dort war,[43] und auch seine Vorstellung von den Vororten und der näheren Umgebung von Jerusalem ist eher unklar.[44] Doch solche kleinen Irrtümer sind uns von Reisenden vertraut, die sich nicht zu allem sofort Notizen machen; und selbst die, die das tun, irren sich manchmal. Der Verfasser hatte eine klare Vorstellung von der Strecke zwischen Cäsarea und Jerusalem und von der Lage des Tempels im Verhältnis zur Burg Antonia. Beides findet sich bezeichnenderweise in Abschnitten, in denen er von »wir« spricht. Dasselbe gilt für Paulus' bedeutende Seereise nach Rom, wo die Nennung der Orte, Personen und Ereignisse auf den persönlichen Erinnerungen des Verfassers beruht. Natürlich berichtet er auch bereitwillig von den während der Reise stattfindenden Wundern: Als Paulus eine Schlange abschüttelte, hielten ihn die Barbaren für einen Gott; im Sturm erschien dem Apostel ein Engel. In Apostelgeschichte 27,35 nimmt Paulus »Brot, dankte Gott vor den Augen aller, brach es und begann zu essen«. Darin und in der Zahl der Menschen auf dem Schiff, die

»zweihundertsechsundsiebzig« betrug, haben viele eine Anspielung auf die Kirche gesehen.[45] Das Schiff, auf dem all das stattfindet, kann allerdings kaum als überzeugende Metapher für die Kirche gelten, da seine Ladung ins Meer geworfen wird, um es leichter zu machen, und es letztlich im Sturm in Stücke bricht.

Der Verfasser streut in seine Erzählung immer wieder Reden ein. Sie machen die Schauplätze lebendig und zeigen uns, wie die Menschen auf das Christentum reagierten. Wir sehen, wie sehr der neue Glaube von vielen Außenstehenden mißverstanden wird, sei es von Heiden, die nur aufs Geld aus sind, oder von den einfachen Leuten in Lystra. Wir erfahren, was das Christentum für die vielen unterschiedlichen Gruppen von Zuhörern bedeutet, für die heidnischen »Gottesfürchtigen« in den Synagogen, die Juden im Rat, den römischen Statthalter in Cäsarea, die einfachen Menschen in Galatien oder die gebildeten Männer des Areopag, des höchsten Rates von Athen. Das Buch zeigt uns daher den Glauben aus vielen verschiedenen Blickwinkeln, aber immer unter der unangefochtenen Voraussetzung, daß seine Botschaft wahr ist und seine Verkündiger Jesus und Paulus völlig unschuldig von den Römern verurteilt wurden. Diese Haltung paßt gut zum Adressaten des Buches, dem »hochverehrten Theophilus«, einem Nichtjuden der obersten Gesellschaftsschicht.

Deutlich wird die Einstellung des Verfassers vor allem am berühmtesten Berührungspunkt mit außerbiblischen Tatsachen: dem Prozeß des Paulus. Bei seiner Rückkehr nach Jerusalem werfen ihm seine jüdischen Feinde vor, einen Heiden in den inneren Bezirk des Tempels mitgenommen zu haben, ein Vergehen, von dem wir aus anderen Quellen wissen, daß es mit sofortiger Lynchjustiz geahndet wurde. Doch Paulus wird von römischen Soldaten gerettet und erschreckt den Oberst durch seine Erklärung, er sei römischer Bürger, denn dieser Status wirkt sich auf seine Behandlung bei Gericht aus. So darf er zum Beispiel nach dem Gesetz nicht ohne Verurteilung gegeißelt werden. Zwei Jahre später, als er dem Statthalter Festus vorgeführt wird, zählt er die Anklagen auf, die die Juden inzwischen gegen ihn vorgebracht haben (angeblich hat er sich gegen den Kaiser vergangen) und appelliert an den Kaiser. Hier verwendet das Lukasevangelium das korrekte griechische Wort für das Recht eines römischen Bürgers auf *pro-*

vocatio. Dabei handelte es sich ursprünglich um einen Appell an die Volkstribunen des jeweiligen Jahres, doch inzwischen wurde der Begriff auch fern von Rom für den Appell an den Kaiser verwandt, der unter anderem auch die Amtsgewalt eines Volkstribunen innehatte.[46] Paulus appelliert erst so spät im Laufe seiner Gefangenschaft an den Kaiser, weil sich die Anklage nun so entwickelt hat, daß er glaubt, Gehör zu finden, wenn er sich an eine höhere Autorität wendet. Die Beschreibung paßt sehr gut zu den Rechten eines römischen Bürgers im 1. Jahrhundert n. Chr. Es ist daher um so interessanter, daß Paulus sich an anderer Stelle von den Behörden einer römischen Kolonie schlagen läßt (Apg 16,23: »sie ließen ihnen viele Schläge geben«) und seine Rechte als römischer Bürger erst nach dem Vorfall geltend macht (Apg 16,37). »Ich habe für dieses Bürgerrecht ein Vermögen gezahlt«, erklärt der römische Oberst dem Paulus in der Kaserne in Jerusalem (Apg 22,28). Anscheinend hat er es von Kaiser Claudius und seinen Beratern gekauft. Die Freigelassenen des Claudius verschleuderten also das Bürgerrecht nicht, wie ihnen ihre Feinde immer wieder vorwarfen, sondern verlangten offensichtlich hohe Summen dafür, denn wenn ein römischer Bürger sich dafür entschied, seine Privilegien zu nutzen, besaß er damit einen unschätzbaren Schutz gegen willkürliche Reichsbeamte.

Obwohl die Rechtssituation korrekt geschildert wird, geht es bei der Darstellung der Gefangenschaft des Paulus auch um eine höhere Wahrheit. Der Hohe Rat, der aus Pharisäern und Sadduzäern besteht, streitet heftig über theologische Fragen, und es ist zu befürchten, daß sie Paulus in Stücke reißen (Apg 23,10). Der römische Oberst schreibt an seinen Statthalter und betont (in einem privaten Brief), Paulus verdiene nicht, im Gefängnis zu sitzen; der Statthalter Felix verhört Paulus und unterhält sich auch privat mit ihm, aber als Paulus auf »Gerechtigkeit, Enthaltsamkeit und das kommende Gericht« zu sprechen kommt, bittet ihn der bestechliche Felix aufzuhören. Nach zwei Jahren wird ein neuer Statthalter, Festus, eingesetzt. Er läßt Paulus dem jüdischen König Agrippa zum Verhör vorführen und sagt noch einmal: »Ich aber konnte bei ihm nichts feststellen, worauf die Todesstrafe steht« (Apg 25,25). Agrippa kommt nach einer beeindruckenden Rede des Paulus zu dem Schluß: »Der Mann könnte freigelassen werden, wenn er nicht an den Kaiser appelliert hätte« (Apg, 26,32). Das ist das letzte Wort der Apostelgeschichte zu dieser Angelegenheit, obwohl Paulus später in Rom hingerichtet wurde. Wie beim Prozeß Jesu im Lukasevangelium geht es beim Prozeß des Paulus in der Apostelgeschichte darum, bei jeder möglichen Gelegenheit die Unschuld des Gefangenen zu unterstreichen. Diese Unschuld mag historisch sein, die Quelle ein unmittelbarer Zeuge, aber die Methode geht weit über echte Geschichtsschreibung hinaus und verleiht dem Text apologetische Züge.

18
Zurück in die Zukunft

I

Anhand der bisherigen Beispiele haben wir gesehen, daß die biblischen Erzählungen nicht unbedingt dem entsprechen, was wirklich geschah. Die Vergangenheit ist nur eine ihrer Dimensionen, sie sind außerdem auch auf die Zukunft ausgerichtet, sie verweisen auf etwas, das erst noch geschehen wird, sie verheißen, prophezeien und wecken Hoffnung. Auch heute noch helfen sie ihren Lesern dadurch, in schwierigen Situationen den Mut nicht zu verlieren. In den Evangelien geht es nicht einfach nur um Volkszählungen, Geburtsorte und das Vorgehen bei Prozessen und Festnahmen; die Bücher sagen viel mehr über die Zukunft, und die Gegenwart wird aus dieser Perspektive zur Herausforderung. Auch im Alten Testament verweisen die erzählenden Bücher häufig auf die Zukunft. Sie spielt eine Rolle im gewaltigen Werk des Deuteronomisten, und zwar sowohl in den Prophezeiungen, die wichtige Wendepunkte in der Erzählung markieren, als auch in der allgemeinen Absicht, die die Erzählung leitet. Und sie spielt eine Rolle in den Verheißungen der Genesis und beim häufig angeführten Beispiel des Exodus. In der Welt der Griechen glaubten Thukydides und seine Erben, ihre Aufzeichnungen über die Ereignisse der Vergangenheit und die damals getroffenen Entscheidungen könnten den Lesern helfen, zu entscheiden und zu handeln, wenn sie jemals in eine vergleichbare Lage kämen (meist haben die Menschen jedoch nicht aus der Geschichte gelernt); außerdem wurden historische Berichte auch geschrieben, um moralische Vorbilder zu schaffen. In der Bibel sprechen die verschiedenen Verfasser häufig mit der Stimme Gottes über zukünftige Ereignisse; sie reden direkt von der Zukunft und berichten, was Gott zu Verstorbenen, Engeln oder ihnen selbst gesagt hat.

Die Propheten von Amos (um 760 v.Chr.) bis Johannes auf Patmos (ungefähr Mitte der neunziger Jahre, wie ich noch darlegen werde) verkünden, was Gott ihnen persönlich mitgeteilt hat. Ihre Worte, die uns angeblich oder tatsächlich erhalten geblieben sind, stellen allerdings nur eine Auswahl aus einer viel größeren Menge dar. So gab es im 9. Jahrhundert v.Chr. auch Baalspropheten und Hofpropheten, unabhängige Propheten, Prophetinnen wie Hulda, die sich zu dem gerade gefundenen Gesetzbuch äußerte, und andere, deren Worte wahrscheinlich genauso leidenschaftlich waren wie die Jeremias, deren Stimme aber nicht bis in die Nachwelt drang. Propheten gab es nicht nur für Jahwe und schon gar nicht nur in Israel, sie sind in großer Zahl für alle möglichen Götter an anderen Königshöfen im gesamten Nahen Osten bezeugt.[1] Auch an den Techniken der biblischen Propheten oder der Art ihres Kontaktes mit dem Himmel war nichts Besonderes. Manchmal reagierten sie auf die Wirkung von Musik (Elischa in 2 Kön 3,15), manchmal fielen sie in eine Trance, die sich dann auf andere übertrug (Mose und die siebzig Ältesten in Numeri 11,25). Andere fasteten, was mit der Zeit immer häufiger bezeugt wurde (etwa in Dan 9,3), hatten bei Tag und bei Nacht symbolische Visionen oder vermeinten, mit Engeln zu reden und deren Worten zu lauschen (im Himmel versteht Johannes die seltsamen Dinge, die er sieht, aufgrund der Stimmen und Lieder, die er hört); von Träumen dagegen berichten die biblischen Propheten in der Regel nicht. Es gibt Parallelen für jede dieser Methoden und Möglichkeiten, auch wenn wir sie aus Quellen aus dem antiken Griechenland, aus Arabien und dem modernen Afrika zusammensuchen müssen.[2] Außerdem handelten die hebräischen Propheten wie unter Zwang, sie mußten reden, ob sie wollten oder nicht: Die Prophetengabe war eine Bürde, und Begegnungen mit Gott und seinen Engeln waren immer höchst beängstigend.

In eben den Jahren zwischen 760 und 750 v.Chr., als Amos unter den israelitischen Propheten einen neuen Ton anschlug, wurden auch die großen Orakelheiligtümer der griechischen Welt eingerichtet. Die griechischen Propheten und Prophetinnen an Orakelstätten wie Delphi sind uns beinahe alle unbekannt. Man glaubte, daß nach einer sorgfältigen Vorbereitung und einem genauen Ritual die Götter durch diese Propheten sprachen und sie

Laute und Worte hervorbringen ließen, die dann als Orakelsprüche des Gottes selbst gedeutet wurden. Bei den Griechen bestand ein Modus der Prophezeiung darin, daß ein Mann oder eine Frau von einem Gott vollständig erfüllt wurde: Der Gott nahm seinen Propheten in Besitz und setzte seine normalen Funktionen und Fähigkeiten außer Kraft. In Israel verloren die Propheten ihre Fähigkeiten nicht, sondern wuchsen eher über sich hinaus: Sie verkündeten das Wort Gottes in ihrem eigenen Namen (»So spricht der Herr ...«). Ihr Gott kommunizierte mit ihnen, statt sie ihrer Identität zu berauben und durch sie zu sprechen. Einige Propheten standen zwar wie Jesaja mit dem Tempel und dem Kult in Verbindung, aber selbst dann kennen wir ihre Namen und hören ihre persönliche Stimme. In Griechenland dagegen wurde die Persönlichkeit des Propheten häufig ausgelöscht.[3]

Biblische Propheten verkündeten nicht nur das Wort, das ihr Gott ihnen sagte oder eingab, sondern teilten ihre Botschaft auch durch symbolische Handlungen und Namen mit. Hosea verknüpfte im Dienste des Herrn sogar seine Eheschließung mit seinem Auftrag: Er heiratete auf Geheiß des Herrn eine Tempelprostituierte und sah in dieser Beziehung ein Symbol für die Verbindung zwischen Gott und dem treulosen Israel. Als seine Frau ihn betrog, erhielt die Analogie eine tiefere Dimension: Hosea liebte sie weiterhin, wie Gott das abtrünnige Israel liebte, und hinterließ uns ergreifende Verse eines liebenden Ehemannes, der von der geliebten Frau fortwährend verletzt und zurückgestoßen wird. Die Symbolik erstreckte sich sogar auf die Namen seiner Kinder: einen Erstgeborenen (der zuerst »Gott zerstreut«, dann »Gott sät« hieß), eine Tochter (zuerst »Kein Erbarmen«, dann »Erbarmen«) und ein zweiter Sohn (zuerst »Nicht mein Volk«, dann »Mein Volk«). Für die Nachbarn muß das eine kuriose Familie gewesen sein: ein Prophet, eine untreue Ehefrau und Kinder mit merkwürdigen Namen, die immer wieder geändert wurden. Doch konnte niemand die dadurch ausgedrückte religiöse Botschaft übersehen.[4]

Da Worte nicht immer genügten, machte ein Prophet des Alten Testaments mitunter auf sich aufmerksam, indem er nackt und barfuß herumlief, sich ein Joch auf die Schultern legte oder vor aller Augen Geschirr zerschlug. In Babylon brach Ezechiel, der ein Haus am vornehmen Eufratkanal besaß, plötzlich ein Loch in die Wand seines Hauses, schulterte ein Bündel mit seinen Habseligkeiten und ging in die Dunkelheit hinaus (Ez 12,3–7): Durch diesen plötzlichen Aufbruch wies er auf die Zerstörung Jerusalems und die Verschleppung des Volkes hin. Taten sprachen lauter als Worte, und das gilt noch heute für die Seher der arabischen Beduinen. »Wir haben es hier mit mehr als Symbolen oder Emblemen zu tun: Es gibt einen Drang zur vollständigen Identifizierung des Individuums mit der Nation, der sogar so weit geht, daß man die Sünden einer ganzen Gruppe in den eigenen Körper hineinnimmt.«⁵ Das konnte sich bis zu äußerst schmerzhaften Extremen steigern. Einmal ergeht »das Wort des Herrn« an Ezechiel: »Menschensohn, ich nehme dir die Freude deiner Augen durch einen jähen Tod.« Seine Frau, die Freude seines Herzens, starb am Abend, aber wie Gott es befohlen hatte, trat Ezechiel am Morgen vor das Volk: Er aß kein Trauerbrot und zeigte seinen Kummer in keiner Weise. Das Volk war erstaunt, und so erklärte Ezechiel Gottes Botschaft: So, wie Gott seine Frau getötet hatte, werde er sein Heiligtum entweihen, »die Freude ihrer Augen«; ihre Söhne und Töchter in Jerusalem würden unter dem Schwert fallen. Wie Ezechiel sollten auch sie über ihren Verlust weder klagen noch weinen, sondern wegen ihrer Sünden dahinsiechen und miteinander stöhnen. »Ezechiel wird ein Mahnzeichen für euch sein … wenn das eintrifft, werdet ihr erkennen, daß ich Gott, der Herr, bin« (Ez 24,15–24).

Am Morgen nach dem Tod seiner Frau trat dieser Mann also ohne Tränen und Schwäche vor seine Zuhörer, um ihnen zu sagen, daß sein Unglück ein Symbol für das viel schlimmere Unglück sei, das sie erwarte. Die Unbedingtheit solcher Menschen, die eine schreckliche Last tragen und glauben, sie sei ihnen von Gott auferlegt, berührt uns noch immer stark und läßt uns frösteln. Auch ihre Visionen beeindrucken uns. Von Amos bis zur Offenbarung des Johannes sahen Propheten immer wieder Zeichen und Symbole (das Tal der verdorrten Totengebeine, den siedenden Kessel, die vier Reiter), die sich uns aufgrund der eindringlichen Interpretationen der Propheten eingeprägt haben. Die Propheten hatten auch Visionen des Himmels, die sich genau datieren und lokalisieren lassen. Generationen von Mystikern und Visionären des Judentums und anderer Religionen wurden von einer Vision aus den Jahren zwischen 740 und 730 v. Chr. und einer weiteren aus dem Jahr 593 v. Chr. am Fufratkanal in Babylon inspiriert. In der ersten Vision sah Jesaja den Herrn im Tempel, woraufhin einer der Serafim seinen Mund mit einer glühenden Kohle berührte (Jes 6,1–7). In der zweiten sah Ezechiel Gottes Thronwagen und die Herrlichkeit des Herrn. Als Gott ihm eine Buchrolle zeigte, die innen und außen beschrieben war, aß Ezechiel sie in seiner Vision auf. Gottes Botschaft wurde also gründlich verdaut, »und sie wurde in meinem Mund süß wie Honig« (Ez 2,9–3,3). Viele hundert Jahre später aß Johannes ein kleines Buch, »vom Geist ergriffen am Tag des Herrn«, aber der Geschmack war viel weniger angenehm: Es war im Mund süß wie Honig, aber im Magen wegen seines schmerzhaften Inhaltes bitter.[6]

Heute erscheinen uns die Propheten als Menschen, die ihre Stimme gegen den in ihrer Generation herrschenden Zeitgeist erhoben, sei es in Jerusalem um 730 v. Chr. oder in Babylon während des Exils. Auch ihr poetischer Stil trägt zu dem Eindruck bei, sie seien Außenseiter gewesen.[7] Sie gebrauchen für ihre Sprüche vertraute Formen der Rede wie die Klage oder den Trauergesang, die Sprache einer Anklageschrift oder eines Gerichtsverfahrens, Sprichwörter und Gleichnisse.[8] Für die Erben der visionären Dichter der Romantik stehen hinter solchen Ausdrucksformen Menschen, die in der Abgeschiedenheit und in Zwietracht mit der Welt leben. Die Propheten redeten viel über Gerechtigkeit und Unterdrückung und werden dadurch in den Augen ihrer modernen Bewunderer zu sozialen oder politischen Radikalen. Diese Bewunderer sehen in ihnen Helden und Verbündete im Kampf gegen die Kolonialherrschaft oder für die Entwicklung einer gerechten Gesellschaft in Südamerika.

Eine solche Vorstellung von den Propheten ist jedoch falsch. Wer damals eine poetische Sprache gebrauchte, war deshalb noch kein romantischer Einzelgänger, kein Blake oder Shelley seiner Zeit. Dichter waren in vielen alten Kulturen eine gesellschaftlich anerkannte moralische Instanz, im alten Griechenland oder Arabien nicht minder als im Israel von Debora oder Amos. Propheten waren keineswegs Randfiguren, und einige hielten sogar enge Verbindungen zur Priesterschaft (besonders Jesaja, Jeremia und Ezechiel).[9] Ezechiel hatte seine Vision im Tempel und wurde auch dort berufen, und in der Bildwelt der Offenbarung des Johannes hat man überzeugend den Verlauf des Morgengottesdienstes im Tempel nachgewiesen.[10] Manchmal sprachen sich die Propheten zwar nachdrücklich gegen ein blindes Vertrauen in den Tempelkult aus, aber sie waren deshalb keine Feinde des gesamten Systems und waren nicht die sozialen oder politischen Radikalen, die moderne Bewunderer aus ihnen gemacht haben.[11] Sie erhoben ihre Stimme gegen einzelne Könige, aber sie traten nicht für eine Herrschaft des Volkes ein oder stellten sich hartnäckig gegen die Monarchie als solche. Schon bei Hosea finden wir ein idealisiertes Bild von David (Hos 3,5), nicht den David der Hofgeschichte, der mit seinen Lügengespinsten und dem Ehebruch ebenso schlimm war wie die Zeitgenossen Hoseas, über die er sich aufregte. Die Propheten äußerten sich so gut wie nie über politische Systeme und Regierungsformen, und ihre sozialen und moralischen Anschauungen sind eher traditionell als neu und radikal. Obwohl sie ehrenvoll für das Recht und gegen die Unterdrückung der Armen eintraten, kämpften sie nicht für eine soziale Umverteilung oder neue Werte, die ihren Zeitgenossen unbekannt waren. Vielmehr hat ihre Moral Wurzeln in Gesetzen, die aus einer früheren Ära stammen; man darf in Israel keinen romantischen Gegensatz zwischen Gesetz und Propheten konstruieren.[12]

Die Propheten kannten auch die innerhalb der Familien überlieferten Weisheiten, wie wir sie in den späteren Sammlungen alter Sprichwörter finden. Auch damit wandten sie sich an Zuhörer, »die den Kontakt zu den Wurzeln ihrer eigenen traditionellen Kultur verloren hatten«.[13] Sie glaubten an eine Art Naturgesetz, anwendbar nicht nur in, sondern auch außerhalb Israels. Diese Einsicht hilft uns, den Zusammenhang zwischen den Verfehlungen zu erkennen, die Jesaja tadelte: Dazu gehören nicht nur Unterdrückung, Trunksucht, Stolz, Luxus und Ungerechtigkeit, sondern auch Götzendienst und die Suche nach ausländischen Verbündeten, die zeigt, daß man von anderen Völkern mehr erhofft als von Gott. Menschliche Überheblichkeit ist die Wurzel all dieser Sünden, die gegen die natürliche Ordnung Gottes und seiner Schöpfung verstoßen. »Der Grundgedanke ist Ordnung, eine demütige Hinnahme des Platzes, der einem in der Ordnung der Dinge zugemessen ist ... die Vermeidung allen Tuns, das den Herrschaftsanspruch Gottes in Frage stellen würde oder die Ordnung zu untergraben suchte, die er errichtet hat.« Wie die Zuhörer der Propheten erkennen wir hier Werte, die auch andere Gesellschaften im Nahen Osten teilten; Anmaßung und Überheblichkeit des Menschen gegenüber den Göttern werden verurteilt. Die Botschaft war gerade deshalb so wirksam, weil sie einen traditionellen Klang hatte. Es paßte gut zur Vorstellung einer ausgleichenden Gerechtigkeit, daß der Mann, der raffgierig ein Haus nach dem anderen kaufte, schließlich damit unglücklich war und daß der Grundbesitzer, der riesige Güter zusammenhamsterte, am Ende eine miserable Ernte einfuhr. Eine solche positive Einstellung zur traditionellen Ordnung gehört nicht zum geistigen Rüstzeug von Revolutionären.

Auch wir fühlen uns noch von vielen dieser Werte angesprochen, und Menschen, die gegen den Zeitgeist sprechen, ziehen uns an. Wir sehen in den Propheten daher oft nur »moralisch sensible Laien«, Sozialreformer oder gar Befreiungstheologen.[14] Einige ihrer unbequemen Wahrheiten erkennen wir spontan als heute noch gültig an. Doch ist die Moral nur ein Teil ihrer Botschaft; die Propheten sahen über die Gegenwart hinaus in die Zukunft, und in diesem Zusammenhang stellt sich eine einfache Frage: Entsprachen ihre Visionen dem, was geschah? Oder noch direkter formuliert: Hatten sie recht?

Die Frage entscheidet nicht allein über Wert und Bedeutung prophetischer Schriften, und sie mag sogar einfältig erscheinen. Einige moderne Bewunderer der Propheten gehen überhaupt nicht auf sie ein, sondern stellen nur fest, daß Prophezeiungen für die Propheten gar nicht wichtig gewesen seien: Die Propheten hätten über vieles offen gesprochen, keineswegs nur über die Zukunft. Doch selbst wenn Weissagung und Erfüllung für die Propheten selbst nicht immer wichtig gewesen sein mag, so war sie doch für deren Anhänger und Nachfolger unbestreitbar von großer Bedeutung.[15] Die Menschen, die die prophetischen Texte, die wir heute lesen, bearbeiteten, fügten zurückschauend wahre »Vorhersagen« ein, und sie lasen auch die älteren Texte so, als müßten sie sich erst noch bewahrheiten. Die frühen Christen übernahmen diese Einstellung; sie manipulierten ihre Erzählungen an manchen Stellen so, daß die alten Worte der Propheten plötzlich in den Ereignissen um Christus wahr zu werden schienen. Weissagungen galten als Verbindungsglieder zwischen Vergangenheit und christlicher Gegenwart, und sie sind heute noch für manche Menschen die zentrale Verbindung zwischen dem Alten und dem Neuen Testament.

Daneben hält sich der Glaube, daß das, was damals gesagt wurde, sich in unserer Zeit noch erfüllen könnte. Könnte sich eine bereits erfüllte Prophezeiung nicht noch einmal erfüllen, etwa in Libyen oder im Nahen Osten, in einem atomaren Holocaust oder in dem ausgedörrten und verseuchten Gebiet, das in jüngster Zeit um den Aralsee entstanden ist? »Der Himmel ist mit einem salzigen Schleier bedeckt, die Sonne wird blutrot und verschwindet im Salzstaub. Kein einziger Baum wächst auf diesem Boden. Die Tiere gehen zugrunde. Die Menschen werden krank und sterben ...«[16] Ist diese Ödnis vielleicht die Zukunft, von der die Propheten gesprochen haben? Der Glaube, daß Propheten die Zukunft vorausgesagt haben, hat dazu geführt, daß heute sehr viele Schriften unter ihrem Namen kursieren; er hat ferner das Neue Testament stark beeinflußt und zeigt sich heute noch in bestimmten Überzeugungen. Historiker können diesen Glauben jedoch mit ihren Mitteln analysieren.

II

»Höre die Stimme des Barden! / Der das Heute, das Gestern, das Morgen sieht« (William Blake). Ein Prophet kann eine gute oder eine schlechte Zukunft vorhersagen. Wenn wir die guten Weissagungen im Alten Testament lesen, scheint uns die Frage nach ihrer Erfüllung weniger wichtig. Die Wölfe haben sich noch nicht zu den Lämmern gelegt, und die Kinder können die Hand nicht in Schlangennester stecken, aber die Vorstellung, daß sie es eines Tages tun können, ist die Vision einer besseren Zukunft, und deshalb finden wir die dichterische Freiheit hier verzeihlich.[17] Weissagungen, die Schlimmes ankündigen, wirken bedrohlicher, vor allem, wenn aus ihnen flammender Zorn und Rachsucht sprechen. Aber auch hinter ihnen steht vielleicht eine moralische Vision, Gerechtigkeit für die Schwachen oder Bestrafung von Gier und Stolz. Eine solche Weissagung kann in unseren Ohren wahr klingen, ganz gleich, wie das Schicksal des Volkes aussah, an das sie sich richtete. Einzelheiten dieser Zukunft, ob gut oder schlecht, treten hinter den Werten zurück, die sich in der Weissagung spiegeln, sei es Hoffnung oder Optimismus, Glaube an den Frieden, Belohnungen für alle Völker oder eine Diagnose der moralischen Fehler einer menschlichen Gemeinschaft.

Die Propheten behaupteten allerdings, das Wort Gottes zu verkünden und die Visionen, die Gott ihnen eingegeben habe. Ihre Vorhersagen wurden oft sehr konkret, und ihre Ansichten über die Zukunft waren mehr als eine moralgetränkte Predigt. Gottes Wort erfüllt sich zuweilen verblüffend genau. Im Buch Genesis verheißt er Abraham zahlreiche Nachkommen, und tatsächlich stellen diese sich im Lauf der Geschichte ein, und das Volk Israel wächst und verteilt sich über die ganze Erde. Der Deuteronomist sah im Exil hoffnungsvoll in die Zukunft und harrte einer möglichen Hilfe Gottes. Tatsächlich konnte das Volk Israel dreißig Jahre, nachdem er seinen Text niedergeschrieben hatte, in die Heimat zurückkehren. Amos, Hosea und Micha hatten das israelitische Nordreich gewarnt, es gehe seinem Untergang entgegen, und tatsächlich zerstörten die Assyrer es um 722 v.Chr. vollkommen. In Jerusalem predigte Jesaja angesichts der assyrischen Armee Sanheribs nicht Pazifismus, sondern eine Politik der Neutralität: 701 v.Chr. zog das riesige assyrische Heer vor den Toren Jerusalems ab, ohne die Stadt erobert zu haben. In den Jahren um 590 wiederholte Jeremia beharrlich, die Babylonier seien zu stark und die Ägypter kein verläßliches Gegengewicht; tatsächlich drangen die Babylonier in Judäa ein, die ägyptischen Streitkräfte »waren schon dahin«, und Jerusalem wurde zerstört, wie Jeremia geweissagt hatte. Jeremia hatte auch erklärt, daß es in der Zukunft Hoffnung für die Verbannten gebe, die schon in Babylon waren. Rund fünfzig Jahre später erlaubte Kyros den Nachkommen dieser Verbannten, nach Judäa zurückzukehren. Im Exil sah Ezechiel inzwischen ein Tal mit verdorrten Totengebeinen, die eines Tages wieder lebendig werden sollten, und einen zukünftigen Tempel mit den idealen Maßen. In die verdorrten Gebeine des verbannten Volkes Israel kam tatsächlich wieder Leben, das Volk kehrte nach Hause zurück, und schließlich wurde auch ein neuer Tempel gebaut.

Die Vorausschau ist dann ganz besonders eindrucksvoll, wenn spätere anonyme Verfasser nachträglich entsprechende »Prophezeiungen« einfügen. Dem Jesaja, der von etwa 740–700 v.Chr.

lebte, wurden Prophezeiungen in den Mund gelegt, die König Kyros für die Zeit um 530 v. Chr. voraussagten. Unser Buch Jesaja verbindet die Worte von mindestens zwei, möglicherweise sogar drei Propheten, deren Lebenszeit etwa zweihundert Jahre auseinander liegt. Die später hinzugefügten Weissagungen sollten den Anschein erwecken, daß die Propheten Ereignisse auf lange Sicht richtig vorhergesagt hatten.[18] Das Buch Sacharja war in dieser Hinsicht besonders erfolgreich. Was wir heute im Namen des Propheten Sacharja lesen, stammt von mindestens zwei Propheten, wobei der Text des zweiten in Kapitel 9 beginnt. Dieser zweite Teil wurde viel später geschrieben, vielleicht sogar erst nach den Eroberungen Alexanders des Großen um 330 v. Chr. (In Sacharja 9,3–6 wird häufig eine Anspielung auf die Taten des großen Alexander vermutet, aber ich enthalte mich eines Urteils.) Die Christen fanden in Kapitel 9 bis 11 des späteren Teils besonders ergiebige Prophezeiungen über die letzten Tage Jesu (den Esel am Palmsonntag, den Schäfer, dessen Schafe sich zerstreuen, die Durchbohrung der Seite Jesu, die dreißig Silberlinge). Vermutlich glaubten sie, diese Worte stammten von Sacharja selbst und seien im 6. oder vielleicht sogar im 7. Jahrhundert v. Chr. ausgesprochen worden (vgl. Mt 23,35).[19] Tatsächlich sind sie viel später entstanden und ohne jeden Kontext zusammengeschrieben worden, so daß wir sie nicht genau datieren oder ihnen einen sicheren Ursprungsort zuweisen können.

Doch wir können solche geschickt eingebauten Änderungen wenigstens aufspüren, und zwar nicht allein durch gesunde Skepsis, sondern durch die Analyse des Textzustandes und des Tonfalls des bearbeiteten Ganzen. Probleme des ursprünglichen hebräischen Textes treten in den Prophetenschriften oft stark hervor, vor allem im Buch Jeremia. Es ist uns in einer griechischen Übersetzung erhalten geblieben, die anders angeordnet und auch erheblich kürzer ist als der masoretische hebräische Text.[20] Wahrscheinlich spiegelt sie eine frühere und reinere Version dieses verwirrenden Buches wider. Sie ermöglicht uns, die masoretische Version, auf der die meisten Bibelübersetzungen beruhen, zu überprüfen und unser Augenmerk auf spätere Ergänzungen zu richten. Mit wachsendem Umfang des Buches nahmen auch die angeblichen Weissagungen zu. In Kapitel 27 spricht Jeremia über die heiß umkämpften Kultgeräte, die zur Ausstattung des Tempels in Jerusalem gehören, und tadelt zunächst einmal die Propheten, die sagen, daß diese Geräte bald in die Stadt zurückgebracht würden, nachdem sie 597 v. Chr. von dort verschleppt wurden. Der griechische Text endet mit diesem Tadel, der hebräische Text jedoch nutzt späteres Wissen und läßt den Propheten das zukünftige Schicksal der Geräte voraussehen, nämlich ihre Rückkehr von Babylon nach Jerusalem in der viel späteren Zeit Esras. Solche Ergänzungen klingen allzu prophetisch.[21]

Schon Form und Gestaltung der prophetischen Bücher laden zu Fehlinterpretationen ein. Sie bieten uns Worte ohne Kontext, ausgewählt aus einem umfassenderen, heute verlorenen Ganzen. Weil der konkrete Rahmen fehlt, bleibt uns verborgen, was der Prophet in Wirklichkeit gemeint hat. Was Weissagungen über lange Zeiträume hinweg betrifft, so haben spätere Bearbeiter hier eine besondere Macht. Der harte Kern der Verkündigung Jeremias wurde zu einem Buch zusammengestellt, das für die Verbannten in Babylon nach dem Jahr 587 eine deutliche Botschaft enthielt. Die Bearbeiter fügten dann noch weitere Erzähltexte hinzu, die zeigen, daß sie die Ansicht des Deuteronomisten teilten. Manche Fachleute ziehen sogar in Erwägung, ob nicht eine Gruppe ähnlich gesonnener Deuteronomisten die Bücher des Amos, des Hosea und weiterer Propheten aus dem Nordreich bearbeitet hat.[22] So, wie wir sie heute lesen, scheinen sie das Südreich Juda anzusprechen; vielleicht haben die Bearbeiter die ursprüngliche Zielrichtung verändert.

Indem man die Texte bearbeitete, ihre Entstehungszeit vordatierte und Teile einfügte, verstärkte man den Eindruck, es habe langfristige Vorhersagen gegeben. Aber wie steht es nun mit den Propheten selbst? Haben die späteren Herausgeber ihre Prioritäten verschoben? Sagten sie mit ihren kraftvollen Worten die Zukunft voraus, oder wollten sie ihre Zuhörer nur warnen und dadurch versuchen, ein in der Zukunft drohendes Unheil abzuwenden? Warum sollte sich der »Spruch des Herrn« unerbittlich bewahrheiten? Wenn die Menschen auf die Warnung reagierten und die Lage sich dadurch änderte, würde das Unheil dann nicht ausbleiben? Haben die Propheten vielleicht gewarnt statt geweissagt? War eine erfüllte Weissagung nicht eher ein Zeichen dafür, daß ihre Mission gescheitert war?

Einige Theologen sind der Meinung, daß eine bestimmte Eigenart der hebräischen Sprache diese Annahme bestätigt: Es gibt im Hebräischen kein Futur, so daß eine allgemeine Aussage (»der Herr straft ...«) fälschlicherweise für eine Prophezeiung gehalten werden kann (»der Herr wird strafen ...«). Vielleicht sorgten auch die Übersetzer dafür, daß die Propheten prophetischer erschienen, als sie selbst es sein wollten. Im Buch Joël 2,1 lesen wir für gewöhnlich »es kommt der Tag des Herrn, ja, er ist nahe«, aber die ersten Worte könnten auch bedeuten »der Tag ist gekommen« oder »er wird kommen«, und der zweite Teil könnte hinzugefügt worden sein, um Joëls Verdienst zu unterstreichen, falls der Tag wirklich kam;[23] die Worte können alles mögliche bedeuten: »Er ist nahe« oder »er ist gekommen« oder »er kommt« oder »er naht« ... Welche Sprache könnte sich besser für die Zwecke eines Propheten eignen?

Allerdings konnte auch im Hebräischen durchaus etwas Spezifisches über die Zukunft gesagt werden. Die hebräischen Verben haben zwar nicht unsere grammatischen Zeiten, aber es stimmt nicht, daß die Israeliten deswegen nicht deutlich zwischen Zukunft und Vergangenheit unterschieden hätten. Der Zusammenhang eines Textes brachte hier fast immer Klarheit, und das wußten auch die Propheten und ihre Zuhörer. Hebräische Verben drücken aus, ob eine Handlung beendet oder noch nicht beendet ist. Bei einem Prophetenwort beziehen sich Verben wie »sterben« oder »zurückkehren« ganz offensichtlich auf die Zukunft, wenn sie ausdrücken, daß der Vorgang noch nicht beendet ist. Wenn ein Prophet etwas voraussagen wollte, hinderte ihn seine hebräische Muttersprache nicht daran.

Wir müssen auch überlegen, warum die Propheten von Amos an öffentlich zu sprechen begannen und warum man ihre Reden ab etwa 760 wörtlich überlieferte, während man von Natan und Samuel nur aus Geschichten wußte. Wenn ihr einziges Anliegen war anzuklagen, Dinge offen auszusprechen und vielleicht eine Veränderung zu bewirken, müssen sie über die Sünden und das Fehlverhalten der Israeliten besonders unglücklich gewesen sein. Einigen machte vor allem die Untreue gegenüber Gott zu schaffen: Besonders Hosea erhob die Stimme gegen die Verehrung anderer Götter neben Jahwe. Er sprach von einem Teufelskreis aus Götzendienst, »Ehebruch« und Eifersucht eines betrogenen Gottes.

Solcher Götzendienst war jedoch nicht neu und nahm auch in dieser Zeit nicht besonders stark zu, und die übrigen Sünden erscheinen uns eher alltäglich: Die Reichen zeigten sich den Armen gegenüber hart; verwöhnte Frauen, die »Baschankühe« (Am 4,1), wurden bei ihren israelitischen Männern fett und selbstsüchtig. Unterschied sich das so sehr vom Verhalten des Volkes in den Tagen Ahabs oder auch des weisen alten Salomo? Auch die Wagenlenker der alten Zeit haben sicher gut gelebt, und um die Moral der Pferdehändler war es wahrscheinlich nicht viel besser bestellt. Vielleicht konnten die Reichen Mitte des 8. Jahrhunderts v. Chr. ihre Habgier stärker ausleben als zuvor, aber war die Gesellschaft wirklich so krank geworden, daß allein der Anblick genügte, um die Propheten in Rage zu bringen?[24]

Was sie zu sagen hatten, war außerordentlich düster. Durch die Erzählungen, die der Deuteronomist in Samuel und in den Büchern der Könige 2 miteinander verflochten hat, wissen wir von vielen früheren Propheten. Der Hauptunterschied zwischen den Worten eines Elija und eines Amos oder Hosea ist deutlich festzustellen. Die Weissagungen der Propheten in den erzählenden Geschichtsbüchern richteten sich gegen Individuen und Familien, im allgemeinen die Familie des Königs. Amos, Hosea und ihre Nachfolger wandten sich an das ganze Volk. Sie sagten, wegen der Sünden einiger weniger »Baschankühe«, Ehebrecherinnen und Baalsverehrer werde das ganze Volk Israel vernichtet. Rosige Vorstellungen von einer besonderen Beziehung zu Gott, einer Auserwähltheit, fehlen hier genauso wie die Hoffnung, das alles wiedergutmachen zu können, indem man Tiere tötete und in einem Tempel verbrannte.

Die Strafe traf unterschiedslos jeden und war fürchterlich. War sie also der Ausgangspunkt der Propheten? Mißverstehen wir vielleicht deren Aufgabe, wenn wir ihre moralische Botschaft hervorheben und sie als Fürsprecher einer Moral ansehen? Angenommen, sie hätten mit einem »Spruch der Herrn« begonnen, der besagte, der Untergang Israels stehe unmittelbar bevor, und sie seien von Gott mit der schrecklichen Überzeugung erfüllt worden, daß sich Unheil zusammenbraue. Wären dann die sittlichen Warnungen, die Entlarvung der Sünden nicht vielleicht nur zweitrangig, nur ein Versuch, zu erklären, warum Gott plötzlich in so schrecklicher Weise handeln wollte? In den Prophetenbüchern des 8. Jahrhunderts v. Chr. wird von der Verdammung gesprochen, aber selten von der Möglichkeit, sich zu bessern. Amos, Hosea oder Micha sagen nur sehr wenig dazu, wie man die Dinge noch ändern könnte, und wo in ihren Büchern von Reue die Rede ist, muß dieser Gedanke von einem späteren Bearbeiter eingefügt oder Teil der Strafe selbst gewesen sein: »Vielleicht haben wir die ganze, schreckliche Wirkung der klassischen Prophezeiungen vom Strafgericht erst erfaßt, wenn wir erkennen, daß ein subtiler Teil des Strafgerichts in der zeitweiligen Wirkungslosigkeit der Reue lag, zu der die Menschen dennoch aufgerufen wurden.«[25]

Man hat diese neue Interpretation mit den Formen prophetischer Sprache in Verbindung gebracht.[26] Wenn die Propheten ihre Zeitgenossen anklagten, sprachen sie meist unter Berufung auf ihre eigene Autorität; wenn sie vom drohenden Strafgericht sprachen, fügten sie hinzu: »So spricht der Herr.« Das Wort des Herrn hatte aber sicher erste Priorität; die Zukunft stand für die Propheten also an erster Stelle, und sie fühlten sich verpflichtet, zu sagen, was sie voraussahen. Die moralischen Anklagen und die Benennung der Sünden entsprangen einer Überzeugung in bezug auf die Zukunft und versuchten zu erklären, was der Herr vorhatte. Die Erklärungen mochten dürftig sein, aber der Herr war der Herr, und wer konnte rechtfertigen, was ihm gerade einfiel?

Den Propheten im 8. Jahrhundert ging es also in erster Linie um die Zukunft, die Betonung der Reue entwickelte sich erst später bei Jeremia, wo sie nur eines von mehreren Themen war, und vor allem nach dem Exil, als die Propheten die Hoffnung auf einen neuen Anfang ins Auge faßten.[27] Dieser Hoffnung schloß sich auch der Deuteronomist an, der seine große Geschichte im Exil schrieb, und sie wurde von gleichgesinnten Herausgebern in andere prophetische Bücher eingefügt, besonders in das des Jeremia, das uns heute in einer bearbeiteten Form vorliegt. Wenn wir die ersten Propheten als Moralprediger einstufen, übersehen wir ihre wichtigste Motivation, nämlich die Zukunft, die sie voraussahen.

Diese Lesart der Prophetenbücher mag für Christen ungewohnt sein, aber sie ist noch nicht die ganze Wahrheit. »So spricht der Herr« ist nicht immer die Einleitung zu einer schrecklichen Weissagung oder einer Warnung. Nach unserem heutigen Verständnis waren sich die Propheten der Zukunft manchmal gar nicht so sicher, wie vielleicht auch der Wille Gottes unsicher war, und sie riefen manchmal durchaus zur Reue auf, auch in Versen, die nachweislich keine spätere Ergänzung sind. Sogar bei Amos finden sich solche Stellen. Man darf bei der Rekonstruktion der Logik eines Propheten auch nicht zu weit gehen. Vielleicht sind die Prophezeiungen des totalen Untergangs im Verhältnis zur Benennung der Sünden deshalb so übertrieben, weil die Propheten einen einfachen Wunsch hatten: Sie wollten gehört werden. Wie sollte sich ein Viehzüchter und Anbauer von Maulbeerfeigen wie Amos nach großen Propheten wie Elija und Natan und vielen anderen sonst Gehör verschaffen? Die Übertreibungen müssen nicht vorsätzlich oder hinterlistig eingesetzt worden sein, aber wir alle kennen den Gelehrten, der aufgrund minimaler Anzeichen ein schreckliches Unglück voraussagt und Zuhörer und sogar Anhänger gewinnt, selbst wenn seine Schlüsse ganz und gar nicht plausibel sind.

Dennoch war das subjektive Wissen um die Zukunft sehr wichtig. Vielleicht hing nicht alles daran, aber es war bestimmt wichtiger als die Rufe nach sittlicher Reform, die modernen Lesern zuerst ins Auge fallen. Wir können nachlesen, daß Jeremia sein Leben lang gegen andere engagierte Propheten zu kämpfen hatte, die dringend einen entgegengesetzten Kurs empfahlen. Wir müssen annehmen, daß dies ein Kampf war, bei dem es um Wahrheit und Lüge ging, nicht um verschiedene beschränkt gültige Empfehlungen, wie man die Herzen vielleicht zu einem sittlichen Wandel bewegen konnte. Falsche Weissagungen, nicht unangebrachte Warnungen waren das Erkennungszeichen des falschen Propheten (Dtn 18,16–22). Allerdings war den Menschen wahrscheinlich bewußt, daß auch falsche Propheten gelegentlich etwas Wahres sagen.

Es ist daher nicht unangebracht, heute zu fragen, ob die Propheten die Zukunft richtig vorhergesagt haben. Ein Aspekt ist dabei offenkundig, nur übersehen wir ihn heute leicht: Wenn Propheten den unmittelbar drohenden Untergang weissagten, haben sie das für ihre Zeitgenossen getan. Es wäre für Jesaja sinnlos gewesen, von etwas zu reden, das erst in sechshundert Jahren eintrat, wenn seine Zuhörer längst tot waren. Eine Bedrohung wird erst dann als bedeutsam wahrgenommen, wenn sie in die eigene Lebensspanne fällt: Wer nimmt sich die Abholzung der Regenwälder zu Herzen, wenn sich die Erdatmosphäre erst in sechshundert Jahren zu erwärmen beginnt? Schließlich kann man hoffen, daß sich in Gottes Schöpfung bis dahin irgend etwas ereignet, das die Voraussage für die ferne Zukunft über den Haufen wirft. Wenn die Propheten allgemein ein neues Zeitalter des Zorns oder des Friedens verheißen, mögen ihre Zeitangaben vage sein und sich auf eine längere Frist erstrecken. Wenn sie aber spezifische Vorhersagen über Feinde im Norden oder Westen, über die völlige Vernichtung Israels oder den Fall Jerusalems machen, dann sprechen sie nicht von Ereignissen am Ende des 20. Jahrhunderts, sondern von Ereignissen, die für ihre Zuhörer konkret vorstellbar sind.[28]

Unsere Chancen, falsche Prophezeiungen zu finden, scheinen ziemlich gering, denn Bearbeiter haben sie größtenteils weggelassen oder umformuliert. Der Wortlaut solcher Prophezeiungen geriet vielleicht in Vergessenheit, oder sie wurden in zeitlich offene, allgemeine Aussagen umgewandelt. Trotzdem gibt es sie in der Bibel, und ich werde Beispiele aus drei verschiedenen Gruppen anführen: spezifische Vorhersagen über das Schicksal eines Individuums, Voraussagen über den Ausgang großer politischer Umwälzungen und Weissagungen über eine glanzvolle Zukunft. Im Buch der Könige wird häufig das Schicksal einer bedeutenden Person oder eines wichtigen Ortes vorhergesagt, aber der Deuteronomist, der die Erzählungen letztlich verfaßte, war viel zu gewitzt, um zuzulassen, daß diese Prophezeiungen sich nicht bewahrheiteten. In den Büchern, die die Propheten selbst schrieben, ergeben sich eher Widersprüche. In Amos 7,11 sagt Amos, Jerobeam werde durch das Schwert sterben. In Hosea 1,4 sagt der Herr Hosea, wie er seinen Sohn nennen soll, um die Absicht des Herrn kundzutun: »Denn es dauert nicht mehr lange, dann werde ich das Haus Jehu für die Blutschuld von Jesreel bestrafen und dem Königtum in Israel ein Ende machen.« In Jeremia 22,19 heißt es von Jojakim, dem König von Juda: »Ein Eselsbegräbnis wird er bekommen. Man schleift ihn weg und wirft ihn hin, draußen vor den Toren Jerusalems.« Jojakim war der König, der Jeremias prophetische Buchrolle ins Feuer werfen ließ (Jeremias Schreiber Baruch hatte sie, so erfahren wir, sorgsam nach dem Diktat des

Propheten geschrieben); in Jeremia 36,30 heißt es: »Sein Leichnam soll weggeworfen werden und der Hitze des Tags und der Kälte der Nacht ausgesetzt sein.«[29]

Die Frage, ob sich eine dieser Prophezeiungen erfüllt hat, ist schwer zu beantworten. Nach 2 Könige 14,29 »entschlief Jerobeam zu seinen Vätern«, und zwar nach einer langen Herrschaft von einundvierzig Jahren. In Amos 7,10 f. läßt ein Amos feindlich gesonnener Priester dem König melden, was Amos gegen ihn gesagt haben soll, während die Worte, die Amos selbst zugeschrieben werden, lediglich vorhersagen, daß »das Haus Jerobeam« durch das Schwert sterben werde (Am 7,9). Und tatsächlich wurde der Sohn Jerobeams ermordet, und die Dynastie erlosch. Vielleicht gab der Priester die Prophezeiung des Amos falsch weiter, oder aber die Version des Priesters ist korrekt, und die Herausgeber des Amos-Textes wahrten dessen Gesicht, indem sie den »König« durch »das Haus des Königs« ersetzten.[30] In Hosea 1,4 hat Hosea vielleicht recht in bezug auf das Haus Jehu (»es dauert nicht mehr lange« hieß in diesem Fall zehn bis fünfzehn Jahre), aber er irrt in bezug auf das »Königtum«. Der Tod des letzten Königs aus dem Haus Jehu setzte dem Königtum im Nordreich kein Ende, es bestand noch über zwanzig Jahre weiter. Es ist nicht einmal eindeutig, ob sich die Worte Hoseas nur auf das Königtum im Nordreich beziehen; es gibt auch die Auffassung, daß sie sich auf das Königtum in »ganz Israel« beziehen, samt Juda und Jerusalem, das noch über hundertfünfzig Jahre fortbestand.

Von Jojakim wiederum, der Jeremias Buchrolle verbrannt hatte, heißt es in 2 Könige 24,6, er sei »zu seinen Vätern entschlafen«. Es ist nicht die Rede von einem gewaltsamen Tod oder dem Begräbnis eines Verstoßenen; »zu seinen Vätern entschlafen« bezeichnet üblicherweise ein friedliches Ende. Wenn das zutrifft, ließen die Herausgeber des Jeremia-Textes an zwei Stellen des Buches eine falsche Weissagung stehen. Obwohl der friedvolle Klang des »Entschlafens« kürzlich in Zweifel gezogen wurde, gilt noch immer, daß wir nirgendwo eine Nachricht über Jojakims Tod finden, die Jeremias Prophezeiung entspricht, obwohl ein härteres Ende für ihn wahrscheinlich sehr gut ins Weltbild des Buches der Könige gepaßt hätte. Anscheinend war auch hier der »Spruch des Herrn« falsch. Wo ein solcher Spruch an anderen Stellen auf das elende Ende eines Pharao oder eines babylonischen Königs zutrifft, läßt sich das einfach erklären: Die Prophezeiung wurde erst nach dem Ereignis niedergeschrieben.

In politischer Hinsicht war die Zukunft kaum weniger komplex. Wen genau stellte sich Amos als die Zerstörer des Königreiches Israel vor? Im Jahr 722 v.Chr. erfüllten die Assyrer seine Prophezeiung, aber als er zwischen 760 und 750 predigte, war die Vorstellung, die assyrische Macht könne wieder erstarken, sehr exzentrisch. Vielleicht hat er die Aramäer gemeint, doch darüber sind keine gesicherten Aussagen möglich. Die Prophezeiungen des Jesaja werfen noch kniffligere Fragen auf.[31] Im Jahr 701 v.Chr. zog König Sanherib sein Belagerungsheer von Jerusalem ab, wie uns auch die offizielle assyrische Version bestätigt. Im 2. Buch der Könige gibt es zu diesem Rückzug zwei Geschichten. Laut 2 Könige 18,13–16 unterwirft sich König Hiskija dem assyrischen König und bezahlt ihm den geforderten Tribut; in 2 Könige 19,35f. bewahrheitet sich eine Prophezeiung, die Jesaja zugeschrieben wurde: »Ein Engel des Herrn« erschlägt im Lager der Assyrer »hundertfünfundachtzigtausend Mann«, worauf sich das Heer geschlagen in sein Heimatland zurückzieht. Gleich darauf hören wir vom Tod Sanheribs, aber zufällig wissen wir, daß er erst zwanzig Jahre nach dem Feldzug starb.

Jesaja mißbilligte offenkundig die Versuche König Hiskijas, zwischen 705 und 701 mit Ägypten ein Bündnis gegen Assyrien zu schließen; seine Worte passen genau in den bekannten historischen Kontext. Daneben gibt es auch Weissagungen, die den Stolz der Assyrer anprangern und ihren zukünftigen Untergang vorhersagen (Jes 10,5ff.; 14,24; 17,12 und 31,5). Es scheint naheliegend, beide Themen miteinander zu verbinden und anzunehmen, daß Jesaja einerseits die Suche seines Königs nach Verbündeten verurteilte und andererseits nicht aufhörte, die Assyrer anzuklagen und ihnen den Untergang vor Augen zu stellen (der dann auch kam, aber erst etwa hundert Jahre später). Bedeutend gewichtigere Gründe sprechen jedoch dafür, die beiden Themen getrennt zu behandeln. Wenn Jesaja die Suche Judas nach ausländischen Verbündeten kritisiert, spricht er, als sei das Schicksal Judas bereits besiegelt; Jahwe, sagt er, werde über das Land kommen wie ein knurrender Löwe (Jes 31,4). Der künftige Untergang Assyriens dagegen ist ein anderes Thema und wurde bei einer anderen Gelegenheit prophezeit oder erst später der Arbeit Jesajas hinzugefügt. Nach der Vorstellung des Propheten würde ein Heer von Eroberern das treulose Jerusalem verwüsten – eine finstere Untergangsvision wie bei Amos. Bei anderer Gelegenheit sprach Jesaja vielleicht auch vom unmittelbar bevorstehenden Untergang Assyriens, aber er hatte in beiden Fällen unrecht. Jerusalem wurde nicht verwüstet; Hiskija ergab sich und erkaufte geschickt sein Leben und das Überleben der Stadt. Die Assyrer kehrten reicher zurück, als sie gekommen waren, und hielten sich noch beinahe hundert Jahre, in denen ihre Macht erst den Höhepunkt erreichte. Diese Diskrepanz störte die Nachfolger Jesajas, und in 2 Könige 19 können wir ihre alternative Version lesen: Hier sagt Jesaja den Untergang Assyriens, nicht Judas, im Jahr 701 voraus, und ein Engel des Herrn wirkt ein Wunder in Form eines Massakers, um zu beweisen, daß der Prophet des Herrn recht hat.

Um diese Textstelle wird noch immer mit allen Mitteln der Textkritik gekämpft, andere Prophezeiungen jedoch sind eindeutig falsch. In Jesaja 20 lesen wir, daß Jesaja drei Jahre lang nackt und barfuß durchs Land zog, um einer Prophezeiung Nachdruck zu verleihen, in der er auf Befehl des Herrn von einer drohenden Eroberung durch Ägypten gesprochen hatte. In Jeremia 43 hält sich der Prophet nach dem Untergang Jerusalems im Jahr 587 v. Chr. in Ägypten auf;[32] er nimmt große Steine in die Hand und mauert sie mit Mörtel in das Ziegelpflaster am Eingang zum »Haus des Pharao« in der ägyptischen Grenzstadt Tachpanhes; dies sollte (dem Wort des Herrn nach) symbolisieren, daß König Nebukadnezzar von Babel über Ägypten herrschen und »seinen Thron über diesen Steinen, die ich hier eingemauert habe, aufstellen« werde. Auch den Juden in Ägypten wird die völlige Vernichtung angedroht (Jer 44); es gibt keine Hoffnung mehr für sie.

Beide Prophezeiungen erwiesen sich als falsch. Es gibt keinerlei Hinweise auf eine Eroberung Judas durch die Ägypter zur Zeit Jesajas, und obwohl man weiß, daß Nebukadnezzar in den Jahren 568/567 mit dem Pharao Krieg führte, spricht nichts dafür, daß er im Land des Pharaos einen Thron aufgestellt oder dort geherrscht hat.[33] Weit oben am Nil diente eine Gruppe von Juden trotz Jeremias Weissagung weiterhin ihrem Gott Jahwe. Wir besitzen noch Papyrusdokumente von ihnen, die bis in das Jahr 410 v. Chr. reichen. Diese Juden waren trotz einiger Rückschläge keineswegs vernichtet worden. Sie hatten einen unabhängigen Tempel mit einer eigenständigen Tradition von Gottesdiensten und die sympathische Gewohnheit, Jahwe zusammen mit anderen Göttern zu huldigen.[34]

Niederlagen und Todesfälle zu prophezeien war also riskant, ganz im Gegensatz zu segensreichen Verheißungen: Waren sie relativ allgemein gehalten, konnte ihr Zauber jahrelang wirken. Doch auch die Propheten litten unter der menschlichen Schwäche des Überschwangs: In Kapitel 9 jubelt Jesaja über die Ankunft des erwarteten Friedensfürsten, unter dem der Friede kein Ende mehr haben wird (»uns ist ein Kind geboren«; Jes 9,5), aber ob er nun Hiskija oder ein Königskind meinte, seine Hoffnung auf einen Frieden ohne Ende war in jedem Fall übertrieben (das »Kind« kam nicht; die christliche Deutung ist eine viel spätere und falsche Interpretation).[35] Haggai und Sacharja überhäuften in den Jahren nach 520 v. Chr. die Juden, die während einer turbulenten Zeit im Persischen Reich unter der Führung Serubbabels den Tempel in Jerusalem wiederaufbauten, mit großen Hoffnungen und Lobpreisungen. »Ich lasse die Himmel und die Erde erbeben«, sagt der Herr in Haggai 2,21. Doch bald kehrte im Persischen Reich wieder Frieden ein, und Serubbabel verschwand aus der Geschichte. Er war nicht der Gesalbte, und Sacharja hatte dann auch eine Vision, welche die wenige Monate zuvor aufgekommenen Hoffnungen wieder zunichte machte. Verfehlter Optimismus keimte in dieser bedeutsamen Zeit nur allzu leicht auf; in den Jahren nach 530 begegnen wir ihm vor allem in der Gestalt eines unbekannten Propheten, der von einigen Textherausgebern so behandelt wurde, als sei er Jesaja.

In Jesaja 45,1 ff. preist dieser unbekannte jüdische Zeitzeuge den persischen König Kyros als Gesalbten des Herrn. Er spricht von Babylonien aus, offenbar nach der Besetzung Babylons; die Stadt war nicht, wie einige Prophezeiungen im Buch Jeremia gedroht hatten, zerstört oder abgebrannt worden. Kyros erlaubte den Juden zwar später die Rückkehr nach Jerusalem – vielleicht beeindruckten und beeinflußten gerade die Lobpreisungen des unbekannten Propheten die Ratgeber des Persers –, aber weder die

Rückkehr selbst noch der König erfüllten die Erwartungen der Juden völlig. Während der Regierungszeit des Kyros machte der Wiederaufbau des Tempels nur geringe Fortschritte, es brach kein neues Goldenes Zeitalter an, und der neue Gesalbte starb einen schrecklichen, selbstverschuldeten Tod. Der griechische Historiker Herodot behauptet, viele unterschiedliche Geschichten über den Tod des Kyros zu kennen, aber er erzählt uns ausgerechnet die Version, in der der König von einer Königin der barbarischen Skythen für seine Grausamkeit hart bestraft wird.[36] Kyros fällt jenseits des Flusses Oxos in die zentralasiatische Steppe ein und gebärdet sich aggressiv und »unersättlich blutdurstig«. Es kommt zu einer Schlacht mit den Skythen, und er wird getötet. Die Skythenkönigin füllt einen Weinschlauch mit Menschenblut, läßt den Leichnam des Kyros bringen und stopft den Kopf des »Gesalbten des Herrn« in den Schlauch, um sich auf diese Weise an dem kriegslüsternen König zu rächen, wie er es verdient hat.

Propheten machen also, kurz gesagt, durchaus Voraussagen und prophezeien über die Höhen und Tiefen von mindestens zweihundertfünfzig Jahren hinweg ganz konkrete Ereignisse. Die Ereignisse stellten sich jedoch nicht immer ein, und alles in allem ist die Voraussicht der Propheten nicht eindrucksvoller oder treffsicherer als die eines einigermaßen fähigen Auslandskorrespondenten. Wir mögen vielleicht ihre Visionen einer moralischen Wahrheit bewundern und vor allem Respekt vor ihrer schwierigen Situation haben, denn sie waren gefährdet durch die Könige und die Feinde ihres Landes und durch Menschen, die sich, wie Jeremia erkannte, aufgrund ihres Charakters selbst angesichts der drohenden Katastrophe nicht ändern wollten oder konnten. Wir sollten aber auch Respekt vor dem israelitischen Volk haben. In den prophetischen Büchern und Erzählungen erhaschen wir hie und da einen Blick auf andere, konkurrierende Propheten, auf die Michajas und Hananjas, denen die anerkannten Propheten widersprechen. Ein Israelit mußte sich demnach wie heute ein verunsicherter Geldanleger sehr widersprüchliche Ratschläge anhören. Alle waren gut gemeint, und alle Seiten nahmen das Wort des Herrn für sich in Anspruch. Wer Amos überlebte oder sich 701 noch an Jesaja erinnerte, war alt genug, um zu wissen, daß sich die Weissagungen des Herrn aus menschlichem Munde nicht erfüllt hatten. Warum also sollten sie dem einen Propheten mehr vertrauen als dem anderen? Vorhersagen sind wie Börsentips immer verführerisch, aber wenn man die Prognosen mit den historischen Fakten vergleicht, spricht einiges dafür, Jesaja und Haggai, Jeremia und auch Amos sich selbst und ihren subjektiven Überzeugungen zu überlassen.

Mehr Glück als mit der Zukunft hatten die Propheten mit ihren Freunden und Herausgebern. Von den meisten ihrer Rivalen ist heute nichts mehr schriftlich erhalten, und Zusammenhänge wurden verändert oder weggelassen, aus dem Rückblick gewonnene Erkenntnisse umgesetzt und falsche Weissagungen auf mancherlei Wegen ausgemerzt. Wenn ein prophezeites Unglück nicht eintraf, hatten die Menschen dann nicht vielleicht die Mahnung ernstgenommen und Gott ihre Reue gezeigt? Micha prophezeit in Micha 3,12: »Darum wird Zion euretwegen zum Acker, den man umpflügt, Jerusalem wird zu einem Trümmerhaufen.« Bis etwa 600 v. Chr. war nichts dergleichen eingetroffen, aber aus Jeremia 26,18 ff. erfahren wir, daß das Volk eine Erklärung dafür gefunden hatte: König Hiskija hatte seine Sünden bereut und so das von Gott angedrohte Unheil abgewendet. Der Tradition nach war Hiskija allerdings so tugendhaft, daß er nicht viel zu bereuen gehabt haben kann. Von allen Prophezeiungen des 8. Jahrhunderts waren die ursprünglichen Worte Michas wohl die schlimmste Ankündigung von Leid und unabwendbarem Unheil. Man bemühte die Reue, um Michas Ehre und seine Weissagungen zu retten.

Wenn es nicht zum Schlimmsten gekommen war, waren dann vielleicht die Menschen besser geworden? Wenn umgekehrt das Goldene Zeitalter nicht gekommen war, mußten sie dann nicht schlechter geworden sein oder eine wichtige Bedingung wie etwa den Wiederaufbau des Tempels unerfüllt gelassen haben? In einem heftigen Gefühlsausbruch spricht Jeremia selbst davon, daß Gott ihn getäuscht und ihm nur Lügen eingegeben habe. Der christliche Denker Origenes zog diese Verse heran, um mit ihnen seine Auffassung zu stützen, daß es auch hilfreiche Lügen gebe, die intelligente Christen gegenüber ihren einfältigeren Brüdern vertreten sollten.[37] Konnte man nicht statt von Täuschung von Sinneswandel sprechen? Im Paradies hatte Gott mit dem Tod gedroht und seine Drohung dann abgeschwächt. Warum sollte Gott nicht ein schreckliches Vorhaben bereuen und sich gerecht und großzügig benehmen können? Amos 7,4–6 ist ein Beispiel dafür; in Ezechiel 26 sagt der Prophet eindeutig voraus, daß Nebukadnezzar Tyrus einnehmen und zerstören werde, aber in Ezechiel 29,18 lautet der »Spruch des Herrn« anders, und der Herr will dem Heer Nebukadnezzars als Belohnung für seine vergeblichen Anstrengungen vor der Stadt Tyrus nun Ägypten geben.[38] Aus alldem ergeben sich endlose Komplikationen. Wer sollte auf die Worte eines Propheten zuerst reagieren: Gott, dessen Wort der Prophet zu verkünden glaubte, oder die Zuhörer, die ihm vielleicht nachweisen konnten, daß er unrecht hatte? Die Situation war für die Zuhörer schon schlimm genug, aber für die Propheten selbst bedeutete sie das Risiko, sich selbst zu widerlegen, zumindest, bis Bewunderer ihre Worte neu formulierten und sie in Bücher für eine neue Generation verwandelten.

III

In den Jahrhunderten nach dem Exil und wahrscheinlich vor 300 v. Chr. regte der Konflikt zwischen wahrer Prophezeiung und Reue, zwischen Gottes Wissen und Gottes Gnade einen unbekannten Verfasser dazu an, ein kleines Meisterwerk über das Dilemma prophetischer Berufung zu schreiben. In 2 Könige 14,25 (Mitte des 8. Jahrhunderts) heißt es, ein Prophet namens Jona habe die Herrschaft Israels über einen großen Teil des Nahen Ostens vorhergesagt. Wir erfahren sonst nichts über Jona, bis ihm später eine eigene Geschichte gewidmet wird.

Ihre Grundzüge sind schnell skizziert. Gott befiehlt Jona, nach Ninive zu gehen und der Stadt wegen ihrer Schlechtigkeit das Strafgericht anzudrohen. Jona weigert sich und nimmt ein Schiff nach Tarschisch, das in der entgegengesetzten Richtung liegt. Doch es bricht ein Sturm los, die Seeleute geraten in Panik, Jona gesteht seine Verfehlung gegen den Herrn ein und läßt sich ins Meer werfen. Der Sturm legt sich und die Seeleute preisen den Gott Jonas, während dieser von einem Seeungeheuer verschlungen und so vor dem Ertrinken gerettet wird. Erst im Mittelalter wurde das Ungeheuer als Wal identifiziert (das Griechische bietet in Matthäus 12,40 keine genaue Bezeichnung), und in den sechziger Jahren unseres Jahrhunderts konnte »der fromme Besucher in der Nähe der Erdölbohrtürme von Mosul noch immer die Überreste von Jonas Wal in einer Moschee bewundern, die nach Jona benannt ist«.

Die Geschichte hat einen weiten Horizont. Die Bewohner von Ninive sind keine Juden, aber dennoch möchte Gott ihre Schlechtigkeit bestrafen. Wie die frühen Propheten hatte auch dieser Verfasser begriffen, daß es universelle Regeln für das Verhalten gab, daß eine ausgleichende Gerechtigkeit auch jenseits der Grenzen Israels existierte und daß Gott und seine Boten nicht nur die Verletzung jüdischer Gesetze ahndeten. Über Jonas Ungehorsam erfahren wir, er sei in dem Wissen geflohen, »daß du ein gnädiger und barmherziger Gott bist, langmütig und reich an Huld, und daß deine Drohungen dich reuen« (Jona 4,2). Er floh nicht, weil Ninive ihm gefährlich schien, obwohl es außerordentlich groß war, so groß, daß man drei Tage brauchte, um es zu durchqueren; er floh, weil Gott ein weiches Herz hatte. Was war, wenn die Bewohner von Ninive sich änderten? Warum nach Osten gehen und in einer riesigen, überfüllten Stadt von drohendem Unheil sprechen, wenn Gott und die Zuhörer es sich womöglich anders überlegten und den Propheten ins Unrecht setzten? Jona hatte keine Lust, Amos oder Hosea zu spielen und sich dann lächerlich zu machen. Warum sollte er die Einwohner Ninives (»Israels barbarischste und erbittertste Feinde, vergleichbar den Technikern, die die Gaskammern von Auschwitz bedienten«, schrieb ein Wissenschaftler) warnen, wenn Gott vielleicht als Folge davon sein Wort zurücknehmen, den Feind retten und seinen Abgesandten unglaubwürdig machen würde? Erste Anzeichen liberaler Aufweichung hatten sich schon im Paradies gezeigt: Gott hatte Adam mit der Todesstrafe gedroht, aber als sie verhängt werden sollte, hatte er seine Drohung zurückgenommen. Warum sollte Jona sich von einem liberalen Gott einspannen lassen und dann womöglich dessen Weichlichkeit ausbaden?

Die Seeleute, rechtschaffene Menschen, sind keine Juden, aber nachdem der Sturm sich gelegt hat, verehren sie Jonas Gott. Sie möchten ihrem Passagier nichts Böses tun, bitten Gott um Verzeihung und werfen Jona erst über Bord, als ihnen nichts anderes übrig bleibt. Jona selbst ist bereit zu sterben, weil er nicht will, daß die rechtschaffenen Heiden wegen seines Ungehorsams gegen Gott sterben.

Der Herr sorgt jedoch dafür, daß das Seeungeheuer ihn rettet, und nach einem für die Bibel typischen Zwischenspiel, das Jona ein langes Danklied in den Mund legt, schickt ihn der Herr zum zweiten Mal nach Ninive, und jetzt gehorcht Jona. Er verkündet: »Noch vierzig Tage, und Ninive ist zerstört!« Die Prophezeiung ist ebenso düster wie die eines Micha oder Amos, aber im Gegensatz zu den Israeliten hören die Einwohner Ninives auf Jona, sie »glauben Gott«. Sofort beginnen sie zu fasten, »und alle, groß und klein« ziehen Bußgewänder an. Als der König und seine Berater die Prophezeiung hören, ordnen sie sogar noch größere Zeichen der Umkehr an: Auch »Tiere, Rinder, Schafe und Ziegen« sollen fasten und Bußgewänder angelegt bekommen. »Und Gott sah ihr Verhalten; er sah, daß sie umkehrten und sich von ihren bösen Taten abwandten. Da reute Gott das Unheil, das er ihnen angedroht hatte, und er führte die Drohung nicht aus« (Jona 3,10). Wir mögen uns jetzt mit gutem Grund fragen, ob Gott wirklich allmächtig ist. Hat er schon die ganze Zeit gewußt, daß Ninive sich retten wird? Weder Jona noch der Verfasser betrachten die Geschichte unter diesem Gesichtspunkt. Sie gehen davon aus, daß Ninive vielleicht nicht auf Jona hört und die Stadt dann zerstört werden muß; auch für Gott besteht eine echte Ungewißheit. Aber Jona ist in jedem Falle der Verlierer. Durch ihre Umkehr widerlegen die Bewohner von Ninive seine Weissagung, wenn sie jedoch nicht bereut hätten, wäre sein Auftrag sinnlos gewesen. Denn warum wird er geschickt, wenn Ninive sowieso nicht auf ihn hört und dann ganz sicher zerstört wird?

Der Verfasser (und Jona) sehen das Paradox des Propheten deutlich. »Der einzige wahre Prophet ist ein unwahrer Prophet, einer, dessen Drohungen sich nicht erfüllen. Alle guten Propheten sind falsche Propheten, die ihre eigenen Äußerungen bereits außer Kraft setzen, indem sie sie hervorbringen.«[39] Jona wird zornig und bittet den Herrn, ihm das Leben zu nehmen. Da fragt ihn der Herr: »Ist es recht von dir, zornig zu sein?«[40] Jona setzt sich östlich der Stadt nieder, brütet vor sich hin und wartet ab, was mit der Stadt geschieht. Würde Ninive vielleicht wieder sündigen, oder würde Gott sich vielleicht die Sache anders überlegen, wenn er sah, wie verärgert sein Prophet war? Es geht weniger darum, daß es Ninive, diesem »barbarischen und wilden Feind«, erlaubt wurde, sich zu retten. Es geht darum, daß Jona öffentlich beschämt wurde und als Narr dasteht.

Als die heidnischen Seeleute in Todesgefahr geraten, ist Jona bereit, an ihrer Stelle zu sterben, aber als das heidnische Ninive dem Untergang durch Reue und Buße entgeht, setzt er sich hin und schmollt. Als Antwort schickt der Herr eine schnellwachsende Pflanze, die seinem Propheten Schatten spendet, danach einen Wurm, der sie annagt, so daß sie verdorrt. Gott (der nun gezeigt hat, daß er zerstören kann) tadelt Jona, weil es ihm um eine Pflanze leid ist, während er für »hundertzwanzigtausend Menschen« in Ninive, »die nicht einmal rechts und links unterscheiden können – und außerdem so viel Vieh«, kein Mitleid empfindet. Jona, der Mitleid mit den heidnischen Seeleuten hatte, erkennt nun, daß er mit einer Stadt Mitleid haben sollte, zu deren Gunsten die »kreatürliche Unschuld« der heidnischen Bewohner spricht. Die Geschichte hat durchgehend einen universalen Horizont, berichtet von Stürmen und Meeren, Wind und Sonne, Tieren, die in Sack und Asche gehen, und von zwei Gruppen von Heiden und einer vom Wurm angenagten Pflanze. Die Tradition sah in der Pflanze einen Kürbis, aber das hebräische Wort ist nicht eindeutig. Als die Übersetzer bei der Übertragung ins Lateinische Efeu daraus machten, protestierten nach Aussage des Augustinus einige Gemeinden in Nordafrika so lange, bis der Kürbis wieder in den Text zurückgekehrt war.[41] Efeu hätte in Ninive auch nicht überlebt: Als Alexander der Große in dieser Gegend Efeu anpflanzen ließ, ging er ein – nicht wegen vom Himmel gesandter Würmer, sondern wegen der zu großen Hitze.

Mit ihren vielen Paradoxen legt die Geschichte offen, in welcher Zwickmühle die Propheten steckten. Was war so erstrebenswert daran, ein Amos zu sein und Unheil zu verkünden oder ein Jeremia, wenn man vielleicht von Gott getäuscht wurde? In seiner Gnade war Gott größer als sie alle, aber ein Prophet mußte seine Selbstachtung preisgeben, damit sich Gott als wunderbar großzügig erweisen und seine Drohung zurücknehmen konnte. Das war keine verlockende Berufung. Die Menschen trieben Schindluder mit den Propheten und zerrissen ihre Buchrollen, sie verlachten sie, glaubten ihnen nicht und verfolgten sie in ihrem eigenen Land, denn die Propheten erhoben die Stimme gegen den Zeitgeist. Viele von ihnen sollen wegen ihrer Weissagungen gelitten haben und vielleicht sogar deswegen ums Leben gekommen sein. Und als Krönung des Ganzen widerlegte Gott sie dann noch. Für jemanden, der dachte wie der Verfasser der Geschichte von Jona, war dies nicht der richtige Weg. Im Buch Daniel haben wir es mit einem anderen Weg zu tun, einer findigen Alternative, vorgestellt im »einzigen Buch der Bibel, dessen Herkunft und Zweck mit Sicherheit bekannt sind«.[42]

Dieses Buch hat die altbekannten Merkmale einer biblischen Erfolgsgeschichte: Sein Held hat wahrscheinlich nie existiert, und man schrieb ihm Visionen zu, die er niemals hatte, und Taten, die er niemals vollbrachte; das Buch selbst entstand aus zwei verschiedenen Quellen, die geschickt zu einer verflochten wurden; die genannten Daten und Könige stimmen nicht, und der Schauplatz ist fiktiv, wird aber als geschichtlich ausgegeben. Daniel selbst ist eine rätselhafte Figur. Im Buch Ezechiel wird er an einer Stelle unvermittelt als weiser Mensch genannt, der um die Geheimnisse der Zukunft weiß und eine von nur drei Personen sein wird, die den Zorn Gottes über die Sündhaftigkeit der Menschheit überleben (neben Noach und Ijob; Ez 14,14; Ez 28,3). Sein Name bedeutet »Gott hat gerichtet« und scheint sich auf einen legendären Weisen zu beziehen, der den jüdischen Zuhörern vertraut war. Der Name Danel (nicht jedoch Daniel) wurde auf im 2. Jahrtausend v. Chr. beschrifteten Tafeln in der kanaanitischen Grabungsstätte Ras Schamra gefunden. Jüdische Quellen kennen noch einen anderen Danel, der ein Sohn des legendären Henoch gewesen sein soll. Daß der Name Danel auf den Tafeln erscheint, beweist freilich noch nicht, daß es einen historischen Daniel gegeben hat.

Wie Jona wurde auch Daniel zum Protagonisten späterer Geschichten. Alle Erzählungen, die uns heute erhalten sind, siedeln Daniel am Hof des babylonischen Königs Nebukadnezzar an, wohin er Anfang des 6. Jahrhunderts v. Chr. deportiert worden sein soll. In Kapitel 1 bis 6 des Buches Daniel wird erzählt, wie Daniel am Hof auf pflanzlicher Kost besteht, wie Nebukadnezzar einen Traum von einem Standbild aus vier Metallen und Füßen aus Ton hat, und wie Daniel sich weigert, sich beim Erklingen von Musik vor dem goldenen Götzenbild niederzuwerfen, das Nebukadnezzar hat anfertigen lassen, und deshalb in einen glühenden Feuerofen geworfen wird.[43] Weiterhin träumt Nebukadnezzar von einem großen, mächtigen Baum und erfährt, er werde Gras essen wie die Rinder auf der Weide. Bei einem Gastmahl des Königs Belschazzar schreibt eine geheimnisvolle Hand etwas an die Wand des Palastes, und Daniel erklärt die Schrift. Später betet er trotz eines offiziellen Verbotes wieder zu seinem Gott und wird in die Löwengrube geworfen.

Diese sechs Erzählungen sind in verschiedenen Sprachen erhalten geblieben, eine davon in Hebräisch, die übrigen in Aramäisch, und stellen nur eine Auswahl einer größeren Zahl von Geschichten über Daniel dar. Daniel erscheint auch in den Erzählungen über Susanna im Bade (heute im Anhang zum Buch Daniel), über Bel und über den Drachen; zweifellos kam er noch in zahlreichen weiteren Geschichten vor. Wahrscheinlich haben einige der Erzählungen schon für sich allein existiert, denn zweimal taucht in ihnen ein zweiter, babylonischer Name für Daniel auf, Beltschazzar. Er ist vielleicht der Name des ursprünglichen Helden der Geschichten. Wahrscheinlich wurden auch einige der Einzelheiten verändert: die Anzahl der Metalle im Traum des Königs (ursprünglich müssen es drei gewesen sein, nicht vier), der Inhalt der Schrift an der Wand (die zuerst Königen, nicht Königreichen gegolten haben muß) und der Name des Königs, der den Traum von dem großen Baum hat (vielleicht Nabonid, der letzte König von Babylon und Todfeind der Juden). In ihrer heutigen Form haben die Erzählungen mit dem historischen Nebukadnezzar nichts zu tun. Sie stammen vielmehr aus dem 3. Jahrhundert v. Chr., wie an bestimmten Details zu erkennen ist. Die Musik an Nebukadnezzars Hof wird auf Instrumenten mit griechischen, nicht hebräischen Namen gespielt (hier findet sich auch die erste bekannte Erwähnung des Wortes *symphonia,* der Ursprung unseres Wortes »Symphonie«). Die Heirat zwischen Eisen und Ton im Traumbild des Königs bezieht sich fast sicher auf eine um 240 v. Chr. zustandegekommene, berühmt-berüchtigte eheliche Verbindung zwischen den Königshäusern von Ägypten und Syrien, die beide die Nachfolge Alexanders des Großen für sich in Anspruch nahmen.

Es handelt sich bei diesen Geschichten also um erbauliche Fiktionen, die im 3. Jahrhundert, einer Zeit der Fremdherrschaft und weitverzweigter Kontakte mit nichtjüdischen Königreichen, das Herz der rechtgläubigen Juden erfreuten. Damals wurde Aramäisch von Antiochia bis zum Fluß Oxos, von Jerusalem bis zum Pandschab verstanden. Die Geschichten erzählten, wie Daniel, ein Jude im Exil, auf der Rangleiter eines orientalischen Hofes trotz lügender Höflinge, dummer Könige und Strafen, die die Könige später selbst bereuten, immer höher kletterte. Daniel hatte Erfolg aufgrund seiner eigenen Geschicklichkeit, Frömmigkeit und Gutherzigkeit. Er war ein begabter junger Mann, der stets die Gesetze achtete, und somit ein leuchtendes Beispiel für die Juden in einer Welt nichtjüdischer Könige. Daniel aß keine heidnische Kost, war aber trotz vegetarischer Diät wohlgenährt. Er beugte sich nicht vor fremden Götzenbildern und betete, wie und wann er wollte. Sein Gott war der größte; er überragte alle anderen und flößte wie der Gott Jonas auch den Heiden Respekt ein: Sogar der von Ehrfurcht überwältigte Nebukadnezzar pries ihn.

Daniel sprach ohne konkreten Anlaß keine Prophezeiungen aus, aber er deutete die Zukunft, wenn man ihn darum bat. Dazu aufgefordert, interpretierte er zwei Träume des Königs und übersetzte die übernatürliche Schrift an der Wand. Dabei mußte er auch konkrete Aussagen über die Zukunft machen, und diese sind in mehrerer Beziehung aufschlußreich. »In derselben Stunde erschienen die Finger einer Menschenhand und schrieben gegenüber dem Leuchter etwas auf die weißgetünchte Wand des königlichen Palastes« (Dan 5,5). Die Hand beim Gastmahl Belschazzars schrieb vier Worte: »*Mene mene tekel u-parsin.*« Sie schrieb es in semitischer Schrift, einer Art Kurzschrift, die nur aus Konsonanten bestand. Die eigentliche Bedeutung der Worte bezog sich auf Gewichte und Maße: zwei Minen, ein Schekel und eine Halbmine. Vielleicht hatten sie sich in einer früheren Geschichte auf vier babylonische Könige bezogen. Daniel interpretierte jedoch nur drei dieser Worte, nicht vier, und las die Konsonanten des letzten Wortes (prs) als *peres,* nicht als *parsin.* Die freie Wahl, die er beim Lesen treffen konnte, und seine Schritt für Schritt vorgehende Aufschlüsselung entstellten die übliche Bedeutung der Worte vollkommen. Die Botschaft lautete schließlich: »Gewogen wurdest du auf der Waage und zu leicht befunden« (Dan 5,27), eine unmittelbare Bedrohung für die Herrschaft eines Königs.

Das Gastmahl Belschazzars ist ein Meilenstein in der Geschichte der konstruktiven Fehldeutung. Auf ähnliche Weise wurden Texte später von jüdischen und christlichen Gruppierungen Wort für Wort entschlüsselt und auf prophetische Bedeutungen abgeklopft, die sie niemals besaßen. Auch der Traum des Königs von dem gewaltigen Standbild (Ton und vier Metalle) hat eine beträchtliche Wirkungsgeschichte. Daniel deutete die Metalle als vier aufeinanderfolgende Königreiche (die Gleichsetzung von Metallen mit Kaiser- oder Königreichen war wahrscheinlich ursprünglich eine griechische Idee), ihnen sollte jedoch ein fünftes Königreich folgen, das »alle jene Reiche zermalmen« und selbst »in alle Ewigkeit bestehen« würde (Dan 2,44). Diese Verheißung eines zukünftigen »fünften Königreiches« war eine neue und aufregende Vorstellung, die man auch in spätere Zeiten verlegen konnte, so daß sie auf alle möglichen historischen Veränderungen paßte. Sie lebte daher in den Köpfen als Herausforderung weiter, etwa in Frankreich oder auch in England (im kurzen Bürgerkrieg von 1649). Der Verfasser des Buches Daniel nahm an, dieses fünfte Königreich werde ein Reich der Juden und ihres Gottes sein. Dieser kleine Fingerzeig auf eine ewigwährende Herrschaft war geschickt verpackt. Er wurde dem alten Daniel zugeschrieben, der in grauer Vorzeit in Babylonien gelebt hatte. Von seinen übrigen Vorhersagen wußte man bereits, daß sie eingetroffen waren, denn zu der Zeit, als unser Verfasser schrieb, waren in der Tat vier Reiche gekommen und vergangen. Wenn Daniel in so vielen Punkten recht gehabt hatte, sprach dann nicht einiges dafür, daß er auch in bezug auf das künftige Königreich der Juden recht behielt?

Aus diesem Verfahren konnten auch künftige Propheten etwas lernen. Warum sollten sie sich nicht, statt dasselbe Risiko wie Jona einzugehen, im Hintergrund halten und ihre Weissagungen statt dessen als altehrwürdigen Text eines anderen ausgeben? Und wäre es nicht elegant, diesem »Prophezeiungen« voranzustellen, die sich bereits erfüllt hatten, um den eigenen Worten größeres Gewicht zu verleihen? Die Methode war jedenfalls sehr sicher und eindrucksvoll, denn das Alter verlieh beträchtliche Glaubwürdigkeit. Dann brauchte man auch nicht mehr über Gottes Wort und seinen

Wankelmut zu rätseln und sich nicht darum zu sorgen, daß man nur recht behielt, wenn man in Ninive auf taube Ohren stieß. Diese Lösung für das Dilemma Jonas enthält das ungefähr ein Lebensalter später entstandene Buch Daniel.

Dafür mußte sich die Bedeutung des Bildes in Daniel 2 zunächst einmal als falsch erweisen. Anstatt vor Schwäche zusammenzubrechen, entpuppte sich das Zeitalter von »Eisen und Ton« (die Ära der Nachfolger Alexanders des Großen) als eine Ära der Härte und Rachsucht. Daniel hatte sich bezüglich der Gegenwart geirrt, und es stellte sich heraus, daß er sich auch bezüglich des ewigen fünften Königreiches der Zukunft geirrt hatte. In den Jahren 168/167 marschierte der griechischsprachige Seleukide Antiochos IV. nach Süden und versuchte erfolglos, Ägypten zu erobern. Auf dem Rückweg begann er die Juden in Jerusalem zu verfolgen. Er zwang sie, griechische Sitten und Verhaltensweisen anzunehmen, ihr Gesetz und ihren Kult aufzugeben und auf dem Altar in ihrem Tempel heidnische Götter zu dulden. Jetzt war die Stunde für eine neue Prophezeiung gekommen, aber wer wollte ein Jona sein, wenn das Schicksal der Nation auf dem Spiel stand? Listig beschloß ein unbekannter Verfasser, statt dessen lieber in die Maske Daniels zu schlüpfen. Zuerst entwarf er eine prophetische Vision auf Aramäisch, die geschickt Sprache und Themen der alten Geschichten um Daniel und das Bild der vier Metalle aufgriff. Dann fügte er drei weitere Visionen hinzu, die Daniel angeblich von himmlischen Engeln geoffenbart oder erklärt worden waren.

Die früheren Danielgeschichten waren anonym und in der dritten Person erzählt worden, weil sie Erzählungen waren; die neuen Texte waren Visionen und daher in der Ichform gehalten, als hätte Daniel sie selbst niedergeschrieben. In der ersten (Kapitel 7) sieht Daniel vier große und schreckliche Tiere (vier aufeinanderfolgende Königreiche in Asien), von denen das letzte (das der Diadochen, der Nachfolger Alexanders) ein elftes Horn (König Antiochos IV.) hat. Dieses Tier mit den elf Hörnern wird vom »Hochbetagten« getötet, einer Gestalt mit einer tiefen Bedeutung: Hier begegnet uns erstmals in der Heiligen Schrift ein Text, in dem Gott als alt und weißhaarig dargestellt wird. Zu ihm stößt »einer wie ein Menschensohn«, der offenbar ein Wesen wie ein Engel ist: Er kommt mit den Wolken, es wird ihm eine ewige Herrschaft verliehen, und eines Tages wird er die »Heiligen des Höchsten« erheben (die an anderen Stellen im Alten Testament Engel sind). Sie wiederum werden die Juden erheben, das ihnen anvertraute Volk.

Dieser Vision zufolge wird Gott Antiochos IV., das Ungeheuer, das die Juden verfolgt, töten und den Juden die ewige Herrschaft übergeben, nachdem sie »dreieinhalb Zeiten« lang gelitten haben. Auffallenderweise wird in der Vision nicht davon gesprochen, daß Antiochos dem Kult des Herrn im Tempel von Jerusalem ein Ende setzen wird. Der Kult am Altar wurde, wie wir wissen, im Dezember des Jahres 167 v. Chr. aufgehoben. Der Verfasser erwähnt diese Tatsache nicht, vermutlich, weil er früher schrieb. Er hat sich also 168, als die Schwierigkeiten begannen, auf »dreieinhalb Jahre« des Leidens gefaßt gemacht (die Hälfte der Zeit zwischen zwei Sabbatjahren). Er hat angenommen, daß Antiochos in der Mitte des Jahres 164 sterben würde und die Juden triumphieren würden.

Mitte des Jahres 164 war Antiochos IV. jedoch noch quicklebendig und kerngesund, und die Judenverfolgung hielt weiter an. Was genau hatte man also unter »dreieinhalb Zeiten« zu verstehen? Waren das mehr als dreieinhalb Jahre? Offenkundig brauchte man noch mehr Visionen Daniels, und tatsächlich bekommen wir in den Kapiteln 8–12 weitere zu lesen. Daniel fastet: »Nahrung, die mir sonst schmeckte, aß ich nicht, Fleisch und Wein kamen nicht in meinen Mund« (Dan 10,3). So vorbereitet erfährt er schließlich von Gott, daß Antiochos den Kult im Tempel abschaffen und noch 2300 Tage herrschen werde. Der Kult wurde Ende Dezember 167 verboten, und nach der Vision sollte es noch sechs weitere Jahre dauern, bis das »Tier« tot war. Durch das Fasten hatte sich die Zeitspanne also verlängert.

Durch das Lesen alter Schriften wurde sie jedoch wieder verkürzt: In Kapitel 9 ergründet Daniel nach eigener Aussage in den Schriften Jeremias, wie lange Jerusalem verwüstet sein solle, und stellt fest, daß es siebzig Jahre sein würden. Der Engel Gabriel erklärt ihm das Zeitmaß: »Eine halbe Woche« bleibt noch, oder »dreieinhalb Jahre« nach der Abschaffung des Tempelkultes: So wird die Verfolgung, die nach der zweiten Rechnung bis 161 dauern sollte, jetzt wieder bis auf die Mitte des Jahres 163 v. Chr. verkürzt.

Der Verfasser vermittelt einen lebendigen Eindruck von den Schrecken einer Vision und den Wirkungen des allzu langen Fastens; vielleicht beruhen seine Geschichten auf eigenen Erfahrungen. Mit Sicherheit haben sie sich auf die letzten Kapitel (10–12) ausgewirkt. Dort erzählt ein anderer mächtiger Engel Daniel Interessantes über die Geschichte seit dem Tod Alexanders des Großen. Der Rückblick machte die angebliche Vorausschau glaubwürdiger, aber dann riskiert der Verfasser die Voraussage einiger Details, die wirklich noch in der Zukunft liegen: König Antiochos werde von Rom unter Druck gesetzt werden (das war bereits in Ägypten geschehen), er werde jedoch ein zweites Mal zurückkehren, um Ägypten zu erobern, und sich dann auf der Suche nach aussichtsreicheren Unternehmungen nach Osten und nach Norden wenden. Schließlich werde er sein Lager in Syrien aufschlagen, wo Michael, der Schutzengel Israels, ihm eine spektakuläre Niederlage bereiten werde. Eine Zeit großer Not werde folgen, »wie noch keine da war«, und dann würden viele von denen, die gestorben seien, erwachen: die Unverständigen zur Schmach und ewigen Abscheu, die Verständigen zum ewigen Leben, in dem sie wie die Sterne leuchten. Zu einer Verwechslung der beiden Gruppen konnte es nicht kommen: Sünder und Gerechte waren bereits im Himmelsbuch namentlich verzeichnet.

Der Verfasser setzte dieser außerordentlich turbulenten Zukunft eine zeitliche Grenze: Von der Abschaffung des Tempelkultes bis zum Tag des Gerichtes würden 1290 Tage vergehen (in einem Nachtrag erhöhte ein späterer Bearbeiter die Anzahl auf 1335). Damit war ein Zeitabschnitt von Dezember 167 bis Frühjahr 163 abgegrenzt. Der Verfasser schrieb vermutlich Anfang 164 (zu einer Zeit, als die erste Prophezeiung von »dreieinhalb Zeiten« vielleicht zu optimistisch aussah). Davon unbeeindruckt sah er mit Michaels Hilfe Chaos, Sieg, furchtbares Leid und dann die Belohnung für diejenigen voraus, die in den Listen des göttlichen Himmelsbuches bei den Gerechten standen.

Es ist tröstlich, daß seine Vorhersage im Gegensatz zu seinem Rückblick alles andere als zutreffend war. Er ignorierte das neue Element der römischen Macht. Die Römer hätten mit Sicherheit ein zweites Mal interveniert und Antiochos daran gehindert, in den sechziger Jahren des 2. Jahrhunderts v. Chr. Ägypten zu erobern. Der Verfasser der Daniel-Prophezeiung gibt nur äußerst spärliche Hinweise auf den wachsenden Widerstand bei den Juden selbst, der von den als Helden verehrten Makkabäern angeführt wurde und schließlich die traditionelle Lebensweise der Juden rettete. Er war aber nicht nur blind für Machtpolitik, sondern irrte sich auch in bezug auf die Zeit, den Ort und die Einzelheiten des Todes von Antiochos. Dieser starb nicht im Frühjahr 165 und geriet nicht in Konflikt mit dem Erzengel Michael: Er zog sich, wie viele andere nach ihm, auf einer Reise in das Landesinnere von Persien eine Krankheit zu. Das Buch behielt jedoch recht in bezug auf eine zentrale Tatsache: Antiochos starb plötzlich und unerwartet, und die Verfolgung endete mit seinem Tod.

Daniels vier historische Visionen (eine in Aramäisch, die übrigen in Hebräisch) wurden dann miteinander verbunden und an die sechs älteren Geschichten von Daniel in Babylon angehängt (von denen die erste hebräisch, die übrigen aramäisch geschrieben waren). Nach Aussage des Verfassers hatte Daniel all diese Visionen während des 6. Jahrhunderts v.Chr. in einem Buch niedergelegt. Der Verfasser konnte so herausgeben, was er gefälscht und zusammengestückelt hatte, ohne sich um Titelseite oder Urheberrecht Gedanken machen zu müssen. Nicht lange nach dem Dezember 163 v.Chr. gab er das erste bekannte Buch der Widerstandsliteratur heraus, ein erfundenes und zugleich gefälschtes Werk.

Im Gegensatz zu Jonas einfacher Prophezeiung wurde die komplexe Reihe von Visionen Daniels niedergeschrieben, nicht mündlich mitgeteilt, und unter einem falschen Namen verbreitet. Sie enthüllte den Verlauf einer turbulenten Zukunft und führte auf einen Höhepunkt zu. In diesem Sinne war das Buch apokalyptisch. Es war jedoch nicht allzu verschieden vom Spektrum älterer hebräischer Prophezeiungen. Apokalyptische Schriften sind ein natürliches Erbe der Endzeitprophezeiungen eines Ezechiel oder Sacharja oder sogar der Kapitel des »ersten Jesaja« über die völlige Vernichtung. Zugleich sind sie detaillierter und literarischer als diese, denn die neueren Propheten konnten die Texte der älteren verwerten, und sie sind auch expliziter. Der augenfälligste Unterschied ist allerdings, daß sie niedergeschrieben und nicht mündlich verkündet wurden und daß die Verfasser sich hinter alten und falschen Namen versteckten. Die apokalyptischen Schriften lösten so das Dilemma, in dem sich Jona befunden hatte.

Daniels apokalyptischer Text war kunstvoll mit rätselhaften Aussagen durchsetzt; so ist in ihm von »siebzig Wochen« und »dreieinhalb Zeiten«, von »einem wie ein Menschensohn« und einem neuen Zeitalter frommer, strahlender Gerechter die Rede. Alle diese Anspielungen konnten von jedem weiterverwendet werden, den die Weissagung beeindruckte. Zweihundert Jahre später griffen die Christen auf sie zurück: Sie behaupteten, der altehrwürdige Daniel habe Christus und seine Auferstehung vorausgesagt. Die »siebzig Wochen« aus einer seiner Prophezeiungen wurden geschickt so interpretiert, daß sie das Geburtsdatum Jesu zur Zeit Herodes des Großen angaben. Im späten 3. Jahrhundert n. Chr. (etwa 270–300) stellte ein scharfsichtiger heidnischer Kritiker namens Porphyrios fest, daß die richtigen Angaben Daniels im Jahr 167 v. Chr. abrupt aufhörten, das Buch also zu dieser Zeit gefälscht worden sein mußte. Doch niemand glaubte ihm, weder Juden noch Christen, und 435 wurde sein Buch, in dem er die Wahrheit verkündet hatte, unter dem christlichen Kaiser Theodosius II. verbrannt. Da sein Wissen nun nicht mehr verfügbar war, glaubten die Menschen weiterhin, Daniel sei ein echter Prophet und die »siebzig Wochen« kündigten Christus an. Erst 1672 wurde die Wahrheit ein zweites Mal entdeckt, und erst im 19. Jahrhundert wurde sie von der Wissenschaft als gesichert akzeptiert.

Doch schon lange zuvor hatten die Weissagungen des unbekannten Verfassers sein Volk eingeholt. »Bist du der Messias, der Sohn des Hochgelobten?« soll der Hohepriester Jesus nach dem Markusevangelium (Mk 14,61) gefragt haben. »Jesus sagte: Ich bin es. Und ihr werdet den Menschensohn zur Rechten der Macht sitzen und mit den Wolken des Himmels kommen sehen.« Daraufhin verlor der Hohepriester die Geduld. Er zerriß sein Gewand und rief: »Wozu brauchen wir noch Zeugen?« (Mk 14,63). Das Evangelium und vielleicht sogar Jesus faßten die Vision Daniels und ihre Bilder als noch offen auf, als harre sie noch der Erfüllung. Die Helden des jüdischen Widerstandes indes lagen in ihren Gräbern; sie waren nicht wiedererwacht.

19

Das Alte im Neuen

I

Den frühen Christen schien es, als habe sich die Schrift auf wunderbare Weise erfüllt. Überall ließen sich Korrespondenzen finden, Texte und Ereignisse bestätigten sich gegenseitig, und man hielt die Zeit der biblischen Wahrheit für gekommen. Paulus schrieb auf, was er bald nach seiner Bekehrung von den Aposteln in Jerusalem erfuhr: »Christus ist für unsere Sünden gestorben, gemäß der Schrift, und ist begraben worden. Er ist am dritten Tag auferweckt worden, gemäß der Schrift« (1 Kor 15,3 f.). Die Kreuzigung lag noch kein Jahr zurück, aber schon waren alte Schriftworte gefunden, die zu bestätigen schienen, was nach dem Verständnis der Apostel vorgefallen war. Im Lukasevangelium heißt es, Jesus selbst habe seinen Jüngern die Texte nahegebracht, die sich nun erfüllt hätten: Er habe sie ausgelegt, als er die Jünger nach seiner Auferstehung wiedergesehen habe. In den letzten Lebenstagen Jesu schienen sich sogar so unverständliche Aussagen wie die im zweiten Teil des Buches Sacharja (Sach 9 – 14) plötzlich zu bewahrheiten. Nie waren Bibelkommentare leichter zu schreiben: Nach Darstellung des Verfassers der Apostelgeschichte erklärte Paulus dem König Agrippa, er sage »nichts anderes als das, was nach dem Wort der Propheten und des Mose geschehen soll« (Apg 26,22).

Neue Bewegungen behaupten gern von sich, sie hätten zwangsläufig entstehen müssen, und knüpfen an die Vergangenheit an. Im Matthäus- und im Johannesevangelium heißt es, alles sei so geschehen, »damit sich die Schrift erfülle«, angefangen von Jesu Entscheidung, Gleichnisse zu erzählen, bis hin zum Lanzenstich in seine Seite am Kreuz. Doch war das wirklich die Erfüllung alter Weissagungen? Wenn die Propheten des Alten Testaments das

Neue Testament gelesen hätten, wären sie wohl erstaunt, womöglich sogar verärgert gewesen. Da gab es Leute, die behaupteten, Jesaja habe, als er im späten 8. Jahrhundert v. Chr. zu König Ahas sprach, die Geburt Jesu vorausgesagt (Jes 7,14); dabei hatte er lediglich von der Geburt eines Königssohns um 700 v. Chr. gesprochen.[1] Diese Leute ignorierten den Kontext seiner Worte und zwangen ihnen gewaltsam eine andere Bedeutung auf. Auf Hebräisch bedeutet Jesajas Wort für die Mutter des Kindes »junge Frau«, nicht »Jungfrau«. Als später ein Übersetzer den Text ins Griechische übertrug, konnte das griechische Wort, das er wählte, mit ein bißchen gutem Willen doppeldeutig verstanden werden. Die Christen lasen es jedoch nur in einer Bedeutung, nämlich als Prophezeiung der jungfräulichen Geburt Jesu. Sie irrten sich dabei in zweifacher Weise: In dem Text ging es weder um Jesus noch um eine Jungfrau.

Auch das Ende Jesu war nicht vorhergesagt worden. Nach Lukas 24 lehrte Jesus die Apostel, es stehe geschrieben, daß der Messias leiden müsse und am dritten Tage von den Toten auferstehen werde. Wo genau steht das geschrieben? Schlüsseltexte über das Leiden sind im Buch Jesaja 2 zu finden, sie stammen von einem unbekannten Propheten des späten 6. Jahrhunderts v. Chr. Es ist zugegebenermaßen nicht eindeutig, wen er meinte, als er so bewegend über einen »leidenden Gottesknecht« schrieb. Höchstwahrscheinlich dachte er an Israel, und vielleicht ließ er auch noch andere Möglichkeiten offen. Doch kam ein einzelner Messias (Christus) sicher nicht als »Gottesknecht« in Frage: Ein Messias litt nicht und starb schon gar nicht am Kreuz.[2] Was die »Auferstehung am dritten Tage« anging, so stand nirgendwo, daß ein Messias auferstehen werde. Die einzige entfernt darauf hindeutende Anspielung findet sich im Buch Hosea (Hos 6,2). Mitte des 8. Jahrhunderts sagte Hosea von Jahwe: »Am dritten Tag richtet er uns wieder auf, und wir leben vor seinem Angesicht.« Der Text bezog sich aber nicht auf einzelne Individuen oder leere Gräber; Hosea hätte diese Lesart für baren Unsinn gehalten. Er hätte sich dankbar neueren christlichen Kommentatoren seines Textes angeschlossen: »Die Menschen sind das Subjekt, das ›Wir‹, und sie werden nicht als tot dargestellt. Vielmehr sind sie tief verwundet und erwarten von Jahwe, daß er sie wieder aufrichtet, indem er ihre Lebenskraft wieder herstellt und sie so vor dem Tod errettet. Hier ist keine Rede von einer ... Auferstehung.«[3] Der Text hatte, kurz gesagt, keine christlichen Implikationen.

Wenn Christen diese alten Prophezeiungen zitierten, benutzten sie griechische Übersetzungen, die dem hebräischen Original nicht voll entsprachen, setzten verschiedene Textpassagen zu einer zusammen, verdrehten den Sinn und den Bezug der Substantive (Paulus in Galater 3,8 ist ein spektakuläres Beispiel dafür), irrten sich bezüglich der Sprecher und verstanden Personalpronomina falsch (Joh 19,37 oder Mt 27,9). Sie schrieben David oder Jesaja Texte zu, die erst viel später entstanden waren (Apg 2 oder Apg 8,26), sie verwechselten Jeremia mit Sacharja (Mt 27,9), und sie lasen einen Text so oft, bis sie darin eine gar nicht vorhandene Allegorie entdeckten (Paulus in Galater 4,21–23). Es finden sich reichlich Irrtümer in der berühmten Rede, die der Verfasser der Apostelgeschichte Petrus an Pfingsten in den Mund legt: Petrus zieht Ausschnitte aus dem 16. und dem 32. Psalm heran, mißversteht ihre Bedeutung und ihren Kontext und zitiert sie in einer unzulänglichen griechischen Übersetzung, obwohl Griechisch nicht die Muttersprache des historischen Petrus war und die meisten seiner Zuhörer kein Wort davon verstanden hätten.[4]

Angesichts dieser zahlreichen Umdeutungen der alten Prophezeiungen, dem Geschrei der Fundamentalisten und dem Gerede von einem neuen Schlüssel zum Alten Testament ist es schwierig, die Propheten so zu lesen, wie sie sich selbst verstanden wissen wollten. Was haben sie tatsächlich über Jesus Christus oder das Christentum vorhergesagt? Die Antwort ist außerordentlich einfach: gar nichts. Es gab keine so weitreichenden Vorhersagen, ihre Prophezeiungen zielten nicht auf eine solche »Übereinstimmung« und »Erfüllung« ab. Die Christen waren jedoch überzeugt, daß die Propheten von Jesus gesprochen hatten, und fanden überall angebliche Beweise für die Erfüllung ihrer Prophezeiungen. Die alttestamentarischen Texte wiederum bekamen dadurch ein neues Gewicht, und es gibt Beispiele dafür, daß Christen Ereignisse erfanden, die Texte bestätigen sollten, in denen sie vorausgesagt wurden. Diese Tatsache wird wegen der mit ihr verbundenen Folgen oft geleugnet. Solche Manipulationen kommen in der Bibel zwar einigermaßen selten vor, aber die Geburt in Betlehem ist ein klares Beispiel dafür. Auch anderswo mag das christliche Beharren auf der Wahrheit der Prophezeiungen für Einzelheiten verantwortlich sein, wie für die »dreißig Silberstücke« des Judas, die aus einer Passage des Sacharja (Sach 11,12) abgeleitet wurden. Man darf daraus jedoch nicht umgekehrt folgern, daß jedes Detail im Neuen Testament, das sich mit einer Aussage des Alten Testaments deckt, allein deshalb schon eine christliche Erfindung sein muß.

Im Interesse der Wahrheit läßt sich nur feststellen, daß die Teile dieses biblischen Puzzles nicht zusammenpassen; das Verhältnis von Wahrheit und Aussage im Neuen Testament wäre besser, wenn man die entsprechenden Passagen herausnehmen würde. Das Matthäusevangelium, das Johannesevangelium und die Apostelgeschichte würden dabei am meisten einbüßen, aber der Kern des Christentums ginge deswegen nicht verloren. Die Christen haben solche Abschnitte nicht eingefügt, weil sie im Alten Testament auf eine Reihe von Rätseln gestoßen waren, dann eine gewisse Zeit mit Jesus verbracht hatten und anschließend mit dem Gefühl zu den Texten zurückgekehrt waren, daß sie sie nun besser verstünden. Sie gingen vielmehr vom Glauben an Christus, seine Auferstehung und seine Verheißungen aus. Das Leben Jesu und die Berichte von seinem leeren Grab weckten ihren Glauben und bewogen sie dann, zurückzublicken und die alten Schriften neu zu lesen. Als sich die meisten Menschen nicht sofort bekehren ließen, fanden die Christen im Alten Testament auch dafür eine Bestätigung: Die Propheten hatten diesen Unglauben in den Reden an ihre Zeitgenossen angeblich vorhergesagt. Was geschehen war, hatte geschehen müssen, und der Unglaube war ein Teil davon: Psychologisch war der Zirkel einer sich selbst bestätigenden Prophezeiung sehr tröstlich.

Die Christen waren nicht die einzigen, die diese Kunst praktizierten. Auch ihre jüdischen Zeitgenossen taten Texten Gewalt an und entstellten ihren Sinn mit denselben Methoden. Das können wir an den Schriftrollen beobachten, die in der Nähe des Toten Meeres gefunden wurden. Die in ihnen enthaltenen Kommentare zum Alten Testament weisen ähnliche Entstellungen auf wie das christliche Neue Testament. Wir können die Fehldeutungen sogar miteinander vergleichen: Die Worte in Jesaja 40,3, »bahnt für den Herrn einen Weg«, werden bei den Christen auf Johannes den

Täufer bezogen, in einer der Schriftrollen dagegen auf das Studium des von Mose überlieferten Gesetzes (der Prophet hatte weder Johannes noch das Gesetz gemeint).[5] In den Qumran-Rollen finden wir jedoch nicht die Wendung »damit sich die Schrift erfülle«, denn die Verfasser dieser Texte blickten eher in die Zukunft und hatten eine ganz besondere Geschichtsauffassung, während die Christen nur auf das zurückblickten, was schon geschehen war oder auf das, was als Folge der Vergangenheit jetzt um sie herum geschah. Für Christen galt das Wort »Erfüllung« in seiner vollen Bedeutung: Es ging nicht nur um die Einlösung einer vergangenen Prophezeiung, sondern überhaupt um die Erkenntnis, was sie gemeint hatte.

Irrtümer bleiben auch dann Irrtümer, wenn ihnen viele Menschen gleichzeitig zum Opfer fallen. Hat ein solcher Mißbrauch der Heiligen Schrift Folgen? Jesus neigt in den Evangelien ebenso wie Paulus in seinen Briefen dazu, das Alte Testament vor allem zur Bekräftigung einer Aussage zu zitieren. Beide zogen Passagen daraus als Beispiele heran, benutzten sie jedoch nicht als Ausgangspunkt ihrer Argumentation.[6] Allerdings verblüffte Jesus in Lukas 4,21 alle in der Synagoge von Nazaret Versammelten, als er einen Text aus dem Buch Jesaja vorlas und dann ohne weitere Erklärung sagte: »Heute hat sich das Schriftwort, das ihr eben gehört habt, erfüllt.« Argumente, die sich allein auf Prophezeiungen stützen, finden sich vor allem in den Kommentaren der Evangelisten, nicht in den Worten, die Jesus oder Paulus selbst zugeschrieben werden. In der Praxis war Paulus mit dieser Art der Argumentation aber vielleicht weniger zurückhaltend. Die uns erhalten gebliebenen Briefe richten sich an bereits bekehrte Christen, doch der Verfasser der Apostelgeschichte schildert, wie Paulus vor Zuhörern sprach, die dem christlichen Glauben ferner standen, und dabei an drei Sabbaten über die Texte des Alten Testaments redete. »Er legte sie ihnen aus und erklärte, daß der Messias leiden und von den Toten auferstehen mußte« (Apg 17,3). Durch solche Beweise sollten Konvertiten gewonnen werden. In Apostelgeschichte 8,26–40 lesen wir, wie Philippus einen äthiopischen Eunuchen bekehrt, indem er ihm den Text Jesajas über den leidenden Gottesknecht auslegt. Der Eunuch hat den Text unterwegs gelesen, und Philippus erklärt ihm, daß Jesaja sich hier auf

Jesus Christus beziehe, was falsch ist. Die angebliche Erfüllung alttestamentarischer Prophezeiungen war lange ein wichtiges Mittel der Bekehrung von Heiden. Alte Orakelsprüche und Weissagungen wurden weithin respektiert, und mehrere Personen geben die Prophezeiungen als Grund dafür an, daß sie sich Christus zuwandten.

Wenn ein falsches Argument die Menschen zu einer so unschädlichen Sache bekehrt, sollten wir das vielleicht nicht allzu schwer nehmen. Für moderne Christen steht der Glaube immer noch fest, auch wenn er nicht mehr von solchen falschen Argumenten gestützt wird. Schwerwiegender ist dagegen, wenn solche falschen Argumente uns zu einem falschen Verständnis des Alten Testaments verleiten, als könnte das Neue Testament erklären, was das Alte Testament meinte. Die Beziehung ist eigentlich ganz anderer Natur. Die alttestamentarischen Texte sind nicht als Prophezeiungen für das Neue Testament wichtig, denn sie waren nicht mit zeitübergreifender christlicher Bedeutung befrachtet. Aber gibt es vielleicht auf einer tieferen Ebene als der zwischen Textfragmenten einen Zusammenhang zwischen Ereignissen?

In den Paulusbriefen gibt es Andeutungen über eine solche Beziehung zwischen vergangenen und gegenwärtigen Personen und Ereignissen. Paulus nennt Adam einen Vorläufer Christi und erklärt, das Leben der Israeliten in der Wüste sei symbolisch gemeint und solle uns als Beispiel dienen: »Uns zur Warnung wurde es aufgeschrieben, uns, die das Ende der Zeiten erreicht hat« (1 Kor 10,11). War die Vergangenheit also ein Symbol, ein »Typus« für die christliche Gegenwart, und sollten christliche Leser sich an ihr ebenso ein Beispiel nehmen wie Paulus?[7] Wenn uns das Johannesevangelium schildert, daß das Grab Jesu in einem Garten lag, daß Maria Magdalena Jesus sah und ihn irrtümlich für den Gärtner hielt, sollten wir dann diesen Text nicht vor dem Hintergrund der Genesis lesen, wo der Garten »Eden« heißt, Adam der Gärtner ist, der Tod als Strafe droht und die Frau den Sündenfall bewirkt hat? Ein Baum spielte auch beim Sündenfall eine Rolle, während der Baum des Kreuzes die Erlösung brachte. Im neuen Garten hebt der neue Adam den Sündenfall auf, und er stellt die Ehre der Frau wieder her und besiegt den Tod. Kann man die neutestamentliche Geschichte außer im wörtlichen auch in einem tieferen

Sinne verstehen? Ähnliche Entsprechungen könnten wir für die Geschichte von der Taufe Jesu am Anfang des Evangeliums finden: Vielleicht ist hier andeutungsweise die Trinität zu erkennen, wobei die Taube an die Taube Noachs erinnert und eine zweite Befreiung bringt, diesmal vom Bösen statt von der Flut. »Die spirituelle Bedeutung *ist* die wörtliche Bedeutung ... in dem, was Jesus war und tat, haben wir nicht ein Symbol für etwas anderes vor uns, sondern das, worauf sich alle Symbole beziehen.«[8]

Es macht Spaß, einen Text so zu analysieren und jedes Wort hin und her zu drehen, aber was dabei herauskommt, hat nichts mit der Wahrheit zu tun. Die Bibel ist in ihrer Fähigkeit, ein Symbol auf das andere zu häufen, nicht einzigartig, sie kann als Buch mit anderen Büchern verglichen werden. Dieselben Symbolspiele kann man auch bei der vergleichenden Betrachtung anderer Texte machen, egal, ob es sich dabei um das Werk eines einzigen Autors (etwa die Dichtung Vergils) oder die Bücher eines Genres (etwa die Klassiker der Kinderliteratur) handelt. Sogar in der Bibel können nur sehr vereinzelte Stellen als Verweise auf die Zukunft ausgelegt werden; Teile einer Geschichte erscheinen vielleicht als symbolisch, während andere Teile aus dieser Perspektive unwichtig werden (Noach, die Sintflut und das trockene Land sind nicht eben wesentlich für die Taufe Jesu im Jordan). Für den Dichter oder den Liebhaber der Bibel mag es interessant sein, entsprechende Passagen nebeneinanderzustellen: »Ebenso wie die Taube Noachs« kam eine Taube auf den Jordanfluß herab. Wenn wir dann aber behaupten, daß das eine Ereignis das andere andeutet oder auf das andere hinweist, haben wir die Ebene der Poesie und der Bilder verlassen: Auf der Suche nach einer bedeutungsschwangeren Vorhersage haben wir damit begonnen, dem Text des Alten Testaments Gewalt anzutun.

Man hat diese Gewalt mit der Behauptung gerechtfertigt, das Alte Testament habe schon der Ergänzung bedurft: Es sei »nicht abgeschlossen«, eine »Geschichte des Scheiterns« oder gar ein Rumpf ohne Kopf und harre gewissermaßen des Meisters, der es vollende. Das klingt unglaublich herablassend. Dieses »Alte Testament« ist eine christliche Erfindung: Die Christen haben seine Bücher umgestellt und die Propheten an den Schluß gesetzt; nur bei den Christen endet das Alte Testament mit dem Buch des

Propheten Maleachi: »Bevor aber der Tag des Herrn kommt, der große und furchtbare Tag, seht, da sende ich zu euch den Propheten Elija« (Mal 3,23). Dementsprechend beginnt das Neue Testament mit dem neuen Elija, Johannes dem Täufer, als führe das Alte ins Neue, »mit einem Aufstieg am Ende, nicht einem Abstieg vom Anfang her«.[9] Die Juden dagegen kannten nur eine Sammlung von Schriftrollen, kein Buch mit offenem Schluß; und weit davon entfernt, ein Scheitern zu dokumentieren, werfen diese Schriftrollen ein kaleidoskopartiges Licht auf eine großartige Geschichte des Überlebens. Der gesunde Menschenverstand hätte kleinmütigere Menschen schon viel früher dazu bewogen, Jahwe zugunsten eines stärkeren Gottes abzuschwören, aber allen widrigen Umständen zum Trotz hielt eine Schar von Israeliten am Glauben der Väter fest und setzte sich durch.

Die Beziehung zwischen den beiden Testamenten entspricht nicht der zwischen Kopf und Rumpf oder der zwischen einem neuen David und mühsam kämpfenden halbfertigen Figuren, die um Bedeutung ringen wie die unvollendeten Marmorskulpturen Michelangelos. Die frühen Christen stellten die Verbindung in der verkehrten Richtung und an der falschen Stelle her. Das Neue hat nicht das Alte Testament erfüllt; die Ereignisse und Konflikte zur Zeit Jesu hätten ohne diese Vergangenheit gar nicht stattgefunden. Das Alte Testament berichtet nicht nur vom selben Gott und prägte die Ansichten der Gegner Jesu, es war auch die Grundlage für die geistige Haltung von Jesus selbst, für sein Selbstverständnis und seine Ziele. Es legte ihn nicht unbedingt fest, aber es hatte mit vielen seiner Ideen zu tun, etwa mit dem neuen Königreich, dem himmlischen Vater oder dem Gefühl einer unmittelbar bevorstehenden Krise. Jesus war kein »einfacher Galiläer«, er kannte die Deutungen des Alten Testaments, mit denen die Evangelisten später seine Taten und Worte befrachteten.

Jesus muß gewußt haben, daß die Propheten ihre Botschaft nicht nur mit Worten, sondern auch mit Taten ausgedrückt hatten. Konnten dann nicht seine eigenen Handlungen auf einer Prophezeiung beruhen und – ohne daß er ausdrücklich darauf hinwies – zeigen, daß sich die Prophezeiung nun erfüllte? Vielleicht sollte seine symbolische Tempelreinigung ein Hinweis in dieser Richtung sein, was unter Fachleuten allerdings noch immer umstritten ist, aber mit Sicherheit war sein Entschluß, auf »dem Fohlen einer Eselin« nach Jerusalem zu reiten, eine solche Anspielung.[10] Dahinter stand eine Prophezeiung aus dem zweiten Teil des Buches Sacharja: »Siehe, dein König kommt zu dir … er ist demütig und reitet auf einem Esel, auf einem Fohlen, dem Jungen einer Eselin« (Sach 9,9). Erst einer der Evangelisten hat den Text falsch verstanden und zur Erfüllung der Prophezeiung ein zweites Tier hinzugefügt: Er hat der Eselin noch ein Fohlen beigegeben (Mt 21,7).

In solchen Handlungen ist nichts von der Zögerlichkeit eines Jona zu spüren; die Zeit war nahe. Der Jesus des Johannesevangeliums ist sich sicher, daß er den Vater kennt und daß der Vater nicht plötzlich seinen Willen ändern wird. Im Gegensatz zu Jona ist ihm der Gedanke, vielleicht mißbraucht zu werden, nicht erlaubt. Innerhalb weniger Tage wird er von den Behörden festgenommen, gegeißelt, mit Dornen gekrönt und einem qualvollen Tod überantwortet. Im Rückblick interpretierten seine Anhänger viele Einzelheiten der Passion als Erfüllung weiterer Psalmen und Prophezeiungen, besonders aus dem zweiten Teil des Buches Sacharja. Doch haben sich die Prophezeiungen vielleicht nicht nur auf Ereignisse ausgewirkt, die Jesus selbst herbeiführte. Sie könnten ihn auch in seinem Leiden gestärkt haben.

Im 1. Jahrhundert n. Chr. hatte sich eine interessante Tradition herausgebildet. Aus dem Alten Testament erfahren wir nicht, wie diejenigen, die den Prophetenbüchern ihren Namen gaben, zu Tode kamen. Zur Zeit Jesu wurde jedoch allgemein angenommen, sie seien von ihren jüdischen Glaubensbrüdern umgebracht worden. Man begann sich Geschichten über den schrecklichen Märtyrertod Jesajas oder das fürchterliche Ende Jeremias zu erzählen. In Matthäus 23,37 wird dem Propheten Sacharja durch eine Verwechslung ein ähnliches Schicksal untergeschoben: »Jerusalem, Jerusalem, du tötest die Propheten und steinigst die Boten, die zu dir gesandt sind.« Vielleicht half das Vorbild der Propheten Jesus, seine eigenen Qualen leichter zu ertragen. »Welchen der Propheten haben eure Väter nicht verfolgt?« fragt Stephanus in Apostelgeschichte 7,52. Im 1. Jahrhundert wurden die alten Schriften im Lichte der inzwischen gewachsenen Tradition gelesen. Nach der Kreuzigung Jesu und dem Tod des Stephanus sah es schließlich so aus, als sei diese Tradition selbst eine Prophezeiung.[11]

Doch die Christen glaubten nicht nur, daß sich die alten Weissagungen jetzt erfüllten, sie machten auch eigene Vorhersagen. Menschen, über die der Heilige Geist gekommen war, waren in ihren Kirchen als Propheten hochangesehen. Paulus selbst machte visionäre Erfahrungen, die ihn »bis in den dritten Himmel entrückten« (2 Kor 12,2). Wie ihre alttestamentarischen Vorgänger nahmen diese Propheten kein Blatt vor den Mund und riefen zu Buße oder sittlicher Erneuerung auf. Aber sie weissagten auch, und damit stellt sich wieder die Frage nach der Wahrheit.

Der Verfasser der Apostelgeschichte erwähnt zweimal einen solchen Propheten, Agabus, den er selbst in Cäsarea kennengelernt haben muß (Apg 21,10–14). Damals fesselte sich Agabus mit dem Gürtel des Paulus Hände und Füße und erklärte, daß die Juden in Jerusalem den Besitzer des Gürtels ebenso fesseln und ihn den Heiden ausliefern würden. Er machte diese Weissagung im Namen des Heiligen Geistes, aber sie war keine allzu kühne Vorhersage für jemanden, der die Stimmung in Jerusalem kannte. Sie erwies sich auch bald als richtig. Schon in Apostelgeschichte 11,28 hatte Agabus mit Hilfe des Heiligen Geistes geweissagt, eine große Hungersnot werde über die ganze Erde kommen. Historiker würden die Hungersnot heute eher als Nahrungsmittelknappheit bezeichnen und sie auf die östlichen Provinzen des Römischen Reiches begrenzen, aber grundsätzlich hatten der Verfasser und Agabus wiederum recht: »Sie brach dann unter Claudius aus.« Wie riskant war eine solche Voraussage?

Wir wissen aus ägyptischen Papyrusdokumenten, daß im Herbst und frühen Winter des Jahres 45 die Getreidepreise in die Höhe geschnellt waren. Von Josephus erfahren wir, daß es 45/46 in Jerusalem eine große Hungersnot gab. Die adiabenische Königin Helene versuchte sie nach einem Besuch in Judäa durch Nahrungsmittelkäufe auf Zypern und in Ägypten zu beheben (wahrscheinlich am Passahfest 46). Man weiß auch, daß der Nil einmal während der Regierungszeit des Claudius ungewöhnlich stark anstieg, so daß die ägyptischen Bauern große Schwierigkeiten hatten. Vielleicht ereignete sich dieses Hochwasser im Herbst 44, so daß die Ernte im Jahr 45 ausfiel und die Preise im Herbst deshalb so hoch waren. Eine Mißernte in Ägypten hatte schwerwiegende Folgen auch für andere Gebiete des Nahen Ostens und konnte im darauffolgenden Frühjahr in einer Art Kettenreaktion eine Nahrungsmittelknappheit in und um Jerusalem nach sich ziehen.[12] In der Apostelgeschichte macht Agabus seine Weissagung ungefähr zu der Zeit, als König Agrippa starb (Ende Frühjahr/Frühsommer 44). Die Datierung der Apostelgeschichte ist nicht präzise, wahrscheinlich müssen wir die Weissagung des Agabus auf Ende 44 oder Anfang 45 ansetzen. Bis dahin mußte sich die schlimme Nachricht vom ungewöhnlich starken Hochwasser des Nils überall herumgesprochen haben. Der Heilige Geist faßte dann die Befürchtungen in Worte und »weissagte« eine Hungersnot im Gefolge der Katastrophe am Nil. Er irrte sich lediglich darin, daß er die Krise dramatisch auf »die ganze Erde« ausdehnte. Agabus waren die Gerüchte zu Ohren gekommen, und er hatte zutreffend prophezeit. Die Leute waren sich darüber einig, daß aus ihm der Heilige Geist sprach, und die Christen schickten hilfsbereit Gaben zur Unterstützung ihrer Brüder nach Jerusalem.

Agabus hatte also einen makellosen Ruf: Er machte zwei Prophezeiungen und traf mit beiden ins Schwarze. Die Voraussagen in den Evangelien sind weniger treffsicher. Die Vorstellungen der Evangelisten vom Ende der Welt sind unterschiedlich und werden auch heute noch endlos diskutiert. War das Königreich nun schon unter ihnen oder (eine wahrscheinlichere Übersetzung) »in ihrer Macht«[13] und war das »Ende« mehr als ein Ende der sozialen Ordnung oder der spätere Fall Jerusalems? Sicher ist, daß manche Christen glaubten, die Apostel würden »den Tod nicht erleiden«, ehe das Ende kam (Mt 16,28). Daß es so unmittelbar bevorstand, beunruhigte die Thessalonicher, während das Johannesevangelium um ein weiteres Kapitel (Joh 21) verlängert werden mußte, weil das Ende zu Lebzeiten des geliebten Jüngers ausblieb. Diejenigen, die dieses Ende unmißverständlich angekündigt hatten, hatten unrecht gehabt.

Das eindrücklichste Bild vom Ende sah Johannes in der Offenbarung »am Tage des Herrn«, als er auf der Insel Patmos vom Geist ergriffen wurde. Die Bilder und Töne, die Zahlen und Farben, die beeindruckenden Szenarien des Schreckens und der Vollkommenheit haben seither die religiöse und künstlerische Phantasie angeregt, von der Figur des Pierre in Tolstois *Krieg und Frieden* bis zu D. H. Lawrence, der sich sehr stark auf die Offenbarung des Johannes bezieht. Ihre Bilder und Symbolik durchziehen auch William Goldings vor einiger Zeit erschienenen Roman *Das Feuer der Finsternis*. Seine Hauptperson, das Kind Matty, überlebt das Feuer, das nach einem Bombenangriff auf London ausbricht, erleidet aber schwere Verbrennungen. Später studiert der entstellte Matty gründlich die Bibel: Am 6. Juni 1966 (6/6/66, der Zahl des Tieres in der Vision des Johannes, Offb 13,18) schreibt er in sein Tagebuch: »Viele Menschen genießen an diesem Tag die fleischliche und irdische Lust, lebendig zu sein und nicht dem Gericht überantwortet zu werden. Niemand außer mir hat den schrecklichen Kummer empfunden, den es bedeutet, nicht im Himmel zu sein und alles Gerichtetwerden hinter sich zu haben.«

In der bildkräftigen Darstellung des Johannes basiert vieles auf den Erfahrungen früherer Propheten. Im Gegensatz zum Verfasser des Buches Daniel gesteht Johannes sein Stöbern in alten Schriften nicht ein, aber es ist offenkundig, daß er ihnen viel verdankt, besonders Daniel, Sacharja und Ezechiel. In den ersten acht Kapiteln der Offenbarung werden die Bilder des Ezechiel fast der Reihe nach verarbeitet. Auch der Himmel des Johannes dürfte der Vergangenheit einiges zu verdanken haben: Einige seiner Details sind geschickt mit einem plausiblen Ritus für den Morgengottesdienst im alten Tempel von Jerusalem verflochten. Johannes hat den Weihrauch, das Lied, das Opferlamm und alles andere in den himmlischen Tempel verlegt, der den irdischen Tempel überdauert hat. Die im alten Tempel gesungenen Loblieder auf Gott den Schöpfer, sein Gesetz (die Buchrolle des Johannes) und die Erlösung durch den Exodus sind in dem neuen Lied miteinander verschmolzen und im Himmel des Johannes zu hören.[14]

Zeitlich näherliegende Inspirationen hängen von der Datierung dieser gewaltigen Flut von Bildern und Klängen ab. Es gibt bestimmte Hinweise auf eine Entstehung vor 70, vielleicht im Jahr 69: In Kapitel 11 implizieren die Worte des Johannes, daß der Tempel in Jerusalem noch steht, jedoch, wie man weiß, bald fallen wird (der große Krieg gegen Rom begann im Jahr 66, und der Tempel wurde 70 zerstört). In Offenbarung 17,10 werden »fünf Könige« erwähnt, die schon gefallen sind. Vielleicht sind damit die fünf römischen Kaiser von Nero bis Vespasian gemeint, von denen vier im Jahr 69 regierten. Wahrscheinlicher ist jedoch, daß Johannes diese Tatsachen in eine Vision einarbeitete, die er erst nach den Geschehnissen schriftlich niederlegte. Im Jahr 69 konnte trotz des Krieges mit Rom kein Jude ernsthaft mit der Zerstörung des Tempels rechnen, und selbst nach seiner Zerstörung gab es zunächst keinen Grund anzunehmen, er sei für immer untergegangen. Die Andeutung dieser Katastrophe weist auf ein Wissen im Rückblick hin und läßt vermuten, daß das Werk in den neunziger Jahren des 1. Jahrhunderts, nicht in den späten sechziger Jahren entstand. Wie die Visionen Daniels, die Johannes sehr gut kannte, nutzt der Text den Rückblick auf Geschehenes, um den Eindruck der richtigen Voraussicht zu verstärken. Eine späte Entstehungszeit paßt auch zu einem zentralen Thema des Textes, dem christlichen Märtyrertod und dem vergossenen Blut der verfolgten Christen: Christliche Märtyrer stehen weiß gekleidet und in Herrlichkeit neben dem Thron Gottes. Die Sendschriften an die sieben Gemeinden handeln dagegen von den Kompromissen der Christen mit heidnischem Götzendienst und ihrem Abfall von strengen christlichen Glaubensgrundsätzen. Wann wurden diese Anliegen dringlich?[15]

In Rom wurden die Christen von Kaiser Nero verfolgt, der sie zu Sündenböcken für den großen Brand der Stadt im Jahr 64 machte. Vielleicht breitete sich die Verfolgung anschließend in die Provinzen aus, weil die römischen Statthalter wußten, daß sie Nero auf ihrer Seite hatten, wenn sie die Christen wie Verbrecher behandelten. Wir kennen aus den sechziger Jahren allerdings kein Beispiel einer Verfolgung. In der späteren christlichen Tradition wurde die Vision des Johannes in den neunziger Jahren angesiedelt, genauer gesagt im Jahr 95. Es ist oft übersehen worden, daß wir genau für diesen Zeitpunkt überzeugende Belege für die Verfolgung von Christen besitzen. Wir wissen aus dem Geschichtswerk des heidnischen Senators Bruttius (durch ein Zitat bei dem christlichen Autor Eusebius), daß im Jahr 95 viele Christen verfolgt wurden. Die genauen Worte des Bruttius sind nicht erhalten geblieben, aber die Richtung seiner Aussagen ist deutlich genug.[16] In der christlichen Tradition galt der damals regierende Kaiser Domitian bald als Christenverfolger. Wahrscheinlich müssen wir den unter einem Pseudonym geschriebenen christlichen 1. Klemensbrief, dessen Anfangssätze auf eine Verfolgung in Rom hindeuten, ebenfalls den neunziger Jahren zuordnen.[17]

Nero oder Domitian: Können wir einer Antwort noch näher kommen? In Kapitel 6 findet sich Johannes' berühmte Vision der vier Reiter, die ebenfalls auf Bilder Sacharjas zurückgeht: Die ersten beiden Reiter bringen Sieg und Krieg, aber der dritte, der auf einem schwarzen Pferd sitzt, hält eine Waage in der Hand und verkündet eine Hungersnot (»Ein Maß Weizen für einen Denar und drei Maß Gerste für einen Denar«, Offb 6,6). Aus dem Jahr 92/93 haben wir eine Inschrift, die Kopie eines Erlasses des römischen Statthalters von Kleinasien, in der ein Höchstpreis für Weizen zu einer Zeit höchster Knappheit in der Gegend von Antiochia in Pisidien festgesetzt wird (wo Paulus laut Apostelgeschichte 13 gepredigt hatte). Der Preis des Reiters ist achtmal höher als der vom Statthalter erlaubte, auch wenn sein Gerstenpreis relativ zum Weizenpreis günstiger ist. In den Provinzen wurde das Getreide häufig knapp, und der Reiter ruft nur eine eingeschränkte Hungersnot aus, denn er fährt fort: »Aber dem Öl und dem Wein füge keinen Schaden zu.« Das würde sehr gut zu der Situation passen, die in der Zeit Domitians für das Innere Kleinasiens bezeugt ist.[18]

»Da sah ich ein fahles Pferd ...«: Der nächste Reiter bringt die Pest, eine Krankheit, die Anfang der neunziger Jahre ebenfalls in Kleinasien grassierte. Nach Aussage des römischen Historikers Cassius Dio gab es im Jahr 90 (und vielleicht noch eine Zeitlang danach) Menschen, die »sich damit beschäftigten, Nadeln mit Gift zu bestreichen und damit zu stechen, wen immer sie wollten ... viele Menschen starben unbemerkt daran. Das geschah nicht nur in Rom, sondern praktisch in der ganzen Welt.«[19] Diese Nadelstecher tauchen bei einer anderen Pestepidemie im Römischen Reich wieder auf und bilden ein beliebtes Motiv für Gruselgeschichten. Es ist reizvoll, die Offenbarung des Johannes vor dem Hintergrund einer weltweiten Nadelstecherkampagne zu betrachten, durch die sich Seuchen verbreiteten.

Keine dieser beiden Verbindungen mit den neunziger Jahren läßt eindeutige Schlüsse zu, aber auf das fahle Pferd folgt die

Öffnung des fünften Siegels und der Ruf nach Rache für diejenigen, die als Märtyrer hingeschlachtet wurden. Wir wissen, daß es im Jahr 95 viele Märtyrer gab. Die Abfolge der Siegel paßt auf eindrucksvolle Weise zu einer Datierung der Vision auf das Jahr 95: Zu dieser Zeit müssen unter den christlichen Zuhörern des Johannes in Kleinasien Menschen gewesen sein, die zuerst eine Hungersnot, dann die Pest und dann das Trauma eines drohenden Martyriums erlebt hatten. Wie im Buch Daniel gaben die schon bestätigten Fakten der Geschichte der abschließenden Prophezeiung Gewicht. Das sechste Siegel sollte ein gewaltiges Erdbeben auslösen. Vielleicht ist auch hierin ein regionaler Bezug zu sehen, denn Erdbeben waren in Kleinasien häufig. Und dann geraten die Mächtigen in Panik, und die Welt wartet auf das siebte Siegel, das Ende. Wenn sich die vorangegangenen Siegel alle auf erst kurz zurückliegende Ereignisse bezogen, wie konnten die Leser der Vision dann Zweifel an der abschließenden Prophezeiung haben?

Nach der Öffnung des siebten Siegels türmen sich die Schrecken in einer eindrucksvollen Sequenz bis zu den Letzten Tagen, der tausendjährigen Herrschaft und der Errichtung des neuen Jerusalem. Nach einer halben Stunde der Stille beginnen sieben Engel mit sieben Posaunen, den Nichtchristen schreckliche Leiden zu schicken. In Kapitel 11 wird Jerusalem zerstört, und nach dem Sturz des Satans und einem kosmischen Kampf folgen die berühmten Bilder von den Tieren. Eines soll »dreieinhalb Zeiten lang« herrschen, während ein anderes, das für das erste tätig ist, dafür sorgt, daß dessen Standbild angebetet wird, und als falscher Prophet Wunder wirkt (in Offenbarung 13,15 wird dem »Standbild des Tieres« sogar die Sprache verliehen). Die Zahl des ersten Tieres (»666«) ist wahrscheinlich mit dem Namen Nero gleichzusetzen, aber der Name könnte hier auch symbolisch gemeint sein.[20] Denn in diesem Wirbel des Schreckens sehen wir weniger vergangene Geschichte als historische Details, die ein kraftvoller Visionär verwandelt hat. Das Standbild und der falsche Prophet lassen sich jedoch eindeutig mit konkreten Tatsachen der neunziger Jahre verknüpfen: Damals wurde eine riesige Statue des Kaisers Domitian im Zentrum der Stadt Ephesus aufgestellt, wo sie mit ihren über acht Metern Höhe den unübersehbaren Mittelpunkt des Kaiserkultes in der Provinz Kleinasien bildete. Statuen heidnischer

Götter wurde weithin die Macht zugesprochen, Wunder zu wirken und Orakel zu verkünden, und die Christen zweifelten diese Macht nicht an, sie schrieben sie nur Dämonen zu. Vielleicht stand der falsche Prophet für den heidnischen Priester, der einem solchen Kultbild diente. »Alle, die das Standbild nicht anbeteten«, sollten getötet werden. Im Gefolge der Erzählungen des Buches Daniel konnte das Standbild den auf die Christen ausgeübten Druck symbolisieren, heidnischen Götzen zu dienen. Vielleicht machte der Kult um den neuen Herrscher den christlichen Minderheiten tatsächlich das Leben schwer. Das Bild des Johannes ist jedoch nicht spezifisch und zudem noch mit anderen Details ausgestattet. Wenn er das Kennzeichen des Tieres auf der Hand oder Stirn derer hervorhebt, die es anbeten, dann ist das ein Echo auf die bei Verehrern bestimmter heidnischer Götter üblichen Sitte, sich Hände und Stirn zu tätowieren. Nach dem derzeitigen Wissensstand ist diese Sitte aber nicht für diejenigen bezeugt, die einen römischen Kaiser kultisch verehrten. Nach Johannes durfte nur kaufen oder verkaufen, wer das Kennzeichen des Tieres trug. Volksmengen, die an einem größeren heidnischen Fest in der Provinz teilnahmen, wurden häufig mit Steuerbefreiungen belohnt. Vielleicht hat dieses Detail zusammen mit Tätowierungen, die an Gladiatorenkämpfern vorgenommen wurden, Johannes zu seinem Bild inspiriert.[21] Gladiatorenkämpfe waren privilegierte Schauspiele, die von den Priestern des Kaiserkultes in den Provinzen veranstaltet wurden. Auch in Ephesus fanden sie im Rahmen des Domitiankultes statt.

Im Gegensatz zum Verfasser des Danielbuches bietet Johannes seinem Publikum keinen Überblick über die politische Geschichte seiner Zeit. Statt dessen hinterließ er eine Vision, die ab und zu einen Blick auf die Situation der neunziger Jahre zuläßt, während Rückblicke auf die sechziger Jahre seltener sind. Das Echo auf die Wirklichkeit hat sich jedoch in ein Geflecht prophetischer Bilder verwandelt. Es bezieht seinen Stoff aus den hebräischen Büchern, die wir heute das Alte Testament nennen: Johannes blickte nirgendwo über die anerkannten zweiundzwanzig Bücher hinaus.

Wie die Visionen der alttestamentarischen Propheten wird auch die furchteinflößende Vision des Johannes manchmal metaphorisch gedeutet, als Bild für das Ende einer korrupten Herrschaft und einer auf Unterdrückung beruhenden Gesellschaftsordnung.

Die Bilder der Vision fesseln uns auch unabhängig von einem bestimmbaren historischen Kontext, und so anschauliche Bilder wie das Erschlagen des Tieres wurden bis zu ihren Ursprüngen in hebräischen Mythen zurückverfolgt. Sie sind von historischen Vorgängen also wahrscheinlich ganz unabhängig: »Es ist irreführend, wenn man sagt, das Untier *ist* Rom ... Rom ist nur seine jüngste Verkörperung.« Dem Verfasser mag eine längerfristige Perspektive unwichtig erschienen sein, denn vor allem Rom war der Anlaß für sein Werk. Nur wir beziehen seine Worte auf einen größeren Zeitraum. Wenn wir sagen, Rom sei für ihn zwar die jüngste, aber deshalb nicht die letzte Verkörperung gewesen, sprengen wir den Rahmen seiner Prophezeiung, denn das hat er nicht gemeint.

Was hat er dann aber prophezeit? Wollte er gar nicht prophezeien, sondern eine Vision dessen entwerfen, was geschehen könnte, um seine Zuhörer dazu zu bewegen, dieses Verhängnis durch innere Umkehr abzuwenden? Wenn man ihn unter dieser Perspektive liest, wäre die Wahrheit seines Buches nicht von der historischen Realität abhängig. Reue war jedoch ganz und gar nicht sein Anliegen, er glaubte vielmehr, die Mehrzahl seiner Mitmenschen sei unausweichlich zu schrecklichen Leiden verurteilt[22] und Engel des christlichen Gottes würden ihnen die Leiden als gerechte Strafe bringen. Ihm ging es mehr um Standhaftigkeit. Überzeugte Christen, die notfalls auch für ihren Glauben starben, konnten sicher damit rechnen, im neuen Jerusalem dabeizusein. Was immer jedoch die anderen tun mochten, Gott würde die Erde auf jeden Fall Stück für Stück zermalmen, und erst nach Vollendung seiner Strafen würden die dann noch übriggebliebenen Völker sich zu ihm bekehren und ihn anbeten. Zuerst würde Babylon (oder Rom) fallen, Satan würde in den »See von brennendem Schwefel« geworfen, und sieben Schalen göttlichen Zorns würden über Nichtchristen und abtrünnige Gläubige ausgegossen. Die Visionen hingen nicht von historischen Bedingungen ab, sie blickten hinter die irdischen Mächte auf die himmlische Wirklichkeit und behaupteten, die verheißene Zukunft werde mit Sicherheit eintreffen. Sie priesen die standfesten Christen, aber selbst wenn sich zu ihnen noch viele Gläubige gesellten, würden die Katastrophen der Endzeit die übrigen Menschen ereilen. Einer der sieben Engel hatte zu Johannes gesagt: »Diese Worte sind zuverlässig und wahr. Gott, der Herr über den Geist der Propheten, hat seinen Engel gesandt, um seinen Knechten zu zeigen, was bald geschehen muß. Siehe, ich komme bald« (Offb 22,6f.).

Der Engel hatte unrecht; die Vision des Johannes war falsch. Die Endzeit begann nicht, und die Geschichte hat weiter menschliche Schrecken aufeinandergetürmt. Dennoch spricht uns der Text durch seine Bilder verderbter menschlicher Macht und himmlischer Vollkommenheit noch heute an. Er wurde nicht wahr, entspricht also nicht den Tatsachen, aber er erinnert uns daran, daß Tatsachen nicht alles sind.

TEIL VIER

20
Biblische Erzählkunst

—————

I

Bisher haben wir verfolgt, wie aus ganz verschiedenen Texten allmählich die Heilige Schrift zusammenwuchs. Wir haben die Behauptung, der Text oder Kanon in seiner heute vorliegenden Form sei für die Bedeutung der einzelnen Geschichten entscheidend, relativiert und die Teile abgegrenzt, die wahrscheinlich noch am ehesten Informationen aus erster Hand liefern (die zweite Hälfte des 2. Buches Samuel, die Bücher der Könige, Teile des Buches Nehemia, das Johannesevangelium und die Apostelgeschichte). Wir haben Beispiele aus diesen und anderen Texten mit außerbiblischen Zeugnissen verglichen: mit nichtjüdischen Texten, archäologischen Funden sowie dem aus anderen Quellen bekannten weiteren Verlauf der Geschichte. Die Ergebnisse widerlegen die Behauptung, lange Abschnitte der biblischen Erzählung seien wahr, da sie bis in die Einzelheiten mit den Tatsachen übereinstimmten. Nur ein minimales Gerüst von Tatsachen bleibt bestehen; davon abgesehen werden selbst in den Primärquellen die Ereignisse auf faszinierend vielfältige Weise interpretiert und ausgeschmückt. An vielen Stellen können wir zeigen, daß es den Verfassern der Bibel nicht gelang, die Geschehnisse richtig wiederzugeben. Sie widersprechen sich gegenseitig. Und wenn sie sich auf die Zukunft beziehen, sind ihre Angaben, die Hinzufügungen späterer Herausgeber miteingerechnet, nicht genauer als die der Wettervorhersage, die sich allerdings nicht auf den »Spruch des Herrn« beruft.

Obwohl also die Bibel aus historischer Perspektive betrachtet all diese Irrtümer und Phantasievorstellungen enthält, ist sie doch mehr als deren Summe. Einige Menschen tun deshalb kritische Bemerkungen mit einem »Na und?« ab und weisen darauf hin, daß die Befunde der Historiker ja längst bekannt seien; vor hundert Jahren habe die historische Kritik Aufmerksamkeit erregt, aber den modernen Leser könnte sie doch nicht mehr überraschen. Die Entdeckung der Widersprüche in der Geschichte von der Geburt Christi im Lukasevangelium oder vom Prozeß im Markusevangelium ist in der Tat nicht neu. Schon im 19. Jahrhundert stellten Gelehrte die grundlegenden Diskrepanzen heraus, aber das tat der Bedeutung der Bibel keinen Abbruch.

Die Bibel ist nach wie vor aktuell, doch die Probleme ihrer Texte sind im einzelnen noch lange nicht allen Lesern bekannt: Alte Wahrheiten vertragen es, wiederholt zu werden. Zudem werden dadurch bestimmte Lesarten des Textes ausgeschieden, darunter nicht nur streng fundamentalistische, und es wird der Vorstellung widersprochen (die in den fünfziger und sechziger Jahren fast überall gelehrt und gepredigt wurde), das Volk Israel sei insofern einzigartig gewesen, als nur es einen Gott gehabt habe, der aktiv in die Geschichte eingriff und dadurch seine Existenz bewies. Erstens hatten auch viele andere Völker der Antike wie Griechen, Hetiter oder Moabiter Götter, die (ihrer Meinung nach) aktiv in das historische Geschehen eingriffen. Zweitens sehen wir heute, daß viele Ereignisse, an denen der biblische Gott angeblich beteiligt war, erfunden sind und, wenn überhaupt, nur in der Vorstellung der Verfasser existierten. Zudem ist die Bibel nicht schon deshalb ein besonderes Buch, weil angeblich Personen und Ereignisse, sogenannte »Typoi«, die beiden Hälften auf einzigartige Weise verbinden. Dieser Auffassung zufolge verfügt die Bibel über einen handfesteren Zusammenhang als die tieferen Bedeutungen oder Allegorien, die sich auch bei anderen Texten hinter Worten oder Geschichten verbergen können: Sie hat »Typoi«, keine Allegorien, sondern »Ereignisse«, die auf zukünftige Ereignisse vorausweisen (die Taube auf Noachs Arche wäre demnach ein Typos der Taube bei der Taufe Jesu). Wir haben die Behauptung, solche Typoi seien wirkliche Ankündigungen von etwas Zukünftigem, bereits zurückgewiesen. Dazu kommt jedoch noch etwas anderes: Die meisten Typoi unterscheiden sich in nichts von den Allegorien in anderen Büchern oder Geschichten. Sie sind keine »Ereignisse«, da sie niemals stattfanden.

Die Bibel ist kein Tatsachenbericht. Sie bleibt aber eine Sammlung von Texten, die die Menschen auf besondere Weise berühren können, unabhängig davon, ob sie faktisch wahr sind oder nicht. Wir alle haben geistige Bilder gespeichert, die irgendwie mit der Bibel verknüpft sind. In meiner Vorstellung spielen zwei Schauplätze eine besondere Rolle. Der eine ist Haworth im Norden von Yorkshire, die Heimat der genialen Schriftstellerinnen Charlotte, Emily und Anne Brontë. Die Schwestern lebten in einem gregorianischen, mehr oder weniger originalgetreu restaurierten Pfarrhaus. Das Wohnzimmer gleicht weitgehend dem, das schon Vater Brontë kannte. An den Wänden hängen Drucke vom Gastmahl Belschazzars und anderen biblischen Szenen sowie Reproduktionen von Gemälden des visionären Künstlers John Martin. Eine aufgeschlagene Bibel liegt noch heute auf dem Tisch. Hier pflegte Pfarrer Patrick Brontë zu sitzen, wie Jakob ein Überlebender der Tragödien in seiner Familie. Zwei Töchter starben als Kinder an einer schlimmen Infektion, mit der sie sich in einer Schule für Kinder von Geistlichen angesteckt hatten. Als auch sein einziger Sohn Branwell mit etwas über dreißig Jahren starb, war Patrick Brontë untröstlich, wie wir aus Charlottes Briefen erfahren. Er klagte wie König David mit den Worten »Abschalom, mein Sohn Abschalom« um ihn. Kurz nach Branwell starben Anne und Emily, denen, wie Patrick Brontë es sah, nur ein kurzer Aufenthalt in der Welt beschieden war. Auch Charlotte folgte ihnen früh ins Grab. Patrick Brontë zog sich immer mehr zurück und saß zuletzt »wie ein erloschener Vulkan« im Wohnzimmer des Pfarrhauses.[1] Hier leistete die Bibel ihm Gesellschaft, und wir besitzen noch sein Exemplar der Propheten des Alten Testaments. In das Buch hatte er Texte des Neuen Testaments, die von der Verdammnis sprachen, hineingelegt: Hölle und ewige Verdammnis waren für ihn wichtige Themen.

Der zweite Schauplatz ist vom Yorkshire der Jahre um 1860 weit entfernt: Es ist der Monte Gargano, das steile Gebirgsmassiv im Osten des italienischen Stiefels. Im August 1930 gelangte in dem Dorf San Nicandro eine Bibel in die Hände eines Landarbeiters namens Donato Maurizio, der ein begnadeter Geschichtenerzähler und Redner war. Maurizio hatte eine Vision, in der er aufgefordert wurde, die Eröffnungskapitel der Genesis zu lesen: »Ich nahm die Bibel und öffnete sie auf den ersten Seiten. Voller Erstaunen *sah* ich die Schöpfung, sah, daß der Immerwährende existierte, bevor die Erde erschaffen wurde, und wie er jedes einzelne Ding schuf. Danach entzündete sich ein Licht in meinem Herzen.« Im Jahre 1930 bekehrten sich einige Einwohner des italienischen Dorfes zum alten Gott Abrahams, Isaaks und der Patriarchen. Eine wachsende Zahl von Dorfbewohnern folgte ihrem Beispiel. Sie schrieben an die Synagoge von Rom und baten darum, beschnitten zu werden. Der Rabbiner ging darauf ein. Als sie jedoch in den Talmud und die rabbinischen Schriften eingeführt wurden, reagierten sie mit »Empörung«: Sie waren nicht zum Judentum konvertiert, sondern zu der ausschließlich auf dem Pentateuch aufbauenden Religion des alten Israel. Einst im christlichen Glauben erzogen, interessierten sie sich nicht mehr für Christus; Donato und seine konvertierten Anhänger waren vor allem von der Schöpfung und der Sabbatruhe beeindruckt, von der Vorstellung eines erwählten Volkes und eines gerechten Gottes. Sie nähten den Davidstern auf das Zaumzeug ihrer Esel und hielten an ihrem Glauben fest: ein Dorf jüdischer Konvertiten am Rand des faschistischen Italien. Bei Kriegsende besuchten britische Soldaten das Dorf und erzählten vom Heiligen Land. Die Einwohner von San Nicandro besuchten daraufhin den neuen Staat Israel und fühlten sich wie viele echte Juden in der Diaspora von dem erstarkenden Zionismus abgestoßen. Die Historikerin Elena Cassin besuchte sie in Italien und schrieb über sie: »Die bedingungslose Anerkennung der alten biblischen Geschichten ist in der Geschichte des Judentums wohl einmalig ... Der Pentateuch war für sie sehr lebendig. Die Geschichten erschienen ihnen einfach und natürlich, sie enthielten die Art von Abenteuern, die sie, ihre Freunde oder Verwandten sehr gut selbst erlebt haben konnten.« In Genesis 38 verkleidet sich die verwitwete Tamar als Dirne, verführt Juda, ihren Schwiegervater, empfängt Zwillinge von ihm und beweist ihm, daß die Kinder von ihm sind. Wenn diese Geschichte in San Nicandro vorgelesen wurde, »verstanden alle anwesenden Männer und Frauen sie ganz genau. Tamars List schockierte sie in keiner Weise: Es galt ihnen als selbstverständlich, daß der größte Wunsch einer Frau darin bestand, Kinder zu bekommen.«[2]

Für Patrick Brontë war die Bibel damals vermutlich das Wort Gottes, und als Donato die Schöpfung vor sich sah, glaubte er vielleicht an eine Offenbarung Gottes. Dieser Glaube beruhte jedoch nicht auf irrigen Vorstellungen von der Natur der Bibel: Die Heilige Schrift sprach in beiden Fällen auch die Gefühle an, sie bot Hoffnung und Trost und schien dem Leben einen Sinn zu geben (am Monte Gargano nur dem irdischen Leben, denn in den von den Dorfbewohnern ausgewählten Büchern des Alten Testaments ist von einem Leben nach dem Tod nicht die Rede). Verschiedene Teile der Bibel hatten auf verschiedene Weise gewirkt. In Yorkshire waren es die Psalmen und die Bücher der Propheten, in Italien die Geschichten des Pentateuchs und vor allem der Bericht über die Erschaffung der Welt.

Die Frage nach der faktischen Wahrheit ist für beide Texte unterschiedlich relevant und bringt uns der Kraft, die von Texten wie den Psalmen ausgeht, kaum näher. Eine Ausnahme sind vielleicht die wenigen Psalmen, die auf vergangene Ereignisse eingehen, vor allem der 105. Psalm, ein Loblied auf Gottes herrliche Taten, vom Bund mit Abraham über Josef und Mose bis zum Auszug aus Ägypten. Es fällt schwerer, den Psalm aus vollem Herzen zu singen, wenn wir uns klarmachen, daß nichts davon wirklich geschehen ist und der Psalmist, ohne es selbst zu wissen, erfundene Geschichten erzählt. (Der 78. und der 106. Psalm sind weitere Beispiele.) Es gibt allerdings auch allgemeiner gefaßte Loblieder auf Gott, und sie sind nicht nur in den Psalmen zu finden; Paulus etwa hinterließ ein besonders schönes »Hoheslied der Liebe« in 1 Korinther 13. Überall in der Bibel finden sich ferner Gebete für Menschen in Bedrängnis, vor allem die Bücher des Alten Testaments enthalten fast hundert davon, für David, Jona, Nehemia und viele andere. Genau wie die großen Streitreden im Buch Ijob packen sie uns heute noch, auch wenn die Rahmenerzählung nicht wahr ist. »Im Lande Uz« lebte niemals »ein Mann mit Namen Ijob«, der früh am Morgen aufstand und für jedes seiner Kinder Brandopfer darbrachte, weil er sich sagte: »Vielleicht haben meine Kinder gesündigt und Gott gelästert in ihrem Herzen.« Trotzdem beeindrucken uns die Reden über den Ort der Weisheit und das Schicksal des Menschen, der »zur Mühsal geboren« ist »wie Feuerfunken, die hochfliegen«.

Gerade von diesen großen Texten geht eine besondere Kraft aus. Sie sind häufig in Gedichtform und in einer poetischen Sprache verfaßt, wenn auch die genaue Unterscheidung zwischen Prosa und Poesie im Hebräischen noch immer sehr umstritten ist. Ausgewählte Passagen werden auch im feierlichen Rahmen der Gottesdienste gelesen oder gesungen; alte Erinnerungen an frühere ähnliche Situationen werden dabei wach. In einem weniger eindrucksvollen Rahmen können manche Inhalte abstoßend wirken; die Psalmisten neigen zu Gejammer und Selbstmitleid. Sie fordern abscheuliche Rache an ihren persönlichen Feinden; im 137. Psalm soll Gott sogar Kinder am Felsen zerschmettern. Andere Texte drücken hingegen eine Stimmung oder eine Fragehaltung aus, mit der wir uns identifizieren können. Die starke Wirkung der Psalmen können wir nicht nur bei Patrick Brontë, sondern durch die Jahrhunderte etwa bei politischen Gefangenen beobachten, angefangen bei den frühchristlichen Märtyrern, die in den Minen an der äußersten Grenze Ägyptens Psalmen sangen, bis hin zu den Juden in den Konzentrationslagern der Nazis oder den Opfern des Terrorismus, die mit Hilfe der Psalmen die Einzelhaft überstanden. Wir können auch an Augustinus denken, der sich den Psalmen erst zuwandte, als er dem Christentum näher kam (den »frommen Weisen, die allem Hochmutsgeist den Einlaß wehren«). Als junger Konvertit »erglühte [ich] vor Verlangen, sie dem ganzen Erdkreis, hätt ich's nur gekonnt, zu verkündigen«.[3] Als dann seine Mutter Monika starb, war es wieder das Buch der Psalmen, das ein Freund des Augustinus zur Hand nahm, »und [er] begann im Wechsel mit uns, dem ganzen Hause, den Psalm zu singen: ›Von Erbarmen und Gerechtigkeit will ich singen, Herr‹« (101. Psalm).

Doch was soll man von den Einwohnern von San Nicandro halten? Wer ihren Glauben teilt, stört sich sicher nicht daran, daß sie durch irrige Vorstellungen dazu gebracht wurden. Gott geht geheimnisvolle Wege, warum nicht auch den des Irrtums. Schon in der Bibel führt Philippus einen äthiopischen Eunuchen dem Glauben zu, indem er ihm eine Verheißung, die irrtümlich Jesaja zugeschrieben wird, falsch erklärt. Wenn allerdings jemand Donato und seinen Zuhörern erklärt hätte, daß die Schöpfung auf anderem Wege erfolgt sei und die Erzählungen der Genesis keine historischen Berichte seien, hätten sie sich dann so stark vom Pentateuch beeindrucken lassen? Sie glaubten, was sie hörten:

Hätten sie geglaubt, wenn man ihnen vorher gesagt hätte, daß sie eine erfundene Geschichte hören würden?

Zumindest der überwiegende Teil der Bibel besteht aus erfundenen Geschichten. Dies zeigen meine Beispiele, und zum gleichen Schluß kommen auch die meisten Bibelkundler. Wo bleibt dann die Wahrheit? Die Bibel führt uns vor, was Autoren aus Israel und deren selbsternannte Erbin, die Kirche, über Gott glaubten (auch wenn dieser Glaube zum Teil erst durch diese Geschichten entsteht). Die Verfasser waren fest davon überzeugt, ein Wissen über diesen Gott zu besitzen, und auch wenn ihre Geschichten historisch völlig haltlos waren, erzählten sie die meisten in dem Glauben, daß Gott aus ihnen sprach. Im Buch Ester wird er zwar nicht erwähnt, doch setzt die Geschichte seine Anwesenheit voraus. In der Bibel offenbart sich Gott nicht selbst: Menschliche Autoren erschaffen ihn, wie er sie geschaffen haben soll, »nach ihrem Abbild«.

Auf dieser Ebene vermittelt die Bibel uns eine Wahrheit: Sie zeigt uns die Vorstellungen, die die Menschen in Israel in einem Zeitraum von achthundert Jahren von ihrem Gott hatten. Die Erzählungen sind allerdings viel mehr als die Gesamtsumme der Nachrichten von Gott und seinem Sohn. Auch Lesern, die an keinen von beiden glauben, bleibt mehr als mit Schrecken und Bedauern vermischte Ungläubigkeit. Die Bibel ist vielleicht kein Geschichtswerk, aber an vielen Stellen ist sie dennoch von unleugbarer Kraft. Ist dies die Kraft der Erzählkunst statt der Geschichtsschreibung? Handelt es sich gar um hohe Literatur? Oder um eine Mischung aus all dem? Liegt die Kraft der Bibel mehr in ihrer Menschlichkeit als in ihrer Göttlichkeit? In ihrer Menschlichkeit im weitesten Sinne, im schlechten wie im guten? Je nach Lesart stellt sich die Frage nach dem Wahrheitsgehalt verschieden. Ich werde die verschiedenen Ansätze im folgenden nacheinander behandeln und die Bibel zuerst als Erzählkunstwerk, als eine Sammlung von Geschichten betrachten.[4]

II

Man hat oft betont, das Alte Testament habe historische Grundlagen. Der jüdische Glaube hängt jedoch nicht davon ab, ob sich die

Geschichten der Heiligen Schrift tatsächlich ereignet haben oder nicht. Alle Erzählungen könnten erfunden sein, und dennoch könnte es noch immer einen Gott des Volkes Israel geben, einen allmächtigen Schöpfer; die Schriften würden uns lediglich zeigen, daß die Autoren über Jahrhunderte hinweg diesen Glauben geteilt und in Dutzende von Erzählungen haben einfließen lassen. Nur im Christentum hängt der Glaube von der historischen Wahrheit ab: Wenn Jesus nicht von den Toten auferstanden ist, ist das Christentum »unwahr«. Anhand der vorhandenen Zeugnisse läßt sich die Frage jedoch nicht beantworten. Meiner Meinung nach gibt es eine Primärquelle, den »Jünger, den Jesus liebte«, der später behauptete, die Leinenbinden im leeren Grab gesehen zu haben. Stimmt seine Behauptung, und zog er die richtigen Schlüsse daraus? Historiker haben nachgewiesen, daß es in der Antike immer wieder Menschen gab, die meinten, enge Freunde oder Verwandte noch nach deren Tod in Visionen oder Träumen gesehen zu haben.[5] Verbreitet war auch die Vorstellung, wichtige Personen aus der Vergangenheit seien in den Himmel aufgestiegen. Vielleicht führte diese bekannte Vorstellung sowie die Intensität früherer Erfahrungen zum festen Glauben der Christen, daß Jesus trotz allem lebte und daß es Zeugen dafür gab. Dann müßten die Historiker akzeptieren, daß dieser Glaube so stark war, daß die unmittelbar Beteiligten ihn nicht nur auf Hunderte von Menschen übertrugen, sondern schließlich auch dafür starben.

Die Geschichten der Bibel sind rein historischen Darstellungen vielleicht sogar überlegen. Der Schriftsteller E. M. Forster vertrat die Meinung, man könne Menschen in fiktiven Texten besonders gut kennenlernen; die undeutlichen Konturen ihres Lebens würden in ihnen verdeutlicht. So gesehen sei die Fiktion wahrer als Geschichte, da sie über das Augenscheinliche hinausgehe und jeder aus eigener Erfahrung wisse, daß es noch etwas jenseits des Offenkundigen gebe.[6] Die Bibel enthält zwar nur wenige Personenbeschreibungen, doch von ihren Erzählungen geht eine besondere Kraft aus: Man denke nur an das Buch Jona, eine Erzählung, die uns noch immer auf tiefe und subtile Wahrheiten aufmerksam macht. Viele Erzählungen können wir auf uns selbst beziehen: Wir werden aus unserem Garten Eden vertrieben und opfern unser Glück dem Ehrgeiz unseres Intellekts. Wir fliehen alle vor unseren

Ägyptern, und einige von uns erleben eine Offenbarung, wir ziehen durch unsere Wüsten einem Gelobten Land entgegen, dessen Früchte erst unsere Kinder oder Enkelkinder ernten werden. Und wie die Kinder Israels werden unsere Kinder sich beklagen, wenn sie dort sind. Wir alle haben das Gefühl, daß die Bibel ein universelles Element enthält.

Im Gegensatz zu historischen Darstellungen können Geschichten auch später noch erweitert und verbessert werden. In unserer Bibel wimmelt es von solchen Eingriffen, da die Menschen die Lücken, die der Text gelassen hatte, phantasievoll ausfüllten.[7] Man kann ihnen das nicht zum Vorwurf machen wie die Prophezeiungen, die sie Menschen einer sehr viel früheren Zeit in den Mund legten oder nach Eintreten eines Ereignisses entsprechend umschrieben.

Manchmal inspirierte eine Geschichte weitere Geschichten: Was geschah mit weniger wichtigen Personen der Nebenlinien, den Asenaten beispielsweise, den Nachkommen aus Josefs Ehe in Ägypten? Zuweilen blieben in einem Text Dinge ungesagt, die die Menschen interessierten, und die Lücken führten zu einer Vielzahl von Erzählungen, die auf Elementen aus biblischen Geschichten aufbauten. Daraus entstand die Midrasch jüdischer Autoren. Das Verfahren ist auch in der modernen Literatur noch lebendig: Joseph Heller liefert in seinem Roman *Weiß Gott* eine brillante Ausarbeitung der Geschichte König Davids im 2. Buch Samuel, seiner Frauen, seiner Leiden und seiner Höhen und Tiefen im Verhältnis zu Gott.[8] In Genesis 18,16ff. schickt Gott seine Engel aus, um Sodom zu bestrafen. Abraham muß dies bemerkt haben und versucht, Gott gnädiger zu stimmen. Spätere Bearbeiter haben für Adam eine entsprechende Rede geschrieben und sie in den Text eingefügt (Gen 18,23ff.).[9] In Genesis 12,10ff. gibt Abraham seine Frau in Ägypten als seine Schwester aus, und Gott ist sehr verärgert über den Pharao, der nicht weiß, daß er eine verheiratete Frau vor sich hat, und ihr deshalb den Hof macht. Gewiß hat Gott nicht immer so hart auf Fehler aus Unwissenheit reagiert. Genesis 18,17ff., 20 und 26 wurden wahrscheinlich hinzugefügt, um Lücken in der älteren Geschichte auszufüllen und schwer verständliche Stellen zu erklären. Bestimmte Bibelabschnitte entstanden also als Antwort auf schon vorhandene Teile und inspirierten ihrerseits unzählige weitere Geschichten wie das Drehbuch einer Fernsehserie, das von Autor zu Autor wandert, ohne daß sich Schauplätze und Personen ändern. Diese in der Bibel selbst vorexerzierte Texterweiterung ist bis zur Moderne nicht abgerissen.

Aufgrund ihres Stils eignen sich die biblischen Geschichten besonders gut für eine weitere Ausgestaltung. Vor allem in den frühen Büchern des Alten Testaments fassen sich die Erzähler häufig sehr knapp und berichten nur das Nötigste. Die Geschichte von Abraham und Isaak in Genesis 22 ist ein berühmtes Beispiel dafür: Gott gibt Abraham drei schreckliche Befehle (»Nimm ... geh ... bring ihn ... als Brandopfer dar«), nennt jedoch keinen Grund (er spricht nur von Isaaks besonderer Bedeutung für Abraham: »Nimm deinen Sohn, deinen einzigen, den du liebst, Isaak«). Auch Abraham sagt nichts: Er steht frühmorgens auf und erzählt niemandem, was er vorhat. Isaak stellt eine naheliegende Frage: »Wo aber ist das Lamm für das Brandopfer?«, auf die Abraham mit trockener Ironie antwortet: »Gott wird sich das Opferlamm aussuchen, mein Sohn.« Man kann sogar in den Worten »mein Sohn« eine Doppeldeutigkeit sehen: Sie sind einerseits die Anrede Isaaks, andererseits die Antwort auf seine Frage. Die beiden ziehen also los; Isaak trägt das Holz, mit dem ihn sein Vater verbrennen will. In der Erzählung heißt es nur lapidar: »So gingen beide miteinander.«

Durch die knappe Beschreibung wird dieser Gang zum schrecklichsten in der Literatur. Man hat den lakonischen Stil sogar auf den Monotheismus des Verfassers zurückführen wollen: Der Glaube an den einen Gott steuere die Erzählung und gebe ihr Tiefe. Aber nicht der Glaube ist der Grund für die knappe Darstellung; auch Menschen, die an mehrere Götter glauben, können so schreiben, und auch heidnische griechische Autoren von Homer bis zu dem großen Historiker Thukydides haben so geschrieben: Auf diese Weise konnte das Ereignis für sich selbst sprechen.[10] Später kamen die Juden trotz ihres Monotheismus mit diesem Stil nicht mehr zurecht. Josephus versuchte in seiner Version der Geschichte die Lücken aufzufüllen. Er verfaßte lange pathetische Reden zwischen Vater und Sohn vor dem Altar. Ganze Generationen jüdischer Leser haben sich mit den Lücken in der Geschichte beschäftigt.[11] Wie konnte Abrahams Frau Sara dem Opfer zustimmen? Was sagte sie, als Abraham Isaak mitnahm? Hat Abraham seine Frau womöglich mit einer Lüge beruhigt? Es gab unendlich viele Möglichkeiten zu lügen. Vielleicht sagte Abraham ihr, er wolle Isaak in die Schule bringen, die der Patriarch Sem in den Bergen eröffnet hatte. Einen unschuldigen Jungen zur Schule zu bringen, könnte eine passende Tarnung für einen Mord gewesen sein. Andere Leser stellten allerdings anhand von Querverweisen fest, daß Isaak zu diesem Zeitpunkt schon siebenunddreißig Jahre alt gewesen sein mußte.

Ist man einmal auf den lakonischen Stil aufmerksam geworden, begegnet man ihm in der Bibel immer wieder. Als Jakob bei seiner ersten Heirat statt Rahel Lea untergeschoben wird, heißt es nur: »Am Morgen stellte sich heraus: Es war Lea.« Die knappe Erzählweise macht viele schreckliche Geschichten noch bedrückender. Abraham bereitet die Opferung Isaaks schweigend vor. Im Buch der Richter bringt ein böser Levit seine Nebenfrau zu »üblem Gesindel«. »Sie mißbrauchten sie und trieben die ganze Nacht hindurch bis zum Morgen ihren Mutwillen mit ihr.« Am Morgen findet der Levit sie zusammengebrochen am Eingang des Hauses. »Er sagte zu ihr: Steh auf, wir wollen gehen! Doch sie antwortete nicht.«

Diese Wortkargheit bietet viele Ansatzpunkte für weitere Geschichten. Der Leser fühlt sich geradezu aufgefordert, die Lücken im Erzählten zu füllen. Das Gerüst der Geschichte allerdings ist wohldurchdacht, die wenigen Worte, die unterwegs zwischen Abraham und Isaak fallen, sagen alles, was gesagt werden muß. Präzise, wenn auch ironisch gebrochene Verweise (»Gott wird sich das Opferlamm aussuchen, mein Sohn«) fehlen ebensowenig wie die knappe Angabe, Abraham sei drei Tage lang unterwegs gewesen. Der Text drängt sich uns nicht auf, und er versucht nicht, alle Fragen zu klären, so daß uns Raum zum Spekulieren bleibt. Er fordert uns durch seine begrenzten Angaben zum Denken heraus: Was er erzählt, mag nicht sehr aufschlußreich sein, doch kann man zu neuen Einsichten gelangen, wenn man über das *nicht* Gesagte nachdenkt.

Die Geschichten der Bibel laden uns also aufgrund ihrer Knappheit dazu ein, sie zu erweitern. Zusätzlich stolpert man noch über merkwürdige Einzelheiten, die aufgrund textlicher Unklarheiten entstanden sind oder durch das Bemühen des Herausgebers, widersprüchliche Versionen zusammenzufassen. Auch sie fordern zu neuen Erklärungsansätzen heraus. Wir können einerseits die biblischen Geschichten ausbauen, aber andererseits können sie auch unsere Vorstellungen erweitern. Anders als Tatsachen können Geschichten mit ihren Lesergemeinden weiterwachsen und ihnen Bezugspunkte bieten. Die Spanier erfanden El Cid als ihr Ideal, die Römer sahen es in Aeneas verwirklicht; jeder Spanier oder Römer hatte eine andere Beziehung zu diesem Vorbild. Die Juden aber waren mit ihren Erzählungen besonders eng verbunden, weil sie glaubten, sie seien historisch (etwa der Auszug aus Ägypten), und weil sie sie über einen so langen Zeitraum weitergesponnen hatten. Andere Völker konnten sich wiederum mit Nebenlinien der Erzählung identifizieren. Die biblischen Geschichten verhalfen wie die griechischen Mythen neuen Völkern und neuen Bräuchen zu einer Ursprungsgeschichte und beeinflußten die Art und Weise, wie sie (und andere) ihre Identität sahen.[12]

Das Buch Ester ist ein gutes Beispiel dafür. Die fiktive Geschichte wurde aus einem Gerüst bekannter Erzählungen über Könige, Königinnen und Höflinge zusammengesetzt: Der Verfasser kombinierte männlichen Chauvinismus, Spannung und ein blutiges Ende zu einer interessanten Geschichte. Kein Wort davon ist historisch wahr, doch erweckt sie den Anschein, den Ursprung des fröhlichen Purimfestes zu erklären, das noch immer seinen Platz im jüdischen Kalender hat. Das Fest erinnert an die Rettung der Juden vor den Intrigen eines bösen Höflings, der die Juden vernichten wollte. Gerettet wurden sie durch zwei Erlasse, die der am Hof lebende Jude Mordechai und seine Pflegetochter Ester, die Frau des persischen Königs, erwirkten. An den beiden Tagen, an denen diese Erlasse veröffentlicht wurden, wurde nach Angaben des Verfassers das erste Purimfest gefeiert.[13] Die dramatische und romantische Geschichte hat etwas von der Ironie, jedoch nichts vom wortkargen Stil der Geschichte über Abraham und Isaak. Die Handlung und die realistischen Details, die aufwendigen königlichen Bankette, die Öle und Balsame für die persischen Nebenfrauen des Königs, all das suggerierte dem Leser, es handle sich um historische Ereignisse. Zudem werden in dem Buch auch falsche Bezüge zu den Chroniken der Könige von Medien und

Persien hergestellt. Die Erzählung und das Purimfest fanden bei den Lesern Anklang. Im Jahre 408 n. Chr. mußten die christlichen römischen Kaiser mit einem Dekret verhindern, daß die Juden am Purimfest die Christen beleidigten und provozierten, indem sie den bösen Höfling Haman mit Jesus verglichen und den Galgen, an dem Haman gehängt wurde, mit dem christlichen Kreuz.[14] Die Geschichte hatte an Kraft gewonnen: Die Christen selbst hatten Haman in ihren Schriften schon ähnlich gedeutet. Dabei hat es ihn nie gegeben. Das Buch Ester war die Erfindung eines Juden, der vermutlich zwischen 250 und 170 v. Chr. in der Nähe von Susa wirkte.

Biblische Geschichten prägten nicht nur Feste, sondern auch Menschen. Im 17. Jahrhundert identifizierte sich die calvinistische Glaubensgemeinschaft in Holland stark mit dem biblischen Bild eines von der Sintflut erretteten Volkes, weil diese Vorstellung gut zu ihrer eigenen Situation im überschwemmungsgefährdeten Tiefland paßte. Die Buren in Südafrika betrachteten ihren Großen Treck als eine Art Exodus. Sie glaubten sogar, den Nil und das Schilf des Mose gefunden zu haben, und benannten eine Stadt danach, um die Stelle zu kennzeichnen. In Äthiopien wiederum wurde eine Königsdynastie mit der Königin von Saba in Verbindung gebracht. Dann wurde diese Herkunft mit messianischen Vorstellungen kombiniert und die Verfolgung der Juden mit der Unterwerfung der Schwarzen (der wahren Juden) unter die Weißen gleichgesetzt. Es entstand ein Ideengebäude, das in den dreißiger Jahren in der Bewegung der Rastafarier eine wichtige Rolle spielte. Da die Bibel eine derart lange Geschichte erzählt, konnte man sich problemlos hinter ihr verstecken, neue Bezüge herstellen und sie als alt ausgeben. Für diesen Zweck erwies sich Abrahams Lebensgeschichte als besonders geeignet. Im ältesten erhaltenen christlichen Text schreibt Paulus den Galatern, einem Volk im Inneren Kleinasiens, der heutigen Türkei, sie seien »Abrahams Söhne« und Mose, der später kam, habe für sie keine Bedeutung. Viele Galater werden von dieser Abstammung vorher nichts gewußt haben. Sechshundert Jahre später jedoch wußte man sogar im südlichen Mekka davon, und dort kam ein Mann in den Vierzigern, einem spirituell fruchtbaren Alter, mit diesem Wissen in Berührung: Auch Mohammed stellte eine Verbindung zu Abraham und seinem Glauben her und sah ihn als Vorläufer seines eigenen neuen Glaubens, des zukünftigen Islams.

Jedoch macht keine dieser Folgeerscheinungen eine Geschichte historisch wahr. Wenn wir alle biblischen Erzählungen als erfundene Geschichten betrachten, können wir vielleicht unbefangener mit ihnen umgehen und uns auf das konzentrieren, was sie für uns persönlich interessant macht. Wir bezeichnen mit »Erzählung« oder »Fiktion« jedoch zwei verschiedene Dinge. Die Bücher Ijob, Jona, Rut und Ester waren schon als fiktive Geschichten angelegt: Die Verfasser erfanden sie. Die biblische Geschichte der Geburt Christi dagegen ist in unseren Augen eine erfundene Geschichte, weil wir sehen, daß sie so nicht stimmen kann; für den Verfasser des Lukasevangeliums war sie jedoch keine Fiktion; er glaubte, daß die Geschichte so abgelaufen war. Wenn wir sie erfunden nennen, tragen wir der Erkenntnis Rechnung, daß sich der Verfasser getäuscht hat.

Historiker wissen natürlich, daß durchaus auch in solchen Geschichten Wahrheit stecken kann. Eine erfundene Geschichte kann sehr wohl Aufschluß darüber geben, was der Erzähler und seine Zuhörer glaubten, und sie kann dazu beitragen, ihre Weltsicht zu verstehen und festzustellen, ob sie zum Beispiel an einen guten Gott oder an einen von diesem unabhängigen Satan glaubten (der übrigens erst spät auf der biblischen Bühne auftaucht). Ihre Überzeugungen erscheinen uns in manchen Fällen unverständlich, bis wir sie enträtseln. Ein Beispiel dafür ist die seltsame Geschichte von Jakob in Genesis 30, der frische Ruten schält und sie in die Tränken seiner Schafe legt.[15] Daraufhin werfen die Schafe aus irgendeinem Grund scheckige Lämmer (sie werden nicht einmal von scheckigen Böcken begattet: Laban hat die scheckigen Böcke genommen). Offensichtlich verstanden die Gelehrten in den ersten Jahrhunderten nach Christi Geburt diese Geschichte ohne Probleme. Wir dagegen wissen erst seit kurzem wieder, worauf der Verfasser hinauswollte: Die Erzählung beruhte auf dem weitverbreiteten Glauben, die Empfängnis einer Mutter werde dadurch beeinflußt, worauf sie bei dem Geschlechtsverkehr blicke. Die geschälten Ruten sahen in den Wassertrögen dunkel und gesprenkelt aus; Jakobs Mutterschafe blickten darauf und empfingen scheckige Jungen. Genauso glaubten Pferdezüchter, eine Stute werde ein schönes Fohlen bekommen, wenn sie beim Decken den stattlichen Hengst in einem Spiegel sehe. Im Jahre 1726 versetzte eine Frau die Londoner Gesellschaft mit der Behauptung in Erstaunen, Kaninchen geboren zu haben, nachdem sie beim Geschlechtsverkehr auf ein Kaninchen gesehen hatte; allerdings stellte sich bald heraus, daß sie log. Hinter der nicht historischen Geschichte in Genesis 30 steht also ein weitverbreiteter Glaube in bezug auf die Empfängnis und die Geheimnisse des Lebens. Bis 1950 gab es Exegeten, die die Erzählung für wahr hielten, aber das ist eine andere Geschichte und selbst ein historisches Phänomen. Augustinus wiederum machte sich Gedanken darüber, warum die Schafe keine Ruten gebaren.

Manche Erzählungen machen uns auf einen gesellschaftlichen Brauch aufmerksam, aus dem sie entstanden. So liegt etwa der Geschichte des Buches Rut zugrunde, daß es üblich war, unter nahen Verwandten zu heiraten. Solche Erzählungen können vielleicht sogar verborgene Züge der Mentalität eines Volkes erhellen. Das behauptet man jedenfalls von Mythen, die in schriftlosen Kulturen eine lebendige mündliche Tradition darstellten; Versuche, dasselbe für die ältesten Geschichten der Bibel nachzuweisen, sind bisher freilich noch nicht überzeugend. Besonders interessant wird es, wenn Elemente einer Geschichte in vielen Kulturen übereinstimmen, denn dann erhebt sich die Frage nach dem Ursprung dieser bestimmten Geschichte. Mose im Schilf ist ein gutes Beispiel dafür. Mose war dazu bestimmt, ein großer Führer zu werden, und deshalb mußte er außerhalb einer normalen Familie aufwachsen und dann zurückkehren, um sein Volk zu regieren. Geschichten über die Aussetzung eines zukünftigen Herrschers sind auch in anderen Gesellschaften weit verbreitet, von Indien (Chandragupta) über Persien (Kyros) bis nach Griechenland (die ersten Tyrannen), Rom (Romulus) und England (König Artus).[16] Das Schicksal des Mose verrät uns also etwas über die Denkweisen verschiedener Völker, aber es ist nicht historisch. Es gab kein Binsenkästchen, keine badende Tochter des Pharao, kein Schilf und vielleicht nicht einmal einen Mose. Aber auch wenn wir die Erzählungen der Bibel als (erfundene) Geschichten bezeichnen, bleibt doch eine Wahrheit bestehen: Sie enthalten Vorstellungen, an die auch andere Völker fest glaubten.

III

In diese Vorstellungswelt können auch Themen echter religiöser Erfahrung verwoben sein. Eine Möglichkeit, sich mit solchen Geschichten auseinanderzusetzen, ist, sie miteinander zu vergleichen. Dazu zerlegt man sie in einzelne Handlungseinheiten. Die biblischen Erzählungen wurden von Strukturalisten untersucht, welche die Bedeutungen, die wir heute aus den Texten herauslesen, mit Hilfe der Strukturen literarischer Ausdrucksweisen erklären wollten.[17] Diese Strukturen werden manchmal aus den Volkssagen anderer Literaturen abgeleitet, insbesondere aus russischen Sagen, die gesammelt und mit Hilfe der strukturalistischen Technik analysiert worden sind. Davids Sieg über Goliat wurde einer Handlungsreihe in einem Heldenepos gegenübergestellt; Jakobs Kampf mit dem Engel am Fluß Jabbok wurde mit Szenen einer Geschichte von »Auftraggeber, Helfer und Gegner« verglichen, die sie raffiniert umkehrt: Gott, der Auftraggeber, erweist sich auch als Gegner. Der bekannte Strukturalist Roland Barthes bezeichnete diese Umkehrung als »kühn«: Sie sei sonst ein typisches Merkmal von Erpressungsgeschichten. Die Geschichten wurden auch nach gegensätzlichen Themenpaaren analysiert: Dabei ging es um das Männliche und das Weibliche in der Geschichte vom Garten Eden, um Natur und Kultur in der Geschichte von Jiftach, der Gott seine jungfräuliche Tochter opfert, oder um die Mischehe mit Fremden in der Geschichte von der Vergewaltigung Dinas.

Das Hauptproblem bei diesen Analysen liegt darin, daß sie unterschiedliche Geschichten in einen engen Rahmen pressen, um sie dann mechanisch mit irgendwelchen anderen Geschichten zu vergleichen. Ein anderes, weniger bekanntes Problem ist, daß sie im allgemeinen von dem »Text in der uns vorliegenden Form« ausgehen, ohne auf Verfasser, Herausgeber oder komplexe Entstehungsgeschichte einzugehen. Dies hat dazu geführt, daß einige detaillierte strukturalistische Untersuchungen mit dem Wesen biblischer Texte in Konflikt gerieten. Die analysierte Geschichte kann nämlich wie die von David und Goliat ein Flickwerk verschiedener widersprüchlicher Versionen sein. Die seltsamen Wendungen und Paradoxe in der Geschichte von Jakob und dem Engel sind unter Umständen weniger »kühn«, wenn man sie als Eingriffe eines Herausgebers in eine ältere Fassung versteht, die er nicht mehr annehmbar fand. Die besagten Verse der Genesis erzählen allen Verkünstelungen Barthes' zum Trotz ursprünglich einfach davon, wie Jakob einem örtlichen Flußgeist begegnet, der die Furt eines Flusses bewacht. Der Geist muß verschwinden, als der Morgen graut, genau wie der Geist in *Hamlet* oder andere Gottheiten der heidnischen Welt. Späteren Herausgebern mißfiel der Dämon, der mit Jahwe nichts zu tun hatte, und sie verwandelten ihn in Gott beziehungsweise einen Engel, was den Fluß der Geschichte erheblich stört. Wir müssen akzeptieren, was der beste Exeget dieser Geschichte, Claus Westermann, festgestellt hat: »Alle weitreichenden theologischen Folgerungen, die daraus gezogen werden ..., daß der Angreifer Jakobs Gott war, haben im Text keine Grundlage.«[18]

Bis jetzt hat die strukturalistische Analyse der Bibel nichts ergeben, was nicht schon bekannt gewesen wäre. Der Wert des Textvergleichs wird dadurch jedoch nicht gemindert. Statt außerbiblische Texte wie russische Sagen oder südamerikanische Mythen heranzuziehen, möchte ich im folgenden einen bestimmten Typ von Erzählung durch die ganze Bibel von der Genesis bis zur Apostelgeschichte verfolgen. In ihm zeigt sich, wie man eine bestimmte Erfahrung durch weitgehend ähnliche Mittel ausdrückte, die unter Autoren ähnlicher Geschichten weitergegeben und womöglich auch zum Ausdruck einer Hoffnung, einer Erwartung oder eines plötzlichen »Andersseins« verwendet wurden. Wenn dies der Fall war, kann die entsprechende Geschichte selbst den Glauben gestärkt haben. Der Glaube ist äußerst wichtig, schließlich geht es um ein Zusammentreffen mit Gott oder einem himmlischen Wesen, angefangen bei Abraham bis hin zur Auferstehung Christi.

Überall in der Bibel hören Menschen Stimmen oder haben Visionen, bei denen sie göttliche Worte hören. Im Alten Testament spricht Gott auch zu Nichtjuden, allerdings nur im Traum. Die Verfasser müssen sich diesen Kontakt bildlich vorstellen und ihn uns plastisch schildern. Sie entwerfen durchaus vergleichbare Szenen und verwenden Muster, die immer wieder auftauchen und ihnen und ihren Zuhörern helfen, sich solche eindrucksvollen Momente einer Geschichte vor Augen zu führen.

Doch nicht nur Stimmen und Visionen, auch wirkliche Begegnungen sind möglich. Menschen treffen mit göttlichen Wesen zusammen, und wieder können wir die Episoden vergleichen und feststellen, wie sich innerhalb der Bibel ein bestimmtes Muster entwickelt.[19] In den ältesten Geschichten treffen wichtige Persönlichkeiten sogar mit Gott selbst zusammen. Die Bibel beschreibt, wie Gott persönlich Abraham bei den Eichen von Mamre einen Besuch abstattet.[20] Die beiden Engel, die später nach Sodom gehen, begleiten ihn. Abraham hält sie zunächst für fremde Reisende und läßt Wasser holen, damit sie sich die Füße waschen können. Er befiehlt Sara, Brotfladen zu backen, und schafft selbst Milch und ein prächtiges Kalb herbei. Bemerkenswerterweise essen die Engel; später rühren sie keine menschliche Nahrung mehr an, aber das Brot Saras erweist sich als Versuchung. Einer der drei Männer, vielleicht Jahwe selbst, sagt der alten Sara voraus, sie werde in einem Jahr einen Sohn gebären. Es wird nicht ausdrücklich gesagt, daß Abraham seinen Besucher erkennt. Erst als zwei der Fremden nach Sodom gehen, spricht Abraham mit dem dritten, Gott selbst. Diese Szene wurde später hinzugefügt; die Begegnung war ursprünglich weniger explizit.

Bei seinem Treffen mit Abraham nimmt Gott menschliche Gestalt an, ein außergewöhnliches Ereignis, das sich niemals mehr genau so wiederholen wird, nicht einmal für Mose. Bei Moses erstem Treffen mit Gott hören wir nur von einer Flamme, einer Stimme und einem brennenden Dornbusch (Moses fürchtet sich, Gott anzuschauen). Die nächste Begegnung findet auf dem Berg Sinai statt und wird in zwei Geschichten beschrieben. In der zweiten steigen Mose und Aaron mit zwei Begleitern und siebzig Ältesten auf den Berg und sehen den Gott Israels. »Die Fläche unter seinen Füßen war wie mit Saphir ausgelegt und glänzte hell wie der Himmel selbst.« Der vollständige Anblick Gottes und des saphirblauen Himmels ist wahrscheinlich die ältere der Sinaigeschichten.[21] In der späteren Version, die vermutlich vom Jahwisten (J) stammt und in unserer Bibel an erster Stelle steht (Ex 19), ist die Begegnung weniger direkt. Das Volk Israel muß sich sorgfältig vorbereiten, bis Gott durch Donner und Erdbeben zu ihm spricht. »Haltet euch für den dritten Tag bereit! Berührt keine Frau!« Auch danach ist Gott nur zu hören, nicht zu sehen. Er zeigt sich seinen keuschen Besuchern nicht, sie sehen nur Wolken und Feuer. Später erscheint Gott außerdem beim Offenbarungszelt in der Nähe des Lagers der Israeliten; das Volk sieht jedoch nur eine Wolkensäule. Allein mit Mose spricht Gott »Auge in Auge, wie Menschen miteinander reden« (Ex 33,7–11). Aber auch das ändert sich bald: In den folgenden Versen darf Mose nur noch den Rücken Gottes sehen, während dieser vorüberzieht (Ex 33,23). Der Anblick von Gottes Angesicht würde ihn töten.

Je stärker der direkte Kontakt zu Gott abnahm, desto größere Faszination übten die beiden alten Szenen bei den Eichen von Mamre und auf dem Berg Sinai aus. Wer waren die drei Männer, die auf so merkwürdige Weise zu Abraham gekommen waren, und war Gott unter ihnen sofort zu erkennen? Christliche Autoren sahen in den Männern natürlich die Heilige Dreieinigkeit verkörpert, die die Menschen besuchte. Die Ehrfurcht vor einem abgegrenzten göttlichen Bereich, der mit Saphir ausgelegten Fläche auf dem Sinai, und die Vorstellung eines privilegierten Kontaktes Auge in Auge wie mit einem Freund beeinflußten zweitausend Jahre spirituellen Lebens, angefangen bei den Visionen alttestamentarischer Propheten und Mystiker bis hin zu den Hoffnungen christlicher Heiliger in der Wüste oder einer Einsiedlerzelle.

Im Zeitalter der Patriarchen konnte Gott also ausgewählten Menschen persönlich erscheinen; andere konnten ihn hören, nicht jedoch sehen. Wenn das Volk gesündigt hatte, entzog er sich. Ganz Israel mußte keusch leben, um seine Wolken zu sehen und ihn zu hören. Die Verbindung von Reinheit und göttlicher Anwesenheit spielte auch im Tempelkult eine große Rolle. Dort büßten die Priester für die Sünden der Menschen, und dort tat Gott seine Anwesenheit durch Feuer, Rauch und Beben kund, man konnte ihn allerdings nicht selbst sehen. Zuweilen verleiht ein Psalmist der Hoffnung Ausdruck, er werde das Angesicht des Herrn sehen, etwa im 63. Psalm, Vers 3: »Darum halte ich Ausschau nach dir im Heiligtum, um deine Macht und Herrlichkeit zu sehen.«[22] Das »Sehen« steht dabei nicht unbedingt für eine persönliche Begegnung, sondern vielleicht für eine Art Lichterscheinung. Nur die Propheten in Jesaja 6 und Ezechiel 1 erleben eine direktere Gottesvision. Sie steht jedesmal mit dem Tempel in Zusammenhang und wird mit Hilfe einer Symbolik von Feuer, Licht, Inthronisierung und ähnlichen Bildern umschrieben. Solche ehrfurchtgebietenden Erscheinungen werden jedoch nur auserwählten Menschen zuteil.

Außerdem bestand noch die Möglichkeit, von einem Engel besucht zu werden. Im Zeitalter der Patriarchen ging man mit Engeln ganz selbstverständlich um. Beispielhaft dafür sind Jakob (»Als Jakob sie erblickte, sagte er: Das ist das Heerlager Gottes«, Genesis 32,2) oder das Sklavenmädchen Hagar, das aus dem Haus der eifersüchtigen Sara wegläuft. In einer wirkungsgeschichtlich außerordentlich bedeutsamen Szene trifft sie auf den Engel des Herrn. Er befiehlt ihr: »Geh zurück zu deiner Herrin und ertrag ihre harte Behandlung … Du bist schwanger …« Dann nennt er ihr den Namen des Kindes, gibt einen Grund für das Eingreifen Gottes an (»der Herr hat auf dich gehört in deinem Leid«) und beschreibt das zukünftige Wesen des Kindes (»Er wird ein Mensch sein wie ein Wildesel«). Danach nennt Hagar ihren Besucher rätselhafterweise »Gott, der nach mir schaut«: Sie hat ihn von Angesicht zu Angesicht gesehen und diese Begegnung trotzdem überlebt.

In Sodom dagegen sind Verkleidungen angesagt. Sodom ist eine sündige Stadt, und die beiden Engel gehen als Menschen dorthin. Auch dem tugendhaften Lot, der sie ahnungslos als Fremde begrüßt, erscheinen sie menschlich. Wieder essen sie, diesmal besteht ihre Nahrung jedoch aus ungesäuerten Broten.[23] Solche Besuche von Engeln (allerdings ohne das Essen) werden typisch für die Zeit nach den Patriarchen, in der direkte Begegnungen mit Gott nur noch für Mose und einige wenige Propheten möglich sind. Als Josua einem Engel mit einem Schwert in der Hand begegnet, sieht er nur die menschliche Gestalt und hält ihn für einen Krieger: »Gehörst du zu uns oder zu unseren Feinden?« Als er die Wahrheit erfährt, fällt er anbetend zu Boden, als Diener, nicht als Freund. Im Buch Numeri sieht zuerst nicht der Heide Bileam, sondern sein Esel den Engel, der sich in den Weg stellt. Im Buch der Richter zeigen die großartigen Geschichten von Gideon und von Simsons Eltern, wie man sich solche Szenen jetzt vorstellte.[24]

Gideon trifft wie Josua unwissentlich einen Engel in menschlicher Gestalt, der ihm verspricht, er werde Israel von den Midianitern befreien. Gideon zweifelt an seinen Worten (»Sieh doch, meine Sippe ist die schwächste in Manasse«, Ri 6,15). Er bittet um ein Zeichen, denn er ist unsicher, ob wirklich ein Engel vor ihm steht. Unter der Eiche von Ofra lädt er seinen Besucher gastfreundlich zum Essen ein, doch der Engel ißt nicht, sondern läßt die Brote und das Fleisch in Flammen aufgehen (dahinter steht die Vorstellung eines »verzehrenden Feuers«). Danach verschwindet der Engel und läßt einen tief erschrockenen Gideon zurück: »Weh mir, Herr und Gott, ich habe den Engel des Herrn von Angesicht zu Angesicht gesehen.« Doch der Herr beruhigt ihn: »Friede sei mit dir! Fürchte dich nicht, du wirst nicht sterben.« Gideon errichtet wie Jakob einen Altar an der Stelle der Begegnung; der Verfasser des Buches der Richter schreibt, der Altar sei dort noch immer zu sehen. Dem Zeichen und dem Verschwinden voraus gehen also Versprechen, Zweifel sowie Gastfreundschaft; der Mensch bekommt Angst, Gott beruhigt ihn, dann wird der Ort durch einen Altar gekennzeichnet. Diese Abfolge kristallisiert sich als literarisches Muster heraus, das in vielen späteren Schilderungen einer solchen Szene wiederkehrt.

Einige Kapitel weiter im Buch der Richter (Ri 13,3–23) erleben Simsons Eltern eine solche Szene in einer rührenden Variation. Simsons Mutter erscheint ein Engel, der ihr (wie vorher der Sara) einen besonderen Sohn verspricht. Die Frau, die ohne Namen bleibt (die Frau des Manoach), erkennt den Besucher nicht. Sie erzählt ihrem Mann, was sie gesehen und gehört hat, und aus ihren Worten wird klar, daß sie den Engel noch immer für einen menschlichen Propheten hält, für einen Gottesmann (»er sah aus, wie der Engel Gottes aussieht, überaus furchterregend«). Er hatte seinen Namen nicht genannt. Manoach betet darum, daß der Gottesmann sie noch einmal besuchen möge, und tatsächlich kommt der Engel ein zweites Mal zu der Frau, als sie allein auf dem Feld ist. Sie holt ihren Mann, der Engel spricht mit ihm, und es zeigt sich, daß auch Manoach nicht weiß, wen er vor sich hat, denn er bietet dem Engel Brot und Fleisch an. Doch seit Sodom nehmen die Engel keine Nahrung mehr an, und folgerichtig lehnt auch dieser ab: »Auch wenn du mich einlädst, werde ich von deinem Mahl nichts essen. Wenn du aber ein Brandopfer herrichten willst, bring es dem Herrn dar!« Er weigert sich, seinen Namen zu nennen. Als Manoach das Brandopfer darbringt, steigt der Engel in der Flamme empor. »Da erkannte Manoach, daß es der Engel des Herrn gewesen war«, und er hat Angst: »Sicher müssen wir sterben, weil wir Gott gesehen haben.« Doch seine Frau beruhigt ihn – der Herr hätte das Brandopfer nicht angenommen, wenn er sie hätte töten wollen.

Diese Besuche stellen noch immer außergewöhnliche Momente dar. Sie finden unter Eichen oder auf dem Feld statt, und die Engel versprechen biblischen Personen mit großer Zukunft Kinder oder Siege. Noch hat nicht jeder die Chance, einen solchen Besuch zu empfangen. Im Laufe der Zeit wird jedoch auch diese Möglichkeit immer mehr in Betracht gezogen. Im Buch Tobit (ca. 350 v. Chr.) kommt ein Engel zu einem ganz gewöhnlichen Mann und dessen Sohn, die im Persischen Reich im Osten Judäas leben. Der junge Tobias nimmt den Besucher auf eine Reise mit, ohne zu ahnen, daß es sich um einen Engel handelt. Der Begleiter nennt sogar eine fiktive Herkunft und einen Namen. Erst als Tobias nach Erledigung des Auftrags seinen Gefährten für seine Dienste bezahlen möchte, offenbart sich dieser: »Ich bin Rafael, einer von den sieben heiligen Engeln.« Tobias und sein Vater erschrecken, der Engel aber sagt: »Fürchtet euch nicht« und verschwindet für immer. Auch er hat niemals gegessen, und er erklärt: »Ihr habt nur eine Erscheinung gesehen.« Engel haben jetzt Namen, und sie tragen den Sterblichen manchmal auf, ihre Geschichte in einem Buch aufzuschreiben. Die Schilderung ihrer Anwesenheit folgt jedoch noch immer dem gleichen Muster: Verkleidung und Offenbarung, keine Nahrung, danach Verschwinden und Todesangst der Menschen.

In der griechischen Welt findet sich ein entsprechendes Muster, das nicht auf direkten Kontakt oder Entlehnungen zurückgeführt werden kann. Auch griechische Götter wurden in Visionen, Träumen oder in Form göttlicher Stimmen gehört und gesehen. Aus den Epen Homers spricht noch das Bewußtsein, daß einst in ferner Vergangenheit die Götter den Großen und Guten direkt erschienen sind. Sie erscheinen in der *Odyssee* den Phäaken, deren Land ebenso bevorzugt war wie Mamre. Und von da an besuchten sie die Welt wie die Engel von Sodom in Verkleidungen. Die Bösen konnten sie nicht sehen, und selbst die Guten, die Helden, hielten sie irrtümlich für Sterbliche. Auch in den griechischen Epen gaben die Götter sich zu erkennen. Zuweilen tranken sie, im allgemeinen nahmen sie an den Mahlzeiten der Sterblichen aber ebensowenig teil wie die Engel nach Abraham. Wenn sie sich durch Worte oder Zeichen offenbarten, fürchteten sich die Menschen. Nach ihrem Verschwinden entstand aus der kurzen Begegnung ein Kult, und der Ort des Geschehens wurde durch einen Altar geheiligt.[25]

Es gibt zwischen Griechenland und Israel auch kultische Ähnlichkeiten. Einige Psalmen klingen so, als sei Gott zu bestimmten Momenten des Gottesdienstes im Tempel anwesend und werde sichtbar. Dieselbe Erwartung war jahrhundertelang in heidnischen griechischen Hymnen lebendig. Homer und seine Nachfolger verfügten wie die Verfasser des Buches der Richter oder des Buches Tobit über ein Grundmuster für solche Szenen, das sie literarisch weiterentwickelten. Es gibt allerdings auch Unterschiede. In Israel wurde Jahwe in der Kunst nicht dargestellt; seine Gestalt war zu ehrfurchtgebietend, um gesehen zu werden. Bei den Griechen wurde die Gestalt der Götter mit Hilfe von Bildern und Skulpturen konkretisiert und stand den Visionen der Sterblichen dadurch leichter zur Verfügung. Der Glaube, daß der Anblick Gottes den sicheren Tod zur Folge habe, war in der griechischen Welt unbekannt. Göttliche Fremde gaben schnell ihren Namen preis, und ihre Worte waren nicht immer prophetischer Natur. Sie verhießen nicht Kinder, sondern zeugten sie gleich selbst. Wenn in einer griechischen Sage eine Frau mit einem Gott schläft, wird sie immer schwanger.[26]

Doch von Sizilien bis Israel waren es ähnliche Strukturen, die in Hymnen und Geschichten lebendig blieben. Wann immer man einen Fremden traf oder eine ferne Gestalt auf einem Berg sah, konnte es sich um ein göttliches Wesen handeln. Vergleichbare Überzeugungen wurden in bemerkenswert ähnliche literarische Formen gekleidet. Die Verfasser des Neuen Testaments waren die direkten Erben dieses Musters; obwohl sie auf Griechisch schrieben, stützten sie sich auf die biblischen, nicht auf die heidnischen griechischen Quellen. Sie wollten von Verheißung, Verklärung und ihrem auferstandenen Herrn erzählen und taten dies in den alten biblischen Formen. Im Matthäusevangelium wird die Geburt des Kindes in einem Traum verheißen. Im Lukasevangelium wird ein Engel gesandt. Die Szene gleicht den alten biblischen Erzählungen über Begegnungen mit Engeln, die der christliche Erzähler kannte. »Fürchte dich nicht, Maria ...« erinnert an Gideon oder Tobias; Gott hat seine Gründe; du wirst einen Sohn gebären; du wirst ihm diesen Namen geben; seine Zukunft wird folgendermaßen aussehen – das Muster entspricht genau den Worten des Engels zum Sklavenmädchen Hagar im Buch Genesis.[27] Am leeren Grab Jesu ist bei Matthäus von einem gewaltigen Erdbeben und einem furchterregenden Engel die Rede, der zu den Frauen sagt: »Fürchtet euch nicht!« Bei Lukas hingegen sehen die Frauen zwei Engel und fallen (wie Josua) auf die Knie. Auf dem Weg nach Emmaus treffen die Jünger wie Lot und Tobias einen Fremden, nämlich den verkleideten Jesus. In Jerusalem sehen sie ihn wieder, er grüßt sie mit »Friede sei mit euch«, doch »sie erschraken und hatten große Angst«, bis er sie beruhigte. Im Johannesevangelium erscheint Jesus als Gärtner oder als Fremder am See. Auch hier ist er verkleidet, doch bei Johannes empfinden die Jünger keine Angst, nur eine »Furcht vor den Juden«. Bezeichnenderweise nimmt Jesus bei Lukas und Johannes Nahrung zu sich: Er ist also noch nicht in den Himmel aufgefahren und hat noch menschliche Eigenschaften.

Im apostolischen Zeitalter besteht noch immer die Hoffnung auf unerwartete Besuche von Engeln, doch wirkliche Begegnungen am hellen Tage nehmen ab.[28] In der Apostelgeschichte wird zweimal die Erfahrung des Saulus auf dem Weg nach Damaskus beschrieben. In keiner der beiden Versionen wird jedoch ausdrücklich gesagt, er habe den auferstandenen Christus als Person gesehen; er hört nur eine Stimme. Wenn Engel kommunizieren, erscheinen sie in Visionen oder Träumen. Einmal kommt nachts ein Engel in Menschengestalt zu Petrus, um ihn aus dem Gefängnis zu geleiten. Aber selbst da erscheint Petrus das Erlebnis wie eine Vision (Apg 12). Direkte Begegnungen werden zu einer Hoffnung, die nicht mehr im Leben realisiert wird. Die Magd Rhoda hält Petrus für einen Engel. In den ländlichen Städten des Römischen Reiches glauben die Nichtjuden, Götter zu sehen, wenn Paulus oder einer seiner Gefährten Wunder vollbringen. In den christlichen Erzählungen der Apostelgeschichte treffen die nichtjüdische und die biblische Welt wieder aufeinander und rufen uns in Erinnerung, wie ähnlich die Vorstellungen von der Anwesenheit eines Gottes waren.

Wenn wir solche Szenen hören oder lesen, dürfen wir nicht vergessen, daß die ursprüngliche Zuhörerschaft mit dieser über tausend Jahre alten Art des Erzählens vertraut war. Niemand wußte, was Gideon oder Simsons Eltern oder Maria wirklich erlebt hatten. Ein genaues literarisches Muster machte es den Verfassern jedoch möglich, die Geschichte in Worte zu fassen. Es handelte sich weniger um eine Fiktion als um eine Möglichkeit, auszudrükken, »wie etwas gewesen sein muß«, wobei der genaue Ablauf und die kleinen Variationen von Bedeutung waren. Das Muster blieb jahrhundertelang in zwei Kulturen lebendig, und wir können mit seiner Hilfe einen Interpretationsansatz in bezug auf die israelitische Gottesauffassung korrigieren: Es gab in Israel keine Wendung von einem pansakralen Zeitalter, in dem man überall auf das Göttliche in Form von Wundern oder Begegnungen treffen konnte, zu einem späteren Zeitalter der Erleuchtung, in der Gottes Hand in die Ereignisse eingriff, ohne sichtbar zu sein.[29] Statt dessen blieb das pansakrale Bewußtsein der göttlichen Gegenwart von der Genesis bis zur Apostelgeschichte lebendig und trat in Erscheinung, wo immer es in den Ablauf der Erzählung eingebaut werden konnte, etwa in den Szenen von der Geburt Christi oder verschiedenen menschlichen Abenteuern, bei Geburten, Todesfällen oder im Jenseits. Bei all dem haben wir es nicht nur mit bloßen Worten zu tun. Diese Geschichten sollten ein Gefühl religiösen Andersseins und übernatürlicher Präsenz sichern und vielleicht sogar fördern. Von Gideon bei der Eiche bis zu den versammelten Jüngern heißt es immer wieder, die Menschen seien erschrocken und hätten sich geängstigt, aber Gott und die Engel hätten sie beruhigt: »Friede sei mit dir! Fürchte dich nicht, du wirst nicht sterben.« Die letzte Begegnung, das Zusammentreffen mit dem auferstandenen Christus, wurde unter dem Einfluß der älteren Geschichten erzählt und vielleicht erfahren: Sie gewann dann eine eigene Kraft und verursachte eine historische Veränderung.

21

»Göttliche Literatur«

I

Wenn wir die Bibel als Sammlung von Erzählungen bezeichnen, so bedeutet das, daß vieles in ihr nicht historisch wahr ist. Damit ist die Heilige Schrift der Zuständigkeit des Historikers jedoch nicht völlig entzogen. Er muß nur mit anderen Fragen an sie herangehen. Die Verfasser der Bibel haben manchmal phantasiert und sich in bezug auf die Fakten geirrt, aber ihre religiösen Überzeugungen teilten sie mit vielen Menschen. Der Historiker kann nicht jedes Ereignis oder Detail auf seinen Wahrheitsgehalt hin analysieren, aber doch versuchen, das Wahre in den Überzeugungen, Anschauungen und Annahmen der biblischen Autoren und ihrer Zuhörerschaft zu erschließen.

Die meisten Leser der Bibel machen sich über den historischen Gehalt der Erzählungen kaum Gedanken. Was spricht dagegen, die Bibel als ein literarisches Werk zu lesen und es den Geschichtswissenschaftlern zu überlassen, sich mit den Lebensdaten von Jerobeam oder den seltsamen Vorstellungen über die Empfängnis in einem Kapitel der Genesis herumzuschlagen? Könnte nicht auch auf der Ebene des literarischen Lesens eine Wahrheit zu finden sein, ganz unabhängig vom faktischen Wahrheitsgehalt der Erzählungen und der Gesinnung ihrer Verfasser?

In den vergangenen dreißig Jahren erschien eine Flut von Arbeiten über das Thema »Die Bibel als Literatur«. Doch der Ansatz ist nicht neu. Schon in der Zeit nach Alexander dem Großen, als die Juden mit der griechischen Literatur in Berührung kamen, stellten sie literarische Fragen an ihre eigenen Texte und überlegten, was das Besondere der hebräischen Dichtung ausmachte.

Josephus behauptete, Mose und David hätten bestimmte Lieder der Bibel in Hexametern verfaßt, ein Irrglaube, der an die frühen

Christen weitergegeben wurde. Selbst Hieronymus, der Hebräisch konnte, war davon überzeugt, daß Ijob die zweite Hälfte seines Buches in Hexametern geschrieben habe.[1] Diese falsche Überzeugung ging zunehmend mit Lobpreisungen der Bibel als Literatur einher. Zuvor hatten die frühen Christen »Literatur« *(litterae)* und »(Heilige) Schrift« *(scriptura)* gegenübergestellt: Literatur bezeichnete nur die heidnischen Klassiker, die in den Schulen gelehrt wurden.[2] Später wurde die Bibel als »göttliche Literatur« angesehen, die ihrerseits zur Erziehung eingesetzt werden konnte. Allerdings erschien ihr Stil gebildeten Ohren rauh und barbarisch. Konnte das der Stil des Herrn sein? Oder sollte man die Bibel lieber neu schreiben? Um das Jahr 330, kurz nach der Bekehrung des ersten römischen Kaisers, übertrug Juvencus, ein Spanier vornehmer Herkunft, das Evangelium in Hexameter.[3] Er wollte den Inhalt mit poetischer Anmut schmücken.

Das Interesse am Stil der Bibel ließ nicht nach. Gegen Ende des 17. Jahrhunderts bewunderten die Menschen gerade ihre urwüchsige Größe und schroffe Erhabenheit.[4] In den letzten dreißig Jahren haben die Literaturwissenschaftler erneut ihren ungeschliffenen, kantigen Stil hervorgehoben, diesmal jedoch aus einem anderen Grund. Veränderungen im modernen Literaturgeschmack haben zu neuen Interessensschwerpunkten geführt. Die Wissenschaftler suchen jetzt nach Lücken und »kreativen Widersprüchen«, nach seltsamen Wendungen der Handlung, nach »Anzeichen unvollständiger Ausführung« und verborgenen Bedeutungen in Episoden, die den Erzählfluß unterbrechen. Die neuen literarischen Theorien lassen sich zudem gut auf kurze biblische Szenen anwenden, Texte ohne Verfassernamen, an die sich keine Fragen nach den Absichten des Autors oder persönlichen Hintergründen stellen lassen. Die Strukturalisten versuchen, die wahrgenommenen Bedeutungen zu erklären; Dekonstruktivisten unterhöhlen die Vorstellung von einer eindeutigen Aussage oder einem externen Bezug; Anhänger der Theorie, daß ein Text sich erst in der Interaktion mit dem Leser konstituiert, untersuchen, welche Leser der Text wie anspricht (jüdische Hörer der Evangelien, die ersten christlichen Leser des Evangeliums, heutige Leser). Jede Gruppe findet im Gelesenen vermutlich eine andere Aussage. Der Text erhält eine vielschichtige Bedeutung, seine Form verschwimmt.

Wir erwarten von modernen Romanen nicht mehr, daß sich die Handlung geradlinig entwickelt: Warum sollte dies also bei den alten biblischen Erzählungen der Fall sein? »Einer Generation, die mit *Ulysses* und *Das wüste Land* aufgewachsen ist, sollte dies leichter fallen als einer, deren Vorstellung von literarischer Einheit durch Romane von Balzac oder George Eliot geprägt wurde.«[5]

Die neuen Interpretationsansätze führten zu einigen aufsehenerregenden, aber wenig plausiblen Interpretationen. Das Buch der Richter mit seinen aneinandergereihten Geschichten ist angeblich ironisch zu verstehen; der Text des 2. Buches Samuel läßt nach Meinung einiger Wissenschaftler die Möglichkeit offen, daß der Hetiter Urija beim ersten Gespräch mit König David schon vom Ehebruch seiner Frau wußte. Die seltsamsten Behauptungen entstanden vor allem dadurch, daß man Ursprung und Entwicklungsgeschichte der Texte vernachlässigte.[6] Der Autor des Buches Jesus Sirach (in seiner uns vorliegenden Form) arbeitet angeblich ganz bewußt mit subtilen Widersprüchen. Doch die Widersprüche rühren daher, daß die Herausgeber das Original, das ihnen zu schockierend schien, veränderten. Ihre Eingriffe ließen Teile des Textes unverständlich werden. Auch das Buch Ester, ein farbiger »roman à thèse«, wurde wegen seiner Lücken und irreführenden Wendungen analysiert. Hier wurde der Originaltext zu Unrecht um eineinhalb Kapitel gekürzt, um das Buch ohne die Szenen des Massakers leichter verdaulich zu machen. »Es wäre eine herrliche Ironie und des jüdischen Sinnes für Humor würdig, wenn die Lösung des Konfliktes zwischen den beiden königlichen Erlassen offen bliebe. Ein Patt wäre das beste, worauf man am Ende hoffen könnte, und es wäre in jedem Fall einer Niederlage vorzuziehen.«[7] Der Verfasser des Buches Ester würde sich im Grabe umdrehen: Die Kürzung stellt einen Verrat an seinem Ziel und seinem literarischen Stil dar.

Inhaltliche Ungereimtheiten wurden sogar als absichtsvolle Technik mißdeutet. In 1 Samuel 16 und 17 wird in zwei widersprüchlichen Geschichten erzählt, wie der junge David zu König Saul stößt. In der einen gehört David schon zum Gefolge Sauls, als Goliat Israel herausfordert, in der anderen kommt der jüngste Sohn Isais direkt von den Schafherden seines Vaters. Die erste Geschichte ist in sich stimmig, die zweite hat eher Märchencharakter (ist aber überzeugend in bezug auf die Haltung des ältesten Bruders zum jüngsten Kind der Familie). Die Widersprüche sind schon lange bekannt, die gesamte Geschichte vom Sieg über Goliat ist wahrscheinlich eine Legende; an einer anderen Stelle der Bibel (2 Sam 21,19) wird der Sieg nicht einmal David, sondern Elhanan zugeschrieben. Es fand sich jedoch ein Literaturwissenschaftler, der diese Widersprüche zu würdigen wußte: Sie seien ganz offensichtlich ein »raffiniertes, aber wohlbekanntes und zu allen Zeiten gebräuchliches literarisches Mittel, Spannung zu erzeugen«. Die widersprüchlichen Geschichten über David seien nebeneinandergestellt worden, da es eine »für die Bibel typische Methode« sei, »vielfältige Perspektiven darzustellen«. Die »Methode« funktioniere nicht mittels einer »Verschmelzung von Blickwinkeln in einer einzigen Äußerung, sondern durch die Montage von nacheinander angeordneten Perspektiven«.[8] Die biblische Erzählung aus der Eisenzeit nimmt also einen Kunstgriff vorweg, den wir aus modernen Filmen kennen.

In Wirklichkeit ist die Montage das Ergebnis eines für die Bibel typischen Entstehungsprozesses: Zwei Varianten einer Geschichte wurden vom Herausgeber zu einer zusammengefaßt, obwohl sie sich widersprechen. Dahinter steckt kein besonderer Kunstgriff, sondern allein der Wunsch, beide Geschichten zu erhalten. Die Existenz beider Varianten läßt sich anhand der griechischen Übersetzung des Buches nachweisen, von der Teile mit einem frühen hebräischen Text der Qumran-Rollen in Zusammenhang gebracht werden konnten: Dabei stellte sich heraus, daß der griechische Übersetzer nicht eine längere hebräische Version abkürzte, sondern einen eigenständigen hebräischen Text verwendete, der nur eine der beiden widersprüchlichen Geschichten enthielt. Wir wissen nicht, ob dieser Text die früheste oder originale hebräische Version darstellte, aber wir wissen, daß in unserer Bibel die beiden getrennten Erzählungen miteinander verschmolzen sind. Es handelt sich nicht um die raffinierte Montage eines eisenzeitlichen Erzählers, sondern um den zusammengestückelten Text eines Herausgebers.

Die Bibel verliert ihre literarische Bedeutung nicht, wenn moderne Kritiker sie falsch darstellen, aber die textlichen Probleme und die Probleme der Bearbeitung des Alten Testaments sollten ernster genommen werden. Allerdings hat man den Begriff »Literatur« in diesem Zusammenhang grundsätzlich in Frage gestellt: Er sei insgesamt die falsche Bezeichnung für die Bibel. Nach Meinung einiger Theologen degradiert er die Bibel, es fehlt ihm an religiösem Gehalt. Manche Literaturwissenschaftler sind wiederum der Ansicht, er sei mit einem Niveau und einer Kunstfertigkeit verbunden, die der Bibel fehlten. Die literarische Deutung schließt jedoch andere, auch religiöse Deutungen nicht aus, und Teile der Bibel haben unleugbar künstlerischen Wert. Von den Wortspielen des Jahwisten bis zu den realistischen Darstellungen des Buches Ester hat die Bibel ihre eigenen künstlerischen Stilmittel. Sie ist überraschend ironisch – man denke nur an Abrahams Antworten auf Isaaks Fragen während ihres Gangs (»Gott wird sich das Opferlamm aussuchen«), an die Wendungen in der Josefsgeschichte, die Intrigen des niederträchtigen Haman im Buch Ester fünfhundert Jahre später (Haman wird an dem Galgen erhängt, den er für den Juden Mordechai hat errichten lassen). Die Sprache der Bibel ist zuweilen wunderbar reich und offen, was ihre Übersetzer lange vor den Literaturwissenschaftlern erkannt haben.[9] Sie bedient sich verschiedener literarischer Formen, darunter das Klagelied, das Hochzeitslied oder die Siegeshymne, und spielt mit ihnen, und die Sprache eines Gerichtsverfahrens ist in ihr ebenso gut wiedergegeben wie der Rhythmus eines Liedes im Wechselgesang.[10] (Schon bei Homer sangen die Musen im Wechsel, allerdings sind uns ihre Worte nicht überliefert; die frühen Christen behielten den Brauch des Wechselgesanges bei, wie wir von dem Heiden Plinius wissen, einem römischen Beamten um 110.) Die moderne Literaturwissenschaft bezeichnet die biblischen Schriften als »intertextuell«: Ihre Bedeutung wird durch Bezüge auf andere Texte der Bibel vertieft. Solche Bezüge sind nicht auf das Neue Testament beschränkt. Ein wichtiges Thema wie der Auszug aus Ägypten taucht in der Bibel wiederholt auf: als Grund eines biblischen Gesetzes (Lev 25,42), als Beweis für einst geleistete Hilfe Gottes (1 Kön 8,51 und Am 3,1), als Analogie für die Rückkehr aus dem Exil im Buch Esra und als Quelle der Hoffnung auf zukünftige »Zeichen« und »Wunder« (Sir 36,6). Weiter spielt der Auszug aus Ägypten bei den Geschichten von der Versuchung Jesu in der Wüste ebenso eine Rolle wie bei der Speisung der Fünftausend im Johannesevangelium. Er ist der Ausgangspunkt einer Allegorie in den Paulinischen Briefen und einer Gegenüberstellung von Jesus und seinem Namensvetter Josua im Brief an die Hebräer. Wir müssen nur genau hinsehen, um all diese Verweise zu bemerken. Außerdem hat das Thema auch einen Bezug zu größeren literarischen Themen wie dem Bild der Wüste oder des Wanderns, mit denen die biblischen Autoren spielen und die auch in der späteren abendländischen Literatur aufgegriffen werden.[11]

Die biblischen Reden und Erzählungen werden mit großem Geschick erzählt. Eine Erzählung mag uns als natürliche Art des Schreibens erscheinen, doch handelt es sich um eine literarische Gattung wie jede andere (die heute sogar ihre eigenen Theoretiker bzw. »Erzählforscher« hat). Die Verfasser der Bibel geben sich allwissend: Sie erzählen uns, was die Menschen und sogar Gott sagten, empfanden und taten. Dessen müssen wir uns bewußt sein, um ihre Schilderung nicht allzu schnell als wahr gelten zu lassen. Wir müssen auch auf ihre Perspektive achten. Das Buch Rut hat die am besten aufgebaute Handlung aller längeren biblischen Erzählungen, aber selbst hier hat der Autor vielleicht ganz bewußt bedeutsame Lücken gelassen: Erzählt Boas dem namentlich nicht genannten Verwandten absichtlich nicht, welche der beiden Witwen er heiraten sollte, nämlich Rut und nicht Noomi? War sich Boas unsicher darüber, was genau zwischen ihm und Rut vorgefallen war, als sie nachts zu seinen Füßen lag? War sie vielleicht sogar schwanger?[12] In der Erzählung bleiben wichtige Details ungesagt, und sie wird dadurch für uns fesselnder.

Ein Autor ermöglicht uns zuweilen auch, ein Geschehen aus verschiedenen Perspektiven zu betrachten. In 2 Könige 6,25–30 ist von einer großen Hungersnot in Samaria die Rede, die von einer Invasion der Syrer verursacht wurde. Als der König von Israel einmal auf der Stadtmauer entlanggeht, spricht ihn eine Frau an, die in ihrer Not zusammen mit ihrer Nachbarin ihren Sohn gekocht und gegessen hat und dann von der Nachbarin, die am nächsten Tag ihren Sohn hergeben sollte, betrogen wurde. Der König zerreißt seine Kleider: »Und da er auf der Mauer entlang ging, sah das Volk, daß er ein Bußgewand auf dem bloßen Leib trug.« Durch die Augen der Zuschauer sehen wir, daß auch der König Gott anfleht. In der Folge hören wir, daß er Elischa, den

Mann Gottes, für die Leiden des Königreiches verantwortlich macht. Wir wissen jedoch, daß er sich irrt, daß er selbst der Sünder wider den Herrn ist.[13] Die Bibel überläßt es uns, die Zusammenhänge in dem zu erkennen, was sie uns aus der Sicht des Volkes gezeigt hat. Wir sehen, daß der König Buße tut, wissen aber aus dem Rahmen der Geschichte, daß diese Buße vergebens ist.

Ähnliche Feinheiten finden sich auch in den biblischen Gesprächen, nicht nur in Form unbeantworteter Fragen, die sich in der Bibel sehr häufig finden, sondern in kunstvollen Überzeugungs- und Bittreden. In 2 Samüel 14 wird die Erzählung meisterhaft durch Dialoge belebt, die sich meiner Ansicht nach aus einer sehr frühen, mit den Schriften Herodots vergleichbaren Quelle ableiten lassen, der Hofgeschichte des Königs David. Die »Frau aus Tekoa« läßt keinen der Tricks aus, die später von Rhetorikern als erfolgversprechend eingestuft wurden. Sie trauert, sie erzählt ihre kleine Geschichte, sie fleht den König an und schmeichelt ihm. Dann kommt sie zur Sache, und ihre Geschichte wendet sich gegen David. Die Frau legt sie wundervoll moralisch aus und kommt schnell wieder auf ihren persönlichen Kummer zurück. Wieder schmeichelt sie dem König (»… mein Herr, der König, ist gerade so wie der Engel Gottes: Er hört Gutes und Böses«) und fleht ihn an. Wir wissen allerdings, daß sie die ganze Zeit lügt (Joab hatte ihr eingeflüstert, was sie sagen sollte), und König David weiß es ebenfalls. Er versteht ihr Anliegen jedoch. Einige Literaturwissenschaftler versuchten spitzfindig zu zeigen, daß die Bibel zwar literarisch, aber keine Literatur sei. Doch wer könnte raffinierter vorgehen als die Frau von Tekoa, ausgenommen derjenige, der sie erfand? Für den Leser, der kein Wissenschaftler ist, ist Literatur ein genügend weiter Begriff, um so herrliche Texte einzuschließen.

Literarische Interpretationen wirken dann lächerlich, wenn es sich um biblische Gesetze, Genealogien oder etwa die Anweisungen zum Laubhüttenfest im Buch Levitikus handelt. Auch wenn Teile der Bibel literarischen Wert besitzen, müssen wir nicht mit aller Gewalt zeigen wollen, daß die ganze Bibel in dieser Hinsicht ein Meisterwerk ist. Auf geeignete Stellen angewandt kann eine literarische Herangehensweise jedoch in der Tat erhellen, warum der Text eine solche Kraft ausstrahlt.

Schon lange vor Entstehung der oben beschriebenen Literaturtheorien gab es Leser, die die Erzählkunst der Bibel würdigten. Im Jahre 1712 schrieb der englische Literat Richard Steele zwei Briefe an den *Guardian*. Im ersten vom 9. Mai interpretierte er seine Eindrücke bei der Lektüre der Klage Davids über den Tod Sauls und Jonatans (2 Sam 1). David, so bemerkte er, trauere um seinen Feind Saul, ohne die Schwierigkeiten zu erwähnen, von denen er durch dessen Tod befreit wurde (er konnte jetzt ungehindert König werden). Bei der Klage um Jonatan tritt die Erhabenheit in den Hintergrund. David darf die großartige Freundschaft zwischen ihm und dem Königssohn nicht schildern und versteckt sich, so Steele, hinter einer Zuneigung, die sich auch allein aus ihrem täglichen Umgang miteinander erklären könnte: »Wunderbarer war deine Liebe für mich als die Liebe der Frauen.« Sauls »Verdienst« veranlaßt David, seine eigene neuerworbene weltliche Macht in den Hintergrund zu stellen; sein Lob auf Jonatan dagegen drückt er in Worten aus, die zwar zeigen, wie sehr sie sich beide liebten, nicht aber, wie sehr sich Jonatan um ihn verdient gemacht hatte. In dieser großen Klage verstärkt der literarische Stil unseren unmittelbaren Eindruck von menschlicher Einsicht.

In seinem zweiten Brief vom 16. Juni aus Oxford stellte Steele zwei Arten von Beschreibungen gegenüber. Eine findet sich bei Homer und Vergil, die andere im Buch Ijob. In beiden geht es um ein »edles Tier«, das Pferd. Bei den klassischen Dichtern, argumentierte Steele, werde das galoppierende Pferd nur in seinen Äußerlichkeiten beschrieben, seiner Gestalt, seinen Formen und seinen Bewegungen. Bei Ijob lasse der Autor die Schönheiten aus dem inneren Wesen des Geschöpfes entstehen; er spreche nicht nur von seiner Mähne, sondern auch von der Kraft seines Halses. Vom Pferd gehe eine besondere Schönheit aus; es »steht nicht still beim Klang des Horns. Sooft das Horn hallt, wiehert es ›hui‹ und wittert den Kampf schon von weitem« (Ijob 39,24f.). Steele brachte die innere Kraft der Beschreibung mit der Inspiration des biblischen Autors in Zusammenhang, der (so glaubte er) die Worte Gottes wiedergab. Wir denken in diesem Zusammenhang vielleicht eher an die Vorstellung von der göttlichen Schöpfung, die das Wesen des Tieres mit Gott verbindet, ein (bei Vergil fehlendes) Geheimnis, auf das der Verfasser des Buches Ijob seine Zuhörer verweist.

In diesen beiden Briefen hilft uns ein literarischer Leser, etwas Wahres über die Bibel zu sehen: wie ein Autor mit verschiedenen stilistischen Mitteln Klagen für einen König und einen Freund verfaßt und mit welchen Mitteln ein anderer Autor die Stärke eines Pferdes deutlich werden läßt (ähnlich werden Tiere in einigen Psalmen dargestellt). Diese Wahrheiten betreffen allerdings die Art, in der diese unbekannten Autoren schreiben, nicht die Wahrheit (oder Fiktion) dessen, was sie uns erzählen, als ob es wirklich passiert sei.

II

Bei den alttestamentlichen Texten fällt es uns verhältnismäßig leicht, sie als Erzählungen zu betrachten, deren Wahrheit in der Erzählweise der Verfasser und nicht in den Ereignissen selbst liegt. Wir stellen einfach fest, daß es in Israel Menschen gab, die dieses oder jenes glaubten (sogar, daß Gott Mose zu töten versuchte, Ex 4,24). Bei sorgfältiger Lektüre kann man verschiedene Wahrheiten über die literarische Technik der Geschichten entdecken, die zum Teil sehr tief reichen. Das Alte Testament ist, aus dieser Perspektive betrachtet, ein Zeugnis dafür, wie gewisse Israeliten manche Dinge sahen (die deswegen nicht wahr zu sein brauchen).

Im Neuen Testament ist die Klassifizierung nicht so leicht. Die meisten Bibelleser kümmert es wenig, daß Gott nicht wirklich gesagt hat, was die Verfasser der Genesis ihm in den Mund legen. Diese Autoren wählten Worte, die der Glaube oder der Erzählfluß ihnen diktierten. Doch an die überlieferten Worte Jesu glauben nach wie vor viele Christen. Diese Worte bilden den Rahmen für ihren Glauben und sogar für ihre Vorstellung des richtigen Verhaltens.[14] Mit der Wahrheit von Ereignissen und Taten dagegen kann man vielleicht etwas flexibler umgehen: Die Christen können mit der Erkenntnis leben, daß ein oder zwei Geschichten fiktiv sind, eine Wandlung vielleicht, ein paar Wunder oder sogar alle Umstände der Geburt Christi. Doch selbst hier wird den als fiktiv erkannten Geschichten nicht zuviel Gewicht zugestanden. Die Christen wollen sich letztlich auf historische Fakten stützen, auf eine wirkliche Kreuzigung und eine wirkliche Auferstehung. Die

Berichte darüber stammen freilich von denselben Aposteln, die auch behaupteten, Jesus sei über das Wasser gegangen oder habe einen Feigenbaum verdorren lassen.

So tritt auch bei einer literarischen Deutung der Evangelien die Frage nach der historischen Wahrheit auf. Aus diesem Grund werde ich mich auf ein Evangelium, das Johannesevangelium, konzentrieren und vor allem zeigen, zu welchen Erkenntnissen die literarische Lektüre der Bibel verhelfen kann. Wie Steele mit seinen Briefen über Ijob und David, so hat auch ein Zweig der literarischen Forschung dazu beigetragen, die Kraft und Originalität bestimmter Passagen der Evangelien herauszuarbeiten: Dabei geht es etwa um Wiederholungen, die manchmal als Mittel eingesetzt werden, etwas zu verdeutlichen: »Richtet nicht, dann werdet auch ihr nicht gerichtet werden. Verurteilt nicht, dann werdet auch ihr nicht verurteilt werden« (Lk 6,37, vgl. mit Mt 7,1–2). Gerne werden zwei Hälften einer Aussage in scharfen Kontrast gestellt: »Denn wer sein Leben retten will, wird es verlieren; wer aber sein Leben um meinetwillen verliert, der wird es retten« (vgl. »Lernt von den Lilien, die auf dem Feld wachsen« und »Sammelt euch nicht Schätze hier auf der Erde«). Manchmal kehrt der zweite Teil einer Rede die Aussage des ersten um: »Ihr habt gehört, was gesagt ist: Du sollst nicht die Ehe brechen. Ich aber sage euch: ...« In anderen Reden werden mehrere Beispiele aufgeführt, die dann mit der ihnen zugrundeliegenden allgemeinen Idee zusammengefaßt werden: »Wenn dich einer auf die rechte Wange schlägt ... und wenn dich einer vor Gericht bringen will ... wenn dich einer zwingen will, eine Meile mit ihm zu gehen ...« Es ist an uns, die Reihe mit ähnlichen Beispielen aus unserem Leben fortzusetzen und dann den Schlußsatz hinzuzufügen: »... den weise nicht ab«.

Die Unterschiede im Stil der Sprache Jesu führen uns zu der Frage, ob alle Reden von derselben Person stammen können: Hören wir Jesus selbst sprechen, oder stammen seine Worte aus der christlichen Tradition oder von den Evangelisten? Die Frage wurde gestellt und für die besonders charakteristischen Worte Jesu, die Gleichnisse in den Evangelien, die viele Menschen als Worte des historischen Jesu verstehen, eindeutig beantwortet: Die Gleichnisse der ersten drei Evangelien sind formal sehr verschieden aufgebaut; dies gilt nicht nur für Gleichnisse, die nur in einem

Evangelium erzählt werden, sondern auch für die, die in allen Evangelien erzählt werden. Im Markusevangelium basieren die Gleichnisse, ähnlich wie die Gleichnisse der Propheten im Alten Testament, auf Beispielen aus der Natur. Ihr Rahmen ist das einfache Dorfleben, Reichtum oder andere Extravaganzen spielen keine Rolle. Es sind keine Geschichten über widersprüchliches Verhalten, sondern Gleichnisse über das Reich Gottes, von denen einige eine allegorische Lesart erlauben (das Gleichnis vom Sämann, das Gleichnis vom Senfkorn). Die Gleichnisse im Matthäusevangelium sind dagegen an reicheren Schauplätzen angesiedelt (»was Geld betrifft, so bewegt sich Matthäus unter Millionären«).[15] Sie stellen Gut und Böse, Weisheit und Torheit einander gegenüber (das Gleichnis vom treuen und vom schlechten Knecht oder vom Haus auf dem Felsen) und erzählen von widersprüchlichem Verhalten: Die Arbeiter, die in der elften Stunde zu arbeiten begonnen haben, bekommen den gleichen Lohn wie diejenigen, die früher begannen; ein Kaufmann verkauft seinen ganzen Besitz, um eine besonders wertvolle Perle zu erstehen. Auch die Gleichnisse im Lukasevangelium enthalten Gegensätze. Während bei Matthäus jedoch stereotype Figuren gegenübergestellt werden, ist »bei Lukas alles lebendig ... in seinen Gleichnissen haben Menschen Namen ... wir können in ihr Herz sehen.« Lukas will, daß wir erkennen, »um wieviel eher« Gott etwas tun würde, das deshalb auch die Menschen tun sollten. Seine Gleichnisse heben einen einfachen moralischen Grundsatz des Glaubens, der Armenhilfe oder der Reue hervor. Anders als Markus und Matthäus vermeidet Lukas Allegorien. Er läßt in seinem Gleichnis vom Sämann einige möglicherweise bedeutungsvolle Details weg, die bei Markus vorkommen, »weil er sich auf die Geschichte konzentriert und deren Bedeutung auch ohne diese Details klar wird«.

Besonders interessant ist, daß die Gleichnisse in jedem Evangelium so gestaltet sind, daß sie zur jeweiligen Lehre passen. »Die Gleichnisse im Matthäusevangelium betonen die Lehre von der Hölle und den Engeln, die bei Markus kaum vorkommt.« In den Gleichnissen des Lukasevangeliums spielt die Hölle eine weniger wichtige Rolle, dafür werden Themen wie Gebet, Treue oder die Gefahren des Geldes hervorgehoben. Auf jeden Fall haben die Evangelisten die Kernaussagen, die sie vermittelt bekamen, individuell bearbeitet. Die wichtigsten Gleichnisse liegen uns wie der Bericht vom Prozeß Jesu in verschiedenen, jeweils kohärenten Fassungen vor. Von keiner Fassung kann daher gesagt werden, sie gebe genau die Worte Jesu wieder.

Die Untersuchung der literarischen Gestaltung liefert hier Ergebnisse, die für die Beurteilung des Wahrheitsgehaltes der Bibel relevant sind. Es tritt jedoch eine weitere Komplikation auf: Die angesprochenen Gleichnisse, die Bergpredigt und die moralischen Reden finden sich in den synoptischen Evangelien, zum Teil sogar in allen dreien. Es liegt uns aber noch ein viertes Evangelium vor, das einen anderen Ton anschlägt. Jesus spricht dort in langen Monologen und macht keinen Hehl aus seinem Status als Sohn Gottes. Er gibt das Gebot »Liebt einander!« aus, redet jedoch nicht über die Ehe und das Verhältnis zwischen den Geschlechtern. Auch die Armen und die Sünder werden nicht besonders erwähnt. Das Wort »Apostel« kommt nicht vor, und nur zweimal wird Bezug auf das Reich Gottes genommen. Vor kurzem bemerkte ein Bibelwissenschaftler sogar, wenn das Johannesevangelium nicht in die Bibel aufgenommen worden wäre und uns heute erstmals vorgelegt würde, erschiene es uns »außerordentlich seltsam und geradezu häretisch«. Doch wir haben gesehen, wie in sich stimmig und überzeugend der Verfasser über die Verhaftung Jesu berichtet, und ich habe dargelegt, daß das Evangelium meiner Meinung nach auf einer Primärquelle beruht, auf dem Augenzeugenbericht des Jüngers, den Jesus liebte. Eine Frage muß jedoch noch untersucht werden: Kommt dieses Evangelium der historischen Wahrheit am nächsten? Die Antwort darauf wird klarer, wenn wir das Evangelium als literarisches Werk lesen.

III

Auf den ersten Blick weist das vierte Evangelium widersprüchliche Eigenschaften auf. Es ist um über ein Drittel länger als das Markusevangelium, verwendet jedoch nur drei Viertel der dort benutzten Wörter. Die Themen wiederholen sich, was dem Text Einheitlichkeit verleiht: Verherrlichung, Licht, ewiges Leben, Wahrheit und so weiter. Dieser Stil wurde sogar als »hieratische Monotonie« eines priesterlichen Verfassers gewürdigt.[16] Doch gibt es auch unerwartete Sprünge von Szene zu Szene. In Johannes 14,31 sagt Jesus: »Steht auf, wir wollen weggehen von hier«, führt dann aber noch einen sich über drei Kapitel erstreckenden Monolog, bis er wirklich geht. Auch Kapitel 5 und 6 wären weniger schwierig zu verstehen, wenn man die Szenenabfolge umstellen würde. Außerdem gibt es begründeten Anlaß, die Kohärenz der Geschichte von der Auferweckung des Lazarus, die nur in diesem Evangelium vorkommt, zu hinterfragen. Vers 11,47 könnte direkt an Vers 10,42 anschließen.[17] In den anderen drei Evangelien wird an dieser Stelle die Tempelreinigung beschrieben. Sie steht im vierten Evangelium herausfordernd am Anfang von Jesu Wirken; dazu wird genau erklärt, daß sich die Jesusworte nicht auf das Tempelgebäude, sondern auf den Körper und den Tod Jesu beziehen.

Einige abrupte Wendungen im Johannesevangelium wären begreiflich, wenn der Text eine turbulente Entstehungsgeschichte hätte. Nichts läßt jedoch darauf schließen; es gibt keine Textvarianten wie bei der Geschichte von David und Goliat und auch keinen Grund, einen späteren Herausgeber ins Spiel zu bringen. Stil und Vokabular des Evangeliums sind bemerkenswert einheitlich, und detaillierte Untersuchungen haben ergeben, daß kein Teil des Textes als Arbeit eines anderen Autors auffällt.[18] Gehen die Ungereimtheiten auf den Verfasser selbst zurück? Der Jünger hatte sicher Zeit, den Text noch einmal zu überdenken und Teile umzuschreiben oder etwa die Kapitel 15 und 16 hinzuzufügen und vielleicht die Tempelreinigung nach vorn, in Kapitel 2,13–22, zu stellen. Auch wenn der Verfasser ein Jünger Jesu war, schrieb er vermutlich erst nach der Entstehung des Markusevangeliums. Er muß schon ziemlich alt gewesen sein, als er die letzten Passagen seiner Arbeit verfaßte. Auch sein Alter wurde zur Erklärung der Unebenheiten herangezogen, als sei das Evangelium von einem Zeitzeugen geschrieben worden, der jahrelang daran feilte, auf Anregungen seiner eigenen Schüler reagierte, den Text immer wieder überarbeitete und schließlich »seine Schreibgewohnheiten änderte, als er älter wurde und einen Schreiber benötigte ... Wie können wir erwarten, die seltsame Arbeit eines frühchristlichen charismatischen Lehrers zu verstehen, der sich über Jahre hinweg mit demselben Thema befaßt hat?«[19] Demnach wäre dieser Held des frühen Christentums wie so mancher Professor gestorben, bevor er seinem Lebenswerk den letzten Schliff geben konnte.

Ein solcher »Professor« ist ein sehr geeigneter Schutzheiliger der modernen Wissenschaft, doch ob er je existiert hat, ist nur eine Vermutung neben vielen anderen, aufgestellt, um den Konflikt zwischen unausgeglichener Struktur und eng beschränkter Themenwahl zu erklären. Man kann aus diesem Gegensatz nicht folgern, daß der Verfasser kein Literat war: Seine Darstellungskraft wurde nicht durch die Kurzschrift eines neuen Schreibers beeinträchtigt. Es gibt viele Beispiele seiner Erzählkunst, darunter die bekannte Beschreibung des letzten Abendmahles, in der Kunst und historisches Zeugnis verschmelzen. Wenn der Verfasser wirklich der von Jesus geliebte Jünger war, saß er an einem bevorzugten Platz neben Jesus; trotzdem unterscheidet sich sein Bericht stark von denen der anderen Evangelien. Die kunstvolle Gestaltung wirft schwierige Fragen zum Realitäts- und Wahrheitsgehalt des Erzählten auf.

In den synoptischen Evangelien ist von einem Passahmahl die Rede, während im Johannesevangelium das Mahl am Tage davor stattfindet (Joh 13,1). Auch das Gespräch verläuft anders: Jesus spricht nicht die Worte des späteren Ritus über das Brot und den Wein, obwohl die ersten Christen Paulus von der Existenz solcher Worte berichteten, noch bevor eines der Evangelien niedergeschrieben war. Statt dessen gibt er das Brot dem Verräter Judas.[20] Als dieser das Mahl verläßt, überlegen die Jünger, ob Jesus ihn wohl beauftragt hat, den Armen etwas zu geben. Judas hatte kurz zuvor in Betanien aufbegehrt, als Maria Jesus die Füße mit kostbarem Öl salbte, und gesagt, man hätte das Öl lieber verkaufen und den Erlös den Armen geben sollen (Joh 12). Der Evangelist bemerkt in diesem Zusammenhang allerdings, daß Judas das Geld in Wirklichkeit für sich wollte. Bisher sind weder die Zeit noch der Ort des Mahls genannt worden. Erst jetzt, als Judas den Raum unter dem Einfluß des Satans verläßt, wird eine Zeitangabe gemacht: »Als Judas den Bissen Brot gegessen hatte, ging er sofort hinaus. Es war aber Nacht.« Der Mann der Dunkelheit geht in die Nacht hinaus, um das Licht der Welt zu verraten, das uns gewarnt hatte: »Es kommt die Nacht« (Joh 9,4). Der Autor war sich genau wie die Verfasser der Genesis oder der Bücher der Könige der Wirkung dramatischer

Zurückhaltung bewußt, die wir auch aus der Dichtung Homers kennen. Homer spricht erst dann von der Wohnstätte des Achilleus, als die Handlung des letzten Buches der *Ilias* es erforderlich macht, und der Verfasser des Johannesevangeliums spricht erst dann von der Nacht, als dies die Bedeutung der Ereignisse verstärkt. An dieser Stelle bietet sich allerdings auch eine symbolische Deutung an. Die Nacht, meinte der große frühchristliche Gelehrte Origenes, symbolisiert die Dunkelheit der Seele des Judas.[21] Die Zurückhaltung bei Homer oder in den Büchern der Könige ist weniger symbolträchtig.

Auch nach dem Weggang des Judas behält der Verfasser die Fäden der Erzählung fest in der Hand. Jesus kommentiert das Geschehen mit den Worten: »Jetzt ist der Menschensohn verherrlicht, und Gott ist in ihm verherrlicht.« Die »Verherrlichung« ist ein Schlüsselbegriff des Evangeliums.[22] Im Johannesevangelium kommt Jesus mit seinem Vater aus der Herrlichkeit, stirbt einen schrecklichen Tod, wird dann aber, so die rührende Überzeugung seines geliebten Jüngers, durch ihn verherrlicht. Hier sind die Tempora der Verben zu beachten: Die in der Stunde des Verrates erlebte Verherrlichung wird im griechischen Text mit einer Form der abgeschlossenen Vergangenheit beschrieben (Aorist), die von der Kreuzigung und deren Folgen zu erwartende im Futur.

All dies unterscheidet sich deutlich von dem, was im Lukasevangelium über das letzte Abendmahl berichtet wird. Dort spricht Jesus von einem neuen Reich, die Jünger mißverstehen ihn, und schließlich stellt sich heraus, daß es kein Reich der Schwerter und Kriege sein wird. Im Johannesevangelium hingegen verspricht Jesus kein neues Reich, sondern gibt ein neues Gebot, das im Gegensatz zur Vorstellung vom Reich Gottes nicht politisch mißverstanden werden kann. Es ist das Gebot, einander zu lieben. »Ihr werdet mich suchen, und was ich den Juden gesagt habe, sage ich jetzt auch euch« (obwohl sie doch auch Juden sind): »Wohin ich gehe, dorthin könnt ihr nicht gelangen.« Petrus fragt ihn daraufhin: »Herr, wohin willst du gehen?« und »Herr, warum kann ich dir jetzt nicht folgen? Mein Leben will ich für dich hingeben« (Joh 13,31–37). Im Lukasevangelium spricht Jesus zuerst mit Petrus und warnt ihn vor dem Verlangen des Satans (Lk 22,31–34). Im Johannesevangelium wird die Ironie noch zurückgehalten. Wir wissen, daß Jesus für Petrus sterben wird. Erst im letzten Kapitel des Evangeliums, das später hinzugefügt wurde, finden wir einen Hinweis darauf, daß auch Petrus als Märtyrer sterben wird. Jesus beendet den Dialog mit Petrus mit der ironischen Bemerkung: »Du willst für mich dein Leben hingeben? Amen, amen, das sage ich dir: Noch bevor der Hahn kräht, wirst du mich dreimal verleugnen.«

Die Ironie des Johannesevangeliums ist schärfer, der Weggang des Judas dramatischer, wenn auch nicht überraschend, da Jesus die ganze Zeit über wußte, wer ihn verraten würde. Das Thema »Verherrlichung« zieht sich durch die Erzählung wie ein roter Faden; Liebe, nicht das Reich Gottes, ist die wichtigste Botschaft. Vielleicht wurde hier etwas, das zu einer weltlichen Deutung hätte verführen können, aus dem Zentrum des Evangeliums verdrängt. Im Johannesevangelium spricht Jesus nur einmal zu Nikodemus (Joh 3,5) und einmal in der Antwort auf die präzise Frage des Pilatus (Joh 18,36) explizit vom »Reich Gottes« bzw. vom »Königtum«. Wenn der Jünger, den Jesus liebte, der Verfasser des Evangeliums ist, war er Zeuge des letzten Abendmahles; er berichtet mit einzigartiger Kunstfertigkeit davon. Er verbindet die Szene mit seiner persönlichen Vorstellung von der Bedeutung des Auftrages Jesu (die Theologie der Verherrlichung usw.). Sie wird mit derselben lakonischen Ironie und dem Spiel von Frage und Antwort wiedergegeben, die wir und vielleicht auch der Evangelist als Stil des Alten Testaments ausgemacht haben.

Wie weit können wir bei einem solchen Text mit der Suche nach tieferen Bedeutungen gehen? Die frühen Christen sahen sich mit dieser schwierigen Frage konfrontiert, wenn sie über die Hochzeit in Kana nachdachten, auf der Jesus Wasser in Wein verwandelt hatte (Joh 2). Die Geschichte ist sicher keine Allegorie: Es wird ganz offensichtlich berichtet, was wirklich geschah. Bei einer genaueren Lektüre lassen sich jedoch an die dreißig Beziehungen zwischen dieser Geschichte und dem übrigen Evangelium sowie allgemein christlichen Vorstellungen ausmachen.[23] Sind sie alle stichhaltig, so ist die Erzählung ein stilistisches Meisterwerk. Sind Jesu Worte in Kana zu seiner Mutter (»Meine Stunde ist noch nicht gekommen«) eine verschleierte Anspielung auf die messianische Stunde des »wahren Weinstocks« und die Stunde der christlichen Eucharistie, die nach seinem Tode anbrechen wird? Handelt es sich nur um ein lebensechtes, ironisches Detail, wenn der »Verantwortliche« dem Bräutigam vorhält, er habe entgegen dem Brauch den guten Wein bis zuletzt zurückgehalten? Oder handelt es sich um eine Allegorie? Denn bringt nicht Christus zuletzt den Wein als Gegensatz zum Wasser in den Krügen der Juden, das für die Reinigung nach dem alten Gesetz verwendet wurde? Das Wunder mag trivial erscheinen, da es offenbar nur zum Spaß bei einer Feier im Haus reicher Leute (es waren Diener anwesend) vollbracht wurde – doch hätte dieser Kontext allein genügt, die Erinnerung daran wachzuhalten? Die Hochzeit könnte wie der Wein ein Symbol der Freude sein, die Christus seinen Anhängern brachte. Der Verfasser gibt keinerlei Hilfestellung, wie der Text zu interpretieren ist. Lesen wir vielleicht zu viel hinein? Hat der Autor die Bedeutung offengelassen und die Geschichte einfach erzählt, weil es die erste war, von der er wußte? Vielleicht erinnerte er sich gar nicht mehr so genau daran, was Jesus damals gesagt hatte, und erzählte die Geschichte so, daß die kunstvolle Art der Darstellung, »wie es gewesen sein muß«, dem Leser möglichst viele Assoziationsmöglichkeiten eröffnete?

Gestehen wir der künstlerischen Gestaltung einen so großen Raum zu, drängen die Ergebnisse der literarischen Analyse die historische Wahrheit zur Seite. Fakten und literarische Kunst vermischen sich in jedem historiographischen Werk, wie langweilig es auch sein mag. Bei den Evangelien ist diese Mischung vergleichsweise ausgeprägt, da sie im nachhinein verfaßt wurden, um eine religiöse Wahrheit darzustellen. Wir wissen aber auch, daß es dem Autor ausdrücklich um die Wahrheit ging. Immer wieder verwendet er das Wort »Wahrheit«, nicht nur, wenn es um die Religion geht. Er legt in seinem Buch Wert auf direkte Zeugnisse und gibt in zwei Fällen seine Quellen an, was für biblische Texte einmalig ist. Johannes der Täufer zeugt mit seinen eigenen Worten für Jesus (Joh 1,19); in den anderen Evangelien wird an der entsprechenden Stelle der Erzählmodus gewählt. Und von dem Augenzeugen bei der Abnahme Jesu vom Kreuz, der sieht, daß Blut und Wasser aus seiner Seite fließen, heißt es: »Und der, der es gesehen hat, hat es bezeugt, und sein Zeugnis ist wahr. Und er weiß, daß er Wahres berichtet, damit auch ihr glaubt« (Joh 19,35).

Viele Leser schließen daraus, daß der Zeuge der Autor selbst war, doch ist dies nicht notwendigerweise der Fall. Wenn wir nur nach verborgenen Bedeutungen und einem dichten Symbolgeflecht suchen, übersehen wir leicht den direkten Zusammenhang von Wahrheit und Zeugnis. In diesem Fall kennen wir sogar ausnahmsweise das Ziel des Verfassers; er selbst gibt es an: »Diese (Zeichen) aber sind aufgeschrieben, damit ihr glaubt, daß Jesus der Messias ist, der Sohn Gottes, und damit ihr durch den Glauben das Leben habt in seinem Namen« (Joh 20,31).

Mit einem solchen Ziel sind tiefsinniger Symbolismus und eine weite Spanne von Bedeutungen durchaus vereinbar, sie können jedoch nicht an erster Stelle stehen, denn sonst könnten nur besonders scharfsinnige Leser zum vollen Glauben gelangen, und nur sie hätten »das Leben in seinem Namen«. Wer nur die literarische Form untersucht, läuft Gefahr, den Bericht- und Zeugnischarakter des Textes zu vernachlässigen und sich zu stark von den ins Auge fallenden Strukturen beeindrucken zu lassen. »Jesus geht dreimal nach Galiläa, und es werden drei Passahfeste erwähnt sowie drei weitere jüdische Feste. Johannes der Täufer tritt dreimal als Zeuge auf; Jesus spricht dreimal vom Kreuz und erscheint nach der Auferstehung dreimal.«[24] Als Grund für diese Angaben wird die Vertrautheit des Verfassers mit den »liturgischen Bräuchen im jüdischen Gottesdienst« vermutet, hinter der die Realität zurücktrete. »Der geschickte Aufbau, die mehr oder weniger verdeckte Beziehung der Teile untereinander, die wir in guten Romanen bewundern, haben ihre Wurzeln, ohne daß man es bewußt wahrnimmt, zu einem guten Teil in der alten liturgischen Praxis. Man könnte Johannes deshalb einen ›Proto-Romancier‹ nennen.«[25] Doch werden die Feste auch deswegen genannt, weil Jesus wie viele andere Pilger, von denen wir aus den Werken des Josephus wissen, an ihnen teilnahm. Es waren drei Passahfeste, weil es um die Zeit von 34 bis 36 n. Chr. geht. Ein wiederholtes Auftreten der Zahl Drei ist an sich noch nicht bedeutsam: Dazu wäre ein weiterer Hinweis nötig, etwa auf die alte Vorstellung, der zufolge die dreieinhalb Jahre, die im Evangelium beschrieben werden, eine Anspielung auf die »eine Zeit und zwei Zeiten und eine halbe Zeit« der bekannten Vision im Buch Daniel waren. Ein solcher Verweis ließe sich mit historischen Fakten durchaus vereinbaren, aber warum hätte sich der Verfasser so rätselhaft ausdrücken sollen? Im Fall des Johannesevangeliums können wir einen biblischen Text auch aus der Sicht der angesprochenen Leser lesen: Der Verfasser richtet sich eigener Aussage zufolge an Christen beziehungsweise künftige Christen (»damit ihr glaubt«). Viele Theologen sind der Meinung, daß er für eine eigene kleine Gemeinde schrieb; die Annahme beruht jedoch zu stark auf der Schlußbemerkung zum letzten Kapitel (Joh 21,24), die gar nicht vom Evangelisten selbst stammt, sondern von einem späteren Autor. »Wir wissen, daß sein Zeugnis wahr ist«, steht darin, doch muß der Verfasser der Zeilen nicht notwendigerweise ein Schüler oder Jünger gewesen sein, der sich an die Gemeinde des Evangelisten wandte. Überhaupt stellt man sich den Verfasser allzuleicht als einen Lehrer vor (der 1. Brief des Johannes, der ihm zugeschrieben wird, suggeriert uns das). Das »wir« der Schlußbemerkung könnte sich auch ganz allgemein auf eine christliche Zuhörerschaft beziehen, die auf informelle Art von einem Vorleser des Evangeliums angesprochen wird. Im Evangelium selbst finden sich praktisch keine Hinweise auf eine Gemeinde. Jesus trifft einzelne Menschen wie Nikodemus oder eine samaritische Frau. In Kapitel 6 wird fast sicher die Eucharistie mit Brot und Wein vorausgesetzt, doch wird sie beim letzten Abendmahl nicht als Brauch der zukünftigen Gemeinde eingeführt. Jesus führt vielmehr eine Fußwaschung durch, bei der er als Herr und Diener zugleich auftritt. Diese persönliche Geste trägt er seinen Jüngern zur Nachahmung auf. Bis weit ins Mittelalter galt es als christliche gute Tat, den Armen die Füße zu waschen.

Der Evangelist kann also durchaus für einzelne Christen geschrieben haben, es muß keine Gemeinde mit eigenen Sitten und Bräuchen gegeben haben. Das Buch muß zu jedem von uns sprechen, »damit wir glauben«. Um dieses Ziel zu verwirklichen, stand dem Verfasser das Privileg der Historiker zur Verfügung: die nachträgliche Einsicht. In manchen Fällen geht sie vielleicht auf etwas zurück, das Jesus selbst gesagt hat, doch war es immer der Verfasser, der die Schwerpunkte setzte. Er betrachtet die Juden mit dieser nachträglichen Einsicht von einem Ort außerhalb Judäas. Vor einem christlichen Hintergrund beschreibt er, wie Jesus wichtige Themen der jüdischen Frömmigkeit und der jüdischen

Heiligen Schrift aufgreift. Denn im Johannesevangelium führt Jesus keinen Kampf gegen das jüdische Gesetz: Er ist vielmehr die Krönung des jüdischen Glaubens.[26] Auswahl, Anordnung und Präsentation des Materials erlauben uns noch heute, im neuen christlichen Zeitalter, diese entscheidende Beziehung zu erfassen.

Siebenmal sagt Jesus im Johannesevangelium zu seinen Zuhörern »Ich bin …«, und jedesmal kommt seiner Aussage vor dem Hintergrund jüdischer Hoffnungen für Israel besondere Bedeutung zu. »Ich bin der wahre Weinstock …«: Auch Israel wurde so genannt (Jes 5,7ff. [Weinberg]; Ez 15); das Bild verweist zudem auf das messianische Zeitalter. Auch Israel erlebte eine Auferstehung (Ez 37, die Vision vom Tal der verdorrten Gebeine). Die Psalmisten sprachen von einem Licht, das die Nichtjuden erleuchtete, und stimmten mit den Propheten darin überein, daß der Herr ihr Hirte sei: Beim Auszug aus Ägypten hatte Israel von Brot vom Himmel und Wasser aus einem Felsen gelebt. Brot und lebendiges Wasser, Licht und Leben, die Auferstehung, der »wahre Weinstock«: Diese Begriffe werden im Johannesevangelium als Metaphern für Jesus verwendet; er ist außerdem die Tür, der Weg und die Wahrheit. Damit wird eine Verbindung zum Alten Testament hergestellt (Jesus ist das wahre Brot, der wahre Weinstock). Andere Aussprüche zeigen, daß er jüdische Bräuche aufgreift. Der Leib Jesu, so der Evangelist, ist nämlich der neue Tempel; Jesus ist das neue Brot des Lebens, das neue lebendige Wasser beim Laubhüttenfest (bei dem Wasser eine wichtige Rolle spielt); er ist laut Johannes dem Täufer auch das neue Lamm Gottes (Joh 1,36) und damit das neue Lamm für das Passahfest, das direkt nach Jesu Tod gefeiert wird. Die Geschichte und die Reden Jesu ziehen also eine Verbindungslinie zwischen ihm und den Christen auf der einen und der Frömmigkeit der Juden auf der anderen Seite, obwohl die Juden sich gegen ihn stellen.

Vielleicht verwendete auch der historische Jesus einige oder sogar alle diese Bilder, auch wenn sie in den anderen Evangelien nicht in ähnlicher Form vorkommen. Allerdings sagte er sicher nicht nur die bei Johannes verwendeten Worte zur dort angegebenen Zeit; wir müssen berücksichtigen, daß der Autor sein Thema im nachhinein aus seinem Verständnis heraus einheitlich dargestellt hat. Seine Bildersprache ist nicht »mehr oder weniger okkult«, wie einige Literaturwissenschaftler meinten, so als könnte nur ein Wissenschaftler mit seinem durchdringenden Seherblick oder eine spezielle christliche Sekte sie verstehen. Sie ist vielmehr bemerkenswert eindringlich und scharf umrissen, insbesondere, wenn es um Wunder geht. Das erste Zeichen Jesu in Galiläa ist ein Wunder mit Wein und Wasser; beim zweiten geht es um das Leben, beim dritten um Brot; das letzte Zeichen (im Nachtrag) ist ein Wunder mit dem christlichen Symbol des Fisches. Keine Erzählung im Alten Testament, geschweige denn in der heidnischen griechischen Welt, ist so dicht um ein Geflecht zusammengehöriger Themen gewoben. Licht und Dunkelheit, Wein und Wasser, Wahrheit, Brot und das ewige Leben tauchen immer wieder in Reden und Taten auf. Die einen verstehen, was gemeint ist, die anderen (etwa die Söhne der Finsternis) nicht: Die Themen haben für die Hörer des Evangeliums eine besondere Bedeutung, da sie in einem neuen christlichen Kontext leben. Der Rückblick ermöglicht ihnen eine tiefere Einsicht, und der Autor nutzt diesen Abstand auf erstaunliche Weise, um die Wahrheit zu verdeutlichen.

Teilweise verwendet er dazu Zitate aus dem Alten Testament.[27] Was geschah, mußte laut diesen Zitaten geschehen, und auf den ersten Blick mag es uns so erscheinen, als stelle Jesus selbst diese Verbindungen her. Der Evangelist läßt Jesus Worte aus der Heiligen Schrift zitieren, um die Weissagung seines Verrats (Joh 13,18) sowie seiner Verhaftung und seines Todes (Joh 15,25) zu untermauern. Er berichtet, Jesus habe den Jüngern gesagt, sie sollten die Heilige Schrift lesen, um etwas über ihn zu erfahren. Hat Jesus selbst in der Zeit seines Wirkens auf die Stellen des Alten Testament verwiesen, die im Johannesevangelium genannt werden, oder sind sie das Ergebnis von Nachforschungen des Verfassers (und anderer Christen)? Eine Antwort ist schwierig, doch an manchen Stellen ist es offensichtlich, daß der Autor sein Wissen einbringt. Im Bericht über die Hinrichtung lesen wir: »Danach, als Jesus wußte, daß nun alles vollbracht war, sagte er, damit sich die Schrift erfüllte: Mich dürstet.« Hier ist es ganz sicher der Autor, der Jesus den Wunsch zuschreibt, die Schrift zu erfüllen. Denn woher hätte er wissen sollen, was Jesus in diesem Moment dachte?

Es wird auch gesagt, daß die Jünger erst viel später durch das

Wort der Schrift erkannten, was die Worte Jesu bei der Tempelreinigung bedeuteten (Joh 2,22). An dieser Stelle wird die nachträgliche Einsicht offensichtlich, die angesprochene Bibelstelle wird nicht einmal zitiert, sondern es sieht aus, als sei sie der angesprochenen Zuhörerschaft bekannt gewesen. In Johannes 12,37 ff. kommentiert der Autor das Geschehen. Hier zitiert er das Alte Testament, um die Wahrhaftigkeit seines Evangeliums zu belegen: Mit zwei Zitaten aus Jesaja rundet er seinen Bericht über die rätselhaften Zeichen Jesu ab. Ein Zitat stammt aus der großen Verheißung vom leidenden Gottesknecht, das andere aus Jesajas Vision, in der er (nach der griechischen Übersetzung) die Herrlichkeit Gottes im Himmel sah. Die beiden Prophezeiungen stehen im Johannesevangelium unmittelbar vor der Beschreibung des letzten Passahfestes Jesu. Sie verbinden zwei Auslegungen des Autors, daß Jesus durch seinen leidvollen Tod erhöht werde. Die Interpretation ist stimmig: Als einige Nichtjuden in Jerusalem zu Jesus kommen wollen, sagt er: »Die Stunde ist gekommen, daß der Menschensohn verherrlicht wird« (Joh 12,23). Die Stunde der Verherrlichung tritt mit dem Verrat ein (Joh 13,31). Darauf folgt die christliche Mission, allerdings erst nach der Verherrlichung seines Todes. Die Anspielungen auf das Alte Testament legen uns diese Interpretation nahe.

Mittels solcher intertextueller Bezüge vertiefte der Autor die Aussage seines Textes und beugte Zweifeln vor. Er war es, der das Wissen ausgewogen verteilte. Von Jesus wird gesagt, er sei ein Wissender, ebenso wie die Heilige Schrift wissend ist. Der Autor und auch wir sind dank des versprochenen Beistandes durch den Heiligen Geist Wissende. Der Verfasser war sich im klaren darüber, daß sich durch die veränderte historische Perspektive auch die Haltung der Menschen änderte: Zu Lebzeiten Jesu konnten die Menschen nicht verstehen, was vor sich ging, wir aber verstehen jetzt und haben den Heiligen Geist als Beistand. Die schwerverständlichen Worte über Brot und Wein sind für Christen, die die Eucharistie kennen, nicht mehr rätselhaft. Im Gegensatz zu den Teilnehmern am letzten Abendmahl kennen die Leser des Evangeliums das Paradox des ewigen Lebens und die Vorstellung einer christlichen Herde und ihres Hirten. Schon vom Prolog an ist deutlich, daß es einen Erzähler gibt, der weiß, wie die Geschichte ausgehen wird. Wir alle wissen es, und dies eröffnet dem

Verfasser die Möglichkeit, die Widersprüche zwischen Schein und Sein zur Verdeutlichung der Wahrheit zu nutzen.

Auch im Lukasevangelium wird der wahre Glaube mit Hilfe von Mißverständnissen verdeutlicht, die den im Text auftretenden Personen unterlaufen. Im Johannesevangelium sind die Mißverständnisse jedoch weitreichender und dienen als Stichworte, an denen wichtige Informationen aufgehängt werden.[28] Petrus, der nicht versteht, warum er Jesus nicht dorthin folgen kann, wohin dieser jetzt geht, erfährt, er werde jetzt noch nicht sterben, sondern zuerst seinen Herrn dreimal verleugnen. Nikodemus kann den Vorgang der geistigen Wiedergeburt nicht begreifen; aber wenn er nicht einmal das begreift, was soll er erst denken, »wenn ich zu euch über himmlische Dinge spreche?« (Joh 3,12). Wir erfahren die Wahrheit nicht nur durch die Antworten Jesu auf die Fragen der Menschen. Schließlich hätte Jesus viel mehr sagen können, denn er überblickt alles im Himmel und auf Erden vollständig. Trotzdem bleiben viele Mißverständnisse ungeklärt. Die Juden fragen ahnungslos: »Wohin will er denn gehen, daß wir ihn nicht mehr finden können? Will er in die Diaspora zu den Griechen gehen und die Griechen lehren?« (Joh 7,35). Und Pilatus fragt: »Was ist Wahrheit?« (Joh 18,38). Keine der Fragen wird beantwortet, doch die christlichen Leser kennen die Antwort.

Jesus dagegen verfügt über ein Vorauswissen, das über die Voraussage bloßer Ereignisse hinausgeht. Er kennt seine Jünger, schon bevor sie sich ihm angeschlossen haben. Schon vor seinem ersten Zeichen weiß er, daß eine Stunde für ihn bestimmt, aber noch nicht gekommen ist. Er kennt das verwickelte Privatleben einer samaritischen Frau, bevor sie ihm davon erzählt. Er weiß, daß er ein Zeichen mit Brot und Fischen vollbringen muß, und als er Philippus fragt, wo sie Brot kaufen sollen, ist es nur, »um ihn auf die Probe zu stellen« (Joh 6,5 f.). Er weiß, daß er sterben muß, daß es Juden gibt, die ihm nicht glauben können, daß Judas ihn verraten und daß Gott dadurch verherrlicht werden wird. Durch seine Zeichen bringt er viele Menschen dazu, an ihn zu glauben, doch bleibt er von ihnen getrennt: Er »brauchte von keinem Zeugnis über den Menschen; denn er wußte, was im Menschen ist«. Vielleicht war es wirklich so, und Jesus ließ wie andere große geistige Väter des Christentums die anderen spüren, daß er sie besser kannte als sie sich selbst. Der Evangelist gibt jedoch vor, Einblick in die geheimsten Gedankengänge Jesu zu haben, was unmöglich ist. So führt er uns durch die ersten sechs Kapitel. Wenn Jesus so viel wußte, was sich als wahr erwies, sollten wir dann nicht einfach auch das übrige glauben, gleich den Samaritern, die durch den Bericht der Frau zum Glauben gelangten (Joh 4,39)? Muß er, wenn er doch richtig vorhersagte, daß er am dritten Tag auferstehen werde, nicht auch gewußt haben, daß er der Sohn des Vaters im Himmel ist, daß die Stunde des Richtens kommen wird? (Ist sie denn gekommen?) Wir müssen danach streben, seine Freunde, nicht seine Knechte zu sein (Joh 15,15), doch bedeutet Freundschaft mit ihm zugleich Ergebenheit: »Ihr seid meine Freunde, wenn ihr tut, was ich euch auftrage.«

Auch im Johannesevangelium sind wir einem Verfasser ausgeliefert, der das, was er uns erzählt, ausgewählt und gestaltet hat. Sein Jesus ist ein Wissender, und auch wir teilen mit dem Verfasser ein Wissen, daß den Menschen, die im Text vorkommen, verborgen war. Die ungleiche Verteilung von Voraussicht und späterer Einsicht schafft wie in den alttestamentlichen Schriften von Abraham bis Ester Raum für Ironie. Es ist keine skeptische Ironie denen gegenüber, die zu wissen glauben, was sie nicht wissen können. Es ist eine Ironie, die uns alle, die Gemeinschaft der »Wissenden«, einschließt und unser Wissen noch verstärkt, indem sie uns die anderen vorführt, die nicht wissen oder unfähig sind, zu glauben.[29] Am schärfsten ist diese Ironie natürlich gegenüber Juden, obwohl auch von ihnen gesagt wird, sie seien gespalten. Der allwissende Autor erzählt uns sogar, was sie untereinander sprechen: »Noch nie hat ein Mensch so gesprochen.« Diejenigen, die im Irrtum bleiben, werden durch Uneinigkeit und Ungewißheiten isoliert.

Wir erfahren rückblickend, daß Sehen nicht notwendigerweise mit Glauben gleichzusetzen ist, so wie auch nicht jeder, der Jesus hörte, ihn wirklich verstand.[30] Im Johannesevangelium widerstrebt es Jesus (im Gegensatz zum Markusevangelium) nicht, Wunder zu vollbringen – Zeichen, die die Menge davon überzeugen, daß er über übernatürliche Kräfte verfügt oder daß er ein neuer Prophet oder gar der Messias ist. Wir betrachten alles aus der wissenden Rückschau, während dem »Mann, der seit seiner

Geburt blind war«, ein Zeichen zuteil wird und er allmählich anhand von Fragen, die ihm die Juden und schließlich Jesus selbst stellen, dazu gebracht wird, Jesus als Gottes Sohn zu erkennen (Joh 9). Andere vermeinen zu sehen, aber die Einsicht wird ihnen verweigert. Ob man glauben kann, so wird uns gezeigt, ist nicht vorhersagbar, auch wenn man mit der Wahrheit konfrontiert wird. Wir brauchen uns den vorliegenden Text über die Wahrheit auch nicht hart erarbeiten: Der Verfasser geht davon aus, daß wir vom Heiligen Geist erfaßt sind und die Ereignisse besser kennen, daß wir also die Wahrheit schon wissen. Zur Zeit der Mission Jesu in den Jahren 34 bis 36 war das anders. In einem komplexen Wortspiel mit dem Begriff des Sehens sagt Jesus nach der Heilung des Blindgeborenen zu den Pharisäern: »Um zu richten, bin ich in diese Welt gekommen: damit die Blinden sehend und die Sehenden blind werden« (Joh 9,39 ff.). Der Blindgeborene sieht jetzt, und er »sieht« die Wahrheit, die Pharisäer hingegen, die zu sehen glauben, bleiben blind durch ihre Sünde.

In den griechischen Tragödien des Sophokles, die etwa fünfhundert Jahre älter sind als das Johannesevangelium, wurde eben dieser Kontrast von Sehvermögen und Einsicht schon für die Bühne genutzt. Der geblendete Ajax konnte die Göttin Athene nicht sehen und war blind für die Frevelhaftigkeit seines Tuns. Die Zuschauer verfügten ebenso wie die Leser des Evangeliums über ein größeres Wissen, und wie im Evangelium spielte auch im Drama die Ironie eine große Rolle. In der Tragödie wurden allerdings die, denen es nicht gelang zu sehen, nicht verdammt. Sie wurden nicht aufgefordert zu glauben und nicht von jemandem erwählt, der die Wahrheit auslegte.

Der Evangelist schrieb sein Drama um Wissen und Verantwortung jedoch nicht nach literarischen Vorlagen der griechischen Literatur. Vielmehr war auch dieses Thema schon im Alten Testament zu finden. Dort spielt die Verbindung von Wissen, Sünde und Vergebung von Abraham bis hin zum Buch Ijob eine wichtige Rolle. Im vierten Evangelium kam ein neuer Aspekt hinzu: Die nicht sehen können, werden als Söhne des Teufels bezeichnet (die Juden in Joh 8,44; Judas in Joh 6,70).

Der Glaube stellte sich jedoch nicht automatisch ein, er war nicht die einzige mögliche Reaktion auf das Wirken Jesu. Eine

Zeitlang, so wird uns erzählt, hatten sogar die Jünger nicht den vollen Glauben, und selbst später reichte ihre Einsicht nicht an das heran, was wir jetzt wissen. Ihr Wissen wird mit Hilfe von Wiederholungen und halbgeklärten Mißverständnissen langsam aufgebaut, bis Jesus schließlich beim Abendmahl nicht mehr in Gleichnissen spricht, sondern seinen auserwählten Freunden all das erklärt, was christliche Leser schon erfaßt haben sollten. Die Jünger lassen sich überzeugen: »Jetzt wissen wir, daß du alles weißt und von niemand gefragt zu werden brauchst. Darum glauben wir, daß du von Gott gekommen bist.« Jesus kennt die Menschen jedoch und erwidert sogleich mit scharfer Ironie: »Glaubt ihr jetzt? Die Stunde kommt, und sie ist schon da, in der ihr versprengt werdet, jeder in sein Haus, und mich werdet ihr allein lassen ...« (Joh 16,29–32).

Die frühen Christen hoben manchmal die Wunder als die wichtigste Ursache für Bekehrungen heraus. Im Johannesevangelium wird schon eine subtilere Einstellung vertreten. Es gibt da in der Tat diejenigen, die sehen und hören und dann glauben, doch bleibt ihr Glaube eher oberflächlich. Sie sehen in Jesus einen neuen Propheten oder einen der vielen Menschen dieser Zeit, die sich selbst als Messias anpriesen. Um wirklich zu verstehen, müssen sie eine Reihe von Fragen stellen und beantworten und viele Gespräche führen, und selbst dann fehlt ihnen noch die nachträgliche Einsicht, die die Ereignisse und der Heilige Geist uns vermittelt haben. Zur Zeit des Geschehens war es allerdings viel schwieriger zu glauben: Was sollten die Menschen davon halten, wenn Jesus so beharrlich von einer nicht anwesenden Person sprach, dem Vater, von dem er die Wahrheit wußte, den man aber selbst nicht sah und von dem man auf direktem Wege nichts wußte? Das einzige Zeichen war Donner, über dessen Bedeutung sich die Menschen aber nicht einig waren: »Die Menge, die dabeistand und das hörte, sagte: Es hat gedonnert. Andere sagten: Ein Engel hat zu ihm geredet« (Joh 12,29). In den Erzählungen von der Genesis bis zu den Büchern der Könige hatten die Autoren unbefangen niedergeschrieben, was Gott angeblich gesagt oder getan haben sollte. Niemand scheint sich daran gestört zu haben. Gab jedoch ein lebender Lehrer oder Prophet vor, über solches Wissen zu verfügen, brach die Diskussion gewöhnlich in sich zusammen: »Da sagten die Pharisäer zu ihm: Du legst über dich selbst Zeugnis ab; dein Zeugnis ist nicht gültig. Jesus erwiderte ihnen: ... Auch in eurem Gesetz heißt es: Erst das Zeugnis von zwei Menschen ist gültig. Ich bin es, der über mich Zeugnis ablegt, und auch der Vater, der mich gesandt hat, legt über mich Zeugnis ab« (Joh 8,13–18).[31]

Gegen diese »durchdringende Monomanie«[32] hilft kein Argumentieren. Jesus beantwortet die Fragen der Juden immer wieder indirekt. Er geht über das Gefragte hinaus und spricht gleichermaßen zu uns wie zu den Fragestellern, ein Meister der »transzendierenden Nicht-Antwort«, die für uns aus der Rückschau verständlicher ist als für die Fragenden mit ihrer notwendigerweise eingeschränkten Perspektive. Die Methode wirkt jedoch auch auf uns: Wenn Jesus so viel wußte, wie es den Anschein hat, wie können wir dann bezweifeln, daß er auch die Wahrheit über diesen Vater kannte? Kunstvoll nimmt der Sprecher den Zweifel vorweg und schließt ihn aus: »Im Haus meines Vaters gibt es viele Wohnungen. Wenn es nicht so wäre, hätte ich euch dann gesagt ...« »Wenn es nicht so wäre ...« – wir vergessen schon fast, uns das zu fragen.

Vielleicht hat Jesus über alle diese großen Themen gesprochen. Immerhin hat der Jünger, den er liebte, ihn persönlich gekannt und ihm zugehört. Seine Reden können allerdings aus einem einfachen literarischen Grund kaum wörtlich von ihm übernommen sein: Wie Johannes der Täufer oder Nikodemus spricht auch er erkennbar im Stil des Evangeliums.[33] Wie der Autor selbst sagt (Joh 20,30), hat er ausgewählt, worüber er berichten wollte. Eine Untersuchung seiner Erzählkunst hat direkt etwas mit der Wahrheit des Evangeliums zu tun.

Da der Text eine Primärquelle ist, erhalten wir meiner Meinung nach von ihm die genauesten Angaben über Zeitpunkte, Orte und Personen. Wir stoßen immer wieder auf solche Angaben, von den drei Passahfesten zur Zeit des Wirkens Jesu (meiner Auffassung nach von 34 bis 36) über die wiederholte Teilnahme an Festen in Jerusalem bis zur Festnahme und zum Verhör Jesu. Wo immer das Johannesevangelium hinsichtlich dieser Angaben mit den anderen drei Evangelien in Konflikt gerät, sollte man ihm den Vorzug geben. Als Ausnahme könnten Passagen gelten, bei denen der

Verfasser gute Gründe hatte, die Abfolge der Darstellung zu verändern. Dafür kommt nur die Tempelreinigung in Betracht. Es ist ein alter und verlockender Gedanke, daß sie zunächst dort stand, wo wir sie in den anderen drei Evangelien finden, daß dann aber die Auferweckung des Lazarus (von der nur das vierte Evangelium berichtet) dazwischen geschoben und die Tempelreinigung an den Beginn der Laufbahn Jesu gestellt wurde. Sie wurde zudem abgeschwächt und dreht sich bei Johannes weniger um das Tempelgebäude als um die Person Jesu. Für diese Veränderung liegt ein Grund nahe – die Kritik am Tempel war bekanntermaßen ein Grund für die Verhaftung Jesu gewesen. Vielleicht stellte der Evangelist die Geschichte deshalb um, formulierte sie neu und bewältigte den größten Brocken so gleich zu Anfang. Apologeten werden all dies erkennen, es ist allerdings keineswegs bewiesen und nicht mehr als ein Verdacht.

Die übrigen Angaben stimmen meiner Ansicht nach vermutlich, doch kann selbst der Bericht eines Augenzeugen nicht garantieren, daß die Ereignisse genau so stattgefunden haben. Jesus ging sicher früh in der Zeit seines Wirkens nach Kana und zweimal nach Betanien, das bedeutet aber noch nicht, daß er Wasser in Wein verwandelte oder einen Mann vom Tode auferweckte. Auch ein Augenzeuge kann die Wahrheit mißverstehen oder im Laufe der Zeit etwas überinterpretieren oder ausschmücken. Der Verfasser wählt die Ereignisse aus, über die er berichten will, und die Auswahl kann uns ebenso stark beeinflussen wie eine neue Anordnung. Seine besonderen Kunstgriffe, das Spiel mit dem Wissen der Leser, die Ironie und die eng umgrenzten Themen, sind durchgängig feststellbar: In den Reden und Aussprüchen dominieren sie. Einiges hat Jesus vielleicht genau so gesagt, nicht jedoch in genau dieser Reihenfolge. Für die Verfasser des Alten Testaments war ein schöpferischer Gebrauch der Sprache selbstverständlich, und auch die Erinnerung eines von Jesus geliebten Jüngers kann kaum mehr als das Wesentliche liefern. Der Verfasser läßt Jesus eher sagen, was er seiner Überzeugung nach ausdrücken wollte. Dieses »Wissen aus Überzeugung« nahm mit der Zeit und nach langem Nachdenken zu, wobei sich Erinnerung und gutgemeinte Erfindung vermischten. Man spürt jedoch die enge persönliche Vertrautheit. In den anderen drei Evangelien finden wir sekundäres

Wissen, das den Autoren, die ihre Hauptperson nicht persönlich kannten, von anderen vermittelt wurde. Das Johannesevangelium gibt ein Porträt in der Rückschau, entwickelt von einem Mann, der den Porträtierten kannte und sich von ihm geliebt fühlte.

Jahre waren vergangen seit jenem Tag im März des Jahres 36, an dem der Jünger das leere Grab gesehen und betreten hatte. Andere Evangelien waren entstanden und hatten andere Schwerpunkte gesetzt, während er vom Heiligen Geist erleuchtet spürte, daß er die Wahrheit erfahren hatte. Den ergreifendsten aller biblischen Glaubenssätze schrieb er nieder, als er das letzte Abendmahl, an dem er teilgenommen hatte, schilderte: Waren es Jesu eigene Worte, oder war es ein später hinzugefügter Trost für all diejenigen, die wie der Autor persönlich mit ihm befreundet gewesen waren? Die Welt werde sich über seinen Weggang freuen, sagt Jesus, die Jünger hingegen würden bekümmert sein. »Aber euer Kummer wird sich in Freude verwandeln«, genau wie eine Frau bekümmert ist, wenn sie gebären soll, »aber wenn sie das Kind geboren hat, denkt sie nicht mehr an ihre Not über der Freude, daß ein Mensch zur Welt gekommen ist. So seid auch ihr jetzt bekümmert, aber ich werde euch wiedersehen; dann wird euer Herz sich freuen, und niemand nimmt euch eure Freude« (Joh 16,20 f.).

Es gab Christen, die glaubten, der Autor des Evangeliums würde bis zu Jesu Rückkehr leben (in Joh 21,22 – 23 wird so etwas angedeutet). Geht man von den Worten aus, die er Jesus in den Mund legte, teilte der Verfasser diese Überzeugung. Kurz nach dem Tod Jesu nahm die Entwicklung jedoch eine besondere Wendung: Die Christen wurden immer stärker verfolgt, zunächst von den Juden. Im Evangelium findet sich ein Hinweis auf diese Phase: »Sie werden euch aus der Synagoge ausstoßen, ja es kommt die Stunde, in der jeder, der euch tötet, meint, Gott einen heiligen Dienst zu leisten« (Joh 16,2).[34] Vielleicht verfügte Jesus wirklich über eine solche prophetische Weitsicht sogar schon vor seiner Verhaftung und seinem Tod, es ist jedoch unwahrscheinlich. Der Ausspruch entstand wahrscheinlich aus den späteren Erfahrungen der Christen.

In den Johannes zugeschriebenen Briefen begegnet uns eine zweite Phase der Verfolgung, die im Evangelium noch nicht vorausgesehen wird. Insbesondere der erste Brief läßt durchscheinen, daß auf die Christen Druck ausgeübt wurde, sich dem heidnischen Gottesdienst der Nichtjuden anzuschließen. Der Brief endet mit den Worten: »Meine Kinder, hütet euch vor den Götzen« (1 Joh 5,21). Sich auf die Verehrung heidnischer Götzen einzulassen, war in den Zeiten der Christenverfolgung eine verständliche Reaktion. Vor diesem Hintergrund können wir auch die weitere Sorge des Briefschreibers verstehen, daß seine Mitchristen die Bedeutung der Leiden Christi herabsetzten, als seien sie mehr Schein als Wirklichkeit gewesen. Es geht hier um mehr als um dogmatische Auseinandersetzungen eines alten Mannes mit Schülern, die vom Weg des Lichts und der Wahrheit abgewichen waren und »von neuen Ideen von außen beeinflußt wurden, die sie einseitig mit provokanten Thesen ihres Lehrers vermischten«. Zu leugnen, daß Jesus wirklich gelitten hatte, hieß, daß auch die Christen Kompromisse schließen dürften, statt als Märtyrer zu leiden.[35]

Über die Autorschaft dieser Briefe wird schon endlos lange gestritten. Ich sehe keinen Grund, den Evangelisten als den Verfasser des ersten der drei Briefe auszuschließen: Dieser Brief wurde zumindest von jemandem geschrieben, der in vielem der Gedankenwelt des Evangelisten sehr nahestand. Ist Johannes der Verfasser, können wir sehen, wohin die »Kümmernisse und Mühen« der Christen zu seinen Lebzeiten geführt haben. Im Evangelium beschränkt sich seine nachträgliche Einsicht auf die Christen, die aus den Synagogen vertrieben wurden, also auf die erste Phase der Verfolgung; in den Briefen hingegen spricht er die Verfolgung durch die Heiden an, die im Jahre 60 begann. »So seid auch ihr jetzt bekümmert, aber ich werde euch wiedersehen; dann wird euer Herz sich freuen«: Die Kümmernisse nahmen zu, und der Jünger, den Jesus liebte, erlebte die Wiederkunft seines Herrn nicht mehr.

22

Menschliche Wahrheit

I

Wenn wir die Bibel wie eine Sammlung von Erzählungen lesen, ist uns ihre historische Wahrheit nicht wichtig. Lesen wir sie als Literatur, stoßen wir häufig auf literarisch gelungene Stellen, entfernen uns aber von jener Wahrheit, die auf der Übereinstimmung mit Fakten beruht. Wir haben festgestellt, daß das Johannesevangelium nicht die genauen Erinnerungen seines Verfassers wiedergibt, sondern eine stark interpretierte Fassung davon. Doch selbst wenn der Inhalt des Evangeliums historisch falsch oder sogar völlig fiktiv ist, kann es in dem Sinne wahr sein, in dem uns andere große Szenen in fiktiven Erzählungen, etwa Hektors Abschied von seiner Frau in Homers *Ilias* oder der ganz anders geartete Abschied des Fürsten Andrei in Tolstois *Krieg und Frieden* als wahr beeindrucken. Die biblischen Geschichten haben meist einen religiösen Hintergrund, wir müssen jedoch nicht an ihren Gott glauben, um von ihnen gefesselt zu sein. Wir lesen von Menschen, die im Bewußtsein der Gegenwart ihres Gottes lebten und handelten, und wir können uns vorstellen, was in jemandem vorgegangen sein muß, der glaubte, daß Gott manchmal ungerecht sei (wie Abraham vor Sodom) oder daß Gott wirklich seinen Sohn geschickt habe und dieser, wie von den Frauen am Grab bezeugt, von den Toten auferstanden sei. Wer an diesen Gott glaubt, glaubt auch, daß die Autoren mit ihren Geschichten etwas Wahres ausdrücken wollten, selbst wenn die Geschichten selbst nicht wahr sind.

Wir haben es hier nicht mit einer faktischen Wahrheit zu tun, sondern mit einer Vorstellung davon, »wie es hätte sein können«.

Diese wiederum hängt von der realistischen Einschätzung menschlicher Verhaltensweisen ab: daß die Mörder des jüngeren Bruders wie in der Geschichte um Josef von Schuldgefühlen geplagt werden, daß der Diener eines fremden Königs diesen betrügt wie Gehasi und so weiter. Es ist nichts Göttliches oder Mystisches, das diesen Eindruck hervorruft, und die Bibel ist in dieser Hinsicht auch nicht einmalig. Sie spiegelt nichts Göttliches wider, sondern ist ein von Menschenhand geschaffenes Labyrinth von Verfassern, Personen und Schicksalen. Nicht etwas Göttliches spricht durch die Geschichten zu uns, sondern wir sprechen als Menschen darauf an: Es geht um Erkenntnis, nicht um Offenbarung.

Um eine menschliche Wahrheit zu erkennen, ist historische Wahrheit nicht erforderlich, und so öffnet sich hier der Zugang zu den Texten wieder, den einige Ergebnisse meines Buches vielleicht versperrt haben. Die unzähligen namenlosen Autoren der Bibel erschließen uns die Bewußtseinswelt von Menschen einschließlich ihrer Gottesvorstellungen. Diese Erkenntnis ist etwas ganz anderes als die ehrfürchtige Benutzung der Bibel als Handbuch für Lebensfragen, wofür sie sich im konkreten Fall auch nicht besonders gut eignet. Die Evangelien geben selten genaue Verhaltensregeln, und für ein Handbuch weisen sie viel zu viele Lücken auf. Wer genaue Verhaltensregeln sucht, muß auf die alttestamentlichen Bücher über das Gesetz zurückgreifen. Doch auch dabei ergeben sich Probleme, denn für christliche Leser ist es nicht einsichtig, warum die Aussagen dieser alten Bücher noch immer bindend sein sollten. Christen und Nichtchristen müssen sich entweder auf einzelne Regeln oder auf allgemeinere Prinzipien beschränken, um die Texte auf Verhältnisse anzuwenden, für die sie nie gedacht waren, auf den Kapitalismus[1] beispielsweise oder gar auf den Feminismus[2]. Die vielen verschiedenen Texte der Bibel enthalten zu allen wichtigen Themen widersprüchliche Aussagen, angefangen beim Leben nach dem Tode über Polygamie bis hin zum Wert irdischen Reichtums. Außerdem kann ein und dasselbe Gesetzbuch zur Barmherzigkeit den Armen gegenüber auffordern und daneben die Todesstrafe, die öffentliche Steinigung, die Sklaverei und sogar den Völkermord billigen (Dtn 7,1 ff.; 20,16–18). Viele dieser Aussagen können uns heute keine Hilfe für ein moralisch vertretbares Verhalten mehr sein. Wie können wir aber einzelnen Passagen der Bibel, die unserem moralischen Empfinden noch entsprechen, eine übergeordnete Autorität zusprechen, nur weil sie aus der Bibel stammen, während wir zugleich anderen, ebenfalls biblischen Texten diese Autorität absprechen?

Die Vorstellung, die vier Evangelien würden uns die genauen Worte Jesu im richtigen historischen Zusammenhang überliefern, ist eine weitverbreitete Illusion. Dazu enthalten sie viel zu viele Widersprüche. Zudem vermitteln sie ihre moralische Botschaft eher durch die der Erzählung zugrundeliegenden Prinzipien als durch detaillierte Verhaltensregeln. Und wenn doch einmal genaue Angaben gemacht werden, dann sind sie so rigide, daß viele Christen der heutigen Zeit sie ablehnen. In Markus 10,10ff. etwa haben wir die mit Sicherheit älteste erhaltene Version einer Rede über richtiges Verhalten: Jesu kategorische Ablehnung der Scheidung. Schon bei Lukas und Matthäus finden wir eine abgemilderte Fassung. Viele Christen lehnen diese Worte heute als zeitgebunden ab. Damit meinen sie nicht, daß die Rede auf eine Gesellschaft mit anderen Maßstäben zugeschnitten war; Scheidungen waren in der jüdischen Gesellschaft zur Zeit Jesu ebenso üblich wie heute in den meisten westlichen Ländern. Entscheidend ist in ihren Augen vielmehr, daß die Worte in Erwartung eines nahe bevorstehenden Endes der Welt gesprochen wurden.

Zudem leben wir in komplexen politischen Systemen, und die Bibel ist nicht als Ratgeber für Einzelfragen des politischen Lebens konzipiert. Im Alten Testament ist das Königtum ein Zugeständnis an die Sündhaftigkeit des Menschen, das Gott seinem Volk gewährt, obwohl die Menschen eigentlich ohne es auskommen müßten.[3] Demokratie, Revolution und politische Befreiungskämpfe gab es zwar im antiken Griechenland, doch in der Bibel kommen solche Begriffe nicht vor; selbst der Auszug aus Ägypten war weniger ein Befreiungsakt als die Rettung eines Volkes von Dienern durch seinen wahren Herrn, Gott.[4] Die Königreiche, von denen im Neuen Testament die Rede ist, sind vergänglich, es sei denn, sie sind »nicht von dieser Welt«. Bis dahin sollen die Christen »dem Kaiser geben, was dem Kaiser gehört« (Mt 22,21), und sich den irdischen Vertretern von Gottes Zorn unterwerfen. Die Sklaverei gilt als gottgegeben und wird vom Volk Gottes nicht in Frage gestellt. Christliche Sklaven sollten nach Paulus in »dem Stand bleiben, in dem (sie) der

Ruf Gottes getroffen hat« (1 Kor 7,20–24) und ihren »irdischen Herren in allem« gehorchen (Kol 3,22 ff.). Der Gehorsam eines Sklaven seinem Herrn gegenüber wird als religiöse Pflicht aufgefaßt: »Dieser moralische Grundsatz der Bibel war eines der großen Hindernisse, welches die Befürworter der Abschaffung der Sklaverei in den Vereinigten Staaten zu überwinden hatten.«[5] »Die Sklaverei ist von Gott gewollt«, verkündete ein Gegner der Sklavenbefreiung im Jahre 1857.

Wenn wir feststellen, wie etwas damals »hätte sein können«, bedeutet dies nicht, daß es für uns heute genauso sein muß. Wir können etwas erkennen, ohne es gutzuheißen. Erkenntnis ist nicht gleichzusetzen mit interpretierender Vereinnahmung, mit deren Hilfe wir das Gelesene einfach in unsere moderne Vorstellungswelt hineinnehmen. Wir haben alle bestimmte Überzeugungen, aber wir können uns auch andere, abweichende vorstellen. Wir können bei der Lektüre menschliche Züge erkennen, die bei uns anders sind oder die wir zwar auch bei uns feststellen, aber nicht billigen. Im Gegensatz zu den Texten anderer Religionen bestehen große Teile der Bibel aus Erzählungen. Wir werden dadurch mit einer großen Zahl von Menschen konfrontiert, die nicht so sehr als individuelle Charaktere dargestellt werden, sondern meist nur in einer gegebenen Konfliktsituation eine bestimmte Rolle spielen. Die Gleichnisse in den Evangelien, und zwar sowohl die Schilderungen extremer Zwangslagen im Matthäusevangelium wie die moralischen Geschichten im Lukasevangelium, sind in dieser Hinsicht Meisterwerke. Sie ziehen uns durch das Schicksal der Personen und das Geschick des Erzählers in ihren Bann. Auch im Alten Testament fesseln uns die in die Öffentlichkeit getragenen Probleme aus dem Privatleben einzelner Menschen, angefangen bei den polygamen Haushalten der Patriarchen bis zum Ehebruch König Davids und der Geduld Hoseas mit seiner treulosen Frau. Neben den Hauptpersonen treten überall weniger bedeutende Figuren auf, die die Handlung bereichern. Sie sagen und tun nur wenig, aber gerade diese Zurückhaltung regt unsere Vorstellungskraft an und ruft unser Mitgefühl wach. Denn auch wir sind eigentlich unwichtige Personen, nur Leser dieser großartigen Geschichten und unbedeutende Zuschauer bei den historischen Ereignissen unserer Zeit. Wie Zachäus steigen wir vielleicht auf einen Maulbeerfeigenbaum, um das Geschehen besser zu überblicken (Lk 19,4), und wir hören gespannt, wie David Michal zurückfordert und es heißt: »Ihr Mann lief bis nach Bahurim weinend hinter ihr her. Erst als Abner zu ihm sagte: Geh, kehr um!, kehrte er um« (2 Sam 3,16).

II

Wir erkennen in der Bibel also menschliche Wahrheit, auch wenn die Geschichten historisch nicht wahr sind. Bei Lesern und Zuhörern ist das Gefühl der Nähe zu einem Text natürlich je nach persönlicher Einstellung verschieden, aber ich glaube, daß die biblischen Gestalten, Verfasser und Geschichten immer etwas allgemein Menschliches ansprechen werden. Dieses allgemein Menschliche trägt in der Bibel durchaus nicht nur angenehme Züge, vor allem nicht für die weibliche Hälfte der Menschheit. Viele Frauen suchen heute in der Bibel nach anderen, bisher unterdrückten weiblichen Stimmen,[6] doch die biblischen Frauen lebten in einem ganz anderen Umfeld und mit einer ganz anderen Rollenprägung, sie hatten nicht die Möglichkeiten und Kompetenzen, die die meisten jüdischen und christlichen Frauen heutzutage haben. Frauen rücken in der Bibel meistens wegen Untreue oder Schwangerschaft ins Zentrum des Geschehens, letzteres allerdings nur, wenn das Kind, das sie erwarten, ein bedeutender Sohn sein wird. Eine Ausnahme bildet Debora, eine Prophetin und Mutter im Israel des 11. Jahrhunderts v. Chr. Durch ihre Anweisungen gelingt es, Sisera, den Heerführer der feindlichen Kanaaniter, zu erschlagen (Ri 4,17–24). Eine ähnliche Heldentat vollbringt nur noch die fiktive Gestalt Judit (ca. 130–100 v. Chr.). Daneben gibt es findige Dirnen (Rahab oder die erste der beiden Dirnen, für die Salomo ein Urteil fällt) und Witwen, die unter Gottes Schutz stehen. Die israelitischen Erbgesetze waren für Witwen härter als die uns bekannten Gesetze anderer früher Gesellschaften im Nahen Osten, obwohl auch sie Barmherzigkeit besonders für Witwen fordern. Ehefrauen sind häufig einfallsreich (etwa Rahel, Delila, Abigajil oder die Schunemiterin) und wissen das von Männern ersonnene Erbsystem geschickt zu nutzen (Sara, Tamar, Noomi). Sie besitzen allerdings keine Macht: Es gibt keine Priesterinnen und keine Frau unter den zwölf Aposteln Jesu, und die weibliche Befähigung zur christlichen Führerschaft wird in der Bibel zwar erörtert, aber immer negativ beurteilt. »Es gibt nicht mehr Juden und Griechen, nicht Sklaven und Freie, nicht Mann und Frau; denn ihr alle seid ›einer‹ in Christus Jesus« (Gal 3,28). Die Einheit, von der Paulus hier spricht, bedeutete keine Gleichheit: In der Bibel wird zwar deutlich, daß Frauen manchmal einfallsreich sind, aber es fehlt die Vorstellung, daß sie deshalb undurchschaubar wären und daß dieser Charakterzug sogar reizvoll sein könnte. In dieser Hinsicht bildet die Bibel einen scharfen Gegensatz zu Homers *Odyssee,* in der die weiblichen Figuren als unergründliche Wesen gezeichnet werden.

Andere Einschränkungen betreffen einige biblische Geschichten über Kriege und fremde Propheten. Wieder können wir sie mit der griechischen Literatur vergleichen. Im Buch Deuteronomium ist Völkermord eine fromme Tat; Israels brutales Vorgehen gegen einige Nachbarvölker wird ausdrücklich gutgeheißen. Es handelt sich bei diesem Kampf nicht um einen heiligen Krieg, der geführt wird, um Nichtjuden zu Gott zu bekehren. Vielmehr steht Gott zusammen mit Israel im Kampf: »Jahwe kämpfte für Israel, nicht Israel für seinen Gott.«[7] Die griechisch-heidnische Religion dagegen kannte den erbarmungslosen Vernichtungskrieg nicht, obwohl auch die griechischen Krieger glaubten, daß ihnen im Kampf Schutzgötter zur Seite stünden. In der griechischen Literatur schließt ein Krieg nicht unbedingt das Mitgefühl mit dem Feind aus. So stellt etwa der Tragödiendichter Aischylos sieben Jahre nach dem großen Sieg der Griechen gegen die Perser die Niederlage aus der Sicht der Perser dar, die zu Hause bei ihren Frauen geblieben sind. Auch in den griechischen Heldenepen geht es hauptsächlich um den Tod, aber er droht allen Beteiligten. Homer beschreibt die feindlichen Trojaner oft mit ebenso großer Sympathie wie die Griechen. Das Mitleid mit ihrem getöteten Helden Hektor spielt in der *Ilias* eine zentrale Rolle.

Im Debora-Lied des Alten Testaments werden die Auswirkungen der Niederlage auf die weiblichen Familienmitglieder des Sisera geschildert. Die Sänger stellen sich die Mutter des toten Heerführers am Fenster stehend vor, ein gängiges Bild in der Bibel; der

Text drückt Schadenfreude über ihr Schicksal aus: »So gehen all deine Feinde zugrunde, Herr« (Ri 5,31). Das Lied ist eine Siegeshymne, das Stück des Aischylos dagegen eine Tragödie, die unterschiedliche Darstellung ist also vor allem auf die literarische Form und nicht unbedingt auf die Ansichten einzelner Juden oder Griechen zurückzuführen. Es bleibt allerdings eine Tatsache, daß im Alten Testament niemand die Perspektive des Aischylos wählt. Ein ähnlicher Unterschied ist bei den Taten des großen Königs David zu bemerken. Der Autor stellt Davids persönliche Tragödien (Abschalom, Jonatan und Batsebas Sohn) neben seine ruhmreichen Kämpfe gegen die Nachbarstämme Israels. In Homers *Ilias* trifft dieselbe Mischung aus persönlichem Verlust und Kampfeswut in der Person des Achilleus zusammen. Doch am Ende kommt der greise Trojanerkönig Priamos zu Achilleus, dem Mörder seines Sohnes, und sie überwinden gemeinsam die Gewalt, indem sie über ihr Leid nachdenken. In der Bibel dagegen wird Davids Kummer nicht mit den Blutbädern verbunden, die er angerichtet hat. Seine Feinde sind die Feinde des Herrn, und im Kampf ist der Herr bei ihm und sorgt für den Sieg über die, die nicht zu seinem Volk gehören.

Aber auch wenn wir nicht alles billigen, was wir in den biblischen Geschichten erkennen, enthalten sie doch Themen, die uns mitreißen. Es wäre eine Fleißarbeit, die biblischen Bücher durchzugehen und die menschlichen Züge aufzuzeigen, die man in ihnen erkennen und möglicherweise positiv bewerten kann: Ein Beispiel wäre das Thema der Scham in der deuteronomischen Gesetzessammlung, in den Büchern der Könige und im Lukasevangelium. In der Bibel geht es nicht nur um Schuld, sondern wie in den westlichen Kulturen spielt auch die Scham eine herausragende Rolle. Wir empfinden Schuld, wenn wir selbst etwas Falsches tun oder denken, Scham jedoch über bestimmte Taten und Gedanken anderer Menschen und über das, was andere von uns denken mögen.[8] Ein weiteres durchgängiges Thema ist das von Hoffnung und Verheißung. Es beginnt mit Gottes Ankündigung, Abrahams Nachkommen zu einem großen Volk zu machen, und führt bis zur Verheißung des Königreiches und der kommenden Welt in den achthundert Jahre später geschriebenen Evangelien.

Ich möchte im folgenden einen nicht weniger bedeutsamen

Aspekt näher betrachten, der ebenfalls viel Wahres über Menschen in schwierigen Situationen offenlegt: den Zusammenhang von Irrtum und Vergehen, Entschuldigung und Vergebung, Sünde und Gewissen. Auch hier gilt das weiter oben Gesagte: Wir können zwar allgemein menschliche Verhaltensweisen erkennen, und die Geschichten beeindrucken uns als Darstellungen dessen, »wie es hätte sein können«, sie müssen aber nicht unbedingt wahr sein (obwohl dies auch nicht ausgeschlossen ist).

Man hat schon häufig bemerkt, daß in der Bibel praktisch nichts Zufälliges wie ein Unfall oder der zufällige Verlust eines Gutes oder Körperteils passiert.[9] Im Alten Testament stirbt einmal ein neugeborenes Kind; es wird von seiner Mutter im Schlaf erdrückt. Dieser Unfall wird jedoch nur beiläufig in der Geschichte über ein salomonisches Urteil erwähnt. Selbst eine Krankheit ist normalerweise eine Strafe Gottes, oder sie gibt einem Mann Gottes die Gelegenheit, als Heiler aufzutreten. Gott ist zwar nicht der direkte Verursacher allen Geschehens, aber er ist in seinem Handeln allgegenwärtig, und die Welt ist seine Schöpfung. Er schickt Plagen, Überschwemmungen und Feinde; er ist letztlich für jede Hungersnot verantwortlich, und die Leidenden müssen ihn um Hilfe anrufen. Die Verfasser der Bibel kannten die menschlichen und wirtschaftlichen Faktoren, die aus einer Versorgungskrise eine Hungersnot entstehen lassen, noch nicht. Wenn wir uns über die Jahrhunderte mit den biblischen Erklärungen zufriedengegeben hätten, gäbe es bis heute keine Hilfe gegen solche Katastrophen.

Doch nicht nur wegen der Allgegenwart Gottes gibt es in den biblischen Erzählungen keine Zufälle. Es geht in ihnen um das Verhältnis der Menschen zueinander und um ihre Beziehung zu Gott. Ein Unfall wie der Bruch einer Wagenachse kann einer Geschichte Dramatik verleihen, aber er würde die biblische Darstellung verwässern, denn ihr geht es gerade darum, die Menschen in Konfliktsituationen zu schildern, für die sie selbst verantwortlich sind. In der Bibel schaffen sich die Menschen ihre Katastrophen selbst und bieten so den Stoff für eindringliche Überlegungen zu Irrtum und Sünde.

Im einfachsten Fall bedenken die Menschen die Folgen ihrer Worte nicht und laufen so in ihr Unglück. Ein Gelübde beispielsweise oder ein Segen, ein Versprechen oder ein Vertrag, all das kann verhängnisvoll sein, denn solche Worte verpflichten zu entsprechendem Handeln. Gesellschaften mit einem ausgeprägten Sinn für Gesetze oder Traditionen müssen sich mit dem Problem auseinandersetzen, daß Worte Folgen haben können, die der Sprecher nicht vorausgesehen hat. Vielleicht war er nur unbesonnen wie Jiftach, der gelobte, im Fall eines Sieges das erste, was ihm bei seiner Rückkehr begegnen würde, als Opfer darzubringen, und dann zuerst seine Tochter aus dem Haus treten sah. Manchmal überlistet auch einer den anderen, vor allem in den Geschichten um Jakob, der listig alle Schwierigkeiten meistert. Solche Tricks bieten natürlich immer Stoff für spannende Geschichten, und die Genesis ist voll von ihnen. So betrügt Jakob Esau um den Erstgeburtssegen, und er überlistete Laban mit dem scheckigen Vieh; andererseits gibt Laban Jakob bei seiner ersten Heirat Lea zur Frau, obwohl der eigentlich Rahel erwartet.

Einmal ausgesprochene Worte können meist nicht mehr zurückgenommen werden. Nachdem Isaak Jakob gesegnet hat, kann er ihm den Segen nicht mehr nehmen, und Jakob muß nach der Eheschließung Lea als Ehefrau akzeptieren. Die handelnden Personen müssen also mit den unvorhersehbaren Folgen ihrer Worte leben.[10]

Von Geschichten, in denen Worte unerwartete Konsequenzen haben, ist es nur ein kleiner Schritt zu solchen, in denen der genaue Wortlaut einer Aussage entscheidend wird. Geschichten über die unerwartete Auflösung einer Äußerung sind für Verfasser wie Zuhörerschaft sehr vergnüglich. Als Laban nach den Götterbildern seiner Familie sucht, die Rahel gestohlen hat, kommen er und Jakob überein, daß derjenige, »bei dem er seine Götter findet«, sterben soll. Jakob weiß nicht, daß seine Frau sie hat. Rahel verhindert, daß sie gefunden werden, indem sie sich in ihrem Zelt auf sie setzt und ihrem Vater erklärt, sie könne nicht vor ihm aufstehen, da sie ihre Periode habe (Gen 31,19–35). Durch diesen Trick entgeht sie der Strafe.[11] Die Kluft zwischen Realität und Auslegung spielt auch im Buch Rut eine Rolle. Rut läßt Boas im unklaren darüber, was genau sich zwischen den beiden abgespielt hat, während er schlief (Rut 3,7–14).

Es gibt auch Fälle übertrieben harter Bestrafung, die streng dem Wortlaut vorher getroffener Vereinbarungen folgen und daher kein

Unrecht sind. In einem schwachen Moment verspricht König David, den aufmüpfigen Schimi, der ihn öffentlich verflucht hatte, nicht zu töten (2 Sam 19,24). Er hält sich an den Eid, doch für den nächsten König, seinen Sohn Salomo, ist dieser nicht mehr bindend. Deshalb trägt David ihm auf, Schimi zu töten (1 Kön 2,8 f.). Salomo befiehlt Schimi, in Jerusalem zu bleiben und eine bestimmte Grenze nicht zu überschreiten, sonst müsse er sterben. Als Schimi jedoch zwei Sklaven entlaufen, geht er ihnen nach und holt sie zurück. Er überschreitet dabei die festgelegte Grenze und wird, wie angekündigt, getötet (1 Kön 2,36–46). Zwar hält Salomo sich nur an seine Worte, und Schimi begeht den Fehler, sie nicht zu beachten, aber der moderne Leser hält bei der Lektüre unwillkürlich nachdenklich inne. Die Strafe ist kein schreiendes Unrecht, da Schimi sich glücklich schätzen kann, überhaupt so lange verschont worden zu sein, aber die unerbittliche Erfüllung der Abmachung unterstreicht ihre Härte.[12]

In dieser und in anderen Geschichten sind Erzählkunst und Gesetzesvollzug miteinander verknüpft. Man kann nicht eindeutig trennen zwischen Autoren, die das biblische Recht in den verschiedenen Gesetzestexten ausgearbeitet haben, und Autoren, die sich die Erzählungen in den Geschichtsbüchern der Bibel ausgedacht haben. Im einfachsten Fall ergibt sich in diesen Geschichten aus einem Zusammenwirken von Gesetzesvollzug und Erzählkunst eine unvorhergesehene Wendung, die unser menschliches Interesse weckt. Auf einer tieferen Ebene wird beides so eingesetzt, daß dadurch Pathos, Spannung und, insbesondere bei den Propheten, »poetische Gerechtigkeit«[13] der Geschichten gesteigert werden. Auch Ironie kann entstehen. So wird in einem kleinen Meisterwerk zum Thema Ahnungslosigkeit Urija von David dazu gebracht, einen Brief zu überbringen, der sein eigenes Todesurteil enthält. Auch viele Wendungen in der Geschichte von Josef und seinen Brüdern sind ironisch. Formale Kasuistik dient hier dazu, unser menschliches Interesse zu wecken. Ein ähnlich kunstvolles Spiel mit Wissen und Unwissenheit, Voraussicht und nachträglicher Erkenntnis findet sich auch im Johannesevangelium. Auch seine Erzählweise ist eng mit der jüdischen Kultur verbunden.

Der nächste Schritt führt uns über formale Zusammenhänge hinaus zu moralischen Fragen. Gilt Unwissenheit als Entschuldigung? Schränkt der Irrtum die Verantwortlichkeit ein? Kann uns etwas vergeben werden, von dessen Sündhaftigkeit wir nichts wußten? Manchmal gleicht das israelitische Gesetz einem groben, stumpfen Instrument: Es geht vom Grundgedanken der Vergeltung aus und läßt die Folgen meist außer acht; es schreibt Gottesurteile vor (so mußte beispielsweise eine Frau öffentlich mit Staub angerührtes Wasser trinken, wenn sie des Ehebruchs verdächtigt wurde, Num 5,11–29). Im historischen Zusammenhang betrachtet, wirkt es freilich nicht mehr ganz so grausam: Die Vergeltung war auf die Person beschränkt, die gefehlt hatte – andere Gesellschaften erlaubten dem Opfer, sich an jedem Gegenstand und jeder Person, die in einem engen Verhältnis zum Übeltäter stand, schadlos zu halten.[14] Auch die praktische Durchführbarkeit setzte der Anwendung eines Gesetzes Grenzen, die nur die Geschichtenerzähler mit ihrer Vorstellungskraft überschreiten konnten. »Wir müssen uns von der noch immer weitverbreiteten Vorstellung lösen, die ›Primitiven‹ seien für die Unzulänglichkeit von Ritualen blind gewesen. Sie waren sich dessen sicher bewußt, doch in einer ungefestigten und nur locker strukturierten Gesellschaftsform mußten sie ihnen große Bedeutung beimessen.«[15] In den Geschichten begegnen wir auch dem menschlichen Faktor, der nicht in Gesetzen und Vorschriften aufgeht.

Vor allem kann eine offensichtliche Missetat durch die Umstände, unter denen sie geschah, ganz oder teilweise gerechtfertigt werden. In Genesis 38 wird geschildert, wie Tamar, Judas Schwiegertochter, als Witwe ohne Nachkommen leben muß, denn nach dem Tod ihres Mannes und eines Schwagers verweigert ihr Schwiegervater Juda ihr die Ehe mit seinem letzten Sohn, da er fürchtet, daß Gott dann auch diesen sterben lassen könnte. Tamar kleidet sich daher wie eine Dirne, arrangiert ein Zusammentreffen mit ihrem Schwiegervater auf einer seiner Reisen und verführt ihn. Juda handelt in Unwissenheit und überläßt ihr ein Pfand, für das sie später einen Ziegenbock als Bezahlung bekommen soll. Sie verschwindet, und ungefähr drei Monate später erfährt Juda, daß seine Schwiegertochter Unzucht getrieben habe und schwanger sei. »Führt sie hinaus! Sie soll verbrannt werden«, befiehlt er mit der Autorität des Patriarchen. Tamar zeigt ihm das Pfand. Juda erkennt, daß das Kind von ihm ist und sie sich durch einen Trick einen Erben verschafft hat. Außerdem erkennt er, daß er ihr als ihr Schwiegervater seinen letzten Sohn zum Mann hätte geben müssen. »Sie ist mir gegenüber im Recht«, stellt er fest. Die Vorgeschichte des Vergehens hebt das Gebot auf, daß eine Tochter, die Unzucht treibt, verbrannt werden soll. Aus offensichtlichem Unrecht wird Recht, was unmöglich wäre, wenn sich das Gesetz nur nach den Taten und nicht auch nach den Motiven richten würde.[16]

Tamar wird deshalb nicht bestraft, weil sie durch ihr Handeln ein Unrecht wiedergutgemacht hat. Was passiert nun, wenn unwissentlich eine Missetat begangen wurde?[17] Mit dieser schwierigen Frage werden wir schon in den frühen Geschichten der Genesis konfrontiert. Dreimal geben Patriarchen in einem fremden Land ihre Frau als ihre Schwester aus, um sich selbst zu schützen. Sie fürchten, ihrer Frau wegen getötet zu werden, wenn klar wird, daß sie mit ihr verheiratet sind. Die erste und vermutlich älteste Geschichte (Gen 12) ist schlicht und einfach. Abraham gibt in Ägypten Sara als seine Schwester aus. Der Pharao holt sie in den Palast und beschenkt Abraham ihretwegen reich; Sara begeht vermutlich mehrere Male Ehebruch. Abraham genießt die Geschenke vielleicht als willfähriger Bruder-Ehemann – typischerweise fällt dazu kein Wort. Der Herr jedoch schlägt das Haus des Pharao wegen dessen Unzucht mit schweren Plagen. Der Pharao kann kaum von seinem Fehlverhalten gewußt haben, aber er schickt Abraham und Sara dennoch weg.

Die Geschichte machte jedoch bald einigen Lesern zu schaffen, und es wurde eine entschärfte Variante erfunden: In Genesis 26,7 wendet Isaak im Philisterland Gerar denselben Trick mit Rebekka an. Doch hier steht der König am beliebtesten Aussichtspunkt der Bibel, dem Fenster, und beobachtet, wie sich »Bruder und Schwester« liebkosen. Er zieht daraus den richtigen Schluß, tadelt die beiden wegen der Täuschung und macht ihnen klar, daß sich deswegen jemand hätte schuldig machen können. Schließlich ordnet er an, daß niemand das Ehepaar anrühren dürfe. Diese Geschichte verletzt den Anstand nicht: Es gibt keinen Ehebruch, und Gott bestraft den unwissenden König nicht. Die anstößigen Elemente der älteren Geschichte wurden taktvoll entschärft.

Die dritte Episode ist komplizierter. Abraham wiederholt die Täuschung mit Sara in Gerar (Gen 20). König Abimelech holt Sara in dem Glauben zu sich, sie sei ledig. Da erscheint ihm Gott im Traum und sagt ganz offen: »Du mußt sterben wegen der Frau, die du dir genommen hast; sie ist verheiratet.« Abimelech hat Sara jedoch noch nicht angerührt und wehrt sich. Er habe unschuldig gehandelt, da er nicht habe wissen können, daß die Frau schon verheiratet sei. Gott gibt nach: Wenn Abimelech Sara zurückgibt, bleibt er am Leben. Und weil Gott Gott ist, wahrt er dabei sein Gesicht: Er sagt, er habe gewußt, daß Abimelech arglos gehandelt habe, und ihn deshalb daran gehindert, »gegen mich zu verfehlen«. Daraus läßt sich schließen, daß er ihn hart gestraft hätte, wenn er mit Sara geschlafen hätte, da Ehebruch eine große Sünde gegen den Himmel ist.

In diesem Fall wird Unwissenheit als Entschuldigung angenommen. Gott selbst muß dazu eingreifen, und er läßt Abimelech davonkommen. Es ist jedoch wichtig, daß der König wirklich völlig ahnungslos gehandelt hat und daß er sich noch nichts hat zuschulden kommen lassen. Gott und Abimelech sind sich einig, daß die Rechtschaffenheit des Angeklagten bei der Beurteilung des Falls eine wichtige Rolle spielt. In der menschlichen Rechtsprechung war Unwissenheit jedoch immer eine schwer zu beurteilende Entschuldigung. Ließ man sie gelten, mußte man damit rechnen, daß sich jeder Angeklagte in der Hoffnung auf Freispruch darauf berief. Die israelitischen Gesetze lassen sie daher gewöhnlich außer acht. Aus den biblischen Erzählungen wird aber deutlich, daß sich die Menschen der Problematik durchaus bewußt waren. In der genannten Geschichte wird zwischen Gott und Mensch ein Fall durchgespielt, den die menschlichen Richter anders behandeln mußten.

In einer Erzählung der Bibel wird dieses Problem besonders eindringlich und umfassend behandelt. Generationen von Lesern, Künstlern und Dramatikern haben sich damit auseinandergesetzt. »Im Lande Uz lebte ein Mann mit Namen Ijob«, ein rechtschaffener Mann, aber der »Gottessohn« Satan fordert Gott auf, ihn zu prüfen.[18] Ijob sei zwar tatsächlich unglaublich rechtschaffen, gibt Satan zu, doch hänge dies hauptsächlich damit zusammen, daß er mit Reichtum gesegnet sei. »Gut, all sein Besitz ist in deiner Hand«, erklärt Gott daraufhin. Satan soll herausfinden, ob Ijob Gott verflucht, wenn er sein Hab und Gut verliert. Ijob verliert seine Herden, seine Knechte und all seine Söhne und Töchter, doch er sagt nur: »Der Herr hat gegeben, der Herr hat genommen; gelobt sei der Name des Herrn.« Satan schlägt schließlich vor, Ijob mit Krankheiten heimzusuchen, dann werde Gott sein wahres Wesen erkennen: »Alles, was der Mensch besitzt, gibt er hin für sein Leben.« Ijob wird also am ganzen Körper mit Geschwüren geschlagen. »Ijob setzte sich mitten in die Asche und nahm eine Scherbe, um sich damit zu schaben.« Bezeichnenderweise ist es seine Frau, die schwach wird und ihn auffordert, Gott zu verfluchen und zu sterben. Aber Ijob weigert sich.

Unwissenheit spielt in der Geschichte eine wichtige Rolle; Ijob ahnt nichts von Gottes gefühlloser Wette mit Satan. Anders als bei Abimelech hilft ihm das jedoch nichts. In der Wette geht es um seine Rechtschaffenheit, und wenn er in seiner Frömmigkeit nachließe, was verständlich wäre, könnte die Berufung auf seine Ahnungslosigkeit diese Rechtschaffenheit nicht wiederherstellen. In dem Buch, wie es uns heute vorliegt, sind die Heimsuchungen des Ijob nur das Vorspiel. Ijob bekommt Besuch von drei seiner engsten Freunde, die ihn seit vielen Jahren beraten. Sieben Tage und sieben Nächte sitzen sie schweigend bei ihm auf der Erde wie bei einer Totenwache. Dann folgen die Streitreden.

Aufgrund der üblichen Probleme, auf die wir in der Bibel immer wieder stoßen, sind die Reden nicht völlig verständlich: Teile des hebräischen Textes sind unklar, die Reihenfolge und Länge der Reden wurden von späteren Herausgebern verändert, und die Rede des zornigen jungen Mannes Elihu in den Kapiteln 32 bis 37 sowie weitere Abschnitte wurden später eingefügt. Das Buch bildet keine Einheit mehr, weil Leser, die mit den ursprünglichen Reden nicht zufrieden waren oder sie schockierend fanden, den Text nach ihren Vorstellungen veränderten oder ergänzten. Trotzdem fehlte es nicht an Autoren, Dramatikern und Gelehrten, die äußerten, was das Buch Ijob ihrer Ansicht nach sagen wollte. Die Eingriffe in den ursprünglichen Text haben zwar nicht dessen Grundaussage verändert, aber noch niemand konnte allen Inhalten des Buches gerecht werden. Dabei ist die Vielfalt der Themen unumstritten, die Interpretation hängt jedoch davon ab, welches Thema jeweils im Mittelpunkt steht.

Ijobs Geschichte wird häufig als klassische Darstellung für das

Problem des Bösen in der Welt bewundert. Warum leiden die Rechtschaffenen, während es den Gottlosen gut geht? Das Buch entstand in der Zeit zwischen 600 und 200 v.Chr., genauere Angaben sind kaum möglich. Manchmal wird es ins 4. Jahrhundert datiert, was ich für wahrscheinlich halte. Zu dieser Zeit war das Problem des Bösen in der Literatur des Nahen Ostens schon ausführlich dargestellt worden. Viele Psalmisten hatten sich damit befaßt, und die ersten Hörer der Ijobsgeschichte fanden das Thema vermutlich gar nicht so überraschend. Das Verblüffende liegt vielmehr darin, daß wir im Gegensatz zu Ijob schon von Beginn des Buches an die Lösung des Problems kennen: Ijob leidet, weil Gott mit Satan eine Wette abgeschlossen hat. Wird Ijob in seiner Unwissenheit also Gott verfluchen oder nicht? Zunächst verflucht Ijob den Tag seiner Geburt. Er klagt und bittet Gott, sich zu zeigen. Er wendet sich jedoch nicht von ihm ab, sondern preist trotz seines Unglücks die Allmacht Gottes und möchte nur wissen, warum Gott sich mit einem so erbärmlichen und schwachen Wesen wie dem Menschen abgibt. Ijob vertritt während des ganzen Gesprächs eine vollkommen realistische Einstellung zu Leben und Tod: Er hat nur dieses eine Leben, dem der Tod ein Ende setzen wird. Er nimmt bei seinen Klagen vor Gott kein Blatt vor den Mund, am heftigsten lehnt er sich jedoch gegen die Worte seiner Freunde auf. Sie alle mißverstehen seine schwierige Lage; Ijob ahnt zwar nichts von der Wette zwischen Gott und Satan, seine Freunde aber sind genauso ahnungslos und zudem noch in einem Irrtum gefangen. Auch sie sind keine Wissenden.

In ihren Reden weisen sie immer wieder darauf hin, daß Gott die Gottlosen straft und daß kein Mensch hoffen kann, völlig ohne Sünde zu sein. Wenn Ijob bestraft wird, so muß er eine Sünde begangen haben. Den reuigen Sündern, die Gott um Vergebung anrufen, wird vergeben, aber Ijob lehnt sich gegen sein Elend auf. Die Freunde haben traditionelle, klare Moralvorstellungen. In ihrer Welt leiden die Sünder, und Hartherzigkeit wird bestraft; wer sich aber demütig zeigt, dem vergibt Gott und tröstet ihn. In dieser Welt ist kein Raum für himmlische Wetten und unergründliche Weisheit. Ihre Vorstellungen passen nicht auf Ijobs schlimme Lage, und Ijob weiß das.

In der Rede des jungen Elihu erkennen wir die scharfumrissenen

Moralvorstellungen eines späteren Verfassers, dem offensichtlich der ursprüngliche Text nicht eindeutig genug war. Die Passage paßt nicht ganz in den Zusammenhang, und ihre Hauptaussage steigert die Ironie des Buches. Die Freunde hatten erklärt, Ijob sei nur in seinen eigenen Augen rechtschaffen, in den Augen Gottes jedoch mit Sünden behaftet. Elihu äußert sich direkter: Ijobs Vergehen seien die Auflehnung, die er in seinen Reden zum Ausdruck gebracht habe, und seine haarsträubende Unkenntnis der Wege Gottes. Unwissenheit spielt hier in der Tat eine Rolle, aber nicht so, wie Elihu es vermutet.

Als hätte es die Rede des Elihu nicht gegeben, spricht danach Gott aus dem Wettersturm und beschwichtigt Ijobs Klage. Hier setzt der ursprüngliche Text wieder ein, die Handlung nimmt jedoch eine überraschende Wendung. Gott verliert kein Wort über die Wette oder die unmittelbaren Gründe für Ijobs Prüfung. Statt dessen fordert er seine menschliche Schachfigur auf, die Kraft und Unbegreiflichkeit der göttlichen Schöpfung zu betrachten. Wie kann Ijob Fragen stellen und sich beklagen, wenn er die Welt und die Jahreszeiten nicht erklären kann, wenn er weder die Sterne noch die ehrfurchtgebietenden Ungeheuer Leviatan und Behemot geschaffen hat? Diese Ungeheuer verkörpern die faszinierende Kraft der Tiere; sie stehen vermutlich für das Krokodil und das Nilpferd. Darüber hinaus könnten sie auch Symbole für die Macht des Bösen und des Chaos in der Schöpfung sein.[19] Man hat oft darauf hingewiesen, daß Satan nach der Wette am Anfang des Buches nicht mehr auftaucht. Wenn diese tiergestaltigen Ungeheuer jedoch eine tiefere symbolische Bedeutung besitzen, kehrt Satan in der Schlußrede Gottes in ihnen wieder zurück. Im Buch Ijob gibt es keinen unabhängigen Teufel, der gegen Gottes Schöpfung handelt. Satan ist Gottes Handlanger und Ankläger. Wie Leviatan kann auch er eigenständig handeln, aber er untersteht letztlich Gottes Macht.

Ijob spricht in seinen Reden einige Themen an, die Gott im folgenden weiter ausführt (etwa das Wunder der Welt, vgl. insbesondere Vers 9,4–13). Gottes Rede ist insofern also nicht völlig losgelöst von den Inhalten des vorangehenden Textes. Doch es ist eine gebieterische Antwort; Gott, der Spieler, hält es noch nicht einmal für nötig zuzugeben, daß er gewettet hat. Wie kann jemand

sein Verhalten in Frage stellen, der nicht einmal die von ihm festgelegten Regeln des Spiels begreift, mit denen er die Welt lenkt?
Ijob gesteht in seiner Antwort keine Sünde ein, obwohl seine
Freunde in ihren Reden darauf gedrängt haben. Er sagt nur: »Ich
habe im Unverstand geredet über Dinge, die zu wunderbar für
mich und unbegreiflich sind« (Ijob 42,3).

Schon in den früheren Schriften des Alten Testaments wird die
aus menschlicher Sicht verständliche Möglichkeit erwogen, daß
Gott nicht immer gerecht handelt und unter anderem über eine
gehörige Portion kosmischen Sadismus verfügt. In der Genesis
muß Abimelech vor Gott Einspruch erheben, damit dieser den
Vorfall gerecht behandelt. »Sollte sich der Richter über die ganze
Erde nicht an das Recht halten«, fragt Abraham Gott vor Sodom
(Gen 18,25). »Sich an das Recht halten« bedeutet in diesem Fall,
die Stadt aufgrund einiger Gerechter zu verschonen. Auch in den
Psalmen gibt es Klagen unbekannter Verfasser, die denen des Ijob
ähneln (insbesondere der 1. und 37. Psalm, außerdem der 44., 74.
und 79. Psalm). Und schließlich stellen auch die Propheten die
Gerechtigkeit Gottes in Frage: Jeremia fragt sich, »warum die
Frevler Erfolg haben«, während Gott seinen Propheten auf die
Probe stellt (Jer 12,1–4). Vor allem aber gibt es die zweifelnde
Klage des Propheten Habakuk, die womöglich noch älter ist als
Ijobs Geschichte. Angesichts der feindlichen Bedrohung und der
unglücklichen Lage Israels stellt Habakuk die grundlegende Frage:
»Herr, bist du nicht von Ewigkeit her mein heiliger Gott?« (Hab
1,12). Dann zieht er sich auf seinen Wachtturm zurück und wartet
auf eine Antwort, die er wie Ijob auch erhält.

Die Antwort, die der Verfasser des Buches Ijob Gott in den
Mund legt, ist nicht gerade bequem. Gott steht auf seiten dessen,
der laut darüber geklagt hat, was ihm widerfahren ist. Nicht Ijobs
Freunde, sondern Ijob habe »recht von ihm geredet«. Der Vorwurf
der Freunde, Ijob ignoriere absichtlich seine Sünden, stellt sich als
falsch heraus. Umgekehrt ist ihr angebliches moralisches Wissen
eigentlich Unwissenheit, und dafür wird ihnen Strafe angedroht.
Sie müssen Ijob bitten, Fürbitte für sie einzulegen, denn nur so
können sie die Vergebung Gottes erreichen. Wenn Gott für Israel
ein Vater oder Ehemann ist, warum soll er dann immer gerecht
sein und auf Befehl handeln? Was ist, wenn dieser Vater gerne

spielt? Die beunruhigende Vorstellung holt uns immer wieder ein. Wir finden sie auch in den modernen physikalischen Theorien über das Weltall, etwa der Quantenmechanik. »Die Theorie bringt uns dem Geheimnis des Allmächtigen kaum näher«, schrieb Einstein, als er zum erstenmal die Unwägbarkeiten analysierte, die seiner Theorie nach das Leben der Menschen bestimmten. Er zumindest war überzeugt: »Gott würfelt nicht.«[20] Im Buch Ijob (und in der Quantentheorie) tut er jedoch genau dies, denn als er eine Wette auf seine eigene Schöpfung abschließt, ist das Ergebnis für ihn offensichtlich nicht sicher vorhersehbar. Weder er noch Ijob wissen, was geschehen wird. Wie können wir, seine Kinder, dann seine Motive hinterfragen? Der Verfasser des Buches Ijob glaubt jedenfalls, das eine sicher zu wissen: Gott vergibt zuletzt den Menschen, die leiden und dabei den Glauben nicht verlieren, weil sie wissen, daß sie Gottes Wege nicht verstehen können. Man kann sich allerdings fragen, wo hier das Wissen anfängt und die Unwissenheit endet.

III

Außerhalb des Landes Uz ist das Böse nicht auf die äußere Welt und ihre Kümmernisse beschränkt, sondern lebt auch in unseren schlimmsten Feinden, in uns selbst. Die biblischen Autoren haben eine genaue Vorstellung der im Menschen angelegten verborgenen Möglichkeiten, die nicht nur Irrtümer und entschuldbare Fehler, sondern auch Wissen und das Bewußtsein von Sünde umfassen. Auch hier bauen die christlichen Schriften auf Themen auf, die schon im Alten Testament behandelt wurden.

»Das Auge ist der Spiegel der Seele«, hatten griechische Philosophen gesagt. In der Bibel sehen die Menschen auf verschiedene Weise; sie können manchmal sogar die Geheimnisse des Herzens »sehen«. In 2 Könige 8,7ff. geht Hasaël dem Propheten Elischa auf dem Weg nach Damaskus entgegen. Der kranke Ben-Hadad, der syrische König, schickt ihn und läßt dem »Gottesmann« Elischa vierzig Kamelladungen Geschenke übergeben, wofür dieser eine Frage beantworten soll: »Werde ich von dieser Krankheit wieder genesen?« Hasaël überreicht die Geschenke, und Elischa antwortet: »Geh und sag ihm: Du wirst genesen. – Doch der Herr hat mir gezeigt, daß er sterben muß.« Für sich genommen, ist das eine merkwürdige Antwort. Elischa sagt wie ein scheinheiliger Arzt seinem Patienten nicht die ganze Wahrheit. Fürchtet er vielleicht Vorwürfe, wenn der König trotz der vielen Geschenke stirbt? Aber die Erzählung geht noch weiter: »Hasaël verzog keine Miene und blickte ihn scharf an. Der Gottesmann aber weinte.« Elischa erklärt, er müsse weinen, weil er wisse, wieviel Leid Hasaël bald über Israel bringen werde. Er weiß, daß Hasaël König von Syrien werden wird, und offenbart es ihm auch. Und er weiß, was jetzt geschehen wird. Hasaël kehrt zum König zurück und sagt ihm, Elischa habe versichert, daß er genesen werde. Zugleich weiß Hasaël jedoch, daß der König sterben muß, und er erstickt Ben-Hadad am nächsten Tag in seinem Bett. Die Worte Elischas bewahrheiten sich also vollständig. Ben-Hadad stirbt nicht an seiner Krankheit, sondern durch Hasaël, den künftigen König, in dessen Herz der Prophet gesehen hatte.[21]

Diese Geschichte muß als eine der vielen Geschichten über die Propheten im Norden in die Hände ihres letzten Bearbeiters, des Deuteronomisten, gelangt sein. Sie soll nicht zeigen, daß Elischa durch eine unvorsichtige Antwort die Ermordung des Königs von Syrien heraufbeschwört, sondern daß der Gottesmann mit beunruhigender Klarheit erkennt, was in den Herzen der Menschen vorgeht. Sie ist der erste überlieferte Beleg dafür, daß Gott manchen Propheten die Gabe verlieh, die Menschen zu »durchschauen« und durch Worte und unausgesprochene Hoffnungen hindurch zu ihrer wahren Natur vorzudringen; von Elischa bis zu den göttlich inspirierten Vätern der christlichen Klöster blieb diese Gabe über zweitausend Jahre lang im Umkreis der Bibel lebendig.

Elischa sah mit seinem Blick menschliche Sünde und Schwäche voraus. Manchmal brachte eine solche Gabe die Menschen auch dazu, eine Wahrheit zuzugeben, die sie hatten unterdrücken wollen. In der komplizierten Geschichte von Josef und seinen Brüdern führen Irrtümer und Mißverständnisse schließlich dazu, daß die Brüder, die versucht hatten, Josef zu töten, sich ihrer Schuld bewußt werden und sie eingestehen (Gen 37 ff.). Weil sie glauben, sie hätten Josef ermordet, erkennen sie ihn in Ägypten nicht.

Josef zwingt sie, auch Benjamin, den Lieblingssohn des Vaters, zu ihm zu bringen, und bezichtigt diesen dann, einen Silberbecher gestohlen zu haben, den er ihm untergeschoben hat. Die Brüder bieten an, gemeinsam für den Diebstahl zu sühnen, als seien auch sie schuldig. Sie haben Angst um Benjamin, weil sie alle Ereignisse als Gottesurteil wegen ihres Mordes deuten. Schließlich geben sie ihre Schuld vor Josef zu. Er sagt zu ihnen: »Wußtet ihr denn nicht, daß ein Mann wie ich wahrsagen kann?« (Gen 44,15). Er sieht tatsächlich ihre Schuld, aber nicht, weil er ein Prophet wäre, sondern weil er das Opfer ihres Verbrechens war. Ihr Schuldbewußtsein und Josefs List bringen die Wahrheit ans Licht. Die Brüder glauben, Gott habe die Hand im Spiel, wir aber wissen, daß der Ablauf des Geschehens von Josef genau geplant wurde.[22]

Im Leben König Davids hingegen reiht sich ein Unrecht an das andere; das Bewußtsein für die begangenen Sünden schwindet. Auch daß der König einem Propheten wie Elischa begegnet, genügt nicht, um ihn seine Missetaten gestehen zu lassen. David muß zum Zuhören und Antworten regelrecht gezwungen werden. Er ordnet den Tod Urijas an und treibt mit dessen Frau Ehebruch, bis nach Darstellung der alten Hofgeschichte der Prophet Natan am Hofe auftaucht. Natan erzählt dem König das Gleichnis vom reichen Mann und dem Lamm des armen Mannes (2 Sam 12,1–4). Die Geschichte paßt nicht genau auf Davids Situation – vielleicht ist es eine ältere Erzählung, die eigentlich mit einer Schandtat König Sauls in Zusammenhang stand. Sie genügt jedoch, um David aus der Defensive zu locken. »So wahr der Herr lebt«, sagt David, als er die Geschichte gehört hat, »der Mann, der das getan hat, verdient den Tod«. »Du selbst bist der Mann«, erwidert Natan. Der König von Israel wird mit Hilfe des Gleichnisses dazu gebracht, eine Wahrheit, die er nicht wahrhaben will, zu erkennen.[23]

Im Alten Testament und seinen Übersetzungen kommt das Wort Gewissen nicht vor. Im Neuen Testament gelten vor allem die Briefe des Paulus als wichtige Texte zu diesem Thema, insbesondere der Brief an die Römer, Kapitel 7, eine Fundgrube menschlicher Wahrheit. Der Grundgedanke eines Gewissens, wenn auch nicht das Wort, findet sich jedoch schon in den Geschichten von Josef und

König David. Jede falsche Beschuldigung, mit der Josefs Brüder konfrontiert werden, wirft sie auf ihr Schuldgefühl wegen ihres »Mordes« zurück. Ihr Gewissen regt sich. David trifft nach dem Sieg über seinen aufrührerischen Sohn Abschalom mit dem frechen Schimi zusammen, der ihn vor dem Kampf verflucht hatte. Schimi sagt nicht einfach: »Ich habe gesündigt, vergib mir«, sondern: »Dein Knecht weiß, daß er gesündigt hat.« Es geht nicht nur um Sünde, sondern auch um das beunruhigende Wissen darum.[24]

Jahre nach Davids Tod schickt sein Sohn Salomo nach Schimi, um ihn töten zu lassen. Der weise Salomo wiederholt noch einmal den Grund für das Todesurteil: »Du weißt, wieviel Böses du meinem Vater David angetan hast.« Genau wie der Versuch der Brüder, Josef umzubringen, blieb auch Schimis Verfluchung des Königs David im biblischen »Gewissen« bewahrt. Die biblischen Autoren vermitteln uns mit ihrer Schilderung der menschlichen Schlechtigkeit eine einzigartige Wahrheit. Man brauchte keine christlichen Lehren, um diese Wahrheit zu erkennen, sie findet sich im Alten wie im Neuen Testament und auch in anderen Texten derselben Zeit. »Bekränzen wir uns mit Rosen, ehe sie verwelken ... überall wollen wir Zeichen der Fröhlichkeit zurücklassen«, so die frevlerischen Sprecher im Buch der Weisheit, das ein unbekannter Jude im oder kurz vor Beginn des 1. Jahrhunderts v. Chr. verfaßte. »Das ist unser Anteil, das fällt uns zu. Laßt uns den Gerechten unterdrücken, der in Armut lebt ... Unsere Stärke soll bestimmen, was Gerechtigkeit ist.« Die Gerechten sind ihnen jedoch durch ihre Denkweise und ihre bloße Existenz ein lebender Vorwurf. »Laßt uns dem Gerechten auflauern! Er ist uns unbequem ... und nennt sich einen Knecht des Herrn ... schon sein Anblick ist uns lästig ... und seine Wege sind grundverschieden ... Das Ende der Gerechten preist er glücklich und prahlt, Gott sei sein Vater. Wir wollen sehen, ob seine Worte wahr sind.« Der jüdische Autor hat bei dieser Schilderung sicher nicht das Christentum im Sinn, doch paßt seine Vorstellung vom Bösen im Menschen verblüffend gut zu späteren Ereignissen der christlichen Zeit. »Ist der Gerechte wirklich der Sohn Gottes, dann nimmt sich Gott seiner an und entreißt ihn der Hand seiner Gegner. Roh und grausam wollen wir mit ihm verfahren, um seine Sanftmut kennenzulernen ... Zu einem ehrlosen Tod wollen wir ihn verurteilen; er behauptet ja, es werde ihm Hilfe gewährt« (Weish 2,8–20).[25]

Auch im Neuen Testament spielen Wissen und Unwissenheit, Vergebung und die Schlechtigkeit des Menschen im Umfeld Jesu eine wesentliche Rolle. Die Rechtschaffenheit wird aus der Welt geschafft, indem man ihn umbringt. Das Besondere liegt darin, daß das Opfer selbst über Wissen und Einsicht verfügt. In Markus 10,27 kennt Jesus schon die bösen Absichten seiner Anhänger, er weiß, daß einer der zwölf Jünger ihn verraten wird. Im Johannesevangelium kann er sich den Menschenmengen in Jerusalem nicht anvertrauen, »denn er wußte, was im Menschen ist«. Die Kunst des Gleichnisses beherrscht er in seinen Reden weitaus vollkommener als Natan. Im vierten Evangelium erzählt Jesus zwar keine Gleichnisse, doch sieht er wie Elischa tief in die Herzen der Menschen und kennt sie besser, als sie sich selbst kennen. Als ihn unwissende Menschen töten, betet er im Lukasevangelium um Vergebung für sie (allerdings nicht in jedem Manuskript des Textes): »Vater, vergib ihnen, denn sie wissen nicht, was sie tun.«[26] Die betroffenen Menschen sind vermutlich in mehrfacher Hinsicht unwissend. Die Römer können nicht zu den Wissenden gehören: Wie im Fall des Ijob oder Abimelech hat ihnen niemand die Wahrheit offenbart. Die Juden sind unwissend, weil sie wie Jeremias Zuhörer die Wahrheit nicht erkennen können, die offen vor ihnen liegt. An anderer Stelle in den Evangelien wird diese Unfähigkeit als Blindheit und unvermeidliche Härte des Herzens dargestellt, »damit sie sich nicht bekehren und ihnen nicht vergeben wird« (Mk 4,12). Im Lukasevangelium entschuldigt der gekreuzigte Jesus die Übeltäter mit diesem Unvermögen.

Die Bibel ist vom Garten Eden bis zur Offenbarung ein Dokument menschlichen Irrens und menschlicher Schlechtigkeit. Diese Feststellung gehört zu den menschlichen Wahrheiten, welche uns die biblischen Geschichten von David bis Judas Iskariot vermitteln. Ich habe im vorliegenden Buch versucht, dieselben Wahrheiten auch bei den Autoren der Bibel aufzuspüren, denn auch sie irren und verstecken sich hinter falschen Namen. Sie sind nur allzu menschlich in ihren Ansichten über andere Menschen, angefangen beim bitteren Haß der Psalmisten auf ihre Feinde bis hin zur Billigung des Völkermordes durch Gott oder zum Hinschlachten des größten Teils der Menschheit in der Offenbarung des Johannes. Es findet keine tröstliche Entwicklung von einem barbarischen Kriegsgott zu einem milderen Gott der Liebe statt: Der Gott in der Offenbarung des Johannes zeigt sich ebenso unerbittlich wie der Verursacher der Sintflut. Alle diese Gottesvorstellungen sind menschliche Entwürfe und bleiben wie die beiden Schöpfungsgeschichten bis zum Ende widersprüchlich. Was könnte man von Texten, die Menschen nach der Vertreibung aus dem Paradies verfaßt haben, auch anderes erwarten?

Die Bibel ist nicht unfehlbar. Sie ist nicht das »Wort Gottes«. Was wir heute vor uns haben, ist zum Teil nur eine aus mehreren Fassungen ausgewählte Version. Der Inhalt kann nachweislich falsch sein wie Josuas Eroberungen und die Geschehnisse um Jesu Geburt. Manchen Menschen werden Reden zugeschrieben, die sie sicher niemals gehalten haben. Ich habe jeweils herauszufinden versucht, was die Verfasser sagen wollten. Dabei war mir wichtig herauszustellen, daß dies nicht unbedingt mit dem übereinstimmen muß, was Kirchen, Bibelexegeten oder moderne Leser aus den Texten herauslesen. Christen können sich für die Bedeutung, die die Bibel für sie heute hat, auf den Heiligen Geist berufen, der uns nach Aussage des Jüngers Johannes als Hilfe versprochen wurde, um die Wahrheit des Geschriebenen zu erkennen (Joh 16,13). Andere werden sich dagegen vielleicht fragen, ob dieser Geist wirklich so heilig ist, denn viele Interpretationen haben sich als falsch erwiesen und uns nicht nur die Erbsünde aufgebürdet, sondern auch die angebliche Tatsache der jungfräulichen Geburt und den irrigen Glauben daran, daß Teile des Alten Testaments auf die Geschehnisse des Neuen vorausweisen.

Die biblischen Autoren und ihre Quellen sind uns häufig sehr fern, aber mein Versuch, ihnen wieder näherzukommen, stützt sich auf wissenschaftliche Methoden, logische Schlußfolgerungen und überlieferte Zeugnisse. Es beeinträchtigt weder unseren Glauben noch die Leistung dieser Autoren, wenn wir uns etwa eine Vorstellung vom Deuteronomisten, von seinen Predigten und von seiner verzerrten Darstellungsweise, vom Jünger, den Jesus liebte, und seiner kunstvoll genutzten nachträglichen Einsicht oder vom Autor der Priesterschrift und seiner Vision von der Einheit der

Welt zu machen versuchen. Die Bibel hat viele menschliche Verfasser, ursprüngliche Autoren und spätere Herausgeber, Briefeschreiber und Überarbeiter. Sie alle sind Zeugen einer Gottesvorstellung, die in der modernen Welt noch viele Erben hat. Die dargestellten Ereignisse und Geschichten sind zwar oft nicht wahr und widersprechen sich gegenseitig oder stimmen nicht mit den Fakten überein, die man aus außerbiblischen Quellen kennt. Dennoch offenbaren sie uns eine Wahrheit: Sie zeigen uns, was das Volk Israel oder die ersten Christen glaubten. Weit davon entfernt, das Wort Gottes wiederzugeben, zeigt die Bibel uns wie ein Spiegel den sündigen Menschen.

Auch Jesus wird vor diesem Hintergrund dargestellt. Die zwölf Jünger sind wie die Menschen in ihrer Umgebung unwissend und schwach. Wie den Freunden Ijobs bleibt ihnen das Verstehen vorenthalten. Sie fragen sich, ob die Blindheit eines Mannes sich auf die Sünden seiner Eltern zurückführen lasse (Joh 9,2); sie verstehen das Bild vom Reich Gottes nicht; sie streiten um Rangfragen, darum, wer einen Ehrenplatz in der kommenden Welt haben wird; sie mißbilligen die Salbung Jesu mit kostbarem Öl; in der Stunde seiner Verhaftung schlafen sie, später laufen sie davon. Keine andere Religion hat Texte mit einem ähnlich ausgeprägten menschlichen Hintergrund. Im schrecklichen Moment der Verhaftung Jesu verfängt sich einer aus ihrer Mitte in einem Netz von Irrtum und Vorherwissen, Gewissensbissen und menschlicher Schwäche, wie Jesus es vorhergesagt hat: »Amen, amen, das sage ich dir: Noch bevor der Hahn kräht, wirst du mich dreimal verleugnen.« Während die anderen auseinanderlaufen, folgt Petrus Jesus, allerdings in einiger Entfernung. Ausführlich wird beschrieben, wie Petrus im Schein des Feuers dreimal leugnet, ein Anhänger Jesu zu sein. Der Hahn kräht, und in allen synoptischen Evangelien weint Petrus »bitterlich«. Zimmerleute und Fischer gehörten einer Gesellschaftsschicht an, mit der sich die ehrwürdigen klassischen Historiker nicht beschäftigten. In allen vier Evangelien jedoch gehört die Szene zwischen dem Zimmermann und dem Fischer zum Kernbestand der Passionsgeschichte. Vielleicht stammt sie tatsächlich aus einer Primärquelle, von Petrus selbst oder vielleicht von dem Jünger, den Jesus liebte und der mit Petrus im Haus des Hohenpriesters war. Die wichtigsten Einzelheiten stimmen in den

Evangelien überein, die Szene könnte also durchaus so stattgefunden haben. Beim ersten Hahnenschrei erkennt Petrus sein Vergehen, das ihm der, der »wußte, was im Menschen ist«, vorhergesagt hat. Menschliche Wahrheit könnte hier mit einem historischen Beleg zusammenfallen. Im Schicksal des Petrus, in seiner menschlichen Wahrheit liegt die Antwort auf die Frage des Pilatus, mit der dieses Buch begann.

Anmerkungen und Bibliographie

Jeweils an den Kopf des Kapitels oder der einzelnen Abschnitte habe ich eine kleine Auswahl vorwiegend englischer Literatur gestellt. Dabei handelt es sich meist um neuere und leicht zugängliche Werke, die das Thema jeweils in den Grundzügen abdecken. Leser, die sich näher mit den angesprochenen Themen beschäftigen wollen, finden in den Bibliographien dieser Bücher die nötigen Hinweise. Wer genauere Informationen zu spezielleren Fragen braucht, kann entweder auf die einzelnen Anmerkungen zurückgreifen oder die hervorragenden aktuellen Bibliographien heranziehen, die kurze Inhaltsangaben zu neuerschienenen Büchern und Aufsätzen liefern. Die Society for Old Testament Study gibt jährlich eine wertvolle Bücherliste mit Inhaltsangaben heraus. Die Catholic Biblical Association gibt dreimal jährlich die *Old Testament Abstracts* heraus, in der auch Zusammenfassungen von archäologischen Werken enthalten sind. Sie sind als Subskriptionen zu beziehen bei der Catholic University of America, Washington, D.C., 20064. Die gleiche Einrichtung bringt gemeinsam mit der Weston School of Theology auch *New Testament Abstracts* heraus, die einen Überblick über die Forschungen zum Neuen Testament ermöglichen. Sie sind unter der gleichen Adresse erhältlich. Die vollständigste Übersicht über alle neuerscheinenden Werke zu den Bibeltexten und zur Theologie vermittelt der *Elenchus of Biblica*, herausgegeben von der Editrice Pontificio Istituto Biblico in Rom. Der 1993 herausgegebene Band deckt die 1990 erschienene Literatur ab und liefert die vollen bibliographischen Angaben, jedoch keine Zusammenfassungen.

In meinen Anmerkungen habe ich nur die Hauptwerke der Sekundärliteratur angeführt, die mir am meisten weitergeholfen haben, und dabei den neueren den Vorzug gegeben, weil sie aktuellere Literaturangaben haben, die ich in meiner Darstellung voraussetze.

Anmerkungen

1 Wie es war im Anfang

I

1 A. D. Nuttall, *Overheard by God*, 1980, S. 129. Bezüglich Joh 18,33–38 bin ich allerdings nicht seiner Meinung.
2 Homilie CXV über Joh 18,38–39 (J. P. Migne, Patrologia Latina Bd. 35, Sp. 1941).
3 In diesem Punkt bin ich anderer Meinung als J. N. Sevenster, *Do You Know Greek?*, 1968, S. 26ff.: Joh 12,20 (vgl. Sevenster, S. 25) stützt die Ansicht, daß Jesus nicht griechisch sprach. Im Altertum erwähnten Erzähler und Historiker die Anwesenheit von Dolmetschern häufig nicht.
4 Ein kurzer Überblick findet sich bei S. Blackburn, *Spreading the Word*, 1984, Kap. 7. Vgl. das wichtige Buch von A. J. Welburn, *The Truth of Imagination*, 1989, zu einem anderen Wahrheitsbegriff, den ich ablehne.
5 Siehe M. Arnold, *Literature and Dogma*, 1903 (*Werke*, Bd. VII, Macmillan), S. 238 und 135.

II

Der ausführlichste Kommentar hierzu ist derzeit C. Westermann, *Genesis 1–11*, 1974, dessen Bibliographie ich voraussetze. In B. W. Anderson, Hg., *Creation in the Old Testament*, 1984, sind einige nützliche Aufsätze zu finden. J. Rogerson, *Genesis 1–11*, 1991, bietet einen kurzen, hilfreichen Überblick über die Probleme und alternativen Theorien. Ganz besonders verpflichtet bin ich J. G. Turner, *One Flesh*, 1987, mit Bibliographie.

6 Origenes, *Brief an Africanus* 4, siehe dazu N. R. M. de Lange, *Jüdische Welt*, 1984. Allgemein dazu D. T. Tsumara, *The Earth and the Waters in Genesis 1 and 2*, 1989.
7 P. Trible, *God and the Rhetoric of Sexuality*, 1978, insb. Kap. 4 (dt.: *Gott und Sexualität im Alten Testament*, 1993).
8 Galenus, *De Usu Partium* 11,14, dazu R. Walzer, *Galen on Jews and Christians*, 1949, S. 12.
9 Zum Verhältnis von Schöpfung und Wort vgl. S. Morenz, *Religion und Geschichte des alten Ägypten*, 1975, S. 328ff.

10 Pseudo-Longinus, *Vom Erhabenen* 9,9. Vgl. dazu den Kommentar in der Ausgabe von D. A. Russell, 1982², S. 92 ff. Ich stimme in folgenden Punkten nicht mit ihm überein: Meiner Meinung nach gehen 9,8 und 9,10 nahtlos ineinander über; warum sollte ein Interpolator Gen 1 nicht aus dem Gedächtnis zitieren können; wir müssen in Betracht ziehen, daß diese Verse in verschiedenen Textfassungen existierten. Die Tempusform *genestho* für »es werde ...« ist sowohl als Lesart der Bibeltexte als auch in Zitaten bei Philon und Eusebius belegt. Vgl. dazu den kritischen Apparat der *Göttinger Septuaginta*, hg. von W. Wevers, 1974.

11 Falsch dazu B. S. Childs, *Introduction to the Old Testament as Scripture*, 1979, S. 145–150.

12 Vgl. dazu H. N. Wallace, *The Eden Narrative*, 1985, N. P. Williams, *The Ideas of the Fall and the Original Sin*, 1929, J. G. Turner, *One Flesh*, 1987 (mit Bibliographie). Auf S. 29 diskutiert er das Problem des 22. April als Tag des Sündenfalls.

13 Zu diesen Problemen außerdem wichtig sind R. W. L. Moberly, *The Journal of Theological Studies*, 1988, S. 1–28. Vgl. dazu besonders die herausragende Arbeit von P. Brown, *The Body and Society*, 1988, S. 95 ff. und S. 387 (dt.: *Die Keuschheit der Engel. Sexuelle Enthaltsamkeit, Askese und Körperlichkeit am Anfang des Christentums*, 1991).

14 P. Trible, *The Rhetoric of Sexuality*, 1978, interpretiert den Begriff »Gehilfin« neu; vgl. dazu die Diskussion bei J. G. Turner, *One Flesh*, 1987, Kap. 3.

15 Vgl. dazu P. Lindenbaum, *Milton Studies*, 1974, und P. Brown, *The Body and Society*, 1988, S. 95.

16 Zum Thema eines männlichen Helfers, der zu bevorzugen gewesen wäre, vgl. Augustinus, *Über den Wortlaut der Genesis 9,5* (diesen Hinweis verdanke ich A. D. Nuttall). Vgl. zum Thema G. Anderson, *The Harvard Theological Review*, 1989, S. 121, mit Bibliographie, besonders S. 123–129, und das Buch der Jubiläen 3,2–5. Josephus, *Jüdische Altertümer* 1,35, geht auch davon aus, daß die Tiere paarweise geschaffen wurden.

17 Vgl. dazu Philon, *Legum allegoriae* 1,31.

18 Vgl. dazu R. H. Popkin, *Isaac La Peyrère, 1596–1676. His Life, Work and Influence*, 1987.

19 Die erste Darlegung der Zwei-Autoren-Theorie findet sich bei H. B. Witter, *Jura Israelitarum in Palaestina*, 1711. Zum folgenden vgl. A. Lods, *Jean Astruc et la critique biblique au XVIII. siècle*, 1924.

20 Vgl. dazu die Kap. 4.II und 12 dieses Buches und J. A. Emerton, *The Journal of Theological Studies*, 1988, S. 381. Zum Sabbat vgl. H. J. Kraus, *Worship in Israel*, 1966, S. 87 (dt.: *Gottesdienst in Israel. Studien zur Geschichte des Laubhüttenfestes*, 1954). Natürlich existierte der Sabbat auch schon vor dem Exil (dazu Ex 20,8–10; 23,12; 24,21), aber nach 587 v. Chr. erlangte er größere Bedeutung.

21 Vgl. dazu in diesem Buch die Kap. 3 und 12.

22 C. Westermann, *Genesis 1–11*, 1984, S. 80–88.

23 Ich zitiere C. Westermann, *Schöpfung*, 1983⁴, S. 70.

24 Vgl. dazu E. R. Leach, *Genesis as Myth*, 1969, mit einer außergewöhnlichen These, J. Barr, *Vetum Testamentum* 1963, S. 1 ff., B. W. Anderson und H. Gunkel in B. W. Anderson, Hg., *Creation in the Old Testament*, 1984, S. 1 und S. 25, B. S. Childs, *Myth and Reality in the Old Testament*, 1960,

insb. die Kap. 1–4, H. Frankfort, Hg., *Before Philosophy*, 1949, S. Dalley, *Myths from Mesopotamia. Creation, the Flood, Gilgamesch and Others*, 1989, ein wichtiges Buch, B. Otzen, H. Gottlieb, K. Jeppsen, *Myths in the Old Testament*, 1980, Kap. 1–2, W. G. Lambert, *The Journal of Theological Studies*, 1965, S. 285, S. G. F. Brandon, *Creation Legends of the Ancient Near East*, 1963, Kap. 2–4. Die Hesiod-Stelle ist *Theogonie* 25–35.

25 Vgl. dazu J. Barr in G. R. Evans, Hg., *Christian Authority. Essays ... Henry Chadwick*, 1988, S. 59 ff.

26 Sir 25,24, dazu E. J. Bickerman, *Jews in the Greek Age*, 1988, S. 198.

27 Die männlichen Kommentatoren (nicht aber die meisten Frauen heute) sind sich fast alle einig darüber, daß mit den Schmerzen in Gen 3,16 nur die Geburt gemeint ist, nicht auch die Menstruationsbeschwerden. Vgl. C. Westermann, *Genesis 1–11*, S. 261 f.

28 Zu Röm 5,12 vgl. den Kommentar des Ambrosiaster zur Stelle und N. P. Williams, *The Ideas of the Fall and the Original Sin*, 1929, S. 307 ff. und S. 378 ff. »Das schicksalhafte Vermächtnis wurde nur allzugern angenommen ...« z. B. bei Augustinus, *Predigt* 294,15 (J. P. Migne, Patrologia Latina Bd. 38, Sp. 1344 f.), und *Gegen Julianus* 6,75. Vgl. E. Pagels, *Adam, Eve and the Serpent*, 1988, S. 142 ff. (dt.: *Adam, Eva und die Schlange. Die Theologie der Sünde*, 1991).

29 *Dictionnaire Philosophique*, s. v. Genesis. Siehe auch J. G. Turner, *One Flesh*, 1987, S. 39, Anm. 2.

30 Siehe H. Maguire, »Adam and the Animals ...«, in *Dumbarton Oak Papers*, 1987, S. 363 ff..

31 Dazu J. G. Turner, *One Flesh*, 1987, S. 156 (zu den Rabbinen und dem *Physiologus*), S. 43–39 (zu Augustinus) und S. 301–304 (zu Milton). Den Rembrandt-Stich aus dem Jahre 1638 hat Turner durchaus passend als Frontispiz benutzt.

32 John Donne, »Metempsychosis«, 1601, Stanze 11.

33 Zu diesen Themen siehe D. Jobling, *The Sense of Biblical Narrative* II, 1986, S. 17, und die Beiträge in *Semeia*, Bd. 18, 1980, zur strukturalistischen Analyse. M. Bal behauptet in *Poetics Today* 6, 1985, S. 21–42, fälschlicherweise, daß der Text der zweiten Schöpfungsgeschichte die Frau nicht in einer untergeordneten Rolle darstelle und daß in einem »semiotischen Sinn« die Frau vor dem Mann geschaffen worden sei (S. 27). B. W. Anderson setzt sich in dem von ihm herausgegebenen Buch *Creation in the Old Testament*, 1984, mit ökologischen Themen auseinander. Vgl. dazu auch N. Lohfink in N. Lohfink, Hg., *Gewalt und Gewaltlosigkeit im Alten Testament*, 1983, und E. Zenger, *Gottes Bogen in den Wolken*, 1983, die sich beide mit der Priesterschrift beschäftigen.

34 Der botanische Name des Baumes ist Tabernaemontana indica.

III

Das grundlegende Werk ist immer noch E. Schürer, *Die Geschichte des jüdischen Volkes im Zeitalter Jesu Christi*, Bd. 1, 1902⁴. Die englische Bearbeitung, auf die hier Bezug genommen wird, ist die von F. G. B. Millar und G. Vermes, *History of the Jewish People* I, 1973. Natürlich gibt es weiterhin Versuche, die beunruhigende Wahrheit zu umgehen, aber soweit ich gesehen habe, konnte auch in den neueren Publikationen nach 1972 niemand Schürers Argumente entkräften. In bezug auf die Chronologie ist das Wesentliche bei N. Kokkinos in J. Vardaman, E. M. Yamauchi, Hg., *Chronos, Kairos, Christos. Studies ... Jack Finegan,* 1989, S. 133, dargelegt. Nicht alle seine Argumente sind schlüssig, aber der Hauptpunkt, die Datierung der Kreuzigung auf das Jahr 36 n. Chr., ist dennoch gesichert. Die Bibliographien beider Bücher sind für das folgende Kapitel sehr hilfreich.

35 Josephus, *Jüdische Altertümer* 18,1; vgl. auch 17,355; 18,29 und 20,102. Zur Datierung dieses Werkes vgl. T. Rajak, *Josephus,* 1983, S. 237. Vgl. Josephus' Werk *Der jüdische Krieg* 7,253 mit 2,118 und 433 (zur Datierung Rajak, S. 195). Die Inschrift, die als Titulus Tiburtinus bekannt ist, bezieht sich nicht auf Quirinius: R. Syme, *Roman Papers* III, 1984, S. 869.

36 Zur neueren Diskussion über das Vasallenkönigtum siehe D. C. Braund, *Rome and the Friendly King,* 1984; auf S. 36 f. bezweifelt er, daß diese Könige Rom jemals Tribute gezahlt haben. Eine direkte Besteuerung durch einen römischen Zensus ist völlig unmöglich.

37 Vgl. dazu E. Schürer, *History of the Jewish People* I, 1973, S. 401.

38 Dazu Cassius Dio 55,27,6 mit dem Kommentar von E. Schürer, *History of the Jewish People* I, 1973, S. 354–357, und Strabo 16,2,46.

39 T. P. Wiseman, *New Testament Studies,* 1987, S. 479 ff. schlägt vor, die Stelle auf den allgemeinen Zensus für die neueingeführte Erbschaftssteuer im Jahre 6 zu beziehen. Dieser Vorschlag ist nicht überzeugend, zudem trägt er nichts zur Lösung des Problems bei.

40 Vgl. dazu z. B. Apg 2,5; 11,28.

41 Dieser wichtige Punkt ist von N. Kokkinos in J. Vardaman, E. M. Yamauchi, Hg., *Chronos, Kairos, Christos. Studies ... Jack Finegan,* 1989, S. 133 ff., diskutiert worden. Er stützt sich dabei auf Josephus, *Jüdische Altertümer* 18,109 ff., und ich stimme seiner Analyse zu. In 18,113 allerdings möchte ich die Lesart des Manuskripts »Gamala« beibehalten. Man kann sie erklären, wenn man annimmt, daß Aretas die Tetrarchie des Philippus nach dessen Tod besetzte. Diejenigen, die bei dieser Aktion vertrieben wurden, unterstützten dann Antipas gegen Philippus, wie es in 18,114 beschrieben wird. Dieser Ansicht ist auch G. W. Bowersock, *Roman Arabia,*1983, S. 65 ff., der sich allerdings über die Datierung der Hochzeit ausschweigt. Antipas wurde geschlagen; wenn die Darstellung bei Tacitus, *Annalen* 6,27 stimmt, bat er danach Tiberius um Hilfe und benutzte dabei das Treffen zwischen Parthern und Römern am Eufrat im Jahre 35 (Tac. Ann. 6,37), um den Römern einen Brief zukommen zu lassen, mit dem er sich bei bei ihnen einschmeicheln wollte (Jos., J. A. 18,104 f.). Im März 36 wurde Jesus gekreuzigt, im Winter 36/37 kontrollierte Aretas noch immer Damaskus (2 Kor 11,23); Vitellius wollte ihn am Passahfest des Jahres 37 von dort vertreiben, zog sich jedoch zurück, sobald er vom Tod des Tiberius hörte. Tiberius war im März 37 gestorben. Nach G. W. Bowersock, *Roman Arabia,*1983, S. 68 f., hat Aretas die Stadt Damaskus erst später erobert und nur kurze Zeit gehalten.

Die Datierung der Kreuzigung auf den März 36 ist mit Gal 1–2 in Übereinstimmung zu bringen, wenn man: 1.) die Jahresangaben in 1,18 und 2,1, drei und vierzehn Jahre, inklusive rechnet; 2.) annimmt, daß die vierzehn Jahre die Zeit nach der Bekehrung des Paulus sind, nicht die Zeit nach den Geschehnissen in 1,18; und 3.) das in der Apg 15 beschriebene »Apostelkonzil« mit dem Besuch des Paulus, wie er in Gal 2,1 beschrieben wird, gleichsetzt. Paulus hatte das in Apg 11,30 beschriebene Treffen entweder nicht mitgezählt, oder der Verfasser, der ihn nicht mehr begleitete, hatte seine Rolle dabei falsch dargestellt.

42 N. Kokkinos in J. Vardaman, E. M. Yamauchi, Hg., *Chronos, Kairos, Christos. Studies ... Jack Finegan*, 1989, S. 133 ff. zählt Argumente für den engen Zusammenhang zwischen dem Halleyschen Kometen, den Sterndeutern und dem Jahre 12 auf, aber sie sind in meinen Augen nicht überzeugend. D. W. Hughes, *Nature* 26, 1976, S. 513, bringt die Geschichte mit einer dreifachen Konjunktion von Jupiter und Saturn im Sternbild der Fische im Jahre 7 v. Chr. in Zusammenhang; vgl. dazu sein Buch *Star of Bethlehem Mystery*, 1979. Dennoch bin ich nicht überzeugt. A. J. Sachs und C. B. F. Walker, *Iraq*, 1984, S. 43, sprechen dem Fragment eines babylonischen Kalenders, das man auf dieses Problem bezogen hatte, jegliche Bedeutung ab.

43 Zu Num 24,17 und dem Bar-Kochba-Aufstand vgl. E. Schürer, *History of the Jewish People* I, 1973, S. 543 f.

44 Vgl. Irenäus, *Adversus Haereses* 2,22,5 (J. P. Migne, Patrologia Graeca Bd. 7, Sp. 784 f.).

45 Vgl. *Dictionary of Christian Antiquities* I, 1879, S. 356 ff. s. v. Christmas (v. L. Sinker), dazu L. Fendt, *Theologische Literaturzeitung* 1953, S. 2, und H. Frank, *Archiv für Liturgiewissenschaft* II, 1952, S. 11.

46 Eine Zusammenstellung des Materials bei R. E. Brown, *The Birth of the Messiah*, 1977, obwohl ich in wesentlichen Punkten nicht mit ihm übereinstimme.

47 Quellen und kurzer Überblick bei G. Schiller, *Ikonografie der christlichen Kunst* Bd. 1, 1966, S. 105 ff., auf die ich mich vor allem beziehe. Zu den Legenden im Osten: U. Monneret de Villard, *Le Leggende Orientali sui Magi Evangelici*, 1952.

48 Vgl. Marco Polo, *Il Milione. Die Wunder der Welt*, übers. von E. Guignard, 1994[6], S. 43.

49 Zu Saveh vgl. W. Dalrymple, *In Xanadu*, 1987, S. 136–139, obwohl ich mich seiner Interpretation nicht anschließen kann.

50 Augustinus, *Predigt* 51,6 ff. (J. P. Migne, Patrologia Latina Bd. 38, Sp. 336 ff.).

2 Das unfehlbare Wort

Grundlegend zu diesem Thema sind J. Barr, *Fundamentalism*, 1981 (dt.: *Fundamentalismus*, 1981) und vom selben Autor *Escaping from Fundamentalism*, 1984. L. Jakobs, *God, Torah and Israel. Traditionalism without Fundamentalism*, 1990, beschreibt das Problem aus jüdischer Sicht. Ein Beispiel für den fundamentalistischen Ansatz ist R. K. Harrison, *Introduction to the Old Testament*, 1970. R. Nelson, *The Making and Unmaking of an Evangelical Mind*, 1987, untersucht die innere Entwicklung eines Fundamentalisten, L. Caplan, Hg., *Religious Fundamentalism*, 1987, das Problem des weltweit wachsenden Fundamentalismus.

1 Zum Problem des »unfehlbaren Wortes« vgl. W. J. Abraham, *The Divine Inspiration of the Holy Scripture*, 1981, B. Vawter, *Biblical Inspiration*, 1972, und P. J. Achtemeier, *The Inspiration of Scripture*, 1980.

2 Vgl. den 1. Klemensbrief 45.

3 Origenes, *Selecta in Psalmos* (J. P. Migne, Patrologia Graeca Bd. 12, Sp. 1080).

4 Zur allegorischen Auslegung eine scharfsinnige Betrachtung zum Neuen Testament bei E. J. Tinsley in A. T. Hanson, Hg., *Vindications*, 1966. Allgemein dazu J. Barr, *Journal for the Study of the Old Testament* 1989, S. 3ff. Einen Verteidigungsversuch hat A. Louth, *Discerning the Mystery*, 1983, unternommen.

5 Zur historischen Bibelforschung vgl. das sehr klar geschriebene Werk von S. Neill, *The Interpretation of the New Testament, 1861–1986*, 1988[2]. A. Richardson, *History Sacred and Profane*, 1964, ist der nicht überzeugende Versuch, die historische Analyse der Bibel von dem abzusetzen, womit »richtige« Historiker sich beschäftigen sollten.

3 »Höre, Israel ...«

Besonders viele Anregungen verdanke ich der hervorragenden Untersuchung von E. W. Nicholson, *God and His People*, 1986. Zu Jahwe als alleinigem Gott und seiner frühen Verehrung finden sich in M. Smith, *Palestinian Parties and Politics that Shaped the Old Testament*, 1987[2], Kap. 1 und 3, glänzende, provozierende Aussagen. In jüngster Zeit haben sich M. Smith, *The Early History of God*, 1990, und J. C. de Moor, *The Rise of Yahwism*, 1990, dem Thema erneut zugewandt, wobei ich jedoch insbesondere die Meinung des letzteren nicht teilen kann. R. Radford Ruether, *Journal for the Study of the Old Testament* 1982, S. 54ff., unterstreicht die Geschlechterproblematik in der patriarchalen Religion. In ihrem Buch *Sexism and God Talk*, 1983, findet sich eine feministische Sicht des Themas.

I

1 Irenäus, *Adversus Haereses* 3,11,8 (J. P. Migne, Patrologia Graeca Bd. 7, Sp. 885). Vgl. *Panegyrici Latini* 8,4,2 zur Tetrarchie (im Jahre 297).

2 Ich zitiere P. Achtemeier, *The Inspiration of Scripture*, 1980, und F. F. Bruce, *The Books and the Parchments*, 1984[2], S. 101.

3 Interessante Anmerkungen dazu bei B. S. Childs, besonders in *The New Testament as Canon*, 1984, und *Old Testament Theology in a Canonical Context*, 1985.

4 Vgl. dazu J. Barr, *Holy Scripture*, 1983, S. 57.

II

5 Vgl. dazu E. W. Nicholson, *God and His People*, 1986, S. 121–150.

6 Ich zitiere E. Nielsen, *The Ten Commandments in New Perspective*, 1956, S. 10 (dt.: *Die Zehn Gebote. Eine traditionsgeschichtliche Studie*, 1965). Vgl. auch S. 118–144 zu Datierungsfragen in der Untersuchung von J. J. Stamm und M. E. Andrew, *The Ten Commandments in Recent Research*, 1962, (dt.: J. J. Stamm, *Der Dekalog im Lichte der neueren Forschung*, 1962[2]). Wichtig dazu ist auch L. Perlitt, *Bundestheologie im Alten Testament*, 1969, S. 90ff.

7 Zum ersten Gebot vgl. J. J. Stamm, M. E. Andrew, *The Ten Commandments in Recent Research*, 1962, S. 79–87.

8 Meine Zahlenangaben stammen aus J. H. Tigay, *You Shall Have No Other Gods,* 1986. J. D. Fowler, *Theophoric Personal Names in Ancient Hebrew,* 1988, stellt ähnliches Material anders dar. Vgl. dazu J. Barr, *The Journal of Theological Studies* 1990, S. 136. J. C. de Moor, *The Rise of Yahwism,* 1990, S. 10–41, kritisiert beide Ansätze und kommt zu wieder anderen Ergebnissen.

9 Vgl. dazu J. J. Stamm, M. E. Andrew, *The Ten Commandments in Recent Research,* 1962, S. 79–81.

10 J. J. Stamm, M. E. Andrew, *The Ten Commandments in Recent Research,* 1962, S. 80–81. Allgemein dazu H. P. Müller in O. Keel, Hg., *Monotheismus im Alten Israel und seiner Umwelt,* 1980, S. 99.

11 Zur Datierung vgl. E. W. Nicholson, *God and His People,* 1986, S. 134–150, mit Bibliographie.

12 Vgl. dazu J. Day in D. A. Carson und H. G. M. Williamson, Hg., *It is Written,* 1988, S. 39.

13 Eine Einschätzung zu J findet man bei R. Friedman, *Who Wrote the Bible?,* 1987, S. 51–88, mit Bibliographie. Ich stimme nicht mit H. Bloom, *The Book of J,* 1990, überein. Zur Datierung vgl. K. Birge, *Die Zeit des Yahwisten,* 1990.

14 Eine Bewertung von E ebenfalls bei R. Friedman, *Who Wrote the Bible?,* 1987, S. 51–88.

15 Wichtig dazu E. W. Nicholson, *Deuteronomy and Tradition,* 1967, S. 56 ff. und 96 ff.

16 Vgl. E. W. Nicholson, *God and His People,* 1986, S. 46 ff., 90 und 112. Die Diskussion anderer Meinungen bei R. E. Clements, *Abraham and David,* 1967, bes. S. 15–34.

17 Vgl. dazu J. A. Emerton, *Vetus Testamentum* 1976, S. 79, und M. Smith, *Palestinian Parties and Politics that Shaped the Old Testament,* 1987², S. 12 f.

18 Siehe E. W. Nicholson, *God and His People,* 1986, S. 179. Vgl. dazu J. Day, *Vetus Testamentum* 1986, S. 1 ff., zum 78. Psalm.

19 Die Metaphorik bei Hosea wird eindrucksvoll erörtert von M. Smith, *Palestinian Parties and Politics that Shaped the Old Testament,* 1987², S. 32 f. Ein interessanter feministischer Ansatz findet sich bei T. Drorah Setel in L. M. Russell, Hg., *Feminist Interpretation of the Bible,* 1985, S. 86 ff.

20 Siehe dazu S. Dalley, *Iraq,* 1985, S. 31 ff. Ich habe das allgemein bekannte Datum 722 v. Chr. für den Fall des Nordreiches angenommen, obwohl J. Hughes, *Secrets of the Times,* 1990, S. 207, richtig herausstellt, daß es sehr unsicher ist. Er plädiert für eine Datierung auf den Herbst 724 bzw. das Frühjahr 723.

III

R. E. Clements, *Deuteronomy,* 1989, ist eine klare Übersicht zu den wichtigsten Perspektiven und Problemen auf dem aktuellen Forschungsstand. Ich setze ihre Bibliographie hier voraus. Zur Entstehungsgeschichte des Textes überzeugt mich E. W. Nicholson, *Deuteronomy and Tradition,* 1967, bes. die Kap. 4 und 5, völlig, ebenso sein Buch *God and His People,* 1966, S. 112–114. Zum Ethos des Gesetzbuches und der Kultur der Scham ist der Artikel von D. Daube, *Orita* 3, 1969, S. 27 ff., besonders empfehlenswert. Zu Jahwe als alleinigem Gott siehe M. Smith, *Palestinian Parties and Politics that Shaped the Old Testament,* 1987², S. 22, S. 165, Anm. 111, und S. 37 (zur Theorie eines frommen Betrugs). N. Lohfink,

Hg., *Das Deuteronomium. Entstehung, Gestalt und Botschaft,* 1985, ist die wichtigste neuere Aufsatzsammlung. Zum Gesetzbuch als Teil der Heiligen Schrift siehe J. Barr, *Holy Scripture,* 1983, S. 6ff.

Ich lehne die Argumente für eine vorexilische Edition des deuteronomistischen Geschichtswerks ab, die in der neueren Forschung weithin akzeptiert werden. B. Halpern, *The First Historians,* 1988, ist ein gutes Beispiel dafür. Halpern steht hier in der Tradition von F. M. Cross. Eine sehr schlüssige Ansicht über die Zeit und den Ort der Sammlung und Herausgabe findet sich bei E. W. Nicholson, *Preaching to the Exiles,* 1970, S. 71–93 und S. 117ff.

4 Den Tatsachen zum Trotz

Zur Zeit im Exil siehe P. R. Ackroyd und E. J. Bickerman in W. D. Davies, L. Finkelstein, Hg., *The Cambridge History of Judaism* I, 1984, S. 130ff. und S. 342ff. Sehr umfassend sind P. R. Ackroyd, *Exile and Restoration,* 1968, und *Israel under Babylon and Persia,* 1970. M. Noth, »The Jerusalem Catastrophe of 587 B.C. and its Significance for Israel« in seinem Werk *Laws of the Pentateuch,* 1966, S. 260ff. (dt. in: *Gesammelte Studien zum Alten Testament,* 1966[3], S. 346–371), ist klar geschrieben und regt zu weiterem Nachdenken an. E. W. Nicholson, *Preaching to the Exiles,* 1970, S. 117ff., erscheint mir in bezug auf die Datierung und den Kontext des deuteronomistischen Geschichtswerks überzeugend.

I

1 Zum Buch der Klagelieder vgl. B. Albrektson, *Studies in the Text and Theology of the Book of Lamentations,* 1963.

2 Vgl. M. Noth, *The Deuteronomistic History,* 1981, (dt. in: *Überlieferungsgeschichtliche Studien,* 1967[3]) und Kap. 12 dieses Buches. Ich zitiere M. Smith, *Palestinian Parties and Politics that Shaped the Old Testament,* 1987[2], S. 36.

3 Zu P vgl. J. A. Emerton, *The Journal of Theological Studies* 1988, S. 381, mit Bibliographie; Emerton diskutiert auch abweichende Ansichten; zu einer frühen, vorexilischen Datierung von P vgl. R. Friedman, *Who Wrote the Bible?,* 1987, S. 161–216, und zu den »linguistischen« Anhaltspunkten Z. Zevit, *Zeitschrift für alttestamentliche Wissenschaft* 1982, S. 481ff., und A. Hurvitz, *Zeitschrift für alttestamentliche Wissenschaft* 100, 1988, Suppl.-Bd., S. 90ff.

4 Vgl. E. J. Bickerman in *The Cambridge History of Judaism* I, 1984, S. 342–358, zu den Berufen der Juden S. 346ff. Das Zitat findet sich auf S. 348.

5 Siehe Jes 44,6ff. mit dem Kommentar von C. R. North, *The Second Isaiah,* 1964, S. 15f. und 138ff.

6 Zum Sabbat und zum Tag der Sühne vgl. H. J. Kraus, *Worship in Israel,* 1966, S. 86 (dt.: *Gottesdienst in Israel. Studien zur Geschichte des Laubhüttenfestes,* 1954), und J. Hughes, *Secrets of the Times,* 1990, S. 169, Anm. 26.

7 Anderer Meinung ist A. Lemaire, *Les Écoles et la Formation de la Bible,* 1981. Zum Fehlen von Belegen für die Synagogen vgl. L. L. Grabbe, *The Journal of Theological Studies* 1988, S. 401ff. Zum selben Ergebnis kommt M. Haran in J. A. Emerton, Hg., *Congress Volume. Jerusalem 1986,* erschienen 1988

als Suppl.-Bd. zu *Vetus Testamentum* 40, S. 81 ff., in bezug auf Schulen während der Exilzeit.

8 Vgl. dazu W. Eichrodt, *Ezekial*, 1979, S. 26–48, bes. S. 38 (dt.: *Der Prophet Hesekiel*, 2 Bde., 1968/69).

9 So J. M. Wilkie, *The Journal of Theological Studies* 1951, S. 36, in Verbindung mit Jes 41,10–16 und 51,12 ff.

10 Vgl. dazu M. D. Hooker, *Jesus and the Servant*, 1959, S. 41–53.

11 Dazu S. Smith, *Isaiah, Chapters XL-LV*, 1944, bes. S. 49–75. Auf S. 73 f. leugnet Smith eine spezifisch messianische Bedeutung dieses Wortes.

12 Eine Übersicht über den Messianismus und den Glauben an einen davidischen König findet sich bei E. Schürer, *History of the Jewish People* II, 1979, S. 488–554, und bei R. E. Clements, *Journal for the Study of the Old Testament* 1989, S. 3.

13 Dazu A. Kuhrt, *Journal for the Study of the Old Testament* 1983, S. 90–94, und E. J. Bickerman in *The Cambridge History of Judaism* I, 1984, S. 353.

14 D. R. Jones, »The Cessation of Sacrifice after the Destruction of the Temple« in *The Journal of Theological Studies* 1963, S. 12 ff., ist meiner Meinung nach maßgeblich. Vgl. E. J. Bickerman, *Studies in Jewish and Christian History* III, 1986, S. 297, zum Fehlen nichtjüdischer Kolonisten.

II

15 Zu P als eigenständiger Quelle vgl. J. A. Emerton, *The Journal of Theological Studies* 1988, S. 381, und E. W. Nicholson, *Irish Biblical Studies* 10, 1988, S. 192, dessen Meinung ich mich anschließe. Die späte Datierung, die z. B. R. Friedman, *Who Wrote the Bible?*, 1987, S. 161, vorgeschlagen hat, kann ich nicht akzeptieren.

16 Die neueste und bedeutendste Arbeit zu Lev 11 ist die von E. Firmage in J. A. Emerton, Hg., *Studies in the Pentateuch*, 1990, S. 177 ff., mit Bibliographie. Wichtig ist auch M. Douglas, *Purity and Danger*, 1966, S. 56 ff. (vgl. allerdings dazu S. J. Tambiah, *Ethnology* 7, 1969, S. 423). Frau Douglas hat ihre These weiterentwickelt in ihrem Buch *Implicit Meanings*, 1975, S. 261–274. Unabhängig davon siehe auch J. Soler in der *New York Review of Books* vom 14. Juni 1979, S. 24 ff. Zu den Regeln für den Umgang mit Blut vgl. J. Milgrum, *Journal of Biblical Literature* 1971, S. 149. Diese Arbeiten setze ich voraus, aber ich weiche im einzelnen in meiner Darstellung leicht von ihnen ab.

17 Siehe dazu M. Harris, *The Sacred Cow and the Abominable Pig*, 1985.

18 Vgl. Anm. 15.

III

P. R. Ackroyd, *The Chronicler in His Age*, 1991, ist die umfassendste Arbeit über die Themen, die ich in diesem Abschnitt nur streifen kann.

19 Dazu L. J. Archer, *Her Price is Beyond Rubies*, 1990, S. 85 ff., und *History Workshop Journal* 1987, S. 3–7.

20 Vgl. dazu Kap. 16, Abschn. IV und V in diesem Buch; Neh 5 und 13; Esra 7,27 und Neh 8,2 mit dem Kommentar von H. G. M. Williamson in D. A. Carson und H. G. M. Williamson, Hg., *It is Written*, 1988, S. 29 ff.

21 Neuere Ansätze finden sich bei H. G. M. Williamson in D. A. Carson und H. G. M. Williamson, Hg., *It is Written*, 1988, S. 25 f., der sich mit historischen Argumenten gegen R. Rendtorff, *Zeitschrift für alttestamentliche Wissenschaft* 1984, S. 165, und mit allgemeinen Überlegungen gegen C. Routman, *Oudtestamentische Studien* 1981, S. 91, ausspricht. Vgl. H. G. M. Williamson, »Esra-Nehemia« in *Word Commentary*, 1985, S. XXXVII-XXXIX.

22 Siehe Esra 7,25 f. mit dem Kommentar von H. C. Ginsburg, *Eretz-Israel 9*, 1969, S. 49.

23 Vgl. J. Barton, *Oracles of God*, 1986, S. 105–115.

24 Die scharfsinnigsten Untersuchungen dazu stammen von E. J. Bickerman: »The Historical Foundations of Post-biblical Judaism« in L. Finkelstein, Hg., *The Jews* I, 1949, S. 70–115, und sein Buch *Jews in the Greek Age*, 1988, S. 26–33 und 133–305.

25 Vgl. B. G. Porten, *Archives from Elephantine*, 1968.

26 Einen Überblick über die Argumente gegen die Autorschaft eines einzelnen liefert H. G. M. Williamson, *Israel in the Books of Chronicles*, 1977, S. 5–70. Einige wurden schon von D. Talshir, *Vetus Testamentum* 1988, S. 165, und U. Kellermann, *Biblische Notizen* 42, 1988, S. 49 widerlegt. Allgemein zu dem Problem vgl. P. Ackroyd, *Zeitschrift für alttestamentliche Wissenschaft* 1988, Suppl., S. 189 ff. E. J. Bickerman in L. Finkelstein, Hg., *The Jews* I, 1949, S. 78 ff., bietet eine besonders scharfsinnige Analyse zum Chronisten. Eine gute Übersicht findet man bei H. G. M. Williamson, *Israel in the Books of Chronicles*, 1977, bes. S. 71–83 zu den Genealogien. Siehe auch S. J. de Vries, *Journal of Biblical Literature* 1988, S. 619, zu Mose, David und den Leviten.

27 Zu den Quellen der Chronik und den Propheten vgl. H. G. M. Williamson in D. A. Carson und H. G. M. Williamson, Hg., *It is Written*, 1988, S. 31–35. Vgl. außerdem Kap. 13 in diesem Buch.

28 Ausführlich dargestellt von den Herausgebern der neuen englischen Ausgabe von E. Schürer, *History of the Jewish People* III, 1 und 2, 1986.

29 Zu den Büchern Ijob, Jona, Kohelet und Daniel vgl. das herausragende Werk von E. J. Bickerman, *Four Strange Books of the Bible*, 1967. Zum Buch Kohelet und der »Erwerbsgesellschaft« habe ich aus den Seiten 139–167 zitiert.

30 Die Zitate stammen aus M. Smith, *Palestinian Parties and Politics that Shaped the Old Testament*, 1971, S. 120.

5 Anonyme Verfasser

I

Ich gehe in diesem Kapitel im wesentlichen aus von E. J. Bickerman, *Studies in Jewish and Christian History* III, 1986, S. 196 ff. Sein Buch *Jews in the Greek Age*, 1988, ist ein Meisterwerk für die Zeit zwischen Alexander und den Makkabäern.

1 Dazu E. J. Bickerman, *Jews in the Greek Age*, 1988, S. 8–12 und S. 187; Sir 50,26 zum »törichten Volk, das in Sichem lebt«.

2 Vgl. E. Schürer, *History of the Jewish People* III.1, 1986², S. 1–176; wichtig vor allem der Tempel von Leontopolis in Ägypten, der etwa 160 v. Chr. errichtet wurde und in dem bis in die siebziger Jahre des 1. Jahrhunderts n. Chr. Opfer dargebracht wurden (Schürer, III.1, S. 47 ff., 145 ff.).

3 Vgl. E. Schürer, *History of the Jewish People* III.1, 1986², S.138–149, S. Safari in M. Yonah, Z. Boras, Hg., *Society and Religion in the Second Temple Period*, 1977, S. 65–98, L. L. Grabbe, *The Journal of Theological Studies*, 1988, S. 401, mit dem heute verfügbaren Belegmaterial. Falsch ist wohl eine frühere Datierung, wie sie z. B. von M. Smith, *Palestinian Parties and Politics that Shaped the Old Testament*, 1987², angesetzt wird.

4 Interessante Beobachtungen bei A. D. Nock, *Gnomon* 26, 1954, S. 420–423. Allgemein dazu J. Leipoldt, S. Morenz, *Heilige Schriften*, 1953.

5 Unter ihnen ist auch E. J. Bickerman, *Studies in Jewish and Christian History* I, 1976, S. 167 ff.

6 Zitate aus E. M. Forster, *Anonymity. An Enquiry*, 1925, S. 14, 18, 22. Siehe dazu auch J. Barton, *Reading the Old Testament*, 1984, S. 121–203.

7 M. Noth, *The Deuteronomistic History*, 1981, und vom selben Autor *The Chronicler's History*, 1987 (beide dt. in: *Überlieferungsgeschichtliche Studien*, 1967³). Vgl. auch die Einleitung zu *The Chronicler's History*, von H. G. M. Williamson, bes. S. 20 ff.

8 Die wichtigste Untersuchung dazu ist E. J. Bickerman, »Faux Littéraires …« in seinem Sammelband *Studies in Jewish and Christian History* II, 1986, S. 196.

9 Zu den frühen babylonischen Namen vgl. S. Dalley, *Myths from Mesopotamia*, 1989, bes. S. 3 (zu Nur Aya, dem Schreiber von Atrahasis), S. 47 (zum Autor des Gilgamesch-Epos) und bes. S. 284 und S. 311 ff. (Erra und Ishum, die in einem Traum ihrem Schreiber erschienen. Auch hier ist er nur derjenige, der Erras Worte festhält, nicht der eigentliche Autor.) Eine Bibliotheksliste findet man bei W. G. Lambert, *The Journal of Classical Studies* 16, 1962, S. 59.

10 Vgl. dazu M. Smith in *Entretiens Fondation Hardt* 18, 1972, S. 189; ganz anders D. W. Freedman, *Andrews University Seminary Studies* 25, 1987, S. 9.

11 Zu den Titelzeilen der Psalmen vgl. B. S. Childs, *Journal of Semitic Studies* 1971, S. 137, mit Bibliographie. Ich stimme nicht überein mit M. D. Goulder, *The Prayers of David. Psalms 51–72*, 1990.

12 Siehe Josephus, *Jüdische Altertümer* 6,66, und J. Barton, *Oracles of God*, 1986, S. 130.

13 Vgl. M. Hengel in *Entretiens Fondation Hardt* 19, 1972, S. 229, D. S. Russell, *The Old Testament Pseudepigrapha*, 1987, D. G. Meade, *Pseudonymity and Canon*, 1986, C. Rowland, *The Open Heaven*, 1982, S. 62 ff., 240 ff. Ich kann mich keinem dieser Autoren anschließen.

14 In bezug auf die Erotik des Hohenliedes stimme ich überein mit M. D. Goulder, *The Song of Fourteen Songs*, 1986, und M. V. Fox, *The Song of Songs and the Ancient Egyptian Love Songs*, 1985, obwohl mich ihre anderen Argumente nicht alle überzeugen. Zum Buch Kohelet vgl. den neuesten Kommentar von R. N. Whybray, 1989. Zu Daniel vgl. E. J Bickerman, *Four Strange Books of the Bible*, 1967, S. 51–139, und Kap. 18 in diesem Buch.

II

Die neueste Besprechung der Textprobleme, die ich hier diskutiere, ist E. Tov, *Journal of Jewish Studies* 1988, S. 5–37, eine sorgfältig abgewogene Darstellung. E. J. Bickerman, *Studies in Jewish and Christian History* I, 1976, S. 167 ff., ist sehr interessant, wenn auch, wie ich glaube, die Geschichte von Ptolemaios II. und der Septuaginta falsch dargestellt ist.

15 Eine kurze Zusammenfassung der wichtigsten Forschungspositionen bei F. F. Bruce, *The Books and the Parchments*, 1984⁴, Kap. 9–12.

16 Ich setze die vollständige Bibliographie in der neuesten Überblicksdarstellung von E. Tov, »Hebrew Biblical Manuscripts from the Judaean Desert. Their Contribution to Textual Criticism« in *Journal of Jewish Studies* 1988, S. 5 ff., voraus. Grundlegend zur Einführung sind J. A. Fitzmyer, *The Dead Sea Scrolls. Mayor Publications and Tools for Study*, 1977², und C. Koester, »A Qumran Bibliography, 1974–1984« in *Biblical Theology Bulletin* 15, 1985, S. 110.

17 Ein umfassender Überblick bei F. F. Bruce, *The Books and the Parchments*, 1984⁴, Kap. 10 und 12. Vgl. F. M. Cross, *The Ancient Library of Qumran and Modern Biblical Studies*, 1980, S. 172–194 (dt.: *Die antike Bibliothek von Qumran*, 1967).

18 Vgl. dazu D. S. Katz, *English Historical Review* 1990, S. 893. Diese Information verdanke ich Dr. P. H. Williams.

19 Vgl. dazu S. A. Cook, *Proceedings of the Society of Biblical Archaeology* 1903, S. 34, und F. C. Burkitt, *Jewish Quarterly Review* 1903, S. 392, und 1904, S. 559.

20 Siehe dazu F. M. Cross, S. Talmon, *Qumran and the History of the Biblical Text*, 1975, obwohl sich Cross' Vorschlag der regionalen Texttypen nicht mehr halten läßt. E. Ulrich, *Catholic Biblical Quarterly* 1984, S. 613, bietet einen neueren Überblick.

21 Zu Masada siehe Y. Yadin, *Masada*, 1966, S. 168–189 (dt.: *Masada. Der letzte Kampf um die Festung des Herodes*, 1979⁷); zum Wadi Marabba'at P. Benoit, J. T. Milik, R. de Vaux, Hg., *Documents from the Judaean Desert* II, 1967, S. 75–85 und S. 181–205; zu Nahal Hever gibt es eine Bibliographie in J. A. Fitzmyer, *The Dead Sea Scrolls. Mayor Publications and Tools for Study*, 1977², S. 46 f.

22 Vgl. E. Qimron, *Hebrew of the Dead Sea Scrolls*, 1986, E. Tov, *Textus* 1986, S. 31 ff., E. Tov, *Journal of Jewish Studies* 1988, S. 20–27, mit Bibliographie, der ich noch J. Barr, *The Variable Spellings of the Hebrew Bible*, 1989, hinzufügen möchte.

23 Vgl. J. G. Janzen, *Studies in the Text of Jeremiah*, 1973. Zu Samuel vgl. E. Ulrich, *The Qumran Text of Samuel and Josephus*, 1978, mit Bibliographie, und E. Tov, Hg., *The Hebrew and Greek Texts of Samuel*, 1980, S. 45 ff. Zum Buch Kohelet vgl. J. Muilenburg, *The Bulletin of the American Schools of Oriental Research* 1954, S. 20.

24 Vgl. dazu P. W. Skehan, *The Bulletin of the American Schools of Oriental Research* 1954, S. 12 ff., K. A. Matthews, *Catholic Biblical Quarterly* 1986, S. 171 ff., J. E. Sanderson, *An Exodus Scroll from Qumran ...*, 1986. Allgemein E. Tov, *Hebrew Union College Annual* 1982, S. 11 ff. Der korrigierte Text des Deuteronomium, 5 Q Deut, ist veröffentlicht in A. Baillet, J. T. Milik, R. de Vaux, *Discoveries in the Judaean Desert* III, 1962, S. 168.

25 Dazu E. Schürer, *History of the Jewish People* III.1, 1986², S. 474–504, mit
   Bibliographie. Wichtig sind die Aufsätze von S. P. Brock, *Oudtestamentische
   Studien* 1972, S. 11 ff., und *Sourozh* 29, 1987, S. 32 ff., ebenso *Syriac Perspec-
   tives on Late Antiquity,* 1984, Kap. 3, zur Bibelübersetzung. E. J. Bickerman,
   Studies in Jewish and Christian History I, 1976, S. 167 ff., ist eine herausra-
   gende Arbeit, ebenso H. M. Orlinsky, *Hebrew Union College Annual* 1975,
   S. 89 ff.
26 Vgl. J. D. Shenkel, *Chronology and Recensional Development in the Greek
   Text of Kings,* 1968; Eine Übersicht in G. H. Jones, Hg., *1 and 2 Kings* (New
   Century Bible), 1984, S. 2–9.
27 E. Tov, Hg., *The Hebrew and Greek Texts of Samuel,* 1980, S. 45–67.
28 Vgl. E. Tov in P. M. Bogaert, *Le Livre de Jérémie,* 1981, S. 145 ff., und E. Tov,
   Journal of Jewish Studies 1988, S. 29 ff. mit Anmerkungen.
29 Zur Chronologie vgl. J. Hughes, *Secrets of the Times,* 1990, S. 122–158.
30 Dazu J. E. Sanderson, *An Exodus Scroll from Qumran. 4QpaleoExodᵐ and
   the Samaritan Tradition,* 1986.
31 Vgl. Anm. 20.
32 Vgl. S. L. West in A. Huebeck, S. L. West, J. B. Hainsworth, *A Commentary
   on Homer's ›Odyssey‹* I, 1988, S. 33–48.

III

J. Barr, *Holy Scripture,* 1983, beschreibt die Idee und die Geschichte des Bibelkanons sehr klar und eindrücklich.

33 Vgl. N. Horsfall, *Greece and Rome* 1989, S. 76 ff.
34 Vgl. E. P. Sanders, *Jesus and Judaism,* 1985, S. 191–194, woher auch das
   Zitat aus *Bleakhaus* stammt; E. J. Bickerman, *Jews in the Greek Age,* 1988,
   Kap. 19, bes. S. 170.
35 Die Synagoge ist die des Theodotus, vgl. *Corpus Inscriptionum Judaicarum*
   II,1404. Dazu Philon, *Legatio ad Gaium* 156; Josephus, *Gegen Apion* 2,175.
36 Siehe Sir 24,23 mit dem von mir zitierten Kommentar von E. J. Bickerman,
   Jews in the Greek Age, 1988, S. 169 f.
37 Diskussion der neueren Forschungsliteratur und Bibliographie bei M. J. Mulder und H. Sysling, Hg., *Mikra. Text, Translation, Reading and Interpretation
   of the Hebrew Bible ...,* 1988.
38 Ich zitiere A. Momigliano, *On Pagans, Jews and Christians,* 1987, S. 91.
39 Vgl. E. J. Bickerman, *Jews in the Greek Age,* 1988, S. 262–266, und *Studies
   in Jewish and Christian History* III, 1986, S. 270–281, mit Bibliographie. Zu
   Qumran vgl. J. Spiegel, *Hebrew Union College Annual* 1971, S. 159 ff.
40 Dazu C. H. Roberts, *Buried Books in Antiquity,* 1963, mit Bibliographie.
41 Belege und eine andere Interpretation bei M. D. Goodman, *The Journal of
   Theological Studies* 1990, S. 99 ff.
42 P. Schaefer, *Judaica* 31, 1975, S. 54 ff., läutete das Ende dieser These ein; vgl.
   S. I. Katz, *Journal of Biblical Literature* 1984, S. 43 ff.; schon unter Esra ist
   eine »Große Synagoge« erwähnt, dazu W. Robertson Smith, *The Old Testament in the Jewish Church,* 1881, S. 148–176, bes. S. 169.
43 Vgl. J. Barr, *Holy Scripture,* 1983, S. 49–74, und J. Barton, *Oracles of God,*
   1986, S. 13–95; eine radikalere Sichtweise, die ich zurückweise, findet sich
   bei R. Beckwith, *The Old Testament Canon of the New Testament. Church*

and Its Background in Early Judaism, 1985. Rabbinische Belege bei S. Z. Leiman, *The Canonization of Hebrew Scripture ...,* 1976.

44 Josephus, *Gegen Apion* 1,37–42.

45 Hieronymus, Vorwort zu Samuel und Könige, (J. P. Migne, *Patrologia Latina* Bd. 28, Sp. 555ff.) kennt diese Erklärung. J. Barton, *Oracles of God,* 1986, S. 88f., überlegt, ob diese Listen vielleicht Memorierhilfen waren, um den Kindern das »Herunterrasseln der Titel der biblischen Bücher« zu erleichtern.

46 Vgl. 4. Buch Esra 14,37ff. mit dem Kommentar von E. Schürer, *History of the Jewish People* III.1, 1986², S. 304ff., und R. H. Charles, *Old Testament Apocrypha and Pseudepigraphica* I, 1913, S. 624, zu den Textschwierigkeiten der relevanten Verse.

47 Eine wesentliche Richtigstellung bei E. P. Sanders, *Jewish Law from Jesus to the Mishnah,* 1990, Kap. 2.

48 J. Le Moyne, *Les Sadducéens,* 1972, korrigiert die gängige Ansicht, wonach die Hohenpriester notwendigerweise Sadduzäer waren.

49 Siehe das Vorwort zum Buch Jesus Sirach mit den Anmerkungen von J. Barton, *Oracles of God,* 1986, S. 35–63, S. 75–82.

6 Jesus und die heiligen Schriften

Zu den Anfängen der christlichen Theologie siehe P. Fredriksen, *From Jesus to Christ,* 1988. Das Werk ist klar geschrieben und regt zu weiterem Nachdenken an. B. M. Metzger, *The Canon of the New Testament,* 1987 (dt.: *Der Kanon des Neuen Testaments,* 1993), führt viele Belegstellen zum Thema dieses Kapitels an. F. F. Bruce, *The Canon of Scripture,* 1989, vertritt eine traditionelle, aber gründlich durchdachte Position. R. Longenecker, *Biblical Exegesis in the Apostolic Period,* 1975, behandelt die wichtigsten Themen des Kapitels. Interessant ist auch E. E. Ellis, *The Old Testament in Early Christianity,* 1991, mit anderen, stark abweichenden Meinungen zu den Themen des Kapitels.

1 Vgl. J. A. Emerton, *The Journal of Theological Studies* 1973, S. 1, und E. Schürer, *History of the Jewish People* II, 1979, S. 23–28 mit Bibliographie.

2 Vgl. dazu E. J. Bickerman, *Jews in the Greek Age,* 1988, S. 249f.

3 Dazu M. D. Goodman in P. R. Davies, R. T. White, Hg., *A Tribute to Geza Vermes,* 1990, S. 227.

4 Lev 23,40, zu den Früchten, vgl. Josephus, *Jüdische Altertümer* 13,372, ein Hinweis, den ich T. F. R. G. Brown verdanke.

5 Vgl. dazu E. Schürer, *History of the Jewish People* II, 1979, S. 488–554. R. E. Clements, *Journal for the Study of the Old Testament* 1989, S. 3, beschreibt die Geschichte der (Über-)Interpretation.

6 J. Barr, *Holy Scripture,* 1983, S. 12–22, und *Old and New in Interpretation,* 1982², (dt.: *Alt und Neu in der biblischen Überlieferung,* 1967), zum Verhältnis Jesu zum Alten Testament sowie dem Verhältnis zwischen Altem und Neuem Testament. Ein eher »kanonischer« Ansatz beispielsweise bei E. E. Ellis, *The Old Testament in Early Christianity,* 1991, S. 126ff.

7 Rabbinische Diskussionsmuster in den Evangelien werden häufig besprochen, aber die Ergebnisse stehen auf wackligen Beinen: D. Daube, *The Journal of Theological Studies* 1944, S. 21ff., *The Journal of Theological Studies* 1951,

S. 45 ff. zu Mk 12 und E. E. Ellis, *The Old Testament in Early Christianity*, 1991, S. 130 ff., ändern nichts an der Tatsache, die ich betonen möchte, ebensowenig die Diskussion über das Matthäusevangelium (teilweise erhellend K. Stendhal, *School of St. Matthew*, 1954, und M. D. Goulder, *Midrash and Lection in Matthew*, 1974, bes. S. 3–70 und S. 124–136).

8 D. Daube, *Appeasement or Resistance*, 1987, S. 11–31, zeigt in den Evangelien einen Jesus, der das Alte Testament im Licht der zeitgenössischen Deutung zitiert (Joh 8,7, besprochen auf S. 29 ff., ist das überzeugendste seiner sechs Beispiele).

9 E. P. Sanders, *Jesus and Judaism*, 1985, Kap. 9, ist als Ausgangspunkt aller Überlegungen wesentlich. Vgl. auch Kap. 1 in seinem Buch *Jewish Law from Jesus to the Mishnah*, 1990.

10 D. D. Flusser, *Die rabbinischen Gleichnisse und der Gleichniserzähler Jesus*, 1981, zu Rabbinen und Gleichnissen. In Mk 12,1 finden sich implizite, aber keine expliziten Verweise auf Jes 5.

11 2 Kor 3,14.

12 Zu dem Begriff »Testament« siehe F. F. Bruce, *The Books and the Parchments*, 1984⁴, S. 65.

13 Sehr wichtig in diesem Zusammenhang J. Barton, *People of the Book?*, 1988, bes. S. 15 f. Hier widerlegt er die wirren Definitionen eines »jüdischen« oder »judäo-christlichen« Christentums.

14 Der Begriff »apokryph« wird in der deutschen Übersetzung gemäß dem protestantischen Sprachgebrauch verwendet. Die katholische Bibel führt diese Bücher als deuterokanonische Schriften (A. d. Ü.). Zur Liste aus Alexandria A. C. Sundberg, *Catholic Biblical Quarterly* 1968, S. 143. J. Barr, *Holy Scripture*, 1983, S. 55, meldet Zweifel an, die ich allerdings nicht teile.

15 Eusebius, *Kirchengeschichte* 3,39,15; 4,26 (Melito v. Sardes, der etwa 170 n. Chr. wirkte, führte das Buch Ester nicht auf und propagierte die Zahl von 25 Büchern. Dabei wurde das Buch Rut allerdings vielleicht wie auch bei Origenes von seinem Informanten als Anhang zum Buch der Richter gezählt). Eusebius, *Kirchengeschichte* 6,25 (Origenes propagiert einen Kanon von 22 Büchern). Hieronymus gibt im Vorwort zu seinem Daniel-Kommentar 24 Bücher »unter den hebräischen« an. In seinem Vorwort zum Kommentar der Samuelbücher und der Bücher der Könige (J. P. Migne, *Patrologia Latina* Bd. 28, Sp. 555 ff.) spricht er von 22 oder 27 Büchern und stellt sie den Buchstaben des hebräischen Alphabets gegenüber.

16 Ich zitiere aus J. N. D. Kelly, *Jerome*, 1975, S. 161, vgl. das ganze Kap. 15. Zu Judit vgl. das Vorwort des Hieronymus zum Buch Judit (*Patrologia Latina* Bd. 29, Sp. 39). Zu den Apokryphen siehe F. F. Bruce, *The Books and the Parchments*, 1984⁴, Kap. 13.

17 Der »Johannes«-Papyrus ist P. Ryl iii, 457 mit dem Kommentar von E. G. Turner, *Typology of the Early Codex*, 1977, S. 52. Ein »Markus« (unser Markus?) wird von Papias in Eusebius, *Kirchengeschichte* 3,39,15 genannt. Mt 3,15 ist zitiert bei Ignatius, *Brief an die Smyrnäer* 1. Jesusworte, die heute bei Matthäus erhalten sind, werden in *Didache* 8,1–3 mit anderen aus dem 1. Klemensbrief 13,1 f. und aus dem Vaterunser verbunden. Da in beiden Fällen der Kontext fehlt, vermute ich keinen direkten Gebrauch unserer Evangelien.

18 Das Entstehungsdatum des Barnabasbriefes liegt wahrscheinlich näher am Jahr 130. Die eventuellen Zitate aus Matthäus (in 4,14; 5,9; 7,3) sind nicht sicher zuzuweisen. Vgl. B. M. Metzger, *The Canon of the New Testament*, 1987, S. 57 (dt.: *Der Kanon des Neuen Testaments*, 1993).

E. P. Sanders und M. Davies, *Studying the Synoptic Gospels,* 1989, bieten die beste moderne Einführung in die Probleme der synoptischen Evangelien. Die optimistische Sichtweise von M. Hengel, *Studies in the Gospels of Mark,* 1985, S. 64–84, in bezug auf die Titel der Evangelien kann ich nicht teilen.

1 Vgl. E. J. Bickerman, *Studies in Jewish and Christian History* III, 1986, S. 336.

2 Vgl. A. Harnack, *Zeitschrift für neutestamentliche Wissenschaft* 1900, S. 16, obwohl das Partizip in 11,32 männlich ist.

3 Ich teile die Ansichten, die bei C. H. Roberts, *The Journal of Theological Studies* 1987, S. 409, diskutiert werden, besonders, daß der Ausdruck »all das« (in 21,24: »tauta«) sich hier bestenfalls, wenn überhaupt, nur auf den Nachtrag, also auf Kap. 21, bezieht.

4 Ausführliche, aber zu optimistische Diskussion dazu bei M. Hengel, *Studies in the Gospels of Mark,* 1985, S. 64–84. Er führt alle bekannten Belegstellen an, aber ich kann seine Schlußfolgerungen nicht akzeptieren. Zu den Briefen ist jetzt E. J. Bickerman, *Studies in Jewish and Christian History* III, 1986, S. 344–349, der wichtigste Ausgangspunkt.

5 Eusebius, *Kirchengeschichte* 3,39,15. Der Versuch von U. H. J. Körtner, *Papias von Hierapolis,* 1983, bes. S. 88–94, Papias auf die Zeit um 110 zu datieren, hat mich nicht überzeugt. Eine umfassendere Diskussion des Problems und eine Bibliographie finden sich bei J. Kürzinger, *Papias von Hierapolis und die Evangelien des Neuen Testaments,* 1983. In bezug auf die Bedeutung dieser berühmten Sätze vgl. M. Hengel, *Studies in the Gospels of Mark,* 1985, S. 47–50 und 88–94 mit E. P. Sanders, M. Davies, *Studying the Synoptic Gospels,* 1989, S. 8–16.

6 Vgl. dazu E. P. Sanders, M. Davies, *Studying the Synoptic Gospels,* 1989, S. 151–123, mit Bibliographie.

7 E. Hennecke, W. Schneemelcher, *Neutestamentliche Apokryphen* I, 1987[5], S. 311–346; B. M. Metzger, *The Canon of the New Testament,* 1987 (dt.: *Der Kanon des Neuen Testaments,* 1993), S. 78. Bei Clemens, *Stromateis* 7,17, wird ganz eindeutig gesagt, daß nur seine Anhänger, nicht Basilides selbst, den Anspruch erhoben, Basilides habe seine Auskünfte von Glaukias erhalten. Bei Hippolytus, *Refutatio* 7,8,1, sieht es so aus, als habe Basilides selbst Matthias dafür in Anspruch genommen.

8 Vgl. Mt 9,9, gegen Mk 2,14. Zu den Summenangaben siehe J. Jeremias, *The Parables of Jesus,* 1954, S. 210 (dt.: *Die Gleichnisse Jesu,* 1984[10]).

9 Irenäus, *Adversus Haereses* 3,11,7 (J. P. Migne, Patrologia Graeca Bd. 7, Sp. 884), zu Lukas. E. Pagels, *The Johannine Gospel in Gnostic Exegesis,* 1973, zu Herakleon und Johannes. Vgl. M. Hengel, *The Johannine Question,* 1989, S. 8f. (dt.: *Die johanneische Frage. Ein Lösungsversuch,* 1993) und J. A. T. Robinson, *The Priority of John,* 1985, S. 95, Anm. 250, S. 280, S. 346f.

10 Ich halte trotz z. B. der großen Arbeit von E. Haenchen, *The Acts of the Apostles,* 1971, S. 112–124 (dt.: *Die Apostelgeschichte,* 1977[17]), und den nicht überzeugenden Argumenten von E. P. Sanders, M. Davies, *Studying the Synoptic Gospels,* 1989, S. 16–20, das »wir« für aussagekräftig und sehe in den Konsequenzen dieser Annahme keine unüberwindbaren Schwierigkeiten. Vgl. außerdem Kap. 13 in diesem Buch.

11 Ich zitiere G. D. Kilpatrick, *The Origins of Gospel According to St Matthew,* 1946, S. 139.
12 2 Thess 3,17. Vgl. E. Best, *I and II Thessalonians,* 7–13, zur Authentizität.
13 Gal 6,11 mit dem Kommentar von H. C. Youtie, *Scriptiunculae* II, 1973, S. 970. Zitiert nach der Luther-Bibel.
14 Cyprianus, *Briefe* 9,2 und 20. Eusebius, *Kirchengeschichte* 4,23,12.
15 Mit dieser Meinung stehe ich nicht allein. Die Gegenmeinung ist zusammengefaßt bei J. A. T. Robinson, *Redating the New Testament,* 1976, S. 67–83 (dt.: *Wann entstand das Neue Testament?,* 1986). Ich bin auch anderer Meinung als P. N. Harrison, *The Problems of the Pastoral Epistles,* 1921. Die Hauptargumente sind ausgeführt bei C. K. Barrett, *The Pastoral Epistles,* 1963, S. 2–34.
16 Noch einmal der Verweis auf J. A. T. Robinson, *Redating the New Testament,* 1976, S. 150–199, für Bibliographie, Diskussion des Problems und nicht überzeugende Schlußfolgerungen auf eine frühe Datierung. Zu Bethsaida vgl. E. Schürer, *History of the Jewish People* II, 1979, S. 171f. Zur Verbreitung des Griechischen II, S. 74–80, mit Bibliographie.
17 A. Kenny, *A Stylometric Study of the New Testament,* 1986, ist heute grundlegend, mit Bibliographie zu den Punkten, die ich anspreche. S. 121f. ist der Sache angemessen sehr vorsichtig formuliert. D. L. Mealand, *The Journal of Theological Studies* 1988, S. 194ff., analysiert das Problem sehr scharfsichtig. Frühere Untersuchungen zum Thema bei A. Q. Morton, *Paul, the Man and the Myth,* 1966. Vgl. außerdem J. T. Hughes, *Bits, Bytes and Biblical Studies,* 1987.
18 Zum Stil immer noch maßgeblich ist C. L. Mitton, *The Epistle to the Ephesians,* 1951. A. van Roon, *The Authenticity of Ephesians,* 1974, ist nicht überzeugend. Weitere bibliographische Angaben bei J. A. T. Robinson, *Redating the New Testament,* 1976, S. 62–67. Zu den Brieftiteln vgl. E. J. Bickerman, *Studies in Jewish and Christian History* III, 1986, S. 339f.
19 Vgl. dazu J. Barr, *Escaping from Fundamentalism,* 1984, S. 1–7, zu 2 Tim 3,16.
20 A. d. Ü.: Der Text ist wörtlich aus dem englischen Original übersetzt, da weder die Luther- noch die Einheitsübersetzung die Wendung »Jede Schrift *ist* von Gott eingegeben« enthält; Lutherübersetzung: »alle Schrift, von Gott eingegeben, ist ...«, Einheitsübersetzung: »Jede von Gott eingegebene Schrift ist ...«

8 Zusätze und Streichungen

Andere Ansichten zu den in diesem Kapitel behandelten Problemen sind zu finden bei W. L. Peterson, Hg., *Gospel Traditions in the Second Century,* 1989, besonders in dem Aufsatz von F. Wisse, S. 39–54.

1 Dazu W. C. van Unnik, *Vigiliae Christianae,* 1949, S. 1.
2 Vgl. E. Schürer, *History of the Jewish People* III.1, 1989, S. 480–504.
3 Vgl. dazu H. J. M. Milne und T. C. Skeat, *Codex Sinaiticus and Codex Alexandrinus,* 1963[2].
4 Die grundlegende Quelle dazu ist B. M. Metzger, *The Text of the New Testament,* 1968; außerdem J. Birdsall in P. R. Ackroyd, C. F. Evans, Hg., *The Cambridge History of the Bible* I, 1970, S. 308–377; K. und B. Aland, *Der*

Text des Neuen Testaments, 1990²; G. D. Kilpatrick, *New Testament Textual Criticism*, 1990.

5 Vgl. J. van Haelst, *Catalogue des papyrus littéraires juifs et chrétiens*, 1976.
6 Vgl. G. D. Kilpatrick, *New Testament Textual Criticism*, 1990, S. 4.
7 Zu Marcion und Tatian vgl. B. M. Metzger, *The Canon of the New Testament*, 1987, S. 90–99, und S. 114–117 (dt.: *Der Kanon des Neuen Testaments*, 1993).
8 Vgl. dazu J. Barr, *Escaping from Fundamentalism*, 1984, S. 139–147.
9 Dazu T. C. Skeat, *Zeitschrift für alttestamentliche Wissenschaft* 37, 1938, S. 211; J. E. Powell, *The Journal of Theological Studies* 1982, S. 490ff. ist sehr überzeugend.
10 E. Haenchen, *Acts of the Apostles*, 1971, S. 50–60 (dt.: *Die Apostelgeschichte*, 1977[17]), bezeichnet es als Tatsache, daß die Texte sich häufig widersprechen (in meinen Augen nicht zwingend), und schließt deshalb zwei verschiedene Fassungen desselben Autors aus. Der westliche Text ist besprochen und dargestellt bei F. J. Foakes Jackson und K. Lake, Hg., *The Beginnings of Christianity* III, 1926, S. CCXV-CCXLIX und S. 3–255. M. E. Boismard, A. Lamouille, *Texte Oriental des Actes des Apôtres* I-II, 1984, ist wichtig (vgl. aber *The Journal of Theological Studies* 1988, S. 571–577), ich glaube nur nicht, daß der westliche Text die früheren »ersten Gedanken« des Autors widerspiegelt.
11 Zu Skeuas vgl. W. A. Strange, *The Journal of Theological Studies* 1987, S. 97ff. Zu den Frauen und dem Abschnitt Apg 17,4 vgl. F. J. Foakes Jackson und K. Lake, Hg., *The Beginnings of Christianity* III, 1926, S. 162f.
12 Dazu R. E. Brown, *Gospel According to John (i-xii)*, Anchor Bible, 1966, S. 332–336, und D. Lührmann, *Novum Testamentum* 1990, S. 289ff.
13 Vgl. N. R. Petersen, *Interpretation*, 1980, S. 157. D. Via, *The Ethics of Mark's Gospel*, 1985, und J. L. Magness, *Sense and Absence. Structure and Suspension in the Ending of Mark's Gospel*, 1986, sind neuere literarkritische Verteidigungen des abrupten Endes. Das Problem ist zusammenfassend dargestellt bei D. E. Nineham, *Commentary on Mark*, 1963. Vgl. C. H. Roberts, T. C. Skeat, *Birth of the Gospel*, 1983, S. 56f.
14 Vgl. S. West, *Proceedings of the Cambridge Philological Society* 1989, S. 113.
15 Siehe P. Gillespie, Hg., *Foxfire* 7, 1982, S. 372ff. Den Hinweis verdanke ich Eric Christiansen.

9 Von der Schriftrolle zum Buch

B. M. Metzger, *The Canon of the New Testament*, 1987 (dt.: *Der Kanon des Neuen Testaments*, 1993), ist auch für dieses Kapitel eine wahre Fundgrube an Informationen.

I

1 C. H. Roberts, T. C. Skeat, *The Birth of the Codex*, 1983, ist klassisch, aber nicht in allem überzeugend; vgl. J. van Haelst in A. Blanchard, Hg., *Les Débuts du codex*, 1989, für die beste Kritik.
2 1 Klem 13,2 und 46,7f. (Worte Jesu); 47 (Paulus); 17,1; 19,2; 21,9; 27,2; 36,2–5 (Hebräerbrief). In 35,5–6 zitiert er Paulus, danach einen Psalm.

3 Vgl. B. M. Metzger, *The Canon of the New Testament*, 1987, S. 166–174, mit Bibliographie, M. R. James, *The Apocryphal New Testament*, 1924, und E. Hennecke, W. Schneemelcher, Hg., *Neutestamentliche Apokryphen* I, 1987[5], J. M. Robinson, Hg., *The Nag Hammadi Library in English*, 1977.

4 Vgl. H. I. Bell und T. C. Skeat, *Fragments of an Unknown Gospel ...*, 1935, mit Übersetzung und Forschungsdiskussion, dazu die Ergänzung von H. I. Bell, *The Harvard Theological Review* 1949, S. 53. Deutsche Übersetzung in: E. Hennecke, W. Schneemelcher, *Neutestamentliche Apokryphen* I, 1987[5], S. 56 ff.

5 Die ausführlichste Forschungsdiskussion jetzt wohl bei B. Layton, Hg., *Nag Hammadi Codex II.2–7* I, 1989; einige sehr gute Bemerkungen bei H. C. Puech, *En Qête de la Gnose*, 1978, zur rätselhaften Theologie des Evangeliums. Es ist häufig übersetzt worden; eine der neuesten Übersetzungen ist die von M. W. Meyer, *The Secret Teaching of Jesus*, 1984, S. 17–39. Deutsche Übersetzung zum Beispiel bei E. Haenchen, *Die Botschaft des Thomasevangeliums*, 1961.

II

6 Vgl. B. M. Metzger, *The Canon of the New Testament*, 1987, S. 145–151, und A. Wartelle, *St. Justin. Apologies*, 1987, S. 49, zum Petrus-Evangelium; Clemens, *Stromateis* 3,13,93, und Metzger, *Canon*, S. 132–135; Serapion von Antiochia, Eusebius, *Kirchengeschichte* 6,12,3. Allgemein dazu J. Jeremias, *Unbekannte Jesusworte*, 1965[4].

7 Zu Athanasios Metzger, *Canon*, S. 210–212 und S. 312.

8 Vgl. Metzger, *Canon*, S. 229–247. Ich lasse den Muratorischen Kanon außer acht, weil ich ihn nicht für früh und vor allem nicht für einen offiziellen, orthodoxen Kanon halte. A. C. Sundberg, *The Harvard Theological Review* 1973, S. 1, und G. Hahnemann, *Studia Patristica* 1989, S. 359, setzen ihn ins 4. Jahrhundert.

9 Vgl. Epiphanios, *Panarion*, Kap. 76.

10 Vgl. Metzger, *Canon*, S. 218–287, mit Bibliographie.

11 Diotrephes, in Vers 9–11 genannt, ist wahrscheinlich der anerkannte Leiter dieser Kirche!

12 Ich zitiere R. M. Grant, *The Journal of Theological Studies* 1960, S. 13 ff., hier S. 23.

13 Vgl. R. E. Brown, *The Critical Meaning of the Bible*, 1982.

10 Die Heilige Schrift im Original?

1 J. H. Eaton, *Job*, 1989, bietet einen guten Überblick, ebenso H. H. Rowley, *The Book of Job*, ND 1983, S. 8 ff. Ich stimme in bezug auf den Herausgeber des Buches Kohelet mit G. D. Barton, *Ecclesiastes* (I.C.C. Commentary), 1908, S. 43–46, überein. Auch R. N. Whybray, *Ecclesiastes*, 1989, S. 17 ff., schließt sich an, überprüft aber zuerst die Einheit des Textes. J. Barton, *Reading the Old Testament*, 1984, S. 61–76, bes. S. 74 ff., legt die Probleme der Kritiker einleuchtend dar.

2 B. Albrektson, *Oudtestamentische Studien* 1981, S. 5, und J. Barr, *The Journal*

of Theological Studies 1986, S. 445–450, kommentieren den Vor- und Zwischenbericht des Hebrew Old Testament Text Project (3 Bde., bis 1977). Die Jewish Publication Society of America hat 1982 ebenfalls eine dreibändige Übersetzung der »Heiligen Schrift nach dem masoretischen Text« vorgelegt.

3 Vgl. dazu J. Barr, *Comparative Philology and the Text of the Old Testament,* 1968.

4 E. Nestle, K. Aland, Hg., *Novum Testamentum Graece,* Ausgabe der United Bible Societies, verschiedene Auflagen.

5 Dazu D. Barthélemy, *Critique textuelle de l'ancien testament* I, 1982, Einleitung. Diese Information verdanke ich S. P. Brock (vgl. seinen Aufsatz in *Sourozh* 29, S. 42 ff.).

6 Siehe R. Taruskin in N. Kenyon, Hg., *Authenticity and Early Music,* 1988, S. 211 ff.

11 Auffassungen von Geschichte

In J. van Seters, *In Search of History,* 1983, ist das gesamte Material gesammelt, aber die Argumente des Buchs sind häufig nicht überzeugend und seine Definitionen willkürlich; wichtig dazu die Rezension von Z. Zevit, *The Bulletin of the American Schools of Oriental Research* 1985, S. 71–83. B. Halpern, *The First Historians,* 1988, vertritt, manchmal zu radikal, entgegengesetzte Positionen. A. K. Grayson, »Assyria and Babylonia«, *Orientalia* 1980, S. 190–194, ist grundlegend, G. A. Press, *The Idea of History in Antiquity,* 1983, sehr umfassend. A. Momigliano war der beste Fachmann auf diesem Gebiet; ich möchte besonders seine *Studies in Historiography,* 1969, Kap. 8 (zu Herodot) und Kap. 11 (zur mündlichen und schriftlichen Überlieferung) hervorheben, außerdem: *Essays in Ancient and Modern Historiography* Kap. 11 (zum Wechsel) und Kap. 12 (zur Zeit); *On Pagans, Jews and Christians,* 1987, Kap. 1 (biblische und klassische Studien) und sein *Sesto Contributo alla Storia degli Studi Classici del Mondo Antico* II, 1980, S. 33–67 (griechische Geschichtsschreibung) und S. 361 ff. (das Publikum von Historikern). T. Rajak, »The Sense of History in Jewish Intertestamental Writing«, *Oudtestamentische Studien* 1986, S. 124 ff., geht von einem anderen Ansatzpunkt aus und deckt einen weiteren Bereich ab, als dieses Buch es tun kann.

1 Siehe dazu J. Barr, *Scope and Authority of the Bible,* Explorations in Theology 7, 1980, S. 1–18, R. Alter, *Art of Biblical Narrative,* 1981, Kap. 2, bes. S. 24 (fiktive Prosa), M. Steinberg, *The Poetics of Biblical Narrative,*1985, S. 25–35, Y. Zakovitch, *Proceedings of 8th World Congress of Jewish Studies,* 1983, S. 47 ff., B. O. Long, *Vetus Testamentum* 1985, S. 405, B. Halpern, *The First Historians,* 1988, S. 1–34.

2 Vgl. H. Butterfield, *The Origins of History,* 1981, S. 80.

3 Zum Begriff »wahr« siehe J. Barr, *Semantics of Bible Language,* 1961, S. 185 ff. (dt.: *Bibelexegese und moderne Semantik,* 1965).

4 Vgl. dazu D. Daube, *Revue Internationale des Droits de l'Antiquité* 1949, S. 200 f.

5 Vgl. J. van Seters, *In Search of History,* 1983, Kap. 3, und A. K. Grayson, *Orientalia,* 1980, S. 149–171, mit Bibliographie.

6 Vgl. J. van Seters, *In Search of History,* 1983, Kap. 5, mit Bibliographie.

7 Vgl. A. K. Grayson, *Assyrian and Babylonian Chronicles,* 1975, und seinen wichtigen Überblicksartikel in *Orientalia,* 1980, S. 140–194.

8 A. K. Grayson, *Assyrian and Babylonian Chronicles,* 1975, S. 6 (in seiner Darstellung Kategorie D).

9 A. K. Grayson, *Orientalia,* 1980, S. 174f., behauptet, es sei »zumindest möglich«, daß wir einen »kurzen und genauen Abriß der babylonischen Geschichte um ihrer selbst willen« vor uns haben. Seine Argumente haben mich nicht überzeugt.

10 J. Gould, *Herodotus,* 1989, ist die beste kurze Einführung, zusammen mit »Herodotus and the Invention of History« in *Arethusa* 20, 1987, bes. die wohldurchdachte Bibliographie, und C. Meier, »Die Entstehung der Historie« in C. Meier, *Die Entstehung des Politischen bei den Griechen,* 1983.

11 E. J. Bickerman, *Studies in Jewish and Christian History* III, 1986, S. 207.

12 Ich zitiere im folgenden R. G. Collingwood, *The Idea of History,* 1946, S. 9.

13 Vgl. B. Shimron, *Eranos* 71, 1973, S. 45 ff.

14 Das Zitat stammt von E. J. Bickerman, *Studies in Jewish and Christian History* I, 1976, S. 263.

15 Vgl. A. B. Lloyd, *Herodotus Book II,* 1979, S. 171 ff.

16 Vgl. dazu A. W. Gomme, *Commentary on Thukydides* I, 1945, S. 1–8.

17 Z. B. neben vielen anderen Stellen 1,32 oder 1,207 oder 9,16,4. Allgemein zum »weisen Ratgeber« R. Lattimore, *Classical Philology* 1939, S. 24.

18 Vgl. A. Momigliano, *Essays in Ancient and Modern Historiography,* S. 166 ff.

19 R. Thomas, *Oral Tradition and Written Record in Classical Athens,* 1989, bes. S. 1–100 und S. 123–131, mit Bibliographie zu vergleichenden Arbeiten, die ich voraussetze, bes. die Arbeiten J. Vansina. Sein Buch *Oral Tradition as History,* 1985, und sein kurzer Abriß in J. C. Miller, *The African Past Speaks,* 1980, S. 262, sind sehr hilfreich. Außerdem M. I. Finley, *Use and Abuse of History,* 1975, S. 11.

20 Vgl. P. A. Brunt, *Fall of the Roman Republic,* 1988, S. 508 ff.

21 Vgl. Josephus, *Gegen Apion* 1,30–46.

22 Ich denke insbesondere an J. Goody und I. Watt in J. Goody, Hg., *Literacy in Traditional Societies,* 1968, S. 27. Die Gedanken werden weitergeführt in J. Goody, *The Interface Between the Written and the Oral,* 1987. B. Street, *Literacy in Theory and Practice,* 1984, ist ebenfalls hilfreich, bes. S. 153 ff. zur Koranschule und den Ergebnissen dieser Art von Unterricht.

12 Die ersten Historiker

1 Immer noch ein wichtiger Klassiker ist J. Wellhausen, *Prolegomena zur Geschichte Israels,* 1927[6], ND 1981. Eine Zusammenfassung der modernen Theorien findet sich bei R. Friedman, *Who Wrote the Bible?,* 1987, S. 26 ff. R. N. Whybray, *The Making of the Pentateuch,* 1983, gelingt es nicht, diese Hypothese zu kippen.

2 Vgl. die eher optimistische Sicht bei D. J. A. Clines, *The Theme of the Pentateuch,* 1982. R. Friedman, *Who Wrote the Bible?,* 1987, S. 218–233, ist sogar davon überzeugt, daß der Redaktor mit hoher Wahrscheinlichkeit Esra war!

3 Vgl. dazu E. W. Nicholson, *Irish Biblical Studies* 10, 1988, S. 192, zur Un-abhängigkeit von P, J. A. Emerton, *The Journal of Theological Studies* 1988, S. 381, mit Bibliographie, J. Hughes, *Secrets of the Times,* 1990, S. 48–54, und K. Elliger, *Zeitschrift für Theologie und Kirche* 1952, S. 121 ff. Ich bin mit der frühen Datierung, wie sie z. B. R. Friedman, *Who Wrote the Bible?,* 1987, Kap. 9–12, vorschlägt, nicht einverstanden, aber seine Erklärung der Tendenzen in P ist klar und hilfreich.

4 E. Zenger, *Gottes Bogen in den Wolken,* 1983, und N. Lohfink in dem von ihm herausgegebenen Buch *Gewalt und Gewaltlosigkeit im Alten Testament,* 1983, sehen P als Pazifisten.

5 H. Bloom, *The Book of J,* 1990, baut übermäßig stark auf R. Friedman, *Who Wrote the Bible?,* 1987, Kap. 3, bes. S. 86, auf. Die Datierung, die »Ironie«, das Geschlecht, die politische Botschaft und der »Bund« sind bei Blooms Darstellung von J nicht überzeugend. Vgl. K. Berge, *Die Zeit des Jahwisten,* 1990, mit Bibliographie, für andere Forschungsansätze.

6 Vgl. J. A. Emerton in J. A. Emerton, Hg., *Studies in the Pentateuch* (Suppl. zu *Vetus Testamentum* 41, 1990), S. 73, mit Bibliographie.

7 Dazu B. S. Childs, *Vetus Testamentum* 1974, S. 387, und J. van Seters, *In Search of History,* 1983, S. 24 ff., S. 213–217; G. von Rad, *Problems of the Hexateuch and Other Essays,* 1966 (dt.: *Gesammelte Studien zum Alten Testament,* 1965[3]).

8 H. W. Wolff, *Interpretation* 20, 1966, S. 131.

9 M. Noth, *The Deuteronomistic History,* 1981 (dt. in: *Überlieferungs-geschichtliche Studien,* 1967[3]) ist ein Klassiker. Wichtig auch G. von Rad, *Problems of the Hexateuch,* Kap. 9, und bes. E. W. Nicholson, *Preaching to the Exiles,* 1970, S. 72–93 und S. 117–135. J. Hughes, *Secrets of the Times,* 1990, Kap. 3–4, zur Chronologie; E. Brüggemann, *Interpretation* 22, 1968, S. 387, zur Zukunftssicht von D. Zum babylonischen Exil vgl. E. W. Nicholson, *Preaching to the Exiles,* 1970, S. 117 ff. Die Herausgabe in zwei Etappen ist in neuerer Zeit wieder vorgeschlagen worden von R. D. Nelson, *The Double Redaction of the Deuteronomistic History,* 1983, und von B. Halpern, *The First Historians,* 1988, akzeptiert worden. Ich weise auch die Theorie über die verschiedenen Redaktionsschichten (mit der Abfolge Geschichte-Prophezeiung-Gesetz) zurück.

10 Vgl. R. Polzin, *Moses and the Deuteronomist,* 1980.

11 Zu optimistischen Theorien und Alternativen siehe J. Gray, *Joshua, Judges, Ruth* (New Century), 1986, S. 44–51.

12 Vgl. noch 2 Sam 1,18 und vielleicht 1 Kön 8,12, mit den Anmerkungen von J. Gray, *Joshua, Judges, Ruth* (New Century), 1986, S. 108 f.

13 Vgl. J. Gray, *Joshua, Judges, Ruth* (New Century), 1986, s. v. *Aetiological Traditions* (Index, S. 408).

14 Vgl. E. W. Nicholson, *God and His People,* 1986, Kap. 7. Andere Ansichten finden sich bei W. T. Koupmans, *Joshua 24 as Poetic Narrative,* 1990.

15 Vgl. J. A. Emerton, *Vetus Testamentum* 1976, S. 83 ff.

16 Dazu B. Halpern, *The First Historians,* 1988, Kap. 6, mit Bibliographie. Wichtig vor allem der sehr gute Kommentar von J. Alberto Soggin, *Judges,* 1987[2], mit Bibliographie, und W. Richter, *Die Bearbeitungen des »Retterbuchs« in der deuteronomischen Epoche,* 1964.

17 A. Rofé, *Henoch,* 1982, S. 17, zu den Textproblemen am Ende des Buches Josua.

18 Ich schließe mich B. Lindars, *The Bulletin of the John Rylands Library Manchester* 1982/3, S. 158, an. Andere Meinungen bei B. Halpern, *The Harvard Theological Review* 1983, S. 379 ff., mit Bibliographie.

19 Zu den Füchsen des Simson vgl. O. Margelith, *Vetus Testamentum* 1985, S. 83 ff.

20 Vgl. dazu J. van Seters, *In Search of History,* 1983, S. 250–270, mit Bibliographie.

21 G. von Rad, *Problems of the Hexateuch,* 1966, S. 176–204, ist ein Klassiker, aber nicht immer plausibel. Wichtig sind R. N. Whybray, *The Succession Narrative,* 1968, P. K. McCarter, *Interpretation* 35, 1987, S. 355 ff., J. W. Flanagan, *Journal of Biblical Literature* 1972, S. 172 ff. und J. van Seters, *In Search of History,* 1983, S. 277 (eine spätere Datierung). Alle diese Arbeiten vermuten in diesem Abschnitt eine tieferliegende Absicht oder ein anderes Genre. Vgl. im Gegensatz dazu P. R. Ackroyd, »The Succession Narrative (So-called)«, *Interpretation* 35, 1981, S. 383 ff., G. Keys, *Irish Biblical Studies* 1988, S. 140 ff., und D. Daube, *Ancient Jewish Law,* 1981, S. 125 f., zu den Themen Sünde, Irrtum und schlechtes Gewissen.

22 G. von Rad, *Problems of the Hexateuch,* 1966, S. 201–204.

23 E. Meyer, *Geschichte des Altertums* II.2, 1953[3], S. 285 f., woraus ich, wie schon v. Rad, zitiere.

13 Von David zu Paulus

I

1 Vgl. B. Halpern, *The First Historians,* 1988, S. 213–218, mit Bibliographie, und J. Montgomery, *Journal of Biblical Literature* 1934, S. 46 ff. Zu den Chroniken als sekundären Quellen vgl. G. Garbini, *Henoch 3,* 1981, S. 26–46, zur frühesten Datierung in die Exilzeit J. van Seters, *In Search of History,* 1983, S. 297, und zu anderen Chroniken B. Halpern, S. 216 ff.

2 Vgl. Josephus, *Gegen Apion* 1,117, *Jüdische Altertümer* 7,144 und G. Garbini, *I Fenici,* 1980, S. 71–86, ein skeptischer Ansatz.

3 Vgl. S. Bin-Nun, *Vetus Testamentum* 1968, S. 414 ff.

4 Meine Darstellung basiert auf der Studie von J. Hughes, *Secrets of the Times,* 1990, S. 55–232, die ich der Arbeit von J. Hayes und P. K. Hooker, *A New Chronology for the Kings of Israel and Judah,* 1988, vorziehe, obwohl auch diese gemeinsame Regentschaften nicht für möglich halten. Andere Ansätze bei E. R. Thiele, *The Mysterious Numbers of the Hebrew Kings,* 1983.

5 Ich folge in meiner Darstellung J. Hughes, *Secrets of the Times,* 1990, S. 159–182.

6 Gegen M. Noth, *The Deuteronomistic History,* 1981, S. 18–29, (dt. in: *Überlieferungsgeschichtliche Studien,* 1967[3]) wendet sich J. Hughes, *Secrets of the Times,* 1990, S. 32–37, bes. S. 33, Anm. 17 und Kap. 3.

7 Vgl. B. Halpern, *The First Historians,* 1988, Kap. 7 und S. 208–212, die extremste Ansicht zu den Quellen von D.

8 Ich zitiere C. C. Torrey, *The Composition and Historical Value of Ezra-Nehemiah,* 1896, S. 52. M. Noth, *The Chronicler's History,*1987 (dt. in: *Überlieferungs-*

geschichtliche Studien, 1967[3]), und besonders die scharfsinnigen Bemerkungen von E. J. Bickerman in L. Finkelstein, Hg., *The Jews* I, 1949, S. 77–82, sind meine wichtigsten Gewährsleute, ebenso der Kommentar von H. G. M. Williamson und sein Buch *Israel in the Book of Chronicles,* 1977. Zu den Reden und Gebeten vgl. M. Throntveit, *When Kings Speak,* 1987. Die bibliographische Übersicht bei S. Japhet, *Journal for the Study of the Old Testament* 1985, S. 83, ist ebenso wertvoll wie ihr Buch *Ideology of the Book of Chronicles and its Place in Hebrew Theology,* 1977 (hebräisch). T. Willi, *Die Chronik als Auslegung,* 1972, ist eine detailreiche Studie, die auch die früheren Forschungen zusammenfaßt.

9 Vgl. P. Welten, *Geschichtsauslegung in den Chronikbüchern,* 1973.

10 Vgl. H. G. M. Williamson, *Tyndale Bulletin* 1977, S. 123.

11 Siehe dazu den Kommentar von H. G. M. Williamson, 1982, obwohl ich in bezug auf die Rolle des Chronisten anderer Meinung bin. Eine Bibliographie bei H. G. M. Williamson, *1 and 2 Chronicles,* S. 3–17. Vgl. auch Kap. 15 in diesem Buch.

12 Zu den Büchern Jona und Daniel vgl. E. J. Bickerman, *Four Strange Books of the Bible,* 1967, S. 1–138.

13 Die Aussageabsicht dieses Buches wurde in neuester Zeit diskutiert bei J. Gray, *Joshua, Judges, Ruth* (New Century), 1986, S. 368–371, und A. J. Phillips, *Journal of Jewish Studies* 1986, S. 1 ff.

14 Herausragend sind die Arbeiten von E. J. Bickerman, *Four Strange Books of the Bible,* 1967, S. 171–240, und H. Striedl, *Zeitschrift für alttestamentliche Wissenschaft* 1937, S. 73 ff. D. J. A. Clines, *Ezra, Nehemiah, Esther,* 1984, ist nicht immer überzeugend. Ältere Aufsätze sind gesammelt bei C. A. Moore, *Studies in the Book of Esther,* 1982.

15 Eine Datierung vor 167 v. Chr. findet sich bei H. Bardtke, *Das Buch Esther,* 1963, S. 252–255, und bei A. Momigliano, *Alien Wisdom,* 1979, S. 90 (dt.: *Hochkulturen des Hellenismus,* 1979). Ich stimme mit ihnen gegen E. J. Bickerman, *Four Strange Books of the Bible,* 1967, und *Studies in Jewish and Christian History* I, 1973, S. 239, überein.

16 Das ist brillant dargelegt bei E. J. Bickerman, *Four Strange Books of the Bible,* 1967, S. 207 ff. Vgl. dazu H. Striedl, *Zeitschrift für alttestamentliche Wissenschaft* 1937, S. 98 ff. Zum Purimfest vgl. den sehr anschaulichen Artikel in der *Encyclopaedia Judaica* 13, Sp. 1390 ff. In bezug auf die Absicht des Buches bin ich anderer Meinung als W. L. Humphreys, *Journal of Biblical Literature* 1973, S. 211 (angemessener für Daniel 1–6).

17 Zu 2 Makk 1,10–36 vgl. E. Schürer, *History of the Jewish People* III.1, 1986[2], S. 531–537. Zum griechischen Ester-Buch siehe E. J. Bickerman, *Studies in Jewish and Christian History* I, 1973, S. 246–274, für die Datierung auf das Jahr 78/77, der ich zustimme. Vgl. E. Tov, *Textus* 10, 1982, S. 45, zum Status des Textes und E. Schürer, *History of the Jewish People* III.1, 1986[2], S. 537–542, zur späteren Textstelle 3 Makk 6,36.

18 Vgl. E. Schürer, *History of the Jewish People* III.1, 1986[2], S. 180–185 (Übersicht von G. Vermes).

19 Vgl. E. Schürer, *History of the Jewish People* III.1, 1986[2], S. 537–541 (Übersicht von M. D. Goodman), und besonders C. Habicht, *Harvard Studies in Classical Philology* 1976, S. 1 ff., zu den Belegen.

20 H. Gunkel, *Die Sagen der Genesis*, 1901[2], ist immer noch provozierend. Die späteren Arbeiten sind im Überblick dargestellt bei J. van Seters, *In Search of History*, 1983, S. 209–237.

21 Vgl. G. von Rad, *Problems of the Hexateuch*, 1966, S. 170 ff. (dt.: *Gesammelte Studien zum Alten Testament*, 1965[3]), Teil eines überaus verbohrten Aufsatzes.

22 Vgl. außerdem J. van Seters, *Zeitschrift für alttestamentliche Wissenschaft* 1988, S. 1 ff., für einen anderen Vergleich, der in mancher Hinsicht weniger treffend ist.

23 Vgl. A. Momigliano, *Studies in Historiography*, 1969, S. 260 ff., und Y. H. Yerushalmi, *Zakhor*, 1982.

24 W. Witakowski, *The Syriac Chronicle of Pseudo-Dionysios of Tel Mahre. A Study in the History of Historiography*, 1987, mit einem guten Beispiel.

25 Ich zitiere T. J. Cornell aus: I. S. Moxon, J. Smart, A. Woodman, Hg., *Past Perspectives*, S. 83. Vgl. T. P. Wiseman, *Roman Studies* III. Zu Livius vgl. z. B. das Vorwort zu 1,6–7. Zu den spärlichen römischen Mythen vgl. J. N. Bremmer, N. M. Horsfall, *Roman Myth and Mythography*, 1987. Die jüdischen Midraschim zähle ich nicht zur Mythologie.

26 Ich zitiere aus *Erewhon Revisited*, 1925 (Shrewsbury Edition), Kap. 14, S. 132.

III

27 In meiner Darstellung baue ich auf E. P. Sanders, M. Davies, *Studying the Synoptic Gospels*, 1989, auf. Die Bibliographie dort wird vorausgesetzt.

28 Vgl. E. P. Sanders, *Jesus and Judaism*, 1985, S. 8–22 und Kap. 4, sowie C. A. Evans, *Life of Jesus Research. An Annotated Bibliography*, 1989, S. 100–112, zu den verschiedenen angebotenen Kriterien. Das Thomasevangelium macht immer noch Probleme: B. Layton, Hg., *Nag Hammadi Codex II,2–7*, 1989, bietet eine Übersicht, vgl. dazu H. Koester, *Ancient Christian Gospels*, 1990, Kap. 2.3.

29 Eine hervorragende Übersicht bietet E. P. Sanders, M. Davies, *Studying the Synoptic Gospels*, 1989, obwohl ich mit ihnen in bezug auf Q nicht übereinstimme (ebensowenig wie M. Goulder, *Midrash and Lection in Matthew*, 1974).

30 Vgl. C. F. Evans, *Saint Luke*, 1990, und M. Hengel, *Studies in the Gospels of Mark*, 1985, S. 1–31, für die verschiedenen Ansichten (seine eigene ist sehr zuverlässig). Zu Matthäus ist G. Stantons Forschungsüberblick in: H. Temporini, W. Haase, Hg., *Aufstieg und Niedergang der Römischen Welt*, 2.25.3, 1985, sehr nützlich, ebenso M. Rese zu Lukas und P. Pokorny zu Markus im gleichen Band.

31 Der ausführlichste Kommentar zum Johannesevangelium ist der von R. E. Brown in zwei Bänden, den ich im folgenden voraussetze, wenn ich mich ihm auch nicht immer anschließen kann. Neuer ist D. A. Carson, *The Gospel According to John*, 1991, bes. S. 68–81 zur Autorschaft, gegen R. E. Brown, S. XXIV-XXXIX. M. Hengel, *Johannine Question*, 1989 (dt.: *Die johanneische Frage*, 1993), ist klar formuliert und maßgebend, aber oft nicht unangreifbar. B. Lindars, *John*, 1990, ist die neueste englische Übersichtsdarstellung.

32 Ich stimme mit C. H. Roberts, *The Journal of Theological Studies* 1987, S. 409ff., in bezug auf die Bedeutung der Präpositionen überein. Es handelt sich nicht notwendigerweise um einen Epilog, der sich an eine spezielle »Gemeinschaft des Johannes« wendet.

33 Das Buch von J. A. T. Robinson, *The Priority of John*, 1989, S. 106–118, ist sehr klar und einfallsreich. Dort finden sich auch alle Belege.

34 Fundamental dazu die Studie von E. Ruckstuhl, *Die literarische Einheit des Johannesevangeliums*, 1987 (ND). Ich setze die weiterführende Bibliographie von M. Hengel, *Johannine Question*, 1989, S. 88–110 und S. 202–208, voraus. Wichtig vor allem A. J. Festugière, *Observations stylistiques sur L'Évangile de S. Jean*, 1974, bes. S. 28ff. und S. 123.

35 Vgl. G. D. Kilpatrick in F. L. Cross, Hg., *Studies in the Fourth Gospel*, 1957, S. 36–45.

36 Vgl. M. Hengel, *The Johannine Question*, 1989, S. 111f., mit Bibliographie. Bes. wichtig ist H. Braun, *Qumran und das Neue Testament* II, 1966, S. 112ff.

37 Vgl. M. Hengel, *The Johannine Question*, 1989, S. 111 mit Anm. Zu den Festen: Josephus, *Jüdischer Krieg* 2,19,1, dazu wichtig F. Millar in P. R. Davies, R. T. White, Hg., *A Tribute to Geza Vermes*, 1990, S. 361f. und S. 379f.

38 J. L. Martyn, *History and Theology in the Fourth Gospel*, 1979, ist sehr klarsichtig, obwohl er sich in bezug auf Jamnia irrt. Zu weiterführender Literatur vgl. M. Hengel, *The Johannine Question*, 1989, S. 213 und 215; E. Graesser, *New Testament Studies* 1989, S. 40.

39 P. Parker, *Journal of Biblical Literature* 1962, S. 35, listet 21 mehr oder weniger überzeugende Argumente dagegen auf.

40 Vgl. H. Windisch, *Johannes und die Synoptiker*, 1926, und C. K. Barrett, *The Gospel According to St John*, 1978[2], S. 42, mit Bibliographie.

41 Der sehr gute Kommentar von E. Haenchen, *Acts of the Apostles*, 1971 (dt.: *Die Apostelgeschichte*, 1977[17]), ist grundlegend, obwohl ich mit seinen »historischen« Abschnitten überhaupt nicht übereinstimme; S. 81ff. für die Quellen und das »wir«. W. W. Gasque, *A History of the Criticism of the Acts ...*, 1975, beschreibt die Forschungsansätze, die ich bei meiner Darstellung voraussetze. C. J. Hemer, *The Book of Acts in the Setting of Hellenistic History*, 1989, geht in die Richtung, die ich schon lange für sinnvoll halte, benutzt jedoch andere Wege und Argumente; auf den S. 312–334 wird die Kontroverse um das »wir« dargestellt.

42 Ich habe vieles von M. Dibelius, *Studies in the Acts of the Apostles*, 1956, S. 93ff. (dt.: *Aufsätze zur Apostelgeschichte*, 1968[5]) übernommen; Apg 15 ist vom Autor stark überarbeitet worden und widerspricht der früheren Stelle Gal 2,1–10 nicht. M. Hengel, *Acts and the History of Earliest Christianity*, 1979, Kap. 10, macht den Versuch einer Rekonstruktion.

43 E. Haenchen, *Acts of the Apostles*, 1971, S. 112ff., mit einer Liste der »Schwierigkeiten«.

44 Ich werde dies an anderer Stelle näher ausführen, hier jedoch nur J. Wells, *Studies in Herodotus*, 1923, S. 95, erwähnen, der, obwohl er manchmal etwas spekulativ vorgeht, von mündlichen Informanten bei Herodot ausgeht. Das ist ein Ansatz, der viele Probleme in der Apostelgeschichte klären würde. M. Hengel, *Between Jesus and Paul*, 1983, S. 97, ist grundlegend für die geographischen Angaben des Autors.

45 M. Dibelius, *Studies in the Acts of the Apostles*, 1956, Kap. 9, ist grundlegend,

aber zu stark auf die »Klassiker« bezogen, nicht auf die griechischen Bibel-schriften; dazu auch E. Plümacher, »Lukas als griechischer Historiker«, in der *Realencyclopädie der classischen Altertumswissenschaft* Suppl. XIV, 1974, Sp. 235–263, ein sehr wertvoller Überblick.

46 Vgl. Apg 2,28; 4,27; 13,36; 20,27.

14 Ausgrabungen und Reisen

Die beste allgemeine Übersicht zum Thema bietet P. R. S. Moorey in der überar-beiteten Ausgabe von K. Kenyon, *The Bible and Recent Archaeology,* 1987, der ich viel verdanke. Vgl. außerdem H. D. Lance, *The Old Testament and the Ar-chaeologist,* 1983. Ein anderer Ansatz ist bei K. A. Kitchen, *The Bible in Its World,* 1977, zu finden.

I

1 E. D. Hunt, *Holy Land Pilgrimage in the Later Roman Empire ...,* 1982, ist eine brillante Darstellung mit Bibliographie. Vgl. S. 3 ff. zur Höhle und das Register unter dem Stichwort »Bethlehem«.

2 Origenes, *De Principibus* 4,3 (zu Hebron); *Contra Celsum* 4,44 (zu den Brun-nen); der Kommentar zu Joh 6,40 f. (zu den Schweinen von Gadara).

3 P. Geyer, O. Cuntz, Hg., *Itinerarium Burdigalense,* (Corpus Christianorum Latinorum Bd. 175, 1965, S. 1); dazu E. D. Hunt, *Holy Land Pilgrimage in the Later Roman Empire ...,* 1982, S. 55 ff., S. 82 ff.

4 Ich zitiere E. D. Hunt, *Holy Land Pilgrimage in the Later Roman Empire ...,* 1982, S. 8; zur weiteren Diskussion vgl. P. W. L. Walker, *Holy City, Holy Places,* 1990, Kap. 8.

5 Vgl. Ambrosius, *De Obitu Theodosii,* (Corpus Scriptorum Ecclesiasticorum Latinorum, 1957, S. 47).

6 Vgl. *Itinerarium Egeriae* 4,6–52 (Corpus Christianorum Latinorum Bd. 175, 1965, S. 27–90), mit dem Kommentar von J. Wilkinson, *Egeria's Travels,* 1971, und E. D. Hunt, *Holy Land Pilgrimage in the Later Roman Empire ...,* 1982, S. 6 ff.

7 Vgl. A. Dupont-Sommer, *Ernest Renan et ses voyages,* 1973 (Institut de France), S. 14 ff. Dort auch meine Zitate aus Renans *Vie de Jésus* (dt.: *Das Leben Jesu,* 1988[2].)

8 Ich zitiere aus Ignatius von Loyola, *Geistliche Übungen,* übers. von H. U. v. Balthasar, 1962[4], S. 34.

9 Vgl. R. Moorey, *Excavation in Palestine,* 1981, S. 20 ff. und S. 110 ff.

10 Die anschaulichste und nützlichste Darstellung findet sich jetzt bei H. V. F. Winstone, *Woolley of Ur,* 1990, bes. Kap. 6–9.

11 Nikolaos v. Damaskus bei Josephus, *Jüdische Altertümer* 1,159.

12 Ich zitiere L. Woolley, *Abraham,* 1936, S. 132, vgl. auch Kap. 3–5.

13 Zu Abraham als Sagengestalt ist T. L. Thompson, *The Historicity of the Pa-triarchal Narratives,* 1974, grundlegend, ebenso J. van Seters, *Abraham in History and Tradition,* 1975.

14 Ein nützlicher Überblick findet sich bei L. Vigano, *Biblical Archaeologist* 1984, S. 6–16, und P. Matthiae im selben Band, S. 19 ff. Vgl. im Gegensatz

dazu D. N. Freedman, *Biblical Archaeologist* 1978, S. 143 ff., darin S. 153 die Schilderung des Frühstücks im Quadrangle Club.

15 Zu den Namenslisten als Schreibübung vgl. R. D. Biggs, »Ebla and Abu Salabikh« in L. Cagni, Hg., *La Lingua di Ebla,* 1981, S. 121 ff.

16 Ich zitiere J. D. Muhly, *Biblical Archaeologist* 1984, S. 29.

II

17 Vgl. A. R. Millard in J. Aviram, Hg., *Biblical Archaeology Today,* 1986, S. 301 ff., außerdem M. Haran in J. A. Emerton, Hg., *Congress Volume Jerusalem 1986,* 1988, S. 81 ff. Die Datierung des Kalenders von Geser ist unsicher, vielleicht wurde er nicht früher als 870–850 v. Chr. geschrieben.

18 Vgl. E. F. Wente und C. C. van Siclen in *Studies in Honor of George R. Hughes,* 1976, S. 217 ff. Ein skeptischer (und radikaler) Ansatz findet sich bei P. J. James, *Studies in Ancient Chronology* I, 1987, Kap. 9–10. Im folgenden habe ich die von ihm vorgeschlagenen Änderungen nicht miteinbezogen.

19 Ein Überblick über die wichtigsten Belege bei P. R. S. Moorey in K. Kenyon, *The Bible and Recent Archaeology,* 1987, S. 69 ff. V. Fritz, *Biblical Archaeologist* 1987, S. 84 ff., ist der sorgfältigste neuere Überblick mit Bibliographie, die ich hier voraussetze. Der ältere Überblick bei M. Weippert, *The Settlement of the Israelite Tribes in Palestine,* 1971, legt die konkurrierenden Theorien dar. K. L. Younger, *Ancient Conquest Accounts,* 1990, S. 197–265, und K. W. Whitelam, *Journal for the Study of the Old Testament* 1989, S. 15, zu Streitwagen, Eisen und einer späten Datierung.

20 Vgl. J. B. Pritchard, *Ancient Near Eastern Texts Relating to the Old Testament,* 1969[3], S. 376 ff. mit Anmerkungen. Eine weiterführende Bibliographie findet man in der sehr wichtigen neuesten Arbeit von L. S. Stager in B. Mazar, Y. Yadin, Hg., *Nahman Avigad Volume,* 1985, S. 56 ff. Vgl. außerdem I. Singer, *The Bulletin of the American Schools of Oriental Research* 261, 1988, S. 1 ff.

21 Vgl. dazu P. R. S. Moorey, *The Journal of Theological Studies* 1980, S. 112 ff. J. Bimson, *Redating the Exodus and the Conquest,* 1981[2], widerspricht ihm und erntet seinerseits Widerspruch von B. Halpern, *Biblical Archaeology Review* 13, 1987. Bimson antwortet darauf in *Biblical Archaeology Review* 14, 1988, S. 52.

22 Vgl. J. R. Bartlett, *Jericho,* 1982, S. 83–107, bes. S. 107.

23 Zur Datierung der Töpferware vgl. V. Fritz, *Biblical Archaeologist* 1987, S. 88 ff.

24 Ich zitiere K. A. Kitchen, *The Bible in Its World,* 1977, S. 88.

25 Diesen Hinweis verdanke ich E. J. Bickerman, *Jews in the Greek Age,* 1988, S. 179, den ich auch zitiere; zur Textgeschichte der Septuaginta vgl. H. Orlinsky, *Vetus Testamentum, Supplement* 1969, S. 187 ff.

26 Vgl. P. R. S. Moorey in der überarbeiteten Ausgabe von K. Kenyon, *The Bible and Recent Archaeology,* 1987, S. 77–84, mit Bibliographie; ebenso V. Fritz, *Biblical Archaeologist* 1987, S. 92–99, dazu R. B. Coote und K. W. Whitelam, *The Emergence of Israel in Historical Perspective,* 1987.

27 In bezug auf das Debora-Lied schließe ich mich B. Lindars, *The Bulletin of the John Rylands Library Manchester* 1982/83, S. 158 ff., an.

28 Wichtig ist vor allem N. K. Gottwald, *The Tribes of Israel,* 1979. Eine allge-

meine Kritik findet sich bei E. W. Nicholson in J. D. Martin, P. R. Davies, *A Word in Season. Essays ... W. McKane,* (*Journal for the Study of the Old Testament* Suppl. 42) 1986, S. 3 und bes. S. 11 ff.

15 Das fünfte Evangelium

I

1 Vgl. P. R. S. Moorey in der überarbeiteten Ausgabe von K. Kenyon, *The Bible and Recent Archaeology,* 1987, S. 127 und S. 88 f.
2 Vgl. G. E. Wright, *Biblical Archaeology* 1962, S. 172 ff., und J. B. Pritchard, *Ancient Near Eastern Texts ... ,* 1969, S. 321 zur Inschrift.
3 Siehe D. Ussishkin, *The Conquest of Lachish by Sennacherib,* 1982, S. 25; eine andere Forschungsmeinung bei P. J. James, *Studies in Ancient Chronology* 1, 1987, S. 60 ff.
4 Vgl. K. Kenyon, *Digging Up Jerusalem,* 1974, Kap. 9.
5 Diese Annahme wurde von I. Winter, *Iraq* 1981, S. 124 ff., widerlegt.
6 Nach D. Ussishkin, *Israel Exploration Journal* 1988, S. 142 ff., ist der Tempel von Arad nicht in salomonischer Zeit gebaut worden.
7 Ich zitiere Sir Dennis Page.
8 Vgl. P. R. S. Moorey in der überarbeiteten Ausgabe von K. Kenyon, *The Bible and Recent Archaeology,* 1987, S. 98–104, für eine Zusammenfassung.
9 Die Zitate stammen aus W. Keller, *Und die Bibel hat doch recht,* 1964², S. 219 f.
10 G. I. Davies, *Palestine Exploration Quarterly* 1988, S. 130 ff., bietet eine sehr wichtige neue Bewertung der archäologischen Ergebnisse.
11 Ich zitiere J. B. Pritchard, Hg., *Solomon and Sheba,* 1974, S. 35.
12 Vgl. B. Maisler, *Journal of Near Eastern Studies* 1951, S. 265 ff.
13 Die Diskussion ist dargestellt bei A. Flinders, *Biblical Archaeology Review* 15, 1989, S. 30, und bei P. R. S. Moorey in der überarbeiteten Ausgabe von K. Kenyon, *The Bible and Recent Archaeology,* 1987, S. 105 f.
14 Vgl. B. Rothenberg, *Timna,* 1972. J. J. Bimson, *Tyndale Bulletin* 1981, S. 124, hat mich nicht überzeugt.
15 Vgl. J. D. Hawkins, *Cambridge Ancient History* III.1, 1982², S. 372 ff.
16 Vgl. den skeptischen Ansatz bei J. Gray, *I and II Kings; A Commentary,* 1970, S. 269 ff.
17 Vgl. A. R. Millard, *Vox Evangelica* 1981, S. 5; A. R. Millard, K. A. Kitchen, *Biblical Archaeology Review* 15, 1989, S. 20 und 30.
18 Vgl. K. A. Kitchen in J. A. Emerton, Hg., *Congress Volume 1986,* Suppl. zu *Vetus Testamentum* 1988, S. 117 ff., mit Bibliographie.
19 Dazu D. Stronach in J. Aviram, Hg., *Biblical Archaeology Today,* 1986, S. 484. Vgl. sein Buch *Pasargadae,* 1978, S. 62.
20 O. Keel, *Die Welt der altorientalischen Bildsymbolik und das Alte Testament,* 1980³, sollte nur mit Vorsicht benutzt werden.
21 Y. Yadin, *Hazor,* 1979, S. 181 f.
22 Zu den archäologischen Funden siehe Z. Meshel, *Kuntillet Ajrud,* Jerusalem 1978; B. Otzen, *Svensk exergetisk arsbok* 54, 1989, S. 151 ff.; J. Day, *Journal of Biblical Literature* 1986, S. 385 ff.; D. N. Freedman, *The Biblical Archaeologist* 1987, S. 241 ff.; W. G. Dever, *The Bulletin of the American Schools of*

Oriental Research 255, 1984, S. 21ff.; Z. Zevit, *The Bulletin of the American Schools of Oriental Research* 255, 1984, S. 39ff. Ich stimme nicht überein mit J. Tigay, *Israel Exploration Journal* 1990, S. 218ff.

II

M. Hengel, *The ›Hellenization‹ of Judea in the First Century A.D.*, 1989 (dt.: *Zum Problem der Hellenisierung in Judäa im 1. Jahrhundert n. Chr.*), analysiert die Belege sehr tiefschürfend, aber seine Vermutungen sind nicht immer überzeugend. Zu den Fundstätten ist J. Wilkinson, *Jerusalem as Jesus Knew It*, 1988[2], das grundlegende Werk, dazu P. R. S. Moorey in der überarbeiteten Ausgabe von K. Kenyon, *The Bible and Recent Archaeology*, 1987, S. 154–183. Eine populärere und bibeltreuere Darstellung findet man bei A. R. Millard, *Discoveries from the Time of Jesus*, 1990.

23 Siehe M. Hengel, *The ›Hellenization‹ of Judea in the First Century A.D.*, 1989, S. 11f., S. 35ff.; J. Yellin, J. Gunneweg, *Israel Exploration Journal* 1989, S. 85, zu den Blumentöpfen, K. L. Geleison, *B.A.I.A.S.* 7, 1987/88, S. 21, zu den Gärten.

24 Vgl. L. Y. Rahmani in M. Hengel, *The ›Hellenization‹ of Judea in the First Century A.D.*, 1989, S. 10 und S. 66f.

25 Vgl. R. Hachlili, *The Bulletin of the American Schools of Oriental Research* 1979, S. 31ff.

26 Vgl. S. Loffreda, *Antonianum* 1983, S. 112–122.

27 Vgl. A. F. Rainey, *The Bulletin of the American Schools of Oriental Research* 272, 1988, S. 69.

28 Dazu J. Wilkinson, *Jerusalem as Jesus Knew It*, 1988[2], S. 162ff. (Emmaus), S. 127–130 (Getsemani), S. 133–136 (Haus des Kajaphas), S. 140–145 (Palast des Pilatus).

29 Dazu J. S. Morrison, J. F. Coates, *The Athenian Trireme*, 1986, S. 197–200.

30 Vgl. dazu J. Jeremias, *Die Wiederentdeckung von Bethesda*, 1949, und J. Wilkinson, *Jerusalem as Jesus Knew It*, 1988[2], S. 98–104.

31 Wichtig dazu E. J. Bickerman, *Jews in the Greek Age*, 1988, S. 273ff.; E. M. Meyers, *Jewish Quarterly Review* 1971/72, S. 95ff.; R. Hachlili, A. Killebrew, *Palestine Exploration Quarterly* 1983, S. 109ff. und L. Y. Rahmani, *Palestine Exploration Quarterly* 1986, S. 96ff.

32 Eine Zusammenfassung findet sich bei P. W. L. Walker, *Holy Cities, Holy Places*, 1990, Kap. 8; dazu die exzellente Darstellung bei J. Wilkinson, *Jerusalem as Jesus Knew It*, 1988[2], und C. Counasnon, *The Church of the Holy Sepulchre in Jerusalem*, 1974, eine wichtige Übersichtsdarstellung. V. C. Corbo, *Il Santo Sepulcro di Gerusalemme*, ist zu optimistisch, Z. Rubin in L. I. Levine, Hg., *Jerusalem Cathedra* 2, 1982, S. 79ff., ist dagegen skeptisch eingestellt.

33 Vgl. J. Wilkinson, *Jerusalem as Jesus Knew It*, 1988[2], S. 198f.; W. S. McBirine, *The Search for the Authentic Tomb of Jesus*, 1979, ist nicht überzeugend.

34 N. Haas, *Israel Exploration Journal* 1970, S. 38, wurde berichtigt von J. Zias, E. Sekeles, *Israel Exploration Journal* 1985, S. 22; allgemein dazu M. Hengel, *The Cross of the Son of God*, 1986.

35 Vgl. F. N. Hepper, *Palestine Exploration Quarterly* 1988, S. 146ff.

36 J. Nickell, *An Inquest on the Shroud of Turin*, 1983, ist der scharfsinnige

Ermittlungsbericht eines Privatdetektivs. Vgl. A. Cameron, *The Sceptic and the Shroud*, 1980, zu der angenommenen Verbindung mit dem Tuch von Edessa; N. Kokkinos, *Ainigmata* 70, 1981, S. 32–37, mit einer guten Bibliographie; A. R. Millard, *Discoveries from the Time of Jesus*, 1990, S. 136 ff., zu den naturwissenschaftlichen Untersuchungen; L. Fossati, *La Santa Sindone, Nouva Luce su Antichi Documenti*, 1961, untersucht die zeitgenössischen Texte; I. Wilson, *Holy Faces, Secret Places*, 1991, S. 14 ff. bringt die Übersetzungen in Auszügen, weicht aber einer konkreten Stellungnahme aus; L. Kuryuluk, *Veronica and her Cloth*, 1991, zu den verschiedenen Schweißtüchern der Veronika.

16 Heidnische Texte, biblische Wahrheiten

J. B. Pritchard, *Ancient Near Eastern Texts Relating to the Old Testament*, 1969[2], bleibt als Quellensammlung grundlegend. J. R. Bartlett, *The Bible. Faith and Evidence*, 1990, Kap. 3–8, ist eine ausgewogene neuere Darstellung. J. A. Soggin, *A History of Israel from the Beginning to the Bar Kochba Revolt*, 1984, und J. M. Miller, J. H. Hayes, *A History of Ancient Israel and Judah*, 1986, sind historiographische Werke mit den neuesten Forschungsergebnissen und Belegen. G. Garbini, *History and Ideology in Ancient Israel*, 1988, ist anregend, aber insgesamt nicht erfolgreich bei seinem Versuch, die Historizität vieler allgemein anerkannter historischer Daten und Ereignisse in Frage zu stellen.

I

1 S. Israelit Groll, Hg., *Pharaonic Egypt. The Bible and Christianity*, 1986, sammelt verschiedene Übereinstimmungen und mögliche Zusammenhänge. Der Aufsatz von J. Vergotte, S. 289 ff., ist in seiner Datierung der Geschichte um Josef nicht überzeugend. Zu Gen 41,42 vgl. W. Hallo, *Biblical Archaeologist* 1983, S. 25 ff. Er sieht in dem Ruf »Abrek« eine Anspielung auf eine assyrische Standesbezeichnung. Das hätte eine (unmöglich) frühe Datierung der Quellen zu Josef zur Folge.
2 Vgl. J. A. Emerton in J. A. Emerton, Hg., *Studies in the Pentateuch* (Suppl. zu *Vetus Testamentum* 41, 1990), S. 73 ff., mit Bibliographie. Der erste Abschnitt von Kapitel 14 kann »nicht früher als auf das 7. Jahrhundert datiert werden, vielleicht ist er sogar noch später«.
3 Vgl. K. A. Kitchen, *Third Intermediate Period in Egypt*, 1977, S. 72–76, S. 298–303, dazu E. F. Wente, *Journal of Near Eastern Studies* 1976, S. 275–278. G. Garbini, *History and Ideology in Ancient Israel*, 1988, S. 29 ff., vertritt eine radikalere These. P. J. James, I. J. Thorpe, N. Kokkinos, J. A. Frankish in *Studies in Ancient Chronology* I, 1987, haben den ganzen Datierungsrahmen für die Bronze- und Eisenzeit in Frage gestellt. Ihre Arbeit zeigt zumindest, wie zentral die ägyptischen Belege sind. E. F. Wente und C. C. van Siclen in *Studies in the Honor of George R. Hughes*, 1976, S. 217 ff., vertreten eine andere, in sich schlüssige Ansicht.
4 Vgl. J. A. Hackett, *The Balaam Text from Deir' Alla*, 1984.

II

Eine Übersicht über die Geschichte der Dynastie König Omris findet sich bei
J. A. Soggin, *A History of Israel from the Beginning to the Bar Kochba Revolt,*
1984, S. 203 f., und bei J. M. Miller, J. H. Hayes, *A History of Ancient Israel
and Judah,* 1986, Kap. 8. Vgl. dazu außerdem S. Timm, *Die Dynastie Omri,*
1982. Der hilfreichste englische Kommentar ist G. H. Jones, *1 and 2 Kings,* 1984,
in der Kommentarserie zur New Century Bible. Ich folge seinen bibliographischen
Angaben, wenn auch nicht immer seinen Schlußfolgerungen.

5 Vgl. J. A. Brinkman, *Journal of Classical Studies* 1978, S. 173 ff., zur Datierung. Eine englische Übersetzung der assyrischen Monolith-Inschrift findet
   sich bei J. M. Miller, J. H. Hayes, *A History of Ancient Israel and Judah,*
   1986, S. 258 ff.
6 Vgl. M. Elat, *Israel Exploration Journal* 1974, S. 25 ff.
7 1 Kön 20–22,38, dazu bes. 1 Kön 21,19. In vielen Punkten stimme ich mit
   C. F. Whitley, *Vetus Testamentum* 1952, S. 137 ff., überein. Vgl. J. M. Miller,
   Vetus Testamentum 1967, S. 307 ff., und *Zeitschrift für alttestamentliche Wissenschaft* 1968, S. 337 ff. Siehe auch J. Hughes, *Secrets of the Times,* 1990,
   S. 187 f., wichtig dazu Anm. 60. G. H. Jones, *1 and 2 Kings* II, 1984, referiert
   die abweichenden Ansichten.
8 Vgl. dazu D. W. Gooding, *Zeitschrift für alttestamentliche Wissenschaft* 1964,
   S. 269, mit dessen Schlußfolgerungen ich ganz und gar nicht übereinstimme.
9 Dazu J. B. Millar, *Journal of Biblical Literature* 1966, S. 441 ff.
10 Eine englische Übersetzung findet sich bei J. M. Miller, J. H. Hayes, *A History
   of Ancient Israel and Judah,* 1986, S. 283; zur Entdeckungsgeschichte siehe
   N. A. Silberman, *Digging for God and Country,* 1982. Die Widersprüche zur
   Bibel sind sehr extrem dargestellt in G. Garbini, *History and Ideology in Ancient Israel,* 1988, S. 33–38.
11 Eine klare Zusammenfassung der Probleme ist bei J. Hughes, *Secrets of the
   Times,* 1990, S. 89–93 (zur griechischen Septuaginta) und S. 182–190 (Zu-
   rückweisung von 2 Kön 1,17) zu finden.
12 Der Text des Schwarzen Obelisken ist exzerpiert in J. M. Miller, J. H. Hayes,
   A History of Ancient Israel and Judah, 1986, S. 286.
13 Daß es sich bei dem Bräutigam um Ahab gehandelt haben könnte, wurde von
   F. Hitzig schon 1863 vorgeschlagen. Ahab ist der einzige Fall, in dem ein
   israelitischer König eine »Tochter von Tyrus« heiratet. Daher ist er den anderen in der wissenschaftlichen Diskussion genannten Königen (Jehu, Jerobeam II. oder Joram und Atalja) vorzuziehen. Zu diesen Alternativen siehe
   E. B. Briggs, *The Psalms,* I.C.C. Commentary Bd. I, 1906, S. 384.
14 Das Verwandtschaftsverhältnis zwischen Isebel und Dido ergibt sich aus Josephus, *Gegen Apion* 1,123–125.

III

15 Ich zitiere aus E. W. Heaton, *The Hebrew Kingdoms,* 1968, S. 63.
16 Grundlegend dazu D. J. Wiseman, *Chronicles of Chaldaean Kings in the Bri-
   tish Museum,* 1956. Interessant auch A. K. Grayson, *Assyrian and Babylonian
   Chronicles,* 1975, und *Babylonian Historical-Literary Texts,* 1975, sowie sein
   Artikel in *Orientalia* 1980, S. 140 ff.

17 Einzelheiten dazu finden sich bei D. J. Wiseman, *Nebuchadnezzar and Babylon*, 1985, S. 12–33, und J. Hughes, *Secrets of the Times*, 1990, S. 225–229. Beide liefern auch weiterführende bibliographische Angaben.

18 Vgl. dazu D. J. Wiseman, *Nebuchadnezzar and Babylon*, 1985, S. 81 ff. Zur Datierung seiner Begnadigung siehe J. Hughes, *Secrets of the Times*, 1990, S. 157.

19 Ich folge in meiner Darstellung J. Hughes, *Secrets of the Times*, 1990, S. 229.

20 Vgl. dazu N. Avigad, *Biblical Archaeologist* 1979, S. 114 ff.

21 Dazu W. F. Albright, *Journal of Biblical Literature* 1932, S. 77, und 1943, S. 66; D. J. Wiseman, *Nebuchadnezzar and Babylon*, 1985, S. 82.

22 Eine eindrucksvolle Auswertung der Scherben liefert H. Torczyner, *The Lachish Letters*, 1938. Eine Übersetzung und Bibliographie findet man bei J. B. Pritchard, *Ancient Near Eastern Texts Relating to the Old Testament*, 1969², S. 321 f. Datierung und Bedeutung der Briefe sind immer noch offen.

23 Dazu E. F. Weidner in *Mélanges syriens ... à René Dussand*, II, 1939, S. 927. »Salamyama«, der Gärtner, wäre danach Schemaja (vgl. Jer 36,14).

24 Siehe E. J. Bickerman, *Studies in Jewish and Christian History* III, 1986, S. 282, mit Bibliographie. Vgl. dazu auch D. J. Wiseman, *Nebuchadnezzar and Babylon*, 1985, S. 98–104, obwohl seine Versuche, Dan 1–6 für die Darstellung der Geschichte dieser Zeit zu verwenden, völlig verfehlt sind.

IV

Der von H. G. M. Williamson 1985 in der World Biblical Series, Bd. 16, veröffentlichte Kommentar ist der reichhaltigste. Eine kürzere Fassung hat er 1989 in der Reihe Old Testament Guides veröffentlicht. D. J. A. Clines, *Ezra, Nehemiah, Esther*, 1984, ist ebenfalls sehr nützlich. Bei verschiedenen historischen Fragen stimme ich nicht mit Williamson überein, insbesondere nicht mit seiner Datierung für die Mission Esras in Jerusalem, die er auf das Jahr 458 legt und die damit dem Besuch Nehemias im Jahr 445 vorausgehen müßte, sowie mit seiner Ansicht, daß der Chronist nicht der Autor der beiden Bücher ist.

Mit der Datierung beschäftigen sich sehr viele Bücher: Die wichtigsten Punkte werden von H. H. Rowley, *The Servant of the Lord and Other Essays*, 1965, S. 137–168, und *Men of God*, 1963, S. 211–276, abgedeckt. M. Smith, *Palestinian Parties and Politics*, 1987², ist besonders in bezug auf die Reformen Nehemias interessant. E. J. Bickerman, *Studies in Jewish and Christian History* III, 1986, S. 327, löst das chronologische Problem, das mit Neh 1,2 verbunden ist.

25 B. B. Porten, *Archives from Elephantine*, 1968, G. R. Driver, *Aramaic Documents*, 1956, und D. M. Lewis, *Sparta and Persia*, 1977, erschließen das immer noch wachsende Belegmaterial aus dem Persischen Reich. Vgl. L. Robert, *Comtes Rendus de l'Académie des Inscriptions et Belles-Lettres* 1975, S. 306, für eine im Fall eines anderen Kultes angewandte persische Regelung. Die wichtigsten Siegel, deren Datierung im übrigen umstritten ist, wurden veröffentlicht von N. Avigad, *Bullae and Seals from a Post-Exilic Judaean Archive*, 1976.

26 Zu Deuterojesaja siehe A. Kuhrt in dem von M. Beard und J. North herausgegebenen Band *Pagan Priests*, 1990, S. 128 ff., besonders S. 144–146, und G. Garbini, *History and Ideology in Ancient Israel*, 1988, Kap. 7, eine sehr

einseitige Darstellung, die aber eine Bibliographie zum persischen »Amtsstil« enthält.

27 Vgl. zu dieser Lösung des Problems E. J. Bickerman, *Studies in Jewish and Christian History* I, 1976, S. 72–108.

28 Zum Kyros-Siegelzylinder siehe A. Kuhrt, *Journal for the Study of the Old Testament* 1983, S. 83 ff.

29 Einen methodologischen Überblick zu Datierungsfragen findet man in dem Beitrag von P. R. Ackroyd in A. Kuhrt und H. Sancisi-Weedenburg, *Achaemenid History* III, 1988, S. 33 ff.

30 Belege und Argumente sind bei E. J. Bickerman, *Studies in Jewish and Christian History* III, 1986, S. 333–336, dargestellt.

31 Die Geschichte des Aufstands ist in der dreisprachigen Inschrift von Behistun aus der Zeit des Dareios überliefert, und zwar im altpersischen Text, Abs. 49–50. Eine engl. Übersetzung der altpersischen Fassung mit Anmerkungen liegt in R. G. Kent, *Old Persian. Grammar, Texts, Lexicon*, 1953[2], S. 116 ff., vor. Eine gute Textfassung mit sorgfältiger Beachtung der Varianten in den verschiedenen Sprachen haben W. Hinz und K. Borger in O. Kaiser, Hg., *Texte aus der Umwelt des Alten Testaments* I, 1982–85, S. 419 ff., vorgelegt.

32 W. Hinz, *Darius und die Perser*, 1976, Kap. 6, ordnet den Wiederaufbau in den größeren Zusammenhang ein.

33 Vgl. J. Greenfield und B. B. Porten, *The Bisitun Inscription of Darius the Great. The Aramaic Version*, 1982.

34 Allgemein dazu A. L. Oppenheim in *Cambridge History of Iran* II, 1985, S. 563–565. Zu Tattenai siehe A. T. Olmstead, *Journal of Near Eastern Studies* 1944, S. 46 ff. Olmstead stellt folgendes fest: 1.) Gubaru/Gobryas war »Statthalter von Babylon und den Gebieten jenseits des Stroms«; er ist dort für den 12. November 535 und den 20. September 525 bezeugt. 2.) Wahrscheinlich war Gubaru bis zur Revolte von Nidintu-Bel (Nebukadnezzar III.) am 3. Oktober 522 im Amt. 3.) Nach dem Zwischenspiel der beiden »falschen Nebukadnezzars« ist Ustani der Amtsinhaber. Er ist für den 21. März 520 und den Juni 516 bezeugt. 4.) Nur auf einer Tontafel findet sich der Name Ta-at-[tan-ni], in einem auf den 5. Juni 502 datierten Eintrag. Er ist »Statthalter« (*pahat*) der Gebiete jenseits des Flusses.
Möglicherweise war ein *pahat* ein dem Satrapen untergeordneter Beamter. Ta-at[...] könnte ein solcher Beamter gewesen sein, während Ustani die Satrapie leitete. Dann könnte es sich bei ihm um den Tattenai aus Esra 5,6 handeln, aber man kann dies nicht sicher belegen.

35 Siehe R. Meiggs, D. M. Lewis, *Greek Historical Inscriptions*, 1969, Nr. 12; dazu auch L. Robert, *Bulletin de Correspondance Hellénique* 1977, S. 77–98, und A. E. Cowley, *Aramaic Papyri of the Fifth Century B.C.*, 1923, Nr. 30.

V

36 Siehe E. J. Bickerman, *Studies in Jewish and Christian History* III, 1986, S. 299–326.

37 D. M. Lewis, *Sparta and Persia*, 1977, Kap. 1, führt die elamitischen und griechischen Belegstellen an, ebenso G. R. Driver, *Aramaic Documents*, 1956, S. 5 f., Nr. VI.

38 Siehe Esra 7,14 und beispielsweise Herodot 3,84. Die Inschrift von Behistun

aus der Zeit des Dareios listet für Darius VII. sechs Helfer auf (altpersische Version, Abs. 68–69).

39 Vgl. A. E. Cowley, *Aramaic Papyri of the Fifth Century B.C.*, 1923, Nr. 26.23. D. M. Lewis schlägt in bezug auf Sekretäre, die nicht selbst schreiben, einen Vergleich mit in Persepolis im Palastarchiv gefundenen Täfelchen (R. T. Hallock, *Persepolis Fortification Tablets*, 1969, Nr. 1561 und 1947) vor. Vgl. Cowley, Nr. 21, vielleicht auch Nr. 30.19 und 38.4–10.

40 Zu der Sammlung ägyptischen Rechts im Jahre 519 siehe E. Meyer, *Kleine Schriften* II, 1924, S. 91–100, und G. Posener, *La première domination perse en Égypte*, 1936, S. 36–41.

41 Zum Amt des Mundschenks siehe Herodot 3,34 und D. M. Lewis, *Sparta and Persia*, 1977, S. 20.

42 Die Darstellung des Herakleides von Kyme, überliefert bei Athenaios 4,145, paßt gut in das von Nehemia und Ester gezeichnete Bild von der Anwesenheit der Königin.

43 Vgl. A. E. Cowley, *Aramaic Papyri of the Fifth Century B.C.*, 1923, Nr. 26.

44 Zum Unterhalt, den Essenseinladungen und den Landkäufen vgl. z. B. Herodot 1,192 und Thukydides 1,138. Dazu auch R. L. Fox, *Alexander the Great*, 1973, S. 515f.

45 Siehe dazu W. Eilers, *Iranische Beamtennamen*, 1940, S. 30–40, und K. Galling, *Zeitschrift für alttestamentliche Wissenschaft* 1951, S. 66ff.

46 Zu den Memoiren Solons siehe J. M. Edmonds, Hg., *Elegy and Iambus* I, 1968, S. 146–154, mit Übersetzung. Zu der Autobiographie des Ägypters Udjahorresnet siehe J. Blenkinsopp, *Journal of Biblical Literature* 1987, S. 409–421.

47 Dazu E. J. Bickerman, *Four Strange Books of the Bible*, 1967, S. 206f. und D. M. Lewis, *Sparta and Persia*, 1977, S. 17–19.

48 Interessant dazu ist A. E. Cowley, *Aramaic Papyri of the Fifth Century B.C.*, 1923, Nr. 30.18 (408 v. Chr.), die kleine Münze, die in D. Barag, *Biblical Archaeologist* 1985, S. 166–168, beschrieben wird, und J. W. Betlyon, *Journal of Biblical Literature* 1986, S. 633ff., bes. S. 639f. Allerdings beruht die Datierung dieses als »Gruppe IV« bezeichneten Münztyps in die Zeit zwischen etwa 345 und 332 v. Chr. nur auf Schlußfolgerungen. Die abgebildeten Köpfe stehen den früheren Prägungen des persischen Königs in Sidon ebenso nahe. C. J. Howgego hat mich daran erinnert, daß Barags Lesart durchaus nicht sicher ist, daß bei einem weiteren Hordfund über 100 Münzen des Königs Hiskija zusammen mit ptolemäischen Münzen gefunden wurden und daß die auf diesen Münzen abgebildeten Köpfe nach (subjektiven) Stilanalysen den kleinen Silbermünzen der kilikischen Dynasten aus der Zeit um 380–370 v. Chr. zum Beispiel sehr ähnlich sind. Das heißt, daß, auch wenn die Lesart »Johanan« richtig ist, die Datierung immer noch zwischen den Jahren um 380 und der frühen Ptolemäerzeit schwanken kann.

49 Siehe dazu F. M. Cross, *Wadi Daliyeh* II, 1974, S. 18, und im *Journal of Biblical Literature* 1975, S. 4, für die neuen Belege. Ich bin mit der von Cross vorgenommenen Rekonstruktion nicht einverstanden. Auch G. Widengren in J. H. Hayes, J. M. Miller, Hg., *Israelite and Judaean History*, 1990[3], S. 506ff., lehnt sie ebenso ab wie L. Grabbe in *Journal of Biblical Literature* 1987, S. 231ff.

50 Vgl. H. T. Wade-Gery, *Essays in Greek History*, 1958, S. 201ff., bes. S. 219, und D. M. Lewis, *Sparta and Persia*, 1977, S. 51 und S. 153 mit Anmerkun-

gen. Zu Esra siehe O. Margalith, *Zeitschrift für alttestamentliche Wissenschaft* 1986, S. 110.

51 Siehe dazu I. Eph'al, *Cambridge Ancient History* 4, 1988[2], S. 145, mit Bibliographie.

17 Der Prozeß Jesu

Die historische Arbeit von A. N. Sherwin-White, *Roman Society and Roman Law in the New Testament*, 1963, spricht viele wichtige Probleme sehr präzise an, doch die vorgeschlagenen Lösungen und die Forschungsdiskussionen sind nicht immer überzeugend. G. B. Caird, *The Apostolic Age*, 1987[2], ist ebenfalls sehr klar geschrieben. Unter den Büchern über den historischen Jesus ragt E. P. Sanders, *Jesus and Judaism*, 1985, heraus, und zwar sowohl aufgrund der angewandten Methode als auch durch den bloßen Umfang.

I

1 Siehe dazu J. Reynolds, R. Tannenbaum, *Jews and Godfearers at Aphrodisias, Cambridge Philological Society,* Suppl.-Bd. 1987, und unter anderem M. D. Goodman, *Journal of Roman Studies* 1988, S. 261 ff.

2 Zu diesen Briefen siehe N. Lewis, *The Documents of the Bar Kockhba Period in the Cave of Letters. Greek Papyri,* 1989, S. 22–26 und S. 113–115 (Text).

3 Vgl. E. Schürer, *The History of the Jewish People in the Age of Jesus Christ* I, 1973, S. 43–62.

4 Zum sozialen Gefüge in Galiläa vgl. auch A. N. Sherwin-White, *Roman Society and Roman Law in the New Testament,* 1963, S. 136f., und F. Cumont, *L'Égypte des astrologues,* 1937, S. 34–39.

5 Siehe G. E. M. de Sainte Croix in D. Baker, Hg., *Studies in Church History,* 1975, S. 3–9.

6 Das Thema ist am ausführlichsten von G. Theissen in seinem Buch *Lokalkolorit und Zeitgeschichte in den Evangelien,* 1990, behandelt worden. Siehe außerdem A. N. Sherwin-White, *Roman Society and Roman Law in the New Testament,* 1963, S. 120–143.

7 Ich zitiere E. P. Sanders, *Jesus and Judaism,* 1985, S. 218–221.

8 Ich zitiere G. Vermes, *Jesus the Jew,* 1973, S. 83, dessen »Jesus« mich selten überzeugt.

9 E. Rivkin, *What Crucified Jesus?,* 1986, hat die Aussagen des Josephus intelligent ausgewertet. Vgl. zu Theudas Josephus, *Jüdische Altertümer* 20,97f., zum Ägypter *Jüdische Altertümer* 20,169–171 und *Jüdischer Krieg* 2,261–263, und zu Johannes dem Täufer *Jüdische Altertümer* 18,116–119.

10 Zum Jesus des Jahres 62 siehe Josephus, *Jüdischer Krieg* 6,300–309.

11 E. Rivkin, *What Crucified Jesus?,* 1986, legt zu wenig Wert auf die Bedeutung des »Königreichs« bei der Anklage Jesu, wie sie in den Evangelien dargestellt ist.

12 Vieles in meiner Darstellung verdanke ich E. J. Bickerman, *Studies in Jewish and Christian History* III, 1986, S. 82, der besten Arbeit über die Verhaftung und den Prozeß Jesu. Vgl. dazu auch die neuere Arbeit von F. Millar in P. R. Davies und R. T. White, Hg., *A Tribute to Geza Vermes,* 1990, S. 355–381. Andere wichtige Darstellungen zum Thema sind zu finden bei A. E. Har-

vey, *Jesus and the Constraints of History*, 1981, J. Bowker, *Jesus and the Pharisees*, 1973, S. 42–52, P. Winter, *On the Trial of Jesus*, 1974[2], A. N. Sherwin-White, *Roman Society and Roman Law in the New Testament*, 1963, S. 24–47, und J. Blinzler, *The Trial of Jesus*, 1959.

13 Die Mischna über den Sanhedrin ist in *The Mishnah*, hg. und übersetzt von H. Danby, 1933, S. 382, zu finden; zur »Gotteslästerung« siehe Mish.San. 7,5.

14 Siehe Philon, *Legatio ad Gaium* 301, und dazu P. Winter, *On the Trial of Jesus*, 1974[2], S. 51.

15 Vgl. die Anmerkung zur Stelle (Joh 18,3) in der Einheitsübersetzung.

16 Siehe E. J. Bickerman, *Studies in Jewish and Christian History* III, 1986, S. 164–171; S. 166, Anm. 65, S. 167 und S. 169, Anm. 87, zu Regierungsorganen, die einer aufgebrachten Menschenmenge nachgaben.

17 Dazu E. J. Bickerman, *Studies in Jewish and Christian History* III, 1986, S. 88–90.

18 Einen ähnlichen Ansatz liefert E. Rivkin, *What Crucified Jesus?*, 1986. M. D. Goodman, *The Ruling Class of Judaea*, 1987, vertritt eine etwas übertriebene Position, die ich nicht teilen kann. Interessant auch E. P. Sanders, *Jesus and Judaism*, 1985, S. 312ff. An dieses Werk schloß sich ein Seminar in Oxford im Jahre 1988 an; dort hat Sanders bezweifelt, daß es sich um einen formal zusammengetretenen Sanhedrin handelte. Ich messe auch Apg 22,30ff. Wert bei, weil es sich meines Erachtens an dieser Stelle um eine Primärquelle handelt.

19 Zu Mk 14,64 siehe E. J. Bickerman, *Studies in Jewish and Christian History* III, 1986, S. 91–93.

20 Siehe A. N. Sherwin-White, *Roman Society and Roman Law in the New Testament*, 1963, S. 24–47, bes. S. 32 und S. 47. Vgl. dazu E. J. Bickerman, *Studies in Jewish and Christian History* III, 1986, S. 164–171 zur »cognitio« und dem Begriff »pro tribunali«.

21 Siehe Philon, *Gegen Flaccus* 36–39.

22 Digesten 48,20,6.

23 Die Belege dafür sind bei H. Muserillo, Hg., *Acts of Christian Martyrs*, 1976, im Martyrium des Polycarp, Kap. 12, zu finden. Siehe dazu auch J. Bremmer, *Vigiliae Christianae* 1985, S. 112ff.

24 Siehe E. Schürer, *The History of the Jewish People in the Age of Jesus Christ* I, 1973, S. 221–223, und F. Millar in P. R. Davies und R. T. White, Hg., *A Tribute to Geza Vermes*, 1990, S. 374–376.

25 Zitat aus Th. Mommsen, *Römisches Strafrecht*, 1899, S. 240f.

26 Siehe E. J. Bickerman, »Utilitas Crucis«, in *Revue de l'Histoire des Religions* 1935, S. 169ff. Wiederabgedruckt in E. J. Bickerman, *Studies in Jewish and Christian History* III, 1986, S. 82ff.

27 Zur Datierung des Prozesses siehe R. E. Brown, *Commentary on ... St John* II, 1966, S. 555f. zum letzten Abendmahl und S. 882f. zum Passahfest.

28 Meine Darstellung basiert auf Bickerman (s. Anm. 26), der auch weitere Einzelheiten zu jedem angesprochenen Punkt bietet.

29 Die Papyrusdokumente werden bei Bickerman (s. Anm. 26), S. 104, Anm. 124, zitiert.

30 Außer auf die Besprechung des Lukasevangeliums bei Bickerman möchte ich hier auf G. D. Kilpatrick, *Journal of Theological Studies* 1942, S. 34ff. (zum Soldaten unter dem Kreuz) hinweisen.

31 Zu der Aussage, es sei den Juden »nicht gestattet, jemand hinzurichten« in Joh 18,31 siehe R. E. Brown, *Commentary on ... St John* II, 1966, S. 849 f.; außerdem Augustins Kommentar zur Stelle in J. P. Migne, *Patrologia Latina* Bd. 35, Sp. 1937, und F. Millar in P. R. Davies und R. T. White, Hg., *A Tribute to Geza Vermes*, 1990, S. 374–376, dessen Ansichten ich in diesem Punkt ebensowenig teile wie die von Millar, S. 370 f., zum »Prozeß«.

32 Die Gründe dafür, daß sich die Juden gegen Jesus wandten, bespricht E. P. Sanders, *Jesus and Judaism*, 1985, S. 270–281.

33 Daß Jesus »geächtet« wurde, hat Bickerman, S. 120 f., richtig erkannt. Ich bezweifle, daß die Ächtung schon in Joh 7,30 und nicht erst in 11,57 ausgesprochen wurde. Die Vorgänge bei der Auferweckung des Lazarus werden bei R. E. Brown, *Commentary ... St John* I, 1966, S. 414 und S. 418 diskutiert. Den weiteren Hintergrund findet man bei E. P. Sanders, *Jesus and Judaism*, 1985, S. 61–76.

34 Die Phrase »Freund des Kaisers« ist für die Zeit der herodianischen Dynastie bei Josephus, *Jüdische Altertümer* 12,7,3, Philon, *Gegen Flaccus* 2,40, und Y. Meshorer, *Ancient Jewish Coinage* II, 1982, S. 55 und S. 247 f. (zu Herodes Agrippa) belegt.

35 Das Zitat über die »Porträtfotografie« der Evangelien stammt von A. E. Harvey, *Jesus and the Constraints of History*, 1981, S. 125.

III

A. N. Sherwin-White, *Roman Society and Roman Law in the New Testament*, 1963, beschreibt besonders gut die heidnische Umgebung der in der Apostelgeschichte dargestellten Ereignisse.

36 Alternative Chronologien finden sich bei C. J. Hemer, *The Book of Acts in the Setting of Hellenistic History*, 1989, S. 159–175 und S. 247–277. Meine Darstellung unterscheidet sich davon vor allem in zwei Punkten: 1.) durch das von N. Kokkinos errechnete Datum der Kreuzigung im Jahr 36 und 2.) durch meine Überzeugung, daß Gal 1,18 als »drei Jahre nach der Bekehrung« und Gal 2,1 als »vierzehn Jahre nach der Bekehrung«, nicht als »vierzehn Jahre nach Gal 1,18«, zu verstehen ist. In diesem ganzen Abschnitt bezieht sich Paulus immer wieder auf seine Bekehrung.

37 R. P. Oliver, *Hesperia*, 1971, S. 239 f., ist immer noch wichtig. Der Text der Inschrift wurde zum ersten Mal bei A. Plassart, *Fouilles de Delphes*, III iv.286, wiedergegeben. Siehe dazu auch E. Haenchen, *The Acts of the Apostles*, 1971, S. 66 (dt.: *Die Apostelgeschichte*, 1977[17]). Zu Apg 1–9 siehe M. Hengel, *Between Jesus and Paul*, 1983, S. 30–47, manchmal etwas spekulativ.

38 Zu Aretas siehe Josephus, *Jüdische Altertümer* 18,115 und 18,120–126. Zu Text und Geographie auch G. W. Bowersock, *Roman Arabia*, 1983, S. 51 f. und S. 67 f.

39 Ältere Forschungsmeinungen sind dargestellt bei F. J. Foakes Jackson und K. Lake *The Beginnings of Christianity* 5, 1933, S. 441–443.

40 Vgl. K. Gapp, *The Harvard Theological Review* 1935, S. 258 ff., und B. M. Levick, *Claudius*, 1990, S. 109, Anm. 14.

41 Siehe E. Schürer, *History of the Jewish People* I, 1973, S. 452.

42 Siehe W. Ramsay, *Journal of Roman Studies* 1926, S. 201 ff., und B. M. Levick, *Roman Colonies in Southern Asia Minor*, 1967, S. 112 ff.

43 Siehe A. N. Sherwin-White, *Roman Society and Roman Law in the New Testament*, 1963, S. 92 f.
44 Siehe M. Hengel, *Between Jesus and Paul*, 1983, S. 97–128.
45 Siehe C. K. Barrett in B. P. Thompson, Hg., *Scripture. Meaning and Method. Essays ... of Anthony Hanson*, 1987, S. 51 ff., und M. Oberweis, *Novum Testamentum*, 1988, S. 169 ff.
46 A. W. Lintott, *Aufstieg und Niedergang der Römischen Welt* I.2, 1972, S. 263–267, wendet sich entschieden gegen andere neuere Interpretationen.

18 Zurück in die Zukunft

J. F. A. Sawyer, *Prophecy and the Prophets of the Old Testament*, 1987, ist die beste kurze Einführung zum Thema, während R. P. Carroll, *When Prophecy Failed*, 1979, genau das Thema dieses Kapitels behandelt, aber etwas weitschweifig ist. J. Blenkinsopp, *A History of Prophecy in Israel*, 1983, und R. E. Clements, *Prophecy and Tradition*, 1975, stellen das Problem im historischen Kontext dar. J. Barton, *Oracles of God*, 1986, untersucht, wie die Propheten später verstanden wurden.

I

1 Siehe dazu R. R. Wilson, *Prophecy and Society in Ancient Israel*, 1980, Kap. 2 und 3, sowie D. L. Peterson, *The Role of Israel's Prophets*, 1981, bes. S. 75 f.
2 Eine umfassende Sammlung findet sich bei M. Loewe, C. Blacker u.a., *Divination and Oracles*, 1981. Dazu auch H. H. Rowley, *Prophecy and Religion in Ancient China and Israel*, 1956.
3 Aus einem anderen Blickwinkel beschreibt J. A. Soggin, *Zeitschrift für alttestamentliche Wissenschaft* 100, Suppl. 1988, S. 255 ff., die Prophezeiungen in Delphi und Israel.
4 Ich fasse diese Geschichte des Hosea als historisch auf. H. H. Rowley, *The Bulletin of the John Rylands Library Manchester* 1956/57, S. 200 ff., führt Einwände dagegen an.
5 Ich zitiere G. Josipovici, *The Book of God*, 1988, S. 180 f. Für den größeren Zusammenhang siehe auch H. H. Rowley, *The Bulletin of the John Rylands Library Manchester* 1953/54, S. 146 ff.
6 Zu Offb 10,8–11 vgl. auch E. F. Davis, *Swallowing the Scroll*, 1989, Kap. 3.
7 Zum poetischen Stil der Prophezeiungen siehe A. G. Auld, R. P. Carroll und H. G. M. Williamson, *Journal for the Study of the Old Testament* 1983, S. 3–44.
8 G. B. Caird, *Language and Imagery of the Bible*, 1980, liefert dazu viele wichtige Einsichten. J. I. Willis, *Journal for the Study of the Old Testament* 1985, S. 3 ff., zum Dialog, D. F. Murray, *Journal for the Study of the Old Testament* 1987, S. 95 ff., zum Disput. P. A. Kruger, *Journal of Northwest Semitic Languages* 1988, S. 143 ff., zu Hoseas sprachlichem Können, L. A. Sinclair, *Journal of Biblical Literature* 1966, S. 351 ff., zu Amos und seiner literarischen Leistung.
9 Ein gutdurchdachter Überblick findet sich bei W. McKane, *Zeitschrift für alttestamentliche Wissenschaft* 1982, S. 251 ff.

10 Siehe J. Eaton, *Visions in Worship*, 1981.
11 Siehe J. Barr, *Scope and Authority of the Bible*, Explorations in Theology 7, 1980, Kap. 6, bes. S. 99–103. Zu Amos und seiner Auffassung einer traditionellen sozialen Gerechtigkeit siehe J. Barton, *Amos's Oracles Against the Nations*, 1980, S. 51. Vgl. dazu L. Epztein, *Social Justice in the Ancient Near East and People of the Bible*, 1986, für die grundlegenden Fakten.
12 Vgl. dazu A. Phillips in R. Coggins, M. Knibb, A. Phillips, Hg., *Israel's Prophetic Heritage*, 1982, S. 217ff.
13 Zur traditionellen Weisheit vgl. J. L. Crenshaw, *Zeitschrift für alttestamentliche Wissenschaft* 1967, S. 42ff., J. Lindblom in M. Noth, Hg., *Wisdom in Israel and the Ancient Near East*, 1960, S. 19–204, und vor allem J. Barton, *The Journal of Theological Studies* 1981, S. 3 und S. 11, (daraus die Zitate), sowie *The Journal of Theological Studies* 1979, S. 1ff.
14 Ich zitiere E. W. Heaton, *The Old Testament Prophets*, 1958, S. 52.
15 Grundlegend ist zu diesem Thema J. Barton, *Oracles of God*, 1986.
16 Ich zitiere C. Tyler, *Weekend F.T.*, Juli 1989, S. 1.

II

17 Die wichtigste Arbeit zu den guten Prophezeiungen im Alten Testament stammt von C. Westermann, *Zeitschrift für alttestamentliche Wissenschaft* 1986, S. 1–13.
18 Jes 45,1ff. Siehe dazu S. Smith, *Isaiah XL-LV*, 1944, S. 49. Zu Sacharja siehe R. Coggins, *Haggai, Zechariah, Malachi*, 1987, S. 40–73.
19 Zum christlichen Verständnis der Prophezeiungen siehe F. F. Bruce, *The Bulletin of the John Rylands Library Manchester* 1960/61, S. 336ff.
20 Zu Jeremia siehe bes. W. McKane, *A Critical and Exegetical Commentary of Jeremiah* I, 1986. E. Tov in P. M. Bogaert, *Le Livre de Jerémie*, 1981, S. 145ff., und J. G. Janzen, *Studies in the Text of Jeremiah*, 1973. E. Tov, *Ephemerides Theologicae Lovanienses* 62, 1986, S. 69, gibt auch Anhaltspunkte für die verschiedenen »Ezechiels«.
21 Wichtig dazu I. T. Ramsay, *Religious Language*, 1957, S. 112–114.
22 Zu den Herausgebern des Buches Jeremia vgl. E. W. Nicholson, *Preaching to the Exiles*, 1970. Zu Micha, E. W. Heaton, *The Old Testament Prophets*, 1958, S. 16, und allgemein S. 134ff. Zu den Deuteronomisten und unserem Buch Amos vgl. W. H. Schmidt, *Zeitschrift für alttestamentliche Wissenschaft* 1965, S. 168ff.
23 Zu Joël vgl. R. P. Carroll, *When Prophecy Failed*, 1979, bes. S. 171f.
24 Zu den Eigentümlichkeiten des Amos siehe R. R. Wilson, *Interpretation*, 1978, S. 3ff. Zur (möglichen) Geschichte siehe M. Haran, *Israel Exploration Journal* 1968, S. 201ff. und J. Barton, *Amos's Oracles Against the Nations*, 1980. Zur religiösen Polemik vgl. H. M. Barstad, *S.V.T.* 1984, S. 127ff.
25 Ich gebe die Sicht von W. H. Schmidt, *Zukunftsgewißheit und Gegenwartskritik*, 1973, bes. S. 55–65, wieder. Beispiele für nicht plausible Verbindungen zwischen Verbrechen und Bestrafung finden sich seiner Meinung nach auch bei Hos 1,4 und Jes 5,11. Eine gutdurchdachte Stellungnahme dazu bei J. Barton, *Evangelische Theologie* 5, 1987, S. 427ff.
26 Siehe C. Westermann, *Grundformen prophetischer Rede*, 1978[5], und H. W. Wolff, *Zeitschrift für alttestamentliche Wissenschaft* 1934, S. 1ff.
27 Ich stimme mit A. Vanlier Hunter, *Seek the Lord*, woraus ich die S. 280 zitiere,

nicht überein. Zur Reue siehe Am 5,4 und dazu A. Soggin, *The Prophet Amos,* 1987, S. 84–88, gegen R. Smend, *Evangelische Theologie* 1963, S. 404, oder H. W. Wolff, *Zeitschrift für Theologie und Kirche* 1951, S. 129 ff. Eine gute Untersuchung des Themas findet sich bei O. Keel, *Biblische Zeitschrift* 1977, S. 200 ff.

28 Grundlegend ist immer noch E. Jenni, *Die politischen Aussagen der Propheten,* 1956.

29 Zu den verschiedenen Interpretationsmöglichkeiten von Hos 1,4 siehe G. I. Emmerson, *Hosea,* 1984, S. 106–113. Zu Jojakim siehe J. Hughes, *Secrets of the Times,* 1990, S. 188, Anm. 60.

30 Ich folge in meiner Darstellung H. W. Wolff, *Joel und Amos,* 1985[3], und seinen Anmerkungen zu Am 3,9. Zu Jeremias »Feind aus dem Norden« siehe D. Reimer, *Zeitschrift für alttestamentliche Wissenschaft* 1989, S. 223 ff.

31 Ich schließe mich R. E. Clements, *Isaiah and the Deliverance of Jerusalem,* 1980, an.

32 Einzelheiten zur Stelle findet man bei E. W. Nicholson, *Jeremiah 26–52,* 1975, S. 149–152.

33 Der babylonische Text ist für die Jahre 568/67 leider nur fragmentarisch erhalten. Siehe dazu D. J. Wiseman, *Nebuchadnezzar and Babylon,* 1985, S. 39–41.

34 Einzelheiten bei B. B. Porten, *Archive from Elephantine,* 1968.

35 Einen Kommentar zu Jes 9 liefert G. D. Kilpatrick in *The Interpreters Bible,* Bd. 5, 1956, S. 230 ff.; er versteht die Stelle richtig (und nicht im christlichen Sinne).

36 Siehe S. Smith, *Isaiah XL-LV,* 1944, S. 45 ff., und Herodot 1,212–214.

37 Zu Jer 20,7–12 vgl. die interessante Arbeit von J. Trigg in C. Kannengiesser, W. C. Peterson, Hg., *Origen of Alexandria,* 1988, S. 147 ff., bes. S. 162 und S. 164. (Nicht die puren Fakten bedeuten für Origenes Wahrheit, sondern das Heilswissen.) Auch 1 Kön 22 verdient Beachtung, ebenso wie J. J. M. Roberts in J. A. Emerton, *Kongress Volume Jerusalem 1986,* 1988.

38 Ein anderes Beispiel findet sich in Jes 38,1–6.

III

Die Bücher Jona und Daniel werden von E. J. Bickerman, *Four Strange Books of the Bible,* 1967, brillant dargestellt. Auf diesem Werk beruht meine eigene Darstellung zu großen Teilen. Zu Jona zitiere ich D. Daube, *Journal of Jewish Studies* 1984, S. 36 ff., bes. zum Zorn Jonas. Siehe außerdem B. Halpern und R. Friedman, *The Harvard Archaeological Review* 1980, S. 79 ff., zum Wortspiel.

39 Vgl. T. Eagleton in M. Schwarz, Hg., *The Book and the Text,* 1990, S. 231 ff., zu Jona als einem Symbol für sinnloses Handeln.

40 Vgl. R. Payne, *Expository Times,* 1989, S. 131 ff., zu Jona und seinem Gebet.

41 Zum Problem des Kürbis siehe B. P. Robinson, *Zeitschrift für alttestamentliche Wissenschaft* 1985, S. 390. Vgl. dazu Augustinus, *Briefe* 71,3 und 5.

42 Zum Buch Daniel ist E. J. Bickerman, *Four Strange Books of the Bible,* 1967, immer noch grundlegend. Interessant ist außerdem A. Momigliano, *Alien Wisdom,* 1975, S. 109–112 (dt.: *Hochkulturen des Hellenismus,* 1979), und sein *Settimo contributo alla storia degli studi classici,* 1984, S. 297.

42 Zu Dan 7 ist J. A. Emerton, *The Journal of Theological Studies* 1958, S. 225,

immer noch sehr erhellend. Weniger überzeugend ist J. Day, *God's Conflict with the Dragon and the Sea*, 1985, Kap. 4.

43 Zu Dan 3 ist C. Kuhl, *Zeitschrift für alttestamentliche Wissenschaft* 1930, Beiheft 54, bes. S. 50–65, immer noch lesenswert.

19 Das Alte im Neuen

I

J. Goldingay, *Approaches to Old Testament Interpretation*, 1981, Kap. 4, gibt einen Überblick über die Themen dieses Kapitels und ihre Behandlung in der Theologie. J. Barr, *Old and New in Interpretation*, 1966 (dt.: *Alt und Neu in der biblischen Überlieferung*, 1967), ist eine herausragende Studie, der ich sehr viel verdanke. In der Sammlung von M. J. Mulder und H. Sysling, Hg., *Mikra. Text, Translation, Reading and Interpretation of the Hebrew Bible ...*, 1988, wird der jüdische und christliche Gebrauch von Bibeltexten untersucht. Bes. interessant ist darin der Aufsatz von E. E. Ellis, S. 691 ff., zum frühen Christentum. Vgl. auch E. E. Ellis, *The Old Testament in Early Christianity*, 1991, S. 53 ff.

1 Eine genaue Erklärung zu diesem Text findet man bei G. B. Caird, *The Language and Imagery of the Bible*, 1980, S. 78 f. A. Kanesar, *The Journal of Theological Studies* 1990, S. 51 ff., erläutert die Entstehung und Entwicklung der christlichen Lesart. A. Laato, *Who is Immanuel?*, 1988, vertritt in dieser Frage einen anderen Ansatz.

2 Bei diesem umstrittenen Problem neige ich eher der Meinung von P. Wilcox und D. Paton-Williams, *Journal for the Study of the Old Testament* 1988, S. 79 ff., zu als der von B. Lindars, *The Bulletin of the John Rylands Library Manchester* 1986, S. 473 ff. Zu der fehlenden Eindeutigkeit des Bezugs siehe G. B. Caird, *The Language and Imagery of the Bible*, 1980, S. 57 f., und W. J. Houston in L. D. Hurst, N. T. Wright, Hg., *The Glory of Christ in the New Testament*, 1987, S. 37 ff.

3 Ich zitiere aus J. H. Mays, *Hosea*, 1965, S. 95.

4 Siehe dazu die wichtige Arbeit von E. Haenchen, *Acts of the Apostles*, 1970, S. 177–185 (dt.: *Die Apostelgeschichte*, 1977 [17]).

5 Vgl. M. J. Mulder und H. Sysling, Hg., *Mikra. Text, Translation, Reading and Interpretation of the Hebrew Bible ...*, 1988, und G. Vermes, *The Dead Sea Scrolls*, 1977, S. 167 und S. 213 ff.

6 Siehe J. Barton, *People of the Book?*, 1988, Kap. 2, E. P. Sanders, *Paul, the Law and the Jewish People*, 1985, S. 31 (dt.: *Paulus und das palästinensische Judentum*, 1985), zu Gal 3. Wir müssen jedoch immer in Erinnerung behalten, daß die uns erhaltenen Briefe, die alle an Christen gerichtet sind, wahrscheinlich nur einen kleinen Teil der von Paulus angewandten Argumentationstechniken widerspiegeln.

7 Siehe J. Daniélou, *From Shadows to Reality*, 1960, und J. Goldingay, *Approaches to Old Testament Interpretation*, 1981, S. 97–115, mit Bibliographie.

8 Ich zitiere A. Lowth, *Discerning the Mystery*, 1983, S. 125. Zu »sensus ple-

nior« vgl. D. J. Moo in D. A. Carson, J. D. Woodbridge, Hg., *Hermeneutics, Authority and Canon,* 1986, Kap. 5.

9 Ich zitiere J. C. Muddiman, *The Bible. Fountain and Well of Truth,* 1983.

10 Siehe G. B. Caird, *Jesus and the Jewish Nation,* 1965. In bezug auf den Palmsonntag teile ich nicht die Bedenken von E. P. Sanders, *Jesus and Judaism,* 1985, S. 306. Auch den Ergebnissen von D. Catchpole in C. Moule, E. Bammel, Hg., *Jesus and the Politics of His Day,* 1984, S. 317, kann ich nicht zustimmen.

11 Klgl 4,13 ist in diesem Zusammenhang wichtig. Zur Entwicklung der Tradition vgl. G. Garbini, *History and Ideology in Ancient Israel,* 1988, Kap. 9, bes. S. 116 ff.

II

12 Die Belege führt K. Gapp, *The Harvard Theological Review* 1935, S. 258 ff., an. Siehe ebenso die Anmerkungen von B. M. Levick, *Claudius,* 1990, S. 109 – 111.

13 Vgl. C. H. Roberts, *The Harvard Theological Review* 1948, S. 1 ff.

14 Siehe J. Sweet, *Revelation,* 1990, S. 13 – 21 und S. 113 ff. Eine gute Darstellung bietet G. B. Caird, *Revelation of St John,* 1966. Überzeugend ist auch P. Prigent, *Apocalypse et liturgie,* 1964. Andere Ansätze sind bei J. M. Court, *Myth and History in the Book of Revelation,* 1979, zu finden.

15 J. Sweet, *Revelation,* 1990, S. 21 – 27, führt in die Problematik ein. J. A. T. Robinson, *Redating the New Testament,* 1976 (dt.: *Wann entstand das Neue Testament?,* 1986), tritt für die sechziger Jahre als Entstehungsdatum ein und führt alle entsprechenden Argumente auf. Meiner Meinung nach sind die Anspielungen auf die sechziger Jahre jedoch ein Rückblick auf die Vergangenheit aus der Perspektive der neunziger Jahre.

16 Zu Bruttius siehe R. Syme, *Roman Papers* V, 1988, S. 576 f. Die Verfolgung fällt in das Jahr 95, sicher auf die Zeit nach der Pest und der Hungersnot im pisidischen Antiochia (92/93) und dem »Wein-Edikt« des Domitian während einer Getreideknappheit (vgl. Syme, *Roman Papers* IV, S. 289).

17 Siehe dazu L. W. Barnard, *Studies in Church History and Patristics,* 1978, S. 139 – 142.

18 Siehe W. M. Ramsay, *Journal of Religious Studies* 1924, S. 180 – 184, und dazu R. Syme, *Roman Papers* IV, 1988, S. 280 und S. 289 f. Der Gouverneur ordnete einen Höchstpreis von einem Denar pro Scheffel Weizen an (R. Duncan-Jones, *Economy of the Roman Empire,* 1983, S. 145 f., mit Vergleichsangaben). Ich ziehe hier jetzt keine Verbindung zum »Wein-Edikt« Domitians, obwohl Sueton *Leben der Caesaren,* Domitian 7,2, es auf eine Getreideknappheit bezieht. Es ist auf die Jahre zwischen 90 und 95 zu datieren (vgl. B. M. Levick, *Latomus* 1982, S. 68 ff.).

19 Zur Pest vgl. Cassius Dio 67,11,6 und dazu R. Syme, *Roman Papers* IV, 1988, S. 289 (wichtig). Syme nimmt an, daß von 90 bis 93 mehrere Pestjahre aufeinander folgten.

20 Wichtig dazu ist S. R. F. Price, *Rituals and Power,* 1984, S. 196 – 198; vgl. S. 225 zur Domitian-Statue und dem Tempel in Ephesus, den wir immer noch nicht exakt datieren können.

21 Zu den Tätowierungen siehe C. P. Jones, *Journal of Religious Studies* 1987, S. 139 ff., bes. S. 144, Anm. 27 (zu Jes 44,5 und Lucian, *Dea Syria* 59), S. 152

(zu Philon, *Specialibus Legibus* 1,58) und die Bibliographie. Vgl. Lucian, *Peregrinus* 28. Zur Tätowierung als Strafe siehe S. 148 und Sueton, *Leben der Caesaren*, Caligula 27,3.

22 J. Sweet, *Revelation*, 1990, bes. S. 189 und S. 307ff., vertritt eine Ansicht, die ich nicht teile.

20 Biblische Erzählkunst

I

1 Zu den Brontës vgl. T. J. Winnifrith, *The Brontës and Their Background*, 1988[2], Kap. 3, bes. S. 37. Das Zitat vom erloschenen Vulkan stammt aus W. Gerin, *Charlotte Brontë*, 1987, S. 387.

2 Ich zitiere E. Cassin, *San Nicandro*, 1959. Auf ihrer Arbeit basiert meine Darstellung.

3 Vgl. Augustinus, *Bekenntnisse*, Kap. 9,8–11, Kap. 31 und Kap. 50.

4 Siehe S. Medcalf in M. Wadsworth, Hg., *Ways of Reading the Bible*, 1983, S. 55, zu C. S. Lewis, den Evangelien und der Wahrheit einer Erzählung. Vgl. außerdem M. F. Wiles in G. F. Green, Hg., *Scriptural Authority and Narrative Interpretation*, 1987.

II

5 Ein gutes Beispiel ist R. Lane Fox, *Pagans and Christians*, S.142f. Livius 1,16 berichtet von einer »Himmelfahrt«, die er allerdings anzweifelt. E. J. Bickerman, *Entretiens Fondation Hardt* XIX, 1973, S. 1ff., zur Konsekration und »Himmelfahrt« der römischen Kaiser.

6 Vgl. E. M. Forster, *Aspects of the Novel*, 1927, S. 88.

7 M. Fishbane, *Biblical Interpretation on Ancient Israel*, 1985, ist grundlegend, aber schlecht geschrieben.

8 Zur Midrasch siehe J. Neusner, *Midrash in Context*, 1988, mit Bibliographie. Zu hebräischen Autoren dieses Jahrhunderts vgl. D. C. Jacobson, *Modern Midrash ...*, 1987, zu Josephus L. H. Feldman, *The Harvard Theological Review* 1989, S. 351ff., mit einer wichtigen Bibliographie, und E. J. Bickerman, *Jews in the Greek Age*, 1988, Kap. 20.

9 Siehe C. S. Rodd, *Expository Times* 83, 1972, S. 137, und D. Daube, *Biblical Law*, 1947, Kap. 3.

10 Die klassische Darstellung zu Gen 22 stammt von E. Auerbach, *Mimesis*, 1953, Kap. 1. Dennoch stimme ich in einigen Punkten nicht mit ihm überein. Er stellt Homer falsch dar, indem er nur eine einzige Passage in der *Odyssee* für seine Interpretation heranzieht. Der Gegensatz zwischen Homer und dem Alten Testament wurde zuerst von H. Gunkel herausgearbeitet. Siehe dazu P. Gilbert, *Une Théorie de la légende ... Hermann Gunkel*, 1979, bes. S. 237ff. Es gibt nicht notwendigerweise eine Verbindung zwischen dem Monotheismus und der Zurückhaltung der biblischen Genesis. Vgl. im Gegensatz dazu die Version des Josephus, der durchaus kein schlechter Monotheist war. Sie wird bei L. H. Feldman, *Jewish Quarterly Review* 1984/85, S. 212ff., ausführlich dargestellt. Ich glaube auch nicht, daß die Erzählung in den Augen des Verfassers schon Ge-

schichte war, die »erbarmungslos alle Alternativen ausschloß«. C. Westermann, *Genesis 12–36*, 1985, S. 351 (dt.: *Genesis 12–36*, 1981), gibt einen wertvollen Überblick über die vermutliche Entwicklung der Geschichte.

11 Siehe S. P. Brock in *Le Muséon* 1974, S. 67 ff., in *Mélanges D. Barthélemy*, 1981, S. 2 ff., und in *Expository Times* 1984, S. 14 ff. Außerdem interessant dazu sind R. P. Schmitz, *Aqedat Jishaq*, 1979, P. R. Davies und B. R. Chilton, *Catholic Biblical Quarterly* 1978, S. 375 ff., und S. Spiegel, *The Last Trial*, 1969.

12 Siehe S. Reynolds, *History* 1983, S. 375 ff., und S. Schama, *Embarrassment of Riches*, 1987, S. 93–125.

13 Vgl. E. J. Bickerman, *Four Strange Books of the Bible*, 1967, S. 169, und Kap. 13 dieses Buches, worin ich eine andere Datierung vorschlage. Die beste Arbeit über die Erzählkunst des Buches Ester ist noch immer H. Striedl, *Zeitschrift für alttestamentliche Wissenschaft* 1937, S. 73 ff., bes. S. 93–108.

14 Zu den Auswirkungen siehe den *Codex Theodosianus* 16,8,18 vom Mai 408.

15 Vgl. die brillante Arbeit von M. D. Reeve, *Proceedings of Cambridge Philological Society*, 1989, S. 81 ff.

16 G. Binder, *Die Aussetzung des Königskindes. Kyros und Romulus*, 1964, behandelt das Thema dieser Legende.

III

17 Eine gute Einführung zum Strukturalismus gibt J. Barton, *Reading the Old Testament*, 1984, in den Kapiteln 8, 9 und 12. Zur Einbeziehung von Volksmärchen als Vergleichstexte sind P. G. Kirkpatrick, *The Old Testament and Folklore Study*, 1988, und P. J. Milne, *Vladimir Propp and the Study of Structure in Hebrew Biblical Narrative*, 1988, wichtig. Beispiele für diesen Ansatz finden sich bei R. C. Culley, *Studies in the Structure of Hebrew Narrative*, 1976, R. M. Polzin, *Biblical Structuralism*, 1977, und R. Barthes in R. Barthes und F. Bovon, Hg., *Analyse structurale et exégèse biblique*, 1971, S. 27 ff. (zu Jakob), mit den Anmerkungen von H. C. White in *Semeia 3*, 1975, S. 99. Barthes' Analyse von Apg 10 f., jetzt veröffentlicht in *The Semiotic Challenge*, 1985, S. 217 ff., stellt der Methode ein Armutszeugnis aus. Ein gutes Beispiel ist E. R. Leach, *Genesis as Myth and Other Essays*, 1969, S. 25 ff. und 113 ff. (zur Mischehe und Dina). Er wurde zu Recht von J. A. Lane-Fox Pitt-Rivers, *The Fate of Shechem*, 1977, kritisiert. Beide Thesen wurden durch eine eher traditionell ausgerichtete Arbeit von J. A. Emerton, *Vetus Testamentum* 1976, S. 79 ff., entkräftet. Dort auch eine Bibliographie zum Thema.

18 Zu Jakob und dem Dämon siehe C. Westermann, *Genesis 12–36*, 1981 (dt.), S. 624 ff. Ich zitiere hier S. 633.

19 Siehe R. Alter, *Prooftexts* 3, 1983, S. 115 ff., für einen literaturwissenschaftlichen Ansatz. Einen wertvollen neueren Überblick bietet J. Scharbert in G. Rovira, Hg., *Der Widerschein des Ewigen Lichtes*, 1984, S. 21 ff.

20 Vgl. C. Westermann, *Genesis 12–36*, 1985, S. 272 zu Kap. 18. Spätere Deutungen werden bei W. T. Miller, *Mysterious Encounters at Mamre and Jabbok*, 1984, besprochen. Zu den Broten siehe F. Delitzsch in C. Westermann, S. 279.

21 Zu Ex 24, der älteren Sinaigeschichte, ist E. W. Nicholson, *God and His People*, 1986, S. 121–133 und S. 173–178, jetzt die beste Darstellung.

22 Siehe M. S. Smith, *Catholic Biblical Quarterly* 1988, S. 171ff. Ich setze seine Bibliographie hier voraus.
23 Siehe D. Goodman, *Journal of Jewish Studies* 1986, S. 160ff.
24 Siehe Richter 6,11–13 und Tobit 5,9 und 12, bes. 12,19.
25 Siehe R. Lane Fox, *Pagans and Christians*, 1986, Kap. 4, mit Bibliographie. Dazu N. J. Richardson, *Homeric Hymn to Demeter*, 1979[2], S. 207 und S. 252.
26 Zu Sexualkontakten mit Göttern siehe P. Maas, *Kleine Schriften*, 1973, S. 66 (in einigen Punkten nicht ganz richtig).
27 Zu dem biblischen »Fürchte dich nicht ...« siehe E. W. Conrad, *Catholic Biblical Quarterly* 1985, S. 656ff., mit Bibliographie.
28 Vgl. dazu H. S. Versnel in D. van der Plas, Hg., *Effigies Dei*, 1987, Suppl. zu *Numen* LI, S. 42ff.
29 J. Barton, *The Journal of Theological Studies* 1984, S. 304–323, wendet sich gegen die berühmte These von G. von Rad zum salomonischen Zeitalter und seinen Folgeerscheinungen.

21 »Göttliche Literatur«

R. Alter, *The Art of Biblical Narrative*, 1981, und *The Art of Biblical Poetry*, 1985, sind klar geschriebene, wenn auch nicht in allem überzeugende Arbeiten, die aus der großen Masse der Bücher zu diesem Thema hervorstechen. F. Kermode, *The Genesis of Secrecy*, 1979, hat ähnliche Qualitäten auf dem Gebiet der literaturwissenschaftlichen Untersuchungen zum Neuen Testament. Der von R. Alter und F. Kermode im Jahr 1987 herausgegebene Sammelband *The Literary Guide to the Bible* ist sehr umfassend und bietet reiche bibliographische Angaben, die Qualität der Aufsätze ist jedoch sehr unterschiedlich. R. Morgan und J. Barton liefern in den Kapiteln 6 und 7 ihres Werkes *Biblical Interpretation* aus dem Jahre 1988 einen breiten Überblick über die literaturwissenschaftliche Arbeit und ihre Anwendung. J. Barton, *Reading the Old Testament*, 1984, ist eine klare und nützliche Einführung in theoretische Ansätze. Die Aufsätze des von M. Schwarz herausgegebenen Sammelbandes *The Book and the Text*, 1990, stellen verschiedene moderne Deutungen vor.

I

1 J. Kugel, *The Idea of Biblical Poetry*, 1981, ist die deutlichste negative Darstellung. Vgl. dagegen die Rezension dieses Buches von J. Barr in *Journal of Literary Semantics* 1981, S. 1506. Außerdem sind auch die Aufsätze von F. Landy, W. G. E. Watson und P. D. Miller in *Journal for the Study of the Old Testament* 28, 1984, S. 61–107 nützlich, dazu die Antwort von Kugel auf S. 107–117. Vgl. R. Alter, *The Art of Biblical Poetry*, 1990[2], der eine andere Richtung einschlägt. Die Aussage des Josephus findet sich in *Jüdische Altertümer* 2,16 und 4,8, dazu Kugel S. 150–156 (S. 153 zu Hieronymus und Ijob).
2 Siehe R. Braun, *Deus Christianorum*, 1977, S. 459 zur Bezeichnung der Bibel als »litterae« bei Tertullian. Vgl. auch P. Monat, *Lactance et la Bible*, 1982, S. 35.

3 Siehe O. Bardenhewer, *Geschichte der altkirchlichen Literatur* III, 1912, S. 429–432.
4 Vgl. S. Prickett, *Words and the Word*, 1986, Kap. 1 und 2.
5 Ich zitiere G. Josipovici, *The Book of God*, 1988, S. 49.
6 Als zufällige Beispiele für ein falsches Verständnis habe ich L. R. Klein, *The Triumph of Irony in the Book of Judges*, 1989, herausgegriffen, ebenso J. A. Loader, *Polar Structure in the Book of Qohelet*, 1979, und M. Sternberg, *The Poetics of Biblical Narrative*, 1985, zu Urija.
7 Ich zitiere D. J. A. Clines, *Ezra, Nehemiah, Ester*, 1984, S. 319, eine völlig falsche Darstellung. Zur Textgeschichte des Buches sind E. Tov, *Textus* I, 1982, S. 41, und E. J. Bickerman, *Studies in Jewish and Christian History* I, 1976, S. 246–274 immer noch maßgebend. Zu seiner Erzählkunst vgl. H. Striedl, *Zeitschrift für alttestamentliche Wissenschaft* 1937, S. 73 ff., bes. S. 98 ff.
8 Ich zitiere aus R. Alter, *The Art of Biblical Narrative*, 1981, Kap. 7, bes. S. 147–54., der von E. Tov in dem von D. Barthélemy, D. W. Gooding, J. Lust und E. Tov herausgegebenen Band *The Story of David und Goliath*, 1986, S. 19–47 und S. 129–138, widerlegt wird.
9 G. B. Caird, *The Language and the Imagery of the Bible*, 1980, ist das bewundernswerte Werk eines großen Kenners der Materie.
10 Zum Wechselgesang siehe J. Kugel, *The Idea of Biblical Poetry*, 1981, S. 116–119.
11 Siehe D. Daube, *The Exodus Pattern in the Bible*, 1963.
12 Siehe D. Daube, *Ancient Jewish Law*, 1981, S. 33.
13 Zum 2. Buch der Könige siehe W. P. Ker, *Epic and Romance*, 1922², S. 239. Diesen Hinweis verdanke ich S. Medcalf. Vgl. S. Bar Efrat, *Narrative Art in the Bible*, 1989, und A. Berlin, *The Poetics and Interpretation of Biblical Narrative*, 1983.

II

14 Grundlegend dazu ist R. C. Tannehill, *The Sword of His Mouth*, 1974. Vgl. B. Harrison in M. Wadsworth, Hg., *Ways of Reading the Bible*, 1981, S. 190, eine gute Arbeit zu den Gleichnissen.
15 Ich zitiere M. D. Goulder, *The Journal of Theological Studies* 1968, S. 51 ff., einen höchst wichtigen Aufsatz zu diesem Thema.

III

Der ausführlichste neuere Kommentar zum Johannesevangelium ist der von R. E. Brown in zwei Bänden aus dem Jahre 1966. Ich setze ihn zu den Passagen, die ich im einzelnen bespreche, voraus. M. Hengel, *The Johannine Question*, 1989 (dt.: *Die johanneische Frage. Ein Lösungsversuch*, 1993), ist das gedanklich am klarsten strukturierte neuere Werk zum Thema, die Anmerkungen und die Bibliographie sind hervorragend; ich setze auch sie voraus. Zu den literaturwissenschaftlichen Arbeiten gehört R. A. Culpeper, *Anatomy of the Fourth Gospel*, 1983. Die ersten Ansätze gehen schon viele Jahre zurück. Einer unter vielen war J. Muilenberg, *Literary Form in the Fourth Gospel*, 1932. Da ich in meiner Darstellung besonders auf die Gestaltung der Geschichte durch den Verfasser eingehen werde, nenne ich hier noch die spezielleren Arbeiten von G. van Belle, *Les paren-*

thèses dans l'évangile de Jean, 1985, und C. J. Bjerkelund, *Tauta egeneto …,* 1987, dazu H. Gese, *Essays on Biblical Theology,* 1981, S. 167, zum Prolog. P. Grant, *Reading the New Testament,* 1989, enthält eine literaturwissenschaftliche Analyse des Johannesevangeliums (S. 59–78) als Teil einer umfassenden, aber dennoch präzisen Studie zu den wichtigsten Büchern des Neuen Testaments.

16 M. Hengel, *The Johannine Question,* 1989, S. 33, zitiert J. Wellhausen, *Das Evangelium Johannis,* 1908, S. 146, zum »hieratischen« Stil.

17 Die Problematik der Lazarus-Geschichte wird von R. E. Brown, *The Gospel According to St John* I, 1966, S. 414 und S. 428 diskutiert. 11,47 schließt sich problemlos an 10,42 an. Die Geschichte selbst in 11,1–46 sowie die Erwähnung Betaniens und der Auferweckung in 12,1; 12,9–11 und 12,17–18 könnten dann als spätere Hinzufügungen eingestuft werden. Einige Theologen vertreten jedoch auch die Meinung, daß in Lk 16,27–30 die Anfänge einer Auferweckungsgeschichte vorliegen.

18 Siehe E. Ruckstuhl, *Die literarische Einheit des Johannesevangeliums,* 1987², zu Recht unterstützt von M. Hengel, *The Johannine Question,* 1989, S. 202f.

19 Ich zitiere M. Hengel, *The Johannine Question,* 1989, S. 95.

20 Die beste Darstellung dazu ist F. Kermode in R. Alter, F. Kermode, Hg., *The Literary Guide to the Bible,* 1987, S. 453f.

21 Siehe Origenes, *Commentarius in Joh* 34,24.

22 Grundlegend dazu ist G. B. Caird, *New Testament Studies* 1969, S. 265. Vgl. J. Muddiman in L. D. Hurst, N. T. Wright, Hg., *The Glory of Christ in the New Testament,* 1987, S. 51.

23 Ein breites Spektrum von Bedeutungen stellt B. Olsson, *Structure and Meaning in the Fourth Gospel,* 1974, vor. Eine eingehende Darstellung des Problems findet sich bei M. Hengel in L. D. Hurst, N. T. Wright, *The Glory of Christ in the New Testament,* 1987, S. 83ff.

24 Ich zitiere P. Grant, *Reading the New Testament,* 1989, S. 72.

25 Ich zitiere F. Kermode in R. Alter, F. Kermode, Hg., *The Literary Guide to the Bible,* 1987, S. 454. Die Anspielung auf Daniel hat D. F. Strauss in *Das Leben Jesu* vorgeschlagen.

26 Siehe S. Pancaro, *The Law in the Fourth Gospel,* 1975.

27 Siehe D. A. Carson in D. A. Carson, H. G. M. Williamson, Hg., *It is Written … Essays … B. Lindars,* 1988.

28 Siehe D. A. Carson, *Tyndale Bulletin* 1982, S. 59.

29 Siehe P. Duke, *Irony in the Fourth Gospel,* 1985.

30 P. Grant, *Reading the New Testament,* 1989, S. 59–78, ist dazu sehr interessant.

31 Vgl. zum Hintergrund dieser Aussage D. Daube, *Witnesses in Bible and Talmud,* 1986.

32 Ich zitiere A. D. Nuttall, *Overheard by God,* 1980, und seinen Aufsatz in M. Wadsworth, Hg., *Ways of Reading the Bible,* 1981, S. 49.

33 Siehe dazu vor allem A. J. Festugière, *Observations stylistiques sur l'évangile de S. Jean,* 1984, bes. S. 28ff.

34 Wichtig hierfür bes. Apg 9,2 (zum Jahr 36). Zum Begriff »aposynagogos« siehe E. Schürer, *History of the Jewish People* II, 1985, S. 432 und S. 462.

35 M. J. Edwards, *Novum Testamentum* 1989, S. 164ff., versteht den 1. Johannesbrief in dieser Hinsicht richtig.

Den Anstoß, dieses Thema zu behandeln, gab für mich das Werk von D. Daube, vor allem seine Bücher *Biblical Law*, 1947, und *Sin, Ignorance and Forgiveness in the Bible*, 1960. Sozialhistorische Informationen zu Themen wie Sklaverei, Frauen und Krieg sind von M. Smith und J. Hoffman, Hg., *What the Bible Really Says*, 1989, im einer nützlichen und sehr nüchtern gehaltenen Übersicht zusammengestellt worden. Zur Rolle der Frauen im Alten Testament bietet D. Daube, *La femme dans le droit biblique*, 1962, und seine Artikel in der *Revue Internationale des Droits de l'Antiquité* 25, 1978, S. 95 und in der *Juridical Review* 1978, S. 177, reichhaltige Ergänzungen zu den allgemeinen (nichtfeministischen) Zusammenfassungen. L. J. Archer, *Her Price is Beyond Rubies*, 1990, führt zusätzlich noch sozialgeschichtliche Erkenntnisse aus späteren jüdischen Quellen an. Zum Neuen Testament siehe A. Cameron, *Greece and Rome* 1980, S. 60. Verschiedene Ansichten zur zentralen Fragestellung des Kapitels finden sich auch in dem Buch von K. Stendal, *Meanings. The Bible as Document and as Guide*, 1984.

I

1 Zum Kapitalismus in der Bibel siehe B. Griffith, *Morality and the Market Place*, 1981.
2 Eine Auswahl feministischer Ansätze bietet L. M. Russell, Hg., *Feminist Interpretation of the Bible*, 1985. P. Trible, *God and the Rhetoric of Sexuality*, 1978, war sehr einflußreich, basiert aber zu einem guten Teil auf Wunschdenken.
3 Siehe D. Daube, *Journal of Jewish Studies* 1959, S. 1–13.
4 Siehe D. Daube, *Biblical Law*, 1947, S. 50.
5 Das Zitat stammt von M. Smith aus seinem wichtigen Kapitel über die Sklaverei in der Bibel in M. Smith, J. Hoffman, Hg., *What the Bible Really Says*, 1989, S. 146. Für die christliche Zeit siehe G. E. M. de Sainte Croix in D. Baker, Hg., *Studies in Christianity*, 1975, S. 1.

II

6 Siehe P. Trible, *Texts of Error*, 1984, und *God and the Rhetoric of Sexuality*, 1978; R. R. Ruether, *Sexism and God Talk*, 1983, und den Aufsatz in *Journal for the Study of the Old Testament* 1982, S. 54; E. S. Fiorenza, *Bread, Not Stone*, 1985, und ihr in *Journal of Biblical Literature* 1988, S. 3, vorgelegtes Programm. Die Schwächen dieser Arbeiten sind meiner Meinung nach offensichtlich.
7 Zum Völkermord siehe G. E. M. de Sainte Croix, *The Class Struggle in the Ancient Greek World*, 1981, S. 331f. Zum »Heiligen Krieg« zitiere ich R. de Vaux, *Ancient Israel*, 1965, Kap. 5, bes. S. 262.
8 Zum Deuteronomium siehe D. Daube, *Orita* 3, 1969, S. 27, und *Studi Volterra* II, 1971, S. 1, zu Lukas D. Daube in M. D. Hooker, S. G. Wilson, Hg., *Paul and Paulinism. Essays ... C. K. Barrett*, 1982, S. 355. Zur Schuld vgl. J. Barr in F. C. Grant, H. H. Rowley, Hg., *Hastings' Dictionary of the Bible*, 1963.
9 Siehe D. Daube, *Revue Internationale des Droits de l'Antiquité* 1949, S. 189ff., bes. S. 204, und *Vetus Testamentum* 1961, S. 246. Damit zu vergleichen sind

auch die Folgen von Trunkenheit in der Bibel (sie wirkt sich immer schädlich für den Trinker aus); siehe D. Daube, *Wine in the Bible,* 1975.

10 Siehe D. Daube, *Biblical Law,* 1947, S. 190–200.

11 Siehe D. Daube, *Studi Volterra* II, 1971, S. 1, und *Biblical Law,* 1947, S. 205–217.

12 Siehe D. Daube, *Tulane Law Review* 46, 1972, S. 653, und *Ancient Jewish Law,* 1981, S. 128 f. (wichtig).

13 Siehe J. Barton, *The Journal of Theological Studies* 1979, S. 1.

14 Vgl. dazu D. Daube, *Biblical Law,* 1947, Kap. 3, und C. Carmichael, *Biblical Laws of Talion,* 1986, mit Bibliographie.

15 Ich zitiere aus D. Daube, *Oxford Journal of Legal Studies* 1, 1980, S. 58. Vgl. dazu *Biblical Law,* 1947, S. 200, und *Ancient Jewish Law,* 1981, S. 49 ff. (wichtig).

16 Siehe D. Daube, *Oxford Journal of Legal Studies* 1, 1980, S. 51, und *Biblical Law,* 1947, Kap. 5. Ich lehne den kühnen Ansatz von C. Carmichael, *Laws of Deuteronomy,* 1974, ab.

17 Siehe D. Daube, *Sin, Ignorance and Forgiveness in the Bible,* 1960, und seinen Beitrag in der *Festschrift für O. Eissfeldt,* 1958, S. 32.

18 Den besten Überblick zum Buch Ijob liefert J. H. Eaton, *Job,* 1989. V. E. Reichert, *Job,* 1946 (Soncino Commentary), ist immer noch überragend. Neuer ist die Arbeit von N. C. Habel, *The Book of Job,* 1975 (Cambridge Bible Commentary). Vgl. auch J. Barr in *The Bulletin of the John Rylands Library Manchester* 1971/72, S. 28, zu modernen Interpretationen des Themas. Ich habe das Spiel Gottes zu Beginn der Erzählung betont, während andere Forscher ihm eher geringe Bedeutung beimessen. Zu Prometheus und Ijob vgl. G. Murray in R. B. Sewall, *The Vision of Tragedy,* 1959, S. 58.

19 Siehe N. Frye, *The Great Code,* 1982, S. 192.

20 Vgl. A. Pais, *Subtle is the Lord. The Science and Life of Albert Einstein,* 1982, S. 443 und 462. Den Hinweis verdanke ich Dr. Tony Cox.

III

21 Siehe D. Daube in *Medical and Genetic Ethics,* Oxford Center for Hebrew Studies, 1976 (maschinengeschrieben).

22 Siehe D. Daube, *Biblical Law,* 1947, S. 235–257.

23 Siehe D. Daube, *Novum Testamentum* 1982, S. 275.

24 Siehe D. Daube, *Ancient Jewish Law,* 1981, S. 128 f.

25 Zu den Datierungsproblemen und einem vielleicht anzunehmenden aramäischen Original siehe M. D. Goodman in E. Schürer, *History of the Jewish People* III, 1, 1986², S. 568–578.

26 Zu Lk 23,34 siehe D. Daube, *Studia Patristica,* 1961, S. 58.

Bibliographie

1. Einleitungen zum Alten Testament und alttestamentliche Zeitgeschichte

Donner, H., Geschichte des Volkes Israel und seiner Nachbarn in Grundzügen, 2 Bde., Göttingen 1984/86.
Gunneweg, A. H. J., Geschichte Israels von den Anfängen bis Bar Kochba und von Theodor Herzl bis zur Gegenwart, Stuttgart 1989[6].
Koch, K., Die Propheten, 2 Bde., Stuttgart 1987/88[2].
Schmidt, W. H., Einführung in das Alte Testament, Göttingen 1985[3].
Seybold, K., Die Psalmen. Eine Einführung, Stuttgart 1991[2].
Smend, R., Die Entstehung des Alten Testaments, Stuttgart 1989[4].

2. Einleitungen zum Neuen Testament und neutestamentliche Zeitgeschichte

Barrett, C. K., Die Umwelt des Neuen Testaments, Tübingen 1959.
Kirchschläger, W., Einführung in das Neue Testament, Stuttgart 1994.
Lohse, E., Die Entstehung des Neuen Testaments, Stuttgart 1991[5].
— Die Umwelt des Neuen Testaments, Göttingen 1986[7].
Strecker, G., Literaturgeschichte des Neuen Testaments, Göttingen 1992.
Vielhauer, Ph., Geschichte der urchristlichen Literatur, Berlin/New York 1975.

3. Kommentare zum Alten Testament

v. Rad, G., Das erste Buch Mose. Genesis, 3 Teilbde., Göttingen 1987[12].
Schabert, J., Genesis 1–11, Würzburg 1983.
— Genesis 12–50, Würzburg 1986.
Westermann, C., Genesis, Neukirchen-Vluyn, Bd. I/1 1983[3], Bd. I/2 1981, Bd. I/3 1982.
Noth, M., Das zweite Buch Mose. Exodus, Göttingen 1961[2].
Schabert, J., Exodus, Würzburg 1989.
Gerstenberger, E., Das dritte Buch Mose. Leviticus, Göttingen 1993.
Kornfeld, W., Levitikus, Würzburg 1983.

Noth, M., Das vierte Buch Mose. Numeri, Göttingen 1966.
Schabert, J., Numeri, Würzburg 1992.
Braulik, G., Deuteronomium I: 1–16,17, Würzburg 1986.
— Deuteronomium II: 16,18–34,12, Würzburg 1992.
v. Rad, G., Das fünfte Buch Mose. Deuteronium, Göttingen 1968[2]
Becker, J., Esra/Nehemia, Würzburg 1990.
Groß, H., Ijob, Würzburg 1986.
Weiser, A., Das Buch Hiob, Göttingen 1974[6].
Kaiser, O., Das Buch des Propheten Jesaja. Kap. 1–12, Göttingen 1981[5].
— Der Prophet Jesaja. Kap. 13–39, Göttingen 1973.
Kilian, R., Jesaja I: 1–12, Würzburg 1986.
Westermann, C., Das Buch Jesaja, Kap. 40–66, Göttingen 1966.
Fuhs, H. F., Ezechiel II: 25–48, Würzburg 1988.
Haag, E., Daniel, Würzburg 1993.
Porteus, N. W., Das Buch Daniel, Göttingen 1962.

4. Kommentare zum Neuen Testament

Luz, U., Das Evangelium nach Matthäus, 2 Bde., Zürich 1985/90.
Gnilka, J., Das Evangelium nach Markus, 2 Bde., Zürich 1978/79.
Kremer, J., Lukasevangelium, Würzburg 1988.
Becker, J., Das Evangelium nach Johannes, 2 Bde., Gütersloh, 1985[2].
Schnackenburg, R., Das Johannesevangelium, Freiburg, 1. Bd. (Kap. 1–4) 1972[3];
    2. Bd. (Kap. 5–12) 1985[4]; 3. Bd. (Kap. 13–21) 1975.
Wellhausen, J., Das Evangelium Johannis, Berlin 1908.
Lüdemann, G., Das frühe Christentum nach den Traditionen der Apostelgeschich-
    te. Ein Kommentar, Göttingen 1987.
Pesch, R., Die Apostelgeschichte, 2 Bde., Zürich 1986.
Wilckens, U., Der Brief an die Römer, Zürich, 1. Bd. (Kap. 1–5) 1987[2]; 2. Bd.
    (Kap. 6–11) 1980; 3. Bd. (Kap. 12–16) 1982.
Wengst, K., Der erste, zweite und dritte Brief des Johannes, Gütersloh 1978.
Giesen, H., Johannesapokalypse, Stuttgart 1986.

5. Editionen nichtbiblischer Texte

Barrett, C. K., Texte zur Umwelt des Neuen Testaments, hg. v. C.-J. Thornton,
    Tübingen 1991[2].
Berger, K., C. Colpe, Religionsgeschichtliches Textbuch zum Neuen Testament,
    Göttingen 1987.
Beyerlin, W., Hg., Religionsgeschichtliches Textbuch zum Alten Testament, Göt-
    tingen 1975 (enthält ägyptische, hethitische, ugaritische und nordsemitische
    Texte).
Bruce, F. F., Ausserbiblische Zeugnisse über Jesus und das frühe Christentum,
    Gießen/Basel 1991 (enthält u. a. antike heidnische Autoren, Flavius Josephus,
    rabbinische Überlieferungen, Texte aus Qumran, apokryphe Evangelien und
    archäologische Zeugnisse).

Fischer, J. A., U. Körtner u. a., Hg., Schriften des Urchristentums. Griechisch und Deutsch, 1. Bd. (Die Apostolischen Väter) Darmstadt 1993[10]; 2. Bd. (Didache, Barnabasbrief, zweiter Klemensbrief. Schrift an Diogenet) Darmstadt 1984; 3. Bd. (Papiasfragmente, Hirt des Hermas), in Vorbereitung.

Flavius, J., De bello Judaico (Der jüdische Krieg), zweisprachige Ausgabe, 3 Bde., Darmstadt 1963–1982.

— Jüdische Altertümer, Köln 1959.

Hennecke, E., W. Schneemelcher, Hg., Neutestamentliche Apokryphen in deutscher Übersetzung, 2 Bde.., Tübingen 1987[5].

Kautzsch, E., Hg., Die Apokryphen und Pseudepigraphen des Alten Testaments, Tübingen 1900, ND Darmstadt 1975.

Leipoldt, J., W. Grundmann, Umwelt des Urchristentums II: Texte zum neutestamentlichen Zeitalter, Berlin 1975[4].

— Umwelt des Urchristentums III: Bilder zum neutestamentlichen Zeitalter, Berlin 1987[6].

Lohse, E., Die Texte aus Qumran. Hebräisch und Deutsch, Darmstadt 1986[5].

Stemberger, G., Midrasch. Vom Umgang der Rabbinen mit der Bibel. Einführung – Texte – Erläuterungen, München 1992.

— Der Talmud. Einführung – Texte – Erläuterungen, München 1987[2].

v. Unnik, W. C., Evangelien aus dem Nilsand, Frankfurt 1960.

6. Hilfsmittel und Lexika

Balz, H., G. Schneider, Hg., Exegetisches Wörterbuch zum Neuen Testament, 3 Bde., Stuttgart 1992[2].

Burkhardt, H., F. Grünzweig u. a., Hg., Das Große Bibellexikon, Wuppertal/Gießen 1990.

Calvocoressi, P., Who's who in der Bibel, Stuttgart/München 1993.

Hoffmann H.-D. u.a., Von Aaron bis Zypern. Lexikon biblischer Eigennamen, Gütersloh 1983.

Léon-Dufour, X., Wörterbuch zum Neuen Testament, München 1977.

Lurker, M., Wörterbuch biblischer Bilder und Symbole, München 1987[3].

Negev, A., Hg., Archäologisches Bibellexikon, Neuhausen/Stuttgart, 1991.

Polag, A., Fragmenta Q. Textheft zur Logienquelle, Neukirchen-Vluyn 1979.

Schmid, J., Synopse der ersten drei Evangelien. Mit Beifügung der Johannes-Parallelen, Regensburg 1983[9].

Wright, G. E., F. V. Filson, Kleiner historischer Bibelatlas, Stuttgart 1978[6].

7. Weiterführende Literatur

Aland, K. u. B., Der Text des Neuen Testaments, Stuttgart 1989[2].

Aus, R. D., Weihnachtsgeschichte – Barmherziger Samariter – Verlorener Sohn. Studien zu ihrem jüdischen Hintergrund, Berlin 1988.

Balz, H., W. Schrage, Die Katholischen Briefe, Göttingen 1973.

Barr, J., Bibelexegese und moderne Semantik, München 1965.

— Alt und Neu in der biblischen Überlieferung, München 1967.

Barrett, C. K., Das Johannesevangelium und das Judentum, Stuttgart 1970.

Becker, J., Messiaserwartung im Alten Testament, Stuttgart 1977.

Beilner, W., Jesus ohne Retuschen, Graz 1974.

Ben-Sasson, H. H., Geschichte des jüdischen Volkes. Von den Anfängen bis zur Gegenwart, München 1992.

Bergemann, Th., Q auf dem Prüfstand, Göttingen 1993.

Berger, K., Die Auferstehung des Propheten und die Erhöhung des Menschensohnes, Göttingen 1976.

— Qumran und Jesus, Stuttgart 1993.

— Theologiegeschichte des Urchristentums. Theologien des Neuen Testaments, Tübingen 1994.

Blenkinsopp, J., Geschichte der Prophetie in Israel, Stuttgart 1992.

Blöcher, O., Die Johannesapokalypse, Darmstadt 1988[3].

Bösen, W., Der letzte Tag des Jesus von Nazaret. Was wirklich geschah, Freiburg/Basel/Wien 1994.

Bornkamm, G., Paulus, Stuttgart 1993[7].

Braun, H., Qumran und das Neue Testament, 2 Bde., Tübingen 1966.

Broer, I., Hg., Jesus und das jüdische Gesetz, Stuttgart 1992.

Brox, N., Falsche Verfasserangaben. Zur Erklärung der frühchristlichen Pseudepigraphie, Stuttgart 1975.

v. Campenhausen, H., Die Entstehung der christlichen Bibel, Tübingen 1968.

Cross, F. M., Die antike Bibliothek von Qumran, Neukirchen 1967.

Dibelius, M., Aufsätze zur Apostelgeschichte, Göttingen 1968[5].

Dormeyer, D., Evangelium als literarische und theologische Gattung, Darmstadt 1989.

Ebach, J., R. Faber, Hg., Bibel und Literatur – Bibel als Literatur, München 1994.

Eliade, M. u.a., Die Schöpfungsmythen. Ägypter, Sumerer, Hurriter, Hethiter, Kanaaniter und Israeliten, Zürich 1964.

Feneberg, W., Paulus der Weltbürger. Eine Biographie, München 1992.

Frankemölle, H., Evangelium. Begriff und Gattung, Stuttgart 1987[2].

Friedrich, G., Die Verkündigung des Todes Jesu im Neuen Testament, Neukirchen-Vluyn 1982.

Goppelt, L., Typos. Die typologische Deutung des Alten Testaments im Neuen, Gütersloh 1939, ND Darmstadt 1990.

Grimm, W., Jesus und das Danielbuch, Frankfurt/M. 1984.

Haag, E., Die Errettung Daniels aus der Löwengrube, Stuttgart 1983.

Haag, H., Der Gottesknecht bei Deuterojesaja, Darmstadt 1993[2].

Haenchen, E., Die Botschaft des Thomasevangeliums, Berlin 1961.

— Die Apostelgeschichte, Göttingen 1977[17].

Hengel, M., Judentum und Hellenismus, Tübingen 1969.

— Die johanneische Frage, Tübingen 1993.

Hoffmann, P., Zur neutestamentlichen Überlieferung von der Auferstehung Jesu, Darmstadt 1988.

Homolka, W., A. H. Friedlander, Von der Sintflut ins Paradies. Der Friede als Schlüsselbegriff jüdischer Theologie, Darmstadt 1993.

Jepsen, A., Das Buch Hiob und seine Deutung, Stuttgart 1963.

Jeremias, J., Die Gleichnisse Jesu, Göttingen 1984[10].

— Jerusalem zur Zeit Jesu, Göttingen 1963[3].

— Unbekannte Jesusworte, Gütersloh 1965[4].

Keel, O., Ch. Uelinger, Göttinnen, Götter und Gottessymbole, Freiburg 1993[2].

Kertelge, K., Hg., Der Tod Jesu. Deutungen im Neuen Testament, Freiburg 1976.

Klauck, H.-J., Die Johannesbriefe, Darmstadt 1991.

Koch, K., Niewisch, J. Tubach, Das Buch Daniel, Darmstadt 1980.

Koch, K., J. M. Schmidt, Hg., Apokalyptik, Darmstadt 1982.

Konzelmann, G., Jerusalem. 4000 Jahre Kampf um eine heilige Stadt, Hamburg 1984.

Kremer, J., Die Osterevangelien. Geschichten um Geschichte, Stuttgart/Klosterneuburg 1977.

Kügler, J., Der Jünger, den Jesus liebte. Literarische, theologische und historische Untersuchungen zu einer Schlüsselgestalt johanneischer Theologie und Geschichte, Stuttgart 1988.

Kuhnen, H.-P., Palästina in griechisch-römischer Zeit (Handbuch der Archäologie, Vorderasien II,2), München 1990.

Lapide, P., Paulus zwischen Damaskus und Qumran. Fehldeutungen und Übersetzungsfehler, Gütersloh 1993[2].

Léon-Dufour, X., Die Evangelien und der historische Jesus, Aschaffenburg 1966.

Leroy, H., Jesus. Überlieferung und Deutung, Darmstadt 1989[2].

Lohfink, N., Das Jüdische am Christentum. Die verlorene Dimension, Freiburg 1987.

Lohfink, G., Der letzte Tag Jesu, Freiburg 1981.

Loretz, O., Ugarit und die Bibel. Kanaanäische Götter und Religion im Alten Testament, Darmstadt 1990.

Maier, J., Jesus von Nazareth in der talmudischen Überlieferung, Darmstadt 1992[2].

Marxen, W., Die Auferstehung Jesu von Nazareth, Gütersloh 1968.

Merklein, H., Die Jesusgeschichte – synoptisch gelesen, Stuttgart 1994.

Metzger, B. M., Der Kanon des Neuen Testaments. Entstehung, Entwicklung, Bedeutung, Düsseldorf 1993.

Momigliano, A., Hochkulturen des Hellenismus, München 1979.

Müller, H. P., Jenseits der Entmythologisierung, Neukirchen-Vluyn 1979.

— Das Hiobproblem, Darmstadt 1988[2].

Müller, U. B., Messias und Menschensohn in jüdischen Apokalypsen und in der Offenbarung des Johannes, Gütersloh 1972.

Nielsen, E., Die Zehn Gebote, Eine traditionsgeschichtliche Studie. Kopenhagen 1965.

Noth, M., Gesammelte Studien zum Alten Testament, München 1966[3].

— Überlieferungsgeschichte des Pentateuch, Stuttgart 1966[3].

— Überlieferungsgeschichtliche Studien. Die sammelnden und bearbeitenden Geschichtswerke im Alten Testament, Tübingen 1967[3].

Notter, V., Biblischer Schöpfungsbericht und ägyptische Schöpfungsmythen, Stuttgart 1974.

Ohler, A., Mythologische Elemente im Alten Testament, Düsseldorf 1969.

Pesch, R., Das Abendmahl und Jesu Todesverständnis, Freiburg 1980.

v. Rad, G., Gesammelte Studien zum Alten Testament, München 1965[3].

Rudolph, K., Die Gnosis, Göttingen 1990[3].

Ringgren, H., Israelitische Religion, Stuttgart, 1982[2].

Rengstorf, K. H., Johannes und sein Evangelium, Darmstadt 1973.

Robinson, J. A. T., Wann entstand das Neue Testament?, Paderborn 1986.

Rowley, H. H., Apokalyptik. Ihre Form und Bedeutung zur biblischen Zeit, Einsiedeln 1965[3].

Ruppert, L., Die Josefserzählung der Genesis, München 1965.

Sanders, E. P., Paulus und das palästinische Judentum. Ein Vergleich zweier Religionsstrukturen, Göttingen 1985.

Schelkle, K. H., Israel im Neuen Testament, Darmstadt 1985.

— Paulus. Leben – Briefe – Theologie, Darmstadt 1988².

Schenke, L., Das Markusevangelium, Stuttgart 1988.

— Das Johannesevangelium, Stuttgart 1992.

Schlier, H., Über die Auferstehung Jesu Christi, Chur 1968.

Schmidt, W. R., Der Mann aus Galiläa. Suche nach einem Unbekannten, Gütersloh 1990.

Schmithals, W., Neues Testament und Gnosis, Darmstadt 1984.

— Einleitung in die drei ersten Evangelien, Gütersloh 1985.

Schürer, E., Die Geschichte des jüdischen Volkes im Zeitalter Jesu Christi. 3 Bde., 1901–1909², ND Hildesheim 1964.

Schürmann, H., Jesus – Gestalt und Geheimnis, hg. v. K. Scholtissek, Paderborn 1994.

Staudinger, H., Die historische Glaubwürdigkeit der Evangelien, Gladbeck/Stuttgart 1969.

Steck, O. H., Die Paradieserzählung, Neukirchen-Vluyn 1970.

Stegemann, E., Hg., Messias-Vorstellungen bei Juden und Christen, Stuttgart 1993.

— Die Essener, Qumran, Johannes der Täufer und Christus, Freiburg 1993.

Stemberger, G., Geschichte der jüdischen Literatur. Eine Einführung, München 1977.

— Pharisäer, Sadduzäer, Essener, Stuttgart 1991.

Stenger, W., Strukturale Beobachtungen zum Neuen Testament, Leiden 1990.

v. Stietencron, H., Hg., Der Name Gottes, Düsseldorf 1975.

Strobel, A., Die Stunde der Wahrheit – Untersuchungen zum Strafverfahren gegen Jesus, Tübingen 1980.

Suhl, A., Paulus und seine Briefe, Gütersloh 1975.

Theißen, G., Der Schatten des Galiläers. Historische Jesusforschung in erzählender Form, München 1987³.

— Soziologie der Jesusbewegung, München 1988⁵.

— Urchristliche Wundergeschichten, Neukirchen-Vluyn 1974.

Thompson, J. A., Hirten, Händler und Propheten. Die lebendige Welt der Bibel, Gießen 1992.

Tilly, M., Johannes der Täufer und die Biographie des Propheten, Stuttgart 1994.

Trobisch, D., Die Entstehung der Paulusbriefsammlung. Studien zu den Anfängen der christlichen Publizistik, Fribourg/Göttingen 1989.

Vermes, G., Jesus der Jude. Ein Historiker liest die Evangelien, Neukirchen-Vluyn 1993.

Volkmar, F., Einführung in die Biblische Archäologie, Darmstadt 1993².

Weder, H., Die Gleichnisse Jesu als Metaphern, Göttingen 1984³.

Wehnert, J., Die Wir-Passagen der Apostelgeschichte. Ein unbekanntes Stilmittel aus jüdischen Traditionen, Göttingen 1989.

Weimar, P., E. Zenger, Exodus. Geschichten und Geschichte der Befreiung Israels, Stuttgart 1975.

Weippert, H., Palästina in vorhellenistischer Zeit (Handbuch der Archäologie, Vorderasien II,1), München 1988.

Welten, P., Geschichte und Geschichtsdarstellung in den Chronikbüchern, Neukirchen-Vluyn 1973.

Zenger, E., Gottes Bogen in den Wolken. Komposition und Theologie der priesterschriftlichen Urgeschichte, Stuttgart 1983.

— Am Fuss des Sinai. Gottesbilder im Alten Testament, Düsseldorf 1993.

Register